坚持艰苦奋斗、勤俭建国，建设廉洁政治，是新中国一成立中国共产党就确定的一条重要建国方针，也是中国共产党的政治优势的重要体现。

——习近平

建设廉洁政府、坚决落实国务院向社会承诺的约法三章。

——李克强

《非经营性国有资产监管与廉洁政府建设》课题组成员

顾　问

焦焕成　国务院副秘书长、国家机关事务管理局局长

王伟光　中国社会科学院党组书记、院长

组　长

尚晓汀　国家机关事务管理局副局长

段晓燕　中国社会科学院财务基建计划局局长

策　划

汪　洋　国家机关事务管理局资产管理司司长

何敬中　中国社会科学院财务基建计划局副局长

成　员（按撰写顺序排列）

龚　云　姚　琴　李佳嘉　何敬中　彤新春　俞孟晶

王　慧　王　倬　庞大鹏　郝　赫　李　莉　杨建民

李　文　刘琴丽　梁建国　陈时龙　李立民　汪朝光

王　键　张桂鸿　张　韫　赵　岑　贺　俊　黄阳华

沈云昌　文春晖　邓　茜　卞晓青

非经营性国有资产监管与廉洁政府建设

REGULATION OF NONPROFIT NATIONAL ASSETS AND BUILDING OF CLEAN GOVERNMENT

本书课题组／著

社会科学文献出版社
SSAP
SOCIAL SCIENCES ACADEMIC PRESS (CHINA)

★中国古代唐、宋、明、清田产房屋、谷米钱帛、车马舟船、仪仗兵器等国家资产与统治兴衰的历程回顾。

★苏联共产党、墨西哥革命制度党、新加坡人民行动党管理国有资产的经验教训与启示。

★新民主主义革命时期以来中国共产党对国有资产管理与廉洁政治、廉洁政府建设的重视与强化。

序

经过六十多年的发展，我们国家已经积累了数量巨大的国有资产，据统计，截至 2011 年底，我国国有净资产总额约为 26 万亿元，其中非经营性资产 8.76 万亿元，约占 1/3。国有资产是社会主义制度的经济基础，是亿万劳动者创造积累的财富，也是党政机关和事业单位履行职责、开展工作的重要物质保障。

资产自然是要用的，使用才有意义。但是怎么个用法，是用之于民、用之于公共服务，还是用之于自己，改善自己的条件，提高舒适度，甚至追求奢华？是精打细算、节俭安排，还是大手大脚、铺张浪费？这有本质上的差别。资产是财富，是资源，也就免不了有人惦记着，处心积虑，沾光揩油，甚至占为己有，这方面发生的腐败案件也不少。

因此，改进和加强非经营性国有资产的管理，不仅仅具有当家理财、保障公务的含义，而且具有倡导勤俭节约作风、减少腐败发生的土壤条件的功效，既是各级党政机关、事业单位的一项基础性工作，又是推动廉政建设的重要抓手。

党中央、国务院历来高度重视国有资产管理，党的十八大提出“完善各类国有资产管理体制”的要求。以习近平同志为总书记的新一届中央领导集体，在改进工作作风、密切联系群众的八项规定中，要求厉行勤俭节约，严格执行住房和车辆配备等有关规定。李克强总理在国务院第一次廉政工作会议上强调，将倡俭治奢、倡勤治懒作为转变政风的工作重点，坚决落实国务院向社会承诺的“约法三章”，着力建设廉洁政府。

正是基于这样的认识和经验，基于这样一份责任，我局从事中央行政事业单位国有资产管理工作的同志，会同中国社会科学院专家学者，用两年多时间进行了实地调研、资料考证和实证分析，编撰形成了《非经营性国有资产监管与廉洁政府建设》一书，通过理论的及现实的分析思考，通过古今中外的比较借鉴，讨论如何通过加强非经营性国有资产监管来促进廉政建设，如何按照廉政建设的发展要求来改进非经营性国有资产的监管。应该说，这是理论与实践相结合的产物，也是丰富国有资产管理理论、创新国有资产工作实践的一次探索和尝试。

反对消极腐败、建设廉洁政府，是社会主义民主政治的本质要求，也是中国共产党孜孜以求的奋斗目标。廉洁政府包含两层含义，一是廉价，即我们的政府机关是节约的，低成本的，有效率的；二是清廉，即我们的政府机关及工作人员能够秉持操守、克己奉公、廉洁自律，并能及时清除寻租腐败者。机关事务工作部门作为政府机关国有资产的实际管理者，应当根据建设廉洁政府的要求，围绕降低行政成本的主线，在公共财政模式下，树立科学的管理理念，理顺资产的所有权、使用权、收益权和处置权之间的关系，进一步加强从预算到构建、使用、维护、处置的全过程管理，建立健全全方位、多层次的监督体系，全面开展以效率性、效益性和公平性为标准的资产管理绩效考评工作，不断提高资产的使用效能，不断推进非经营性国有资产管理的科学化、法制化、规范化。

上不愧党勤政之根，下不愧民廉政之源。惟愿从事国有资产管理实践工作和理论研究的同志们，以及长期以来关心关注非经营性国有资产监管的人们，都能从本书中收获思考、启示与行动，共同为资产管理工作的实践创新、理论创新、制度创新，提出有价值的理论见解和政策建议，推动资产管理体制不断发展和完善，为建设廉洁政府、实现中国梦贡献力量。

2013 年 5 月于北京

· Contents ·

目　　录

借鉴篇

展望篇

绪 论

一 研究背景、意义

建设廉洁政治，是中国共产党一贯坚持的鲜明政治立场。党的十八大提出完善各类国有资产管理体制的要求，这是对加强党的廉洁政治建设提出的一项重大任务。2013 年 3 月，国务院召开的第一次廉政工作会议明确指出，新一届政府工作千头万绪，但建设廉洁政府尤为关键。这充分表明了新一届政府认真贯彻落实党的十八大精神和中央一系列反腐倡廉工作部署的力度。

经济基础决定上层建筑，这是马克思主义的一个基本原理。任何一项管理活动，都需要一定资源的支撑，需要消耗一定的成本。政党在现代政治中发挥着重要作用，在改良政治、推动社会进步和国家发展中发挥积极作用。中国共产党早期领导人陈独秀曾说过，“社会中坚分子，应该挺身出头，组织有政见的有良心的依赖国民为后援的政党，来扫荡无良心的无政见的依赖特殊势力为后援的狗党”。政党要活动，就需要一定的物质条件。资产对于一个政党来说，具有重要意义。从一定程度上来说，没有资产，一个政党就无法正常开展活动，起码不能持续开展活动。一个政党，不论从事组织活动、研究政纲政策，还是宣传教育，必须有人，必须有办公的房舍，必须有宣传品的印发、邮寄及开会所需的费用。伟大的民主革命先行者孙中山在领导辛亥革命期间，很大一部分精力放在筹措革命经费上。孙中山被迫辞去中华民国临时大总统职位的一个重要原因就是因为经费短缺无法维系临时政府的运转。所以，没有资产，对政党来说，就可能寸步难行。

中国共产党成立初期，没有资产，经费就成为党开展活动的一个制约因素。早期参加筹建中国共产党的人员大多是青年，一般没有固定的职业和收入来源，建立一个全国性的党，光靠陈独秀、李大钊等少数知识分子教书、写文章挣来的钱是远远不够的。因此，经费问题成为建党中的一大问题。中国共产党成立初期由于没有经费来源，在一定程度上依赖于共产国际，影响了中国共产党独立自主地开展革命，被一些反对势力攻击为“卢布党”，中国革命被讥讽为“雇佣革命”，严重影响到中国共产党在中国民众中的形象。据杨奎松所著《毛泽东与莫斯科的恩恩怨怨》一书记载，从中共“一大”召开后陈独秀给共产国际的报告中可以看出，“自

1921 年 10 月起至 1922 年 6 月止，由中央机关支出 17655 元，收入国际协款 16655 元，自行募捐 1000 元”。另据《共产国际、联共（布）与中国革命档案资料丛书》第一卷《联共（布）、共产国际与中国革命运动（1920～1925）》一书记载，1922 年 12 月共产国际通过的《中国共产党 1923 年支出预算》中每月支出为：《向导》周报，210 元金卢布；《工人周刊》，40 金卢布；印刷传单、宣言等，60 金卢布；组织员和宣传员的费用，汉口、湖南、上海各 60 金卢布，北京 80 金卢布，香港、广州各 40 金卢布，山东 30 金卢布；两名中央委员差旅费 100 金卢布；两名固定宣传演讲员的食宿差旅费 120 金卢布；意外开支 100 金卢布，总计月支出 1000 金卢布，总计年支出 12000 金卢布。1924 年实际得到活动经费约 36000 金卢布。有时在共产国际的经费没有及时拨付下来时，陈独秀主动伸手向共产国际代表要钱，如 1924 年 9 月 7 日，陈独秀给共产国际代表维经斯基写信称：“我们党的经济状况很严重。由于经费不足许多方面的工作处于荒废状态。我们希望您立即从共产国际和红色工会国际给我们寄 7、8、9、10 月份的钱来。”此后，从 1925 年至 1927 年，共产国际给中国共产党的经费援助不断增加，但与他们给国民党的援助相比，则不成比例。尽管如此，共产国际的经费援助毕竟使中共的经费短缺问题有所缓解。正如国防大学教授金一南所说：“实际上共产国际给中共的援助，我们从它给国民党给孙中山政府的，给蒋介石黄埔军校的，给冯玉祥的北方西北军的援助来看，共产国际和苏俄提供给中共的援助只能叫九牛一毛，是极其有限的，但是这些非常有限的经费还是对中共早期的活动起到了非常大的帮助。”中共早期的这段历史充分说明拥有资产对一个政党的重要性。

国有资产对一个执政党具有重大意义，关系到执政党的执政安全和政治清廉。国有资产管理能力高低和建设廉洁政府水平是一个政党执政能力强弱的重要标志之一。苏联共产党曾经是世界上第二大超级大国的执政党，但在苏联解体后，作为苏共直接继承人的俄罗斯共产党请中共代表团吃饭的钱都掏不起，还要中国驻俄罗斯大使馆买单。① 中国国民党在台湾地方领导人选举失败后，被迫大量裁减大量党务工作人员。西方发达资本主义国家的政党的一个重要职能就是为本党筹措经费。在西方大选时，一个竞选经费充足的政党，往往能够赢得选举。而经费不足的政党或候选人却无法参加选举，更谈不上赢得选举。1996 年美国总统大选中独立候选人佩里，2000 年独立候选人福布斯，都是亿万富翁，他们认为个人的钱足够用了，不需要募捐竞选经费，但最终都以财力不足退出竞选。西方国家的许多政党领导人常常因为政治献金案而名声扫地，甚至锒铛入狱。日本政坛上的“洛克希德”案和“金丸信”事件与德国前总理科尔就是其中典型的例子。“洛克希德”案的主要情节是美国的洛克希德公司为促使日本“全日空”航空会社购买自己公司生产的飞机，在 20 世纪 70 年代用巨资贿赂日本政界要人，后案件被揭发，前首相田中角荣因此被捕并被起诉，1995 年上半年，20 年悬案下定论，日本最高审判庭举行终审判决，认定田中角荣由于受托受贿及违反“外为法”，因而犯有官僚受贿罪，而其时田中角荣已经去世。“金丸信”事件是在 1992 年 8 月，前自民党的副总裁金丸信被迫承

① 这个故事系笔者在中国社会科学院的一次报告会上亲自听中组部原部长张全景所讲。

认了东京佐川急便公司赠送的5亿日元，随后便辞去了国会议员。当时曾认定违反政治资金限制法，给予20万日元的罚款处分。但是，社会舆论对于检察当局采取这种“过分照顾”非常不满，感到危机的检察当局终于在1993年3月决定揭发金丸信的偷税漏税行为，东京地方检察院以违反所得税法（逃税）的罪名逮捕了金丸信，并提出起诉。金丸信的逃税事件使日本国民对自民党的不信任达到了顶点。在同年7月的大选中，自民党的当选人数在众议院中未过半数，从而结束了自民党一党执政38年的历史，诞生了非自民党的八党派组建的细川联合政权。德国前总理科尔担任德国基民盟主席长达25年，其间担任德国总理16年，是德国在位时间最长的总理。由于他为德国统一作出了卓越的贡献，被誉为“德国统一之父”。他为消除东西方对峙和欧洲一体化建设立下了汗马功劳，因此赢得了“欧洲荣誉公民”称号。他为德国基民盟赢得声誉，成为该党的象征和灵魂。但2000年1月被揭露1993～1998年共接受过150万～200万马克的捐款。这件事使科尔的声誉一落千丈，而且使基民盟在经济、政治和公众形象上受到了严重损失。在政党的经费来源问题上，在中国的民主革命时期，是各在野政党要求结束国民党一党专政，实施民主宪政的重要内容。中国民主政团同盟在1941年制定的纲领中明确要求“不得以国家收入或地方收入，支付党费”①。

从以上可以看出，研究国有资产管理与党的廉洁政治建设的关系，是一个重要问题。但是理论界这方面研究基本阙如。特别是研究非经营性国有资产监管与廉洁政府建设的关系，更是严重不足。因此，厘清国有资产管理与党的廉洁政治建设，特别是廉洁政府建设的关系，就是一个非常紧迫的问题。本书从历史的脉络出发，站在世界的高度，以中国共产党管理国有资产的历史经验教训为主线，兼顾中国古代统治阶级管理国有资产的经验教训、中国国民党管理资产的经验教训，同时分析世界上与中国共产党比较相似的政党包括无产阶级政党、资产阶级政党管理国有资产的经验教训，为如何通过加强国有资产管理来提高党的廉洁政治建设、建设廉洁政府提供历史和国际借鉴。

中国共产党已经拥有8200多万名党员，执政已经64年，是全球第一大执政党。中国共产党如何低成本地管理如此多的党员，如何有效地配置和使用国有资产，防止少数领导干部滥用和贪污国有资产，实现中华民族的伟大复兴和中国人民的共同富裕，并永葆先进性和纯洁性，保持政治廉洁，是对中国共产党的一大挑战。中国已经成为世界第二大经济体，拥有庞大的国有资产，如何维护这巨量的国有资产的安全完整，使有限的资产发挥最大的效能，是对中国共产党和中国政府的考验，也是关系创新政府、廉洁政府和法治政府建设的一个重要问题。因此，研究国有资产管理与党廉洁政治建设的关系，特别是非经营性资产监管与廉洁政府建设的关系，是一个具有重大理论意义和现实意义的课题。我国经过改革开放30多年的探索，在经营性国有资产管理方面已经初步形成了一套管理体制。目前这个体制面临进一步完善的问题。而在国有经济战略性调整逐步完成以后，我国国有资产的管理重点应该适度向非经营性国有资产及资源性国有资产转移，以充分发挥这两类资产在提供社会公共服务、保证社会公平、实现

① 《中国民主同盟历史文献（1941～1949）》，第8页。

经济社会可持续发展方面的功能。加强中国政府对非经营性国有资产的监管能力，是中国共产党廉洁政治建设面临的一项紧迫而又重要的任务。本课题将以党的十八大精神为指导，通过理论、历史、现实、国际的多维度分析，希望能够对加强廉洁政府建设有所贡献，同时抛砖引玉，引起更多人关注这个问题。

二　核心概念界定

了解国有资产，首先需要正确理解“资产”这个概念。所谓资产，就是能够带来某种经济收益的经济资源，而这种资源可以用货币加以计量并为特定的人或经济组织所控制。①

国有资产，是属于国家所有的一切财产和财产权利的总和。国有资产在概念上有广义和狭义之分。

广义的国有资产，是指根据国家有关法律规定，由国家拥有的财产。根据我国《国有资产法》（草案）的定义，国有资产是指“国家以各种形式投资及其收益、拨款、接受馈赠、凭借国家权力取得，或者依据法律认可的各种类型的财产或财产权利。”根据这一定义，广义的国有资产大致分为四类：一是国家以各种形式形成的对企业投资及其收益等经营性资产；二是国家向行政事业单位拨款形成的非经营性资产；三是国家依法拥有的土地、森林、河流、矿藏等资源性资产；四是接受馈赠、无主财产等依法认定形成的财产。

狭义的国有资产特指经营性国有资产，即国家作为出资者在企业中依法拥有的资本及其收益。它包括三个部分：一是企业国有资产；二是行政事业单位占有、使用的非经营性资产通过各种形式为获取利润而转作经营的资产；三是国有资源中投入生产经营的部分。②

对国有资产的分类是加强国有资产管理的重要内容，也是优化国有资产配置、正确发挥国有资产作用的必要前提。我国国有资产具有存在形态的多样性和分布范围的广泛性的特点，最常用的国有资产的划分一般分为三类：经营性国有资产、非经营性国有资产、资源性国有资产三类。

经营性国有资产是指投入市场经济领域从事生产、流通、经营服务等活动，以营利为目的，依法经营使用，所有权属于国家的资产，包括企业中用于生产经营活动的国有资本金和国家投资于铁路、公路、机场、港口、市政基础设施建设等领域形成的资产，是国有资产中最重要、最活跃的部分，是国有资产不断增长的源泉和基础。它具有以下特征：第一，用于生产经营，直接进入社会生产过程；第二，具有增值性，要求占用者追求保值增值；第三，主要由国家所有的企业占用；第四，运作主要以市场调节为主；第五，经营方式多样，如直接参与经营、委托经营、承包经营、租赁经营和股份制经营等多种形式。

非经营性国有资产是指不参与商品生产和流通的国有资产，一般包括党政机关、人民团体、文化教育、科研机构等行政事业单位所使用但不参加生产经营活动的国有资产，以及由社

---

① 邓子基、陈少晖：《国有资本财政研究》，中国财政经济出版社，2006。

② 陈少晖、廖添土等：《国有资产管理：制度变迁与改革模式》，社会科学文献出版社，2010，第36页。

会大众共同使用的公共设施和公共工程等国有资产。它具有以下特征：第一，配置领域的非生产性和资产处置的消费性，不用于生产经营活动，其使用范围为非生产经营单位；第二，使用目的的服务性和保障性，不以营利为目的，主要作用是保障行政事业工作顺利开展、社会系统的正常运转，包括为经营性资产的运行提供和创造环境与条件，具有资产占有的无偿性；第三，资产来源的单一性。非经营性国有资产不直接创造物质财富，自身不具有积累功能，其对资产消耗的补偿及扩充资产所需要的资金只能来自社会物质生产部门的生产经营活动，包括经营性国有资产的使用所创造的财富价值来提供。

资源性国有资产是指依照法律规定，所有权属于国家的资源性资产，在我国主要包括矿藏、河流、海洋、森林、草原、荒地、滩涂和城市的土地及农村中属于集体所有以外的土地。它具有以下特征：第一，垄断性，专属国家所有；第二，有限性，相对有限；第三，开发性，具有经济价值。

国有资产的功能具有二元性。一方面，作为一种经济性资产，具有在经济运行过程中实现自身价值的功能；另一方面，作为一种以国家面目出现的社会性资产，要求满足国家利益的需要，具有满足社会公共利益的社会功能。

作为一个无产阶级政党，中国共产党除了党费，没有自己的资产。本书研究中国共产党如何受人民的托付，通过加强国有资产的管理，来推进廉洁政府建设。

三 基本理论①

国有资产的本质是一个国家全体人民所有的一切财产和财产权利的总和，是一个国家的人民实现富裕、安全、幸福的物质基础，具有显著的社会目的性和公共性。但是由于国家本质上是一个阶级统治的工具，“国家是一个阶级压迫另一个阶级的机器，是迫使一切从属的阶级服从于一个阶级的机器”②。因此，在不同类型的国家，国有资产的本质是不一样的。在剥削阶级统治的国家，国有资产名义上是属于人民的财产，本质上是统治阶级的财产，服务于统治阶级统治的目的，是统治阶级进行阶级统治的物质基础。被剥削阶级统治的国家是劳动人民当家做主的国家，在这类国家，国有资产本质上才真正实现了属于全体人民的财产。社会主义国家就是人民当家做主的国家。社会主义国家的国有资产属于全体人民的财产，是无产阶级政党执政的重要保障、治国强国的基本前提、为人民服务的物质基础。由于社会主义国家的国有资产属于全体人民，马克思主义经典作家提出了使用国有资产的原则——廉价政府、廉洁执政，勤俭办一切事业，要求用最少的支出去为人民提供最大的服务。

国有资产一形成，国有资产管理体制也就相伴而生。国有资产管理体制属于一个国家政治

① 本部分的一些观点写作参考了陈少晖、廖添土等著的《国有资产管理：制度变迁与改革模式》，特此致谢。

② 《列宁选集》第4卷，人民出版社，1995，第33页。

制度的重要组成部分，是国有资产管理形式和制度的具体体现，是国家为了实现对国有资产的有效管理而设置的一整套管理组织、管理机构，这些组织和机构的职能，内部各个层次、各个环节之间责、权、利的划分，以及适应经济发展需要而建立的关于国有资产管理的制度和管理方法的总和。国有资产管理体制是国家经济职能的制度化体现。在不同历史时期，国有资产管理体制是不一样的。越是到近现代社会，国有资产管理体制就越复杂。一般来说，国有资产管理包括国有投资管理、国有资产经营管理、国有资产收益管理和国有资产评估管理。国有资产管理的手段主要包括法律手段、经济手段和行政手段。

国有资产管理的目标具有多重性。国有资产管理的目标不仅要考虑其经济性，更要考虑其社会性。具体而言，国有资产管理的类型不同，其具体目标也不同：经营性国有资产的管理目标是保护国有产权，实现资产价值的保值增值，为政府提供更多的财政收入；非经营性国有资产的管理目标是维护国有资产的安全性、完整性，提高资产利用效益，以最少的资产占用为社会提供最大限度的公共服务，以最低廉的行政成本提供更多优质高效的公共服务，以绩效或公共产品产出为目标；资源性国有资产的管理目标是实现资源的有序、合理利用，对可再生资源达到利用与开发的良性循环，实现可持续利用，对不可再生资源提高利用率，实现经济与资源、环境的协调发展。在研究国有资产管理的目标时，要把通过国有资产管理实现一部分社会目标与通过一般意义上的国家管理来实现的社会目标区别开来，要注意国家作为所有者与管理者职能的不同。当国家作为“投资者”进入社会生产领域时，必须服从社会经济运行的基本规则，在遵循这些规则的前提下发挥国有经济的社会职能。

四　研究重点

本书以中国共产党通过对国有资产的管理加强廉洁政府建设为主线，研究中国共产党自诞生以来，特别是新中国成立以后，是如何认识和管理国有资产的，是如何通过对国有资产的管理加强廉洁政府建设的，如何通过提高国有资产的管理和廉洁政府的建设使中国共产党赢得革命胜利、获得人民支持的。根据本书研究主题的需要，全书重点研究新中国成立以后，中国共产党作为执政党，是怎样认识和管理国有资产、加强廉洁政府建设的，重点放在改革开放以后非经营性国有资产监管与廉洁政府建设方面。

为了提供有益借鉴，本书同时研究了中国古代的国家政权管理国家资产、加强政权建设的经验教训，国民党在大陆和台湾时期管理资产和加强政府建设的经验教训，国外与中国共产党有相似性的政党如苏联共产党、墨西哥革命制度党、新加坡人民行动党管理国有资产和加强政府建设的经验教训，希望通过历史的视野和国际的视域，对提高党管理国有资产能力建设，特别是廉洁政府建设的能力有所裨益。

由于研究对象的复杂性，历史和国外的差异性，加之学术界对经营性国有资产研究比较成熟，而对非经营性国有资产管理研究不足，因此全书从广义的国有资产概念着眼，研究广义的国有资产的同时，侧重点放在非经营性国有资产的监督与管理上。

理 论 篇

·第一章·

国有资产是中国共产党建设廉洁政治的物质基础

国有资产是中国共产党建设廉洁政治的经济基础和物质手段。江泽民同志指出："没有国有经济为核心的公有制经济，就没有社会主义的经济基础，也就没有我们共产党执政以及整个社会主义上层建筑的经济基础和物质手段。"

第一节　管理国家的重要手段

作为经济基础重要组成部分的国有资产，是中国共产党管理国家的物质基础。恩格斯说过：大规模的有组织的劳动，生产资料的集中，"是无产阶级运动的物质基础"①。作为全民性的资产，国有资产的存在具有很强的社会目的。国有资产除了具有资金和规模的优势以外，还具有不可替代的社会功能，有助于中国共产党进行国家管理。

作为上层建筑的一种重要活动——国家管理，必须建立在一定的物质财富基础上。离开国有资产，执政党就无法进行国家管理。现代中外政党的命运充分证明了这一点。俄罗斯共产党的前身苏联共产党作为世界第二大超级大国，曾经显赫一时。但苏联解体后，作为苏联共产党的继承者，俄罗斯共产党由于丧失了对国有资产的支配权，连自己的生存都成了问题，更谈不上能够全面参与国家管理了。新中国成立前，国民党县党部非常穷——某些县市党部每月的办公费仅够支付邮费一项开支；而一般的区分部每月经费，则仅相当于两块烧饼的价钱；地位非常低下；毫无组织能力，"号称数百万党员，……但大多数是挂名党员，平日决不发生任何组织上的联系"，据1942年的统计数据，70%的区分部连定期开会都做不到。从一定意义上讲，国民党在大陆的垮台，其中的一个重要原因就是其基层组织受制于经费所限根本不能发挥作用，导致基层组织的松散和瘫痪，使国民党丧失了战斗力。

国有资产是管理国家的重要物质手段。国有资产特别是经营性国有资产，是中国共产党执政的主要凭借，是社会主义基本经济制度赖以存在和发展的物质基础，是体现社会主义国家意

---

① 《马克思恩格斯全集》第17卷，人民出版社，第597页。

志和贯彻执政党政策的重要经济力量。国有资产为中国共产党管理国家、服务社会、造福人民创造了条件。国有资产对于中国共产党执政具有首要的和根本的意义。国有资产作为物质财富，是价值和使用价值的统一。物质财富的价值是抽象劳动意义上的劳动者智力和体力的凝结，所以，物质财富本身都代表着一定的力量，物质财富的累积本身就意味着力量的扩大，物质财富的占有意味着力量的拥有。国有资产越多，意味着管理国家能力越强大。物质财富又具有使用价值，这种使用价值从两个方面影响着国家管理：从物的方面来看，物质财富的使用价值可以解决国家管理中的技术要求，如通信工具的拥有可以解决国家管理中的联络；从人的方面来看，物质财富的使用可以满足人的各种需要，使中国共产党可以充分调动各类主体的积极性、主动性和创造性。

国有资产有助于提高国家科学化管理水平。国有资产有助于国家管理主体结构的分化，可以保证在横向结构上公共权力的功能性权力如立法、行政、司法的分工与配合，在纵向结构上实现中央权力与地方的合理分权；有助于国家管理的功能专业化，实现国家管理结构的合理化与职权的明确化，国家可以根据需要设立相应的管理部门，以支撑中国共产党的党务机构的运行；有助于国家管理人员的知识化与专业化，加强对国家管理人员的培训，提高其管理水平；有助于国家管理手段的现代化，特别是管理技术的计算化与自动化。电子政务、电子政府的建立，需要大量的人力、物力、财力，这都需要强大的国有资产作为支撑才能实现。

国有资产有助于弥补市场缺陷，提供公共产品，发挥社会主义制度的优越性，增强我国的经济实力、国防实力和民族凝聚力。国有资产是我国先进生产力的代表，有助于保证我国经济独立自主和国家安全，应对国际竞争和突发事件，保障国家安全。市场经济存在着市场垄断、外部性问题，无法为社会提供人民需要的公共物品，也解决不了贫富两极分化问题。在现代社会，随着生产社会化程度的提高，分散的个体资本与生产社会化之间的矛盾日益突出，一些基础设施特别是高科技产业领域不仅耗费巨大，而且需要超前投入，一般的私人资本难以承担，有些非营利性或微利性的公共项目，以营利为目的的私人资本不愿投入。国有资本则可以投入这些领域和项目，有助于推进我国经济发展。

国有资产有助于实现国家宏观调控。国有资产在我国社会生产力的物质要素中占据主导地位，提高国有资产的效益对提高国民经济效益具有至关重要的作用。国有资产作为国家所有的资产，能够更好地实现政府的经济职能。美国著名经济学家保罗·萨缪尔森认为："世界上任何一个政府，都不会对经济袖手旁观。现代经济中，政府针对市场机制的缺陷肩负起了很多任务，政府对于市场经济主要存在三项职能。它们是：提高效率、增进平等以及促进宏观经济的稳定与增长。"① 中国著名经济学家樊纲也认为："国家建立国有企业的根本目的通常是为了实现一定的社会目标，因此，从逻辑上讲，企业如果没有特定的社会目标，就不必是国有企业。从历史和现实中我们可以看到：一般来讲，在市场经济条件下，越是负有特殊

---

① 〔美〕保罗·萨缪尔森、威廉·诺德豪斯：《经济学》（第16版），华夏出版社，1999，第27~28页。

社会目标，国有企业越有存在的必要，比重通常也越高。”① 国有资产为实现宏观调控提供了有效的手段，是一种灵活的政策工具，可以有效实现中国共产党的政策意图。中国在2008年世界金融危机中的成功实践充分证明了国有资产在实现宏观调控中的作用。国有资产在我国社会生产力的物质要素中占据主导地位，提高国有资产的效益对提高国民经济效益具有至关重要的作用。

国有资产有助于提高在国际竞争中的主动权，是捍卫国家利益的主力军，在保障国家安全和维护国家经济自主权的斗争中具有不可替代的作用。改革开放以来，中国共产党采取了对外开放的战略决策。经济全球化的激烈竞争中，真正能代表人民利益、有助于我国在国家市场竞争中保持主动权的还是经营性国有资产。我国国有企业具有资金、技术、人才等方面的优势，它们最有条件与国外跨国公司在高端产业竞争，为我国人民谋取更大利益。目前进入全球500强的主要是国有企业。中国美国商会主席狄安华认为，“中国国有企业才是美国的最大危险”②。伴随着中国非经营性国有资产的大量增加，中国拥有更大的能力在国际舞台上发挥作用，包括提高在国际组织中的话语权，参与国际规则的制定，维护世界和平，援助不发达国家。

国有资产有助于引导非公有制经济发展，巩固我国的社会主义基本制度。我国是中国共产党领导的社会主义国家，人民民主专政是我国的国体，人民代表大会制度是我国的根本政治制度，公有制是我国的社会主义基本经济制度，马克思主义是我国的指导思想。中国共产党之所以在苏联解体、东欧剧变后及国际共产主义运动低潮中能够高举社会主义大旗，并且坚持和发展了中国特色社会主义，让世界人民看到了社会主义的希望，主要就是靠国有资产的做大做强，靠建立在庞大的国有资产基础上人民生活的改善，彰显了社会主义的优越性，提高了共产党的公信力、号召力和凝聚力，巩固了社会主义基本制度。我国在社会主义初级阶段实行公有制为主体，多种所有制共同发展的基本经济制度。国有资产中的经营性国有资产，处于国民经济的关键领域，在国民经济发展中发挥主导作用，支撑了国民经济的持续发展，对于引导和带动非公有制经济起着关键作用，引导非公有制经济沿着社会主义方向发展，保证我国改革开放的社会主义方向不变。

国有资产是坚定中国特色社会主义共同理想的基石。坚持和发展中国特色社会主义是中国共产党高举的大旗，是中国人民的共同理想。中国特色社会主义是当代中国发展进步的根本方向，集中体现了最广大人民的根本利益和共同愿望。只有中国特色社会主义才能发展中国。坚定中国特色社会主义共同理想，需要彰显中国特色社会主义的优越性，这就需要发挥国有资产的基石作用。只有坚持国有资产始终为人民所有，始终为人民服务，才能真正坚持中国特色社会主义共同理想。

---

① 樊纲：《论国有资产的进与退》，《21世界经济报道》，2002年5月13日。

② 杨美萍：《美国官员称中国国企是美国“最大威胁”》，《环球时报》2011年5月4日。

第二节 服务人民的物质保障

马克思曾经指出："消费资料的任何一种分配，都不过是实际生产条件本身分配的结果；而生产条件的分配，则表现生产方式本身的性质。"他批评"庸俗的社会主义仿效资产阶级经济学家……把分配看成并解释成一种不依赖于生产方式的东西，从而把社会主义描写为主要是围绕着分配兜圈子"①，仅仅这样，既不会使人民群众得到解放，也不会根本改善他们的社会状况，因为这两者不仅仅决定于生产力的发展，而且还决定于生产力是否归人民所有。②《中共中央关于国有企业改革和发展若干重大问题的决定》指出："包括国有经济在内的公有制经济，是我国社会主义制度的经济基础，是国家引导、推动、调控经济和社会发展的基本力量，实现广大人民群众根本利益和共同富裕的重要保证。"国有资产是中国共产党服务人民的物质保障。

国有资产有助于为人民服务，有利于保障人民的民主权利和经济利益。我国是社会主义国家，国有资产属于全体人民所有，经营资产的利润最终用于全体人民，非经营性资产使党和政府更有条件为人民提供公共服务。在计划经济时期，国有企业实行统收统支，所有利润都上缴国家，由国家统一支配。在这种情况下，国有企业为人民谋利的性质非常清楚。在社会主义市场经济条件下，国有企业通过上缴的税后利润来体现国有资本归全民所有、利润用于全体人民的原则。中国物力、财力的增加，党和政府掌握的经营性国有资产的增多，有助于民生政策的实施，促进中国人民的生活水平提高，切实服务于人民。

国有资产是保证人民当家做主的物质基础。我国实行生产资料社会主义公有制，人民实现了在生产资料面前占有的平等。正是生产资料公有制，保证了我国是人民当家做主的国家，保证了我国的国有资产真正是属于人民的资产，为人民管理国家和社会提供了物质条件。国有资产能使劳动人民摆脱被奴役、被剥削的地位，真正成为国家和社会的主人，克服西方国家金钱政治的局面。国有资产能够真正保证人民当家做主，保证私人资本不能左右国家的大政方针，保证人民的民主权利和经济利益不会受到损害。如果国有资产流失、控制力和影响力下降，人民群众的民主权利和经济利益就无法保障，中国共产党执政为民就失去物质基础，劳动人民当家做主就成为空话。

国有资产有助于保证人民生活水平提高，维护社会公平和正义，最终实现共同富裕。邓小平同志指出："只要我国经济中公有制占主体地位，就可以避免两极分化。"③ 在中国建设社会主义市场经济中，国有资产的一个重要作用，就是保证中国共产党追求的共同富裕的社会公平目标的实现。国有资产特别是经营性国有资产，作为社会主义全民所有制经济，是社会主义经

---

① 《马克思恩格斯文集》第3卷，人民出版社，2009，第436页。

② 《马克思恩格斯文集》第2卷，人民出版社，2009，第689页。

③ 《邓小平文选》第3卷，人民出版社，1993，第149页。

济制度的内在构成要素，决定社会生产力按照社会生产发展规律的客观要求全面发展，充分调动最广大劳动者的积极性、主动性和创造性，使创造财富的劳动者共同享受自己的劳动成果，促进社会生产力的发展、社会全面发展和人的全面发展。它从长远利益和全局利益方面，支撑社会主义经济的发展。只有实现国有资产的安全完整，特别是坚持和完善以国有经济为核心的公有制经济，才能实现社会主义的本质要求，才能消灭剥削、消除两极分化，实现共同富裕。市场在社会资源配置中的经济作用有助于提高经济效率，但市场的盲目性容易造成“市场失灵”，偏向强者和富人，容易造成社会两极分化。国有资产能够克服市场失灵，防止两极分化。特别是经营性国有资产，能够在产业调整中起到示范、带动作用，保证执政党的宏观调控政策落实，促进国民经济平稳较快发展。西方国家的宏观调控政策之所以效果不佳，就在于私人大资本控制国家政策，宏观调控政策服务于私人大资本利益，无法服务于民生。2011 年日本强震引发福岛核电站危机，使关东地区产生电荒。日本不能从全国调剂电力，因为国家不掌握电力，关西的大阪电力和关东的东京电力两大电网无法并网。而我国的电网属于国有资产，可以全国调配。新古典综合派经济学家萨缪尔森说过，“收入的差别最主要是由拥有财富的多寡造成的……和财产差别相比，个人能力的差别是微不足道的”；“财产所有权是收入差别的第一原因，往下依次是个人能力、教育、训练、机会和健康”。①

没有国有资产的保证，党和政府就失去了服务于人民群众的物质手段。满足人民群众的需要、保障人民群众的权利，就成为一句空话。

第三节　改革发展的必要基础

国有资产管理体制是社会主义制度的重要组成部分，是社会主义制度优越性有效发挥的关键，对巩固和发展社会主义制度具有重要意义。国有资产管理体制的改革是社会主义经济体制改革和政治体制改革的重要组成部分，是中国社会主义改革发展的必要基础，是中国共产党建设廉洁政治的重要保证。国有资产管理体制的科学与否是衡量执政能力水平高低的重要标志。

新中国成立 64 年的历史，从一定程度上讲就是探索国有资产管理体制的历史。《宪法》第十二条规定：“社会主义的公共财产神圣不可侵犯。国家保护社会主义的公共财产。禁止任何组织或个人用任何手段侵占或者破坏国家的和集体的财产。”② 国有资产管理体制改革的成败，在很大程度上关系到改革开放的成败。党的十六大报告明确指出“改革国有资产管理体制，是深化经济体制改革的重大任务”。党的十八大再次提出要完善各类国有资产管理体制，加强对“一府两院”的预算监督。

马克思经典作家指出，无产阶级取得国家政权，必须“首先把生产资料变为国有财产”，“国家真正作为整个社会的代表所采取的第一个行为，即以社会的名义占有生产资料”。生产

① 〔美〕保罗·萨缪尔森：《经济学》，人民邮电出版社，2006，第 423 页。

② 中共中央文献研究室编《十五大以来重要文献选编》（上），人民出版社，2000，第 808 ~ 809 页。

力归社会主义国家所有，即归社会主义国家所代表的全国人民和全体劳动者共同所有，“归那些真正使用生产资料和真正生产这些产品的人占有”①。要保证人民能够真正管理社会生产资料，就取决于科学的国有资产管理体制的建立。

国有资产管理体制改革有利于巩固我国公有制的主体地位，完善社会主义初级阶段基本经济制度。以公有制为主体、多种所有制成分并存，是我国社会主义初级阶段的基本经济制度。公有制的主体地位和国有经济的主导作用主要体现在“国有资产在社会总资产中占优势，国有经济控制国民经济命脉，对经济发展起主导作用”②。国有资产管理体制是国家所有制的具体实现形式，是社会主义全民所有制生产关系的具体化。在现阶段，我国社会主义公有制主要是通过国有制来实现的。国有资产管理体制关系到国有资产的增值保值、安全完整和有效使用，对促进我国社会主义生产力的发展、发挥社会主义制度优越性，具有关键作用。国有资产管理体制的改革，推动了我国社会主义经济基础的国有企业的改革，为国有企业改革指明了方向，提高了国有企业的竞争力，巩固了社会主义经济制度。我国拥有巨大的国有资产。如何管好、用好如此巨量的国有资产，直接关系到作为执政党的中国共产党的清廉、在民众心中的公信力，直接关系到社会主义初级阶段基本经济制度的坚持，直接关系到社会主义优越性的发挥，直接关系到我国经济实力、国防实力和民族凝聚力的增强。建立一个符合社会主义市场经济规律、运转灵活、激励和约束机制到位、适应社会主义民主政治制度要求的国有资产管理体制，是我国社会主义体制改革的重要内容。

国有资产管理体制改革是我国政治体制改革、建设廉洁政治的重要环节。国有资产管理体制本身就是社会主义政治体制的重要内容。它涉及中国共产党与政府的关系，中央与地方的关系，国有资产产权管理职能部门与行政管理职能部门的关系，国家与国有企业的产权关系，国家与事业单位、政府组织机构的关系，国有资产监管与公共财政体制改革的关系和中国共产党的廉政建设，等等，涉及上层建筑的方方面面。国有资产管理体制的变革与中国共产党的执政体制的变化有密切关系，是政治体制变革的重要组成部分。改革开放前我国的国有资产管理与国家对整个国民经济的管理紧密结合在一起，与当时的党政不分、政企不分、政社不分的政治体制相适应，结果造成行政管理权取代了资产管理权、行政隶属关系取代了产权关系，形成了一种政资不分、政企不分、封闭性的国有资产管理体制。改革开放以后，作为国有资产管理体制改革重要组成部分的国企改革成为中国经济体制改革的重点。国有资产管理体制的建立首先是以实施“政企分开、政资分开、政社分开”为前提的。国有资产管理体制的变革，要求政府放弃国有企业所有者的身份，通过放弃具有经营活动的经济职能而获得国有经济所有者的职能，即建立新的国有资产管理体制，促使政府行政组织与经济组织的分离，改变过去政府行政主管部门集经济管理者职能、行政管理职能、所有者职能于一身的状况。国有资产管理体制的深入改革，要求深化中国政治体制改革，包括：提高中国共产党执政能力，优化执政体制，妥

① 《马克思恩格斯选集》第3卷，人民出版社，1995，第630、631、621页。

② 《中国共产党第十五次全国代表大会文件汇编》，人民出版社，1997，第21页。

善处理党政关系，增强执政成本意识；实现政企分开，政事分开，政社分开；建立廉价政府，推进行政管理体制改革；建立层次清晰、功能定位准确、各司其职、协调高效的国有资产监管和运营机构；建立国有资本经营预算制度和政府公共预算制度；等等。总之，国有资产管理体制改革是政治体制改革的重要环节，它的改革深化有助于推进我国政治体制改革和廉洁政府建设。

国有资产管理体制改革是扩大我国对外开放的要求。改革开放以来，我国国有资产管理体制改革的一个重要动力来自现代经济发展的要求。经济全球化、信息化的要求，要求我国改变原有的高度集中的国有资产管理体制，更好地满足对外开放的要求。正是我国建立了一套适应世界经济发展的国有资产管理体制，使我国的国有企业能够有效应对2008年国际金融危机的冲击。随着我国对外开放力度继续加大，我国的国有资产管理体制必须进一步改革，更好地满足开放的要求，增强我国的竞争力，在全球竞争的大背景下保证我国国有资产的安全完整。

国有资产管理体制改革滞后是困扰我国经济和社会发展的制度性障碍，是经济体制改革和政治体制改革必须直面的难题。我国在探索适应社会主义市场经济体制要求的经营性国有资产管理体制上取得了巨大成就，但是构建适应社会主义市场经济要求、符合人民群众政治民主诉求、适应依法治国方略需要的非经营性国有资产管理体制，还任重而道远。这项改革能否取得突破性进展，不仅关系到国有企业改革的失败，也关系到国家政体的有效运行和执政党自身的命运，而且也是推进社会主义市场经济体制与发展的关键环节。在以公有制为主体的社会主义市场经济体制框架下，如何防止执政党因为掌握巨大的国有资产而腐败、蜕变为社会特权阶层，如何处理政府既是全社会公共事务管理者又是国有资产所有者的身份，如何处理好执政党与政府、社会的关系，如何建立廉洁政治、廉价政府，都是国有资产管理体制改革需要进一步解决的问题。总之，构建一个与社会主义市场经济体制相适应的新型国有资产管理体制，是中国改革发展的必要环节，是加强中国共产党廉洁政治建设，永葆党的先进性、纯洁性需要解决的一个重要而紧迫的问题。

· 第二章 ·

中国共产党的领导是国有资产安全完整和政府廉洁的政治保障

近代中国的历史充分证明，国家能否富强，社会能否稳定，人民能否安居乐业，关键在于有没有一个坚强的先进政党的正确领导。中国共产党由自己的先进性所决定，经过不断努力，依靠人民群众的信赖和支持，取得了执政地位，成为中国特色社会主义事业的领导核心，是社会主义现代化建设的根本保证，也是国有资产安全完整和政治廉洁的政治保障。邓小平同志1993年9月16日同邓垦谈话时明确提出："我们在改革开放初期就提出'四个坚持'。没有这'四个坚持'，特别是党的领导，什么事情也搞不好，会出问题。出问题就不是小问题。社会主义市场经济优越性在哪里？就在四个坚持。四个坚持集中表现在党的领导。"① 他还指出："在过去我们无非是闹革命，革命胜利以后，我们党执了政，掌了权，就要担负起把国家引导到社会主义道路去和进行建设的艰巨任务。"② 中国现代化的社会主义性质决定了共产党的领导地位，中国共产党的先进性决定了只有中国共产党执政才能保证国有资产安全完整和政府廉洁，保证国有资产属于人民所有，为人民使用，为人民服务。保证国有资产的安全完整和政府廉洁就是党执政的重要任务之一。社会主义国家是真正的整个社会的正式代表③，中国共产党受人民所托，管理国家，包括国有资产，保证国有资产的增值保值和安全完整，保证政府的廉洁。中国共产党成立92年来，领导中国人民进行新民主主义革命、进行社会主义革命和建设、进行改革开放，目的就是把积贫积弱的半殖民地半封建的旧中国改造成为欣欣向荣的社会主义新中国，彻底实现民族独立和人民解放，实现国家富强和人民富裕，实现中华民族伟大复兴。这是前无古人、惊天动地的历史伟业，中国共产党为此付出了巨大的牺牲，建立了永不磨灭的功勋，因而赢得了全国各族人民的衷心拥护和支持。历史已经证明，中国共产党是中国工人阶级的先锋队，同时是中国人民和中华民族的先锋队，是全国各族人民利益的忠实代表，中国共产党执政是实现国有资产安全完整和廉洁政府的政治保障。

---

① 中共中央文献研究室编《邓小平年谱（1975～1997）》（下），中央文献出版社，2004，第1363页。

② 《邓小平文选》第1卷，人民出版社，1994，第303页。

③ 《马克思恩格斯选集》第3卷，人民出版社，1995，第621页。

第一节 中国共产党具有独特优势

中国共产党是坚持为真理而斗争、坚持全心全意为人民服务的马克思主义政党，始终同人民群众保持最密切的联系，形成了自己的独特优势。这种优势具有决定性的意义和力量，是中国共产党始终保持先进性和纯洁性的根本法宝，是国有资产安全完整和政府廉洁的内在保证。

中国共产党在长期奋斗中形成了全面的独特优势，包括理论优势、政治优势、组织优势、制度优势和密切联系群众的优势。

第一，理论优势。坚持以马克思主义为指导，并不断推进马克思主义中国化时代化大众化，提高广大党员和干部的思想理论素质，从理论上保持和发展了中国共产党的先进性和纯洁性。

中国共产党成立时就把无产阶级和人类解放的学说——马克思主义鲜明地写在自己的旗帜上，作为党的指导思想。中国在近代历史上落后，关键是思想理念的落后；中华民族无数次奋争之所以失败，关键是没有正确的理论指导。产生于 19 世纪中叶欧洲的马克思主义集人类文明之精华，揭示了社会发展的科学真理，代表了绝大多数人的利益。中国尽管当时相当落后，但是由于中国人学习和接受了马克思主义，就与人类最为先进的理念和由此造成的世界革命形势联系了起来。用这一科学的世界观方法论武装起来的中国共产党人深入地详尽地分析中国的问题，有效地不断解决中国的问题，从而领导人民一步步走向胜利，使中华民族的复兴展现出无限光明的前景。马克思主义传播到中国具有很重要的意义，就是把世界的先进理念带过来。马克思主义列宁主义传过来以后，中国与欧洲最先进的文明联系在一起，掌握了科学的世界观和方法论，眼界打开了，而且跟世界革命运动也联系在一起了。正是因为中国共产党成功找到了马克思主义，并且坚持把马克思主义基本原理同中国具体实际相结合，认识和掌握中国社会发展的客观规律，才能克服各种错误倾向，不断形成革命、建设、改革的正确路线方针政策，不断开辟中国人民救国、建国、兴国的正确道路；也正是因为中国共产党坚持用科学理论武装党员、教育人民，才能指引和鼓舞全党同志团结带领人民群众一往无前地为实现国家富强和民族振兴而奋斗。中国共产党进行革命、建设、改革的整个过程，就是坚持以马克思主义为指导不断认识世界、改造世界的过程；就是坚持立足中国的具体实际、实现和推进马克思主义中国化并不断创造出中国化的理论成果和实践成果的过程；就是用科学理论武装起来的中国共产党人和中国人民不断解放思想、实事求是、与时俱进的过程；就是不断代表中国先进生产力的发展要求、中国先进文化的前进方向和中国最大多数人民的最根本利益的过程。

第二，政治优势。中国共产党通过强有力的思想政治工作，教育广大党员和干部坚定中国特色社会主义信念，坚持贯彻艰苦奋斗、勤俭建国的方针，从政治上保持和发展了中国共产党的先进性和纯洁性。

坚定崇高的政治理想和政治信念以及由此产生的百折不挠的革命意志，始终是中国共产党人战胜各种艰难险阻，不断夺取革命、建设、改革胜利的强大力量源泉，也是中国共产党的巨大政治优势。革命战争年代，千千万万的共产党人不为官、不为钱，不怕艰苦、不怕坐牢，慷慨赴难、从容就义，真正做到了为主义和信仰而奋斗而献身。正如邓小平同志所说的："过去我们党无论怎样弱小，无论遇到什么困难，一直有强大的战斗力，因为我们有马克思主义和共产主义的信念。有了共同的理想，也就有了铁的纪律。无论过去、现在和将来，这都是我们的真正优势。"

1935 年 1 月，红 10 军团军政委员会主席方志敏在北上抗日途中因叛徒出卖被国民党军队抓住。在狱中，面对敌人的严刑和诱降，他的回答是："抛弃自己原来的主义信仰，撕毁自己从前的斗争历史……去出卖可爱的中国，去残杀无辜的工农，那还算是人?！是狗！是猪！是畜生！不，是猪狗畜生不食的东西！"

晚年的张学良曾经回忆，当年和红军作战失败后，他曾经同部下讨论为什么打不过共产党，他问自己的将领，谁能在缺衣少食、围追堵截中把这样的队伍带出来，而且依旧保持着高昂的士气和强悍的战斗力？还不早把人带跑光了？红军为什么打不散，散了还会回来，主要是共产党、红军信仰他的主义，甚至每一个兵，都信仰他们的主义。

在中国近代史上，怀抱各种主义和信仰的政党，似乎都相信自己拥有未来，为什么恰恰是中国共产党掌握了未来呢？因为，在信仰的碰撞和交锋中，共产党人信仰的不仅是真理，还在于他们能够前仆后继、舍生忘死地去实践自己的信仰。就像著名的夏明翰烈士在他的就义诗中说的那样："砍头不要紧，只要主义真。杀了夏明翰，还有后来人。"正是一批又一批的"夏明翰们"的舍身奋斗，才使信仰不再只是纸面上的文字，不再只是口头上的声音，不再只是思想中的空中楼阁，而是一个又一个具体鲜活的目标，而且越来越近。"如果你是一滴水，你是否滋润了一寸土地；如果你是一线阳光，你是否照亮了一分黑暗；如果你是一粒粮食，你是否哺育了有用的生命；如果你是一颗最小的螺丝钉，你是否永远坚守着生活的岗位？如果你要告诉我们什么思想，你是否在日夜宣扬那最美丽的理想？"写下这段文字的，是一个 21 岁的青年战士，一名共产党员，他的名字叫雷锋。1962 年，雷锋在工作中牺牲时，只有 22 岁。就是这么一个普通的年轻人，为什么能够感动那么多人的心灵，影响着一代又一代人的成长？王进喜留下了许多感人至深的名言：有条件要上，没有条件创造条件也要上；宁可少活 20 年，拼命也要拿下大油田；这困难那困难，国家缺油是最大困难；这矛盾那矛盾，国家缺油是最大的矛盾。这些质朴无华的语言，每一句都闪耀着信仰的光芒。这是什么信仰？是共产党人为建设社会主义而艰苦创业的信仰。一个民族要自立于世界民族之林，需要怎样的精神风貌？一个国家，在艰辛创业的奋斗中，能够达到怎样的精神高度？在那段岁月里，中国共产党人的信仰凝结出的创业精神，给了我们答案。给我们提交答案的，远不只王铁人一个人。"我们一切工作干部，不论职位高低，都是人民的勤务员，我们所做的一切，都是为人民服务。"① "共产党人的一切言论行动，必须以合乎最广大人民群众的最大利益，为最广大人民群众所拥护为最高标

① 毛泽东：《一九四五年的任务》，1944 年 12 月 15 日。

准。”①

坚持艰苦奋斗、勤俭建国，建设廉洁政治，是新中国一成立中国共产党就确定的一条重要建国方针，也是中国共产党的政治优势的重要体现。实行这一方针、发挥这一政治优势，不只是因为中国人口多、底子薄，要尽快改变“一穷二白”的落后面貌，全党和全国各族人民必须艰苦奋斗、勤俭办一切事业，而且也是由中国共产党的性质和宗旨所决定的。改革开放以来，绝大多数党员和干部在艰苦奋斗、勤俭建国方面做得是好的。但是也要看到，确有一些党员和干部把艰苦奋斗、勤俭建国的方针渐渐淡忘了，大手大脚花钱，讲阔气、摆排场，搞所谓个人政绩，追求个人享乐。有的党员和干部甚至沉湎于灯红酒绿，以致跌入奢侈腐败的深渊，教训是十分深刻的。中国的经济再发展、国力再提高、生活再富裕，党员和干部仍然要坚持艰苦奋斗、勤俭建国的方针。要精打细算地节约一切可以节约的开支，集中更多的财力、物力用在改善人民群众的物质文化生活上，用在发展社会公益事业上，用在关系国计民生的国家重点工程、战略工程的建设上，用在基础科学和高端应用科学技术的研究与开发上，用在国家持续发展和综合国力的提高上。古人说：“历览前贤国与家，成由勤俭败由奢。”这是古今中外治国理政的一条共有的警世箴言，中国共产党人更应该引为鉴戒。广大党员和干部要始终坚持勤俭为荣、浪费可耻和艰苦为荣、奢侈可鄙的良好风尚，任何时候都不能丢掉艰苦奋斗、勤俭建国、建设廉洁政治这个党和国家的传家宝。

第三，组织优势。中国共产党坚持健全党的组织体系和完善党的组织方式，建设高素质干部队伍和人才队伍，做好抓基层打基础工作，从组织上保持和发展了党的先进性和纯洁性。

马克思主义政党力量的凝聚和运用，在于科学的组织。中国共产党按照马克思主义建党原则，建立了由党的中央组织、地方组织和基层组织构成的科学严密的组织体系，使全党形成一个统一整体，为实现共同目标而奋斗。

中国共产党始终是以实现中华民族伟大复兴为己任，具有高度责任感和使命感的党。中国共产党是由一批有崇高理想、远大抱负、献身精神，高度负责的先进分子所组成的，是中国工人阶级先锋队和中华民族的先锋队，从诞生之日起就承担起领导民族复兴的历史重任，并为之进行了艰苦卓绝、前赴后继的不懈奋斗。在民族复兴的道路上的每一步，共产党人总是冲在最前头，以大无畏的牺牲精神带领和感动着中国人民，他们是革命的先锋、建设的英模、改革的闯将。没有中国共产党的坚强领导和浴血奋斗就不会有国家和民族今天的辉煌。

共产党员“要遵守纪律。纪律就是规则。共产党的纪律是铁的纪律，什么人都不能够违纪，违了，个人就要受处罚。党要我们做的事，我们不去做，是违纪律，党不准我们做的事，我们去做，更是违反纪律。每个同志，只能在纪律范围内行动，跳出纪律范围一步，就不行了。”②

现在，中国共产党已发展成为拥有 400 多万个基层组织、8200 多万名党员的大党、执政

① 《论联合政府》,《毛泽东选集》第 3 卷，人民出版社，1991，第 1096 页。

② 《共产党员守则二十二条》，引自《闽北党史文件汇编》第 11 期。

党，集中了全国数量众多的先进分子和各方面优秀人才，具有强大的组织动员力。这是巨大的组织资源和组织优势。充分运用党的组织资源，把各级党委的核心领导作用和基层党组织的战斗堡垒作用发挥好，把广大党员的先锋模范作用和领导干部的骨干带头作用发挥好，党和国家事业的发展就有了可靠的组织保证，国有资产的安全完整和政府廉洁就获得了强大的组织保障。

第四，制度优势。中国共产党坚持民主基础上的集中和集中指导下的民主相结合，巩固党的团结统一和增强党的创造活力，从制度上保持和发展了党的先进性和纯洁性。

民主集中制是中国共产党的根本组织制度和领导制度，它正确规范了党内政治生活、处理党内关系的基本准则，是反映、体现全党和全国人民利益与愿望，保证党的路线方针政策正确制定和执行的科学的合理的有效率的制度。因此，这是中国共产党最大的制度优势。中国共产党要结合新的实际发挥好这个优势，把切实推进党内民主、促进党内和谐与维护党的纪律、增进党的团结有机统一起来，充分发挥各级党组织和广大党员的积极性创造性，努力在党内造成有集中又有民主，有纪律又有自由，有统一意志又有个人心情舒畅、生动活泼的政治局面。

第五，密切联系群众的优势。中国共产党坚持党的根本宗旨，坚持人民群众的主体地位，贯彻党的群众路线，使党的一切工作充分体现人民群众的意志、利益和要求，从作风上保持和发展了党的先进性和纯洁性。

中国共产党是在同人民群众的密切联系中成长、发展、壮大起来的。人民是党的力量之源和胜利之本。没有人民的支持，中国共产党就不可能生存和发展，就一事无成。因此，密切联系群众是中国共产党的最大优势。中国共产党任何时候都不能削弱和丢掉这个优势，否则党的一切工作就会成为无源之水、无本之木，就会招致挫折和失败。

共产党人始终把人民的利益作为自己言行的根本出发点和归宿，自觉抵制剥削阶级思想的侵蚀，抵制各种物质的诱惑，树立公而忘私的精神，绝不以权谋私。土地革命战争时期，赣东北明文规定："不得贪污，贪污行为是共产党员最严禁的事。一个党员，除了努力赚得的工资及生活费外，小到一枚铜元，大到几千万，都不能贪污。在外私自贪赃受贿，吃铜（元）打假账，只有请他滚出党外去!"

中国共产党的根基在人民，人民是中国共产党的上帝。中国共产党始终代表人民利益，与人民打成一片。党成立后，就注意处处维护群众利益。中国共产党的第二次全国代表大会《关于共产党的组织章程决议案》指出："我们既然是为无产阶级群众奋斗的政党，我们便要'到群众中去'，要组成一个大的'群众党'"，"我们的组织与训练必须是很严密的集权的有纪律的，我们的活动必须是离不开群众的"，"党的一切运动都必须深入到广大的群众里面去。"①1931 年《中华苏维埃共和国临时政府对外宣言》庄严宣布：中华苏维埃共和国临时中央政府是"中国工农兵以及一切劳苦民众的政权"。中央苏区推行苏维埃民主化，"政府工作人员由

① 《中共中央文件选集》第1册（1921～1925），中共中央党校出版社，1989，第90～92页。

选举而任职，不胜任的由公意而撤换。一切问题的讨论解决根据于民意。”① 抗日战争时期，党采取措施切实保障人民的民主权利。

中国共产党执政以后，有了更好地为人民服务的条件和密切联系群众的环境，同时由于党的历史方位和社会环境的变化，也增加了脱离群众和腐败的危险。这种危险以及其他危险和考验，需要引起高度重视。正如胡锦涛同志在庆祝中国共产党成立90周年大会上的讲话所指出的：“执政考验、改革开放考验、市场经济考验、外部环境考验是长期的、复杂的、严峻的。精神懈怠的危险，能力不足的危险，脱离群众的危险，消极腐败的危险，更加尖锐地摆在全党面前。”全党特别是各级领导干部务必保持清醒的头脑，强化政治意识、大局意识、责任意识、忧患意识，增强自我净化、自我完善、自我革新、自我提高能力，充分发挥党密切联系群众的优势，经受住“四个考验”，消除“四个危险”，为党和人民事业不断作出自己的贡献。

始终坚持全心全意为人民服务的根本宗旨，是中国共产党始终得到人民拥护和爱戴的根本原因，对于充分发挥党密切联系群众的优势至关重要。中国共产党任何时候都必须把人民利益放在第一位，把实现好、维护好、发展好最广大人民根本利益作为一切工作的出发点和落脚点，诚心诚意为人民群众谋利益。在实行改革开放和发展社会主义市场经济条件下，共产党员仍然要讲奉献，讲个人利益服从集体利益、局部利益服从全局利益、当前利益服从长远利益；仍然要坚持把人民利益放在最高位置，尊重人民主体地位，尊重人民首创精神，想群众之所忧，急群众之所难，谋群众之所需，从人民最关心最直接最现实的利益问题入手，实实在在为群众解难事、办好事，把党的宗旨落实到各项工作中。

党的群众路线是实现党的思想路线、政治路线和组织路线的根本工作路线，必须贯穿于党的全部工作中。各级领导干部要坚持工作重心下移，经常深入实际、深入基层、深入群众，真诚倾听群众呼声，真实反映群众愿望，真情关心群众疾苦，拜群众为师，向群众问计，从群众的实践中汲取营养、增长智慧，不断提升新形势下做好群众工作的本领。

中国共产党党员应自觉地将自己置身于人民群众的批评监督之下。抗日战争初期，军队中出现了少数人以受国民党委任为荣，不愿继续过艰苦生活的现象。当年，在延安流传着这样一件事：有一天，毛泽东接见从前方来的一位旅长。那位旅长送上一张名片，上面写着：国民革命军第八路军少将旅长×××。毛泽东看了名片笑了笑，问他八路军作战的情况，又问及历次战斗中死了多少共产党员。旅长答不出，毛泽东严肃而亲切地说：“每个共产党员都是我们的亲兄弟，你连他们牺牲多少都不知道，却在名片上印上自己的少将头衔。少将有什么值得夸耀的？不要学国民党那一套官牌子吓人的作风！”

抗战时，彭德怀在北方局党校讲话中指出：要教育党员干部懂得“在敌后根据地内，贪污是不合法的、可耻的行为”，而“根据地内取消了高官厚禄，打破了官贵民贱的封建官僚传统，行政人员的生活费和津贴，甚至比雇农的工资还低，这是真正自觉的为人民服务，而不是

---

① 《中央革命根据地史料选编》，江西人民出版社，1982，第309页。

为了金钱名位，只有人类的先进才能做到这一点。"①

淮北区党委1941年1月9日发出的《关于开展节约运动反对贪污浪费的决定》，指出，"要使每个干部每个工作人员每个事务人员，都认识我们吃的粮、穿的衣、用的钱，都是广大劳动人民辛苦劳动成果。每个人都知道爱惜公物、公粮、公款，视公家财产如自己的生命。""要造成反贪污、反腐化、反浪费的健全舆论，使每个干部了解贪污、腐化、浪费与共产主义原则与抗战革命原则是不相容的，与广大人民的利益是冲突的，以提高干部的群众观念，坚定革命立场，来根本扫除贪污腐化浪费的思想。同时又要适当解决干部家属的生活困难，确定其待遇，这也是引导干部廉洁奉公的必要措施。"

"用最少的钱，办最多的事"成了各抗日根据地的信条。苏皖边区，加强廉政建设后"办事处统辖九个县，而每月的支出只等于过去一个县政府的支出"②，大大节省了开支，这与国统区、敌占区公然舞弊，贿赂横行，以贪污为能事，以清廉为傻瓜的现象有天壤之别。晋察冀"虽然津贴每月不过几元，同志并不感到有什么不够、甚至有生活上的痛苦，相反的养成了晋察冀政府工作上的淳朴作风"。③ 在晋察冀边区政府成立两周年纪念大会上，军区政治部送给政府一面绣有"廉洁政府"字样的锦旗，向真正为人民谋利益的政府表达了崇高的敬意。毛泽东将其总结为"这里一没有贪官污吏，二没有土豪劣绅，三没有赌博，四没有娼妓，五没有小老婆，六没有叫花子，七没有结党营私之徒，八没有萎靡不振之气，九没有人吃摩擦饭，十没有人发国难财"。④

1942年陕甘宁边区政府在《陕甘宁边区简政实施纲要》中要求党政干部厉行节约，反对奢侈浪费。"除保证给养外，其他消费，概须厉行节省。要提倡节俭朴素，避免铺张浪费"，"要减少公差公马，提倡动手动脚"，"坚持廉洁节约作风，严厉反对贪污腐化现象。"⑤

从1921年到1949年，中国共产党领导的革命中，有名可查的烈士就达370万人。在世界政党史上，有哪一个政党像中国共产党这样，为了践行和坚守自己的信仰，付出了如此巨大而惨烈的牺牲？

全心全意为人民利益奋斗的共产党，得到了人民群众全心全意的支持。人民群众用小米哺育了苏区、边区、解放区，用肩膀支撑起了土地革命战争、抗日战争、解放战争，用无数子弟的鲜血，染红了党旗、军旗和新中国的国旗。

"没有共产党，就没有新中国"，这是中国人民基于自己的切身经验所确认的客观真理。这一点，甚至也得到了来自国民党营垒的一些人士的肯定。1949年6月26日，留在北平的原国民党政府代表团团长张治中在他所发表的《对时局的声明》中说："我居留北平已八十多天

---

① 山西省委党史研究室编《中共山西历史资料丛书·抗日战争时期〈二〉》，山西人民出版社，1986，第29页。

② 新四军和华中抗日根据地研究会：《新四军和华中抗日根据地史料选》第三辑，上海人民出版社，1986，第145页。

③ 李公朴：《华北敌后——晋察冀》，生活·读书·新知三联书店，1979，第111页。

④ 《毛泽东选集》第2卷，人民出版社，1991，第718页。

⑤ 《陕甘宁边区政府文件选编》（第3辑），第173页。

了，以我所见所闻的，觉得处处显露出一种新的转变、新的趋向，象征着我们国家民族的前途已显露出新的希望。”他还说：“我以国民党一分子的立场只有感到无限的惭疚，但是站在国民一分子的立场说，又觉得极大的欣慰。我们中国人毕竟还有能力把国家危机挽转过来，还可希望把国家搞好，断不是一个没出息的民族，已可得到证明。”

92 年来党的发展历程告诉我们，党的根基在人民，党的血脉在人民，党的力量在人民，党的成败在人民；来自人民、植根人民、服务人民，是我们党永远立于不败之地的根本。以人为本、执政为民是我们党的性质和全心全意为人民服务根本宗旨的集中体现，是指引、评价、检验我们党一切执政活动的最高标准。密切联系群众是我们党的最大政治优势，脱离群众是我们党执政后的最大危险。如果党脱离群众，就会失去群众的支持，从根本上失去先进性，以致最终失去执政资格。我们必须始终把人民利益放在第一位，把实现好、维护好、发展好最广大人民根本利益作为一切工作的出发点和落脚点，做到权为民所用、情为民所系、利为民所谋，使我们的工作获得最广泛最可靠最牢固的群众基础和力量源泉。每一个共产党员都要把人民放在心中的最高位置，尊重人民的主体地位，尊重人民的首创精神，拜人民为师，把政治智慧的增长、执政本领的增强深深扎根于人民的创造性实践之中。要高度重视并切实做好新形势下的群众工作，坚持问政于民、问需于民、问计于民，真诚倾听群众呼声，真实反映群众愿望，真情关心群众疾苦，依法保障人民群众的经济、政治、文化、社会等各项权益。只有我们把群众放在心上，群众才会把我们放在心上；只有我们把群众当亲人，群众才会把我们当亲人。各级党政机关和干部要坚持工作重心下移，经常深入实际、深入基层、深入群众，做到知民情、解民忧、暖民心。要把基层一线作为培养锻炼干部的基础阵地，引导干部在同群众朝夕相处中增进对群众的思想感情、增强服务群众的本领。要把服务群众、做群众工作作为基层党组织的核心任务和基层干部的基本职责，使基层党组织成为推动发展、服务群众、凝聚人心、促进和谐的坚强战斗堡垒。

以上这些优势，保证了中国共产党坚持马克思主义中国化并用中国化的理论成果武装起来，独立自主、自力更生地不断开创事业发展新局面；保证了中国共产党坚持远大理想与具体历史阶段奋斗纲领相统一，始终站在时代前列引领着中国社会前进的正确方向；保证了中国共产党能够集中中国工人阶级和中国人民、中华民族的先进分子，集中全国各个领域中德才兼备的优秀人才，充分发挥出他们在人民群众中的先锋模范作用；保证了中国共产党坚持按照民主集中制原则建立严密的组织体系和铁的纪律，形成有民主又有集中基础上的团结统一，因而具有强大的战斗力。正是这些优势的全面形成和坚持发挥，使中国共产党能够由小到大、由弱到强，团结带领全国各族人民谱写了中国革命、建设、改革的壮丽篇章，根本改变了中国人民和中华民族的前途和命运。

历史和现实一再证明，中国共产党内在的这些优势说明，在中国只有中国共产党执政才能实现国有资产的安全和政府的廉洁。

第二节 中国共产党没有任何私利

中国共产党是中国工人阶级的先锋队和中华民族的先锋队。“我们一切工作干部，不论职位高低，都是人民的勤务员，我们所做的一切，都是为人民服务”。[①]“共产党人的一切言论行动，必须以合乎最广大人民群众的最大利益，为最广大人民群众所拥护为最高标准”。[②]

中国共产党是一个没有任何私利的政党，始终代表中国最广大人民的根本利益。马克思、恩格斯指出：“过去的一切运动都是少数人的或者为少数人谋利益的运动。无产阶级的运动是绝大多数人的、为绝大多数人谋利益的独立的运动。”[③] 在这史无前例的、纯粹的和高尚的运动中，共产党人“没有任何同整个无产阶级的利益不同的利益。”[④] 毛泽东指出：“共产党是为民族、为人民谋福利的政党，它本身决无私利可图。”[⑤] 邓小平指出：“中国共产党员的含意或任务，如果用概括的语言来说，只有两句话：全心全意为人民服务，一切以人民利益作为每一个党员的最高准绳。”[⑥] 江泽民《在庆祝中国共产党成立八十周年的讲话》中指出：“我们党要始终代表最广大人民的根本利益，就是党的理论、路线、纲领、方针、政策和各项工作，必须坚持把人民的根本利益作为出发点和归宿，充分发挥人民群众的积极性主动性创造性，在社会不断发展进步的基础上，使人民群众不断获得切实的经济、政治、文化利益。”[⑦]

中国共产党没有自己特殊的利益，是中国共产党能够避免腐败、保证廉洁的先天基因。中国共产党没有自己的私人利益并不是否定在不损害“中国最广大人民的根本利益”前提下拥有自己的正当的私人利益。

作为一个无私利的政党，中国共产党自诞生以来，始终代表最广大的中国人民的最根本利益，代表中国的公共利益。让全体人民生活得更好、更幸福，是中国共产党一切工作的出发点和落脚点，更是中国共产党领导发展的根本目的所在。

中国共产党成立后，就全心投入到为人民翻身解放和共同富裕的斗争中，为人民的幸福抛头颅洒热血。

中共二大指出：“我们既然是为无产群众奋斗的政党，我们便要‘到群众中去’，要组成一个大的‘群众党’。”

中国共产党成立后的第二年到第三年，就掀起了中国近代史上第一次工人运动高潮，罢工100多次，罢工工人30多万，运动持续13个月之久。1922年5月在广州召开的第一次全国劳动大会，成为中国工人阶级的第一次全国性盛会，代表们来自110多个工会，代表34万有组

① 毛泽东：《一九四五年的任务》，1944年12月15日。
② 《论联合政府》，《毛泽东选集》第3卷，人民出版社，1991，第1096页。
③ 《马克思恩格斯选集》第1卷，人民出版社，1995，第283页。
④ 《马克思恩格斯选集》第1卷，人民出版社，1995，第285页。
⑤ 《毛泽东选集》第3卷，人民出版社，1991，第809页。
⑥ 《邓小平文选》第1卷，人民出版社，1994，第257页。
⑦ 江泽民：《论党的建设》，中央文献出版社，2001，第505页。

织的工人。

中国共产党领导的工人斗争，显示了中国工人阶级的坚定的革命性和坚强的战斗力，扩大了中国共产党在全国的政治影响。

此情此景，令孙中山感慨不已。他对追随者说："我们的革命运动，黄花岗、潮州之役，人数极少；镇南关之役不过200人；钦廉之役不过100余人；现在中共组织工农运动，群众一起来，动辄成千逾万；开滦罢工、'二·七'罢工规模浩大，震惊中外，其势尤不可侮!"

孙中山正是从这个斗争中，认识到中国共产党是一支新兴的、生机勃勃的革命力量，因而下决心同它进行合作的。1923年，孙中山决定与中共进行政治合作。夫人宋庆龄问他，为什么作这样的决定，他回答："国民党正在堕落中死亡，因此要救活它就需要新鲜血液。"

1965年8月3日，毛泽东在与法国总统戴高乐的特使马尔罗交谈时，马尔罗问："我认为在毛主席之前没有任何人领导过农民革命获得胜利。你们是如何启发农民这么勇敢的?"毛泽东回答："这问题很简单。我们同农民吃一样的饭，穿一样的衣，使战士们感受到我们不是一个特殊阶层。我们调查农村阶级关系，没收地主阶级的土地，把土地分给农民。"①

中国共产党人充分地尊重人民的各项民主权利。共产党执政就是领导和支持人民掌握管理国家的权力，实行民主决策、民主管理和民主监督，保证人民依法享有广泛的权利和自由，尊重和保障人权。

毛泽东在抗日战争期间说："在今日，谁能领导人民驱逐日本帝国主义，并实施民主政治，谁就是人民的救星。"② 一个美国记者说："不管共产党人距离完善的民主还有多么遥远，不管他们那些糊涂的朋友为他们捧场的话有多么夸张，但是共产党毕竟唤醒了千百万中国农民，使他们认识到自己有权选举官员，从而向民主迈进了巨大的一步。"③

中国共产党始终把大力促进民生建设、加强廉洁政治建设作为执政为民的根本落脚点。进入21世纪以来，从"立党为公、执政为民"，到"群众利益无小事"，从"发展为了人民、发展依靠人民、发展成果由人民共享"，到"把人民拥护不拥护、赞成不赞成、高兴不高兴、答应不答应作为制定各项方针政策的出发点和落脚点"，从"真诚倾听群众呼声，真实反映群众愿望，真情关心群众疾苦"，到"务必解决群众最关心、最直接、最现实的利益问题"，中国共产党一再强调的这些执政理念，体现出中国共产党人的民本情怀。

2002年12月5日，党的十六大闭幕不久，刚刚担任中共中央总书记的胡锦涛就来到西柏坡，在一组被称为"赶考"的雕塑前久久凝望。在西柏坡，胡锦涛同志殷殷告诫："权为民所用，情为民所系，利为民所谋。"2003年提出的科学发展观明确要求，"坚持以人为本，就是要以实现人的全面发展为目标，从人民群众的根本利益出发谋发展、促发展，不断满足人民群众日益增长的物质文化需要，切实保障人民群众的经济、政治和文化权益，让发展的成果惠及

---

① 《毛泽东传（1949～1976）》（下），中央文献出版社，2003，第1393～1394页。

② 《毛泽东选集》第2卷，人民出版社，1991，第674页。

③ 〔美〕杰克·贝尔登：《中国震撼世界》，北京出版社，1980，第107～108页。

全体人民”。2007 年党的十七大报告提出，“社会建设与人民幸福安康息息相关。必须在经济发展的基础上，更加注重社会建设，着力保障和改善民生，推进社会体制改革，扩大公共服务，完善社会管理，促进社会公平正义，努力使全体人民学有所教、劳有所得、病有所医、老有所养、住有所居，推动建设和谐社会。”“十二五”规划提出“居民收入增长和经济发展同步”等目标，外国媒体由此感言，“改善民生已成为中国经济政策的主轴”。随着科学发展观的深入贯彻，民生进程不断加速，社会保障广泛覆盖，人民生活显著改善，经济社会呈现全面发展、协调推进的良好态势。党的十八大提出大力保障和改善民生，实现改革成果人民共享。

作为一个毫无私利的政党，中国共产党始终不渝地接受人民群众的监督。

1945 年 7 月，毛泽东回答国民参政员黄炎培如何跳出历史“周期率”问题时，说：“我们已经找到了新路，我们能跳出这周期率。这条新路，就是民主。只有让人民来监督政府，政府才不敢松懈。只有人人起来负责，才不会人亡政息。”

接受人民群众的监督，一个重要方面是接受大众舆论监督。朱德同志在论述新闻监督的重要性时曾指出：“有人受了处分，只要不公布出来，那他还是满不在乎的。如果我们把它公布出来，在报纸上一登，到处都传遍了，他们的错误行为再也隐蔽不起来了。”① 一些干部不怕处分上告，就怕广播登报。中国共产党非常重视新闻舆论的监督作用。

抗战时，中共中央要求在政府工作的党员“以艰苦奋斗接近民众、保护民众利益的模范作用，改造过去时代腐败的政治机构，实行政府的民选，澄清中国几千年来的政民对立的管理制度，肃清贪赃枉法无恶不作的衙门恶习……使边区各级政府真正成为民众自己的政府，真正成为全民族需要的、抗日的、民主的、廉洁的政府。”

1950 年 4 月 19 日，中共中央专门作出《关于在报纸刊物上展开批评和自我批评的决定》，允许在报纸刊物上公开对党和政府机关不良现象进行批评和自我批评。为了更好地发挥舆论监督作用，党中央特地规定：凡在报纸上公布的批评，都由报纸刊物的记者和编辑负独立的责任。改变过去把批评党和政府的组织与人员的稿件送给被批评的组织和人员阅看，在征得他们的同意后，才加以发表的做法。批评在报纸刊物上发表后，如完全属实，被批评者应即在同一报纸刊物上声明接受并公布改正错误的结果。如有部分失实，被批评者立即在同一报纸刊物上作出实事求是的改正，而接受批评的正确部分。如被批评者拒绝表示态度，并对批评者加以打击，即应有党的纪律检查委员会予以处理。为了发挥新闻媒介的导向作用，毛泽东在 1953 年 1 月发出要报纸刊物上揭发坏人坏事、表扬好人好事的指示，要求在宣传上要在公开揭发坏人坏事的同时，还要对坚持原则、勇于同坏人坏事作斗争的好人好事给予大力的宣传和表扬，使正气压倒邪气。因此，新闻舆论在 20 世纪 50 年代树立良好的风气和政治思想教育中发挥了强有力的作用。后来这一制度没有坚持继续完善下来。这在当前应该继续发挥大众传媒的作用，对化解“四个危险”起到积极作用。

人民群众的眼睛是雪亮的，对于不正之风他们也最痛恨。贪污蜕化分子再隐蔽再狡猾，也

---

① 转引自王关兴、陈挥著《中国共产党反腐倡廉史》，上海人民出版社，2001，第 231 页。

逃不出群众的眼睛。发动群众进行检举，是20世纪50年代群众性监督的主要形式。薄一波同志曾说过："只有充分地开展了检举运动，才能使一切贪污浪费和官僚主义的行为失去隐蔽的地方。也只有在全国人民中、在所有工作人员中培养检举的习惯，才能使具有贪污浪费和官僚主义行为的人们有所戒惧。"①

邓小平在党的八大作的报告中指出："我们需要实行党的内部的监督，也需要来自人民群众和党外人士对于我们党的组织和党员的监督。"②

作为一个无私利的政党，中国共产党始终不渝地保持着革命精神。

党在革命斗争中形成的革命精神，是共产党人的政治本色，是共产党人的重要标志。在和平建设时期，共产党人应该像毛泽东同志要求的，"我们要保持革命战争时期的那么一股劲，那么一股革命热情，那么一种拼命精神，把革命工作做到底。""只要你还能工作就多多少少应当工作。而工作的时候就要有一股革命热情，就要有一种拼命精神。有些同志缺乏这种热情，缺乏这种精神，停滞下来了。这种现象不好，应当对这些同志进行教育。"③

邓小平同志在改革开放初期指出："毛泽东同志说过：人是要有一点精神的。在长期革命战争中，我们在正确的政治方向指导下，从分析实际情况出发，发扬革命和拼命精神，严守纪律和自我牺牲精神，大公无私和先人后己精神，压倒一切敌人、压倒一切困难的精神，坚持革命乐观主义、排除万难去争取胜利的精神，取得了伟大的胜利。搞社会主义，实现四个现代化，同样要在党中央的正确领导下，大大发扬这些精神。如果一个共产党员没有这些精神，就决不能算是一个合格的共产党员。不但如此，我们还要大声疾呼和以身作则地把这些精神推广到全体人民、全体青少年中间去，使之成为中华人民共和国的精神文明的主要支柱，为世界上许多精神空虚、思想苦闷的人们所羡慕。"

1980年12月25日，邓小平在中央工作会议上的讲话中指出："要教育全党同志发扬大公无私、服从大局、艰苦奋发、廉洁奉公的精神，坚持共产主义思想和共产主义道德。我们要建设的社会主义国家，不但要有高度的物质文明，而且要有高度的精神文明。""学习和培养这些革命精神，并不需要多么好的物质条件，也不需要多么高的教育程度。我们不是靠马克思主义的科学理论和上述的革命精神参加革命到现在吗？从延安到新中国，除了靠正确的政治方向以外，不是靠这些宝贵的革命精神吸引了全国人民和国外友好人士吗？没有这种精神文明，没有共产主义思想，没有共产主义道德，怎么能建设社会主义？党和政府愈是实行各项经济改革和对外开放的政策，党员尤其是党的高级负责干部，就愈要高度重视、愈要身体力行共产主义思想和共产主义道德。否则，我们自己在精神上解除了武装，还怎么能教育青年，还怎么能领导国家和人民建设社会主义！"④

江泽民同志说过："我们今日为之奋斗的建设事业，是老一辈革命家开创的革命事业的继

① 转引自王关兴、陈挥著《中国共产党反腐倡廉史》，上海人民出版社，2001，第232页。
② 《邓小平文选》第1卷，人民出版社，1994，第215页。
③ 《毛泽东著作选读》下册，人民出版社，1986，第800~801页。
④ 《邓小平文选》第2卷，人民出版社，1994，第367页。

续。实现中国现代化的宏伟目标，我们还有很长的路要走，任何时候都不能涣散革命意志，懈怠奋斗精神。”①

作为一个无私利的政党，中国共产党始终不渝地发扬艰苦奋斗的作风。

艰苦奋斗是共产党人的政治本色，是中国共产党的光荣传统，是中国共产党保持同人民群众密切联系的一个法宝，也是一个干部特别是领导干部必须具备的政治素质。一个国家、一个民族、一个政党，如果不提倡艰苦奋斗、勤俭建国，只想在前人创造的物质文明成果上坐享其成，贪图享乐，不图进取，这样的国家，这样的民族、这样的政党，是毫无希望的，没有不走向衰落的。

清贫，是革命者的阶级本色，无论在革命成功前的清贫生活中，还是在革命成功后比较富裕的生活中，清贫思想都是革命者纯洁革命品德和保持革命精神的原动力。当然，清贫生活本身不是革命的目的，革命的目的是追求物质上和精神上的富裕生活。但是，革命者追求的富裕，是人民大众的共同富裕，不是少数人的富裕，否则革命就失去了意义，革命者就失去了生活的理想。共产党人吃苦在前，享受在后。在通向共同富裕的道路上，共产党人应该先让群众富裕起来，自己先行致富也是为了带动和帮助群众致富。

1977 年 7 月 21 日，邓小平在中共十届三中全会上号召全党：“要搞好我们的党风、军风、民风，关键是要搞好党风。”“把毛泽东同志的建党学说和党的一整套作风恢复起来，发扬起来”②。同年 8 月 23 日，邓小平在军委座谈会上提出：要“恢复我们军队的传统作风”，“概括地说，这种作风就是艰苦奋斗的作风，实事求是的作风，群众路线的作风”。③ 1978 年 6 月 2 日，在全军政治工作会议上，邓小平再次明确指出：“整顿领导班子，一个重要方面就是要作风整顿好。各级领导人的作风要转变，要解决官僚主义的问题、不深入实际的问题。”“要雷厉风行，艰苦奋斗，紧张快干。”“艰苦奋斗，也要高级干部带头。”“现在，不正之风很突出，要先从领导干部纠正起。群众的眼睛都在盯着他们，他们改了，下面就好办。”④“我们的毛泽东同志、周恩来同志以身作则，严于律己，艰苦奋斗，几十年如一日，成为我党我军优良传统和作风的化身。他们的感人事迹在全党、全军、全国人民中，发生了多么巨大和深远的影响！不仅影响到我们这一代，而且影响到子孙后代。我们的干部，特别是老干部，要以毛泽东同志、周恩来同志为榜样，用实际行动搞好传帮带。”⑤

自力更生、艰苦奋斗，无论是过去、现在，还是将来，都是中华民族自尊、自主、自强的基本立足点。共产党人应该保持艰苦奋斗的本色，坚持勤俭建国、勤俭办一切事业的方针，反对浪费，坚决抵制铺张排场、奢侈挥霍、纸醉金迷。

作为一个无私利的政党，中国共产党始终注意防止党内特权。

---

① 《毛泽东邓小平江泽民论世界观人生观价值观》，第 594 ~ 595 页。
② 《邓小平文选》第 2 卷，人民出版社，1994，第 46 页。
③ 《邓小平文选》第 2 卷，人民出版社，1994，第 62 页。
④ 《邓小平文选》第 2 卷，人民出版社，1994，第 123 页。
⑤ 《邓小平文选》第 2 卷，人民出版社，1994，第 125 页。

在共产党内，任何人都不得有任何特权。特权思想对于共产党员来说，“是不可思议的，是一种侮辱。”① 邓小平在党的八大上作的关于修改党的章程的报告中指出：“有一部分有功劳有职位的党员正是认为，他们的行为是不受约束的，这是他们的‘特权’。并且有一部分党的组织，也正是默认了他们的这种想法。事实上，任何抱有这种想法或者支持这种想法的人，就是帮助党的敌人腐蚀我们的党。任何以‘老爷’自居的人，都以为党是少不了他们的，事实上恰恰相反，我们党不但不需要，而且不允许有任何在遵守党员义务方面与众不同的老爷。”②

1956 年 11 月中旬，党的八届二中全会根据波匈事件暴露出来的执政党建设的问题，提出了防止各级领导人特殊化，防止产生“特权阶层”的重要思想和主张。刘少奇在会上所作的《目前时局问题的报告》中指出：“为了把我们的工作做好，要特别注意一个问题，就是我们党的以及我们国家的领导机关和各级领导人员，无论如何也不要脱离工农群众，这是一个根本问题。”“鉴于若干社会主义国家的情况，国家的领导人有可能（也不一定有）成为一种特殊的阶层，特殊的‘统治阶层’。”“如果我们不注意，让其自流的话，在我们这些国家，也可能产生一种新的‘贵族阶层’。在工人阶级里面可以产生，在共产党里面也可产生。”③ 周恩来在八届二中全会上指出：“在中国还有中国的特点，那就是封建性很大。我们尽管打倒了封建主义，但封建官僚的习俗在社会上还存在着。脱离群众，高高在上，生活特殊，讲究排场，中国的统治阶级过去是这样的，我们也很容易这样做。”④ 刘少奇在报告中提出了防止“特权现象”和“特权阶层”的具体办法。他说：“对这个问题，我们要采取一些办法，采取一些措施，要引起注意，在党内、在人民中间进行教育。此外，还要规定一些必要的制度，使我们这个国家发展下去将来不至于产生一种特殊阶层，站在人民头上，脱离人民。”“要加强人民群众对领导机关的监督，订出一种群众监督的制度，使我们的领导机关和领导人员接近人民群众。”对“国家领导人员的权力应该有一定的限制，什么事情他有多大的权力，什么事情不准他做，应该有一种限制。”“我们国家领导人员的生活水平应该接近人民的生活水平，不要过分悬殊。最高工资同最低工资不要相差过大，过分悬殊，经验证明这是不好的，会脱离群众。”“一些特殊的待遇，也可以叫特权，应该取消。”⑤ 毛泽东在全会闭幕时的讲话中号召全体国家工作人员发扬艰苦朴素的作风，与群众同甘共苦，反对铺张浪费现象，用整风的方法，同主观主义、官僚主义和宗派主义作斗争。

1957 年毛泽东在一次讲话中指出：“少奇同志讲了，我们可以成为一个贵族阶层的，人数几百万，主要的就是那么几十万到百把万，我看无非是十八级以上的（周恩来同志插话：县委以上），县委以上有几十万，命运就掌握在县委以上的手里头，如果我们不搞好，也不是像

---

① 《论共产党员的修养》（1939 年 7 月），《刘少奇选集》上卷，人民出版社，1981，第 145 页。

② 《邓小平文选》第 1 卷，人民出版社，1994，第 243 页。

③ 刘少奇：《要防止领导人的特殊化》（1956 年 11 月 10 日），《党的文献》1988 年第 5 期。

④ 《周恩来选集》下卷，人民出版社，1984，第 230 页。

⑤ 刘少奇：《要防止领导人的特殊化》（1956 年 11 月 10 日），《党的文献》1988 年第 5 期。

今天好多同志所讲的艰苦奋斗”，“我们一定会被革掉”①。

“文化大革命”结束后，邓小平在《高级干部要带头发扬党的优良传统》这篇讲话中指出：“我们脱离群众，干部特殊化是一个重要原因。干部搞特殊化必然脱离群众。”“脱离群众，脱离干部，上行下效，把社会风气带坏了。”“为了整顿党风，搞好民风，先要从我们高级干部整起。”②

邓小平还指出：“克服特权现象，要解决思想问题，也要解决制度问题。公民在法律和制度面前人人平等，党员在党章和党纪面前人人平等。”③

1980 年党的十一届五中全会通过的《关于党内政治生活的若干准则》第十一条规定：“接受党和群众的监督，不准搞特权。各级领导干部都是人民的公仆，只有勤勤恳恳为人民服务的义务，没有在政治上、生活上搞特殊化的权利。共产党员和干部应该把谋求特权和私利看成是极大的耻辱。各级领导干部必须保持和发扬我党艰苦奋斗，与群众同甘共苦的光荣传统。”

作为一个无私利的政党，为了防止党员谋私利，中国共产党自诞生以来就始终注意反对腐败、建设廉洁政治，坚持党要管党、从严治党，提高管党治党水平，永葆党的先进性和纯洁性。

中国共产党是无产阶级的先锋队，具有严密的组织和严格的纪律。“党的纪律是铁一般的纪律”④，“一切党员不分上下都必须全部和无条件承认党的纪律!”⑤ 党要管党、从严治党是我们党的一贯要求和优良传统，也是我们党能够始终保持强大生命力和战斗力的根源所在。

中国共产党自成立起就建立了严密组织并制定了严格的纪律。在领导新民主主义革命过程中，就十分重视革命队伍的拒腐防变问题，注意革命政府的廉洁，防止自身的官僚化，把党内不合格的党员和腐败变质分子及时地清理出去，维护了党的纯洁性。新中国成立初期，从1950 年 5 月开始在全党范围进行了大规模整风，克服党政机关中存在的官僚主义、居功自傲情绪和“革命到头”思想。从 1951 年到 1954 年的整党，对党员开展了在执政情况下怎样做合格共产党员的教育，清理了党员队伍中的不纯分子和消极落后分子。社会主义改造完成后，党的八大从加强思想教育、健全制度、加强监督等方面提出了党要管党、从严治党的要求。改革开放以来，面对执政条件和社会环境的深刻变化，我们党把党要管党、从严治党作为党的建设的根本方针认真加以实施，开展了整党和一系列集中的学习教育活动。这些举措对坚持党的领导、加强党的建设发挥了重要作用。

92 年的实践证明，治国必先治党，治党务必从严。坚持从严治党、从严管党，必先严格按照党章办事，按党的制度和规定办事；必须对党员特别是领导干部严格要求、严格教育、严格管理、严格监督；必须在党内生活中讲党性，讲原则，弘扬正气，反对歪风；必须严格执行

---

① 薄一波：《若干重大决策与事件的回顾》下册，中共中央党校出版社，1993，第 605 页。

② 《邓小平文选》第 2 卷，人民出版社，1994，第 218 ~ 219 页。

③ 《邓小平文选》第 2 卷，人民出版社，1994，第 332 页。

④ 《列宁全集》第 30 卷，人民出版社，1957，第 416 页。

⑤ 《列宁全集》第 8 卷，人民出版社，1959，第 467 页。

党的纪律，坚持在纪律面前人人平等；必须从关系人心向背和党的生死存亡的战略高度加强党风廉政建设，坚持不懈开展反腐败斗争，坚决纠正损害群众利益的不正之风，不断解决党内存在的问题，始终保持党的先进性和纯洁性。

党的十八大报告强调，全党必须牢记，只有植根人民、造福人民，党才能始终立于不败之地；只有居安思危、勇于进取，党才能始终走在时代前列。全党要增强紧迫感和责任感，牢牢把握加强党的执政能力建设、先进性和纯洁性建设这条主线，坚持解放思想、改革创新，坚持党要管党、从严治党，全面加强党的思想建设、组织建设、作风建设、反腐倡廉建设、制度建设，增强自我净化、自我完善、自我革新、自我提高能力，建设学习型、服务型、创新型的马克思主义执政党，确保党始终成为中国特色社会主义事业的坚强领导核心。为了全心全意为人民服务，党的十八大报告要求中国共产党人：

要坚定理想信念，坚守共产党人精神追求。对马克思主义的信仰，对社会主义和共产主义的信念，是共产党人的政治灵魂，是共产党人经受住任何考验的精神支柱。要抓好思想理论建设这个根本，教育引导党员、干部矢志不渝为中国特色社会主义共同理想而奋斗。抓好党性教育这个核心，弘扬党的优良传统和作风，教育引导党员、干部牢固树立正确的世界观、权力观、事业观，坚定政治立场，明辨大是大非。抓好道德建设这个基础，教育引导党员、干部模范践行社会主义荣辱观，做社会主义道德的示范者、诚信风尚的引领者、公平正义的维护者，以实际行动彰显共产党人的人格力量。

要坚持以人为本、执政为民，始终保持党同人民群众的血肉联系。为人民服务是党的根本宗旨，以人为本、执政为民是检验党一切执政活动的最高标准。任何时候都要把人民利益放在第一位，始终与人民心连心、同呼吸、共命运，始终依靠人民推动历史前进。围绕保持党的先进性和纯洁性，在全党深入开展以为民务实清廉为主要内容的党的群众路线教育实践活动，着力解决人民群众反映强烈的突出问题，提高做好新形势下群众工作的能力。完善党员干部直接联系群众制度。坚持问政于民、问需于民、问计于民，从人民伟大实践中汲取智慧和力量。支持工会、共青团、妇联等人民团体充分发挥桥梁纽带作用，更好反映群众呼声，维护群众合法权益。

要坚定不移反对腐败，永葆共产党人清正廉洁的政治本色。反对腐败、建设廉洁政治，是党一贯坚持的鲜明政治立场，是人民关注的重大政治问题。这个问题解决不好，就会对党造成致命伤害，甚至亡党亡国。反腐倡廉必须常抓不懈，拒腐防变必须警钟长鸣。要坚持中国特色反腐倡廉道路，坚持标本兼治、综合治理、惩防并举、注重预防方针，全面推进惩治和预防腐败体系建设，做到干部清正、政府清廉、政治清明。加强反腐倡廉教育和廉政文化建设，深化重点领域和关键环节改革，健全反腐败法律制度，更加科学有效地防治腐败。严格执行党风廉政建设责任制。坚决查处大案要案，着力解决发生在群众身边的腐败问题。不管涉及什么人，不论权力大小、职位高低，只要触犯党纪国法，都要严惩不贷。

党的十八大报告指出，在中国特色社会主义道路上实现中华民族伟大复兴，寄托着无数仁人志士、革命先烈的理想和夙愿。在新的征程上，我们的责任更大、担子更重，必须以更加坚定的信念、更加顽强的努力，继续承担推进现代化建设、完成祖国统一、维护世界和平与促进共同发展这三大历史任务。

面对人民的信任和重托，面对新的历史条件和考验，中国共产党必须增强忧患意识，谦虚谨慎，戒骄戒躁，始终保持清醒头脑；必须增强创新意识，坚持真理，修正错误，始终保持奋发有为的精神状态；必须增强宗旨意识，相信群众，依靠群众，始终把人民放在心中最高位置；必须增强使命意识，求真务实，艰苦奋斗，始终保持共产党人的政治本色。

2013 年 1 月 5 日，习近平同志在新进中央委员会的委员、候补委员学习贯彻党的十八大精神研讨班上指出，共产党员特别是党员领导干部要做共产主义远大理想和中国特色社会主义共同理想的坚定信仰者和忠实践行者。我们既要坚定走中国特色社会主义道路的信念，也要胸怀共产主义的崇高理想，矢志不移贯彻执行党在社会主义初级阶段的基本路线和基本纲领，做好当前每一项工作。革命理想高于天。没有远大理想，不是合格的共产党员；离开现实工作而空谈远大理想，也不是合格的共产党员。衡量一名共产党员、一名领导干部是否具有共产主义远大理想，是有客观标准的，那就要看他能否坚持全心全意为人民服务的根本宗旨，能否吃苦在前、享受在后，能否勤奋工作、廉洁奉公，能否为理想而奋不顾身去拼搏、去奋斗、去献出自己的全部精力乃至生命。一切迷惘迟疑的观点，一切及时行乐的思想，一切贪图私利的行为，一切无所作为的作风，都是与此格格不入的。

中国共产党除了党费以外，从来没有自己的资产；除了工人阶级和最广大人民群众的利益外，没有自己的特殊利益。中国共产党在任何时候都把群众利益放在第一位。中国共产党党员是中国工人阶级的有共产主义觉悟的先锋战士，全心全意为人民服务，永远是劳动人民的普通的一员，除了法律和政策规定范围内的个人利益和工作职权以外，不得谋求任何私利和特权。作为人民根本利益的代表，管理好人民的财产，实现人民财产的安全完整，是中国共产党的重要使命，也是中国共产党执政的重要任务，也是维护人民根本利益的具体体现。中国共产党要利用人民托付的国有资产，更多地发挥党员的奉献精神，维护好国有资产的安全完整，保证政治永远清廉。

第三节　办好中国的事情关键在中国共产党

中国共产党是中国特色社会主义事业的领导核心。中国共产党不仅作为中国唯一的执政党，受人民所托掌握国家权力，管理国家事务和社会事务，而且在中国社会中处于领导地位，按照党的领导、依法治国与人民民主相统一的原则，支持人民从事国家管理和社会自治，是中国最主要的国有资产管理主体。中国共产党受人民的托付，代表国家和人民管理国有资产，保证国有资产的安全完整和政府的廉洁。2011 年，胡锦涛同志在庆祝中国共产党成立 90 周年的大会上的重要讲话中强调指出："回顾 90 年中国的发展进步，可以得出一个基本结论：办好中国的事情，关键在党。"党的领导是中国国有资产安全完整和政府廉洁的根本政治保证。

政治科学家沙茨施耐德认为，在现代政治运作中，在现代政治运动中，政党起着"政府的制造者”的作用，甚至可以说是民主政府的制造者。① 中国共产党不同于西方执政党的是，除了组织政权外，还担负着更多的社会职责，从事除了政权管理外的更多的社会管理、社会服务。

中国共产党不仅领导国家政权，而且还领导社会、领导人民。中国共产党是中国公共服务和公共产品的最主要提供者。中国共产党的宗旨是全心全意为人民服务。作为一个无产阶级政党，中国共产党不仅运用国家权力为民众提供公共服务，而且依靠亿万党员的自觉性为人民提供各种服务。

中国共产党的领导是人民的选择，是历史的选择，这是由它的先进性决定的。“我们这个党是马列主义、毛泽东思想的党，是领导社会主义事业、领导无产阶级专政的核心力量，是无产阶级的、有社会主义和共产主义觉悟的、有革命纪律的先进队伍。”② 中国共产党对中国社会主义现代化的领导地位，不是自封的，而是中国共产党人在长期艰苦卓绝、富有成效的斗争中形成和确立起来的，是中国人民百年来经过反复比较而做出的选择。中国革命的历史经验证明，中国共产党必须在中国的国家政权中居于领导地位。“没有工人阶级的领导，革命就要失败，有了工人阶级的领导，革命就胜利了”；“中国的小资产阶级和民族资产阶级曾经多次领导过革命，都失败了。”“总结我们的经验，集中到一点，就是工人阶级（经过共产党）领导的以工农联盟为基础的人民民主专政。”③ 中国进行的是社会主义现代化。这种现代化只有在中国共产党的领导下，才能形成一个安定团结的政治局面和社会环境，才能把中国人民汇聚到社会主义现代化建设大潮中来，才能始终坚持现代化的社会主义方向。“中国的社会主义现代化建设事业由共产党领导，这个原则是不能动摇的；动摇了中国就要倒退到分裂和混乱，就不可能实现现代化。”④

中国共产党的领导主要是政治、思想和组织的领导。中国共产党要适应改革开放和社会主义现代化建设的要求，坚持科学执政、民主执政和依法执政，加强和改善党的领导。党必须按照总揽全局、协调各方的原则，在同级各种组织中发挥领导核心作用。党必须集中精力领导经济建设，组织、协调各方面的力量，同心协力，围绕经济建设开展工作，促进经济社会全面发展。党必须实行民主的科学的决策，制定和执行正确的路线、方针、政策，做好党的组织工作和宣传教育工作，发挥全体党员的先锋模范作用。党必须在宪法和法律的范围内活动。党必须保证国家的立法、司法、行政机关，经济、文化组织和人民团体积极主动、独立负责、协调一致地工作。党必须加强对工会、共青团、妇女联合会等群众组织的领导，充分发挥它们的作用。党必须适应形势的发展和情况的变化，完善领导体制，改进领导方式，增强执政能力。共产党员必须同党外群众密切合作，共同为建设中国特色社会主义而奋斗。

中国共产党的领导本质是保证人民民主。人民民主是中国共产党始终高扬的光辉旗帜。改

---

① E. E. Schattschneider, *Party Government*, New York: Holt, Rinehart & Winston, 1942, p. 1.

② 《邓小平文选》第2卷，人民出版社，1994，第266页。

③ 《毛泽东选集》第4卷，人民出版社，1991，第1479~1480页。

④ 《邓小平文选》第2卷，人民出版社，1994，第267~268页。

革开放以来，中国共产党总结发展社会主义民主正反两方面经验，强调人民民主是社会主义的生命，坚持国家一切权力属于人民，不断推进政治体制改革，社会主义民主政治建设取得重大进展，成功开辟和坚持了中国特色社会主义政治发展道路，为实现最广泛的人民民主确立了正确方向。

中国共产党执政就是领导和支持人民掌握国家的权力，实行民主选举、民主决策、民主管理和民主监督，保证人民依法享有广泛的权利和自由。党的执政地位是以满足人民的愿望和要求为前提。中国共产党为最广大人民群众的根本利益而执政，党员为实现人民的利益而掌权，这是中国共产党区别于其他政党的显著标志。中国共产党不仅是工人阶级的先锋队，还是中华民族和和中国人民的先锋队。社会主义国家必须坚持无产阶级政党对国家政权和全部经济社会生活的领导。列宁曾指出："给我们一个革命家组织，我们就能够把俄国翻转过来。"① "只有工人阶级的政党，即共产党，才能团结、教育和组织无产阶级和全体劳动群众的先锋队"，"并领导全体无产阶级的一切联合行动。"② "在创建新的社会主义的社会制度的事业中，在完全消灭阶级的全部斗争中"，只有共产党"才能领导全体被剥削的劳动群众。"③

中国共产党除了直接掌握国家政权、通过各级政权机关来从事公共管理外，还领导着人民团体，引导和支持人民群众实行广泛的社会自治、进行最广泛的社会管理。社会主义是实行人民民主的国家，人民是社会的主人。列宁在《国家与革命》中就提出为了"防止国家和国家机关由社会公仆变为社会主人"，就要"使所有的人暂时都变成'官僚'，因而使任何人都不能成为'官僚'。"④ "政权应当完全地、绝对地属于劳动群众和他们的全权代表机关——工农兵代表苏维埃。"⑤ "对我们来说，重要的就是普遍吸收所有的劳动者来管理国家……社会主义不是少数人，不是一个党所能实施的。"⑥

但由于各种条件的限制，实际上人民民主是通过党的领导来实现的。"苏维埃虽然按党纲规定是通过劳动者来实行管理的机关，而实际上却是通过无产阶级先进阶层来为劳动者实行管理而不是通过劳动群众来实行管理的机关。"⑦

中国共产党虽然代表人民管理国家，但是"在人民群众中，我们毕竟是沧海一粟，只有我们正确地表达人民的想法，我们才能管理。否则共产党就不能率领无产阶级，而无产阶级就不能率领群众，整个机器就要散架。"⑧

共产党本身没有权力，它的权力是人民授予的，必须情为民所系、利为民所谋。"对于一个人数不多的共产党来说，对于一个作为工人阶级的先锋队来领导一个大国在暂时没有得到较

---

① 《列宁选集》第1卷，人民出版社，1995，第406页。
② 《列宁全集》第41卷，人民出版社，1986，第12页。
③ 《列宁全集》第37卷，人民出版社，1986，第406页。
④ 《列宁全集》第31卷，人民出版社，1985，第105页。
⑤ 《列宁全集》第33卷，人民出版社，1985，第228页。
⑥ 《列宁全集》第34卷，人民出版社，1985，第49页。
⑦ 《列宁全集》第36卷，人民出版社，1985，第155页。
⑧ 《列宁全集》第43卷，人民出版社，1987，第109页。

先进国家的直接援助下向社会主义过渡的共产党来说，最严重最可怕的危险之一，就是脱离群众，就是先锋队往前跑得太远，‘没有保持全面整齐’，没有同全体劳动大军即同大多数工农群众保持牢固的联系。”①

官僚主义也管不好国有资产，往往糟蹋国有资产。所以作为中国特色社会主义事业领导核心的中国共产党，提高管理国有资产、建设廉洁政治的能力一个重要方面就是要反对官僚主义。

在坚持中国共产党的领导的同时，也面临如何改善党的领导的问题，包括如何加强国有资产的管理。邓小平在改革开放初期就指出：“怎样改善党的领导，这个重大问题摆在我们的面前。不好好研究这个问题，不解决这个问题，坚持不了党的领导，提高不了党的威信。”② 党的十二大总结党的领导的历史经验，规定：“党的领导主要是政治、思想和组织的领导。”邓小平指出：“改善党的领导，其中最主要的，就是加强思想政治工作。”“党的领导机关除了掌握方针决策和决定重要干部的使用以外，要腾出主要的时间和精力来做思想政治工作，做人的工作，做群众的工作。”③

1989 年江泽民在一次讲话中指出，党的领导包括政治领导，也包括思想领导和组织领导，三者是统一的整体。“思想领导是政治领导、组织领导的重要前提和基础，组织领导是政治领导、思想领导的重要保证。”④

党的十五大提出“依法治国”的基本方略。2001 年 5 月，江泽民在《努力提高党的领导水平和执政能力》的讲话中提出，实现领导方式和方法的革新，是当前我们党的建设面临的一个重大课题。“我们建立社会主义市场经济体制、使市场在资源配置中发挥基础性的作用，强调按照经济发展的客观规律开展经济建设，强调遵循国际通行的经济规则开展对外经济技术合作和交流，强调党委总揽全局、协调各方的作用，推进决策的科学化、民主化，实施依法治国方略，要求把依法治国和以德治国结合起来，等等，其中都包含着改进和完善党的领导方式、领导方法的意义在内。”⑤

为了提高党的领导水平和永葆党的廉洁本色，党的十八大提出必须继续积极稳妥推进政治体制改革，发展更加广泛、更加充分、更加健全的人民民主。必须坚持党的领导、人民当家做主、依法治国有机统一，以保证人民当家做主为根本，以增强党和国家活力、调动人民积极性为目标，扩大社会主义民主，加快建设社会主义法治国家，发展社会主义政治文明。要更加注重改进党的领导方式和执政方式，保证党领导人民有效治理国家；更加注重健全民主制度、丰富民主形式，保证人民依法实行民主选举、民主决策、民主管理、民主监督；更加注重发挥法治在国家治理和社会管理中的重要作用，维护国家法制统一、尊严、权威，保证人民依法享有

① 《列宁全集》第 42 卷，人民出版社，1987，第 372 页。

② 《邓小平文选》第 2 卷，人民出版社，1994，第 271 页。

③ 《邓小平文选》第 2 卷，人民出版社，1994，第 365 页。

④ 《十三大以来重要文献选编》（中），人民出版社，1991，第 808 页。

⑤ 江泽民：《论党的建设》，中央文献出版社，2001，第 485 页。

广泛权利和自由。要把制度建设摆在突出位置，充分发挥我国社会主义政治制度的优越性，积极借鉴人类政治文明有益成果，绝不照搬西方政治制度模式。为此，党的十八大要求如下。

第一，支持和保证人民通过人民代表大会行使国家权力。人民代表大会制度是保证人民当家做主的根本政治制度。善于使党的主张通过法定程序成为国家意志，支持人大及其常委会充分发挥国家权力机关的作用，依法行使立法、监督、决定、任免等职权，加强立法工作的组织协调，加强对“一府两院”的监督，加强对政府全口径预算决算的审查和监督。提高基层人大代表特别是一线工人、农民、知识分子代表的比例，降低党政领导干部代表的比例。在人大设立代表联络机构，完善代表联系群众制度。健全国家权力机关组织制度，优化常委会、专委会组成人员知识和年龄结构，提高专职委员比例，增强依法履职能力。

第二，健全社会主义协商民主制度。社会主义协商民主是我国人民民主的重要形式。完善协商民主制度和工作机制，推进协商民主广泛、多层、制度化发展。通过国家政权机关、政协组织、党派团体等渠道，就经济社会发展重大问题和涉及群众切身利益的实际问题广泛协商，广纳群言、广集民智，增进共识、增强合力。坚持和完善中国共产党领导的多党合作和政治协商制度，充分发挥人民政协作为协商民主重要渠道的作用，围绕团结和民主两大主题，推进政治协商、民主监督、参政议政制度建设，更好地协调关系、汇聚力量、建言献策、服务大局。加强同民主党派的政治协商。把政治协商纳入决策程序，坚持协商于决策之前和决策之中，增强民主协商的实效性。深入进行专题协商、对口协商、界别协商、提案办理协商。积极开展基层民主协商。

第三，完善基层民主制度。在城乡社区治理、基层公共事务和公益事业中实行群众自我管理、自我服务、自我教育、自我监督，是人民依法直接行使民主权利的重要方式。健全基层党组织领导的充满活力的基层群众自治机制，以扩大有序参与、推进信息公开、加强议事协商、强化权力监督为重点，拓宽范围和途径，丰富内容和形式，保障人民享有更多更切实的民主权利。全心全意依靠工人阶级，健全以职工代表大会为基本形式的企事业单位民主管理制度，保障职工参与管理和监督的民主权利。发挥基层各类组织的协同作用，实现政府管理和基层民主有机结合。

第三，全面推进依法治国。法治是治国理政的基本方式。推进科学立法、严格执法、公正司法、全民守法，坚持法律面前人人平等，保证有法必依、执法必严、违法必究。完善中国特色社会主义法律体系，加强重点领域立法，拓展人民有序参与立法途径。推进依法行政，切实做到严格规范公正文明执法。进一步深化司法体制改革，坚持和完善中国特色社会主义司法制度，确保审判机关、检察机关依法独立公正行使审判权、检察权。深入开展法制宣传教育，弘扬社会主义法治精神，树立社会主义法治理念，增强全社会学法尊纪守法用法意识。提高领导干部运用法治思维和法治方式深化改革、推动发展、化解矛盾、维护稳定能力。党领导人民制定宪法和法律，党必须在宪法和法律范围内活动。任何组织或者个人都不得有超越宪法和法律的特权，绝不允许以言代法、以权压法、徇私枉法。

第四，深化行政体制改革。行政体制改革是推动上层建筑适应经济基础的必然要求。按照建立中国特色社会主义行政体制目标，深入推进政企分开、政资分开、政事分开、政社分开，建设职能科学、结构优化、廉洁高效、人民满意的服务型政府。深化行政审批制度改革，继续简政放权，推动政府职能向创造良好发展环境、提供优质公共服务、维护社会公平正义转变。稳步推进大部门制改革，健全部门职责体系。优化行政层级和行政区划设置，有条件的地方可探索省直接管理县（市）改革，深化乡镇行政体制改革。创新行政管理方式，提高政府公信力和执行力，推进政府绩效管理。严格控制机构编制，减少领导职数，降低行政成本。推进事业单位分类改革。完善体制改革协调机制，统筹规划和协调重大改革。

第五，健全权力运行制约和监督体系。坚持用制度管权管事管人，保障人民知情权、参与权、表达权、监督权，是权力正确运行的重要保证。确保决策权、执行权、监督权既相互制约又相互协调，确保国家机关按照法定权限和程序行使权力。坚持科学决策、民主决策、依法决策，健全决策机制和程序，发挥思想库作用，建立健全决策问责和纠错制度。凡是涉及群众切身利益的决策都要充分听取群众意见，凡是损害群众利益的做法都要坚决防止和纠正。推进权力运行公开化、规范化，完善党务公开、政务公开、司法公开和各领域办事公开制度，健全质询、问责、经济责任审计、引咎辞职、罢免等制度，加强党内监督、民主监督、法律监督、舆论监督，让人民监督权力，让权力在阳光下运行。

第六，巩固和发展最广泛的爱国统一战线。统一战线是凝聚各方面力量，促进政党关系、民族关系、宗教关系、阶层关系、海内外同胞关系的和谐，夺取中国特色社会主义新胜利的重要法宝。要高举爱国主义、社会主义旗帜，巩固统一战线的思想政治基础，正确处理一致性和多样性的关系。坚持长期共存、互相监督、肝胆相照、荣辱与共的方针，加强同民主党派和无党派人士的团结合作，促进思想上同心同德、目标上同心同向、行动上同心同行，加强党外代表人士队伍建设，选拔和推荐更多优秀党外人士担任各级国家机关领导职务。全面正确贯彻落实党的民族政策，坚持和完善民族区域自治制度，牢牢把握各民族共同团结奋斗、共同繁荣发展的主题，深入开展民族团结进步教育，加快民族地区发展，保障少数民族合法权益，巩固和发展平等团结互助和谐的社会主义民族关系，促进各民族和睦相处、和衷共济、和谐发展。全面贯彻党的宗教工作基本方针，发挥宗教界人士和信教群众在促进经济社会发展中的积极作用。鼓励和引导新的社会阶层人士为中国特色社会主义事业作出更大贡献。落实党的侨务政策，支持海外侨胞、归侨侨眷关心和参与祖国现代化建设与和平统一大业。

党的十八大将极大地提高中国共产党管理国家事务和社会事务的水平，促进中国共产党通过加强执政能力建设更好保证国有资产的安全完整和政府廉洁。

2012 年 12 月，党的十八大产生的新一届中央领导集体提出，抓作风建设，首先要从中央政治局做起，要求别人做到的自己先要做到，要求别人不做的自己坚决不做，以良好党风带动政风民风，真正赢得群众的信任和拥护。因此，作出了关于改进工作作风、密切联系群众的几项规定：要改进调查研究，切忌走过场、搞形式主义；要轻车简从、减少陪同、简化接待；要精简会议活动，切实改进会风，提高会议实效，开短会、讲短话，力戒空话、套话；要精简文件简报，切实改进文风，没有实质内容、可发可不发的文件、简报一律不发；要规范出访活动，严格控制出访随行人员，严格按照规定乘坐交通工具；要改进警卫工作，减少交通管制，一般情况下不得封路、不清场闭馆；要改进新闻报道，中央政治局同志出席会议和活动应根据工作需要、新闻价值、社会效果决定是否报道，进一步压缩报道的数量、字数、时长；要严格文稿发表，除中央统一安排外，个人不公开出版著作、讲话单行本，不发贺信、贺电，不题词、题字；要厉行勤俭节约，严格执行住房、车辆配备等有关工作和生活待遇的规定。

这几条规定充分体现了中国共产党作为唯一的执政党全心全意为人民服务的本色，再次证明，在中国，只有中国共产党才能保证国有资产安全完整和政府廉洁。

2012 年 12 月 4 日，在纪念宪法实施 30 周年大会上，习近平总书记指出，全面贯彻实施宪法，是建设社会主义法治国家的首要任务和基础性工作。宪法是国家的根本法，是治国安邦的总章程，具有最高的法律地位、法律权威、法律效力，具有根本性、全局性、稳定性、长期性。任何组织或者个人，都不得有超越宪法和法律的特权。一切违反宪法和法律的行为，都必须予以追究。

习近平总书记强调，宪法的生命在于实施，宪法的权威也在于实施。我们要坚持不懈抓好宪法实施工作，把全面贯彻实施宪法提高到一个新水平。一是要坚持正确政治方向，坚定不移走中国特色社会主义政治发展道路，坚持国家一切权力属于人民的宪法理念，发展更加广泛、更加充分、更加健全的人民民主，最广泛地动员和组织人民依照宪法和法律规定行使国家权力，共同建设，共同享有，共同发展，成为国家、社会和自己命运的主人。二是要落实依法治国基本方略，加快建设社会主义法治国家，以宪法为最高法律规范，维护社会主义法制的统一和尊严，全面推进科学立法、严格执法、公正司法、全民守法进程，维护社会公平正义。三是要坚持人民主体地位，切实保障公民享有权利和履行义务，宪法的根基在于人民发自内心的拥护，宪法的伟力在于人民出自真诚的信仰，只有保证公民在法律面前一律平等，尊重和保障人权，保证人民依法享有广泛的权利和自由，宪法才能深入人心，走入人民群众，宪法实施才能真正成为全体人民的自觉行动。要在全社会牢固树立宪法和法律的权威，让广大人民群众充分相信法律、自觉运用法律，使广大人民群众认识到宪法不仅是全体公民必须遵循的行为规范，而且是保障公民权利的法律武器。四是要坚持党的领导，更加注重改进党的领导方式和执政方式，依法治国首先是依宪治国，依法执政关键是依宪执政，党领导人民制定宪法和法律，党自身必须在宪法和法律范围内活动，真正做到党领导立法、保证执法、带头守法。要健全权力运行制约和监督体系，有权必有责，用权受监督，失职要问责，违法要追究，保证人民赋予的权力始终用来为人民谋利益。

习近平总书记强调，要坚持依法治国、依法执政、依法行政共同推进，坚持法治国家、法治政府、法治社会一体建设，扎扎实实把党的十八大精神落实到各项工作中去，为全面建成小康社会、开创中国特色社会主义事业新局面而努力奋斗。

习近平总书记的讲话，为提高中国共产党的领导水平和加强党的执政能力建设指明了方向，也为中国共产党提高国有资产管理水平和加强廉洁政府建设指明了方向。

·第三章·

重视国有资产管理是廉洁政府建设的本质要求

廉政建设和反腐败工作关系党和政府的形象和生命，既是党执政兴国的重要职责，也是政府自身建设的重要内容。廉洁是政府公信力的基石，一个依法行政、廉洁高效的政府才是人民所期盼的。管好用好这些本质属于人民的国有资产，不仅是中国共产党实现廉洁的具体体现，也是打造廉洁政府、取信于民的题中应有之义。

第一节　加强资产管理推进廉洁政府建设是中国共产党的优良传统

中国共产党一贯重视资产管理和廉洁政府建设，注重通过提高管理资产的能力来加强廉洁政府建设。

在革命时期，中国共产党就注重提高管理资产的能力，建设廉洁政治。从1927年井冈山根据地初创，到1931年11月中华苏维埃共和国中央临时政府成立，政府工作人员克己奉公，勤于政事，机构精干，办事认真高效。中华苏维埃中央工农民主政府执行委员只有63人，中央执行委员会下设的办事机构只有极少数几个部。每个部设部长1人，副部长1到2人和极少数办事员，大家挤在十几平方米的小房间里办公。

中华苏维埃中央政府实行党政企分开，禁止政府机关办企业。1930年10月，中共中央政治局在《关于苏维埃区域目前工作计划》中明确规定："苏区各级党部与政权的关系，是要经过党团的活动从中起领导作用的。这一工作方式，从中央苏维埃政府直到乡村苏维埃政府，各级党部都应一致遵守，一致的肃清党代政府的根本错误。在政府中，要尽量的吸引非党工农群众来参加工作，要使广大群众了解党是党，政权是政权，党在政权中的领导作用，只是司舵的对于全船的作用一样，而保卫和管理这只船的责任还是属于群众自己。"①

1933年初，中华苏维埃共和国临时中央政府主席项英在中央政府机关报《红色中华》上

---

① 《中共中央文件选集》第6册，中共中央党校出版社，1989，第450~451页。

发表《反对浪费，严惩贪污》一文指出："后方的同志，除了积极领导群众去参加革命……战争，建立巩固的后方外，最重要的就是节俭经济来供给红军，帮助红军去进行革命战争。""这个时候，谁要是浪费一文钱，都是罪恶，若是随意浪费，那实际上是破坏革命战争。至于吞没公款、营私舞弊等贪污行为，简直是反革命。"

随着国有财产规模的不断扩大，1933 年初中华苏维埃共和国临时中央政府财政人民委员会内部设立了国有财产管理局，专司国有财产的管理职责。地方政府的国有资产管理机构，是在 1933 年末中华苏维埃共和国中央执行委员会发布《中华苏维埃共和国地方苏维埃暂行组织法》后建立的。《中华苏维埃共和国地方苏维埃暂行组织法》规定："省、县、区、市各级财政部之下，设会计科、税务科、国有财产科"，"国有财产科之下可以组织国有财产管理委员会。""市苏维埃组织社国有财产委员会，委员三到五人。""乡苏维埃设国有财产委员会，委员三到五人。"此后，地方各级均设立了国有资产管理机构，形成了完整的国有资产管理体系。

1934 年 1 月，毛泽东在"二苏大"报告中指出："财政的支出，应该根据节省的方针。应该使一切政府工作人员明白，贪污和浪费是极大的犯罪。""节省每一个铜板为着战争和革命事业，为着我们的经济建设，是我们的会计制度的原则。"① 中央苏区也发表训令，号召"各级苏维埃政府要领导群众团体做节省一切开支，以充裕战争经费的运动，政府中一切可以节省的开支，如客饭、办公费、灯油杂费都须尽量减少，尤其纸张信套，更可以节省使用。这一切节省，虽在各部门为数甚少，但积少成多，并可以养成苏区中更加刻苦更加节省的苏维埃工作——这是万分必要的。"② 在中央苏维埃的号召下，中央苏区上上下下以革命竞赛精神来节省。中央苏区的最高领导人之一的张闻天，自带伙食去办公，连下基层也自带干粮。有一次，他去瑞金消费合作总社检查食盐采购情况。开饭时，他谢绝了客饭，而是从饭包里掏出冻得又冷又硬的几个番薯热后吃掉了，让干部们极为感动。"尤其在 1934 年 3 月人民委员会提出在四个月内节省 80 万元以后，在很短的时间里，除了各级党与政府及各团体机关的行政费用平均较以前减少了 30% 以外，各国营企业机关工厂等的工人节省工资，党政机关工作人员自带伙食及其他种种节省的数目已有很大的成绩……"③

1934 年红军主力长征后，陈毅成为领导苏区游击战争的最高领导人之一。他身上带着一批金条，是党组织发展游击队的活动经费。为了安全，也为了减轻同志们的负担，他一直秘密带着。他虽然在战争中腿部受过重伤并常复发，但他确实"腰缠万贯不医伤"，舍不得花一分钱为自己买药。后来，随着斗争越来越艰险，陈毅怕自己发生意外，便把秘密带金条的事公开了。一天夜里，他把队伍集合起来，深情地对大家说："这些金条是党的钱，是党给赣南游击

---

① 毛泽东：《中华苏维埃共和国中央执行委员会与人民委员会对第二次全国苏维埃代表大会的报告》，1934 年 1 月。

② 《中华苏维埃中央执行委员会令（第 14 号）》——关于战争动员与后方工作》，《红色中华》第 28 期，1932 年 7 月 21 日。

③ 《中央审计委员会稽核瑞金经济开支的总结》，《红色中华》第 171 期，1934 年 5 月 5 日。

队的活动经费，过去都是由我自己秘密保管。党让我保管了这么多的金子，我从来没敢乱用，我们党的事业需要这笔钱，我们部队的发展也靠这笔钱。今天，我有责任当面郑重地告诉大家，万一我在战斗中被打死，我的尸体同志们可以不考虑，但这些党的经费千万不能落在敌人手里……"①

赣东北根据地的创始人方志敏"经手的款项，总在数百万元；但为革命而筹集的金钱，是一点一滴的用之于革命事业"，"从没有奢侈过"②。当有人劝他给家里寄点钱的时候，他笑着回答说："我管的都是公款，一分一厘都要用在革命事业上！我个人哪来钱寄给家里呀！"被俘后，国民党对他施展一切招数劝降。在金钱、地位、美女面前，方志敏丝毫不为所动。他说："我们共产党人不爱金钱，也不爱官职。为了共产主义牺牲，为了革命而流血，我心甘情愿。"③

抗日战争时期，抗日根据地建立起来的公营工商业，"属于新民主主义政权即三三制政权所公有的革命财产。这种财产是经过无数艰苦的斗争才建立起来的。它的目的是为了适应革命战争的需要，同时为了适应新民主主义经济的繁荣。"

在抗日战争时期，边区的公营工业的生产完全是为了赢得抗战胜利服务的，"其目的是供给革命政府及其军队的需要，并促进国民经济之发展。在新民主主义'三三'制政府领导下的公营工厂，工人阶级是有份的，工厂中创造出来的财富，所获得的利益，为革命政府与广大人民所共有的。"④

1942 年 12 月，毛泽东在西北局高干会上作了题为《经济问题与财政问题》的报告，提出了"发展经济，保障供给，是我们的经济工作与财政工作的总方针。"他明确指出"切实执行统一领导分散经营的原则，所有中央一级，边区一级，专区一级，县署一级，均应建立关于统一一切生产事业的最强有力的领导机关，按系统按级统一企业经营方针，统一调整各个企业间的关系，统一检查各企业的经营方法，并在允许以相当收益归各生产单位所有的条件下，在各相当范围内，按照生产性质与经营情形，统一支配生产赢利，务必免除各自为政，盈亏不一，苦乐不均的弊病。"

1945 年 12 月 15 日，中共中央在《一九四六年解放区工作的方针》中明确指出："发展生产，保障供给，集中领导，分散经营，军民兼顾，公私兼顾，生产和节约并重等项原则，仍是解决财经问题的适当的方针。"

1946 年 5 月，《中共中央关于工矿企业政策的指导》规定："公营工矿一律企业化，进行严格的经济核算，成本会计，实行营业制，即令某些纯粹供给性的企业，不便实行营业制者，也应实行订货制。"

1946 年 7 月，毛泽东为中共中央起草的党内指示中指出："必须十分节省地使用我们的人

---

① 张玉润等主编《风范录》，档案出版社，1991，第 22 页。

② 《清贫》，《方志敏文集》，人民出版社，1985，第 166 页。

③ 《方志敏狱中遗言》，江西人民出版社，1977，第 47 页。

④ 邓发：《论公营工厂党与职工会工作》，《解放日报》1943 年 5 月 1 日。

力资源和物质资源，力戒浪费。必须检查和纠正各地已经发生的贪污现象。”①

1947 年 1 月 1 日，朱德在元旦广播词中指出：“为了解决自卫战争中的财政供应问题，必须一面发展生产，一面用大力整理财政，缩减一切可缩减的人员，节省一切非切要的开支。由上级负责人以身作则，降低干部生活水平，表扬艰苦奋斗的作风，严禁铺张浪费、贪污腐化，犯者要加以严办。”②

1948 年 1 月，中共中央进一步指示：“在公营企业中，必须由行政方面和工会方面组织联合委员会，以加强管理工作，达到降低成本、增加生产、公私两利的目的。”③

1949 年 3 月，毛泽东住进香山双清别墅后，第一件事情就是关掉院子里大白天还亮着的电灯。

新中国成立后，中国共产党更加重视国有资产的管理，保持政治清廉。适应社会主义现代化的需要，改革开放前，建立了与计划经济体制相适应的国有资产管理体制。毛泽东明确提出了勤俭建国的方针，采取了一系列措施反对浪费和占有国家资产的行为。在加强国有资产的管理过程中，中国共产党的清廉形象不断得到保持。

改革开放以后，随着对国有资产管理体制认识水平的提高，中国共产党更加注重在建立社会主义市场经济过程中提高国有资产管理水平，探索适合新的条件的国有资产管理体制，实行国营资产管理从行政管理方式向产权管理方式转变，推进廉洁政治建设。

1988 年，党中央决定把国有资产的所有权管理从政府的行政职能和一般的经济管理职能中分离出来，国务院设立了国家国有资产管理局，这是建立国有资产监管体制的开端，意味着国有监管体制的组织机构建设取得显著进步。

1990 年 1 月 9 日，时任总理的李鹏在听取国家国有资产管理局工作汇报时指出：对国有资产一要保卫、二要提高，要逐渐把资本金投入产出的观念建立起来，今后要抓一抓资金利润率，要建立国有资产管理体系。

党的十三届五中全会提出“认真抓好清产核资，加强国有资产管理”。

党的十四届三中全会提出：“加强企业中的国有资产管理，对国有资产实行国家统一所有、政府分级管理、企业自主经营的体制。”

1995 年 9 月，党的十四届五中全会指出：“要着眼于搞好整个国有经济，通过存量资产的流动重组，对国有企业实施战略性改组。这种改组要以市场和产业政策为导向，搞好大的，放活小的，把优化国有资产分布结构、企业结构同优化结构有机结合起来，择优扶强、优胜劣汰。”

1997 年党的十五大报告指出：“国有经济起主导，主要体现在控制力上。要从战略上调整国有经济布局。对关系国民经济命脉的重要行业和关键领域，国有经济必须占支配地位。在其

① 《毛泽东选集》第 4 卷，人民出版社，1991，第 1188 页。

② 《朱德选集》，人民出版社，1983，第 198 ~ 199 页。

③ 《毛泽东选集》第 4 卷，人民出版社，1966，第 1212 页。

他领域，可以通过资产重组和结构调整，以加强重点，提高国有资产的整体质量。”“积极推进各项配套改革。建立有效的国有资产管理、监督和营运机制，保证国有资产的保值增值。”

2002 年党的十六大报告指出，“发展壮大国有经济，国有经济控制国民经济命脉，对于发展社会主义制度的优越性，增强我国的经济实力、国防实力和民族凝聚力，具有关键性作用”；“继续调整国有经济的布局和结构，改革国有资产管理体制，是深化经济体制改革的重大任务”；提出了构建以“国家所有、分级代表”为特征的国有资产新型管理体制的要求，“中央政府和市（地）两级地方政府设立国有资产管理机构”，“国家要制定法律法规，建立中央政府和地方政府分别代表国家履行出资人职责，享有所有者权益，权利、义务和责任相统一，管资产和管人、管事相结合的国有资产管理体制”。

2007 年，党的十七大报告指出：“毫不动摇地巩固和发展公有制经济”，“深化国有企业公司制股份制改革，健全现代企业制度，优化国有经济布局和结构，增强国有经济活力、控制力、影响力。深化垄断行业改革，引入竞争机制，加强政府监管和社会监督。加快建设国有资本经营预算制度。完善各类国有资产管理体制和制度。”

2012 年，党的十八大报告指出：“要毫不动摇巩固和发展公有制经济，推行公有制多种实现形式，深化国有企业改革，完善各类国有资产管理体制，推动国有资本更多投向关系国家安全和国民经济命脉的重要行业和关键领域，不断增强国有经济活力、控制力、影响力。”“加强对‘一府两院’的监督，加强对政府全口径预算决算的审查和监督。”“严格控制机构编制，减少领导职数，降低行政成本。”

纵观中国共产党的 92 年历史，特别是 64 年的执政历史，管理国有资产、建设廉洁政治的能力，始终是中国共产党执政能力建设的重要组成部分。正是在不断提高国有资产管理水平的过程中，中国共产党的执政能力在不断加强，国有资产的安全完整得到了强有力的政治保障，中国共产党的廉洁本色得到永葆。

第二节　管好国有资产是建设廉洁政府的关键

廉洁政府的根本要求是防止政府腐败，政府腐败的重要表现就是利用国有资产谋私利。因此，管好国有资产是建设廉洁政府的关键。经过多年探索，特别是党的十六大以后，我国已经初步建立适应社会主义市场经济需要的国有资产管理体制。但是，完善各类国有资产管理体制仍然任重而道远，建设廉洁政府成为重大的任务。党的十七大、十八大报告一再提出完善国有资产管理体制的要求，表明完善国有资产管理体制是中国共产党执政兴国和建设廉洁政府的战略举措。

我国现行“国家所有、分级代表”的经营性国有资产管理体制是我国国有资产管理体制改革的一大突破，大大地促进了我国国有企业的发展。但是现行经营性国有资产管理体制存在国有资产委托代理链条长、过分依赖行政管理体制、各链条之间缺乏内在的链接机制、管理方式上政企不分、直接干预过多，国有企业组织体制不完善、法制不健全、政府公共预算和国有资产经营预算不分等问题。委托链过长，导致作为经营性国有资产的最终所有者——人民无法有效地监督国有企业，也无法有效地参与国企利润的分红、普遍享受国有企业发展的成果。这些问题，特别是国企高管的年薪、少数垄断行业的收入过高，使得国企有可能蜕化为部门所有的问题，招致了一些人对国有企业的攻击。这些问题也成为少数人鼓吹私有化的重要借口。国有企业是社会主义公有制的最主要的组成部分，关系到中国共产党执政的经济基础，决定着我国社会主义制度的安危。如何完善经营性国有资产管理体制，关系到中国特色社会主义的成败，更是关系到中国共产党的清廉和能否长期执政的大计。

非经营性国有资产管理体制的改革相比经营性国有资产管理体制改革更显得滞后，影响到中国共产党和政府在人民中的形象。进入 21 世纪以后，由于中国财力的增强，中国政府成为强政府，国家机关和事业单位行政支出越来越多，一些地方和部门建设豪华办公楼，争先恐后地搞地标性建筑，购置高档公务用车以及超标准高价采购，“三公”消费开支较大等问题，频频成为舆论和百姓关注的焦点。官本位意识愈演愈烈，面对媒体、百姓的质疑，政府官员爆料出的雷人之语“你到底是替党说话还是替百姓说话”“不管你信不信，反正我信了”之类，折射出的不仅是个别官员能力素质低下，更体现出执政理念的严重偏差。温家宝总理在 2010 年政府工作报告中指出：“要建立健全惩治和预防腐败体系的各项制度，特别要健全公共资源配置、公共资产交易、公共产品生产等领域的管理制度，增强制度约束力。”非经营性国有资产管理体制不完备、管理制度不健全、管理机制不完善、管理手段不精细、管理技术不先进等问题，不仅是产生“小金库”的重要来源，更是滋生腐败和经济犯罪的土壤和温床，严重损害了党和政府的廉洁。对非经营性国有资产的有效利用和监督管理问题正日益浮出水面。特别是公共财政制度建立之后，如何通过非经营性国有资产的监管厉行节约，如何提高现有非经营性国有资产的使用效率以更好地为社会提供公共服务，如何对非经营性国有资产实行有效管理以促进经济社会的发展等问题亟待解决。

完善各类国有资产管理体制是进一步完善社会主义市场经济体制的必然要求，是深化行政体制改革、转变政府职能、建设廉洁政府的客观需要，是进一步深化国有企业改革、加强社会建设、推进人民民主的迫切要求。国有资产管理体制的完善，关系到中国社会主义基本经济制度的巩固，关系到社会主义的前途；关系到人民民主专政国体的巩固，关系到中国共产党的领导，关系到中国共产党与人民群众的关系，关系到中国共产党能否跳出历史周期律。总之，完善国有资产管理体制，有利于国有企业现代企业制度的建立和完善，为壮大国有资产经营效益奠定微观机制基础；有利于国家职能的合理转换和经济调控的科学化，为壮大资产经营效益奠定宏观机制基础；有利于非经营性资产更好地为人民提供公共产品和公共服务；有利于加强党的执政能力，保证立党为公、执政为民、廉洁政治的使命的实现。简言之，完善国有资产体制，是中国共产党立党为公、执政兴国、执政为民的战略举措。而完善非经营性国有资产管理体制，强化非经营性国有资产监管，保障国有资产的安全完整，降低机关运行成本，从源头上遏制腐败现象，对于建设廉洁政治，树立良好的政府机关形象，密切党和政府同人民群众的血肉联系，具有十分重要的意义，必须引起高度重视。

历史篇

· 第四章 ·

新民主主义革命时期的资产管理与廉洁政治建设

建设廉洁政治，是马克思主义政党的本质要求，也是中国共产党的一贯主张。从新民主主义革命时期起，中国共产党就注重通过加强资产管理“厉行廉洁政治”，在加强资产管理进而建设廉洁政治方面积累了丰富的经验，保证了中国革命获得人民的支持。

第一节　大革命及土地革命时期资产管理体制逐渐确立

一　大革命时期资产管理工作初步探索

中国共产党是在共产国际的帮助下建立的中国工人阶级革命政党。党在建立之初经费筹措较为困难，主要依靠党员交纳的党费、党内派款及党外协助。党的第二次代表大会通过的《中国共产党党章》规定：本党经费的收入如下各项：（一）党费。党员月薪在 50 元以内者，月缴党费 1 元；在 50 元以外者，月缴党费按月薪 1/10 计算；无月薪者及月薪不满 20 元之工人，每月缴费 2 角；失业工人及在狱党员免缴党费。（二）党内派捐。（三）党外协助。对于党费使用办法，该党章明确规定：“本党一切经费收支，均由中央执行委员会支配之。”① 鉴于中共活动经费困难，列宁领导的共产国际给予一定的经济资助，支持中共各项事业的正常开展。由于党的经费资产很少，没有太多的收入支出，故中共建立初期资产管理比较简单。各地党组织在向党中央汇报工作时，多着重于党务、政治、组织、工人运动、妇女工作、青年工作等，很少报告经费收支情况。如 1924 年召开的中国共产党扩大执行委员会会议上，中央局、上海地方、汉口地方、山东地方、京区均详细汇报了各地党务工作情况，但没有涉及党的经费收支及管理问题，只有湘区在报告了党务、政治、劳动运动之后，向党中央汇报了该区会计工作，将 1923 年 8 月到 1924 年 3 月间各月收入与支出情况作了报告。② 这种情况说

① 中央档案馆编《中共中央文件选集》（1921～1925），中共中央党校出版社，1982，第 63～64 页。

② 中央档案馆编《中共中央文件选集》（1921～1925），中共中央党校出版社，1982，第 212～213 页。

明，党在建立初期因处于弱小、秘密状态，没有固定的资产收入，并未建立健全党的资产管理制度。

随着革命形势日益高涨和工农运动蓬勃发展，中共掌握的经费资产日益增多，资产管理工作逐渐提上了日程。在1925年省港大罢工中，中国共产党领导的省港罢工委员会制定了许多法规，管理罢工过程中掌握的资产，防止和惩办贪污渎职，并开始建立会计审计制度。

在省港大罢工中，各罢工机构和公务人员经常截留仇货，管理大量财物。中国共产党领导的罢工委员会为了杜绝贪污舞弊行为，在制定的许多法规决议中明确规定了防范措施。1925年7月颁布的《纠察队应守的纪律》规定："队员不得借端捏造情事，假公济私"，"不得乱取人民财物"；《骑船队组织法》规定："骑船队员应秉公汇报经过情形，不得受贿匿报。倘被告发或被查出，应即扣留严办。"1925年12月28日颁布的《省港罢工委员会组织法则》明确规定："无论各部何项机关有舞弊受贿等情，应依合法手续严厉取缔，施以相当应得之罪，无得庇纵。"1926年3月颁布的《审计局组织法》规定："如审计出各机关之进支数目及购办物件有舞弊事情，应即据实呈报省港罢工委员会查办。"《会审处组织法》规定："会审处收受各方解来之人犯，应由承审员署名签收，并将犯人原有之衣物等，一概随同犯人点检签收。"并规定："会审处审讯案件，应秉公依法，无枉无纵，不得擅用私刑及受贿舞弊。"《会审处办案条例》列举了27种罪行，其中与贪污舞弊有关联者占1/3。如侵吞公款者，克扣工人粮食者，私卖证章饭券者，受贿纵逃罪犯者，插赃诬告者，偷窃及私卖公物者，勒索钱物者，缉获货物私自拍卖并放行者，职员受贿舞弊者，等等，都要作为重要罪犯解送特别法庭审理。

省港罢工委员会关于惩治贪污贿赂罪的法规具有三个明显特点：（1）虽然没有集中统一的《惩治贪污条例》，处刑标准也不统一，但基本上包括了贪污受贿罪的种种表现形式及其主要手段。凡公务人员利用职权之便，有侵吞公款、贪污自肥、受贿舞弊、假公济私、截留财物、盗卖公物证券、克扣粮食、勒索钱物等行为，一经查出即以贪污受贿罪论处。（2）确定对各机关负责人的违法犯罪须加重处罚的原则。各种组织法和纪律规则明确规定：各种委员会委员如有违法行为，比一般职员罪加一等。各级负责人犯法不仅不能享受减免处罚的特权，而且应从严要求，加重处分。（3）令出法随，严格依法办事，绝不徇情枉法。如干事局招待部的干事彭某私售火油，渔利自肥。经海员工会决议送交会审处依法查办。

中国共产党的财政审计制度，发端于省港罢工委员会创设的审计局。1926年3月颁布的《审计局组织法》规定：审计局直属于省港罢工委员会，有审计自省港罢工委员会以下各机关所有经常费用的权力；审计局设有委员11人，由省港罢工工人代表大会选出。推举正副局长各1人，另设有预算、决算、调查、核算各员。该组织法还规定："审计局如审计出各机关之进支数目及购办物件中有舞弊事情，应即据实呈报省港罢工委员会查办之。"审计局须每日一次将已审计之数目单据，汇表呈报省港罢工委员会。同年3月颁布的《财政委员会组织法》规定："凡省港罢工委员会各部门领取经常费，必须列明预算交审计局审核后，转财政委员会照准执行。如特别费用，除送审计局审核后转财政委员会照准，仍须呈交省港罢工委员会批准，始行执行。"同年3月公布的《保管拍卖处组织法》也规定了相应的审计监督制度。（1）如各方解来本处保管之船只货物等，经省港罢工委员会发交会审处判决充公时，得分别种类，订定底价，当众投标，举行公开拍卖。(2) 如充公之船只货物价值50元以上者，应由审计局会同订定底价；如价值50元以下者，由保管拍卖处自定。(3) 保管拍卖处应由省港罢工委员会指定各工会轮值，令同监视一切事宜，倘有违法，得向罢工委员会报告查办。(4) 保管拍卖处每星期应将来往账目，送交审计局核算有无错漏。①

省港罢工委员会的审计局，是党领导下的中国工人阶级建立最早的审计机构。当时省港罢工委员会所经办的大量财物之所以有条不紊，除了实行财政公开之外，审计制度的建立也发挥了重要作用。

二 统一财政管理体制

1927年以后，中国共产党领导进步群众在赣南、闽西、鄂豫皖、湘鄂西等地建立了革命根据地（后称苏维埃区域，简称苏区），进行土地革命战争。苏区初创之时，财政收入主要靠打土豪筹款和战争缴获，即取之于敌。取之于敌不仅能很快地筹措革命经费、解决红军的给养问题，而且是推翻豪绅地主阶级统治的政治任务所需要的。为了奠定苏维埃政府财政来源的稳固基础，在苏区初步形成以后，中国共产党迅速建立税收制度，作为政府财政收入的经常性来源。财政来源主要有三个渠道：向剥削者进行没收或征发、税收及国民经济事业发展。财政收入渠道多了，资产经费随之增多，如何加强管理、统一财政问题便提到议事日程上来。

在分散的游击环境下，苏区财政不可避免地出现各自为政情况，容易出现贪污浪费现象："过去各级政府各自为政，私打土豪，私自开支，有些地方区政府一个月用到1万元，乡政府用到几千元之多，下级埋伏短报，上级提款不动。各地财政收支也不照系统，少先队、独立团、游击队，以及过境红军都可以自由向当地政府提款，政府也不拒绝。这样必然就会发生贪污浪费现象，把政府财政大部分用到无用之地。"②

闽西苏区在1930年虽提出要建立财政预决算制度，但没有切实贯彻执行。如永定各区乡收支数目还没有切实报告，以致滥行开支的还是很多，统一财政不能完全实现，其最大原因是：(1) 清算财政工作没有切实做到，有些积欠太多，又无详细确实的数目报告，以致无法整理。(2) 预算决算无按期报告，有些简直没有报告，等到上级指示下去，已被用出去了。(3) 地方主义小团体主义还没有完全肃清，有些区乡政府，以为财政要统一了，不需要建设的赶快建设，有些以为县政府有款拨付，不肯自己去找财政的来源，些小用度也靠上级指拨。(4) 多数乡区政府，不照上级规定数目，差不多完全超过预算。(5) 有些区乡政府伙食，还没有精密计算，滥开客饭甚至把税收的谷子拿来做伙食，来去都不算账。(6) 县政府没有很好的整个计划指示各级、督促各级去实行，而且没有定出连环式的统计法，有些政府指示下去，下边也没有遵照执行。(7) 税收处征收不统一，有些土地委员征收，有些财政委员去收。(8) 税

① 参见张希波主编《革命根据地法制史》，法律出版社，1994，第115~117页。

② 《财政人民委员部训令——目前各级财政部的中心工作》，《红色中华》第33期，1933年9月13日。

收处没有指示拨条，以致各级政府随意支用税款，甚至用了还不报数，有些区乡政府支用税款数目竟与税收处付账不符。(9) 清理公产逆产完全没有实行。①

中华苏维埃共和国中央政府（简称中央政府）成立前，苏区资产多为各自为政，自筹自给，自收自支，分散管理。必须实行财政统一、严格财政制度和财政纪律，才能保障革命战争的胜利和各项事业的建设。“财政是国家的命脉，财政工作不好，直接影响到军事与行政，间接影响到整个社会经济与整个阶级的政权。过去各级政府一般忽视财政工作，收支没有预算，税收制度没有建立，各处乱打土豪、贪污浪费，会计糊涂，特别是财政部本身工作没有建立，财政部长日常只做些管账管钱的会计工作。因此一般政府财政不能独立……这些财政上坏的现象，充分证明各级政府不了解财政工作在阶级政权上的重要作用。”② 因此，“革命的政权（工农兵苏维埃政府）在反动势力四面围攻的现在中国环境中，要保障其能够巩固地与反革命势力战争，取得斗争胜利，向外发展，统一财政问题，是非常重要的工作。尤其在目前帝国主义国民党军阀一致进攻苏维埃红军底下，整理财政，充裕国库，以应付斗争，更成为目前巩固苏维埃的主要工作任务之一。”③

随着革命战争的胜利发展，根据地的巩固和扩大，财政收入方面有了比较稳定的收入；在财政支出方面，革命战争和政府经费的需要相应增加，这就在客观上需要改变革命初期那种自收自支、各自为政的现象，实行统一财政管理，建立统一的资产管理制度，严格财政纪律，管好用好有限的财力物力，保证革命战争与根据地建设的需要。

1931 年 11 月，中央政府为了统一财政管理，克服各自为政的分散主义，特设立中央财政人民委员部，任命邓子恢为财政人民委员，颁布了《中华苏维埃共和国暂行财政条例》和统一财政的训令，全面整顿苏区财政资产管理。中央训令指出：“各级政府必须按照中央颁布之财政条例，坚决执行。不按照财政系统，依照财政手续，无论任何机关，都不准给一个钱。对于随便提款及随便付款者必须予以严厉处分，并令其立刻交割清楚。各级政府以后必须采用新式簿记，实行预算决算，并需每月审查账目，对于下级存款必须随时清查提取，随时检查贪污浪费，只有把这些现象办清，财政才能统一起来，由中央有计划地作整个支配，这样才能把一切不必需的用费节省起来，抽出大批款子供给红军作战，这是目前财政部第一个中心工作。”④只有这样才能消灭过去财政上各自为政的现象。

中央政府颁发的《中华苏维埃共和国暂行财政条例》规定了国家税收的权限和程序，也规定了各级财政部预算、决算的审查批准手续及所有用费的单据、账簿、表册等，使各级财政部门的财政管理有了统一的规范化章程。该条例主要内容包括：（一）为了实行财政统一，一切国家税收概由国家财政机关按照临时中央政府所颁布的税则征收，地方政府不得自行规定税则或征收，但每年或每季开始征收税款必须接到中央财政部关于收税的时间与手续等规定的通

① 《永定县第四次工农兵代表大会决议案》，1930 年 10 月 27 日。

② 《财政人民委员部训令——目前各级财政部的中心工作》，《红色中华》第 33 期，1933 年 9 月 13 日。

③ 《闽西苏维埃政府廿一号通告——统一财政问题》，1931 年 2 月 26 日。

④ 《财政人民委员部训令——目前各级财政部的中心工作》，《红色中华》第 33 期，1933 年 9 月 13 日。

令才能征收；中央财政部得指定银行代理收税。（二）各级财政机关所收入的税款及政府经营事业的入款，或罚金或没收的财产以及其他收入等款项，概应随时转送或直送中央财政部或中央财政部所指定的银行；各级财政机关在未得到上级财政机关的支付命令以前，不得自行支配扣用或抵消，亦不得延期不缴。（三）各级行政经费、各军伙食杂用等经费，统由各该部财政机关造具预算，交其直接上级财政机关审查，并报告中央财政部批准，统由中央财政部依据批准之预算付款。（四）凡中央财政部各直接下一级财政机关、中央革命军事委员会总经理部，应于每月25日以前造报其下月预算送交中央财政部审查批准，其各级财政机关，应于每月20日以前造报其下月预算，送交其直接上一级财政机关，以便审查总合造报。（五）中央财政部在批准其直接下一级财政机关的预算后，依据预算发给该财政机关的发款通知书，该财政机关依次批准它的直接下一级财政机关的预算，并依次发给通知书。（六）各级财政机关接到此发款通知书后，填具领款证，由财政机关负责人及其政府机关或军事机关负责人共同署名，才能向直接上一级财政机关领款。（七）凡中央财政部直接下一级的财政机关，须于每月10号以前将它的上月决算表，送交中央财政部审查批准，各级财政机关，须于每月5号以前，将它的上月决算表送交其上一级财政机关审查批准。（八）各级财政机关送决算表时，应将它的一切单据贴在单据簿上，随同送交它的直接上一级财政机关。（九）不能取得单据之用款由经手人代填单据，并须声明不能取得单据的理由。（十）各级财政机关之预算表、决算表，应备同样的两份，一份自己保存，一份送交上一级财政机关备案。（十一）所有各级财政机关，凡关系财政事项所使用的账簿、表册、单据等，须一律遵用中央财政部所规定的统一格式，不得沿用旧式账簿或另立新奇。（十二）所有各种账簿单据的银钱记账单位，应一律折合大洋计算，并须将折合的时价附记清楚。（十三）各级财政机关的账簿、表册、单据等保存期为5年，过期后由该机关负责人监视销毁。①

统一财政的一个重要方面，是将税收完全集中在中央财政部，统一税收的报解和税款的支配权。只有这样才能有效地集中粮食与资金，保证革命战争和政府各项事业的供给。在中央政府成立以前，各地土地法对于征收土地税作了规定，但在执行中征收机关并不统一，发生许多问题。其他税收有的则自定税则，自收自用，比较混乱。中央政府成立以后，为了发挥税收调节各阶级收入的作用，实现税收政策的统一，颁布了《暂行税则》，规定了统一累进税（包括商业的、农业的）的政策及税制的原则。1932年8月，鉴于各地在执行统一税收的规定中执行情况不同，财政人民委员部发出《关于统一税收问题》训令，明确指出："自本年8月起，凡是土地税、商业税、山林税以及店税、房税、矿产税等各项租税收入，都应由各级财政部分别设置专账和公债同样区别收入之性质，每月交给上级，或汇集交给中央，或者用于中央指令规定的用途。同时，还应将每月收入情况向中央作详细报告，以便于审查。各级财政部，对于上述之各项税收，今后不可任意挪用；也不可再将征来之此类金额编入经常收入，以免混乱会

---

① 《中华苏维埃共和国暂行财政条例》，1931年12月。

计系统。”①

中央政府颁布统一财政的训令后，各地认真贯彻执行，取得了明显成效。据江西省苏维埃报告：自中央政府统一财政后，江西财政管理工作有了相当转变，执行了中央训令和条例，开始实行决算预算。为了进一步做好财政工作，江西省苏维埃采取了“统一财政、开展财源、节俭经济”的措施：（一）严格地执行中央颁布的财政条例和统一财政训令，首先在最短期间，绝对实行决算预算，对于不执行及故意破坏这一制度的，要严厉处罚。（二）国家税收和没收土豪财产以及罚款等均应按数缴报上级机关转解中央财政部，不得自行支配和取用，各级政府一切用费，应由上级统一支配，不得随意开支。严禁各机关群众团体随时挪用政府的经济，一切群众团体，以后绝对遵照中央政府规定，各下级政府概不津贴，以免混乱政府的财政统一。（三）农业税、商业税、工业税的征收，须遵照中央的税则执行，须得上级命令和颁布收税的时期，始能按期征收，严禁各地违反税则的拍税捐税和扣留税款，各城市之商店工厂作坊，立即举行营业登记，发给营业证，以便进行收税。（四）努力计划和鼓励提高农村生产和发达工商业，必增加国家税收，经常有计划地根据苏维埃法令去开展新的财政收入，以充裕国库充实革命战争的经费。（五）由各级政府组织游击队去发展游击战争，于扩大苏区的同时进行筹款以增加财政收入来供给革命战争的费用。（六）严禁一切浪费，凡未得上级批准而故意浪费者，除依照财政条例惩罚外，并责令该机关赔偿；实行审查制度，组织审查委员会以核查各级财政账目，对于政府中的贪污腐化分子要以革命纪律来严厉制裁。②

三　创建预决算制度

在苏区建立初期，各地政府在本区内尝试创建预决算制度。1930 年，闽西苏维埃政府规定：“各县政权机关经费应按照规定等级制定预算，文化建设经费和政府经费分开制定预算，由县政府汇集提出县代表大会通过。交通费由交通总局制定预算，每月一日以前交闽西政府常委会批准。红军廿军各纵队经费由闽西政府财政部发给，各纵队每月预算表要在每月一日以前送交闽西政府常委会批准。临时费之支出每月份中乡以廿元，区以五十元为限，超过规定数日时须报告县政府批准后始得开支。”③ 但这些规定并未得到有效实施。为了改变各地政府自收自支状况，加强财政工作的计划性，中央政府颁布了《中华苏维埃共和国暂行财政条例》，在全区范围内创建了预决算制度。

创建预决算制度，是苏维埃政府实现有计划地安排各项收支，保证革命战争、政府经费和经济文化建设需要的重要措施。因为“成立明确的预算，则可以量入为出，不足则设法补足，预算首先要总计全国收入数目，收入总数必须打过折扣，以防天灾人祸不能全部收入时准备，其次必须将整个收入中提出一部分，作为特别准备费，以备紧急时的需要。其余如：军费，建

① 《中央政府财政人民委员部训令财字第十五号——关于统一税收问题》，1932 年 8 月 16 日。

② 江西省第一次工农兵苏维埃大会：《财政与经济问题的决议案》，1932 年 5 月。

③ 《闽西第二次工农兵代表大会决议案——修改财政问题决议案》，1930 年 9 月。

设费，行政费，教育费，交通行政费……均规定百分数，再将这个百分数由中央政府以至乡政府的经费或补助费亦须订出一个百分比，按照百分比订出一个等级表，在每一开支等级中，又将总数划分为经常费、临时费等项目。在各预算项目内之预算数目，开支将以不超过为原则。现在苏区各地的预算项目仅有生活费、办公费、购置费……项目，尚有许多数目，并无专门项目，而包括于特别费项目之内。特别费虽有实报实销之规定，并未在预算项目上列入——最高限度，可以无限制开支，实际上是破坏了预算制度。"①

各级政府与部队的预算分为三种：每月经常费预算，临时费预算，季度预算。各级财政机关按照《暂行财政条例》的规定，凡中央财政部各直接下一级财政机关于每月25日以前，造报其下月预算，送交中央财政部审查批准，其各级财政机关于每月25日以前，造报其下月预算送交其直接上一级财政机关以便审查，综合造报。《暂行财政条例》还明确规定：（一）各级行政经费，各军伙食杂用等经费，统由各该部分的财政机关造具预算，交它的直接上一级财政机关审查，并报告中央财政部批准，统由中央财政部依据批准之预算付款。（二）中央财政部在批准他的直接下一级财政机关之预算后，依据预算，发给该财政机关发款通知书，该财政机关批准它的直接下一级财政机关的预算，并依次发给通知书。各级财政机关接得此发款通知书后，才能向上一级财政机关领款。（三）各级财政机关，所收入之税款及政府经管事业的入款或罚金或没收的财产以及其他收入等款项概应随时转送或直接送中央财政部，或中央财政部所指定的银行。（四）在月份和年度预算执行年终了时，应按照预算年度规定的时间，编制决算表，凡中央财政部直接下一级的财政机关，须于每月十号以前将它的上月决算表送交中央财政部审查批准，各级财政机关须于每月五号以前将它的上月决算表，送交它的直接上一级财政机关，审查批准。②

中央执行委员会颁布的《地方苏维埃政府的暂行组织条例》中，对地方苏维埃政府的财政作了明确规定：各级地方苏维埃政府机关的一切收入，须完全缴到中央政府财政人民委员部的各级机关去，作为中华苏维埃共和国的国库存收入项；地方苏维埃政府的支出须作成预算案，送上级苏维埃政府批准，按照所批准的预算案支出；某一项的支出，不准移作别项用途，倘要移作别项用途，须得上级苏维埃政府的批准，方能移用；不准超出预算案所规定的数额，倘要必须超出预算案时，须得上级苏维埃的核准；预算案期满后，须同一形式制成决算案两份，一份送上级苏维埃政府去批准，另一份保存在该苏维埃政府内，以便检查时做参考；若违反本条例的财政支出手续，依照浪费公款论罪。

1931年12月，中央政府人民委员会发出财字第2号训令，具体规范了预决算制度：（一）关于批准手续。各级财政机关一方面是有一个国家财政上之总系统，另一方面同样要受各级政府之行政负责人员和军事机关之军事负责人员的命令和指挥，对于每月之预算和决算，以及向该上级机关领款或大宗款项付出时，所属各该财政机关均须经过各机关负责人员之批准，和署

---

① 归峰：《对于财政统一的贡献》，《红色中华》第14期，1932年3月16日。

② 《中华苏维埃共和国暂行财政条例》，1931年12月。

名盖章，方为有效。（二）关于造报时间。各级财政机关，应根据《暂时财政条例》第四条的规定，每月一律按时造送预算和决算于该上级财政机关，以便汇齐作成总的预算和决算，以资财政上之统一，并于明年 1 月起绝对实行。（三）关于领款程序。各级财政机关，自接到上级财政机关批准预算时之领款通知书后，应填其领款证书向上级机关领款。而各该下级财政机关，平时所有一切收入应按照《暂行财政条例》第二条之规定，必须一律随时转送或直送中央政府财政部，或财政部所指定之银行。各级财政机关，不得扣留或迟延。（四）簿记应用。中央财政部所规定的三种新式簿记，现已印好，特分寄各该级财政机关应用。这些簿记并须于明年 1 月起绝对实行。①

四　创建统一的会计制度

创建统一的会计制度，是加强财政管理和监督的重要手段。尽管财政人民委员部颁布了财政统一训令，但并未能在短时间内实现彻底统一。之所以出现这种状况，与未能建立统一的会计制度有关。当时苏区会计工作存在的主要缺点是：（一）收钱机关、管钱机关、用钱机关混在一起，每个县区政府，收钱是它，管钱是它，用钱也是它，它要钱用时当然会自己打开柜子任意拿用，那里还会向你做什么预算决算等候批准麻烦手续呢？这样要财政统一当然很难做到，而且任各级自收自用，中间免不了生出许多贪污浪费舞弊的毛病。（二）各项收入与经费没有分开，没有各成系统，不论土地税、商业税、行政费、军事费、教育费、司法费都由省县政府收支，上月收支与下月收支也没有分开，甚至连私人移借都混在一起，因此省县政府账目弄得非常麻烦，会计不易整理，中央更无从确知各项收入项目，因而妨碍到整个岁入岁出之预算与决算，致使中央不能有计划地节省不必要的开支而集中一切财力来充实战争经费。（三）各项会计科目没有一定名称。办公费、特别费、购置费、路费、巡视费、印土地税收据费，各处自立科目，名称不一；就在同一科目之内，如办公费、特别费等所包含的范围也各处不同。这样自然弄得各处会计非常紊乱，而且不能彼此相较，互相对证。（四）簿记单据没有统一格式，除中央两省及瑞金直属县外，其余县份尚多沿用旧式簿记，有些则更没有记账，单据表册更未能照中央规定填写，有些则更没有单据，只凭口说记账，就中央簿记单据亦多用银行格式，没有一定格式和大小，这样不独妨碍保藏与审查，而且容易舞弊。（五）财政交代无一定手续，交卸者无清单无报告，接管者也不去根究照查，此中舞弊情形不言可知，结果是公家损失。

1932 年 12 月 16 日，为了建立科学的会计制度，中央财政人民委员部颁布第 12 号训令《统一会计制度》，对苏区会计制度作了统一规定。其基本内容为：（一）要把收钱的、管钱的、领钱的、支配的四个机关分开，不再混在一起。具体办法，一是收钱机关（税委与财政部）只准收钱，收到了款后解交管钱机关（各级国库），自由动用库款或埋伏短报者严办；二是领钱机关（即各级政府各部队各级司法教育机关）须按月作预算，按照系统送交本部（支

① 《人民委员会训令——财字第二号》，1931 年 12 月。

配机关）批准，发给支票，才得向国库领款，否则不给支票；三是国库收到之款，只准送到上级国库或照上级支票付款，无支票乱付者严办。（二）要把各级收入与开支，都分别划分，各成系统，如租税归各税委收缴，打土豪罚款归财政部或裁判部经收缴库，行政费则归财政部领支，教育费归文化部，司法费归司法部经领，这样分开系统，各项收支自然有条有理，中央随时可以明了收支状况，而能有计划地去支配整个财政。（三）要确定会计科目，把各项收入及开支节目规定一定名称与一定范围，使收付款项有条有理，而且得以彼此相较，互相对照。（四）要规定预决算规则，实行预决算制度，无预算决算者不给钱，自中央至县区乡政府，必须照规定时日严格执行，使会计按月结束，中央才能随时了解整个收支状况，而使财政计划逐步做到。（五）要统一簿记单据。确定记账方法，使各级采用新式簿记，使每条账目都有凭证，每种单据账簿格式大小都能一致，这样可以防止会计上许多舞弊以及错漏情事。（六）要规定交代章程，以防止交卸接管中间的舞弊与损失。①

五　建立审计制度

审计部门是中央政府为严格财政纪律、防止贪污浪费、进行宏观监控管理的国家职能部门。其主要职责是审核年度收入与支出，监督预算的执行以及各级财政部门和机关企事业单位的资金使用。这是关系到中央苏区的经济建设和红色政权巩固的大事。

1933 年 9 月，根据人民委员会第 49 次会议决定，成立中央审计委员会，负责审查政府的预算是否合理，检查和监督各级政府、机关、革命团体、企业、事业单位的账目收支情况。审计部门初成立时直属中央财政部，1934 年全苏二大时从财政部划分出来，直属中央政府领导，由阮啸仙担任首届中央审计委员会主任。

在中央审计委员会之下，地方各省级政府、中央直属县和红军内部，建立审计委员会和稽查员。审查委员会和稽查员归各级政府直接领导，不受财政部门制约，有权监督检查各项收入的执行情况。县以下不设审查委员会，但各县要报送省审计委员会审核。政府各有关部门还设有内审机构，如中央财政部设审计处，各省财政部设审计科，下有审计员等，专门负审核各机关收支预决算、签发发款通知书的责任，国库或分库按照通知票面金额付给。每月终由国库或分库将发款通知书汇解中央政府存查，各机关月终造具决算送交中央财政部汇交稽核员审核，如确无滥支时，仍须与发款通知对照核销。每月中央或省财政部须向中央政府或省政府作一详细报告。②

中央审计委员会成立后，中央政府颁布了《中华苏维埃共和国中央政府执行委员会审计条例》19 条，明确规定：各级苏维埃财政收支的预算和决算，由中央财政人民委员部汇编，经中央审计委员会审查，人民委员会通过，中央主席团批准。各级苏维埃机关必须遵照中央财政人民委员部规定的会计制度预算、决算中央审计委员会及分会对于下级苏维埃财政收支，认

---

① 《中央财政人民委员部训令第十二号——统一会计制度》，《红色中华》第 46 期，1933 年 1 月 7 日。

② 德峰：《对于财政统一的贡献》，《红色中华》第 14 期，1932 年 8 月 16 日。

为有必要时，派遣审计员实地调查；中央审计委员会及分会随时检查各种机关现有簿记等。该条例还分别规定了中央审计委员会审查的事件和中央审计委员会分会审查的事项等。

中央审计委员会建立以后，主要进行以下几方面的工作：

（一）审查、稽核中央政府和各省以及瑞金直属县的预决算，督促各级财政部门总结成绩，揭露存在的问题。1933 年 11 月，中央审计委员会在审核中央机关的计费开支中发现：有许多苏维埃及军事机关，发生极大的浪费和预算不实在的事情。据中央审计委员报告：10 月份中央总务厅预算浮至 5000 千元之多；总卫生部 10 月份预算载后方医院伤兵及工作人员，人数与实际所有数相差很远；瑞金县苏维埃每月仅灯油费一项达 120 元之多，不少苏维埃机关及军事机关浮支浪费现象时常发现。这证明浪费现象现在差不多仍是普遍存在着的。① 1934 年春，中央审计委员会稽核瑞金县经济开支，肯定了瑞金财政状况取得很大成绩，但也指出其工作中的缺点：虽然县级预算制度建立了，但区级预算是县苏维埃代做的，节省运动还没有深入到区乡去；裁减人员未能更好地改善工作方式和增加工作效能；检举贪污浪费工作时，未将发生贪污的根源和防止贪污的方法教给广大群众，造成群众运动的热潮。因此，反贪污斗争只限于几个区发展，不能使一切贪污分子都被检举，更难保证贪污现象不继续发生。②

（二）审查各机关、革命团体的财政收支。例如中央审计委员会 1934 年 3 月在审查互济总会的收支时指出：互济会的财政状况有下列缺点：拿救济费做机关开支；会费一塌糊涂；各种捐款没去检查；开支项目不适当。根据检查中发现的上述问题，提出互济会要纠正这些严重缺点，必须做到两点：一是要认清互济会本身的特别任务，为要达到它的任务来检查各级的用费和捐款，使所有款子都用在发展工作和救济事业上。二是建立各级会计制度，收款支款和经手的救济款项，都要有详细的计算和检查，发动会员群众来监督款项的保管和检查用途，捐助款绝对禁止做机关开支，月费也应做到大部用在救济事业上。③

1934 年 8 月，中央审计委员会审查总卫生部下属单位医院、疗养院、残废院、疗养所、卫生学校的经费开支时，既充分肯定了它们在节省运动中的惊人成绩，又指出它们的工作中还有存在着严重缺点：一是过左和锦标主义在不少医院存在着；二是通过节省运动推进医院工作还做得很差，各院还发生许多贪污事情。④

（三）审检国家企业的财务收支。如 1934 年 3 月，中央审计委员会检查了中央印刷厂、中央造币厂、中央邮政总局、中央贸易总局、中央粮食调剂总局等国有企业的经济收支情况。检查中发现普遍存在的缺点有两项：一是不明了本身在苏维埃经济上的性质和作用，不知道也不考察产品的成本，不知计算盈亏，有钱就用，没钱向国家主管机关要。二是各厂局没有从斗争中去抓住各厂局的特殊性质与缺点，来从积极方面整理账簿，建立会计制度和管理法制，以致

---

① 《节省经济与开展反浪费斗争》，《红色中华》第 132 期，1933 年 12 月 5 日。

② 《中央审计委员会稽核瑞金经济开支的总结》，《红色中华》第 171 期，1934 年 4 月 5 日。

③ 《中央审计委员会检查互济会、反帝拥苏同盟财政收支的总结》，《红色中华》第 172 期，1934 年 4 月 7 日。

④ 《中央审计委员会关于总卫生部系统中五、六月节省成绩的总结》，《红色中华》第 226 期，1934 年 8 月 15 日。

贪污浪费现象无法肃清，官僚主义的领导方式，未能彻底转变，厂长局长不了解实际情形，提不出具体的办法，反使节省运动和严格劳动纪律，变成空喊。①

中央审计委员会的这些工作，对加强财政管理、实行财政监督、严格财政纪律起到积极的作用，中央政府和各级苏维埃的财政制度建设有了明显的转变和改进。

六　创建统一的国库制度

1932年10月22日，为了统一财政收支管理，中央政府人民委员会颁布《国库暂行条例》，并于1933年1月1日正式施行。该条例规定如下。

（一）国库的职能和组织。国库掌握国家所有现金项目的收入、保管及支出等项业务。国库之一切，均由财政人民委员部国库管理局来管理。其金库则委托国家银行来代理。总金库（中央金库）设于总行（国家银行），分金库设于分行，支金库设于支行。尚未设立分行支行的省、县，则由总金库所指定的专人组织国库的分金库、支金库，附设于省、县财政部内，但不受省、县财政部的支配。红军中不设国库，由总政治部代理国库，进行已经决定了的筹款额的现金征收工作。国库管理局长，由财政人民委员任命，总金库、分金库、支金库的主任，由国家银行的总行、分行、支行的行长兼任。尚未设立分行、支行的省、县的分金库、支金库主任，先由总金库主任指定，然后申请财政人民委员加以任命。

（二）国库掌握收入。国家的税收及其所有的现金收入，都应当交纳给国库的支金库、分金库。无论如何征收现金的机关，都不得将征收来的现金隐瞒不交。如有违反者，按贪污、渎职来加以处罚。

（三）国库掌握支出。各种经费的支出，应当按照各机关所编成的预算，先送交各级财政部会计检查处，经其审查后，再申请财政人民委员部批准，然后始可由国库管理局开出支票。各金库在收到支票后，应先行确定证明无误，然后才可以支出现金。各机关、部队，在尚未收到支票时，一律不准向各金库领取现金。如遇本系原来的现金领取机关，而尚未获得新预算之批准者，在此情况下，应参照前一个月的预算，可允许其暂先领取相当于一半金额的现金。银行不得任意自行挪用金库之在库金。如有剩余现金时，可由财政人民委员斟酌情况，将在库金存入银行，以生利息。

（四）国库之监督。国库之金库，可随时进行监督。监督时由财政人民委员部和工农检察人民委员部共同派遣专人。国库之总金库，应当每天编成“收支汇报表”和“在库表”，向财政部提出报告；分金库，应当每三天编成一次上述两种表格，写成同样的两份，一份提交总金库，一份提交财政部；支金库，应当每五天编成一次上述两种表格，写成同样的三份，一份提交总金库，一份提交分金库，一份提交财政部。支金库、分金库的在库金，应当作出一俟总金库有命令来到，可以随时提出的准备。②

① 《中央审计委员会审查国家企业会计的初步总结》，《红色中华》第169期，1934年3月31日。

② 中华苏维埃共和国临时中央政府中央人民委员会：《国库暂行条例》，1932年。

1932年12月17日，中央人民委员会第8号训令指出："建立国库，实行会计制度，将一切财政收入一律交到国库分支库，由中央支配，此是建立统一财政的重要基础。各级机关各红军部队，及一切地方武装，必须深切了解统一财政在政治上军事上的重要作用，自1月1日起要照财政人民委员部颁布的国库条例及会计规则办理。"该训令规定：（一）各机关各部队一切开支一定要按照各个系统做预算向上级报告，未取得财政人民委员部支票，绝对不能向支库支款，或临时扯借，违者以破坏财政统一论处。（二）各地方游击队独立团及一切地方武装经费要办到自给，但地方武装所筹之款亦归还军事机关有计划分配。（三）如有些地方武装，因一时困难经费不能自给者，须做预算向军区报告支取，无论如何不能自由向支库支用。（四）各级财政部要更有计划地指示和督促下级机关，加紧一切财政收入，开发财政来源，不能因为开支可向上级领取，便放松对财政款项之收入，违者以怠工论处。（五）各级预算须按规定日期造报，一切开支须按上级批准各项内的数目按数支用，有特别理由可另表报告经上级批准，未经批准自由超过预算者，则由其自认。

总之，中华苏维埃共和国中央政府成立后，为了统一财政，加强资产管理，先后颁布了《中华苏维埃共和国暂行财政条例》《国库暂行条例》《统一会计制度》等训令及《财政机关交代规则》《会计规则》等法令，初步建立起党的管理资产的预决算制度、会计制度、审计制度和国库制度，使各级财政部门走上了规范化轨道，对合理节约地使用有限的财力，保证红军和政府的供给，克服各自为政和财力分散，防止贪污浪费等起到了积极作用。

第二节　抗日战争时期资产管理制度趋于成熟

抗日战争爆发后，中国共产党领导的八路军和新四军开赴抗日前线，除了中共中央所在地陕甘宁边区外，还先后开辟了晋察冀、晋绥、晋冀鲁豫、山东、苏北、豫皖苏、豫鄂边等10多块敌后抗日根据地。抗日根据地军民在中国共产党的领导下，在进行残酷的军事斗争同时，积极进行经济建设，加强财政金融的统一管理，先后颁布了许多法规，逐渐建立健全了包括会计、审计、金库、公产管理在内的各项资产管理制度，为支撑长期抗战和保持党的廉洁奠定了坚实的物质基础。

一　建立健全统筹统支制度

抗战初期，各根据地处于草创阶段，缺乏必要的财务制度，财政财务工作中存在着严重的自收自支现象。在财政收入方面，有的不将没收款、罚款及公产收入上缴财政机关，随意使用；有的不经批准滥捐滥募；税务制度不健全，税务管理混乱。在财政支出方面，各地还未能及时建立预算决算制度，开支任意报销，贪污浪费现象严重。因此，统一根据地财政管理，克服和纠正资产管理上的混乱现象，是支持长期抗战的必要条件。

实行统筹统支，是根据地财政建设的重要内容之一。在全民族持久抗战中，只有实行财政上的统筹统支，才有可能集中一切财力物力供应战时的大量军需。为了克服各地方、机关、部队自收自用、任意募捐以及浪费贪污等现象，各根据地均发布了关于统一财政的决议、命令和通令。如1937年12月21日，陕甘宁边区政府发布《统一财政问题》通令；1938年9月8日，陕甘宁边区政府再次发布《关于统一财政收入和消灭滥捐滥募现象的训令》；1938年9月25日，陕甘宁边区政府发布《关于禁止自收自用、合理统筹分配的通令》；1940年11月7日，山东省战时工作推行委员会发布《关于募捐及罚款的决定》。随后，各抗日根据地陆续发布各种法规，相继建立了各项资产管理制度。这方面的主要法规有：1941年的《陕甘宁边区财务行政规程》《陕甘宁边区财政厅会计工作细则》，1941年11月的《陕甘宁边区政府规定各县市地方财政收入暂行章程》，1941年的《陕甘宁边区财政厅财务费支付办法》《陕甘宁边区政府财政厅巡视团章程》，1943年边区政府第41次政务会议通过的《陕甘宁边区暂行预算条例》《陕甘宁边区暂行决算条例》《陕甘宁边区处理收支事务暂行办法》，1943年5月的《经济工作人员奖惩规则》，1941年1月的《陕甘宁边区财政厅金库条例》，1941年2月的《陕甘宁边区公产管理办法》，1942年5月的《山东省金库条例》，1942年6月的《山东省审计暂行条例》《山东省审计处暂行组织条例》，1942年4月的《晋冀鲁豫边区政府关于超额完成财务任务的奖励办法》，1945年1月的《晋冀鲁豫地区暂行财务行政制度》等等。抗日根据地政府颁布的这些条例法规，旨在强化战时财政管理体制的一元化领导，以适应残酷的抗战需要。

1937年10月，陕甘宁边区改组成立财政厅，开展了统收、会计、统计、公产保管等业务员。为了克服各地各单位存在的自收自用现象、实行统收统支，财政厅把财政收支与保管分开，建立了边区金库，由边区银行代理。为了审核各级政府、各部门、各团体的预算和决算，加强财政监督，财政厅内还设立了审计处。

1937年12月21日，陕甘宁边区政府发出《统一财政问题》通令。通令指出，在抗战期中，统一财政是当前重要工作之一。因为一切抗战动员都需要调节款项，才能够充实战争力量。然而，各县机关、部队、团体的经费收支，在过去因还没有建立很明确的财政系统和很严格的预决算制度，以致某些个别地方（如定边、盐池等县）财政非常紊乱，而且经常发生自收自用、任意募捐、甚至浪费贪污等不良现象。该通令明确规定：自令到之日起，不论任何机关、部队、团体，必须遵照“统一财政”的原则，建立起财政系统，绝对不许可再有自收自用等事情发生；边区政府根据各机关、部队、团体的预算，绝对保障其经费开支。具体办法是：（一）各机关、部队、团体一切收入（主要是没收违禁的烟土），无论数目多少，都要随时缴县政府第一科制取正式三联收据，然后由该科转交金库，严禁自打埋伏，尤须严禁将没收之烟土自由出卖，破坏政治影响。（二）各缴款机关每个月应将缴款收据，即第一科所给收据汇齐交各该上级机关转交边区财政厅存查，一面可以表现各机关收入的成绩，一面可与第一科之收入报告对照，以绝流弊。（三）各机关、部队、团体，一切开支必须先造预算，呈由各该上级批准通知财政厅之后，然后由财政厅发给支付命令或电报，向当地金库支取，严禁任意挪用。（四）各机关、部队、团体经费，即或有临时的特殊需要，也必须向该上级请求追加预算，经过批准通知财政厅之后才能由财政厅补发支付命令付款，绝对不许随便开支，更不许未得上级许可而任意向外募捐。（五）各机关部队，过去因必需的正当用途而超过之经费、自行筹募之款项及没收之烟土，应分别编制收支决算，连同单据送交各该上级机关审核清理，以求解决，不得借口过去经费不足，仍继续其自收自用，破坏财政统一之严重现象。①

1938年9月21日和9月25日，陕甘宁边区政府接连发出了第2号训令与第15号通令，重申“统一财政”原则。第15号通令强调：“在抗战期中统一财政，的确是当前重要工作之一，因为一切抗战之工作都要动员财力，调节收入，才能够充实抗战力量。”各地方各单位财政上存在的问题，是民族自卫战争中所不能容许和不能再继续存在的。该通令指出：（一）各县一切收入——税收、没收款（烟土在内）、罚款、募捐、斗佣费等项收入均应缴纳于各县第四科再解交财政厅。（二）各县公有之财产——干土地（学田在内）、房屋，牲畜，树林、物品、器具等，均由各县第四科登记管理，不得有所损失。唯树林登记清楚，可由各县第二科经营，所出卖之钱亦均归第四科收入。（三）各机关、部队、团体及裁判机关一切收入，无论数目多少，都得随时交各县第四科及财政厅制取正式三联收据；但各县第四科所收之款随时得交财政厅或分库，严禁埋伏不报；没收之烟土尤禁出熟以免破坏政府禁令。（四）各机关、部队、团体经费除按每月规定批发外，不予增加，即或有临时的特殊需要及修理等费必须开支时，得先作追加预算呈财厅批准后始得开支，否则不准报销。（五）各机关、部队、团体在过去因必须的正当用途而超过之经费和借用一种或分库之经费，由各机关部队团体主管人负责审查，编制表册连同单据送交各该上级再审核清理，提出意见转交财厅以求解决，不得借口过去经费不足仍继续其自收自用、贪污浪费、破坏财政统一之严重现象；今后如有发现上述贪污等情事，得依《边府惩治贪污暂行条例》惩治。该通令最后严厉地指出：“各级政府、各机关、部队及群众团体接到此通令之后，必须提交会议详细讨论，传达到各所属单位，更须切实执行，百分之百地做到财政统一，不许再有自收自用，假造账目，甚至于贪污浪费等不良现象的发生。”②

加强抗日根据地财政的统一领导，主要包括两个方面：一是必须严格遵守统一的政策、统一的法令、统一的制度，建立统一的组织系统；二是财政的收入必须实行统筹统支而不得任意分割。财务行政统一由边区财政厅掌理，地方政权受到严格限制。如《陕甘宁边区财务行政规程》规定：各县（市）政府因建设本县有益事业须向该县（市）人民负担时，如价格在10石米以下者，可由县政府决议县参议会通过，呈请边区政府备案后，得向人民募集；如所需超过10石米价格以上者，则必须经县政府决议，县参议会通过，并呈请边区政府批准后方能施行。地方政府如不按规定办理，强制向地方人民摊派粮款或捐募，人民有拒绝交纳及向上级政府控诉之权。

1941年1月，为了加强地方财政资产管理，增加地方财政收入，陕甘宁边区政府公布的《陕甘宁边区各县市地方财政收支暂行章程》规定，各县市地方财政收入的范围包括：公产收

---

① 《陕甘宁特区政府通令——统一财政问题》，陕西省档案馆编《陕甘宁边区政府文件选编》第1辑，档案出版社，1986，第36～37页。

② 《陕甘宁边区政府通令——关于统一财政一切收入及公有财产管理事》，陕西省档案馆编《陕甘宁边区政府文件选编》第1辑，档案出版社，1986，第89～91页。

入；牲畜买卖手续费、斗佣、罚款；劝募的教育经费。公产收入，各县市主要用于补充教育经费；牲畜买卖手续费、斗佣、司法罚金收入的50%划归各县市使用，50%由边区政府调拨；各县市如欲另辟税源得经县参议会通过，向边区政府呈请批准后，才能实施，不能另立名目擅自征收；地方财政收入，不得与边府直接税收混淆或合并；各县市政府及所属机关，除粮食由边区政府供给外，其他经费都由地方财政收入支付；如有特殊情况不能自给的，边区政府酌量给予补助。①

早在1938年初，晋察冀边区军政民代表大会通过的《财政问题决议案》已将“统一财政收支”作为创建健全的战时财政制度的重要内容。晋察冀边区政府一方面大抓开源，建立与边区具体情况相适应的新的税收制度，为统一边区的财政统筹统支奠定基础，另一方面，着手制订各项有关财政资产统筹统支的规章制度，实施边区财政的统收统支。聂荣臻在《晋察冀边区的形势》中指出：“财政最忌各自为政，如果一混乱，那就没有办法来整理了。”②

晋察冀边区实行统筹统支，是与公粮征收、税收整理等项工作并行的。1939年，晋察冀边区政府对财政的统筹统支原则作了明确规定：（一）统一财政政策。有关政策法令和征收办法，由边区行政委员会统一制定。（二）收入由边区统一筹划。凡边区之一切税收、公产收入、公营企业收入、罚没款及战争缴获等收入均为边区收入；各级财政部门负责组织征收，保证及时入库；县政府、区公所以及其他任何机关，不准以任何名义向群众摊派捐款。（三）支出由边区统一掌握。党政军机关、学校之正常公用经费和临时费用等一切开支，由边区财经办事处统一供给，即一切经费的批准支付权集中在边区。（四）统一会计制度。（五）建立边区金库。（六）建立预决算制度。同时，规定健全村概算制度，统一县款收支，边区政府财政同县地方财政严格分开，控制各种款项的支出。在敌后游击战争的环境中建立统筹统支制度，尽管遇到了很多困难，但有效地保障了抗日军民的军需，有力地支援了敌后抗战。

二 建立健全预算决算制度

预算是指经一定程序核定的国家机关、社会组织对未来一定时期内财政收入和支出的精细预支方案，而决算则是对预算执行的总结。预决算制度，是财政建设中的基础制度，只有做到有计划的收入与有计划的支出，财政才能纳入正轨，实现统筹统支也才有了可靠保证。抗日战争时期，各根据地通过制定一系列财政法规，逐步确立了预决算制度。

早在1939年，晋察冀边区政府多次讨论建立预决算制度问题，而且确定了具体方案和试点。但在试行过程中遇到了不少困难：（一）在战争环境中，财政开支经常变化，确实造成了造预算的困难；（二）在一些干部中存在着自由主义的倾向，他们不关心开支多少？钱从哪里来？认为有钱就花，没钱跟上级要，“反正我不贪污”。粮食的预决算更差了，有些县吃了公粮不上交粮票；有些县公粮存多少？够吃几个月？不清楚。因此，克服干部中的自由主义，是

---

① 星光、张杨主编《抗日战争时期陕甘宁边区财政经济史稿》，西北大学出版社，1988，第289~290页。

② 《抗战时期晋察冀边区财政经济史资料选编》（总论篇），南开大学出版社，1984，第80页。

建立健全预决算制度的关键。1940 年初，晋察冀边区政府决定，全面推行和坚持预决算制度。宋劭文在干部会上强调："有了预决算制度，就不允许有制度以外的自由"，"过去各县政府各个机关花了钱，上级有些客气，花了就准予开支。现在我们决定：没有预算而开支了的钱，一律批驳，不准开支，想开支就得事先呈准。这样会使有些人感觉不舒服，但满足了这个舒服就等于满足了自由主义。"①

1940 年 4 月，晋察冀边区政府颁布了《预算暂行章程》和《决算暂行章程》两个文件，对预决算制度作了原则规定。其基本内容是：总预、决算分岁入岁出两大类。岁入科目分为：统一累进税（钱与粮秣分别预算）、田房契税、出入口税、罚没收入、公营事业收入、公产收入、其他收入等七项。岁出科目分为：军费、政费（包括赈灾救济等）、预备费（按岁出总额 5% 至 10% 编制）等 5 项。具体编报程序如下。（一）部队系统。粮秣与军费预、决算，由大军区供给部在年度开始前一月内编造年度概算（包括野战军、地方军），报边区财经办事处（简称财办）批准；每月根据实有人马数字、供给标准编造月份预算，报财政处审核拨付；每季度终了后，一月内编造季度决算向财政处报销。服装预、决算，分春装、冬装两期编造，分别以实物部分与现款部分，经边区财办批准，财政处分别拨付；医药、公用物品预、决算，由大军区供给部每季编造季度实物预算，经边区财办批准，财政处拨付实物，每季造报决算一次；职工预算：根据边区财办批准之全年预算，由财政处分月拨付工程局，年度终了造报全年决算向财政处报销；作战费用预、决算之编造，则商同军区后勤司令部另定。（二）地方系统。边区级党政民机关学校之预、决算，由边区政府统一汇编，经常费每月编造预、决算向财政处支领与报销。事业费编，造全年预算经财办批准后根据事业之需要按期拨付，决算则须按每一项事业完成后半月内造报。服装预、决算亦分春装冬装两期编造。（三）行署以下。行署以下各级党政民机关学校之预、决算，由行署于年度开始一月前汇编全年概算，季度开始半月以前汇编季度预算。报经边区财办处批准，每季拨付一次，每季终了后一月内编造决算报销。关于各区地方事业费之开支，由行署在年度开始前，根据事业计划，编造全区事业费预算，报边区财经办事处批准后，按事业发展需要分期拨付，由行署掌握开支，每季决算一次报财政外核销。

年度预算是财政收支的一年大计，"先要量出为入，然后要量入为出"，都必须按照预算规定有计划地进行。坚持实行预、决算制度的先决条件是：（一）各级政府各级机关要制定出合理的经费开支标准。开支只能比预算少，不能比预算多。（二）军队要按实有人数，要把人数搞清楚，搞确实。（三）群众团体的经费开支，原则上应该自己解决，要从会费和所办的合作事业中去解决，不足之处，由政府贴补。（四）认真搞好政府机关吃公粮的粮食预算。（五）取消预算中各机关所列的预备费，临时费用开支，必须事先呈请批准。

晋察冀边区政府特别重视预、决算制度的建立与执行，强调各级政府对预、决算制度的认识，必须提到政治的高度，坚决反对任何忽视的观点和作风。当时边区执行预、决算制度是认真的。北岳区的各专署、各县、各部门年度预决算大部分都造来，分月预决算也有不少的按时

---

① 《抗战时期晋察冀边区财政经济史资料选编》（财政金融篇），南开大学出版社，1984，第 23 页。

报送。平北各县政府一律向专署领取，先作3个月的预算，交了前3个月的决算再领下期经费。①

陕甘宁边区是抗战时期实施财政预决算制度较好的根据地。《陕甘宁边区暂行预算章程》对预算编制、执行工作均作了全面规定。（一）关于预算编制。《陕甘宁边区预算暂行条例》规定，预算分为总预算和分预算。总预算由财政厅以各机关岁入岁出编成，分预算由各主管单位汇集各所属机关之岁入岁出编成。各机关之预算每季度编制一次。边区预算编制自最下级机关开始，依次呈送至最高机关。第一级机关为直属政府之各厅处、院，第二级为各厅处院之直属机关，第三级为各厅处院之直属机关之附属机关，余类推。军事机关以留守司令部为第一级机关，余下类推。各机关预算编制应按各机关之财政计划、边区政府颁布之财政计划及财政厅通知之经费标准编就。逐级上报至财政厅汇为总预算书，经边区政府批准并转参议会备案。预算编制程序分为三个阶段：筹划、编制、审核。筹划阶段，先由财政厅于每年10月前通知各主管机关、部队编造年度财政计划，财政厅收到各分计划20天内汇编出新年度收支总计划交财政经办事处审查。财经办事处应在20天内审核完毕并制定出下年度财政方针、政策连同计划报边区政府决议，并经参议会通过公布。经参议会通过之财政方针、政策计划，各机关不得在执行中变更，如有特殊事故必须变动者，必须经过边区政府批准并转参议会备案。编制阶段由财厅于每季开始40天前通知各机关进行预算编制，由第一级机关汇总成分预算，再由财政厅汇总为总预算。预算审核采用逐级审核方式，至第一级机关审核完汇总之分预算，于每季度开始前25日送达财政厅审核。财厅总预算于季度开始前10日送达边区政府，由边府5日内批还并转边区参议会一份。过期未送达审核之预算，上级机关及财厅得拒绝其编入。（二）关于预算执行。岁入预算经批准后，各机关应认真执行，非重大事故或特殊变迁不得短少。税收机关应照规定税目、税率征收，非经正式手续批准，不得增减。岁出预算批准后，各机关得认真执行，不得超过或追加。因物价高涨、人员增加致使原预算发生不足时，经主管机关批准，可支用常备金。因特殊事故或政府政策变更，经边区政府决定，以命令得缩减某项之一部或全部。（三）决算编制和审查。各机关决算，每季度编造一次，采逐级编造上报审核方式。第三级机关决算于每季终了后20日内送第二级机关，第二级机关在10日内审查完毕连同本机关决算报第一级机关，第一级机关在10日内加以审查汇总为分决算送财政厅，财政厅一月内经审核汇编为总决算报边区政府决议，并送参议会备案。各机关之决算送财政厅后，由财厅详加审查，有疑问时，得行文查询，限期答复。如因审计之必要，得向各机关调阅证据或该主管首长之证明书。对不经济之支出，虽与预算支出法案相符，也得驳变，以体现战时节约的原则。财政厅审查各机关决算及证明单据，认为正当者，发给核准状，解除决算机关之责任；认为不正当者，通知各该主管机关首长，执行处分或呈请边府处分；各机关故意违背决算报告之送达期限及财政厅所定答复期限者，得停止发给经费或呈请边区政府处分。财政厅对于审查完竣事项，自决定之日起两年内发现其有错误、遗漏、重复及伪造之证据情形者，得再为审查；财政

① 魏宏运主编《晋察冀抗日根据地财政经济史稿》，档案出版社，1990，第53~54页。

厅认为必要，可行委任审查，受委任之机关，须将审查结果报告财政厅，有特别审查组织者，须送审查结果报告书于财政厅备案。①

建立健全根据地的预算制度，不但克服财政上的自收自支及铺张浪费等问题，而且便于边区政府及时掌握财政收支情况，解决出现的问题。

三 强化会计与审计制度

会计工作是根据地财政管理工作的重要组成部分，它对于保证实现预决算规定的各项指标、管理好预算资金有着重要意义。晋察冀边区初创时期，会计工作较为混乱，各地区账本和记账方法不一致，有中式账、西式账、日记账、分类账乱搅在一起，有些地区会计人员不固定，今天你干，明天他干，工作马马虎虎，账目不清，漏洞很多。这一切都给贪污和浪费提供了条件。1940 年 4 月，晋察冀边区政府制定并公布了《会计规程》，明确了边区各级会计的性质和任务。边区会计分为两类，一类称政府会计（系各级政府及边区直属机关之会计），另一类是公营事业会计（系公营事业单位之会计）。会计之共同任务为：年度预决算分月预计之编制及执行、现金单据之出纳保管、公产公物之保管。

关于会计账簿的设置，晋察冀边区会计制度规定，一般会计簿籍应备以下三类，各机关单位根据需要自行设置。（一）账簿类：日记账，是按时间顺序记录全部收支业务的账簿；分类账，是按照收支明细科目设户、分类、记录和反映收支明细情况的账簿；总账，是总括地反映预算收支情况用以考核资金平衡和为编制会计报表提供资料的账簿。（二）备查簿类。这类账簿是用于会计计量、核算和备查之依据。如“预决算底簿”“编制经费表”“食粮定量与折合比率表”“会计法令记录”等均属之。（三）报告表类。主要有“经收边区款报告表”“边区预备费支付报告表”和“收支对照表”等。②

晋察冀边区政府对会计制度的执行非常重视，从边区政府和地方干部中挑选了一批有业务能力和忠实可靠的同志担任会计工作。要求会计工作者要有坚持制度的精神。就是合乎制度的，他便坚持执行；不合乎制度的，就坚决不执行。叫做认制度不认人。会计发钱，必须有上级命令，没有上级命令分文不付。各县政府预算，在未批准时，会计是不应该付款的。亦不能够奉县长命令暂时借出，非得有边委会的指示，或付给款项的命令，就是杀了头也不该付出一个钱去，这是制度。③ 任何人都不能违反，谁若是企图破坏制度，谁就是违犯法令。即使由于战争交通受到阻碍，每月经常预算未批准以前，又时间到了，急于需用时，经过县长出具亲笔借据后，可照上月批准预算数预借一半，并要很快向上级会计机关报告，绝对不能也不准无限制地借支。

审计是财政资产监督的一种重要形式。抗战时期，审计制度作为一种重要的财政管理制度

---

① 张希波主编《革命根据地法制史》，法律出版社，1994，第 442 ~ 444 页。

② 《晋察冀边区会计规程》，《抗战时期晋察冀边区财政经济史资料选编》（财政金融篇），南开大学出版社，1984，第 654 ~ 655 页。

③ 邵式平：《关于财政问题讨论总结》，《边政导报》1940 年 5 月第 2 卷第 19、20 期合刊。

在各根据地以法律的形式得到确立。当时审计工作从内容上可分为两种：一是财政财务审计，即对财政财务报表、会计核算簿籍佐证是否真实、合理、合法、准确等进行审计；二是财经法纪审计，面对违反财经法纪行为，当时主要是对贪污浪费舞弊行为进行审计检举。

据《山东省审计暂行条例》规定，审计工作从方法上又可分为三类：一是书面审计，包括各机关团体部队收支预算书、收支决算书、公营事业之营业报告、金库之收支报告及其应附表册等。二是实地审查，即对第一类审计之书表有疑义时，或发现某机关团体部队有贪污浪费时，得派员随时进行实地检查。三是委托审查，即为事实之便利及监督之周密计，审计处得将一部分审计任务委托某些机关团体部队代为审查。审计程序主要有两种，即概算预算审计程序和决算审计程序。审计处及审计分处审，核之决算如认为有问题时，即通知其主管首长提出声辩书，或派人实地审查，如发现贪污舞弊情节时，得提请同级检察委员会检举。①

审计制度的确立对于配合当时根据地财政工作统一领导、统筹统支具有重要的意义，尤其是作为财政监督的一种重要手段，成为战时财政不可分割的重要部分。但由于审计机关本身的基础太薄弱，审计人员缺少经验，审计执行的实际范围受到限制。

四 创建公产金库管理制度

公产管理制度和金库制度是抗战时期财政管理制度的重要组成部分。1941 年2 月1 日，为统一边区公产管理，增加收益，减少损失，陕甘宁边区政府制定并公布《陕甘宁边区公产管理办法》。公产是指边区境内之政府公田、公房、公树、公畜、公矿，学田，教产，抗日军人之公田（即从前红军公地），以及其他不属于私人之财产，统归各县市政府第二科管理，受财政厅指导监督。公产管理之目的，在于统一管理、增加收益、减少损失。

该《办法》规定公产管理办法为：（一）各县市所有之公田、学田，即责由各县市政府第二科，将田地面积（即亩数）、四至及类别（如山地、川地）等调查清楚，分别造具政府的公田、学田和抗日军人的公田清册，呈报财政厅备案。（二）凡公田已出租者，须将承租人姓名、住址及其每年应缴的租额，分别造具政府和抗日军人的公田租粮清册，呈报财政厅备案，其未出租者，须妥为登记管理，按照边区政府所规定的租息法令或当地民间通行的租息，租给无土地或土地不足的居民，及外来的灾、难民耕种之。（三）各县、市所有的公房，责由各县、市政府第二科，将公房的坐落、类别（如平房、瓦房、土窑、石窑）、间数等，调查清楚登记，并呈报财政厅备案。（四）前条公房，除公家（如党、政、军、群众团体、学校）使用者外，如是公私经营商业使用者，须缴纳房租。（五）各县市公共森林及果木树的管理办法，除遵照边区森林保护条例办理外，由县市政府第二科与区乡政府共同管理各种果树之出租事宜。（六）果树的出租，得以投票方法办理之。（七）各县市所有的公牲畜，责由各县、市政府第二科，将牲畜的类别（如牛、羊）、头数及承栏人的姓名、住址调查清楚，列表呈财政厅备查，其不能生育而年齿老迈的牲畜，得由第二科投标价卖。

① 张希波主编《革命根据地法制史》，法律出版社，1994，第445 页。

（八）公田内所生之芦苇，每年秋末投标出卖一次，作为公家之收益。（九）各县市境内各种矿产（如煤、铁、银、玉、石膏等矿），由各县市政府第二科调查清楚保管，并速呈报财政厅、建设厅计划开发之。（十）凡公产之收益，除已由边区政府指定用途者（如教育款产、救济基金、抗日军人公田等）不得挪作他用外，应经县市政府财政委员会的决议，报由财厅核准后方能支配之。（十一）凡公产之收益，各县市长应检查和督同第二科按年总结报告财政厅一次。最后规定：凡对公产管理得法，成绩卓著者，由财政厅奖励，其有浪费贪污者，送司法机关惩办。①

为了加强现金保管，各根据地普遍设立了金库，负责掌管根据地财政之现金、票据、证券出纳及保管事宜。据《陕甘宁边区财政厅金库条例》和《山东省金库暂行条例》规定，根据地金库一般分为三级：总金库，陕甘宁设于边府所在地，山东设于战工会；分金库，陕甘宁设于分区，山东设于主署和专署；支金库，设于县。金库由财政厅管理，委托边区银行代理。边区银行就金库业务对财政厅员完全责任。各级金库均设主任、会计、出纳，分金库得酌用巡视员及必需的技术人员。金库主任一般由边行总分支行长兼任，没设立分支行之地方由总库委任。《金库条例》还规定：一切岁入岁出之款，经由金库收纳或支付，无论任何机关，均不得收款不缴或于未缴金库以前擅自动用，违者金库应加干涉，并报告同级政府、上级金库及边区财政厅处分之。库款之支拨非有财政厅长盖章之支付命令，总金库不得付款。下级金库非有上级机关之支票，不得拨款给任何机关。金库按月逐级上报出纳保管情况。上级金库有调度支配提取下级金库存款之权，财政厅得随时派员检查金库账簿、单据及库存现金。

1941 年 1 月 29 日，陕甘宁边区政府发出第 397 号训令，进一步强化边区各县金库管理制度。它规定：查各县金库支库之设立非常重要，对于财政统一与财力集中有很大的关系。凡一切税收及公共物品，没收品之保管，均须经由金库。兹分述于后：（一）各县如未成立金库，应于一月内成立县支库，金库主任由二科科长兼任，具（体）办法根据金库条例。（二）公物及没收之仇货一律交金库集中，按月交财（政）厅。（三）没收之烟土概不作价，每月集中由行政负责人当面封好，称过数目，呈缴财政厅。（四）凡县一切收入（如由县收入的税款、罚款、公产的税息等），均应随时或按月交到金库，金库应按月造具收支四柱表，呈报财政厅备查。训令严申：“以上四点，仰切实执行，并将办理情形具报为要。”②

1940 年初，晋察冀边区建立金库，由边区银行代行金库职能，负责保管和办理公款之收付。库款的支付权属于边区行政委员会。《晋察冀边区金库章程》规定：边区银行办理金库之守则是：（一）建立金库账簿，记载公款之实存与收付。（二）公款数额，均按边币计算。（三）边区金库不负保管公物之责；但折成边币后，不得拒收。（四）边区金库库存款项之付

---

① 《陕甘宁边区公产管理办法》，陕西省档案馆编《陕甘宁边区政府文件选编》（第 3 辑），档案出版社，1987，第 58 ~ 60 页。

② 《陕甘宁边区政府关于各县设立金库等的训令》，陕西省档案馆编《陕甘宁边区政府文件选编》（第 3 辑），档案出版社，1987，第 47 页。

出权属于边区行政委员会。须有主任委员副主任委员及主管会计员签名盖章之支付命令始得付款。（五）边区金库必须按月向本会编送月报报表。（六）边区银行之分行、办事处、营业所，均定为边区公款之收付转汇机关。①

边区金库实行较为严格的收付款之解领手续。金库收到解款时，填具四联收款书，除留存根一联外，其余两联交解款机关存转，其中一联报送边委会；各机关解款时，填具三联解款书，保留存根一联，其余两联报送边委会核查，边委会核符后于骑缝处加盖印，将报告收据存查注账，余联发回解款机关存案备查，边委会发款时填具三联支付书，存根一联备查，支付命令一联交边区金库，通知一联交领款机关；领款机关收到支付通知后，填具三联领款书，留存根一联，以领款书正领据一联交金库并领款，以领款书副领单据一联送边委会；如系由银行汇转，得将领款书正领据交由汇转之分行办事处或营业所交边区金库。金库建立后，各机关经收之边区款，如数逐月上解，避免了坐支抵扣或挪借现象，使边区公款能严密保管与支付统一。②

金库作为根据地财政预算资金的出纳机关，对当时统筹统支，保障战时供给、减少支出，杜绝各级政府机关擅自动用公款等不良现象，发挥了积极作用。

五　粮食管理及村概算制度

粮食是关系国计民生的重要物资，粮食管理是边区财政工作中最重要的环节。针对抗战初期粮食管理组织机构不健全、干部素质差、管理制度没有建立、粮食收支账目混乱的情况，晋察冀边区政府从 1942 年起对粮食工作进行了整顿。（一）健全机构，重新调整边区粮食局本身组织，取消视察室，加强运输大队，克服了以前有些县份一年不写一次报告的现象；建立第五科，管理粮食工作。裁并了部分仓库，调整了部分干部。并且经常派巡视员下乡，一面促收征粮；一面帮助建立各种制度，清理旧账。（二）普遍建立了粮食预决算制度。（三）整顿粮食仓库工作。裁并了仓库，修理破旧仓库，各仓库逐步建立健全粮食会计制度。在建立健全会计制度中，由于各仓库管理干部文化水平高低不同，边区粮食局制定了较精细与较简单的两种会计制度，供各仓库选用，以达到将仓库的粮食收入、支出、结存数随时统计清楚的目的。（四）实行粮票、饭票制度。实行粮票、饭票制度，主要是为了节省粮食，防止领双份粮，便利各机关人员互相往来与因公出差人员吃饭。（五）清理旧粮账，解决所悬的历年超支、损耗、拖欠等问题。（六）在供给方面，将粮食集中、分拨、运输和调剂适当地结合起来。把粮食就地入仓转为向需要地区集中，改变了过去公粮由粮食行政系统收集然后按季供给各单位的供给办法。在粮食征收时，粮食局根据一些大的单位 9 个月或 10 个月的粮食需要量，让需粮单位到指定地区去直接接收公粮。采取这种办法，节省了运输，减少了损耗，减轻了粮食系统

---

① 《晋察冀边区金库章程》，《边区导报》第 4 卷第 3 期，1942 年 1 月 15 日。

② 魏宏运主编《晋察冀抗日根据地财政经济史稿》，档案出版社，1990，第 57 页。

保管分发粮食的任务，便于各单位供给和调剂使用粮食，推动征粮任务的完成。①

各抗日根据地政府经过几年的努力，县以上各级财政工作逐步走上了轨道，各机关、各部队乱征乱派现象也基本上得到纠正，但基层单位开支名目繁多，浪费现象十分严重，其中以村款的浪费最为惊人。如1940年以前，村财政开支项目竟有支差费、优抗费、招待费、小学经费、赔偿费、开会费、村干部旅费、放哨费、应酬费、村长津贴费、标语费、慰劳费、新战士路费、锄奸费等数十种之多。彻底整顿村财政，纠正开支中的浪费现象是当时根据地财政管理中一项极其重要的任务。

1940年7月，晋察冀边区政府制定公布了《村概算和村决算暂行办法》，规定把原来几十个村开支项目缩减为五个项目。这五个项目是：（一）村公所经费与临时费，包括村公所及其他各部门的办公费。将村庄分为五等，最高每月开支40元（连临时费在内，以后物价高涨略有增加）。（二）村教育费，包括小学、民校开支，须按边委会规定村代表会批准开支。（三）优抗费，由县统筹者经边委会批准；由村、区筹办者由县批准。（四）民兵作战弹药费，规定将村分为五等，最多不超过每月15元，一般都在10元以下（1942年11月停止，改由边区统筹）。（五）村建设费，村兴修水利、建造学校等费，须经村代表会批准进行。②

晋察冀边区政府还规定，取消农村支差费，优抗费由县政府筹。除上述五项开支，其他名目的开支，均为非法开支，一律取缔。在冀中，行政主任公署也采取了一些措施整顿村财政。分三个步骤进行：一是停止一切不应有的开支，颁布村财政公约，实行财政公开；二是规定应开支的科目与数字，建立村核算，办公费、临时费按村庄大小分为五等，最多50元，最少20元；三是重新厘定开支科目，数目较前一律减少20%。冀中对村财政整理后，工作好的地区均建立和坚持了月报制度，开支较前大为减少，初步克服了村财政混乱和浪费现象。

六　惩治贪污犯罪

《陕甘宁边区施政纲领》第八条明确规定：厉行廉洁政治，严惩公务人员之贪污行为，禁止任何公务人员假公济私之行为。其他各边区施政纲领中也都有类似的规定。为了实现这一政纲、与贪污分子进行斗争，各根据地政府陆续颁布了惩治贪污犯罪的单行条例，主要有1938年8月陕甘宁边区政府制定公布的《惩治贪污暂行条例（草案）》（1939年再次修订公布）；1940年12月《山东省惩治贪污暂行条例》（1945年3月再次修订公布），1941年9月《晋西北惩治贪污暂行条例》，1942年2月《晋冀鲁豫边区惩治贪污暂行办法》，1942年10月《晋察冀边区惩治贪污条例》等。

有关这些条例的内容，可以陕甘宁边区政府公布的《陕甘宁边区惩治贪污暂行条例》为

---

① 魏宏运主编《晋察冀抗日根据地财政经济史稿》，档案出版社，1990，第290～291页。

② 《晋察冀边区各县村概算及办理村决算暂行办法》，《抗战时期晋察冀边区财政经济史资料选编》（财政金融篇），南开大学出版社，1984，第645～646页。

例略加说明。1938 年 8 月，该条例规定：（一）边区所属之行政机关、武装部队及公营企业之人员犯本条例之罪者，依本条例处断。凡群众组织及社会公益事务团体之人员犯本条例之罪，经所属团体控告者，亦依本条例处理。（二）有下列行为之一者，即构成贪污罪：克扣或截留应行发给或缴纳之财物者；买卖公用物品从中舞弊者；盗窃侵吞公有财物者；强占强征或强募财物者；意在图利贩运违禁或漏税物品者；擅移公款作为私人营利者；违法收募税捐者；伪造或虚报收支账目者；勒索敲诈、收受贿赂者；为私人利益而浪费公有之财物者。（三）犯上条之罪者，以其数目之多少及发生影响之大小，依下列规定惩治：贪污数目在 500 元以上者，处死刑或 5 年以上之有期徒刑；贪污数目在 300 元以上 500 元以下者，处 3 年以上 5 年以下之有期徒刑；贪污数目在 100 元以上 300 元以下者，处 1 年以上 3 年以下之有期徒刑；贪污数目在 100 元以下者，处 1 年以下之有期徒刑或苦役。（四）犯本条例之罪，除依照规定处罚外，应追缴其贪污所得之财物，如属于私人者，视其性质，分别发还受害人全部或部分，无法追缴时得没收犯罪人财产抵偿。（五）犯本条例之罪，于发觉前自首者，除依第五条之规定令其缴出所得财物外，得减轻或免除其处罚；犯本条例之罪者，由地方法庭审判，呈边区高等法院核准后执行。①

从上述规定可知，贪污罪的主体只能是边区政府的公职人员或群众组织及社会公益事务团体的工作人员。贪污的对象包括公私财物。这种规定使抗日战争时期各根据地的刑事立法中有关贪污罪的规定在内容上较为宽泛，大体包括了贪污、盗窃、受贿、敲诈勒索、挪用公款等几种罪行。

1941 年以后，抗日战争进入相持阶段，各根据地军民处于严重困难时期，粮食极为珍贵，因而贪污公粮者便构成严重犯罪。为此，山东根据地于 1943 年 8 月制定了《山东省惩治贪污公粮暂行条例》，规定：贪污公粮 500 斤以上者，处死刑、无期徒刑或 10 年以上有期徒刑；300 斤以上不满 500 斤者处 5 年以上 10 年以下有期徒刑；不满 300 斤者，处 5 年以下有期徒刑或按其贪污粮食数目两倍处罚。

针对农村基层政权工作人员的特殊情况，晋冀鲁豫边区冀鲁豫行署还于 1943 年 3 月专门发布《关于村政权人员贪污之处理的指示》，明确规定：为了执行政府法令及行政纪律，村政权人员的贪污行为亦应受到处分。但考虑到该地区大多数村政权未经改造，决定除对罪行严重者予以惩办外，一般应从宽处理。撤销其职务，退回赃物，并令其在群众大会上承认贪污罪行，道歉具结。经过几年的不懈努力，各根据地内的贪污案件均呈大幅度下降趋势。如陕甘宁边区 1939 年查获处理贪污案 360 件，1940 年处理 644 件，到 1941 年上半年即下降为 153 件，出现了政廉吏洁的大好局面。毛泽东在《论联合政府》中称赞说："艰苦奋斗，以身作则，工作之外，还要生产，奖励廉洁，禁绝贪污，这是中国解放区的特色之一。"②

① 《陕甘宁边区政府公布边区惩治贪污暂行条例》，陕西省档案馆编《陕甘宁边区政府文件选编》（第 1 辑），档案出版社，1986，第 111 ~ 112 页。

② 《毛泽东选集》合订本，第 949 页。

第三节　解放战争时期资产管理机制日益顺畅

解放战争时期，中国共产党控制的解放区迅速扩大，军事政治和经济力量不断增强。中共在领导解放区军民进行自卫战争的同时，积极进行经济建设，加强财务资产管理，完善各种规章制度，建立健全了财政管理制度，党的资产管理体制日趋完善，机制更加顺畅，保证了党的廉洁，保障了解放战争的彻底胜利。在此，以中共领导的东北解放区为例，对该时期党的资产管理机制进行阐述。

一　健全预决算及审计制度

抗战胜利后，中共中央派遣大批干部和军队进军东北，建立了东北解放区。东北解放区建立之初，财政工作处于分散经营时期，各省财政靠缴获敌伪物资支撑，随后靠银行发行货币支撑，缺乏各种规章制度。为了保障战争需要，在敌伪物资逐渐用完、货币发行日趋饱和的情况下，中共东北财经委员会提出“统一财政”，开始了“清理家务与建立家务”工作，调整各种公产及收入。“统一”的含义，不是包办、垄断、吞并，而是建立一个统一的财政制度，其目的是为了克服紊乱、各自为政的现象，是为了调剂各省、各军之苦乐不均。统一原则是“统筹分支”，不是统筹统支。

1946 年 12 月 3 日，东北财经办事处第一次会议决定清理账目，迅速做好账目报销，并要求从 1947 年开始建立预算制度。根据当时的工作水平和客观条件，如果预算制度要求过高，恐难完全实现。故东北财经办事处要求各地建立预决算制度时要有一定灵活性：“要建立预决算制度，但不能太正规，流于形式主义。三个月一次预决算，机关近的一个月一次决算，一年一次概算。在二月份各省将预概算报告财经办事处。”为了控制人员编制，东北财经办事处要求各部队、机关、学校伙食单要建立花名册，并存一份在后勤部的审核机关；人员调动要有人员增减表，并强调：“无单据的账目，不准报销。不准随便增加预算，要求各级首长负责，并且给供给工作撑腰。各县对各省，各省对财办处要建立汇报制度。”①

中共中央东北局在《关于 1947 年财政经济工作方针与任务的指示》中规定：要建立各种财政制度，普遍厉行节约；实行人员马匹的精确统计与预算制度，从 1947 年 1 月份起，三个月不报账目者，停拨经费；对虚报人数浮支冒领者以贪污论罪，并实行首长负责制；建立军服登记及介绍制度，严禁私卖军服及一切军用品；服装实行以旧换新。

根据中共中央东北局的指示，东北财经办事处立即公布了《财办处直属单位人员装备呈报及预算制度编造暂行办法》。该《办法》规定，会计年度从 12 月 26 日至翌年 12 月 25 日，月报从上月 26 日到本月 25 日；各单位每 3 个月呈报一次花名册，分别于 4 月 5 日、7 月 5 日、

---

① 李六如：《关于财政问题的结论报告》，《东北解放区财政经济史资料选编》（第 4 辑），黑龙江人民出版社，1988，第 32～33 页。

10月5日、1月5日送交财经办事处；每月呈报一次人员报告表及马匹车辆武器报告表，以月报最后一天（25日）的实有人数、装备数具实填报。该《办法》还规定，经常费预算必须根据本机关现有人员装备、供给标准及支出会计科目编造，每月编报一次；下次预算于本月30日前报送财经办事处，月中如因物价上涨或机关扩大原预算不敷开支，可造报追加预算并附说明；因一般物价上涨而需要追加预算的，由财政处周知；经常费决算必须按月造报，本月份支出决算须于下月5日前造送财政处；经常费决算除用现金供给标准的可不附单据，其他一律需附单据；特别开支必须造报预算，经过核准后方能开支；特别开支的决算必须在该预算批准以后2个月内编送核销；因工作未完、开支未能结束或地区较远的机关，得延长日期；特别开支的决算统需附单据。①

1947年8月东北财经会议后，东北财经办事处制定颁布的《财政工作条例（草案）》对预决算制度进行了适当调整。它规定，财政会计年度是每年12月1日起到翌年11月30日止。预决算编造办法是：民主联军总部、东北行政委员会、东北局等系统按季编造预算，季度终了编造决算；各省市须于会计年度开始时编造财政收支概算，每季编造预决算，年终编造收支总结；各项预算须于季度第一个月5日前编送财委会，决算须于第二季度第一个月的月末送交财委会；军工、医药、宣传、教育、通讯器材、抚恤、保健、新兵等军事系统，统一由总后勤部编造预算，经财委会审核后分季支付。

为了健全预决算制度，加强财政管理，严格财经纪律，并监督部队、机关、企事业单位合理使用资金，东北财经办事处在建立预决算制度的同时，也相应地建立了审计制度。其基本原则是使审计机关“有相当的职权，审计机关应了解情况，不是讲价还价，有随时调查人员、马匹账目之权”，② 以保证预决算制度的贯彻执行。

东北财经办事处财政处于1947年制订的《审计暂行条例》规定，凡各机关、部队、供给部门内设有审计部门者，其下面附属单位之预决算统归该审计部门负责进行审核，然后汇呈财政处核发或核领。该条例对审计人员的职责作了明确规定：（一）审核各机关、部队预决算时，遇有下列情况之一者，审计者有不给核发与核报之权，并呈报上级负责人处理。预决算人员、马匹额数与实有人员、马匹额数不符；预决算人员、马匹额数超过上级对该机关、部队所批准的额数；有不合理与不经济等浪费开支；有伪造单据从中舞弊行为。（二）有检查金融贸易、交通运输、工厂企业、粮秣、被服、财政、税收机关、学校等各种账目及金库簿记载之权，如检查过程中认为有舞弊嫌疑时，有提议处理和追究之权。（三）有督促各机关、部队执行预决算制度之责。（四）有检查、研究、改进各种制度之责。（五）有协助司法机关检查贪污舞弊案件材料之责。（六）为紧缩经费开支时，有提出某项费用暂不批或缓批之权。③

① 朱建华主编《东北解放区财政经济史稿》，黑龙江人民出版社，1987，第488～489页。

② 李六如：《关于财政问题的结论报告》，《东北解放区财政经济史资料选编》（第4辑），黑龙江人民出版社，1988，第33页。

③ 东北财政部：《财办处财政处审计暂行条例》，《东北解放区财政经济史资料选编》（第4辑），黑龙江人民出版社，1988，第95页。

该条例还对审计工作内部程序作了规定：（一）审计者须用下面实地检查、侧面考查等方法进行预决算审核，并应从速按时完成之。（二）凡预决算编造不符合规定办法者，应退回原机关，令其重造或补造。（三）凡决算单据有不合手续及不清楚者，如字迹不明、涂改等，应退回原机关另报。（四）对决算的可疑单据，应进行调查对照。（五）审计者在审计完毕后，应签名盖章，并转科长、处长检查盖章。（六）预决算在审计完毕后，应立即通知该机关部队，其预决算之一份暂存备案，另一份退回机关、部队查阅。（七）在预决算审计完毕时，并须对该机关、部队填发预决算核定通知单，以便凭通知单向财政科领款或结算。（八）在各机关、部队按时送达预算书及人员马匹报告表，而预算未核定以前，各机关、部队得凭收据向财政科预支下月经费。①

此外，该条例对报表填报工作也作了详细规定：（一）《经常费预决算表》每月编造一次，每次2份；按每月25日的实有人数、马匹编造，如下月需增加人员，请在备考栏内说明；各单位须在上月30日以前将下月预算送到审计处；各单位经费账结束日期是每月25日，本月决算于下月10日以前造好，送到审计处。（二）《人员花名册》每三个月填一次，每次造一份；为了各单位统计造报名册以免重报，规定统一人员登记日期为12月25日、3月25日、6月25日、9月25日；各单位送报花名册到审计处，日期规定为1月10日、4月10日、7月10日、10月10日以前；各单位的薪金制者与雇工也须填报此花名册，单独填报或在备考栏说明均可。（三）《人员增减报告表》每月填报一次，每次一份；薪金制者或雇工的增减也须填报，并在备考栏内加以注明；填报日期为上月26日到本月25日止；此报表在30日以前与预算表一并送到审计处，此表增减的填造范围应分开三个大单位，为东北局、政联、后勤。（四）《人员所在地区及马匹车辆月报表》每月填报一次，每次一份；填报日期为上月26日到本月25日止；关于女同志及小孩数目，请填在说明栏内；为了能详细了解各单位新雇人员及技术人员，务请在说明栏内详细填明。②

为了加强财务审计工作，东北各省分别制订了一些规定和措施，加强对财务的管理。如合江省政府规定每月27日前要将下月的粮秣、经费预算送财政机关审核并领取粮秣、经费；每月5日以前将上月粮秣、经费决算送财政机关审核报销；凡未经审核批准的开支，均不予报销。嫩江省为了加强审计工作，还专门组织了审计委员会，以使预决算制度得到严格的贯彻执行。1948年，吉林省在准备财政统一的情况下，进一步强化审计制度，做到了全面的“核定审计”（即事先审计）。③

二 建立税收及金库制度

1947年3月，为了实现税收管理统一领导，东北解放区成立了东北税务总局。从

① 东北财政部：《财办处财政处审计暂行条例》，《东北解放区财政经济史资料选编》（第4辑），黑龙江人民出版社，1988，第96页。

② 东北财政部：《财办处财政处审计暂行条例》，《东北解放区财政经济史资料选编》（第4辑），黑龙江人民出版社，1988，第97页。

③ 朱建华主编《东北解放区财政经济史稿》，黑龙江人民出版社，1987，第490页。

1947年底开始，东北行政委员会先后颁发了各项税收（如货物产销税、屠宰税、牲畜交易税、进出口货物税等）的统一条例，逐渐建立起统一的税收制度。1948年6月25日，东北税务总局颁布的《税务工作的业务制度》，对会计、报解、票照、表报等制度作了统一规定。

关于会计制度，《税务工作的业务制度》明确规定：（一）账簿分日记账、总账（分类账）及分户账；日记账，根据传票之科目、户名、摘要、收付方逐行记载；总账，其科目为出境税、入境税（即税关）、出口税、入口税（即出入口税）、产销税、营业税、牲畜交易税、屠宰税、罚款、预缴款、解库、解缴、退税等；分户账，按报解单位作户头，分别记入以资按户统计。（二）各级税务局于报解结账时，应有指定金库或财委会的拨款收据及拨款文件，并附报解表；会计人员在核对印鉴及收据上的数字与报解表的数字相符后，即依报表所列科目，按户分别作成收入传票，据以分别记账；会计人员每旬计算一次，试算后作旬报表，每月总结一次，结算后作月终收支对照表，无论旬报和月报均需附分户分类明细表。

关于报解制度，《税务工作的业务制度》规定：（一）各级征收机关，应逐日或按期将税款解交各地指定金库，并取得该金库的正式收据，各省（市）局于每月指定日期向东北税务总局结账。（二）总局在核对各省（市）局的税收分户分类统计解报表与金库的收据相符时，给以正式收据，以表示正式解缴。（三）各省（市）如因核算错误，必须退税及其他损失时，须得附该省局长正式批准文件，方准核销；其他特殊损失，必须有省主席、财政厅长、省税务局长之联衔证明文件，方准核销。①

关于票照制度，《税务工作的业务制度》规定如下。（一）制票及收发票照手续。制票纸由秘书室购买，二科以之批准制票预算及由科长、监制人签名盖章的正式收据，向秘书室领纸；制票人领纸后，即时记入账簿中之领纸户头内，依预算裁开后，即转入裁制户，付印时即转入在印户；在印户应分二类户：白票户（即已印好之票而未加印者），加印户“红票”；监印人每日应将裁开的纸数、印出数、在印数、红票数列表报该管科长，该管科长须逐日检查；该管科长按旬表报局长一次，局长也得按时检查；监制人制成红票后，即交管票员，取得正式手续后，并于簿记上付出；管票员在点收红票后，亦应记入收发票簿记内收方；该管科应备制票收发票照两种簿记；各省（市）局领票照时，得列一分类表（附后）经局长批准后，管票员可依其批准各种数字；取得该省（市）局长及科长经手人签名盖章的正式领票证，即将号码查明发给，并依收据按户记入收发票照簿记付方；各省市领票照人工：在管票员发给票照时，当面亲自点查，以免错误；在领票人点查后，由管票员及领票员会同包封，并于封口处加盖二人私章；各级税务局领票照之后，应指定专人管理记账及收发手续按规定办理；制印税花手续与制票照手续同。（二）核票及缴销。各省（市）于下月结账时，应将上月所领票照之票

① 东北税务总局：《税务工作的业务制度》，《东北解放区财政经济史资料选编》（第4辑），黑龙江人民出版社，1988，第122页。

根审核后，附审核票照错误登记表及各地各旬纳税标准价格表，并将全部票照作一缴销表缴回总局；一切表格均需局长与主管人签名盖章，并附审核意见，税讫证结报日期同上。总局在各省（市）局缴回票根后，应即进行复核。（三）各省（市）票照预算。各省市局应根据以往使用票照多寡，每半年造一次票照预算呈报总局，以便准备；根据现有的交通条件，在预算内分期发给，暂定三个月发给一次；各省（市）局使用数量如超过预算时，应在一个月前向总局编造追加预算；如有写错、号码不完整、不能使用的票照，即与存根粘在一起，加盖“作废”样字，月终报解总局注销。①

东北税务总局制定颁布的各项制度后，各地积极执行，一般都能做到及时将税款解库，按期结账。1949 年 8 月，东北解放区召开税务会计会议，讨论了各省（市）税务局会计工作存在的问题，提出了对今后会计工作的要求，进一步明确了会计人员的职责。同年 9 月，东北税务总局颁布修改了税收会计制度，对入库报解、会计科目、账簿组织、记账程序以及会计人员的职责，进一步作了明确规定。

早在 1947 年初，东北各省财经会议决定实行以省为单位的财政统一，合江、吉林等省先后颁发过各自的金库条例。为了统一东北解放区财政收支，中共东北行政委员会决定建立统一的金库系统，由东北银行代为管理和收付财政资金。1947 年 12 月公布施行的《东北金库条例》，对东北金库系统作了明确规定。（一）东北金库系统分为三级：东北总金库，设在东北行政委员会所在地；分金库设于省，支金库设于县或旗。（二）各级银行的经理兼金库主任；对未成立分行、支行的省县得单独设立金库，或由其他机关代理，但仍归上级金库统一领导；各省县政府对当地分支库负有监督指导之责，但无权支配金库存款。（三）在收入方面，凡东北财政收入的一切款项，必须由征收机关按期全部缴之金库；在未缴库之前，任何机关不得擅自直接动用。（四）在支出方面，各分支库无上级金库的支票不得付款，总金库非凭财政委员会的支付命令亦不得付款给任何机关；个别地区因特殊情况而需紧急用款，事先得财政委员会或总金库许可，金库可先行支付，但于支付后必须立即告知上级金库转报财政委员会，补办正式支付手续。（五）东北银行不得动用金库存款，各支库存款必须按期向上级金库解送，各分库须随时听候总金库统一调度。②

《东北金库条例》实施后，东北各省相继撤销了地方库，建立了统一的国库系统。

三 整顿完善乡村财政管理

东北解放区建立后，乡村财政一直处于混乱状态，主要表现为没有计划和相关制度，而各级政府又没有管理村财政的经验，摊派较多，加重了人民负担。为了改变乡村财政混

---

① 东北税务总局:《税务工作的业务制度》,《东北解放区财政经济史资料选编》（第 4 辑），黑龙江人民出版社，1988，第 123 页。

② 东北行政委员会:《东北金库条例》,《东北解放区财政经济史资料选编》（第 4 辑），黑龙江人民出版社，1988，第 77 ~ 78 页。

乱并解决农民负担过重问题，中共东北局进行了大胆探索，逐渐建立起较完善的乡村财政管理体系。1949 年夏，为使村财政统一步调，避免群众负担的畸重畸轻，防止各搞一套的派款行为与扫清村财政上的贪污浪费现象，黑龙江省双城县人民政府制定了《村财政管理办法试行草案》。该草案对全县村财政收支标准、办法及手续作了明确规定。（一）各项标准：办公杂支费暂定每村每月 50 分（以工薪分为计算标准）；学校办公费，每班每月暂定为 18 万元；学校杂支每班每月暂定为 12 万元；薪金费如教育部门之规定造预算与其他经费同时摊派；村政府每日按 40 斤烧柴折价为冬季炉火费，夏季不发；临时费按杂支、办公、邮电合计的 1/10 筹划；包耕费按全村包耕户数造预算，与第一季度摊派款项同时筹措。（二）各项费用以土地为标准平均摊派；烈属、军属、供给制之干属、家庭无劳动力者不予摊派，有劳动力者与俸给制之干属同样摊派，但家庭生活水准在中农以下者，酌情减免；费用按季度筹措，分为两期，在三、十两个月中统一决定、统一交出。收款必须接到县令后施行，收款统一交区政府入库后，按月预算预借，决算报销，再由区将收支决算与负担状况按期报县；凡标准外之临时用费、修建费以及战勤动员之特费等，必须事先请县批准后按指示办理，不得先斩后奏。（三）村生产收支之规定。每村种地一般规定不得超过三垧，村生产地一律采取包耕办法；生产成果全部交区掌握，只限补助村行政任务上之开支，不得用作村干生活上之开支与家庭补助；凡生产所得成果的收入与支出，必于每月末日报区审核送县备案；会计年度（11 月底）总结生产，成果之结余转作下年度收入，在下年度群众派款额中减去此数。（四）财政手续。自 7 月 1 日起，每村要建立起来完整之现金出纳账，格式同区府之出纳账与两联之收款收据；暂定科目为：收入包括派款收入、生产收入、临时收入、上年度结余；支出包括办公费、杂支费、邮电费、教育费、修建费、临时费、采暖费；开支单据与每月决算同时交区审核，手续由区财政助理员负责指示；账簿及单据之保管暂定为 10 年。①

随后，根据东北人民代表会议决议的精简节约精神，为减轻人民负担以及保障乡村行政及教育之实际需要，东北人民政府制定颁布了《东北村财政管理条例（草案）》，对东北解放区村级财政进行统一管理，村政府一切收支均依该条例规定办理。（一）政府办公费每月平均 30 分（以工薪分为计算标准），村干部二人，半脱产，每人每月津贴平均 50 分；村小学教员每人每月工薪平均 80 分，村小学办公费每月每班 20 分，2 个班为 30 分；对有公安分驻所的市镇，办公费及干部工薪按分驻所的规定，由省县经费内支付，不另开支村经费。（二）各省依照上述村政府经常费开支范围及标准，计算全省每年实际需要数目，按公粮比例征收地方附加粮，报请东北人民政府核准后一次或分两季征收，一般不超过 10% ~12%；遇有确实因地少村多、地方粮需超过规定比例者，呈请东北人民政府特别批准征收。（三）村事业费，如经济建设（修水利、开渠修路、修桥、植林、防旱、防灾等）、社会文化公益救济事业（如修缮校舍、添置校具、冬

① 双城县人民政府：《村财政管理办法试行草案》，《东北解放区财政经济史资料选编》（第 4 辑），黑龙江人民出版社，1988，第 247 ~249 页。

季讲习班、优待军属、抚恤救济、义仓、公共卫生等），须动员村中人力、物力、财力解决时，经村代表会议决定，制定计划报请县政府批准后执行并转省政府备案；村政府经常费、事业费如具有带普遍动员村民的人力、物力、财力负担性质者，须呈请东北人民政府批准；违者以渎职违法论处，轻者予以行政上处分，重者得送法院依法惩办。（四）村民有监督村财政之权。村民对严格遵守条例规定，爱惜人力、物力、财力，减轻村民负担，领导村民厉行节约，积极生产的村干部，得呈请上级表扬、奖励；对不认真管理村财政，甚至有贪污或违反规定随意摊派的村干部，可随时检举告发，经村代表会议讨论依法处罚。（五）所有义仓、公田、公产等，原则上由各村掌握管理，但在大量动用时须经区或县政府批准；各省地方粮专作为各该省村经费之开支，由省县掌握调剂。（六）村财政收入每月公布一次，并按时向村民代表会报告讨论，经村代表会批准核销，报县区政府备案；区财粮助理员应以管理村财政为主要业务之一；省县财政部门设专管人员管理，并把财政年度收支预决算作为单独科目，列入各该省财政收支总预决算内。①

四　反对贪污浪费

财政经济工作迅速发展后，由于财经干部成分复杂且缺乏严格管理教育，贪污浪费现象日益严重。这种现象如不加以纠正，将会腐蚀党的作风，损害党的政治影响。东北各级党委在整编队伍、审查干部思想时，开始对各种贪污浪费现象进行揭发，并采取惩前毖后、治病救人的方针加以纠正。1946 年 2 月 4 日，中央工作委员会向各中央局、各分局和财经办事处发出了《关于反贪污浪费的指示》，要求解放区各级党委必须动员干部对各种贪污浪费现象进行斗争。《指示》指出，对自我坦白、痛改前非者采取宽大处理；对隐瞒和屡教不改者予以应得处分。为了迅速纠正贪污浪费现象，财经供给负责机关应当：（一）严格掌握制度，经常检查制度，真正贯彻下去，尤须建立审查制度，检查收支状况；（二）审查财经干部，清洗不可救药的贪污腐化分子，进行经常的管理教育，为此，可以增设政治机关，加强干部管理教育工作；（三）检查并纠正乡村中的贪污浪费现象，如村财政的贪污浪费、合作社的贪污以及对生产贷款和斗争果实的贪污，都应及时阻止与纠正；（四）动员全体同志和广大人民增加生产，节省开支，与贪污浪费现象进行严肃斗争是支持长期战争不可少的条件。②

为了教育干部，发扬公务人员廉洁奉公，肃清贪污腐化行为，东北解放区有些省根据本省情况制订了惩治贪污条例。1947 年 2 月 13 日，吉林省政府公布《吉林省惩治贪污暂行条例》明确规定：（一）本省部队、政权机关、学校、公共团体及其他属财经机关公营事业的人员有下列情形之一者为贪污：克扣或截留应行发下或解上之财物者；买卖公物从中舞弊者；偷盗和侵吞公有财物者；挪用公有财物供私人营利者；假冒公家名义私征或强募、敲诈、侵占人民财

① 东北人民政府：《东北村财政管理条例（草案）》，《东北解放区财政经济史资料选编》（第 4 辑），黑龙江人民出版社，1988，第 314 ~ 316 页。

② 中央工作委员会：《关于反贪污浪费指示》，《东北解放区财政经济史资料选编》（第 4 辑），黑龙江人民出版社，1988，第 2 ~ 3 页。

物者；浪费公有财物供私人享乐者；伪造单据，虚报收支账目者；收受贿赂者；隐瞒公共财产据为己有，或假冒充抵变为己有者。（二）犯上述情形之一者照下列规定惩治：贪污数目未满1万元者，处1月至6月之拘禁或徒刑；贪污数目在1万元以上3万元未满者，处以6月以上至1年之徒刑；贪污数目在3万元以上5万元未满者，处1年以上至2年之徒刑；贪污数目在5万元以上10万元未满者，处2年以上至5年之徒刑或死刑；贪污数目在10万元以上者，处5年徒刑或死刑。所处之徒刑或拘禁，得以劳役代替；贪污实物者，以发生贪污行为时当地市价计算。（三）贪污所得之财物属于公有者应予追缴；属于私人者应予退还；无法追缴和退还者，依具体情况没收其本人财产抵偿。（四）贪污行为未被发觉前而自首者，除按规定追缴其所得财物外，得减轻处分或免究；犯本条例之军政人员，由部队军法机关及政权司法机关分别处理。①

1947年5月6日，为发扬公务人员廉洁奉公、肃清贪污腐化之行为，东北行政委员会公布的《东北解放区惩治贪污暂行条例》明确规定：（一）凡东北解放区各级政府、部队及所有公共事业部门工作人员，有下列行为之一者均以贪污论：克扣或截留应行发给或解交财物、粮秣供私人谋利或侵吞者；盗卖或窃取公有财物者；经营公有财产或买卖公物粮秣私受贿索取回扣、徇私舞弊者；借端勒索敲诈人民财物者；借用征收募捐等名义向人民征募财物、粮秣自饱私囊者；伪造账目、以少报多或擅自挪用公有财物、粮秣供私人谋利者；利用职权违法受贿及图谋不正利益者。（二）以其贪污数日多少及情节轻重惩治：贪污之值在60万元以上者，处死刑、无期徒刑或10年以上有期徒刑；贪污之值在40万元以上60万元以下者，处无期徒刑或5年以上10年以下有期徒刑；贪污之值在20万元以上40万元以下者，处3年以上5年以下有期徒刑；贪污之值在10万元以上20万元以下者，处1年以上3年以下有期徒刑；贪污之值在1万元以上10万元以下者，处1年以下有期徒刑；贪污之值在1万元以下者，处3个月以下之徒刑；贪污之值以本条例公布时之物价折合实物，以东北票20元合高粱米1斤为标准计算。（三）凡犯以上列举各项罪行者，除按规定判处外，其贪污之财物属于公有者，追还原主；属于贿赂性质者，全部没收归公；如无法追缴没收者，应以犯罪者之财产或折合劳役抵偿；同谋或包庇者，得按其情节严重分别惩治。（四）对列举各项罪行者，于其行为未被发现前自首坦白并告发同谋者，得酌予减刑或免除其惩治；凡举发他人贪污有据经证明确实者，得据案情轻重，予以适当之奖励；但诬告或蓄意株连陷害他人者，得以反坐论罪。②

总之，解放战争时期，中共在解放区处于被分割、财政不得不实行分散自给的艰苦条件下，因地制宜，克服困难，逐渐建立起完善的财政管理制度。随着解放战争的胜利发展和解放区的不断扩大，实行财政集中统一管理的条件日益成熟。中共中央东北局先后召开了数次财经

---

① 吉林省政府：《吉林省惩治贪污暂行条例》，《东北解放区财政经济史资料选编》（第4辑），黑龙江人民出版社，1988，第37~38页。

② 东北行政委员会：《东北解放区惩治贪污暂行条例》，《东北解放区财政经济史资料选编》（第4辑），黑龙江人民出版社，1988，第50~51页。

会议，颁布了一系列财政管理条例，逐渐实现了全区财政的集中统一，并相应地建立健全了各项资产管理制度，党的资产管理机制日趋顺畅，为筹集、管好、用好资产经费创造了有利条件，为党的事业顺利发展和革命战争的胜利奠定了坚实基础。党在解放战争时期建立健全了较为完善顺畅的资产管理制度，为中华人民共和国成立后党的国有资产管理工作和廉洁政府建设提供了重要经验。

·第五章·

社会主义革命和建设时期的国有资产管理与廉洁政府建设

新中国成立后，中国共产党走上了历史舞台，确立了政府主导型的经济发展模式。1956年完成了社会主义的三大改造以及采用了计划体制的“苏联模式”之后，我国逐步建立了以生产资料社会主义公有制为主的计划经济体制，也形成了代表全民利益的国有资产。因此，国有资产的探索和实践注定要走一条特殊而复杂的发展道路，尽管有一些失误和偏差，但仍取得了巨大的成就。梳理这段时期党对国有资产管理和加强廉洁政府建设的历史脉络，对于我们深入了解我国国有资产管理的现状成因以及未来改革与完善的方向，推进廉洁政府建设，显而易见十分必要。从新中国成立之初到改革开放前，中国共产党对国有资产管理大致分为三个阶段：国有资产集中管理体制的确立与形成阶段（1949～1956）；国有资产管理体制的探索与调整阶段（1957～1965）；国有资产管理的混乱与整顿阶段（1966～1976）。在这个发展过程中，中国共产党虽然是计划经济的模式，但在各个发展阶段还是呈现了不一样的特点。而在管理经营性国有资产和非经营性国有资产、建设廉洁政府的实践中，也取得了相当丰富的经验和教训。

第一节　国有资产集中管理体制的确立与形成（1949～1956）

在完成社会主义的“三大改造”之后，社会主义国营经济在社会和生产生活领域彻底占据主导地位。借助苏联政治和经济援助，在156项大型工业项目的引进和带动下，中国共产党开始了管理国有资产的探索和实践，随着高度集中的计划经济体制建立，我国管理国有资产的体制也呈现明显的集中统一特点。

一　国有资产的形成

新中国成立以前，在几千年的历史发展过程中，我国形成了丰富的管理国有资产的经验，只不过，那时的资产“国有”实际上是皇权所有，“普天之下、莫非王土，率土之滨、莫非王臣”就是当时的真实写照。他们对国家和财产的管理，都是统治阶级剥削和压迫被统治阶级的一种手段，极大地损害了人民的公平和福利。新中国成立后，完成了生产资料社会主义公有制的“三大改造”，形成了真正意义的巨量的“国有资产”，中国共产党管理国有资产才真正被赋予了维护全体民众利益的时代涵义。当时，国有资产的形成大致有以下渠道。

（一）在抗日战争以及解放战争中由公营企业形成的国有资产

抗战胜利后，中国共产党领导的解放区已经拥有1亿人口、120万军队、220万民兵、100万平方公里的土地，其中包括相当数量的城市和工矿区，建立了从事军工、被服等军需民用物资的公营企业。解放战争初期，以毛泽东为核心的党中央对解放区的工商业发展制定了一系列方针政策。据统计，到1949年，社会主义公营经济在全国工业中的比重分别为：固定资产占80.7%，大型工业总产值占41.3%，生产资料生产占48%，发电设备容量占72.3%，发电量占58%，原煤占68%，生铁占92%，钢占97%，机器及机器零件生产占48%，水泥占68%，棉纱占49%。此外，国家还掌握了铁路里程21989公里，机车4069台，公路里程80768公里，载货运输汽车32543辆，轮驳船5698艘共37万吨。社会主义成分经济力量的强大为新民主主义向社会主义革命过渡提供了物质基础。

（二）没收旧政权和官僚资本以及征用和接管帝国主义在华财产

新中国成立前，蒋、宋、孔、陈四大家族聚敛了约200亿美元的财富，由其控制的中央银行、中国银行、交通银行、农业银行、中央信托局、邮政储金汇业局以及中央合作金库，即“四行二局一库”占全国金融机构资产总量的2/3左右；他们控制了488家银行，占全国总数的67%，垄断了全国的经济命脉。新中国成立后将四大家族的财产全部收归国有。另外，在工业企业方面，旧政权所属的有关工厂、企业等2858家收归国有；在交通方面，有铁路20000多公里、机车4000多台、船舶20多万吨收归国有；一些商业方面的公司有复兴公司、富华公司、中国茶叶公司、中国石油公司、中国盐业公司、中国蚕丝公司等几十家大型贸易公司及其分支机构和营业网点。这些资产成为新中国成立之初经营性国有资产的主要来源。

新中国成立之初，针对以美国为首的帝国主义的封锁、禁运，中国政府对这些国家的在华企业进行了代管、征用和监督管理等一系列措施，实际上已将这些企业转化为国有资产。根据中央工商总局的统计，从全国解放到1952年底，外国资本的企业从1192个减少到563个，职工由12.6万人减少到2.3万人，资产由12.1亿元减少到4.5亿元，其中，英国资本的企业由409个减少到223个，职工由10.4万人减少到1.5万人，资产由6.9亿元减少到3.1亿元；美国资本的企业由288个减少到69个，职工由1.4万人减少到1500人，资产由3.9亿元减少到1600万元。① 这些经过处理的外资企业转归人民政府所有，继而成为具有社会主义性质的国有资产。

据统计，国有经济直接掌握了全国50%以上燃料、动力、工业原料和近50%的棉纱产量，

---

① 姜恒雄：《中国企业发展简史》（上卷），西苑出版社，2001，第341、343页。

控制了全国铁路和大部分现代交通运输业，控制了绝大部分银行业务和国内外贸易，这样国有经济就掌握了国家的经济命脉。至1952年，全国国有工业企业已有9500多家，职工510多万人，资产总值由1949年的68.9亿元增长到108.4亿元。3年内，国有工业企业增加287%，平均每年递增57%。国有工业企业的比重增为41.5%。在重工业中，国有企业占80%左右；在轻工业中占40%左右；交通运输业中，铁路全部国有；在水运和公路运输货物周转量中的比重，国有企业所占的比重也分别由1949年的43%和21%增加到75%和54%。国家对外贸易占进出口总值的比重，1952年增加到93%左右。国有商业企业在商品流转总额中所占的比重由1950年的6.9%增加为1952年的16.2%，国有商业企业在批发总额中的比重由1950年的23.2%增加到1955年的60.5%。在金融业中，国有企业也已占绝对优势。①

（三）对民族资本通过改造和赎买使其成为社会主义的国有资产

从1949年到1956年，国家对民族资本主义逐步进行公私合营的社会主义改造，分为两个步骤：第一步是把资本主义转变为国家社会主义，第二步是把国家资本主义转变为社会主义。1954年9月，国务院颁布《公私合营工业企业暂行条例》，对公私合营工作做出了具体的规定。1955年11月，中共中央召开各省、市、自治区党委代表会议，通过了《中共中央关于资本主义工商业改造问题的决议（草案）》，到1956年底，基本完成了对我国资本主义工商业的社会主义改造，使之成为国营工业，由私营转变为公营的公营企业的总产值约占原私营工业总产值的99.6%，由私营商店转变为公私合营、合作商店、合作小组或直接并入国营商店的职工人数约占原私营商业总人数的85%。

1956年在全国工业总产值中，社会主义国营企业占71.6%，公私合营工业占27.2%，私营企业仅占0.04%，个体工业仅占1.2%；在市场批发额中，国营商业占97.2%，国家资本主义及合作化商业占2.7%，私营商业只占0.1%；在商品零售额中，国营事业占68.3%，国家资本主义及合作化商业占27.5%，私营商业占4.2%。② 到1966年，国家又取消了向原私人资本支付5%的定息制度，标志着对私人资本主义工商业的社会主义改造彻底完成，其资产完全归属国有。

二　国有资产集中管理体制的建立

这一时期的国有资产管理体制的建立，首先与从分散到统一的中央与地方关系相关。

在新中国成立之前，各个根据地、解放区的财经工作完全分散经营，各有货币，各管收支，仅仅在财经政策方面一致。公粮、税收和国有企业上缴利润等财政收入都归于地方各级军政机关手中。新中国成立初期，为改变旧中国内外反动派所操纵的经济关系和享有的一切特权，在全国范围内变半殖民地半封建经济政治为新民主主义经济政治所实施的纲领。在具有临

---

① 姜恒雄：《中国企业发展简史》（上卷），西苑出版社，2001，第341、343页。

② 曾璧钧、林木西：《新中国经济史》，经济日报出版社，1990，第76页。

时宪法性质的共同纲领中对财政政策的规定是：建立国家的财政预算决算制度，划分中央和地方的财政收支范围，厉行精简节约，平衡财政收支，努力积累国家的生产资金；税收应以保证革命战争的供给、照顾生产的恢复与发展及国家建设的需要为原则；做到简化税制，实行合理负担。[①] 为了增加国家财政收入，统一财经，1950 年 3 月，中央人民政府政务院第 22 次会议通过了《关于统一国家财政经济工作的决定》，其基本方针是：将全国财经工作从分散经营过渡到基本上实行统一管理。为此，必须按照纵向的隶属关系，分系统、自上而下地对全国财政收支、物资贸易、现金收支、人员编制等方面的管理权限实行统一管理，以便国家掌握财经工作的全局。其主要内容是：统一全国财政工作，统一全国国营贸易工作，统一全国金融工作。

在国民经济恢复时期，我国的国有制开始从分散、分权逐步趋向统一、集中。主要原因在于：第一，解放区战时经济管理方法的影响。新中国成立之初，经济很困乏，很自然地沿用过去供给制的经济管理经验，即仍然按照国家行政系统组织管理生产，发展产品经济，无偿调拨使用人力、物力和财力。第二，苏联经济模式的影响。在没有建设社会主义经济经验的情况下，仿效被认为是社会主义经济制度的标准模型的苏联成了当时的必然选择，于是我国就学习借鉴了苏联以单一社会主义公有制为基础的高度集中统一的经济管理体制。第三，适应国民经济恢复与发展的需要，实行集中统一的国有制，在当时有利于打击投机资本、保证重点建设以及适应抗美援朝的需要。

根据当时形势发展的需要，国家从各方面加强了财经的集中统一。就当时的形势和任务来讲，既有要求集权的一面，也有要求留有地方机动余地的一面，所以在采取坚决有力的措施统一国家财经的同时，也适当保留一定的地方自主权。这就是，地方可以保留按一定比例征收的地方附加粮食和地方附加税；中央与地方“二八”分成，大部分归地方使用；地方对农业生产的组织领导，对中央企业在完成计划的过程中，地方对企业的指导、协助、帮助等方面，也规定了地方一些相应的权力，以便更好地发挥地方财政在经济恢复发展中的作用。

国家所有制趋向集中统一的具体表现：在各种经济成分与所有制关系的变化中，国有经济比重迅速增加；经济管理日趋集中统一，从新中国成立开始到实现全国财政经济工作的统一，国有制集中统一的程度已经逐步加强。在第一个五年计划开始时，斯大林的《苏联社会主义经济问题》在中国影响深远，以苏联为样板的集中统一的国有制经济逐步形成。

另外，国有资产管理体制形成了中央集中统一的管理模式。这个模式表现在以下方面：第一，中央直接进行投资和经营管理。特别是“一五”计划开始制定后，对重点建设进行集中统一管理，绝大部分的建设项目和建设任务，由中央各工业部直接安排、投资和管理。而地方的基本建设，仍须由中央的地方工业部、城市建设部等有关部门指定，设计施工任务由国家下达。在工业管理方面，1954 年大区撤销后，由大区原来管理的大型国有企业收归中央各部门直接管理。中央直属企业数量直线上升，中央直属企业 1953 年为 2800 多个，到 1957 年增加

---

① 赵梦涵：《新中国财政税收史论纲（1927～2001）》，经济科学出版社，2002，第 45～46 页。

到9300多个，占企业总数的16%。[①] 第二，中央直接支配财力和物力。在财力支配方面，“一五”计划期间，绝大部分资金集中在中央手里，中央财政收入占总收入的80%，中央财政支出占总支出的75%，地方支配的财力约占25%。在此期间，企业的奖励基金和超计划利润分成只相当于同期国家财政企业的3.75%。[②] 可见，中央直接支配和使用财力的权力很大，地方和企业的财权太小。第三，对国有企业实行直接的计划管理。国家对全民所有制的国有企业实行直接计划管理，国家向企业下达指令性指标，由主管部门供应生产资料，由商业、物资部门收购和调拨其产品，由财政部门统收统支其资金。国家通过计划指标和有关政策规定，直接管理着企业的供、产、销和人、财、物。

三 非经营性资产“国家所有、分级管理”体制形成

1949年到1957年是我国“一五”计划时期，随着国有资产管理体制的形成，全国统一的事业单位国有资产管理体系也基本形成。这一时期的非经营性资产管理制度具有如下鲜明特征。

（一）国家所有、分级管理

根据1949年10月召开的中央人民政府委员会第一次会议决议，凡属国有的资源、企业和行政事业单位的财产均为全体人民的公共财产[③]，由此确立了事业单位资产国家所有的属性。与此同时，1949年政务院做出规定：国家所有的行政事业单位实行三级管理，即中央各部直接管理、暂由地方政府代管或划归地方政府管理。1955年第一届全国人大第二次会议《关于1954年国家决算和1955年国家预算的报告》一直沿用至今。对事业单位进行界定则始自1963年《国务院关于编制管理的暂行办法（草案）》，其定义为：事业单位是为国家创造或者改善生产条件，促进社会福利，满足人民文化、教育、卫生等需要，其经费由国家事业费开支的单位。随后，人们对事业单位的认识不断变化，各类观点相继出现，这种划分为三级的管理模式奠定了一段时期内我国事业单位资产管理体制的模式，也为后来事业单位资产管理权限在上下级之间因形势的变化和管理的需要来回划转埋下了伏笔。

（二）国有资产实行计划调拨

这一时期是中国计划经济的重要时期，一切国有资产均采用计划调拨的模式。国家不仅对国有固定资产、主要生产资料实行统一领导、计划调拨、统一管理、统一分配，而且对国有企业的管理权限做了调整，中央政府不断增加直接管理的国有企业数量。在此期间，1951年国家对国有企业进行了第一次清产核资工作，对流动资产、固定资产、土地等进行估价，为建立经济核算制和促进企业计划管理奠定了基础。

---

① 朱镕基：《当代中国的经济管理》，中国社会科学出版社，1985，第43~44页。

② 《当代中国的经济体制改革》，中国社会科学出版社，1984，第502页。

③ 财政部财政科学研究所“事业单位资产管理改革研究”课题组：《事业单位资产管理改革研究》，《经济研究参考》2006年第65期。

（三）建立了“条块结合”的管理体制

计划经济初期，我国实际上实行的是以“条条管理”为主、“块块管理”为辅、“条块结合”的国有资产管理体制。“条条管理”是以中央各职能部门为主线，打破地域概念，实行业务（或职能）垂直管理的模式；“块块管理”则是以地方政府为主线，打破行业隶属关系，进行区域横向管理的模式。新中国成立初期，国有资产管理采取“条条为主、条块结合”的体制模式。随后，国有资产管理体制经历了行政体制内的放权和集权的变革，即国有资产管理权限在中央和地方之间“下放”与“上收”的多次转换，也是中央“条条”管理为主和地方“块块”管理为主的来回变动。非经营性国有资产管理也具有这样的特点。

四 “三反五反”运动对执政党清廉、政府廉洁的检验

1949 年，随着中国革命即将在全国胜利，共产党的任务将由领导人民夺取政权转变为领导人民巩固新政权、建设新中国，中国共产党执政能力和水平极大程度地影响对于国有资产的有效管理。当时很多人不看好这一点，“资产阶级怀疑我们的建设能力，帝国主义者估计我们终久会要向他们讨乞才能活下去。”[①] 散布“共产党可以打天下而不能坐天下”，甚至嘲笑“共产党在军事上得了满分，在政治上是 80 分，在经济上恐怕要得零分”。[②] 严重的建设任务摆在中国共产党面前，“我们熟习的东西有些快要闲起来了，我们不熟习的东西正在强迫我们去做。”[③] 特别是管理全国性的国有资产方面还没有经验。毛泽东告诫全党：我们必须克服困难，我们必须学会我们不懂的东西。

（一）通过学习提高执政能力

由一个革命党转变成一个执政党，需要学习的东西很多。要学经济、学管理，学与生产有密切联系的各项工作。毛泽东语重心长地说：“我们的同志必须用极大的努力去学习生产的技术和管理生产的方法，必须去学习同生产有密切联系的商业工作、银行工作和其他工作。”[④]“从我们接管城市的第一天起，我们的眼睛就要向着这个城市的生产事业的恢复和发展”，“如果我们在生产工作上无知，不能很快地学会生产工作，不能使生产事业尽可能迅速地恢复和发展，获得确实的成绩，首先使工人生活有所改善，并使一般人的生活有所改善，那我们就不能维持政权，我们就会站不住脚，我们就会要失败”。[⑤]

从新中国成立到 1956 年，在党中央的号召下，全党掀起了学习工业、农业、商业、科技、教育、文化等各方面知识和技能的热潮，建设和管理国家的本领不断增强，迅速恢复了国民经

---

① 《毛泽东选集》第 4 卷，人民出版社，1991，第 1438 页。

② 逄先知、金冲及：《毛泽东传（1949～1976）》，中央文献出版社，2004，第 61 页。

③ 《毛泽东选集》第 4 卷，人民出版社，1991，第 1480 页。

④ 《毛泽东选集》第 4 卷，人民出版社，1991，第 1428 页。

⑤ 《毛泽东选集》第 4 卷，人民出版社，1991，第 1428 页。

济，顺利完成三大改造，为“一五计划”的超额完成奠定了坚实基础。

毛泽东指出：一是“我们必须向一切内行的人们（不管什么人）学习经济工作。拜他们做老师，恭恭敬敬地学，老老实实地学。不懂就是不懂，不要装懂。不要摆官僚架子。钻进去，几个月，一年两年，三年五年，总可以学会的”①。二是“要善于向我们的先进者苏联学习，要善于向各人民民主国家学习，要善于向世界各兄弟党学习，要善于向世界各国人民学习”②。三是“要有批判地学，不可盲目地学”③。一切民族、一切国家的长处都要学，政治、经济、科学、技术、文学、艺术的一切真正好的东西都要学，不要学他们的短处、缺点。对外国的科学、技术和文化不加分析地一概排斥，或不加分析地一概照搬，都不是马克思主义的态度，都对我们的事业不利。要以苏为鉴，探索中国自己的社会主义建设道路。

（二）从严治党

从为夺取政权而奋斗的革命党变成领导全国政权的执政党后，党内可能出现一些新问题。毛泽东在七届二中全会上指出：“因为胜利，党内的骄傲情绪，以功臣自居的情绪，停顿起来不求进步的情绪，贪图享受不愿再过艰苦生活的情绪，可能生长。因为胜利，人民感谢我们，资产阶级也会出来捧场。敌人的武力是不能征服我们的，这点已经得到证明了。资产阶级的捧场则可能征服我们队伍中的意志薄弱者。可能有这样一些共产党人，他们是不曾被拿枪的敌人征服过的，他们在这些敌人面前不愧英雄的称号；但是经不起人们用糖衣裹着的炮弹的攻击，他们在糖弹面前要打败仗。”④ 夺取全国胜利，只是万里长征走完了第一步，以后的路程更长，工作更伟大、更艰苦。毛泽东告诫全党：在严峻的考验面前，“务必使同志们继续地保持谦虚、谨慎、不骄、不躁的作风，务必使同志们继续地保持艰苦奋斗的作风”。⑤“两个务必”是我们党开始探索执政道路和执政规律的历史新起点，是对我们党“能不能长久执政，能不能为人民执好政”这一历史课题的科学回答，其目的是防止和警惕资产阶级思想与作风对党的侵蚀，防止党和人民政权蜕化变质，跳出黄炎培所说的历史周期率。

针对党的建设中出现的不良倾向，特别是贪污、浪费、腐化现象，1950 年 5 月 1 日，中共中央发出《关于在全党全军开展整风运动的指示》。整顿全党作风，首先是整顿干部作风。通过整顿，干部中的骄傲自满、官僚主义、命令主义作风有了较大改进，个别党员干部的贪污腐化、铺张浪费等行为受到批判和严肃处理。结合这次整党，开展了轰轰烈烈反对贪污、反对浪费、反对官僚主义的“三反”运动，要求进行一次全党的大清理，彻底揭露一切大、中、小贪污事件，着重打击大贪污犯。原天津地委书记刘青山、原天津专区专员张子善因贪污被判处

---

① 《毛泽东选集》第 4 卷，人民出版社，1991，第 1481 页。
② 《毛泽东文集》第 7 卷，人民出版社，1999，第 117 页。
③ 《毛泽东文集》第 7 卷，人民出版社，1999，第 42 页。
④ 《毛泽东选集》第 4 卷，人民出版社，1991，第 1438 页。
⑤ 《毛泽东选集》第 4 卷，人民出版社，1991，第 1438 ~ 1439 页。

死刑。有人提出可否向毛泽东求情，给刘青山、张子善一个改过的机会。毛泽东说："正因为他们两人的地位高，功劳大，影响大，所以才要下决心取决他们。只有处决他们，才可能挽救二十个、二百个、二千个、二万个犯有各种不同程度错误的干部。"① 在"三反"运动后期，中共中央制订了《惩治贪污条例》，从制度建设上防止党和国家工作人员滋生贪污腐化的不良作风。毛泽东、刘少奇、周恩来等对这一文件都作了精心修改，表明了中国共产党坚定不移地惩治和克服腐败现象、维护国家资产安全完整的坚强决心。

1949 年 11 月，中共中央政治局通过了《中央关于成立中央及各级党的纪律检查委员会的决定》，其职权是，检查中央直属各部门及各级党组织、党的干部及党员违犯党的纪律的行为；在党内加强纪律教育，使党员干部严格地遵守党纪，执行党的决议和政府法令，以实现全党的集中统一。1955 年成立了中央和地方各级监察委员会，加强对党员尤其是高级领导干部的监督。两个机构的成立，从党内构筑了纯洁党风、政风的防线，避免官僚主义、腐败现象的滋生与蔓延，时刻提醒广大党员不要偏离为民执政的轨道。

新中国成立初期的整党整风和"三反"运动，开启了从实践上探索执政党的作风建设这一课题研究。由于政策正确，措施得力，领导到位，党风、政风乃至社会风气大为改善，共产党的威信空前提高，极大地推进了党和国家的中心工作，保护了新中国成立初期的国有资产，维护了政府的廉洁。

（三）发动"三反""五反"运动，提高对国有资产的管理水平

"三反"运动是指在国家机关、部队和国营企事业单位开展的反贪污、反浪费、反官僚主义的斗争。"五反"运动是指在资本主义工商业者中开展的反行贿、反偷税漏税、反盗骗国家财产、反偷工减料、反盗窃国家经济情报的运动。"三反""五反"运动的发动，显然是中国共产党为了提高管理国有资产能力、增强执政水平的一次全国性整风运动。

"三反"运动发端于当时在全国开展的增产节约运动。1951 年下半年后，抗美援朝战争仍处于边谈边打的局面，经济财政状况仍未实现根本好转，而战争的继续耗资巨大（约占年度财政支出的 50%），国民经济建设又刻不容缓，这就给国家的财力物力造成极为沉重的负担。为此，10 月份中共中央政治局召开扩大会议，决定采取精兵简政、压缩开支、厉行节约、禁止浪费、增加生产等开源节流措施，以落实毛泽东提出的"战争必须胜利，物价不许波动，生产仍需发展"的战略决策。

随着增产节约运动的深入发展，各地都揭露出了触目惊心的贪污、浪费和官僚主义问题。据 1952 年 1 月 9 日中央人民政府节约检查委员会主任薄一波的报告：从 1951 年 12 月 10 日以来的一个月中，据不完全的初步材料，在政府系统 27 个单位中已发现的贪污人数达 1670 人；浪费现象也相当惊人，仅军委后勤系统和铁路系统 1951 年一年内因管理不善，就损失汽油 7000 余吨；纺织工业部所属经纬纺织机器厂，国家投资 4000 多亿元（旧币，下同），因计划

① 逄先知、金冲及：《毛泽东传（1949～1976）》，中央文献出版社，2004，第 217～218 页。

不周，施工马虎，工厂建筑尚未完工，所有厂房的289根柱子中已有280根不平衡下沉，造成巨大损失。工业部化大公为小公，金额达730亿元；重工业部领导则有为下属厂假造开支503亿元的问题。官僚主义问题也很严重，贸易部向苏联订购牲畜防疫药时，将3吨误写为300吨，将出口订货单中的“米茶砖”误译为“黑茶砖”，各级领导审批时都未发现问题，致使造成损失62亿元。根据1951年12月27日华东军政委员会报告说：贪污腐化、铺张浪费和官僚主义的恶劣作风在许多地方已侵入党政军机关里面，据不完全统计：1951年1月到11月在华东一级司法及监察机关已处理贪污案件179起，贪污金额达288亿元。据华东人民监察委员会1950年6月至1951年11月统计，因个人贪污而造成国家财产损失1242亿元。上海国营各纺织厂从1949年6月至1951年6月因产品不合格、管理不善而造成浪费1500亿元。1951年上海粮食公司因领导存有严重官僚主义，造成1000多万斤粳米霉烂变质。东北地区自1951年9月开展增产节约和反贪污腐化、反官僚主义运动不久，就暴露出大量问题。如东北贸易部仅检举的贪污金额即达5亿元，沈阳市仅工商局所属各单位就揭发出3629人有不同程度的贪污行为，东北铁路系统因官僚主义而造成上千亿元的材料积压无人过问。

1951年12月1日，中共中央发出《关于实行精兵简政、增产节约、反对贪污、反对浪费和反对官僚主义的决定》，正式拉开了“三反”运动的序幕。1952年3月5日发出了《关于处理贪污浪费问题的若干规定》，提出处理贪污浪费问题的原则：对绝大多数情节较轻又彻底坦白、立功自赎者，从宽处理；对少数情节严重恶劣或隐瞒欺骗、拒绝坦白者，应从严惩治；对浪费问题亦应以严肃的态度，分别情况，予以适当解决，以教育干部，团结群众。3月11日政务院颁发了《关于处理贪污、浪费及克服官僚主义错误的若干规定》。《规定》按照“严肃与宽大相结合，改造与惩治相结合”的方针，对贪污、浪费问题规定了具体而明确的处理办法。如对贪污分子的处理：凡贪污未满100万元者，只要彻底坦白，真诚悔过，保证不再犯，不当贪污分子对待，也可以免予处分和追缴贪污款物；凡超过100万元未满1000万元者，只要情节不严重恶劣，彻底承认错误，可以免于刑事处分，但应视情况给予行政处分，并酌退贪污款物；对情节恶劣又拒不坦白者予以刑事处分。凡贪污超过1000万元，未满1亿元的贪污分子，可依其情节轻重、坦白认罪程度、退赃及检举主动情况，分别给予适当的刑事处分，或免刑给予行政处分，应尽可能追缴贪污款物。凡贪污1亿元以上的贪污分子，一般按其情节轻重，给予不同刑事处分，追缴贪污款物。但自动坦白退出赃款赃物、有检举立功者，也可免于刑事处分，给予行政处分。为了防止虎头蛇尾，草率收兵，周恩来在签发《规定》时明确指出：《规定》下发之后，对于所有尚未坦白或坦白尚未彻底的贪污盗窃分子，仍应彻底检举、揭发，不得因大多数问题已转入处理阶段而稍有放松，以致影响反贪污、反盗窃斗争任务的彻底完成。3月28日，政务院做出《关于在三反运动中成立人民法庭的规定》。采用人民法庭的形式，便于集中时间和力量，严肃、慎重、适时地审理重大贪污案件，以免延误时日，影响各项工作和经济建设。3月31日，政务院批准颁发了中节委《关于追缴贪污分子赃款赃物的规定》，对追缴贪污分子赃款赃物的范围、办法及处理作了更为具体的规定。4月21日，中央人民政府颁布了《中华人民共和国惩治贪污条例》，为惩治贪污犯罪提供了统一的标准和法律武器。1952 年 5 月 9 日，毛泽东在代为中央起草转发罗瑞卿《关于华南军区纠正三反定案中右倾思想的报告》的批语中指出："必须将一切真正的贪污犯、贪污嫌疑分子和弄错了的人按照中央历次指示和政府法令认真地如实地加以判处和审查清楚，不得放纵一个坏人，不得冤枉一个好人。"各级党委注意掌握，"务使三反斗争完全胜利结束，不受虎头蛇尾的右倾思想所影响。"在运动后期，由于采取了实事求是的态度，使真正的贪污犯罪分子受到了应有惩罚，使绝大多数冤假错案得到了纠正。这不仅达到了团结争取多数、孤立打击少数的目的，也教育了广大干部和群众，从而为"三反"运动的彻底胜利奠定了基础。

1952 年 10 月 25 日，中共中央批准了中央政策研究室《关于结束"三反"运动的报告》，宣告"三反"运动胜利结束。据统计，全国政府系统参加"三反"运动的达 850 万至 900 万人，受到处分的占 4.5% 左右。县以上党政机关（未包括军队）参加"三反"运动的人数为 383.6 万人，共查出有贪污行为 1000 万元以上的 10.5 万余人，约占参加"三反"运动总数的 2.7%。经审理定案，绝大多数免于处分，部分给予行政处分，对少数贪污数额巨大、手段恶劣、态度顽固、给国家造成严重损失者，给予严厉制裁。当时，判处有期徒刑的就有 9942 人，判处无期徒刑的 67 人，判处死缓的 9 人，判处死刑的 42 人。

"五反"运动的背景情况。新中国成立初期，资本家为了牟取暴利，向国家机构内部派遣代理人，大肆进行行贿、偷税漏税、盗骗国家财产、偷工减料和盗窃国家经济情报的活动，严重地腐蚀了干部，破坏了抗美援朝和国家的经济建设。为了打击不法资产阶级分子的破坏活动，1952 年 1 月 26 日，中共中央发出关于开展"五反"斗争的指示，要求向违法的资产阶级开展一个大规模的坚决彻底的反对行贿、反对偷税漏税、反对盗骗国家财产、反对偷工减料和反对盗窃经济情报的斗争。"五反"运动的胜利，巩固了工人阶级和社会主义国营经济的领导地位，在私营工商业中开始建立工人、店员监督生产和参与管理的制度，为对私营工商业实行社会主义改造创造了有利条件。

"三反""五反"运动的开展，增强了中国共产党的执政能力，加强了中共对国有资产的管理，减少了国有资产的浪费和流失，有效遏制了执政党和政府的腐败，推进了执政党的清廉和廉洁政府建设，获得了人民的支持。

五　第一次清产核资：摸清家底

新中国成立之初的国有资产，由于来源不一，并且受供给制思想的影响，企业管理人员不太重视经济核算，不太重视资产的清理估价和资金运用，导致大多数国有资产都是在家底不清的状态下进行生产经营管理的。为了加强经济核算，使得国有资产的经营管理走上正轨，1951 年 6 月 1 日，中央人民政府政务院财经委员会做出《关于国营企业清理资产核实资金的决定》，从而开始了新中国成立以来第一次清产核资工作。

该决定的主要内容包括：全国国营企业，包括工业（盐业、制酒业在内）、铁路业、交通（邮电在内）、贸易、银行、农林（渔牧在内）、水利等所有中央及大行政区经营的企业，均应将实有的一切固定资产和流动资产进行清理、登记、估价并核定其企业资金。全国国营企业的自有流动资金，一律按照1951年国家所给予的生产任务核定。

1951年7月31日，中财委颁发的《国营企业资产清理与估价暂行办法》和《国营企业资金核定暂行办法》规定：国营企业资金的计算和核定，一律以人民币为计算单位；国营企业应根据1951年上半年实际情况和下半年的生产、供销计划，并依照对原料、材料、燃料、辅助材料、备品、低值易耗品、在制品、产成品预付费用和库存现金等定额的原则规定，计算所需流动资金定额；根据1951年国家所给予的生产任务，按生产组织、设备能力、综合技术定额等，计算最低必需的固定资产。1951年8月17～30日，中财委召开第一次全国国营企业清产核资工作会议，中央各大部和各行政区代表参加了会议。这次会议研究了清理资产核定资金的方针、任务、条例和办法，对全国国营企业清产核资工作做了具体部署。

第一次清产核资工作到1952年结束，经过清产核资，全国企业的固定资产总值和资金定额有了一个相对准确的数字，为促进计划管理和贯彻经济核算制打下了一个初步基础。根据全国清产核资委员会提交的《国营企业清理资产核定资金工作总结》，全国国营企业固定资产总值由清估前账面净值41.61亿元增加到清估后重估净值129.86亿元；核定国营企业1951年实际自有流动资金15.23亿元，核实定额负债0.98亿元，到1952年底，上缴财政部多余流动资金1亿元。

第一次清产核资尽管历时较长，也存在一些问题和不足，但通过对国营企业资产存量的全面核算，基本摸清了家底，而且有利于改进国营企业的经营管理。尤其重要的是，这次清产核资，为即将制订的“一五”计划提供一定的数据，企业计划由企业根据国家规定的生产任务编制。编制计划的过程，也就是计算资金需要量的过程。清理资产是核定资金的基础，企业计划中的产品计划，则是核定资金的根据。“一五”计划的制定，就是党中央正确估计了我国经济增长的可能性，认真分析了资金、技术、设备及国际环境等制约因素，经过反复核实、多方论证，出台了这个比较符合实际的工业化建设计划，“一五”计划的提前超额完成也证实了这一点。

六 国有资产集中管理体制的优点与不足

“一五”时期所形成的高度集中的计划经济体制和国有资产管理体制，对“一五”计划各项任务的实现，发挥了重要的作用，适应了当时社会生产力发展的要求。同时，这一时期国有资产集中管理体制既有优点也有不足，表现在以下方面。

第一，抑制了地方和企业的积极性。经济的集中管理是计划经济的内在要求和主要特点，国家通过政府直接组织整个社会经济的生产、分配、交换和消费，无论是宏观经济政策还是微观经济决策，都集中在国家手中。政府集中计划与企业分散经营的冲突必然导致国有企业的低效率。毛泽东在《论十大关系》中指出：“把什么东西统统都集中在中央或省市，不给工厂一点权力，一点机动的余地，一点利益，恐怕不妥”；“要扩大一点地方的权力，给地方更多的独立性，让地方办更多的事情”；“有中央和地方两个积极性，比只有一个积极性好得多”。[①] 刘少奇在中共八大报告中也指出：“我们的经济部门的领导机关必须认真把该管的事管好，而不要去管那些可以不管或者不该管的事”；“上级国家机关应该改变对于企业管得过多过死的现象，这种现象已经妨碍了企业应有的主动性和机动性，使工作受到不应有的损失”。[②] 当然，用计划代替市场来配置资源，有利于社会产品的公平分配，最大限度地满足当时社会大众对社会结果公平的强烈需求。

第二，赶超型战略的选择造成国有企业的偏向性发展，形成了工农业剪刀差的长期存在。新中国成立之初，我国选择赶超型发展战略，希图通过优先发展重工业以便在较短时间内超越发达资本主义国家，这种战略选择决定了国有企业的选择性发展，抛弃了比较优势的发展战略，采取了“重工业—轻工业—农业”的发展序列，国家集中力量优先发展战略产业，集中型国有资产管理体制使得国有资产的所有权、占有权、支配权甚至使用权都集中在国家手中，保证了我国建设完成了156项重点工程，建成了一大批国有制工业企业，形成了比较完整的工业体系，社会生产力得到空前发展，综合国力迅速增强。但是，赶超型发展战略保证重工业巨额投入的前提条件是人为压低农产品价格，人为地把农业资源转移到工业领域。这一“价格剪刀差”使得农业在整个国民经济中受到挤压，造成我国农业长期以来得不到良好发展。

第三，吃大锅饭，企业办社会。当时职工工资标准由国家统一规定，晋级调资由国家操作，不受企业成本和利润的影响，使得大家能够接受“政府办企业”的制度安排，但也导致了人浮于事、生产效率降低等问题，形成了企业吃国家大锅饭、职工吃企业大锅饭的不良格局。当然，“企业办社会”也使得社会矛盾基本能够在基层得以消除，社会治安比较稳定。

第四，国有资产运营效益低下。高度集中的国有资产管理体制不利于国有资产的营运效益的提高，国家计划高度集中，国有企业成为各级行政机构的附属物，既无生产经营决策权，也不能实行独立的经济核算，盈亏均与企业无关。官僚主义和命令主义泛滥。传统体制对国有资产实行归口分级管理，管理主体多元，造成权力分散，政府机构臃肿庞大，政府企业界限模糊，产权主体重复，权责关系混乱。

第二节 国有资产管理体制的探索与调整（1957～1965）

为了调动企业和地方生产建设的积极性，解决高度集中的计划经济体制对企业发展的束缚，1958～1965年期间，开始了以权限下放和上收为特征的国有资产管理体制的探索和调整。

一 国有资产管理权限的“下放”与“上收”

1958年，针对计划体制暴露出来的一些弊端，中央开始了以权限下放为特征的国有经济

① 《毛泽东选集》第五卷，人民出版社，1977，第272～273页。

② 《刘少奇选集》下卷，人民出版社，1982，第233页。

管理体制的调整，积极探索企业利润留成制度及“两参一改三结合”的企业管理制度，国有企业也随之获得了一定的经营自主权，国有资产运营效率有所提高。但是，在“左”的思想影响下，许多改革措施脱离了当时的实际情况，中央过急、过度地下放了国有资产管理权限，经济生活出现了混乱的局面。地方对国有资产的管理跟不上、中央对整个国民经济的控制力下降、企业生产经营管理效率低下等问题出现。为了克服这一时期“大跃进”对国有资产管理权限下放造成的诸多问题，中共中央于1961年1月的八届九中全会下发《关于调整管理体制的若干暂行规定》，决定把经济管理权力集中到中央、中央局和省（市、自治区）三级，并提出在近2~3年内更多地集中到中央和中央局一级。至此，“大跃进”期间下放的国有资产管理权限又被重新集中上收。这两个时期国有资产管理体制的变化有以下特点。

（一）1958~1960年，中央给地方放权，表现在国有企业的“下放”上

1958~1960年，即“大跃进”时期，我国对计划、基建、财政、税收、劳动、银行、商业、物资、物价、教育等管理体制，进行了第一次改革的尝试。其实，早在“一五”计划后期随着社会主义改造的基本完成，商品经济的发展，中共中央和国务院就着手研究中央与地方关系改革的问题。此期间的财政管理体制，基本上是一种盲目放权的体制。但从其发展的全部情况看，也表现出一定的阶段性。特别是从“一五”计划后期到1958年盲目放权以前，国家在财政体制改革方面做了许多积极的探索与实践，而从1958年到调整以前，受“大跃进”影响较大。①

1956年4月，中央针对中央集权过多、国家对企业管得过死等弊病提出：“应当在巩固中央领导的前提下，扩大一点地方的权力，给地方更多的独立性，让地方办更多的事情。”② 1956年5月，国务院召开全国体制会议，检查中央集权过多的问题，提出了《关于改进国家行政体制的决议（草案）》，决定1956年着手准备，1957年试办，到“二五”时期全面实施。按照这个步骤，在调查研究的基础上，1957年9月，中共八届三中全会通过《关于改进工业管理体制的规定（草案）》《关于改进商业管理体制的规定（草案）》。这三个文件经国务院提请人大常委会通过后，于1957年11月15日正式公布。文件的主要精神是把管理工业、财政、商业的部分权力下放给地方和企业，以便发挥地方和企业的积极性。这个方案从指导思想到方法步骤都比较合理，可惜尚未认真贯彻，就开始了“大跃进”。虽然在“大跃进”中体制下放仍在进行，但是已经与初衷有所不同，改为让地方自成体系，实现“超英赶美”，改革仅仅成为了推动“大跃进”的手段。结果国民经济陷入了全面失调局面。③

1957年11月到1958年，国务院先后颁布了一系列改革财政管理体制的规定，总的精神是扩大地方财权和企业权限，以达到既保证国家重点建设资金，又增加地方机动财力、调动地方

① 赵梦涵：《新中国财政税收史论纲（1927~2001）》，经济科学出版社，2002，第277页。
② 毛泽东：《论十大关系》，《毛泽东著作选读》（下册），人民出版社，1986，第729页。
③ 赵德馨：《中华人民共和国经济史》，河南人民出版社，1988，第393页。

与企业增收节支积极性的目的，推动建设事业的发展。主要内容是：逐步改革预算体制，扩大地方财力。在中央和地方财政关系方面，过去是先确定地方的支出，然后按支出划给一定的收入，这种划分每年一次，即“以支定收，一年一变”。为了适应新的需要，为了划定中央和地方财政收支的范围，国务院于 1957 年 11 月颁布了《关于改进财政管理体制的规定》。从 1958 年开始，在划给地方的收支项目和分成比例上确定以后 5 年不变，在 5 年内地方可以根据收入情况安排支出，这种“以收定支，五年不变”的预算体制，主要着眼于增加地方的机动财力，促进地方经济的发展。1958 年 9 月，国务院颁布的《关于进一步改进财政管理体制和相应改进银行信贷管理体制的几项规定》，进一步下放了财权。决定从 1959 年起实行“总额分成，一年一变”的预算体制。另外，根据 1958 年 6 月国务院颁布的《民族自治地方财政管理暂行办法》，民族自治地区财税权限更大，如基建支出划给民族自治地方，还可以在执行税法时对某些需要从税收上加以照顾或奖励的，给予减税或免税，亦可根据税法的原则，结合本地具体情况，制定本地税收办法。现在看来，当时把适宜由地方管理的财权下放给地方，对于调动地方的积极性和促进全国各地经济的发展是起了良好作用的。但是在“大跃进”的背景下，高指标和浮夸风把财政收入的指标抬到了严重脱离实际的程度，打乱了综合平衡，破坏了各项比例关系。财政体制改革偏离了正确方向，过急、过多地下放财务管理权限，使规章制度废弛，破坏了财政、财务管理的正常秩序，国民经济出现了一些问题，如中央财力被过分削弱，出现严重赤字等。①

1958 年 3 月，中共中央成都会议决定对经济管理体制进行改革，把大量权限下放给地方。1958 年 8 月北戴河会议后，中央要求建立“块块为主，条块结合”的计划体制，急剧地下放计划管理权力。对国有企业也采取下放的政策，中共中央和国务院 1958 年 4 月 11 日发出《关于工业企业下放的几项规定》，提出企业下放的总原则是：各个工业部门以及部分非工业部门所管理的企业，除了一些重要的、特殊的以及“试验田”性质的企业仍归中央继续管理外，其余企业，原则上一律下放给地方管理。同年 6 月 2 日，中共中央发布《关于企业、事业单位和技术力量下放的规定》，把体制下放问题进一步具体化。② 本次下放权力的指导思想不是把该由地方管理的权限下放，正确发挥中央和地方两个积极性，而是为了使各地尽快实现工业总产值超过农业总产值，尽快建立各省、市、自治区完整的工业体系。

企业管理权的扩大。在企业下放、建立“块块为主”的管理体制的同时，在国民经济管理混乱的情况下，扩大了企业的管理权限，扩大了企业的计划权、财权。1958 年 5 月，国务院颁发《关于实行企业利润留成的几项规定》，决定把过去企业奖励基金改为企业利润留成制度。这是 1978 年以前分给企业财权最大的一次。

（二）1961～1965 年，通过颁布《工业七十条》转而加强中央集权

针对“大跃进”运动造成国民经济的发展问题，中央出台了“调整、巩固、充实、提高”

---

① 项怀诚：《中国财政 50 年》，中国财政经济出版社，1999，第 7 页。

② 《当代中国的经济体制改革》，中国社会科学出版社，1984，第 70 页。

的方针，将国家财政转入全力为经济调整服务。认真落实农村经济政策，加强国家财政对农业的支援，压缩基建投资，合理分配资金，调整经济结构；加强财政工作的集中统一，搞好综合平衡；节减支出，回笼货币，稳定市场；清仓核资，扭亏增盈，深入开展增产节约运动。1962年，中共中央和国务院做出《关于严格控制财政管理的决定》，以严格财政管理，切实加强财政监督。①

1961年1月20日，中共中央发布《关于调整管理体制的若干暂行规定》，强调集中统一，提出经济管理大权必须集中在中央、中央局、省（市、自治区）三级。国家财政预算，从中央到地方实行上下一本账，各级财政预算的安排，必须根据收入合理安排支出，坚持收支平衡，略有节余，一律不准打赤字预算。对各地区、各部门和单位的预算外资金，采取“纳、减、管”的办法进行整顿。8月，中共中央规定按照统一计划、分级管理的原则，实行中央集中领导下的条条与块块互相结合的计划管理体制。9月，中共中央发出《关于当前工业问题的指示》，再次指出，要切实“改变权力下放过多、分得过散的现象”，在两三年内，要把工业管理的权力更多地集中在中央一级，对全国地人力、物力、财力统一安排。10月，中共中央批准《关于改进计划工作的几项规定》，继续强调“国家计划必须全国一盘棋，各部门、各地方必须在国家的统一计划下发挥各自的积极性，防止和克服各自为政的分散现象”。1962年1月，财政部和国家经贸委发布《1962年国营企业提取企业奖金的临时办法》，财政部和国家计委发布《国营企业四项费用管理办法》，决定自1962年起，除了商业部门仍实行利润留成办法外，其他部门的企业停止实行利润留成办法，改为提取企业奖金的办法。1964年，成立了由毛泽东、刘少奇挂帅的国民经济统帅部，实现中央对计划、经济工作的高度集中领导。同时，加强国家计委，使它真正成为中央领导经济工作方面的总参谋部。②

为了加强中央权力，中央开始上收认为下放的不适当的计划管理权限。一是上收计划决策权，按照中共中央《关于调整管理体制的若干暂行规定》的要求，从1961年开始，对“大跃进”中下放给省、市、自治区的计划管理权，重新进行调整。二是上收基本建设审批权。1962年5月31日，中共中央颁发的《关于编制和审批基本建设设计任务书的规定》等三个文件，规定所有基建投资和大中型项目，都必须经国务院批准，才能列入国家计划；小型项目也要在国家批准的总额内，并报国家计委备案。③

国营企业的利润，是国家财政收入的重要来源。企业利润增长诸因素中加强企业管理是一个十分重要的因素。要真正使企业在调整中得到恢复和发展，发挥企业在改善国家财政状况的重要作用，就必须在调整中强化国家工业企业管理，切实整顿企业的生产和经营秩序，从管理中要效益。为此，1961年9月16日，中共中央颁布了由邓小平主持、李富春和薄一波等参加起草的《国营企业工作条例（草案）》（简称工业70条）。它是整顿工业企业和改进企业管理

① 项怀诚：《中国财政50年》，中国财政经济出版社，1999，第7~8页。
② 房维中：《中华人民共和国经济大事记》，中国社会科学出版社，1984，第382页。
③ 赵德馨：《中华人民共和国经济史》，河南人民出版社，1988，第582页。

的重要文件。该文件是我国计划经济条件下，科学系统地总结了新中国成立以来在领导企业方面的经验教训，并从中国的实际情况出发提出了企业管理工作的基本指导原则，明确了国家与国营工业企业的关系。《条例》明确规定，国营工业企业是社会主义全民所有制的经济组织，是独立的生产经营单位，其根本任务是全面完成和超额完成国家计划，增加社会产品，扩大社会主义积累。在此基础上，针对调整时期国家工业企业的状况及其存在的问题，提出了一系列有关加强国营工业企业管理的规章制度、法规条例。《条例》从理论和实际的结合上，深刻说明了计划经济条件下国营工业企业与国家的根本利益和发展目标的不可分割的统一性以及它在生产经营上的特点。明确指出，国营工业企业是全民所有制经济组织，又是独立的生产经营单位；它的根本任务是全面完成和超额完成国家计划，增加社会产品，扩大社会主义积累。① 为应付经济困难，财政采取了一系列措施，加强财权、财力的集中统一。1961 年，以上收财权为中心进行初步调整，财政集中了部分财权，适当紧缩了预算外资金；从 1962 年开始，以巩固中央财权为中心进行全面调整和继续调整。

针对 1958 ~ 1960 年财政体制出现的问题，中共财政部党组于 1960 年 12 月 31 日向中共中央提出《关于改进财政体制，加强财政管理的报告》。经中共中央 1961 年 1 月 15 日批转的这个报告，强调财政管理的集中统一，开始了财政的初步调整。这一报告及其他文件所确定的具体工作主要是以下几个方面：加强对预算内和预算外的资金管理，规定财政大权集中在中央、大区和省、市、自治区三级；中央对各省、市、自治区继续实行“收支下放，地区调剂，总额分成，一年一变”的办法；财政预算从中央到地方实行上下一本账，做到“全国一盘棋”，将有限的资金用在最需要的地方；将国营企、事业的部分预算外收入和支出，从 1963 年起逐步纳入预算管理；对各地区、各部门的预算外资金，采取有的纳入预算、有的减少数额的办法进行调整；加强了财政监督，严格了财经纪律。这些措施有利于中央上收财权。②

以巩固中央财权为中心进行全面调整和继续调整。民族自治区的财政体制，在国民经济调整时期，得到国家的进一步关怀与改进。总的精神是：在国家的统一领导下，根据民族自治区发展经济、文化等各方面的特点与需要，体现党的民族政策，在确定支出指标和预算方面，根据不同情况，给予优惠和照顾。1963 年，国务院发出《关于 1964 年预算管理制度的几项规定》，对内蒙古、新疆、广西、宁夏和西藏五个自治区的地方管理重新做了明确规定。该规定指出，1964 年地方企业收入、商业收入、工商统一税、工商业所得税、各项地方税、农业税、盐税和其他收入，作为中央和地方的总额分成收入，分成比例一年一定。

1961 ~ 1965 年财政集中统一是必要的，但在制度恢复和体制改革上有重新实行“一五”时期统收统支制度的倾向，有的制度和体制的集中程度达到甚至超过了 1949 ~ 1956 年，缺乏更多的创新和发展。

---

① 赵梦涵：《新中国财政税收史论纲（1927 ~ 2001）》，经济科学出版社，2002，第 277 页。

② 项怀诚：《中国财政 50 年》，中国财政经济出版社，1999，第 137 ~ 138 页。

二　非经营性国有资产管理权限的“下放”与“上收”

这一段时期里，我国事业单位国有资产的管理权限在中央政府与地方政府之间也经历了多次“下放”与“上收”，其出发点是为了适应当时的形势，采取更切实际的资产管理模式，提高资产管理效率。

中央第一次“下放”行政事业单位国有资产管理权限是从1957年开始的。首先是1957年的“部分下放”。当时，国务院规定，把中央直接管理的一部分企业和事业单位下放给省、市及各工业主管部门，除了一些主要的、特殊的以及试验田性质的企业外，其余的原则上一律下放给地方管理。其次是1958年的“大幅度下放”。是年6月，中共中央为了实现党的八大二次会议提出的“大跃进”目标，加快社会主义建设的速度，做出了《中共中央关于企业、事业单位和技术力量下放的决定》，大幅度下放企事业单位和相应的国有资产计划管理权力给地方，这是对当时行政事业单位国有资产管理体制的一次大调整。根据该文件，这一次“下放”调整的具体内容有：①轻工业部门所属各企业、事业单位除四个特殊纸厂和一个铜网厂外全部下放。重工业部门所属各企业、事业单位大部分下放，下放的单位约占全部的百分之六十到七十。各工业部门下放的单位和产值，除军工外，均占全部的百分之八十左右。②铁道部所属工程局、管理局，实行中央和地方双重领导。铁路支线，在情况许可下，地方和厂矿可以自建。邮电部除了保留北京通讯枢纽和通各省的长途通讯干线以及北京通各省的邮政干线的管理权以外，全部下放。交通部所属公路工程的设计、施工单位，除了留必要的部分支援国外以外，全部下放。航空、航运的管理体制另作规定。③农垦部除直属三个地方的国营农场外，其他国营农场均交地方管理。森林工业管理体制改变后，中央与地方利润分成问题，东北和内蒙古的另议；关内的全部下放，利润和育林费归各省、市、自治区自理，关内为新开发林区所需要的重大投资，仍在中央基建项目内安排。④粮食、商业部门所属加工企业全部下放。银行所属钞票厂、铸币厂、油墨厂不下放。商业、银行、外贸三个系统还有一些管理权限需要下放，以后另作规定。⑤对外贸易，由中央统一安排，中央与地方签订分期交货合同。各省、市、自治区可以派外贸代表常驻对外贸易的主要口岸，参加外贸工作。从1958年起，改变外汇提成办法，地方完成出口计划的抽百分之十的外汇，完不成出口计划的抽百分之五的外汇，出口新品种和超额完成计划的外汇，全归地方。经过这一调整，到1958年底，中央各部属企事业单位由1957年的9300多个减少到1200多个，下放幅度高达88%。①

为了应对国民经济困难及管理体制松弛问题，中央对行政事业单位国有资产管理权限在第一次“下放”之后实施了第一次“上收”。1961年，依据中央的《关于调整管理体制的若干暂行规定》，经济管理权集中到中央、中央局和省（市、自治区）委三级。根据这一文件精神，中央对国有资产管理权限、国有资产投资管理权限、国有企业管理权限（含人权、财权、

---

① 财政部财政科学研究所“事业单位资产管理改革研究”课题组：《事业单位资产管理改革研究》，载《经济研究参考》2006年第65期。

工商权等）、物资管理权限、国有资产收益管理权限等进行了不同程度的上收。主要规定有：①经济管理的大权应该集中到中央、中央局和省（市、自治区）委三级。最近两三年内，应该更多地集中到中央和中央局。地区计划应当在中央的统一领导下，以大区为单位，由中央局进行统一安排。②1958 年以来，各省（市、自治区）和中央各部下放给专署、县、公社和企业的人权、财权、商权和工权，放得不适当的，一律收回。③中央各部直属企业的行政管理、生产指挥、物资调度、干部安排的权力，统归中央主管各部。中央局、省（市、自治区）委需要调整时，应当取得中央主管部的同意。国防工业一律由国防工委直接领导。过去下放的国防工业企业一律收回。全国铁路由铁道部统一管理，铁路运输由铁道部集中指挥。④根据“统一领导、分级管理”的原则，凡属需要在全国范围内组织平衡的重要物资，均由中央统一管理、统一分配；在计划内应该调出的物资，各部门、各地方必须服从国家的统一调度。⑤财权必须集中。各级的预算收支必须平衡，不许有赤字预算。切实整顿预算外资金的收支。⑥货币发行权归中央。⑦国家规定的劳动计划，各部门、各地方不许突破。除国防工业和铁路职工外，中央各部直属企业的劳动力，根据国家计划，统一由中央局、省（市、自治区）委进行地区平衡。⑧所有生产、基建、收购、财务、文教、劳动等各项工作，都必须执行全国一盘棋、上下一本账的方针，不得层层加码，都必须集中力量，努力完成和超额完成国家计划。

三　社教运动、“四清”与廉政政府建设

为了强化对国有资产的监督与管理、保证党的清廉，20 世纪 60 年代初开展了社会主义教育运动，同时将各种具体工作融入这种教育活动中。

1962 年在党的八届十中全会上，毛泽东把我国社会一定范围内存在的阶级斗争扩大化和绝对化，提出要在实际工作中进行社会主义教育。同年年底到 1963 年初，一些地区进行了整风整社、社会主义教育和小“四清”（清账目、清仓库、清财物、清工分）工作。毛泽东肯定了这些地区的做法。1963 年 2 月，在中央工作会议上，毛泽东督促各地注意抓阶级斗争和社会主义教育问题。3 月 1 日，中共中央发出在全国城市逐步开展反贪污盗窃、反投机倒把、反铺张浪费、反分散主义、反官僚主义的“五反”运动。5 月，毛泽东在杭州召集部分政治局委员和大区书记参加的小型会议，讨论农村社会主义教育问题，制定了《关于目前农村工作中若干问题的决定（草案）》（即“前十条”）。“前十条”对农村和城市的阶级斗争形势作了极其夸大的估计，对“四清”运动的任务、政策、方法作了规定。这实际上是在为大规模的“社教”运动做准备。9 月，中央根据“社教”运动的试点情况，制定了《关于农村社会主义教育运动中一些具体政策的规定（草案）》（即“后十条”）。“后十条”一方面强调“以阶级斗争为纲”，另一方面又提出了“社教”运动中必须执行的正确的方针、政策。此后，中央和地方各级机关分别派出大批工作队，在试点的基础上，在部分县、社展开了大规模的“社教”运动。1964 年 5 ~ 6 月间的中央工作会议在讨论“社教”运动问题时，对全国基层的政治形势的严峻性作了夸大估计，提出要放手发动群众彻底革命，追查“四不清”干部在上面的根子。1964 年底到 1965 年 1 月，中央政治局召集全国工作会议，在毛泽东的主持下讨论制定了《农

村社会主义教育运动中目前提出的一些问题》（即“二十三条”），将“四清”的内容规定为清政治、清经济、清组织、清思想，强调这次运动的性质是解决“社会主义和资本主义的矛盾”，提出这次运动的重点是整“党内那些走资本主义道路的当权派”等更加错误的观点。到1965年7月，国营工交系统3.9%的单位开展了“社教”运动。1966年春，全国1/3左右的县、社进行了“社教”运动。城乡社会主义教育运动是党发动和领导的一次大规模的群众运动。社教运动中虽然存在失误，但是，从另一方面来说，这次运动在很大程度上解决了党员干部作风问题，恢复和发扬了党在民主革命时期和50年代的优良传统，在加强经济管理、巩固集体经济方面起到了一定的积极作用，基本上体现了党一贯倡导的群众路线和干部政策，整顿农村基层党组织，增强了基层支部的战斗堡垒作用和党员的模范带头作用。

总体来看，从1963年2月到1966年上半年开展的历时三年多的“四清”运动，是我国社会主义建设时期除“文化大革命”之外开展时间最长的一场运动。党的十一届三中全会后，中央在《关于建国以来党的若干历史问题的决议》中这样评价了“四清”运动：它在“左”倾思想指导下，犯了阶级斗争扩大化的错误。但这些错误还没有达到支配全局的程度，国家的政治生活基本上还是正常的，国民经济调整工作继续取得进展，并且“对于解决干部作风和经济管理等方面的问题起了一定作用”。

通过“四清”运动，查处和惩治了一些腐败分子，贪污盗窃等腐败行为得到有效制止，在一定程度上保护了国家和集体的资产，推进了廉政政府建设。据统计，从运动开始到1963年10月，揭露出有贪污盗窃、投机倒把行为的人约占参加运动总人数的4%，全国有贪污盗窃人民币千元、粮千斤、布千尺以上的案件2万多件，贪污盗窃人民币万元、粮万斤、布万尺以上的案件1000多件。一些基层干部多吃多占、铺张浪费、挪用公款、侵占公物等问题得到纠正。“四清”运动增强了基层党组织的战斗堡垒作用，加强了对党员干部的有效管理。“四清”运动“实际上也是一次群众性的整党运动”。“四清”运动使所有党员干部“受到一次党的基本知识和党员标准的教育”。对于那些领导核心毛病很大的，或者领导干部太弱的单位，上级都注意选派得力的人去加强领导，较好地解决了“在农村基层干部中，有许多人犯大大小小的错误，其中有些人的错误还比较严重的问题”。这样在实际上，就把党的基层组织的领导核心充实和健全起来，把党的基层组织的经常工作和组织生活建立和健全起来，使一些基层组织党风不正、干群关系紧张、组织纪律涣散等问题得到有效解决。也使一些党员干部改正了错误，“成为既懂政治，又懂业务，又红又专，不是浮在上面，做官当老爷，脱离群众，而是同群众打成一片，受群众拥护的真正好干部”。

四　第二次清产核资：加强资金与物资管理

“大跃进”期间，由于国有资产管理权的不合理下放以及“左”倾错误思想的指导，国有企业生产经营管理非常混乱：在生产方面，领导瞎指挥，不讲核算，不计盈亏，经济效益低下，企业亏损严重，盲目生产、粗制滥造、产品大量积压；在工资奖励方面，实行平均主义，严重打击了企业职工生产的积极性；在企业管理方面，党委领导下的厂长负责制使得由书记一长制代替了原先的厂长负责制，不仅削弱了党在企业中的作用，也造成企业管理混乱，造成了国家财产的严重损失。1962 年 2 月进行的第二次清产核资就是为了挽回国家损失和贯彻《工业七十条》而出台的。

1961 年 9 月，为了解决“大跃进”期间存在的一些问题，中共中央正式出台《国营企业工作条例（草案）》，简称《工业七十条》，主要是克服当时企业管理中存在的严重“左”倾错误，提高管理水平。

当时国民经济尚未步入正轨，各项工作不能很好配套，使得《工业七十条》存在落实的困难。1961 年以前，国营工商业企业的物资盘亏和呆账损失，各地方各部门平调集体经济的资金和挪用银行贷款，需要由国家财政核销、退还和补拨的，共有 348 亿元，其中属于钱和物资已经用掉或损失掉，需要财政核销的部分共有 212 亿元，相当于 1962 年国家预算收入的 70%。[①] 与此同时，由于企业放松了对资金的有效管理，全民所有制工业、商业、交通等企业占有的流动资金迅速增加，到 1960 年达到了 800 亿元左右。其中工业为 270 亿元，主要原因在于库存产品积压过多。[②] 针对这种情况，不得不对工业生产的生产经营活动做出全面的调整，其中一项基础性工作就是在全国开展大规模的清产核资工作。1962 年 2 月 20 日，中共中央和国务院出台了《关于彻底清产核资，充分发挥物资潜力的指示》，同年 3 月 6 日，国务院副总理主持召开了全国清产核资电话会议，亲自部署该项工作。

此次清产核资的主要对象是对全国县及县以上的全民所有制单位的物资，包括在库的和在途的，生产资料和生活资料，成品、半成品和在制品，合格品和残、次、废品等，都进行清查。其中工业企业和工业管理部门是清查重点。全国陆续动员了 50 多万人投入这项工作，到 1963 年 9 月清产核资工作基本结束。在 45 万个应清查单位中，清查结束的有 44 万个，占应清查单位的 97%；验收合格的 22 万个，占应清查单位的 49%。清查出的主要物资有：钢材 604 吨，机械设备 146 亿元，木材 886 万立方米，水泥 91 万吨，烧碱 7.1 万吨，纯碱 10 万吨，以及大批生活资料。据对同期 28 个省、市、自治区的不完全统计，需要成立的积压物资约有 89 亿元，其中生产资料 77 亿元，生活资料 12 亿元。[③] 至此，中央基本上摸清了整个国家物资供给的存量情况。

根据第二次清产核资所暴露出企业管理的诸多问题，国务院相关主管部门进行了一系列的整顿。第一，重新核定流动资金。各企业根据生产任务，制定出物资消耗、周转、储备的定额，并且重新核定了流动资金。此举大大提高了企业资金的利用效率，1962 年工业企业占用的流动资金总额为 208 亿元，比 1960 年减少 160 多亿元。[④] 第二，对清产核资过程中查出的超储积压物品与损失进行合理的处置。对于查出的超储积压物品质量达到合格要求的，根据国民经济生产的需要重新进行及时调剂，以满足生产建设与人民生活的需要。对于残、次、废品进行及时的处理与核销。第三，根据《工业七十条》的指示精神，进一步加强对企业生产计划

① 杨洞华：《中国国有资产管理发展简史》，北京经济科学出版社，1997，第 73 页。
② 汪海波：《新中国工业经济史》，经济管理出版社，1986，第 179 页。
③ 杨洞华：《中国国有资产管理发展简史》，北京经济科学出版社，1997，第 76 页。
④ 汪海波：《新中国工业经济史》，经济管理出版社，1986，第 180 页。

与作业计划采购物资、投料生产的管理，逐步建立健全各种卡片账目，配备物资供应、仓库管理和财务管理人员，健全各项物资管理制度和财务管理制度，整顿加强企业的管理，以进一步提高企业的生产经营效率。

通过整顿，企业的资金利用效率明显得到有效的提高，企业占用资金额度显著下降。1965年全民所有制工业企业每百元产值所占用的流动资金降到25.2亿元，比1962年下降了34.1%。[①] 1963年3月，国务院批转中央清产核资小组的工作报告，认为此次清产核资是贯彻中央“八字方针”的一项重要举措，加强了集中统一，打击了分散主义、本位主义，促进了国民经济的调整和企业经营管理工作的改善。报告还指出，要使国民经济走上正常轨道，把清产核资的成果巩固下来，最重要的是要总结和吸取经验教训，迅速建立、健全物资管理和资金管理制度，并且与开展增产节约和“五反运动”的准备工作密切结合起来。此次清产核资工作的顺利完成，为《工业七十条》在企业中的展开扫清了障碍，并为之后国有资产管理体制的改革创造了基础条件。

第三节 国有资产管理的混乱与整顿（1966～1976）

1966年5月起，我国进入了长达十年的“文化大革命”时期。“文化大革命”的发动及其长时间的持续，使我国的社会主义建设事业在经历六十年代初期的调整刚导入正轨的进程被迫中断，国民经济受到严重破坏，我国的经济处在了濒临崩溃的边缘。

在“文化大革命”期间，国有资产管理体制再次变动，几乎是重复“大跃进”时期“放权”“分权”改革的路径。2600多个部属大中型企业下放给地方管理，物资管理权、基建投资权、计划管理权、税收减免权、信贷权、招工权等也基本归地方掌握。这种“自上而下”的改革措施都致力于调整和划分中央和地方之间国有资产经营管理权责范围，陷入了一个“集权—分权—再集权—再分权”的政策循环之中，这一试错改革的过程没有触及当时国有资产管理体制的本质问题——政府集中计划与企业分散经营、产品全民受益与企业独立于自身利益进行生产这两对矛盾。因而，这些改革措施未能从根本上触动我国传统国有资产管理体制的基本框架。

一 “文化大革命”初期对国民经济的不利影响

1966年5月中共中央政治局扩大会议和同年8月八届十一中全会召开，通过了《中国共产党中央委员会通知》（即“五一六通知”）和《中国共产党中央委员会关于无产阶级文化大革命的决定》（即“十六条”）这两个纲领性的文件，标志着“左”倾错误方针在党中央占据了统治地位，长达十年之久的“文化大革命”开始全面展开。其灾难性后果，就是刚刚从“大跃进”运动中恢复过来的国民经济再次急剧恶化。

---

① 汪海波：《新中国工业经济史》，经济管理出版社，1986，第180页。

（一）国民经济秩序受到严重破坏

随着“文化大革命”的发动和逐步深入，政局动乱，正常的社会秩序、生产工作秩序、生活秩序被打乱，国民经济陷入严重的混乱中。表现在以下方面。

1. 社会经济秩序混乱

在全面否定按劳分配以及商品经济的主导思想影响下，在“文化大革命”初期，农村中的“三自一包”即自留地、自由市场、自负盈亏、包产到户的改革措施被当成资本主义和修正主义来批判；农户的家庭副业和一些小手工业、集市贸易被当做“资本主义的尾巴”割掉，从而使得农村经济遭到严重破坏。城市中企业的八级工资制度被当做“物质刺激”“奖金挂帅”的产物而被全面废除，绝对平均主义的“大锅饭”现象更加突出，严重抑制了企业生产经营效率和职工的劳动积极性。

2. 国民经济处于无政府无计划状态，企业经济效益急剧下降

在“文化大革命”发动前，中国共产党和政府在工业、农业、商业、教育、科技等方面，制定了一系列行之有效的管理政策和规章制度。这些管理政策如《工业七十条》《商业四十条》《科技十四条》以及像生产责任制、劳动纪律、质量检验、安全操作等规章制度保障了国民经济有序运转和社会生活的正常秩序。但在“文化大革命”中这些政策和制度遭到了批判和否定。随着“夺权斗争”的全面展开，从上到下原有的一套经济指挥和管理系统失灵，大批有经验的领导干部“靠边站”，计划管理和企业管理都难以为继，国民经济处于严重的无政府状态，造成经济管理普遍废弛、劳动生产率下降、企业经济效益大幅降低。

3. 居民日常消费品稀缺，生活秩序混乱

工业生产产量连年下降，农产品也处于紧缺状态，加之交通破坏严重，城乡人口增加，从而造成市场商品短缺，供应日趋紧张，居民必需消费品的零售量大幅度减少。同时，由于政府对市场管得过死，机制僵化、商业网点锐减，凭票凭证限量供应的商品品种越来越多。据统计，1968 年的社会消费品零售量与 1966 年相比，粮食销售量减少了 214.5 万吨，食用植物油减少了 7 万吨，猪肉减少了 9.1 万吨，鲜蛋减少 7.2 万吨，水产品减少 36.2 万吨，棉布减少了 9 亿米，针织内衣裤减少 1771.2 万件，保温瓶减少 882 万个，缝纫机减少 16.7 万架，手表减少 64.4 万只，自行车减少 72.1 万辆，收音机减少 15.5 万部。据统计，全民所有制各部门职工的平均工资由 1966 年的 636 元减少到 1968 年的 621 元。

（二）宏观经济状况急剧恶化

1. 工农业总产值和主要农产品产量连年下降

据统计，1967 ~ 1968 年，我国工农业总产值和主要工农业产品出现了持续两年的负增长，这是继 1961 ~ 1962 年之后新中国经济发展史上第二次持续衰退。这两年工农业总产值、工业总产值、布匹、发电量、钢、水泥、粮食、化肥等指标均表现出逐渐下降，甚至大幅下降的趋势。

2. 交通运输严重堵塞，基本建设投资不断减少

1966 年 8 ~ 11 月，毛泽东先后接见了 1300 万的红卫兵和学校师生，各地学生纷纷到北京和其他城市进行串联，造成对交通运输的严重冲击。1966 年底，大约有 1000 万吨的物资积压待运，公路运输也陷入普遍紧张。交通运输的严重阻塞和货运量的大幅度下降，使得重要物资运不出来，给生产建设和人民生活造成巨大困难，整个国民经济受到严重拖累，从而导致了国家预算内基本建设投资也逐年减少。1967 年、1968 年的新增固定资产交付使用率仅为 50. 6% 和 45. 9%，这是新中国成立以来出现的最低水平。

3. 财政状况持续恶化

"文化大革命"初期对国民经济秩序的严重冲击，严重影响到国家的整个宏观经济效益。国民收入连年下降，财政收入逐年锐减。据统计，1967 年我国财政收入为 419. 4 亿元，比 1966 年的 558. 7 亿元减少了 139. 3 亿元，减幅约达 25%；1968 年的财政收入为 361. 3 亿元，又比 1967 年减少 58. 1 亿元，减幅为 13. 9%。由于财政收入连年减少，中央只能大力压缩财政支出，1967 年我国财政总支出为 441. 9 亿元，比 1966 年的 541. 6 亿元减少了 99. 7 亿元，当年支大于收，出现财政赤字 22. 5 亿元。1968 年财政总支出为 359. 8 亿元，比 1967 年又减少了 82. 1 亿元。财政状况的恶化，是整个国民经济状况恶化的重要表现。

二　国有资产管理在曲折中前进

"文化大革命"期间，由于经济形势的不断恶化，我国经济管理体制进行了新中国成立以来的第二轮"放权"改革，希望能够发挥地方和企业及其职工的积极性，但仓促的放权改革并没有达到预期的目的。

由于"文化大革命"是一场政治运动，具有政治动乱影响经济生活的特点。其中心任务和主要目标不是发展经济和财政，相反却要求财政必须适应政治斗争形势变化的需要。这就决定了这个时期的财政体制，不可能有对发展经济有重大实际意义的改进，而只是随着客观形势的变化而有所变动。1966 年 3 月 12 日，毛泽东在给刘少奇的一封信中写道："一切统一于中央，卡得死死的，不是好办法。"20 日，在杭州召开的中共中央政治局扩大会议上，毛泽东再次提出，中央还是共和好，中央只管虚，只管政策方针，不管实，或少管点实。中央部门收上来的厂多了，凡是收的都叫他们出中央，到地方去，连人带马都出去。①

"文化大革命"逐步走向深入，使国家财政遭到了严重破坏，财政收入不稳定，又要保证财政支出，从而财政体制变动比较频繁。1967 ~ 1968 年，大批工厂停产或减产，收入急剧下降。为了保证地方必要的支出，不得不于 1968 年实行收支两条线的办法，即收入全部上缴，支出完全由中央支配。这是一种高度集中的体制，也是迫不得已的临时性措施。1969 年生产开始好转。从 1971 年起，开始对财政工作进行第一次整顿，实行"定收定支，收支包干，保证上缴（或差额补贴），结余留用，一年一定"的财政收支体制。1972 年 10 月，财政部与国

① 《当代中国的经济管理》编辑部：《中华人民共和国经济管理大事记》，中国经济出版社，1986，第 230 页。

家计委、农业部联合召开加强经济核算、扭转企业亏损会议，提出整顿企业亏损措施；又确定地方超收1亿元以下的，全部归地方，地方超收1亿元以上的部分，一半留地方，一般上缴中央，这样可以保证国家财政收入的增长，实际上是中央收回一部分财权。1973年5月，为促进企业进一步加强经济核算、改善经营管理，财政部发布《关于加强国营工业企业成本管理工作的若干规定》和《国营工业交通企业若干费用开支办法》，以整顿企业财务。从1974年起，又实行"收入按固定比例留成，超收另定分成比例，支出按指标包干"的办法。这种办法使地方有校稳定的机动财力，但是，收支脱钩，超收分成，短收不影响地方财政支出，不利于国家财政收支平衡。1975年夏秋之间，在国务院直接领导下，财政部起草了《关于整顿财政金融的意见》以及关于改进财政体制，加强预算管理、固定资产管理、国营企业财务管理和农业管理，以及扭亏增盈等一系列整顿性文件，对财政工作起到了一定的作用。1976年，实行"定收定支，收支挂钩，总额分成，一年一变"的办法，把地方财政的权力和责任联系起来，多收可以多支，少收则少支，既扩大了地方财政收支的范围、增加了机动财力，又有利于平衡预算。财政体制这种频繁的变动，充分说明这次财政管理体制改革具有明显的探索性质。①

1970～1976年，中央贯彻毛泽东同志在《论十大关系》一文中所阐述的扩大地方权力、给地方更多的独立性、让地方办更多的事情的思想，进行经济体制大变动，其中心内容是下放权力。将一大批关系国计民生的大型骨干企业逐级下放，以及下放一部分财权、物权、基建审批权和管理权，税收权限也下放到地方。该做法一方面具有扩大地方收支范围，调动地方积极性的特点，但同时也造成指标确定难以符合实际、因地方情况不同形成苦乐不均和加重中央财政负担等缺点。②

这一时期的国有资产管理体制呈现比较混乱的特点。

1967～1976年间，计划经济体制与运行机制都陷入了半瘫痪状态，国企生产处于停产或半停产状态。国有资产管理体制比较混乱。1970～1978年，工业产值虽然出现了增长，但主要是靠增加投入实现的。企业缺乏必要的激励和责任机制，活力和效率低下，始终是制约国有企业发展的顽疾。职工的积极性主要靠社会主义的觉悟来支撑，中央集权的计划经济导致了大量资源的浪费。大量工业企业迅速变更隶属关系，下放给地方；原本比较合理的、一定程度上反映了社会主义经济工作的若干规律的《工业七十条》被错误批判。《工业七十条》规定，国营企业是全民所有制的经济组织，是国家计划指导下相对独立的生产经营单位，具有一系列经营自主权。这对保证国家经济决策的实现和社会主义经济的正常运行曾起了重要作用，在"文化大革命"中，它却遭到无情的挞伐，被扣上"把社会主义企业蜕变为资本主义企业"的帽子。

---

① 赵德馨：《中华人民共和国经济史》，河南人民出版社，1988，第49页。

② 赵梦涵：《新中国财政税收史论纲（1927～2001）》，经济科学出版社，2002，第429页。

三 非经营性国有资产管理权限第二次“下放”

1970年前后，中国处在“文化大革命”带来的全国动乱中，人心思稳，中央急切需要调动地方的积极性，维持人心和社会稳定，开始着手对经济体制进行一系列的调整，这意味着中央第二次“下放”行政事业单位国有资产管理权限。事业单位的管理权限“下放”表现为三个方面：①大幅度下放事业单位。1970年3月，根据《第四个五年计划纲要（草案）》的精神，国务院要求各部将绝大多数直属事业单位下放给地方管理，少数由中央部委和地方双重领导，以中央部委为主。中央下放事业单位在“垂直体系”里被逐级再下放。②实行财政收支包干。国务院决定对各省、自治区、直辖市试行“定收定支，收支包干，保证上缴（或差额补贴），结余留用”或者“全额分成、收入留成”的办法。财政收支包干办法的确定，为行政事业单位国有资产管理权限下放奠定了坚实的基础。③物资分配大包干。随着中央企事业单位的下放，物资分配实行大包干的管理体制，即在国家统一计划下，实行“地区平衡、差额调拨、品种调剂、保证上缴”的办法。此外，这一阶段里，中央还将下放事业单位的物资分配和供应工作移交地方管理。①

四 第三次清产核资：健全制度与改进管理

“文化大革命”使国家的政治、经济和社会生活陷入了全面混乱，经济管理体制方面的一些重要规章制度遭到废弃或随意更改，加之1970年向地方大幅下放经济管理权限为中心的经济体制改革，导致国营企业生产经营管理状况极为混乱，设备闲置、物资积压、账物不符、“家底不清”等一系列问题显现。1971年9月，林彪反革命集团被粉碎后，党中央和国务院以此为契机，提出了整顿企业管理、加强国家统一计划的任务，国务院决定开展第三次国营企业的清产核资，希望彻底弄清家底，进一步挖掘物资潜力，核定企业资金，以利于恢复和健全企业各项管理制度，促进国民经济的发展。

1971年3月，国家计委和财政部联合向国务院提出了《关于开展清产核资工作的报告》，建议：“在最近两年清仓查库的基础上，进行一次全面的清产核资工作，彻底弄清家底，进一步挖掘物资潜力，以促进生产建设的发展。”清产核资的范围，主要是厂矿企业，基本建设单位，物资、商业、外贸部门，科学研究单位和校办工厂、行政、事业单位的房产、设备和仪器，也要进行清查。根据生产建设需要，核定固定资产需要量和流动资金定额。通过清产核资，要求工交企业的流动资金节约20%，生产建设单位的调剂利用率提高20%。多余和积压的物资，要边清查、边调剂处理，首先用于计划内。调剂的重点要保证三线、军工和基础工业的需要。国务院各部门直属企业、事业单位多余积压物资的处理；专用设备由主管部门统一调剂，多余的交地方利用；通用设备和其他物资由省、市、自治区统一调剂，国务院各部门需要

① 财政部财政科学研究所“事业单位资产管理改革研究”课题组：《事业单位资产管理改革研究》，载《经济研究参考》2006年第65期。

在单位之间进行调剂时，要同地方商量解决。援外项目多余积压的物资，首先在援外项目之间调剂使用，多余的由外经部及时转国内使用。军工企业的多余积压物资，由主管部门统一调剂，地方如有需要，可与主管部门商量解决。残次品呆滞物资，要采取加工改制、修旧用废等办法利用起来，所需费用，可按规定报销。物资和设备的报废，须经工人、领导干部和专业人员参加的三结合小组审查、鉴定和上级机关批准。需要的资金损失，应按规定经主管部门和财政部门审查汇总，报省、市、自治区政府批准。多余积压物资的调剂和处理，应当按质论价，物尽其用。但要防止乱削价、滥用浪费和坏人投机倒把。通过资产核资，要总结经验、健全制度，改善经营管理，加强经济核算，防止新的积压浪费。1972 年 4 月 24 日，国家计委、财政部发出了《关于清产核资工作情况和对 1972 年工作的意见》和《全国清产核资实施办法（草案）》两个文件，要求各省、市、自治区加强两党、充实力量，发动群众，认真进行清产核资。《全国清产核资实施办法（草案）》规定，凡是全民所有制单位的一切国家财产和合作工厂、手工业合作社等集体所有制企业的财产，都应当进行清查，主要是清查厂矿企业、交通运输企业、建设单位、施工单位以及物资、商业、外贸部门，科研单位和校办工厂等的流动资产、固定资产、债权债务以及基本建设资金购置的材料、设备和在建工程等。要求对全部财产进行全面的、彻底的清查，做到账物相符，不重不漏。

第三次清产核资任务到 1974 年 11 月基本完成。年底，国务院批转了全国清产核资领导小组《关于清产核资工作情况的报告》，指出：第三次全国清产核资工作已基本结束。根据 1973 年底的统计，全国有 25.8 万多个国营企业和事业单位普遍进行了清仓查库工作，共清出多余积压物资和呆滞商品 221 亿元。按照“边清查、边处理”的工作原则，已处理利用了 128 亿元，占清出数的 58%。其中调剂处理的钢材 115 万吨，有色金属 7.7 万吨，机床 1.7 万吨，电动机 21.8 万台，轴承 800 万套。在清仓查库的基础上，对于应当核资的 9.3 万多个工业、交通、商业以及其他企业，核定了流动资金金额。其中，有 3.6 万多个工业企业（都是预算内企业）还核定了 1972 年资金占用水平，平均每百元产值占用资金 26.6 元，较 1970 年实际占用数 29.5 元，核减了 9.9%。1973 年底，全国工业企业的固定资产共有 1900 亿元。其中大部分企业着重清查了现有设备的数量、质量和能力。这些企业在核资前共有固定资产 1589 亿元，核资后固定资产需用量定位 1552 亿元，平均每百元产值占用固定资产 83.3 元，比 1970 年全国水平 87.5 元下降了 4.9%。这些企业多余闲置的固定资产，共划出 28 亿元，其中一部分已经调给需要的单位使用。不少企业的设备利用率和完好率，都有不同程度的提高。另外，还认真清理了有些企业多年遗留下的债权债务，并反复进行了财产盘亏与报废损失的复查落实工作，并给企业拨补了资金，督促他们总结了经验教训。《报告》要求企业今后在清产核资的基础上，改善管理、加强经济核算。要及时检查纠正企业中不讲质量、不问销路、不按需要安排生产等现象，加速资金周转，降低资金占用水平。把经常进行清仓查库和定期开展清产核资，作为企业管理上必须执行的一项制度。

第四节 社会主义革命和建设时期国有资产管理对廉洁政府建设的影响

国有资产管理与廉洁政府建设问题都是建立有中国特色社会主义的重要组成部分，都是中国共产党廉洁政治建设的重要内容，二者共存共生，互为因果。在社会主义革命和建设时期，国有资产管理对政府自身建设的影响体现在以下方面。

一是经济基础决定上层建筑，国有资产管理水平是对廉洁政府建设的保证。马克思等经典哲学家曾经提出了“经济基础决定上层建筑、上层建筑反作用于经济基础”的著名论断，在《共产党宣言》中马克思的设想是：“无产阶级首先获得政权，无产阶级将利用自己的政治统治，一步一步地夺取资产阶级的全部资本，把一切生产工具集中在国家及组织成为统治阶级的无产阶级手中，并且尽可能快地增加生产力的总量。”以私有制为主要特征的经济体制决定了资本主义的国家属性，而以公有制为主要特征的经济体制决定了社会主义的国家属性。我国是一个以社会主义基本制度为立国之本的国家，在革命和建设时期以社会主义公有制为主要特征。我国宪法第一条就明确指出：“中华人民共和国是工人阶级领导的、以工农联盟为基础的人民民主专政的社会主义国家”，“社会主义制度是中华人民共和国的根本制度。禁止任何组织或者个人破坏社会主义制度”。同时，“中国共产党是工人阶级的先锋队”，在血与火的考验中，中国共产党带领全国人民取得了反帝反封建的民族独立，建立了社会主义性质的人民政权，取得了执政地位。因此，可以说，这一时期中国共产党对国有资产的管理，保证了这一时期政府的廉洁。

二是这一时期形成的国有资产集中管理体制既发挥了很好的进步的历史作用，也存在不少的问题，为完善管理提供了方向和目标。改革开放前国有资产管理过程中的工作方法和运动倾向为下一步改革提供了借鉴。1949 ~ 1978 年国有资产管理始终存在着“一管就死，一放就乱”，缺乏有效约束、监督和激励机制。在对社会主义性质的国营企业管理中：一是认为国营企业在向社会主义过渡过程中具有决定性的意义；二是认为国营经济在中国的工业化过程中具有不可替代的优越性；三是国营经济与私营经济相比，不仅企业效率高，而且利为整个国民所得，更加公平。但是从 1949 年到 1978 年改革开放前，始终没有建立起一整套既符合中国国情、又能够实现社会主义优越性的国有资产经营管理体制。以单一公有制和计划经济为特征的经济体制，强化了政府政治动员和资源配置的能力，保证了高积累、低消费的快速优先发展重工业战略实施，形成企业吃国家的“大锅饭”，职工吃企业的“大锅饭”，尤其是属于地方政府的地方国营企业，呈现出效率低、浪费大的特点。政府在经济发展中扮演了唯一的决策和实施人的角色，并对国营企业承担了全部的责任，由此导致了国有企业运行中的“投资饥渴”和“攀比”效应，结果导致资源约束型的经济波动。在中央与地方、国家与企业之间的权与利的分配上动脑筋，结果却陷入“一统就死，一死就叫，一叫就放，一放就乱，一乱又统”的怪圈。这一时期内，尽管政府的政治动员能力很强，各级干部非常清廉，并且从上到下都非常热衷于快速推进工业化；尽管国营企业的职工在各种政治运动下努力工作，中国在较短的时间里就基本上建立起相对独立完整的工业体系，保证了国家安全，并为 1978 年以后的快速发展奠定了基础和积蓄了能量，但是，也付出了经济运行波动大、结构失衡和资源浪费严重的代价。

总之，改革开放以前我国对国有资产的管理总体上处于探索状态，目的是提高执政党的政治清廉和政府廉洁高效，主要通过阶段性的清产核资工作强化对经营性和非经营性国有资产的管理。一方面，通过不断对国有资产的清理摸清了家底，提高了政府管理能力和水平；另一方面，执政党管理国有资产能力的提高以及廉洁高效的执政水平也确保了国有资产的保值增值、安全完整，推进了这一时期廉洁政府建设，为今天的国有资产管理工作和廉洁政府建设打下了坚实的基础，积累了丰富的经验。

· 第六章 ·

改革开放以来的国有资产管理与廉洁政府建设

1978 年党的十一届三中全会以后，我国历史进入改革开放的历史新时期。在这个时期，政府对国有资产的认识越来越深入，开始对国有资产进行科学监督与管理，对国有资产的管理能力大大提高，这保证了国有资产的安全完整和保值增值，极大地加强了廉洁政府建设。

第一节　国有资产管理体制的改革与转型（1978 ~ 1987 年）

一　分权、让利与政企分开

1977 ~ 1984 年，国有企业改革处于积极试验阶段。在 1977 ~ 1978 年理论的“拨乱反正”过程中，一些人已经涉及国有制企业改革的问题，逐步认识到：建国 30 多年来中国国有制企业虽然几经变动，但主要是在中央与地方权力划分收放上的交替循环，而没有真正触及企业权力这一核心问题。因此，无论管理体制如何变动，企业活力始终难以解决，基于这样的认识，开始进行扩大企业自主权的试点工作。试点工作首先在四川展开。1978 年 10 月，四川省最初选择重庆钢铁公司等六个地方国营企业进行扩大企业自主权的改革。中共中央于 1978 年 4 月发布《中共中央关于加快工业发展若干问题的决定（草案）》（简称“工业三十条”），规定企业全面完成国家计划后，可以按比例在利润中提取企业基金，主要用于福利事业，是当时指导工业战线拨乱反正的重要文件。① 1978 年 12 月，中共十一届三中全会指出：权力过于集中是经济管理体制的一个严重缺点，应该有领导地大胆放权，让地方和工农业企业在国家统一计划的指导下有更多的自主权。1979 年 4 月召开的中共中央工作会议，提出“调整、改革、整顿、提高”的方针和经济体制改革原则性意见。原则性意见包括：以计划经济为主，同时充分重视市场调节的辅助作用；扩大企业自主权，并且把企业经营好坏同职工的物质利益挂起钩来；按照统

① 白和金：《中华人民共和国经济大事辑要》（1978 ~ 2001 年），中国计划出版社，2002，第 3 页。

一领导、分级管理的原则，明确中央和地方的管理权限；精简行政机构，更好地运用经济手段来管理经济。1979 年 7 月 13 日，国务院下达《关于扩大国营工业企业经营管理自主权的若干规定》、《关于国营企业实行利润留成的规定》、《关于开征国营工业企业固定资产税的暂行规定》、《关于提高国营工业企业固定资产折旧率使用办法的暂行规定》、《关于国营工业企业实行流动资金全额信贷的暂行规定》五个文件，要求各地、各部门按统一规定办法选择少数企业试点，将试点扩展到全国。以上五个文件明确了企业作为相对独立的商品生产者和经营者应该具有的责任、权限和利益。之后，1980 年 9 月，国务院批转国家经委《关于扩大企业自主权试点工作情况和今后意见的报告》，并批准从 1981 年起，把扩权工作在国营企业中全面推开，使企业在人、财、物、产、供、销等方面拥有更多更大的自主权。

（1）财政管理体制的改革。1976 年，为了解决财政体制上收支不挂钩，不管收入完成多少，支出照样按包干指标使用的弊端，再次实行“定收定支，收支挂钩，总额分成，一年一变”的财政体制，就是中央规定地方的收入和支出范围，使地方在组织收入和安排支出上联系起来，多收多支，少收少支，并以地方的总收入和总支出来确定中央与地方的分成比例，这种体制，从总体上说，实际上就是 1959～1970 年实行的“总额分成，一年一变”体制，但扩大了地方财政的收支范围，增大了地方财政的管理权限。这一体制把地方的责、权、利结合起来，体现了中央和地方共同平衡预算的精神。随后，又在部分省市试行了“增收分成”的办法。但总体上看，由于这一系列的调整，基本上没有脱离开“一灶吃饭”这种大的财政管理体制框架，因此，虽然经过多次调整，始终也没能有效地解决中央政府与地方政府发展经济的关系和充分调动行政区域政府发展行政区域经济积极性的问题，特别是企业发展经济的动力和活力严重不足等问题。

1978 年 12 月，中共十一届三中全会中央工作会议明确提出，要在彻底清理“左”倾错误思想的基础上，认真总结历史经验，对经济管理体制逐步进行全面改革，并要求以财政体制作为突破口，改革先行一步。根据这个精神，1980 年开始，财政体制相继进行了一系列的改革。1979 年 7 月 15 日，中共中央、国务院批转广东省委、福建省委关于对外经济活动实行特殊政策和灵活措施的两个报告，同时，在财政体制上也给予较多的管理权限。决定从 1980 年起，在广东省实行“划分收支，定额上交，五年不变”，在福建省实行“划分收支，定额补助，五年不变”的体制，主要内容是：在财政收入方面，除中央直属企业、事业单位的收入和关税划归中央外，其余收入均作为地方收入；在财政支出方面，除中央直属企业、事业单位的支出归中央外，其余的支出均作为地方支出；按照上述划分收支的范围，以 1979 年收支决算数为基数，确定一个上缴任务数或中央补助数，一定 5 年不变。以后执行中的收入增加和支出节约全部归地方支配。1980 年 2 月 1 日，国务院颁发《关于实行“划分收支，分级包干”财政管理体制的暂行规定》，1980 年 4 月 3 日，财政部又颁发了《关于实行“划分收支，分级包干”财政管理体制若干问题的补充规定》。其基本精神在于巩固中央统一领导和统一计划，确保中央必不可少的开支的前提下，明确划分各级财政的权力和责任，做到权责结合，各行其职，各尽其责，充分发挥中央和地方两个积极性，共同承担平衡国家财政收支的责任。这可以说是建国以后财政体制一次比较全面的重大改革。“划分收支，分级包干”体制的主要特点是：由过去全国“一灶吃饭”，改为“分灶吃饭”；财力分配由过去“条条为主”，改为“块块”为主；收支划分和分成比例（或补助）由过去一年一变，改为5年不变；财权和事权、权利和责任比较明确和统一。当然也存在一些问题：中央负担较重，收支难以平衡；地方为了增加财源，在一定程度上助长了画地为牢，重复建设，财政与经济体制没有同步改革；加上中央部门又开了减收增支的口子，使得“分灶吃饭”的体制不易执行好。因此，在执行过程中不得不做一些局部的调整，其中包括1981年适当缩小地方财政的包干范围，1983年对省、自治区的分成比例或定额补助进行一次较大的调整，逐步将“划分收支，分级包干”的办法改为“总额分成，比例包干”的办法。1980年与“分灶吃饭”体制并存的还有：民族自治地方财政体制；三个直辖市体制；江苏体制；广东、福建体制。“分灶吃饭”体制带来了中央财政的困难，因此，从1981年起，有些原实行“划分收支，分级包干”的省、自治区，先后改行“总额分成，比例包干”的办法，即收支按固定比例总额分成的包干办法。

1976~1984年的财政体制改革的特点是，模式众多，不拘一格，既有深度，又有广度，并带动其他领域的经济改革，使地方有一定的自主权，调动了地方财政和经济单位之间的矛盾。

（2）国有资产管理体制：放权让利

在改革开放初期，“政企分开，增强企业活力”被认为是“经济体制改革的中心环节”，以解决当时普遍存在的“政企不分，条块分割，国家管得太死，企业缺乏自主权”这一弊病，“放权让利”被当做操作的重点，实行了“利改税”和“承包制”的做法，中央赋予企业更多的自主权。从1978年到1984年，国务院颁布了一系列法规，扩大企业自主权。如国务院于1979年颁布《关于扩大国营工业企业经营管理自主权的若干规定》，1981年颁布《关于实行工业生产经济责任制若干问题的意见》，1983年颁布《国营工业企业暂行条例》，1984年颁布《关于进一步扩大国营工业企业自主权的暂行规定》等。同时，国务院也成立了相关的部委来专事企业改革。1976年，国务院财政经济委员会成立了经济体制改革小组，组织经济理论工作者和实际工作者进行广泛的调查研究；1980年5月，国务院成立了经济体制改革办公室，起草了经济体制改革的初步方案；1982年5月，经全国人大常委会批准，成立了国家经济体制改革委员会，负责制定改革的总体规划，加强对全国经济体制改革的指导和协调。企业扩大自主权就是在这一背景中开始试点，并最终蓬勃发展起来的。① 相对以前的行政性分权，此次放权也可以称为经济性分权。因为此次放权的同时，还向企业让利，企业既扩权又增收，激励企业积极性。在此期间，国家进行了两次“利改税”的配套改革，放权让利的实质在于：在国家与企业、中央与地方的利益不一致的情况下，通过权利和收益的部分让渡，用物质刺激的方式来激发企业活力以推动经济发展。但是，此时国家所有权的掌握紧紧控制在中央政府手里，国有资产所有权的实现形式表现为政府对企业的人、财、物的绝对控制，因而企业怎样放

---

① 董辅礽：《中华人民共和国经济史》下卷，经济科学出版社，1999，第63~64页。

权让利，放多少，放多久，决定权均在中央政府手中，企业永远处于被动地位，这使得企业的短期行为十分严重；并且由于政企职责不分，条块分割，政府对企业还是统得过多过死，忽视商品生产、价格规律和市场的作用，分配中仍然是平均主义。

“划分税种、核定收支、分级包干”的体制。国务院决定从1984年10月起，在全国普遍推行利改税第二步改革，今后，各地区、各部门不再批准企业实行利润递增包干等办法，一律搞利改税。[①] 为了对原来划分的财政收支范围进行相应的调整，进一步明确各级财政的权利和责任，使财政体制更好地体现责、权、利相结合的原则，国务院于1985年3月发布了《关于实行“划分税种，核定收支，分级包干”财政管理体制的规定》。该体制主要根据第二步利改税的税制变化，重新划分了中央和地方财政收支范围，并对有关问题做了相应的规定，即中央与地方的财政关系体现为“划分税种、核定收支、分级包干”的体制，其主要内容是：按第二步利改税后的税种划分各级财政收入；仍按隶属关系划分中央、地方支出；核定收支以确定上解或补助；特定地区如广东、福建继续实行财政大包干办法，民族自治区则按照中央财政核定的定额补助数额，在5年内继续实行每年递增10%的办法。该体制总的特点是在各项收入中，税的成分增大了。在实行“划分税制，核定收支，分级包干”后，由于地方留成比例低，不利于调动地方积极性，1986年后，出现财政收支滑坡的情况。为此，国务院于1988年7月发布了《关于地方实行财政包干的决定》，这是一个调动地方积极性的一种过渡体制。主要内容是：将1987年中央向地方借款改为调减地方财政支出基数的同时，将相当一部分税收划归为地方的固定收入，以增加地方的财力。

中共中央于1984年通过的《关于经济体制改革的决定》中提出所有权和经营权可以适当分开。首次提出通过“所有权与经营权分离”，使企业成为一个“相对独立的经济实体”。同时，国务院规定进一步扩大国营工业企业自主权，对企业自行安排生产、自销产品、自行支配留成资金、厂级行政副职及中层行政干部的任免，以及企业每个部门、跨地区联合等分别作出了规定。1985年，《中共中央关于第七个五年计划的建议》规定，要使企业真正成为相对独立的、自主经营、自负盈亏的社会主义商品生产者和经营者。1988年七届人大通过的《全民所有制工业企业法》，将企业的权利用法律的形式固定下来，对政企关系作了一次重大的调整，对政企权利义务关系作了比较全面的规定。如首次规定企业具有法人资格，是依法自主经营、自负盈亏、独立核算、独立承担民事责任的社会主义商品生产经营单位，并且明确企业的财产属于全民所有，国家依照所有权和经营权分离的原则授予企业经营管理权，企业对国家授予其经营管理的财产享有占有、使用和依法处分的权利。

政企分开阶段（1978～1988年）。这一时期的改革几乎没有触及宏观层面的国有资产管理体制，没有明确区分国家作为社会经济管理者和国有资产所有者的双重身份。在政府机构中没有设立独立行使国有资产管理职能的部门。在管理职能划分上，也未明确提出国家的资产所有者职能或国有企业产权管理的问题。总体来看，国有资产管理体制的整体架构与改革开放前相

① 白和金：《中华人民共和国经济大事辑要》（1978～2001年），中国计划出版社，2002，第123页。

比并没有实质性变化。

这一时期的改革基本上处于国有资产经营权和经营方式的层面上，还没有触及所有权或者所有权实现形式这一层面。改革的主要手段是国家对企业放权让利，内容包括：一是从调整国家与企业的分配关系入手，沿着简政放权、减税让利的思路，强调两权分离，政企分开，扩大企业经营自主权；二是改变中央过度集中管理国有资产的做法，把大量原来由中央管理的企业下放给地方管理，尤其是下放给中心城市管理；三是改变国有企业作为政府附属物的地位，确立其作为经济实体的地位，需要企业自主经营、自负盈亏、自我积累、自我发展；四是探索国有资产的多种经营形式，在国有企业改革中先后实行承包经营责任制、资产经营责任制、租赁经营制度等。

此阶段主要是关于国有资产所有权与经营权之间关系的探讨，集中表现在关于企业在国有资产管理体制中的地位的探讨上，其中最突出的代表就是蒋一苇的“企业本位论”。这一认识对于明确国家与企业之间的责、权、利和分配关系，跳出行政性收放权的怪圈，使企业与国家的关系由传统的行政隶属关系转变为以盈利为核心内容的经济契约关系奠定了理论基础。有一批学者较早从产权和所有制相区别的角度提出产权概念。这些观点为国有资产管理体制进一步改革作了理论上的准备。

二 非经营性国有资产管理体制改革的探索

由于计划经济时代政府包办一切经济和社会事务，在很长一段时期内，我国非经营性国有资产管理都负载着很深的政府烙印，虽然建立在计划经济体制基础上的传统非经营性国有资产管理体制，随着市场经济的建立，作出了一些调整和改变，但远远滞后于现代市场经济的要求。突出表现为：事业单位十分庞杂，门类种类繁多，职能各异，地区差别很大。就其本身来说，在职能定位方面，政事不分、事企不分、职能交叉、机构重叠、功能定位不清晰、事业单位运行行政化突出；在治理结构方面，事业单位尚未真正成为法人主体，基本是政府部门的附属物，对政府部门依赖和依附性强，管理体制和机制尚待完善，人事管理自主权没有充分落实，经费来源于国家各级财政的拨款，产权关系不明晰，尚待厘清；在其内部运行和管理方面，仍然多是按照行政机关运行模式进行管理，缺乏有效的竞争、激励和约束机制，分配制度平均化。人员的招录、聘任和解聘、内部日常管理都缺少相应的、与其他改革相配套的制度规范，有些方面甚至空白。

党的十一届三中全会之后，我国实行了改革开放政策，经济社会发生了巨大变化，为适应经济社会发展形势的需要，非经营性国有资产管理制度作出了相应的调整和改变。第一，政府颁布并实施了一系列有关事业单位（团体）的法律法规，形成了以《事业单位登记管理暂行条例》、《社会团体登记管理条例》、《民办非企业单位登记管理暂行条例》和《公益事业捐赠法》为主体，地方法规、部门规章和相关政策组成的法律法规体系。第二，为适应市场经济的需要，我国于1999年和2004年先后对宪法进行了修订，现行宪法规定“在法律规定范围内的个体经济、私营经济等非公有制经济，是社会主义市场经济的重要组成部分。国家保护个体经济、私营经济等非公有制经济的合法的权利和利益。国家鼓励、支持和引导非公有制经济的发展，并对非公有制经济依法实行监督和管理”。从法律方面为多种经济成分的发展提供保障和支持。第三，自国有企业改革稳步推进以来，我国对政府机构也进行了初步改革，但由于历史的渊源和千丝万缕的联系，事业单位成为国企改革和政府机构改革的“最后防线”，改革力度不大。

改革开放初期，配合经济体制转型和改革开放，我国对事业单位资产初次实现财政统一管理和真正的“下放”管理模式，取得了较大成效。

进入改革开放新时期后，行政事业单位以“预算包干”方式实现财政统一管理。1979 年，为提高资金使用效益，财政部出台了《关于文教科学卫生事业单位、行政机关“预算包干”试行办法》，办法规定：(1) 凡是在预算管理上实行全额管理的单位，由现行国家核定预算，年终结余收回财政的办法，改为“预算包干，结余留用”的办法。即按国家核定的当年预算包干使用，年终结余全部留归单位支配。有些单位实行预算全额包干有困难的，也可以对单位预算中的一项或几项费用实行预算包干的办法。(2) 凡是以自己的收入抵拨一部分支出，差额由国家补助，在预算管理上实行差额管理的单位，可实行“定收入、定支出、定补助、结余留用”的办法。即按国家核定的收入和支出，确定一个补助数额，包干使用，结余留归单位支配。(3) 各部门、各单位的预算，应该根据事业计划、人员编制、各项定额以及为保证完成各项任务所必需的资金，结合上年执行情况，由各级财政部门和主管部门予以核定。(4) 实行预算包干办法以后，各单位的经费支出，财政上按银行支出数列入决算，预算结余部分，可以结转下年度继续使用。(5) 各地区、各部门要抓紧制订各项经费定额。各项定额必须按照历年开支情况、事业发展的要求和国家财力可能予以确定。(6) 为了兼顾国家、单位、个人三者的利益，在实行“预算包干”后，各单位可以从增收节支中提取一部分作为奖励。(7) 实行预算包干以后，各部门、各单位要严格执行国家财政制度，严禁弄虚作假。财政部门要加强监督。由此，国家对行政事业单位国有资产以“预算包干”的形式初次实行了财政统一管理模式。

在试行“预算包干”阶段，事业单位资产处置收益被作为预算外收入处理，各个事业单位形成了事实上的对国有资产占有使用与收益的权利，占有的越多，收益的就越多。国家在此期间出台了一系列政策规范国有资产处置收益，如专户存储、收支两条线等。行政事业单位国有资产管理作为财务管理工作的一部分，此时实行的是财政部统一领导下的分级管理体制。这一时期，传统的计划经济已经开始向有计划的商品经济过渡，计划经济体制与市场调节手段并存。在“划分收支、分级包干”的财政体制下，我国大力举办科技、教育、文化、卫生等各项社会事业，相应建立了比较完善的国有行政事业单位体制，为经济发展和社会全面进步提供了条件。行政事业单位实行预算包干制，在结余资金上较以往有更大的支配权。

三　第四次清产核资：强化经营性资产管理

由于“文革”的破坏，企业管理混乱，亏损严重，制约了国民经济的发展。据统计，

1972～1976 年，全国全民所有制独立核算亏损企业的年均亏损总额为 53.45 亿元。1976 年与 1971 年相比，国营企业亏损金额总数增加了 1.2 倍。工业企业百元产值利润从 18.6 元降低为 13.6 元。到 1979 年 4 月，全国还有近 1 万个工业企业亏损。[①] 1979 年 4 月，中共中央召开了工作会议，确定了国民经济实行“调整、改革、整顿、提高”的方针，强调要继续整顿好现有企业，提高经济管理水平和技术水平。为了对企业资产进行摸底，增强国有企业的发展后劲，国务院于 1977 年成立扭亏增盈领导小组与清仓查库小组合并，把清产核资、清仓查库和扭亏增盈三项工作结合起来统一解决。

1979 年 4 月 4 日，国务院成立第四次清产核资领导小组，随后各省、自治区、直辖市、国务院各部门也都相应成立了清产核资、扭亏增盈领导机构和办事机构。随后，在广泛调查研究的基础上，提出了《关于加强扭亏增盈和开展清产核资工作的报告》，指出：为了充分挖掘现有企业的财产物资潜力，加速物资和资金的周转，促进生产的发展，要在 1979 年和 1980 年的两年内，在全国企业、事业、行政、基本建设单位内开展一次全面的清产核资工作。主要内容：（1）全面清查企业的财产物资、弄清“家底”。（2）狠抓清仓查库，核定物资定额，划出超储积压物资，积极进行处理。（3）核定企业流动资金定额和固定资产需要量，逐步对企业的固定资产和流动资产实行有偿占有制度。由企业主管部门、财政、银行部门共同核定企业的资金定额。财政上把现有的自有流动资金加上增拨的流动资金全部交给人民银行，由中国人民银行统一供应、统一管理。对定额内资金、季节性周转资金和超储积压资金的贷款，规定不同的利率，多占用资金，就多付利息。（4）在清产核资中，要边清查、边核资，边建立健全管理制度，防止前清后乱，不断巩固清产核资成果，改善企业经营管理。1979 年 6 月 1 日，国务院清产核资、扭亏增盈领导小组印发了《全国清产核资试行办法（草案）》，要求：在 1979 年和 1980 年对全国企业、事业、行政、基本建设单位的全部财产，包括账内外、库内外进行全面彻底的清查。其基本原则是：做到“见物就点，是账就清，不留死角，不打埋伏，不重不漏，账物相符，家底清楚”。1979 年 6 月 8 日，财政部颁布了《国营企业固定资产实行有偿调拨的试行办法》。1979 年 7 月 13 日，国务院又颁布了《关于开征国营工业企业固定资产税的暂行规定》，提出要对国营工业交通企业的固定资产实行有偿占用，向国家缴纳固定资产税。1980 年 1 月 4 日，中共中央、国务院同意和批转的国家计委《关于 1980 年国民经济计划安排的报告》指出：要在搞好清产核资的基础上，逐步实行固定资产征税的制度，从而使清产核资成为实行国营企业固定资产有偿占用改革的一项基础性工作。此外，第四次清产核资还对中央与地方企业流动资金定额的核准作出规定：国务院各部委局直属企业的流动资金定额，由企业主管部门审定后汇总报财政部、中国人民银行批准。地方企业的流动资金定额，由企业主管部门审定，报省、自治区、直辖市财政、银行部门，在国家下达的指标范围内批准。与此同时，在清查财产摸清家底的基础上，有计划有步骤地开展企业固定资产需要量核定工作。对企业、行政事业单位多余、闲置的固定资产进行清查、调剂和处理。固定资产需要量主要是根据

---

① 郑海航主编《国有企业亏损研究》，经济管理出版社，1998，第 14 页。

企业的产品方向和生产规模来核定，主要生产设备按台班核定，一般设备按金额核定一个总占用量。

1981 年 4 月 30 日，第四次清产核资工作结束，国务院批转了《关于清产核资、扭亏增盈工作的报告》。在这次清产核资过程中，大多数企业、事业、基本建设单位和行政机关，按照要求，对本单位的固定资产和流动资产，从账内到账外，从库内到库外，都做了全面的清查核算。取得的主要成效有：（1）工交企业清查出闲置的固定资产 100 亿元，多余流动资产 9 亿元，短缺流动资产 12 亿元，划出超储积压物资 22 亿元；商业企业清出有问题的商品价值达 100 多亿元。（2）核销工业、交通、物资、供销企业流动资产损失 55 亿元，固定资产损失 105 亿元。（3）核定工业企业流动资金周转天数为 89 天，比 1978 年加快了 21%，核定物资供销企业流动资金周转天数为 131 天，比 1978 年加快了 13%，对核资后需要补给企业的定额流动资金，除了在企业之间进行自有资金周转调剂外，银行从企业原有的超定额贷款中划出 160 亿元，转去作企业的定额贷款。有的省、自治区、直辖市财政也拿出一部分资金，补充给企业。（4）通过清产核资，建立健全了财产、资金的管理制度，使长期以来企业管理混乱的现象得以明显好转。

与前几次清产核资不同的是，这次清产核资不仅直接与扭亏增盈工作相结合，致力于企业经营管理原有规章制度的恢复；而且与以后出台的改革措施相结合，成为国家对国营企业实行固定资产占有税改革的一项基础性工作，从而为今后国有资产管理体制改革的深化提供了有效数据和前期准备。

第二节　国有资产新型管理体制的初步确立（1988 ~ 2002 年）

国有企业实行“放权让利”、政企分开以后，国有企业自主权扩大和生产积极性提高的同时，政府对国有企业的控制却减弱了，导致了国有资产的流失。1988 年成立的国家国有资产管理局（简称“国资局”）标志着我国国有资产管理进入专业化时期。国资局的主要任务是对我国境内外的国有资产进行综合管理。国务院明确规定：“企业财产属于全民所有，即国家所有，国务院代表国家行使企业财产的所有权”，“财政部和国资局行使国有资产所有者的管理职能”，由此开始，国有资产管理部门专职进行国有资产产权管理，开展了清产核资、资产评估、产权登记等基础性工作，对摸清国有资产家底，防范国有资产流失，提高国有资产质量发挥了积极作用。

1992 年春，邓小平南方讲话对中国经济体制改革起到了极大的促进作用，1993 年 11 月的十四届四中全会提出国企改革的目标就是建立现代企业制度，而对国有资产实行国家统一所有、政府分级监管、企业自主经营的管理体制。1998 年在国务院机构精简过程中，国资局被撤销，其职能被并入财政部、国务院机关事务管理局和其他部门。地方政府也纷纷撤销了相关机构。

2002 年中共十六大的召开标志着我国国有资产管理体制改革进入了一个新阶段，明确了国有资产管理体制的改革方向和基本框架，即“建立中央政府和地方政府分别代表国家履行出资人职责，享有所有权权益，权利、义务和责任相统一，管资产和管人、管事相结合的国有资产管理体制”。同时强调“坚持政府公共管理职能与国有资产出资人职能分开。国有资产管理机构对授权经营的国有资本依法履行出资人职责，维护所有者权益”。2003 年 4 月，国务院国有资产管理委员会（以下简称国资委）成立，标志着我国对国有资产管理体制的初步建立，即将经营性和非经营性国有资产分开管理，而经营性国有资产有了专门的管理机构。

一 国有资产管理体制发展的逻辑思路

1949 年至今，国有资产管理的历史大致经历了两个时期：1949 ~ 1978 年和 1978 年至今；在发展思路上遵从这样的逻辑，即由社会主义的计划经济向有中国特色的社会主义市场经济过渡；在管理方式上，由大国资管理向经营性、非经营性国有资产分开管理演进；在发展目标上，提出了经营性国有资产要保值增值、非经营性国有资产安全完整的管理方略（自然资源性国有资产因为具有国家的高度垄断性，这里不多论）；从逻辑走向来看，经营性国有资产管理将走向以出资人管理为特征的产权管理体制，非经营性国有资产管理将走向公共财政管理的体制上来。

在改革开放之前，整个国民经济都被视为国有财产，对国有资产的管理几乎等同于国民经济管理，国有资产是通过中央各部的“条条”和各级地方政权的“块块”分别加以管理的。操作流程如下：国家计委负责立项，各主管部委负责资产的日常运营，劳动与社会保障部门负责制定劳动工资水平，财政部负责资产的登记和处置，而组织人事部门和企业工委则负责经营者的任免。对非经营性国有资产特别是行政性国有资产，认为这些资产是非经营性的，无需日常运营的管理，只是在财政部门登记，在处置时报批即可。这一阶段国有资产管理体制的主要特征是：（1）政资不分，无人负责。中央及各级地方政府对国有企业都具有双重身份，既是企业资产的所有者，又是社会经济的管理者。在这种体制下，政府众多部门对国有企业实行直接行政干预而不承担经济责任。（2）两权不分，国有国营。现代企业制度要求所有权和经营权分离，而传统国有企业都是将国有资产所有权与经营权两权合一。理论上把国有资产的国家所有与国家直接经营相混同，将国有企业称为“国营企业”，形成了国有企业所有权与经营权高度统一的特征。同时，国有资产所有权与行政权合一，并依附于行政系统。国有企业的决策机制和经济地位行政化，是政府主管部门的行政附属物。（3）国资管理，中央集权。国有资产管理权限高度集中于中央政府和地方政府，国有企业缺乏积极性和灵活性。（4）中央各部，“五龙治水”。在中央政府层次，则是各个部门“五龙治水”，讲权力人人有份，问责任无人负责。

2003 年国资委成立，标志着经营性国有资产管理体制基本确立。同时，非经营性性国有资产管理体制的建立和有效运转已提上议事日程，这是公共财政管理体制建立的重要内容。行政管理体制及其资产管理体制改革进展较为迅速，而非经营性资产管理体制改革有所滞后，且没有独立的改革思路与规划，仍习惯性地复制行政单位的改革做法。这一现状决定了非经营性国有资产管理改革将是一项复杂而充满难度的工作。

2006 年以前，财政部门、机关事务管理部门、主管部门、国资监管机构均从不同角度对非经营性国有资产进行了监管，并取得了一定成效。但由于具体监管职责不清晰，非经营性国有资产管理具体工作中还存在着职责交叉和管理真空，使得非经营性国有资产监管成为国有资产管理体制中十分薄弱的环节。随着公共财政体制改革不断深入，非经营性国有资产管理体制也得到进一步完善。目前明确规定了我国非经营性国有资产实行国家统一所有，政府分级监管，单位占有、使用的管理体制，为适应这种管理体制的需要，非经营性国有资产“财政部门-机关事务管理部门-行政事业单位”的管理模式初步建立。即各级财政部门是预算主管部门，负责对国有资产进行监管；机关事务管理部门负责对实物资产进行管理，制定国有资产管理具体制度办法，并组织实施；各行政事业单位具体负责本单位国有资产管理工作。

二　以产权管理为特征的国有资产管理体制构建

从20世纪80年代末开始，为了适应经济社会的发展及一些新情况的出现，我国开始尝试对国有资产实行专业部门管理，并对两类国有资产实行分开管理，试图提高国有资产管理的效率，优化管理效果。

（一）对经营性国有资产管理的方针和政策

为了进一步调动地方特别是上缴地区组织收入的积极性，1988～1990年，对上缴中央收入比例较大的地区，分别实行“收入递增包干”、“总额分成加增分成”、“上缴额递增包干”等办法。

随着经济体制改革的发展和利改税向税利分流的转变，税收在预算中的地位不断增强，中央开始进行分税制财政体制改革的试点。1991年4月，人大七届四次会议通过的《国民经济和社会发展十年规划和第八个五年计划纲要》中指出：“八五”期间，在继续稳定财政包干体制同时，有条件的城市和地区应积极进行分税制改革的试点工作。经国务院批准，1992年开始，全国已有辽宁、浙江、沈阳、大连、天津、青岛、武汉、重庆、新疆9个省市区正式进行分税制改革试点。① 乡级财政的建立。根据中共中央、国务院中发〔1983〕35号通知中关于“随着乡政府的建立，应当建立乡一级财政”的要求，财政部于1985年4月颁发了《乡（镇）财政管理试行办法》，该办法明确了乡财政要贯彻执行“统一领导、分级管理”的原则。乡级财政的建立，调动了乡政府当家理财和开源节流的积极性。1991年10月，国务院颁布了《国家预算管理条例》（1992年实行），这是我国预算管理逐步走向科学化、法制化、正规化的重要标志。内容包括：国家预算管理，实行统一领导、分级管理、权责结合的原则；国家设立中央、省（自治区、直辖市）、设区的市（自治州）、县（自治县、不设区的市、市辖区、旗）、乡（民族乡、镇）五级预算；在分税制财政体制实施前，可以继续实行不同形式的财政包干办法；预算的编制、执行、监督、调整和决算，各级的法律责任等。最大的变化之一是实行复式预算编制，即国家预算分为经常性预算和建设性预算两部分，并保持合理的比例和结构。经常性预算不列赤字，中央财政性预算的部分资金可以通过举借国内和国外债务的方式筹措。

---

① 赵梦涵：《新中国财政税收史论纲》（1927～2001），经济科学出版社，2002，第471页。

国务院于1988年发布《全民所有制工业企业承包经营责任制暂行条例》和《全民所有制小型工业企业租赁经营暂行条例》，对全民所有制企业全面推进承包责任制和租赁制作出规定。同时，还对铁道、民航实行全行业的承包经营。1990年国家体改委按照“稳定、充实、调整、改善”的方针提出《关于在治理整顿中深化企业改革、强化企业管理意见》，其内容包括：继续坚持和完善企业承包经营责任制；强化企业约束机制；千方百计增强大中型企业的活力；深化企业内部配套改革；继续进行股份制和税利分流试点等。与此同时，国资局等联合发布了《关于加强承包经营责任制企业国有资产管理的试行办法》，明确规定：在新一轮的承包中，财政部门和国有资产管理部门共同参加发包，确定承包合同中的资产、财务指标，严格考核，确保国有资产的完整和增值。国务院于1992年颁布《全民所有制工业企业转换经营机制条例》，指出：企业改革的关键是转换企业经营机制，转换企业经营机制的重点是落实企业经营自主权。其具体地赋予了企业14种经营权，详实而明确地界定了政府与企业的责、权、利关系。[①] 此外，为了创造经营机制顺利转换的外部环境，在此期间，国家还进一步采取了两项配套措施：一是实行“税利分流、税前还贷，税后承包”的税制改革，调整政企分配关系；二是公布《股份制企业试点办法》、《股份有限公司规范意见》、《有限责任公司规范意见》等一系列行政配套文件、推动改革向深层次发展。

这一时期国有资产管理的另一重要变化是1988年国务院成立了国资局，有计划有步骤地开展清产核资工作，办理国有资产产权登记，建立国有资产保值增值的考核指标体系和管理制度，积极推动和开展国有资产评估工作等。到1989年底，全国国有资产管理体系逐步形成。国资局行使国家赋予的国有资产所有者的代表权、国有资产监督管理权、国家投资和收益权、资产处置权。国资局的任务是：管理境内外全部国有资产；拟订国有资产管理相关法规和制度；制定国有资产投资和利润分配方法；会同有关部门进行国有资产的发包、租赁、合资、参股经营等工作，处理承包、租赁、合资、参股经营和兼并、拍卖、破产清理等经济活动中有关国有资产管理的问题；监督和检查国有资产的运营状况等。[②]

国资局的成立标志着宏观层面新的国有资产管理体制初创阶段的开始。国资局设立的初衷是行使对中华人民共和国境内外全部国有资产的管理职能，具体来说就是行使“国家赋予的国有资产所有者的代表权、国有资产监督管理权、国家投资和收益权、资产处置权”。在实际运作中，因为没有相应的立法、定位不准、权责不对称等原因，国资局在管理上矛盾重重，职能地位迟迟不能清晰，工作无法有效开展。国资局的基本职能只不过是组织清产核资、产权界定与登记、资产评估认定、制定资产界定与评估及转让的政策等，还算不上真正的所有权行使机构。

1993年2月，中共中央委员会向第七届全国人民代表大会常务委员会提出《关于修改宪法部分内容的建议》，将“国家在社会主义公有制基础上实行计划经济”改为“国家实行社会主义市场经济”；将“国营企业”改为“国有企业”，这在法律上将国家所有和国家经营分开，

---

① 白和金：《中华人民共和国经济大事辑要》（1978～2001年），中国计划出版社，2002，第319页。

② 赵德馨：《中华人民共和国经济史》，河南人民出版社，1988，第393页。

认定了全民所有制企业可以不采取国家经营而是采取独立经营的方式。

1993 年，中共十四届三中全会明确指出，对国有资产实行国家统一所有、政府分级监管、企业自主经营的体制。除政企分开之外，首次提出了政资分开的概念，着力实现政府的社会经济管理职能和国有资产所有者职能分开。

1997 年，中共十五大提出，要建立有效的国有资产管理、监督和营运机制，保证国有资产的保值增值，防止国有资产流失。

1998 年国资局被撤消，其职能被并入财政部、国务院机关事务管理局和其他部门。1999 年中共十五届四中全会提出要按照国家所有、分级管理、授权经营、分工监管的原则，逐步建立国有资产管理、监督、营运体系和机制，建立与健全严格的责任制度"，第一次明确提出了国有资产"授权经营"的概念，使国有资产管理体制改革进入了更深层次。1999 年 12 月党中央成立中央企业工委，负责国有重要骨干企业党的建设、领导班子管理、党风廉政建设和监事会的日常管理工作。2000 年国务院发布《国有企业监事会暂行条例》，向部分国有大型企业派出监事会。在此期间，国家对 100 家国有大中型企业进行现代企业制度试点，对 27 家关系国民经济命脉和国家安全的大企业、大集团进行了国家授权投资机构和国家控股公司的试点，国务院向 193 家国有重要骨干企业派出监事会。2001 年 2 月国家经贸委下属 9 个国家局被撤销，为新的国有资产管理体制扫除了"部门所有"障碍。

随着国资体制改革的深化，国有资产管理面临的体制性障碍越来越突出，国有资产多头管理、国有企业出资人缺位、内部人控制、运营效率低下和在资本流动、产权转让中违规违纪造成国有资产流失严重等深层次矛盾和问题日益显现。

2002 年中共十六大报告明确指出，要"继续调整国有经济的布局和结构，改革国有资产管理体制"，"建立中央政府和地方政府分别代表国家履行出资人职责，享有所有者权益，权利、义务和责任相统一，管资产和管人、管事相结合的国有资产管理体制"，要在"中央政府和省、市（地）两级政府设立国有资产管理机构"。

2003 年 4 月，国务院国有资产监督管理委员会成立，第一次在中央政府层面上做到了政府的公共管理职能与国有资产出资人职能的分离，为新国有资产管理体制的运行提供了组织保障，表明国有资产管理体制创新进入实质运作阶段。

党的十四届三中全会颁布的《中共中央关于建立社会主义市场经济体制若干问题的决定》确立了建立社会主义市场经济体制的目标，指出："对国有资产实行国家统一所有、政府分级监管、企业自主经营的体制"，"按照政府的社会经济管理职能和国有资产的所有者职能分开的原则，积极探索国有资产管理和经营的合理形式和途径"。遵循"出资者所有权与企业法人财产权分离"的原则，"理顺产权关系，实行政企分开，深化企业产权制度及相应体制的配套改革，逐步建立与社会化大生产和社会主义市场经济发展相适应的现代企业制度"。

（二）建立现代企业制度，深化国有资产管理体制改革

1993 年，作为我国现代企业制度主要法律依据的《中华人民共和国公司法》颁布实施。

国有企业改革的方向，就是根据《中华人民共和国公司法》对国有企业进行改造，使其成为产权清晰、权责明确、政企分开、管理科学的现代国有企业。国务院确定了100家大型国有企业作为建立现代企业制度的试点。其目的是把企业真正变为自主经营、自负盈亏、自我约束、自我发展的法人实体和市场竞争主体。十四届三中全会还提出："现有全国性行业总公司要逐步改组为控股公司。发展一批以公有制为主体，以产权联结为主要纽带的跨地区、跨行业的大型企业集团"；十四届五中全会提出："把专业经济管理部门逐步改组为不具有政府职能的经济实体，或改为国家授权经营国有资产的单位和自律性行业管理组织"。为贯彻十四届三中全会、五中全会精神，国务院先后确定对中国航空工业总公司、中国石油化工总公司、中国有色金属工业总公司三家全国性行业总公司以及电力部、冶金部两个专业经济部门，进行组建国有控股公司的试点。国有企业的公司制改造，使政企关系产生了一次质的飞跃。

江泽民同志在十五大报告中强调："国有企业是我国国民经济的支柱。搞好国有企业改革，对建立社会主义市场经济和巩固社会主义制度，具有极为重要的意义。"建立现代企业制度是国有企业改革的方向。要按照"产权清晰、权责明确、政企分开、管理科学"的要求，对国有大中型企业实行规范的公司制改革，使企业成为适应市场的法人实体和竞争主体。进一步明确国家和企业的权利和责任，国家按投入企业的资本额享有所有者权益，对企业的债务承担有限责任；企业依法自主经营、自负盈亏，政府不能直接干预企业经营活动，企业也不能不受所有者约束，损害所有者权益。要采取多种方式，包括直接融资、充实企业资本金、培育和发展多元化投资主体，推动政企分开和企业转换经营机制。在此基础上，党中央、国务院提出了一系列正确的指导思想和方针政策，包括：国有企业改革是经济体制改革的中心环节；建立现代企业制度是企业改革的方向；着眼于搞好整个国有经济，抓好大的放活小的，对国有企业实施战略性改组；把国有企业改革同改组、改造、加强管理结合起来；全心全意依靠工人阶级，建设好企业经营管理者队伍；实行鼓励兼并、规范破产、下岗分流、减员增效和再就业工程，形成企业优胜劣汰的竞争机制；搞好城市各项配套改革，为企业改革提供必要的外部条件。

这是全党经过多年艰苦探索形成地搞好国有企业的有效途径。现在的关键是要进一步统一认识，狠抓落实。中共中央十五届四中全会通过《中共中央关于国有企业改革和发展若干重大问题的决定》，指出：推进国有企业改革和发展是一项重要而紧迫的任务，推进国有企业改革和发展，要以公有制为主体，多种所有制经济共同发展，要从战略上调整国有经济布局和改组国有企业，改革同改组、改造、加强管理相结合，要建立现代企业制度，推动企业科技进步，全面加强企业管理，要建立企业优胜劣汰的竞争机制，要协调推进各项配套改革，全心全意依靠工人阶级，要推进企业精神文明建设。2000年10月党的十五届五中全会《关于制定国民经济和社会发展第十个五年计划的建议》提出："国有企业改革是经济体制改革的中心环节。国有大中型企业要进一步深化改革，建立产权清晰、权责明确、政企分开、管理科学的现代企业制度，健全企业法人治理结构，成为市场竞争主体。积极探索国有资产管理的有效形式，建立规范的监督机制。鼓励国有大中型企业通过规范上市、中外合资和相互参股等形式，实行股份制。进一步开放搞活国有中小企业。”在党和国务院的一系列的方针政策的正确指引下，我国国有企业建立现代企业制度取得了重大进展。

2002 年 11 月，党的十六大宣布在坚持国家所有的前提下，充分发挥中央和地方两个积极性。国家要制定法律法规，建立中央政府和地方政府分别代表国家履行出资人职责，享有所有者权益，权利、义务和责任相统一，管资产和管人、管事相结合的国有资产管理体制，并将在中央政府和省、市（地）两级地方政府设立国有资产管理机构。十六大以后，国有资产由多元政府主体代表行使所有权的新模式也被有些学者概括为“国家所有，分级行使产权”。现阶段的改革超越了传统企业治理结构的思维，赋予中央政府、省级政府和地级市政府的出资人身份和享有所有者权益的权限。这样，国有企业的产权的进一步明晰，也为调动地方政府的积极性提供了制度空间。

中共十六大报告提出坚持和完善基本经济制度，深化国有资产管理体制改革。“在坚持国家所有的前提下，充分发挥中央和地方两个积极性。国家要制定法律法规，建立中央政府和地方政府分别代表国家履行出资人职责，享有所有者权益，权利、义务和责任相统一，管资产和管人、管事相结合的国有资产管理体制”。“关系国民经济命脉和国家安全的大型国有企业、基础设施和重要自然资源等，由中央政府代表国家履行出资人职责。其他国有资产由地方政府代表国家履行出资人职责”。“中央政府和省、市（地）两级地方政府设立国有资产管理机构”。“继续探索有效的国有资产经营体制和方式。各级政府要严格执行国有资产管理法律法规，坚持政企分开，实行所有权和经营权分离，使企业自主经营，自负盈亏，实现国有资产保值增值”。“按照现代企业制度的要求，国有大中型企业继续实行规范的公司制改革，完善法人治理结构。推进垄断行业改革，积极引入竞争机制。通过市场和政策引导，发展具有国际竞争力的大公司、大企业集团。进一步放开搞活国有中小企业。深化集体企业改革，继续支持和帮助多种形式的集体经济的发展”。

十六届三中全会指出，要坚持公有制的主体地位，发挥国有经济的主导作用，积极推行公有制的多种有效实现形式，加快调整国有经济布局和结构；要适应经济市场化不断发展的趋势，进一步增强公有制经济的活力，大力发展国有资本、集体资本和非公有资本等参股的混合所有制经济，实现投资主体多元化，使股份制成为公有制的主要实现形式，需要由国有资本控股的企业，应区别不同情况实行绝对控股或相对控股；要建立健全国有资产管理和监督体制，深化国有企业改革，完善公司法人治理结构，加快推进和完善垄断行业改革；要大力发展和积极引导非公有制经济，允许非公有资本进入法律法规未禁入的基础设施、公用事业及其他行业和领域；非公有制企业在投融资、税收、土地使用和对外贸易等方面，与其他企业享受同等待遇；要改进对非公有制企业的服务和监管。

三　非经营性国有资产与企业国有资产分开管理

1988 年，七届全国人大一次会议作出了“要抓紧建立国有资产的管理体制”的决定，同年9月，国务院正式组建国资局，归口财政部管理，其中内设行政事业资产司，统一行使行政事业单位国有资产所有权管理职能。国资局成立后，各省、自治区、直辖市、计划单列市逐步建立了副厅级、副局级的国有资产管理机构，或在财政厅（局）内设立相应的国有资产管理处或筹备组。国资局作为行政事业单位国有资产的代表，行使国家赋予的国有资产所有权、监督管理权、投资收益权以及资产处置权。

组建国资局名义上是对全部国有资产实行集中管理，实际上实行的是对行政事业单位国有资产和企业国有资产实行分开管理，国资局重点管理企业国有资产，行政事业类国有资产委托给其他部门管理。1991年2月，国资局发出《关于委托国务院机关事务管理局管理中央国家机关国有资产的通知》，正式将中央行政事业单位全权委托国务院机关事务管理局管理。

1992年12月至1993年8月，开展了全国行政事业单位财产清查登记工作。1994年11月召开的全国国有资产管理暨清产核资工作会议上，又进一步明确了国有资产改革的原则、目标和工作任务。1995年，国资局、财政部制定了《行政事业单位国有资产管理办法》，基本理顺了行政事业单位国有资产管理“统一政策、分级管理”的体制，明确了各级、各部门、各单位国有资产管理的职责，规定了行政事业单位国有资产管理的内容。

1998年中央政府机构改革后，原国资局被撤销，由财政部承担了经营性国有资产管理职能，而将行政事业单位国有资产划归国务院机关事务管理局负责，资源性国有资产划归国土资源部管理。各省、自治区、直辖市、计划单列市随后也纷纷开展机构改革，地方行政事业单位国有资产管理体制发生了极大的改变，行政事业单位国有资产管理体制呈现不同部门进行管理的局面。

2003年，国务院机构改革方案议定，设立国资委，负责国有企业的国有资产管理工作。至此，实现了行政事业单位国有资产与企业国有资产分开管理，并建立了独立的管理体系及制度。

1999～2003年事业单位资产规模及其占国有资产总和的比例如表6－1、表6－2所示。

表6－1　事业单位资产规模

单位：亿元，%

年度	总资产	增速	总负债	增速	净资产	增速	资产负债率	固定资产	增速
1999	17948	—	4522.15	—	13425.84	—	25.20	10576	—
2000	20920.79	16.56	5543.36	22.58	15377.44	14.54	26.50	12028.55	13.73
2001	25570.22	22.22	7204.63	29.97	18365.60	19.43	28.18	14503.79	20.58
2002	29689.77	16.11	8652.66	20.10	21037.11	14.55	29.14	16438.53	13.34
2003	34366.99	15.75	10510.01	21.47	23856.98	13.40	30.58	18729.13	13.93

资料来源：1999～2008年《中国会计年鉴》。

表6-2　历年事业单位资产占国有资产总和的比例

单位：亿元，%

年度	事业单位总资产	行政事业单位总资产	国有总资产	占行政事业单位总和的比例	占国有总资产的比例
1999	17948.00	24767.79	90964.20	72.47	19.73
2000	20920.79	28663.26	73624.83	72.99	28.42
2001	25570.22	34834.54	87542.01	73.40	29.21
2002	29689.77	40779.70	96949.27	72.81	30.62
2003	34366.99	46544.58	104997.18	73.84	32.73

资料来源：1999～2008年《中国会计年鉴》。

四　非经营性国有资产管理存在的问题

由于非经营性国有资产市场秩序发育不全、量大而面广、构成情况复杂、管理主体分散、内控水平参差不齐，所反映出的“公地悲剧”特点更加明显，存在着较大的管理漏洞和流失规模。

第一，制度偏漏导致的非经营性国有资产流失。占有和使用非经营性国有资产的单位和部门对所使用和管理的这类资产缺少合理而行之有效的制度规定，相关管理办法或者制定的过于笼统而言之无物，或者沿用多年以前的陈旧规定而没有根据客观情况变化进行必要的制度创新，甚至有些机构根本没有结合本部门行业特点而制定非经营性国有资产的有关制度规范，从而使遏制非经营性国有资产流失的工作出现制度偏漏。这些偏漏一方面导致了很多列入该资产管理的项目和设备无法得到必要的维护和有效管理；另一方面导致了关于非经营性国有资产的有关制度规定无法得到根本落实；同时还造成了大量资源的浪费。国家审计署原审计长李金华认为，国家机关、事业单位办公楼、培训基地，存在着大量财政补贴等形式的流失问题，很多已经相当严重。特别是随着近些年来政府事业单位改革和国有企业改制的不断深化，很多非经营性国有资产由于缺少必要的制度规范，或者形成“三不管”资产，或者在产权界定上十分复杂而无法管，使这些资产的完整和安全受到影响，流失现象十分严重，存在着较大的潜在经济风险。

第二，非经营性国有资产的软预算约束。在缺少合理而有效的制度规范前提下，非经营性国有资产的管理效率也是比较低的，这也是资产流失问题的关键环节。在缺少激励前提下，非经营性国有资产的管理者和使用者无法使资产使用效率收敛性提高，在资产管理上追求“半杯水”效应，即工作（业绩）过得去就行、管理差不多就行、资产设备能用就行，导致了很多低效率行为。除中央行政事业单位外，普遍对非经营性国有资产缺乏科学的绩效考评，加上资产占用单位事实上长期存在的“小而全”，资产形成后，没有承担其相应的运行与管理责任，资产占用单位没有相应的压力与动力，造成非经营性资产重复购建、过多过滥、“重购轻管”、“重钱轻物”、浪费闲置等现象异常严重。

第三，产权不清、利益人侵占。在所有权和管理权不能有效界定和实施前提下，非经营性国有资产所属机构的管理层、中层组织及其成员、所属员工以及外部相关人都构成了资产的利益人，存在着各种形式的对非营利性国有资产的侵占，导致大量资产的流失。理论上，国有资产的所有权是国家，中央与地方各级政府代表国家行使所有者权利。但由于非经营性国有资产主要是财政拨款形成的，对资产的形成与配置没有科学统一的标准，加上监管制度与体制的缺陷，本来对资产只有使用权的部门（单位）形成资产后对资产却有了完全的支配权，资产的占有者由法律上的使用者成了实际意义的所有者，国家没有行使所有者应有的权利，对资产运营中的重大事项难以控制。

第四，资产配置不科学，需求无度，国有资产利益部门化、单位化甚至个人化。长期以来，我国行政事业单位资金来源实行供给制，核算实行收付实现制，造成对财政资金需求无度，资金饥渴。争取到的资金如何使用，如何科学配置，则缺乏有效的管理。这势必造成配置上的不公，相互攀比，恶性循环。同时，由于资产被部门和单位实际占有，有些部门和单位改变资产用途，将非经营性资产转变为经营性资产，用于谋取部门利益，将收取的收益用于本部门（单位）的福利，造成社会分配不公、国有资产的实质流失。由于在新增资产上管理不严、资产管理政出多门以及现有资产管理体制上的条块分割现状，像办公用房、公务用车等资产在各地区、各行业、各部门以及事业单位之间配置不公平的现象十分普遍，也助长了一些事业单位的奢靡攀比。部门利益的存在使得资产不能在部门和单位间共享、共用，整合利用率很低。“非转经”资产管理也比较滞后，监管不足，对外投资盲目，造成巨大亏损，运营效益十分低下。一些单位购置固定资产后就大量闲置，而另一些单位则重复购置固定资产，甚至有些单位购入的固定资产没有使用就进入报废阶段。

第五，监管体制不顺，监管越位与缺位并存。我国现行非经营性国有资产管理部门包括财政部门、国资部门（不含国资委）、机关事务管理部门等，看起来有多家管理，实际上由于监督职责不清，权利边界不明，权力交叉和权利重叠并存，越位与缺位同在，该管的没管好，而有些相同的事项则争着管。如一些单位购置、处置资产等的运作过程不公开透明；一些事业单位用资产对外投资、进行单位间的合并、分设或重组时，对外出租出借时，没有履行规定的审批程序，对资产随意处置，不同程度地造成国有资产损失或流失。一些事业单位不严格执行资产管理的各项制度和规定，管理不善，资产损坏和丢失现象时有发生，以权谋私，侵占和挪用国有资产行为不时出现等。

第六，资产管理与预算管理、财务管理存在脱节现象。我国对非经营性国有资产管理实行资产管理与预算管理、财务管理相结合，实行存量资产、增量资产和经费预算相结合的综合预算体系。但在该管理方法的具体落实过程中，依然存在着资产管理与预算管理、财务管理脱节的现象，超标配置、重复配置、闲置浪费现象突出，资产管理与预算管理脱节表现为一部分单位对资产重购置轻管理，闲置浪费较多，财政资金使用效益低下。如部分单位从部门利益出发，不断申请财政资金购置固定资产，竞相攀比修建或扩建办公大楼，购建后管理又不能及时跟上，造成很大浪费。资产管理与财务管理脱节则表现为两者不能完全衔接，如购置实物资产后，不及时办理财务手续和固定资产增加手续，对上级调拨或捐赠资产不及时进行账务处理，以致形成账外资产等。由于资产管理与预算管理、财务管理三者的不能完全结合，最终使得事业资产存量与增量管理脱节的现象严重。

五　第五次清产核资：为建立市场经济体制做准备

第五次清产核资于1992年进行，是建立社会主义市场经济的一个重要战略举措，目的是为了摸清国有资产的家底，明晰产权和责任，为转换企业经营机制、建立现代企业制度创造前提。

根据党的十三届五中全会“认真抓好清产核资，加强国有资产管理”的要求，国务院颁布《关于加强国有资产管理工作的通知》，提出：“要通过清产核资，核实各部门、各单位占用的国有资产价值总量，将一切应归国家所有的资产，都纳入国有资产管理轨道，认真解决家底不清，管理混乱，损失浪费严重等问题”；“从现在起，各级财政和国有资产管理部门，要对国有资产的存量、管理、效益等情况抓紧进行调查摸底，解剖麻雀，研究提出国有资产所有权界定等有关政策，并选择少数地区和企业进行清产核资试点，为全面开展清产核资做好准备”。我国国民经济和社会发展十年规划和第八个五年计划纲要中也明确提出：“在全国范围内抓紧开展清产核资工作，逐步建立与社会主义有计划商品经济相适应的国有资产管理体制和管理方法。”第五次清产核资不仅要解决账实不符、家底不清、资产消耗过多、经营管理不完善、经济效益不佳等问题，还要完成重估资产价值、划清产权归属、评价资产效益等任务。通过清产核资，解决国有资产管理部门对国有资产所有权及其收益实施统一管理的地位，在保障企业依法享有经营自主权的基础上，加强国家调控能力，建立对经营者的制约机制；在核实资产占用量和弄清资产经营及收益的基础上，推动、调整资产优化组合和合理配置，逐步构建与发展社会主义有计划商品经济相适应的国有资产管理体系，确保国有资产的保值增值，充分发挥国有制经济的优越性。

此次清产核资从1992年第一季度开始试点，1993年开始由各省、自治区、直辖市选择若干个直属企业、事业单位和一两个市（县、区）等扩大试点；1994年，各部门按照国务院正式颁布的《关于在全国范围内进行清产核资的决定》和《清产核资办法》，在全国范围内进行清产核资、界定所有权、重估价值、核实资金、产权登记和初步审核企业法人占用的资本金等工作。最后为制度建设和检查总结阶段，主要任务是正式核定企业的国有资本金，进行国有资产产权登记，建立健全国有资产管理的基础制度及进行闲置资产处理。[①] 1996年本次清产核资工作结束。

这次清产核资的具体任务表现在：（1）清查财产、摸清家底。包括对固定资产、流动资产、专项资产、无形资产、债权债务、长期投资、在建工程等的实物形态和价值形态进行全面彻底的清查、核实、登记造册，搞清家底。同时还要摸清各类固定资产的完好程度、新旧程度、质量状况、技术先进程度，为资产评估、优化配置打好基础。（2）核销资产损失、处理

① 国清（1992）5号文《关于印发〈清产核资总体方案〉（试行）的通知》。

遗留悬案。历次清产核资，每次都核销处理了一部分财产损失，冲减了国家基金，给企业卸了包袱。要从实际出发，区别对待，属于客观原因造成的损失，在吸取教训后，予以核销；属于个人责任造成的损失，应分别情况，按照国家法律、法规，追究处理；属于有意挂账，造成虚盈实亏，除了追究则责任外，还应将个人多得的部分追回来。（3）评估资产、保值增值。由于通货膨胀、产品价格上升幅度较大，企业占用的固定资产账面价值与重置成本价格比差异很大，按原有账面价值计提的折旧基金，维持不了企业的简单再生产，企业、财政“吃老本”，造成超分配，影响国民经济良性循环。（4）核定资产占用量，补充一部分流动资金。应该对固定资产需要量加以核定，把闲置、积压的固定资产挖掘出来，通过交易市场有偿出售，所得的资金可以留给企业用于设备更新改造，有偿处理有困难的，也可以由出纳管理部门无偿调剂调拨。流动资金占用定额，过去几次清产核资都进行过核定，虽然我国经济运行机制，已由完全的计划经济改为计划经济为主与市场相结合，仍需核定企业流动资金占用定额，并由国家财政给企业补充一部分流动资金，以便于对企业统一考核和在同等条件下竞争。这次清产核资，还要界定产权，特别是集体单位和国有企业办集体占用的国有资产，要明确产权归属，确立国有资产的产权地位，促进国有资产经营使效益的提高。

与前四次清产核资相比，这次清产核资有许多不同特点：（1）前四次清产核资是为了满足国家建立高度集中的计划经济体制的需要，第五次清产核资是按照建立市场经济体制的要求，核实企业占有的国有资产价值总额，核定国有资本金，为企业走向市场、成为独立的法人实体和市场竞争主体、建立现代企业制度做好基础工作。（2）前四次清产核资中的“清产”侧重于流动资产，“核资”是核定企业在正常生产经营情况下的流动资金定额；本次“清产”侧重于固定资产，包括对土地资产的清查估价，“核资”是核定企业占有的国有资产价值总额和国有资本金。(3) 前四次清产核资工作包括“清产”和“核资”两部分内容；本次清产核资在进行财产清查之后，还要进行资产所有权界定，资产价值重估，核实国有资产价值总量、核定国有资本金和产权登记等多项工作。(4) 前四次清产核资的范围基本上限于国有企业，本次清产核资除国有企业外，还包括行政事业单位。

经过四年努力，基本摸清了国有企业、行政事业单位的家底，获得了国有资产存量、结构、分布、效益等方面的大量数据信息；初步摸清了国有企业在资产、错误、经营管理等方面存在的问题，帮助企业解决了一些历史包袱和实际问题，为国家宏观决策提供了重要依据（见表6－3）。

尽管第五次全国国有企业清产核资工作取得了很大的成绩，但还存在企业经营者国有资产管理意识薄弱、清理环节不清晰、清理财产不彻底等问题。具体成效有：（1）进行清产核资、财产登记的有30.5万户国有企业和82.5万户行政事业单位，基本弄清了国有企业的家底，甩掉了国有企业的历史包袱，为全面推进国有企业产权制度改革和建立现代企业制度打下了基础。（2）国有资产管理体制基本形成。一方面，国务院发布了《国有资产评估管理办法》、《国有企业财产监督管理条例》和《企业国有资产产权登记办法》三个行政法规，国资局发布或与有关部门联合发布了部门规章110件。各地根据国家的统一政策和法律，结合当地的实

表 6-3　国有资产总量和行政事业单位国有资产

单位：亿元

年份	国有资产总量	行政事业单位资产
新中国成立初期	264	56
1980	7492	1534
1990	25068	5132
1991	26846	7310
1992	30697	8596
1993	34950	8364. 8
1995	57106. 4	12043. 1
1996	65894. 6	15955. 7
1997	72242	14471
1998	82211. 1	16236. 2
1999	90964. 2	18557

资料来源：见财政部国库司《行政事业单位决算快报》（1998～2003）；楼继伟：《新中国 50 年财政统计》，经济科学出版社，2000，第 242 页；及聚声：《行政事业单位国有资产管理新模式》，经济管理出版社，2002，第 6 页。

际，制定了 200 余件地方性国有资产管理法规，对加强国有资产管理起到了有力的推动作用。并且，国资局和上海、天津等 16 个省、市已成立了产权纠纷调处委员会，开始受理纠纷案件。另一方面，国有资产保值增值工作成效明显。1995 年全国纳入国有资产保值增值考核范围的企业共有 65186 户，核定的企业初期国家所有者权益总额为 17595 亿元，盈亏相抵并扣除客观因素对企业国家所有者权益增减变动的影响后，核定企业国有资产总增值额为 528 亿元，增值率为 103%，其中：中央企业国有资产增值额为 394 亿元，增值率为 102. 95%；地方企业国有资产增值额为 134 亿元，增值率为 103. 15%。（3）促进了企业经营机制的转换。通过清产核资，核定了企业的国有资本金，为建立现代企业制度打下了基础，加快了企业改革的步伐。同时，通过把应属于国家所有的资产纳入国有资产管理的范畴，明确了产权关系，并采取多种方式予以经营管理，促进了国有企业经营管理逐步走向制度化、规范化。

第三节　十六大以来国有资产管理体制的新探索（2003 年至今）

党的十六大召开，确立了深化国有资产管理体制改革的重大任务，明确了国有资产管理体制改革的基本原则，提出了建立新型国有资产管理体制的基本构想。2003 年国有资产管理委员会成立，在政府机构设置上实现了政府社会公共管理职能与资产所有者职能的分离，明确了国有资产出资人代表，基本实现了管资产与管人、管事的结合，标志着我国国有资产管理工作进入一个新阶段。党的十七大以科学发展观为指导，从深化对国有企业股份制改革、健全现代企业制度等方面对国有资产管理体制改革提出了新探索。党的十八大明确提出要“完善各类国有资产管理体制”，进一步促进行政体制改革和政府职能转变，推动各级政府公共管理部门与所属企业脱钩的新要求，推进了廉洁政府建设。

一 经营性国有资产管理体制的新探

1. 党的十六大实现了对国有资产管理体制的创新

党的十六大报告提出了建立新型国有资产管理体制创新的构想。报告指出：“在坚持国家所有的前提下，充分发挥中央和地方两个积极性。国家要制定法律法规，建立中央政府和地方政府分别代表履行出资人职责，享有所有者权益，权利、义务和责任相统一，管资产管人、管事相结合的国有资产管理体制。”确立了要按照社会主义市场经济的要求，在坚持国家统一所有制的基础上，政府分级行使出资人职责，委托专门机构管理经营，探索建立权责明确的国有资产管理新体制。该体制的特征是国有资产分“两级三层”管理，即中央与地方两级“分级行使”产权，“国资委－国有资本经营公司－国有企业”三层运作的管理体制，这是国有资产管理的重要体制创新。

“两级”是指将国有资本所有权划分为中央和地方两级分别行使。“中央政府和省、市（地）两级政府设立国有资产管理机构”，代表政府统一管理国有资产，即中央和地方分别设置国有资产管理委员会专职机构，行使政府对国有资产的行政管理职能，中央国有资产管理委员会直接受国务院领导，地方国有资产管理委员会直接受当地政府领导，形成中央和地方两级国有资产管理的新格局。

“三层”是指：第一层次要成立各级国有资产管理委员会，实现政资分开，即政府的国有资产所有者职能与其社会管理职能分离；第二层次是国家控股公司、国有资产经营公司、企业集团的集团公司等国有资本运营机构，它们作为国有资产运营主体，具体行使所投资企业的出资人职责；第三层次是国有资本运营机构，即代表国家行使股东权利中实行了公司制和股权多元化的国有企业，它们不直接从事食品或劳务经营活动，而是通过全部或部分拥有企业的产权，即国有资本运营管理公司按照投资份额依法通过全资、控股及参股的方式将国有资本配置到生产经营性的企业，对所管国有资本实施总量管理和结构管理，对所投资企业承担国有资产保值增值的责任，享有资本收益、重大决策和选聘经营管理者等权利，但是并不介入企业的日常经营。具体如图6－1所示。

新型国有资产管理体制的设立，一是确立了管资产和管人、管事三结合，所有者责、权、利相统一的国有资产管理体制，完成了对国有资产管理从企业管理到资本管理的转变；二是进一步明确了国有资产出资人，方向性地解决了中央和地方国有资产管理的责权问题，有利于构建国有经济内部多元化的格局；三是新型国有资产管理制度强调建立“国资委－国有资本经营公司－国有企业”三个层次的国有资产框架，有利于更好地实现政企分开和政资分离的新局面。

2. “国资委”的成立解决了国有企业所有者缺位问题

国资委是根据第十届全国人民代表大会第一次会议批准的国务院机构改革方案和《国务院关于机构设置的通知》设置的，为国务院直属正部级特设机构。2003年3月10日经十届全

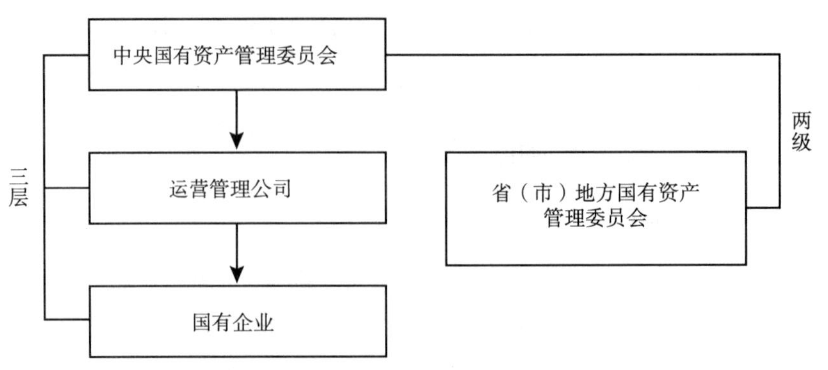

图6－1　国有资产管理“两级三层”运营框架

国人大一次会议第三次会议表决设立，4月6日，正式挂牌。新设立的国资委由国务院授权代表履行出资人职责，监督国有资产，确保国有资产保值增值，进一步搞好国有企业。新成立的国资委将原分属于国家计委、经贸委、财政部、人事部、劳动和社会保障部、企业工委等职能重组在一起，统一由国资委“管人、管事、管资产”，行使国有资产出资人的职能。随后，省、市两级政府也先后依法成立了相应的国有资产管理机构，包括30个省（自治区、直辖市）资产监督管理机构，260多个市级国有资产管理机构在内，专司资产监督管理与运营的“三级国有资产监管体系”初步完成。这样，通过逐级授权，明确界定各自国有资产管理的范围，负责所辖国有资产的管理、处置和收益等，不仅有利于发挥国家、省、市（地）三级政府有效管理国有资产的积极性，有利于从整体上落实对国有资产的有效监管，运营和盘活国有资产，实现保值增值的目标，而且有利于统一行使国有资产收益、重大决策和选择经营者等权利，从而实现权利、义务和责任相统一，管资产和管人、管事相结合。

国资委的成立，主要从出资企业、政府有关部门与省、市（地）两级国有资产管理监督管理机构三方面补全了所有者缺位的问题。

首先，与出资企业关系中，国资委重新厘清了出资人与所出资企业、出资人所有权与企业法人财产权的关系。在新体制下，政府国有资产管理机构对国家投资和拥有股份的企业不再有“行政隶属关系”，而是“履行出资人职责”。对国有资产管理机构而言，就是只能依照《中华人民共和国公司法》和《企业国有资产监督管理暂行条例》等法律法规，履行出资人职责，现有所有者权益，包括资产的收益权、重大决策权以及选择管理者的权利，以股东的方式行使权利，承担相应的法定义务和法律责任，不直接干预企业的生产经营活动。不能既是“老板”，又当“婆婆”。即便是大股东，也没有超越《中华人民共和国公司法》干预企业的权利。对于国有独资公司，国有资产管理机构也应通过法定程序体现国家所有者意志，而不应随意干预。对企业而言，作为市场主体和法人实体，享有《中华人民共和国公司法》等所规定的权利，依法自主经营、自负盈亏，努力提高经济效益，对其经营的企业国有资产承担保值增值的责任，接受国有资产监督管理机构依法实施的监督管理，不得损害所有者权益，使所有者到位。在所有者不直接参与生产经营活动的情况下保障投资者的权益。这样企业将摆脱政府的行政干预，获得更大的自主权。

其次，在与政府有关部门的关系中，国资委真正实现了政资分开。国资委专门履行出资人职责，不承担政府的社会公共管理职责。政府有关部门分别行使社会公共管理职能，按照国有资产管理法律法规的规定和政企分开的原则，是国有企业自主经营、自负盈亏；按照国民待遇的原则，对各类所有者企业进行统一的社会公共管理。

再次，分两级政府授权了国资委与省、市（地）两级国有资产监督管理机构分别代表国家履行出资人职责。国务院国资委和省、市（地）两级国有资产监督管理机构，都要按照《中华人民共和国公司法》等法律法规履行出资人职责，享有所有者收益，承担相应的义务和责任，并对本级政府负责。国务院国资委除对所出资企业履行出资人职责外，还依法对国有资产管理进行指导和监督。省、市（地）两级政府国有资产监督管理机构必须严格执行国有资产监督管理的法律法规。

3. 十七大以建立完善的现代企业制度为重点，深入推进国有企业改革

在十六大提出的“要大力发展混合所有制经济，实现投资主体多元化，使股份制成为公有制的主要实现形式”的基础上，党的十七大提出了进一步推进现代企业制度建设，加快国有企业公司制改革步伐，实现产权多元化；推进国有大型企业整体改制上市或主业资产上市；完善公司法人治理结构，切实转换经营机制；进一步探索职工董事、职代会发挥作用的有效途径与方式；继续探索建立市场化的国有企业经营管理者管理制度等。

一是推进国有企业产权多元化改革。在《企业国有资产监督管理暂行条例》（国务院第378号）、《企业国有产权管理暂行办法》（国务院国资委、财政部令第3号）、《企业国有资产产权登记业务办理规则》（国资发产权〔2004〕315号）等文件基础上，国资委颁发了《关于规范国有企业职工持股、投资的意见》，规范了国有企业改制，加强了企业管理，防止了国有资产流失，维护了企业和职工合法权益；2008年10月28日第十一届全国人民代表大会常务委员会第五次会议通过了《中华人民共和国企业国有资产法》，从履行出资人职责的机构，国家出资企业、国家出资企业管理的选择与考核、企业改制、国有资产转让、国有资本经营预算、国有资产监督等方面全面颁布了国有资产法律，使其有法可依。2009年2月16日，为进一步规范中央企业国有产权无偿划转行为，更好地实施政务公开，服务企业，提高办事效率，国资委制定了《企业国有产权无偿划转工作指引》；2009年6月26日，国资委颁发了《关于规范上市公司国有股东行为的若干意见》，规范了上市公司国有股东行为，保护了各类投资者权益，维护了证券市场健康发展。2012年4月20日颁布了《国家出资企业产权登记管理暂行办法》，2012年6月1日起施行。

二是推进国有资产重组与国有企业主辅分离。2003年和2005年，经国务院同意，国务院办公厅先后转发了国资委《关于规范国有企业改制工作的意见》和《关于进一步规范国有企业改制工作的意见实施意见》。国资委和财政部还印发了《企业国有产权转让管理暂行办法》、《企业国有产权向管理层转让的暂行规定》等有关规定，以防止国有资产流失。2006年12月18日，经国务院同意，国务院办公厅转发了国资委《关于推进国有资本调整和国有企业重组

的指导意见》，它明确了国有资本调整和国有企业重组的基本原则、主要目标和政策、措施。2009年1月20日，国资委印发了《企业主辅分离辅业改制资产处置核销操作指引》，2009年6月24日颁布了《关于规范国有股东与上市公司进行资产重组有关事项的通知》，规范了国有股东与上市公司的资产重组行为，保护了各类投资者权益，利于维护证券市场健康发展。2010年8月28日，国务院印发了《关于促进企业兼并重组的意见》，深入贯彻落实了科学发展观，切实加快了经济发展方式转变和结构调整，提高了发展质量和效益，加快了调整优化产业结构、促进企业兼并重组。2012年5月23日，国务院印发了《关于国有企业改制重组中积极引入民间投资的指导意见》，积极推动了民间投资参与国有企业改制重组。

4. 十七大进一步完善了国有资产管理体制和制度

党的十七大在十六大确立了国有资产管理体制方向的基础上，进一步完善国有资产管理体制和制度，加强国有资产监管，加快国有资本经营预算制度建立。

一是完善国有资产管理体制和制度。完善市（地）级国有产权监管机构，积极探索县级国有资产监管的有效形式，切实落实国有资产保值增值的责任主体；完善考核体系，逐步实现精准考核；继续完善业绩考核奖惩办法，建立短期激励和中长期激励相结合的激励体系；严格执行现有的法规规章，结合本地实际制定完善的规章制度。2008年8月18日，国资委颁布了《中央企业资产损失责任追究暂行办法》，2008年10月1日起施行。2008年2月13日，国资委制订了《中央企业负责人年度经营业绩考核补充规定》。2008年10月21日，财政部与国资委联合颁布了《关于规范国有控股上市公司实施股权激励制度有关问题的通知》，在《关于印发〈国有控股上市公司（境外）实施股权激励试行办法〉的通知》（国资发分配〔2006〕8号）和《关于印发〈国有控股上市公司（境内）实施股权激励试行办法〉的通知》（国资发分配〔2006〕175号）印发后，进一步探索股权激励方式。2009年10月16日，国资委印发了《关于进一步加强中央企业全员业绩考核工作的指导意见》；2009年12月28日，国资委印发了《中央企业负责人经营业绩考核暂行办法》，2010年1月1日施行。2010年10月11日，国资委颁发了《关于在部分中央企业开展分红权激励试点工作的通知》。

二是加强国有资产监管。强化产权管理，探索建立混合产权管理的有效模式，加强国有控股股东行为管理；推动产权进场交易制度的落实，加强产权管理的基础工作；强化出资人财务监督，完善财务快报和国有资产统计工作体系；进一步加强和完善监事会工作。2008年8月18日，国资委颁发了《中央企业安全生产监督管理暂行办法》，2008年9月11日，印发了《国务院国有资产监督管理委员会规范性文件制定暂行办法》。2009年2月5日，国资委颁发了《国务院国有资产监督管理委员会国有资产监督管理信息公开实施办法》。2010年3月26日，国资委颁发了《中央企业节能减排监督管理暂行办法》，2010年1月5日，中华人民共和国监察部、中华人民共和国人力资源和社会保障部、中华人民共和国财政部与中华人民共和国审计署令联合发布了关于《设立“小金库”和使用“小金库”款项违法违纪行为政纪处分暂行规定》，2012年1月12日，国资委颁发了关于印发《加强中央企业有关业务管理防治“小金库”若干规定》。

三是加快建立国有资本经营预算制度。2007 年 9 月 8 日，国务院办公厅发布了《国务院关于试行国有资本经营预算的意见》（国发〔2007〕26 号）（以下简称“《意见》”），标志着我国国有资本经营预算制度的建立。《意见》称，国有资本经营预算是国家以所有者身份依法取得国有资本收益，并对所得收益进行分配而发生的各项收支预算，是政府预算的重要组成部分。建立国有资本经营预算制度，对增强政府的宏观调控能力，完善国有企业收入分配制度，推进国有经济布局和结构的战略性调整，集中解决国有企业发展中的体制性、机制性问题具有重要意义。2007 年 11 月 20 日，财政部印发了《中央国有资本经营预算编报试行办法》；2007 年 12 月 11 日，财政部与国资委联合印发了《中央企业国有资本收益收取管理暂行办法》；2008 年 2 月 25 日，国资委印发了《中央企业国有资本经营预算建议草案编报办法（试行）》，进一步明确了国资委与中央企业在编制预算建议草案中的职责分工，进一步做好中央企业国有资本经营预算建议草案的编制工作。

二　非经营性国有资产管理体制的新探索

1. 职能化管理体制的建立

自新中国成立以来，我国非经营性国有资产管理大体经历了三个时期，即资产统管时期（1950～1987 年）、归口管理时期（1988～2002 年）、职能化管理时期（2003 年至今）。十六大后非经营性国有资产管理体制的改革，为我国职能化管理体制的建立理清了思路，标志着我国非经营性国有管理体制进入另一新的发展阶段。

1998 年以来，国务院机构改革，撤销国资局，财政部、国务院机关事务管理局“三定”方案规定原国资局承担的制定政府公共财产管理规章制度的职能由财政部承担，原国资局承担的中央行政事业单位国有资产（中央政府公共财产）产权界定、清查登记等项工作，交给国务院机关事务管理局承担。1998 年国务院机关事务管理局出台《中央国家机关国有资产管理暂行办法》，规定中央行政事业单位国有资产管理，实行国家统一所有、分级监督管理、部门和单位占用、企业自主经营的原则。国务院机关事务管理局是负责中央行政事业单位国有资产管理的主管部门。各部门负责本部门及所属行政事业单位的国有资产管理工作。随后相继印发《中央国家机关非经营性资产转经营性资产管理暂行办法》、《中央国家机关国有资产处置管理暂行办法》、《中央国家机关国有资产产权登记暂行办法》、《中央国家机关国有资产基础管理工作制度》等规章制度，2000 年又印发了《中央行政事业单位固定资产管理办法》等相关规定，基本形成了较为完整的国有资产管理制度体系。

党的十七大提出，要加快行政管理体制改革，建设服务型政府，提高行政效能，形成权责一致、分工合理、决策科学、监督有力的行政管理体制；要完善各类国有资产管理体制和制度，倡导勤俭节约，反对奢侈浪费，降低行政成本。国务院印发各部门“三定”新规定再次明确了国务院机关事务管理局管理中央行政事业单位国有资产的职能。国务院机关事务管理局将结合新时期中央行政事业单位国有资产管理目标，紧紧围绕降低行政成本、制止铺张浪费等加强政府自身建设的要求，按照依法保障、勤俭节约、注重效率的原则，在保证资产安全完整和保值增值的基础上，更加注重资产运作的管理，促进资产合理流动，提高资产共享能力，加强资产循环利用，最大限度发挥资产效用，为中央行政事业单位正常履行职能提供更加有力的保障。

2. 安全完整管理目标的明确

对于经营性国有资产，国家一直以“保值增值”作为管理目标。但是对于非经营国有资产管理沿用经营性国有资产保值增值的目标是不恰当的，会使该部分国有资产管理步入误区，即为了“保值增值”而追求资产收益，擅自将非经营性资产转为经营性资产，挤占必要的选择机关费经营性资产，从而使政府提供的公共产品和公共服务水平降低。这就使非经营性国有资产在价值管理上追求“保值增值”目标与政府行政机关国有资产的非经营性产生了矛盾。例如，办公桌椅，其使用价值随着时间的推移只会越来越小，发生增值的可能性机会没有，如何保值增值？又如一些特殊的行政机关资产——图书资料类，虽然其价值有可能会逐渐增加，但因为它们是行政机关必需的资产，不能也不应该通过出售来获取这部分资产的收益。因此可以说要求它们保值增值是没有意义的。

有人提出了非经营国有资产的管理目标是“保全资产”。但是，对资产的“保全”要求还不能涵盖所有的非经营性国有资产。诚然，对某些需要保持原貌的文化古迹遗产、自然资源而言，“保全”目标是较为贴切的，但对其他行政事业单位中的某些非经营性资产、公益性基础设施而言，“保全”——保持资产的完整和安全——似乎并不恰当。正如我们前面分析的那样，这些资产在提供公共产品或混合产品过程中一定是会有损耗的，在获得效应一定的前提下，我们希望这种损耗会尽可能的小，但不可能没有损耗，因此管理者要求其完整是不太可能的。此种思路可能会导致实践中的错误行为——如为了保护某座城市内的桥梁尽可能的完整、耗损减小，管理部门要求各方减少桥梁的使用次数、限制某些车辆的通行，甚至走向完全不使用的阶段。因而对非经营性国有资产而言，应基于主体经济效益的提高来确定其管理目标，基于社会公共利益价值的“保值增值”大循环是有效管理非经营性国有资产的恰当目标。

站在非经营性国有资产保值增值大循环的角度上，我们对某些资产价值增值的要求也不能视而不见。例如，土地使用权和房产建筑物等，它们除了能满足行政事业单位的使用价值外，也有转化为经营性资产的价值增值的可能性，因而需要对它们的价值进行重估，在不妨碍有关单位提供公益性服务的前提下，获取这些资产的价值增值。比如，英国对它的各大使馆都作了估价，拟出了一个外交及联邦省资产负债表，发现在曼谷和吉隆坡的使馆财产价值高昂，因此考虑重新为使馆选址。我国在这方面的典型是广西“威宁模式”。其核心做法是广西南宁市组建威宁资产经营有限责任公司，由威宁公司对全市的行政事业单位国有资产实行统一经营和管理，进行市场化运作，追求行政事业类资产的价值。这种做法有值得肯定的地方，如对行政事业单位的非经营性资产实行集中化管理后，可以大量引进市场化的手段，如公开拍卖、竞价租赁等，对非经营性的办公楼采用市场化的租赁经营等，这都能使非经营性资产在机制分类管理模式下更好地在整个地区统筹安排、优化配置，提高了资产的使用效率。但是这种模式也存在着一定的隐忧。在威宁公司的市场化操作下，有关部门对行政事业资产的非经营性质没有足够充分的认识，这会导致它在实践中过度追求资产价值的增值（如以行政事业性资产为抵押向商业银行大量贷款以支持城市的基础设施建设等)，忽视了其在公共服务提供上的安全性要求，从而导致过度商业化的倾向，这可能会对政府信誉、形象及商业银行都带来不利影响。

因此，2004 年以后，非经营性国有资产管理目标确定为确保资产的安全完整，实现资产的保值和有效利用，而不是追求资产增值的管理目标。党的十六届三中全会通过的《中共中央关于完善社会主义市场经济体制的若干决定》明确提出要“建立健全国有金融资产、非经营性资产和自然资源资产等的监管制度”，将非经营性国有资产的监管提上日程。2006 年以来，财政部公布了《行政单位国有资产管理暂行办法》、《事业单位国有资产管理暂行办法》，国务院机关事务管理局印发了《中央行政事业单位国有资产管理暂行办法》，各省区市也相继出台了资产管理办法，对我国维护行政事业单位国有资产安全完整、合理配置和有效利用具有重要意义。

3. 规范化管理制度的健全

十六大以来，非经营性国有资产围绕“制度管资产、用制度约束人”的理念，逐步从资产形成、资产配备标准、资产使用的责任和监督机制、资产处置管理等方面进行了一系列的建设健全工作。

2000 年，国务院机关事务管理局在征求财政部等部门意见的基础上，印发了《中央行政事业单位固定资产管理办法》。近年来，围绕建立健全中央政府国有资产管理和监督体制，对国有资产管理中的难点和重点问题进行了深入研究，完成了《中央国家机关公务用车制度改革初步研究》、《中央行政事业单位国有资产管理体制改革初步研究》等课题；印发了《中央行政事业单位国有资产管理暂行办法》和《中央行政事业单位软件资产管理暂行办法》。起草了《中央国家机关公务用车制度改革试点单位实施方案》、《中央和国家机关公务用车配备使用管理办法》、《中央行政事业单位国有资产处置管理暂行办法》等，使中央国家机关国有资产管理工作有章可循。中央国家机关房地产管理围绕落实国办发〔2001〕58 号文件，调查研究力度进一步加大，各项管理制度、办法的制定取得了阶段性成果。完成了“中央国家机关划拨用地管理课题”的调研工作，并会同财政部、国土资源部印发了《在京中央单位利用划拨土地开发建设暂行管理办法》（国管房地〔2003〕193 号)。完成了《中央国家机关办公用房维修标准》、《中央国家机关办公用房使用管理协议》、《中央国家机关建设项目管理暂行办法》和《中央国家机关土地管理办法》等规章制度的送审稿。起草了《中央国家机关用地规划与储备研究课题》调研报告和《关于中央国家机关新进公务员单身公寓建设管理问题的建议》。各部门也相继出台了一些办法。

4. 科学化工作方式和管理手段的强化

根据党的十六大关于深化行政管理体制改革的要求和十届全国人大一次会议批准的国务院机构改革方案的精神，国务院机关事务管理局的主要管理职能定位于建立科学化的管理模式、提供规范化的保障工作、完善市场化的服务机制。党的十七大提出，要加快行政管理体制改革，建设服务型政府。因此，近年来，围绕科学化的管理方式和管理手段的强化做了诸多工作。

首先，理顺了非经营性国有资产的管理机制。进一步推行集中统一、分级分类的管理体制，国资局统一制订中央行政事业单位国有资产管理的原则、制度、标准和程序，各部门、各单位按照规定权限，逐级负责、分级管理；对房屋、土地、车辆等重要资产加强集中管理，对其他通用资产、专用设备、公益类资产等，充分发挥行业主管部门、资产占有使用单位管理的积极性、能动性，规范这部分资产的配备和处置标准及程序。具体工作中充分发挥监察、审计等部门的监督检查作用，健全与发展改革、国土资源、住房与城乡建设、财政等部门，以及地方相关行政管理部门的协调机制，为加强国有资产管理创造良好内外部条件，为相关部门加强计划、规划、资源、预算等管理调控提供支持，推进中央行政事业单位的国有资产管理形成分工合理、责任明确、运转协调、监督到位的体制机制。

其次，实现了资产全过程监管。加强资产配置管理，建立健全资产配置标准，实行资产购置的计划编报制度，严格审核各部门资产购置计划，为财政部门科学编制资产预算提供依据。各类资产配置，严格执行政府采购制度，不断扩大政府集中采购的范围，进一步降低购建成本。加强存量资产管理，加强资产日常管理，健全建卡登账、维修保养和清查盘点等制度。推广使用中央行政事业单位国有资产管理信息系统，实现资产的全过程动态管理。建立闲置剩余资产的调剂制度，通过创建资产调剂信息平台、采取统一向社会公开招租等手段，最大限度盘活存量资产，提高资产使用效益。规范资产处置行为，完善资产处置标准，细化处置工作流程，引入社会中介机构提供服务，提高处置管理的规范化、专业化、科学化水平。

再次，创新了资产管理手段。一是充分发挥市场机制的作用，在资产配置中，充分利用政府采购、基建工程项目代建制、竞价租赁等市场化方式，降低资产购建成本。在资产使用中，逐步推行内部模拟租金制，使资产的无偿使用变为形式上的有偿使用，从而遏制占用部门无限膨胀的资产需求。在资产处置中，建立中央行政事业单位国有资产处置平台，采用公开拍卖、环保回收等手段，规范资产处置行为，增加资产处置收益，减少和消除废旧电子、电器设备造成的污染。二是研究设立了专业化资产运营机构。按照专业化、科学化管理的要求，在资产管理机构内部研究设立专门的资产运营机构，负责经营性资产的运营管理，行使政府出资人职能，并承担部分不宜由政府机构直接履行的职责。工作内容包括：承担行政单位保留的经营性资产的授权经营和不需保留的经营性资产的处置，承办非经营性资产处置环节中资产拍卖、转让、重组等事宜，归集非经营性资产处置收益和经营性资产的运营收益并上缴财政，办理机关非经营性资产原有债权债务和对外投资清理等事宜。三是加强了资产管理信息化建设。组织各部门进一步清查核实中央行政事业单位的国有资产，彻底摸清资产家底，建立国有资产年度决算报告制度。升级中央行政事业单位国有资产管理信息系统，建立国有资产管理信息网络平台，掌握资产购置、使用、处置等动态信息，为制定资产配置标准和编制、审核资产购置预算，合理配备、调剂、处置资产提供及时、准确的依据。

三 十八大对国有资产管理体制的新要求

党的十八大明确提出“完善各类国有资产管理体制，深入推进政企分开、政资分开、政事分开、政社分开”。“要按照建立中国特色社会主义行政体制目标，深入推进政企分开、政资分开、政事分开、政社分开，建设职能科学、结构优化、廉洁高效、人民满意的服务型政府。”“严格控制机构编制，减少领导职数，降低行政成本。”这既是对党的十六大以来国有资产管理体制改革和廉洁政府建设取得成效的充分肯定，也是对完善各类国有资产管理体制和加强廉洁政府建设提出了新的要求。因此，深刻领会和认真贯彻党的十八大精神，牢牢把握正确的改革方向，以改革创新的精神不断完善各类国有资产管理体制和推进廉洁政府建设成为当前的主要任务。

1. 完善各类国有资产管理体制的方向和原则

一要坚持社会主义基本经济制度与市场经济改革方向。党的十八大报告明确指出，要完善公有制为主体、多种所有制经济共同发展的基本经济制度。完善社会主义基本经济制度，要求我们在完善各类国有资产管理体制的过程中，使各类国有资产实现最优化配置、最充分使用，争取经济效益和社会效益的统一；使国有经济在经济发展中的主导作用更好地发挥。坚持社会主义市场经济的改革方向，要求我们在完善各类国有资产管理体制过程中，充分发挥市场在资源配置中的基础性作用，遵循市场经济规律经营管理国有资产，推动国有资本优化配置，实现国有资产的保值增值。

二要坚持国家所有、分级代表的原则。国家所有、分级代表，就是在坚持国有资产国家所有的前提下，中央政府和地方政府分别代表国家履行出资人职责，享有所有者权益。国家所有是我国现行法律制度所规定的，也是从整体上落实对国有资产的管理、更好地配置国有资产所需要的。分级代表是现实的国有资产形成和管理的延续，也是调动各级政府积极性、更好地落实国有资产管理责任、推动国有资产保值增值和最大限度发挥国有资产使用效率的要求。按照国家所有、分级代表的原则，各级政府要执行统一的国有资产监管法律法规，建立统一的基础管理工作体系，上级政府国有资产监管机构依法对下级政府的国有资产监督管理工作进行指导和监督。

三要坚持政企分开、政资分开、所有权和经营权相分离的原则。政企分开、政资分开是理顺政府与国有企业关系的核心。根据社会公共管理职能和所有者职能分开的原则，国有资产监管机构专门承担国有资产出资人职责，不承担社会公共管理职能，社会公共管理部门从政府经济调节和社会管理角度对各类所有制企业进行管理，不承担出资人职责。按照政企分开以及所有权和经营权分离的原则，国有资产监管机构依法对企业的国有资产进行监管，不能干预企业的生产经营活动。企业必须自觉接受国有资产监管机构的监管，不得损害所有者权益。

四要坚持权利、义务和责任相统一，管资产和管人、管事相结合的原则。各级国资监管机构经授权代表本级人民政府对国有资产履行出资人职责，享有资产收益权、参与重大决策和选择管理者等出资人权利，对出资企业国有资产保值增值和发挥好国有资产在经济社会发展中的作用负责，接受本级人民政府的监督和考核。国有资产监管机构建立以绩效考核、薪酬分配、领导人员管理和财务评价、产权管理、风险管控等为主线的工作闭环体系，实现管人、管事、管资产的有效结合。

2. 完善各类国有资产管理体制的主要任务

完善各类国有资产管理体制意义重大，影响深远。我们要按照党的十八大的重要部署，继续坚持经过实践证明行之有效的重大原则，持续推进完善各类国有资产管理体制的各项任务。

一是完善国有资产监管机构和职能。进一步明确各类国有资产责任主体，明晰产权关系，建立体制机制，落实监管责任。进一步完善中央、省（区、市）、市（地）三级经营性国有资产监管机构，经营性国有资产规模较大的县（市）可探索设立独立的监管机构。进一步规范各级国有资产监管机构作为政府直属特设机构的性质定位，依法保障其专门性和独立性。明确政府公共管理部门不履行国有资产出资人职责。进一步落实“上级政府国有资产监管机构对下级政府的国有资产监督管理工作进行指导和监督”的规定，各级国有资产监管部门在依法履行出资人职责的基础上，深入开展国有资产监管，防止将国有资产监管职责混同于行政管理职能，形成新的国有资产多头监管。

二是完善国有资产监管法规规章。根据各类国有资产的属性和监管特点，加快制定各类国有资产监管的法规规章，形成比较完善的国有资产监管法规体系，实现国有资产监管的制度化、规范化和体系化。要加快完善各类国有资产立法，健全国有资产出资人制度、领导人员管理制度、重大事项管理制度、财务和资产监管制度，规范政府、国有资产监管机构和国家出资企业（或单位）的关系。健全完善国家出资企业（或单位）投资管理、财务管理、风险管理等专项管理制度，不断提高现代化管理水平。健全完善产权登记、资产统计、清产核资、资产评估、产权转让等各类国有资产基础管理制度，建立全国统一的企业国有资产基础管理工作体系。健全完善上下级国有资产监管机构指导监督制度，确保中央和地方国有资产监管政策、目标和主要任务的协调一致。

三是推进经营性国有资产集中统一监管，明确国有资产监管政策制度的统一性。经营性国有资产监管要坚持已形成并在实践中证明行之有效的国有资产监管法律法规制度的基本原则，要有明确的出资主体，要落实保值增值责任，要建立考核与薪酬挂钩的激励约束机制，提高国有资产的监管效能。总结推广部分地方开展集中统一监管的经验，充分发挥各级国资委的专业化监管优势，探索实现国有资产监管的全覆盖，防止经营性国有资产监管条块分割，为在更大范围优化配置资源、提高国有资本运行效率、加快资源整合和企业重组、培育具有核心竞争力的企业集团创造有利条件。行政事业性和资源性国有资产转为经营性国有资产的，都要纳入经营性国有资产监管体制。

四是增强国有资产监管的针对性、有效性和及时性。科学把握各类国有资产管理的特殊性，针对具有不同属性和特点的国有资产，探索有针对性的监管模式和方式方法。根据国家经济社会发展的不同阶段和面临的新形势新任务新要求，及时调整监管措施和重点。完善绩效考核体系，加大分类考核力度，探索不同性质、不同类别、不同行业的绩效考核模式，提高考核指标的导向性和针对性，切实落实国有资产保值增值、有效使用和管理责任。加强对各类国有资产经营管理和使用重点环节的监管，形成依靠政府、联合部门、协调各界的国有资产监管大格局，使各类国有资产监管的工作合力进一步增强，国有资产配置效率进一步提高。

各类国有资产的存在形态、功能作用、监管方式等虽有所不同，但加强国有资产监管、保障国有资产安全的基本要求应是一致的，必须做到产权清晰、权责明确、配置合理、运转顺畅、监管到位、保护严格。要通过完善各类国有资产管理体制，进一步提高各类国有资产管理的科学性，使经营性国有资产实现保值增值，不断增强国有经济的活力、控制力、影响力；使行政事业性国有资产配置使用更加合理有效，发挥更大的社会效益；使资源性国有资产规划更加科学、开发更加节约高效，促进经济、社会、环境可持续发展。

改革开放以来，国有资产管理的水平有了很大的提高，国有资产管理的能力也逐步加强，初步形成了适应市场经济要求的国有资产管理体制，保证了国有资产的安全完整，巩固了执政基础，推进了廉洁政府建设，逐步满足了中国人民日益增长的物质文化需要，增强了执政党和政府在人民心中的公信力。

借鉴篇

·第七章·

苏联共产党的国有资产管理与廉洁政府建设

20 世纪后期，人类社会发生的最重大事件莫过于苏联解体和东欧剧变。苏联和东欧国家都是社会主义国家。苏联 70 多年和东欧国家 40 多年的社会主义建设给人类探索新的社会发展模式提供了宝贵的实践经验和理论财富。苏联解体和东欧剧变，使国际共产主义运动和世界社会主义事业受到了空前严重的损害。但是，这同时也从反面教育了世界共产党人和各国人民。历史的经验证明，革命在遭到挫折和处于低潮的时期，正是新的革命理论和思想孕育和成熟的时期。在经受这场巨变引起的震惊之后，人们已经开始冷静和认真思考这场巨变对人类社会发展和进步的真正涵义。现在，需要全面和系统地搜集苏联兴亡的历史资料，深入和科学地分析引起这场巨变的深层次原因，正确总结历史经验和教训，为马克思主义理论的丰富和发展提供新鲜材料，进一步把马克思主义和科学社会主义推向新境界，保证有中国特色的社会主义事业更加健康地向前发展。总结苏共管理国有资产和加强政府建设的经验教训对中国廉洁政府建设有重要的借鉴意义。

第一节　国有资产管理体制的初创与强化逐步加强了苏联政府建设

十月革命前，无产阶级没有取得国家政权，生产资料公有制没有建立起来，也不存在社会主义的国有资产。十月革命取得胜利后无产阶级政党通过没收官僚资本、改革民族资本以及国家直接投资创办国有企业等途径积累了国有资产。同时，布尔什维克政党也实行了较大的经济体制改造措施，包括国内一切土地收归国有、银行及大工业国有化等。这些都成为新生的社会主义国有资产的重要组成部分。

国有资产是社会主义全民所有制生产关系的具体化，是国家所有制的具体实现形式。因此，国有资产管理体制既关涉廉洁政府建设，也关涉社会主义上层建筑本身的自我完善。苏联是世界上的第一个社会主义国家，列宁“是世界社会主义运动史上探索执政党建设、探索党的执政方式科学化的第一人。”① 苏联政治经济体制70年的历史进程中，国有资产管理体制经历了一个逐步探索、认识和改革的过程。

一 国有资产管理体制的初创时期

一般认为，前苏联模式就是高度集权的计划经济模式。其实，在实行计划经济模式之前，还曾经实行过军事共产主义和国家资本主义两种不同的模式，这是列宁对国有资产管理体制的构想与创建。苏维埃国家诞生在战争环境中，新政权很快又遭到外国武装干涉和国内战争影响。战争形势的延续，布尔什维克党领导内部的巨大分歧，加之社会阶级关系的急剧紧张化等，都对经济模式产生了影响。

（一）体制特点：军事共产主义和国家资本主义

1. 军事共产主义

1918年夏至1920年底是俄国国内战争时期。刚刚建立的苏维埃政权为了击溃国内外反动势力的反扑，被迫采取了战时共产主义措施，国有资产管理也相应地实行军事共产主义模式。主要措施包括：（1）大中型工业以及一部分小型工业全部收归国有；（2）禁止私人买卖粮食，将农民手中的余粮全部收缴，统一分配；（3）禁止私人商业、买卖和交易活动，实行凭票供应，产品配给；（4）取消货币流通而代以实物交换。

军事共产主义模式的特点是：首先，最大限度地扩大国家所有制和国家直接管理经济的权力，强化统一管理国有资产的权力。在工业中把大中小企业全部收归国有，在农业中以剥夺富农为基础，无偿占有并支配农民的粮食及其他产品，鼓励集体化道路。其次，经济决策高度集中于中央政权。由最高国民经济委员会下设总管理局，分别管理各个部门的所有企业，将一切燃料、原料、货币资金供应和核算、分配职能都集中上来，所有的收入都集中起来，统一管理和分配。第三，经济活动排斥商品货币形式和市场、采取实物分配方式，依靠行政强制手段和精神动员来推动经济发展和国有资产的管理。但是军事共产主义经济模式只能是一种渡过危局的临时性措施，长期实行便会与工人、农民和城市市民的利益发生冲突，不能调动人们的积极性，降低经济效益，所以当国内战争形势缓和后便被放弃。② 军事共产主义模式发展和强化了官僚主义和脱离群众的倾向，管理经济往往采取命令和压制形式，必要的特权变成了各种营私舞弊的工具。国内战争结束后，列宁指出必须改变这种经济模式，探索较为科学化的经济模式。

2. 国家资本主义模式

1920年春，红军已在国内各条战线上取得了决定性的胜利。列宁考虑，应该迅速恢复苏

---

① 唐鸣、俞良早主编《共产党执政与社会主义建设——原苏东国家工人阶级政党执政的历史经验》，人民出版社，2008，第2页。

② 杨世忠：《市场经济与国有资产管理》，中国社会科学出版社，1998，第46~47页。

联经济，将工业重点由全力支援战争转向国民生产和经济建设。新经济政策开始于 1921 年，标志是俄共十大通过《关于以实物税代替余粮收集制》的决议，这表明俄国由战时共产主义政策向新经济政策的重大转变，俄国从此进入通过市场经济关系而全面建设社会主义的时期。主要措施包括：（1）国家掌握土地、大工业、银行、交通运输和外贸，在此前提下允许资本主义存在；（2）开放小商品领域，实行自由贸易，开征粮食税和实物税；（3）改组工业管理体制，实行企业经济核算制；（4）创办以国家投资为主的商品和工业股份公司；采用租让制吸收外资，开发林业、矿业和石油；允许私人承租企业。①

国家资本主义模式的特点是：首先，强调国家的全面主导作用。列宁明确指出，国有资产的范围是一切经济命脉和土地，明确了生产资料归无产阶级国家所有的根本性质。苏维埃社会主义国家的国家资本主义与资产阶级国家的国家资本主义是完全不同的两回事，它消灭了剥削，利用国有资本增值的规则来直接为社会的全体成员谋利益，有利于实现公平和共同富裕。其次，列宁认为，俄国社会存在着五种经济成份，即宗法式、小商品生产、私人资本主义、国家资本主义和社会主义。社会主义和私人经济结合的过渡形式即国家资本主义。苏维埃国家政权通过一定的途径介入资本主义企业的生产过程，使生产尽可能地做到有计划性，更多地利于无产阶级国家的利益和人民的利益。列宁指出，“国家资本主义，就是我们能够加以限制、能够规定其活动范围的资本主义。这种国家资本主义是同国家联系着的，而国家就是工人的先进部分，就是先锋队，就是我们。”

3. 国有资产管理体制

国有资产管理的两种模式即国家资本主义和军事共产主义都强调国家的全面主导作用。1917 年 11 月《工人监督条例》正式发表，是对国民经济实行计划调节的起点。一切企业主均有责任向工人监督机构公开账目并接受指导，违者受法律追究。根据这项法令，各企业职工普遍直接选出工厂委员会或工长会议。市或省一级则成立地方工人监督委员会，全国成立最高监督机构——全俄工人监督委员会。各监督委员会均被视为国家机关，这是开始健全无产阶级国家经济生活的群众性权威组织。企业的生产和产品、原材料的购销、保管，以及企业的一财务活动，均置于工人监督之下。1918 年列宁在《苏维埃政权的当前任务》中作出了论述，“我们应该说，任何大机器工业——即社会主义的物质的、生产的源泉和基础——都要求无条件的和最严格的统一意志，以指导几百人、几千人以至几万人的共同工作。”因此，国家应该设立专门的行政职能机构管理国有资产。

早在 1917 年 12 月，全俄中央人民委员会就发布法令成立实体性的经济行政领导机构——最高国民经济委员会。其主要职能包括：（1）组织国民经济和国家财政，制订调节国家经济生活的共同标准和计划，协调并统一中央和地方经济机关、中央各人民委员部及工人监督机构的活动；（2）有权在生产、分配和国家财政各领域内，对各工商企业实行没收、征用、冻结，强调辛迪加化；（3）有权对现行经济调节机关实行改组；（4）可对国民经济生活个别领域实

① 杨世忠：《市场经济与国有资产管理》，中国社会科学出版社，1998，第 47 页。

行调整，也可为相应的人民委员部制定措施；（5）向人民委员会呈送的一切同调节国民经济整体有关的计划草案和重大措施，均须通过最高国民经济委员会审议；（6）统筹并领导地方苏维埃经济处（包括工人监督组织）；（7）在没有相应的地方经济处的地方，有权建立新的地方经济机构。① 最高国民经济委员会直接由人民委员会主席领导，居于各人民委员部之上，是一个权力高度集中、职能范围非常广泛的经济行政领导机关。地方苏维埃的经济处，当然地成了最高国民经济委员会的地方机关。但很快发现，地方苏维埃经济处因为首先要受地方苏维埃的直接领导，所以不可能有效地贯彻最高国民经济委员会的指令。于是，又开始组建各自独立的地方经济委员会。

1918 年 8 月发布的法令，对最高国民经济委员会的管理职能作出了新规定。最高国民经济委员会不再是直接由人民委员会主席领导的、居于各人民委员部之上的行政机构，而是全俄中央执委会的经济部，但需向人民委员会负责。它的任务是：（1）调节并组织全部生产和分配，并管理全国的企业；（2）预审国家预算，将结论提交人民委员会；（3）会同财政事务人民委员部和国家监察人民委员部一起，向国民经济各部门拨款。最高经济委员会失去了高于各人民委员部之上的权力。

内战开始以后，全俄中央执委会宣布苏维埃共和国为“统一军营”，1918 年 11 月 30 日宣布成立工农国防委员会，主席为人民委员会主席列宁，成员有共和国革命军事委员会主席、全俄中央执委会主席、交通人民委员、副粮食人民委员、生产供应非常委员会主席、全俄中央工会理事会代表。工农国防委员会具有动员全国人力、物力进行战争的全权（包括立法权），是国家经济生活的指挥中心。内战结束后，权力逐渐收缩。工农国防委员会这种战时最高政治体制已无存在的必要，要进行更名和改组。1920 年 12 月改组为劳动国防委员会，工作重点由领导战争转向经济建设规划及跨部门指挥活动，严格隶属于人民委员会，不再享有立法权。1921 年 2 月，在其下设立国家计划委员会。1921 年 5 月召开最高国民经济委员会第四次代表大会，对工业领导机关实行了初步的改组。由于成立了劳动国防委员会和国家计委，最高国民经济委员会不再是全俄最高经济领导机关，它只限于领导工业，实际是工业人民委员部。

（二）国有资产管理促进了政权的建设

1. 国有资产是党执政的经济基础

国有资产的形成，是党执政的经济基础和物质保障。国有资产管理是关系到党和国家生死存亡的重大问题。国有资产管理体制调控的对象，是产权为国家所有的经济资源及其配置运营过程。苏维埃社会主义国家，国有资产是全社会经济资源中最重要、最基础的部分，因此，国有资产管理的好坏，直接关系到社会主义事业的成败。十月革命胜利后的无产阶级，迫切需要恢复被战争破坏了的国民经济，建立社会主义的经济基础。这一切遇到资产阶级和反动势力的拼死反抗。他们还利用手中部分保留着的某些生产资料，来反抗无产阶级的统治。更加严重的

① 刘克明、金挥主编《苏联政治经济体制七十年》，中国社会科学出版社，1990，第 97 页。

是，俄国是一个小农经济占统治地位的国家，资产阶级和反动富农正是利用了小商品生产的存在，大搞破坏活动，企图瓦解社会主义的经济基础。因此，必须尽快积累和建设国有资产，巩固无产阶级政权。

1918 年 7 月 10 日，第五次全俄苏维埃代表大会会议通过了苏俄宪法。宪法第二章规定：为实现土地社会化，废除土地私有制，宣布全部土地为全民财产，并根据土地平均使用的原则无偿地交付劳动者使用。全国性的一切森林、蕴藏与水利、全部家畜与家具，实验农场与农业企业均宣布为国有财产。批准苏维埃关于工人监督和关于国民经济最高委员会的法令，以便保证劳动人民对剥削者实行统治的权力，并作为使工厂、矿山、铁路和其他生产及运输手段完全转归工农苏维埃共和国所有的第一个步骤。① 苏俄的国家所有制是在十月革命初期对大企业和银行实行国有化政策的基础上建立起来的。在整个国家管理中，列宁把国有企业的管理放在一切管理工作的首位。列宁认识到，如果国有企业管理不好，“如果对于产品的生产和分配不实行全国的国家计算和监督，那么劳动者的政权，劳动者的自由就不能维持下去，资本主义压迫制度的复辟就不可避免”。② 在银行和信用方面，列宁坚决地主张实施银行国有化，“没有巨大的银行，社会主义不可能被实现”。新政权建立之后，以列宁为首的布尔什维克党便按照马克思、恩格斯的设想，将资本主义私有工商业改造为社会主义国有工商业，把土地、矿产、金融和大企业通通收归国有，在城市扩大国家所有制。1917 年 11 月，先后颁布关于工人监督条例，关于银行、外贸、商船、大工业企业国有化的法令。到 1918 年 5 月底，除全部银行国有化外，国有化的工业企业已经达 512 个，其中绝大多数是对国民经济具有重大意义的企业。③ 这些国有资产成为党执政的经济基础，也为党战胜资产阶级和反对势力提供了物质力量。“只有这些物质条件，即大机器工业、为千百万人服务的大企业，才是社会主义的基础。”④ 经过银行国有化和工商业改造之后，城市资产阶级的大部分人都逐渐转化为社会主义劳动者。1918 年春进行土地革命后，农村社会主义革命进展比较顺利。到 1919 年苏俄基本上摧毁了富农势力，完成了改造富农的任务。

以社会主义公有制代替资本主义私有制，是执政的共产党努力追求的目标。国有资产是党执政的重要经济基础。所有制是生产关系的基础，决定着生产关系的性质。社会主义经济制度与资本主义经济制度的根本区别在于资本主义建立在私有制基础上，而社会主义则建立在公有制基础上。社会主义经济制度的根本性质决定必须坚持以公有制为主体不动摇。国有经济控制关系到国计民生的关键部门，保障其合理有效地发展，可以为国民经济发展提供充足的物质基础，确保国家的经济和政治安全；同时，国有资产可以根据国家经济政策的长远规则，引导整

---

① 《俄罗斯苏维埃联邦社会主义共和国宪法》（第五次全俄苏维埃代表大会一九一八年七月十日会议通过），http：//www. cccpism. com/2012 - 07 - 18.

② 《列宁选集》第 3 卷，人民出版社，1960，第 506 ~ 507 页。

③ 唐鸣、俞良早主编《共产党执政与社会主义建设——原苏东国家工人阶级政党执政的历史经验》，人民出版社，2008，第 131 页。

④ 《列宁全集》第 34 卷，人民出版社，1985，第 240 页。

个国民经济的发展。因此，国有资产是党执政的经济基础，国有资产管理体制与廉洁政府建设紧密相关。

2. 苏共执政是国有资产服务全体社会成员的政治保障

国有资产管理是国民经济管理体制的重要组成部分，是国民经济中最重要的、最基础的部分，是国家所有制的具体实现形式，是社会主义全民所有制生产关系的具体化。国有资产直接与社会主义上层建筑相联系，是一个复杂的社会系统。由于国有资产属于全体劳动人民，这种共同占有生产资料的所有权关系，保证了全体劳动者有权分享国有企业的经济成果，实现分配上的平等。所有制结构体现了社会主义制度的本质，即不断创造更多物质财富，保证社会生产力发展的结果为广大劳动者共同享有，进而实现共同富裕。坚持工人阶级政党的领导，是马克思主义的一条根本原理。列宁明确提出要转变党的执政方式，实现党从革命党向建设党的转型，同时开始意识到党在执政方式上必须加强党在国家生活中的主导地位、必须把经济建设作为党的根本任务。根据列宁的思想，执政党的领导对象应该包括：必须坚持对苏维埃政权的领导；必须坚持对经济建设的领导；必须坚持对思想路线的领导；必须坚持对军队的领导；必须坚持对工会和其他群众组织的领导。党对国有资产的管理，目的是追求国有资产的增值服务于广大人民群众。因此，党执政是国有资产服务于民的政治保障。

1918 年春，苏维埃俄国制定的基本经济方针是“对产品的生产和分配组织最严格的全民计算和监督”。列宁把这点看成“社会主义的第一步”。由国家对产品的生产与分配实行计算与监督，实际上实行高度集中的计划生产与计划分配，使社会生活向产品经济转变。1918 年 2 月，全俄苏维埃通过决议：“生产的主要部分集中于国家之后，分配由国家机关集中管理，这时在经济生活中有秩序地废除至今仍在一定程度上存在的货币流通的确实基础。”列宁在俄共（布）八大报告中说：“在分配方面，苏维埃政权现时的任务是坚定不移地继续在全国范围内用有计划、有组织的产品分配来代替贸易。目的是把全体居民组织到生产消费公社中，这种公社能把整个分配机构严格地集中起来，最迅速、最有计划、最节省、用最少的劳动来分配一切必需品。”①

内战结束后，国家经济模式进行调整，开始实行国家资本主义。无产阶级专政的国家中，国家资本主义不同于资本主义国家的国家资本主义。首先，生产资料的公有制是人民拥有国有资产的保障。列宁明确了国有资产的范围是一切经济命脉和土地，明确了生产资料归无产阶级所有的根本性质。其次，无产阶级国家的国家资本主义与资产阶级国家的国家资本主义是完全不同的两回事，前者是利用资本增值的规则来直接为社会的全体成员谋利益，后者则是为资产阶级的利益服务。国家通过政府直接组织整个社会经济的生产、分配、交换和消费，用计划代替市场来配置资源，有利于社会产品的公平分配。马克思主义政治经济学认为，生产资料的公有化可以最大限度地消除因资源禀赋分配不公而引起的社会不公平现象，选择计划经济、国有企业的模式来推动经济发展，可以最大限度地满足当时社会大众对社会结果公平的强烈需求。

① 叶书宗：《俄国社会主义实践研究》，安徽大学出版社，2005，第 365 页。

3. 国有资产管理体制为内战胜利提供了物资保障

苏维埃政权刚建立，就遇到了国内外反动势力的疯狂反扑。当时俄国社会面临巨大的经济困难。首先是粮食极其紧缺。战争爆发后，军队用粮大幅度增加。到了1920年军队的兵员达到550万人。除供应军队外，还必须保证军工生产用粮和城市居民起码的口粮。可以说，想方设法搞到粮食，是保持苏维埃政权生命线的起码条件。第二，燃料和原材料奇缺。由于顿巴斯、巴库和格罗兹尼石油区、乌拉尔和西伯利亚产煤区等90%的燃料产地长期被敌人占领，最困难时期，苏维埃政权只能依靠莫斯科郊区的石煤及木材、泥煤等极其有限的燃料。国家必须像对待粮食那样，支配每一普特燃料。第三，军工生产任务剧增。在燃料和原材料匮乏的条件下，要想飞速扩大生产军队的枪械、弹药及装备，苏维埃不得不采取种种非常措施，把有限的资源集中在军工部门。① 以便于集中全国之力，满足前线战争的需要。

为了渡过难关，苏联从1918年到1920年实行了军事共产主义配给制。苏维埃政权通过余粮征集制度，积极引导农民走集体化道路。余粮征集制有个发展过程。早在1917年3月，临时政府就已经宣布过粮食垄断政策。1918年12月30日至1919年1月6日全俄粮食工作会议期间，政策进一步变化。这次会议决定了“新的余粮原则”。余粮征集制的新原则同以前的粮食垄断，有本质的不同。粮食垄断时期，基本上是控制农民的余粮；而进入粮食征集制时期以后，国家的需要数，就是农民应该缴纳的“余粮”。

与此同时，加速工业国有化进程。1918年6月28日，人民委员会公布法令，除将全部大企业收归国有外，还规定把一部分中等企业收归国有。在农村对富农的进攻过程中，俄共（布）的指导思想发生了变化。1919年3月召开的俄共（布）八大通过的党纲里写道：“坚持不懈地把已经开始并已基本上完成的对资产阶级的剥夺进行到底，把生产资料和流通资料变为苏维埃共和国的财产，即变为全体劳动者的公有财产”。1920年11月29日，最高国民经济委员会公布决议，决定把一切工业企业（有机器发动机并雇用5名以上工人者，或无机器发动但雇用工人10名以上者），全部收归国有。② 大批企业的国有化，使得领导这些企业的最高国民经济委员会，不得不趋向“专业化”。它由原定的国民经济最高指挥中心，逐步局限于专门领导工业生产。最高国民经济委员会把国有化企业，按部门原则分给下属的总局，实行垂直领导，总局管理制得到确立。经过一系列非常措施，苏维埃政权战胜了国内外的强敌，最后迫使协约国不得不承认苏维埃政权，而国内的反革命武装也被逐个战胜。内战的胜利巩固了苏维埃政权，并为社会主义经济建设奠定了一定基础。

4. 国有资产管理体制的适时调整与苏联的廉洁政府建设

战时共产主义体制尽管为党赢得内战胜利提供了物资保障，但也存在着相当大的弊端和不足。如余粮征集制实行以后，国家向农民征集粮食的数额是成倍上升的，极大地挫伤了农民的生产积极性。到1920年，粮食播种面积比1913年缩小近8%，单产降低1/3，总产降低46%。

① 刘克明、金挥主编《苏联政治经济体制七十年》，中国社会科学出版社，1990，第105页。

② 刘克明、金挥主编《苏联政治经济体制七十年》，中国社会科学出版社，1990，第109页。

加速工业国有化及行政手段的管理模式，弊端也很多，严重地限制了企业的积极性，使劳动生产率大幅度下降。从大工业企业的人均产值来看，1920 年只相当于 1913 年的 30%。同时产生了庞大的官僚机构。1913 年每百名工人平均有 8.1 个职员，而 1920 年则达到 16 名职员。1918 年秋最高国民经济委员会机关只有 2500 名工作人员，各总局有 3300 人，总共不到 6000 人。但到了 1921 年初，仅最高国民经济委员会中央机关就有 24000 人，省级国民经济委员会有 93600 人，县级 106000 人，总计达 23 万人之众。① 战争形势有所缓和时，列宁从实际出发，指出苏联应该走从国家资本主义到社会主义的发展道路，并开始在苏联实行新经济政策。新经济政策开始于 1921 年［俄共（布）十大正式作出了由战时共产主义政策向新经济政策转变的重要决定］，结束于 1929 年。新经济政策是列宁寻找符合俄国国情的社会主义建设道路的成功探索，也是列宁在社会主义所有制上最初的可贵实践。该时期的经济体制非常有活力，而且有创造性。

列宁不仅第一次提出了全民所有制的概念，而且还首次提出了国家资本主义的经济形式。所谓国家资本主义就是社会主义国家可以利用和限制的资本主义。作为新政策的重要组成部分，国家资本主义就是要通过苏维埃国家与本国资本家以及外国资本家签订协议、契约或者合同，由国家将一部分工厂、企业、林场、矿山等租让给资本家经营。新经济政策实施后，以粮食税替代余粮征集制——农民完税以后的粮食可以到市场上自由贸易，允许国内私人资本租赁企业和向国外资本租让企业；将已经国有化的小企业归还业主以及重建国家银行等。从 1921 年到 1925 年，农业生产恢复得最快。工业生产恢复较农业略慢，但到了 1926 年，大工业的主要产品也已经恢复到战前水平，小工业产品的恢复则在 1927 年也实现了。1923 年以后，国营大工业产值上升为 79.3%，私营工业产量则降为 20% 略强，此后私营工业产值比例逐年下降。② 这也说明，在社会主义制度下，只要国有企业搞得好，存在一部分私营企业并不可怕。在国家经济生活中起决定作用的，是国有大企业。

新经济政策对于战时共产主义体制来说，是一次重要的改革。但是，这主要是经济体制方面的改革。经济体制的深刻改革，必然地要求政治体制也作相应的改革，因为无产阶级专政体系是社会主义社会的经济、政治在组织上的体现，二者是密不可分的。由于权力过分集中、党政不分、以党代政等原因，苏维埃成立初期，就已经出现了腐败和特权现象。1919 年 2 月，国家为一些高级干部建立了隐蔽的疗养院，称作克里姆林宫的疗养院，党机关建立了相应的保健和休养场所。克里姆林宫内部设有食堂，饭菜所付的价钱几乎是象征的。内部还设有商店，除价钱低外，还可以通过特殊的渠道买到紧缺商品。住房也出现特权化，干部居住面积和住宅的基础设施方面与普通群众差别很大。经济政策的调整也随之出现了腐化和侵吞国有资产的现象。1923 年 11 月 5 日，中央监察委员会与工农检察院主席古比雪夫在《致苏维埃与经济机关领导人》的文件中指出："尽管国家经济形势严峻，每一个共产党人应该严肃周密地考虑每一

① 刘克明、金挥主编《苏联政治经济体制七十年》，中国社会科学出版社，1990，第 111 页。

② 刘克明、金挥主编《苏联政治经济体制七十年》，中国社会科学出版社，1990，第 174 页。

笔开支，从而使每一笔开支用得最经济，但是我们的某些苏维埃经济机关和企业家却不经意地对待一些开支，使开支的数额巨大。特别表现在交通的开支上。几乎每个托拉斯和每个机关的第一件事就是置办汽车……”。个别负责人有浪费行为，包括“带赛马私人出行，玩赛马”、“负责人住的住宅装修得过于奢华”、“去餐馆花费了过大的开支”、“玩赌博”等贪污受贿权钱交易时有发生，有些领导人拿本部门生产的产品进行“相互服务的交易”。盗用公款的情况也很常见。1925 年 7 月 1 日，在俄罗斯联邦 48 个省和州主持了对 20773 件职务犯罪司法案件的审判，其中 6698 件（30%）涉及盗用公款。①

列宁在世时，十分注意发挥党员的模范作用和防止执政党脱离群众。早在 1921 年列宁就指出，在每一个共产党员面前都有三大敌人：狂妄自大、文盲和贪污受贿。1922 年召开的俄共（布）第 11 次代表大会特别作出规定，要求对党的干部个人发财企图无情地加以制止，绝不允许把入党看作同人民谋取地位、待遇的手段。列宁在逝世前讲得最多的一个问题，就是怎样防止“人民公仆”蜕变为“人民的主人”，如何加强对党和国家权力的监督。然而终因缺乏有效、科学的监督机制，腐败和贪污问题十分严重。这种现象，在中央集权进一步强化的时期，表现得更为严重。

二 国有资产管理体制的强化时期

高度集中的计划经济体制是在斯大林执政时期定型的。斯大林担任党和政府领导职务的近 30 年中，苏联形成了高度集中的经济体制，它是在列宁执政后期经济体制的基础上逐渐演化而成的。同时，也是在苏联特定的国内、国际环境等各种综合因素下产生的结果。作为一种历史现象，有一个逐渐形成、发展和巩固的过程。在特定历史条件下曾发挥了自己的优势，促进了苏联社会经济的发展。但是其严重的弊病，也使苏联付出了重大的代价。

（一）体制特点：高度集中的计划经济模式

1. 国有资产管理体制的调整

20 世纪 20 ~ 30 年代苏联面临的国际形势日益复杂，资本主义国家的包围和战争形势的迫近使苏联在经济体制上不得不为备战作准备。客观上就要求全国的人力、物力、财力的高度集中，由中央统一使用。为应付随时可能发生的战争，必须迅速建立重工业体系。这一经济发展战略对苏联的经济体制产生了长期的影响。列宁逝世后，党内高层严重分裂，这一时期出现了频繁而激烈的党内斗争。第一次是斯大林、布哈林的中央多数派与托洛茨基派，以及与托洛茨基——季诺维也夫联盟的斗争（1923 ~ 1927 年）；第二次是斯大林的中央多数派与布哈林派的斗争（1928 ~ 1929 年）。党内斗争对苏联经济体制的演变产生了重大影响，也为后来形成的高度中央集权的经济模式直接或间接地打下了烙印。历经数度残酷的斗争之后，联共（布）巩

---

① 列宁时期苏联令人惊异的腐败现象，http：//history. stnn. cc/reveal/201007/t20100715_ 1373595. html/2012 - 07 - 19.

固了对苏联社会的领导地位，全面确立高度集权的一党执政方式。从1924年斯大林开始执政到20世纪30年代，苏联仍然执行列宁时期的新经济政策。列宁执政时期，苏联社会处于从资本主义向社会主义过渡的初期，当时国有资产管理体制还是探索性和过渡性的。苏联社会主义政治经济体制是在斯大林执政时期定型的，集中统一的国有资产管理体制也是在这个时期逐渐形成、发展和巩固的。1929年斯大林宣布进行农业全盘集体化，政策导向开始急剧转变。1929年12月斯大林提出要“抛开新经济政策”。1920世纪30年他在联共（布）十六大正式宣布新经济政策已经进入最后阶段，即结束阶段。

20世纪30年代初至1941年卫国战争爆发前，高度中央集权的经济体制进一步巩固和发展。30年代初，随着社会主义改造的基本完成，苏联的各项“经济改革”陆续开始。1932年1月5日苏联政府将苏联最高国民经济委员会改组为重工业人民委员部，并新成立了森林工业和轻工业两个人民委员部。与此同时，苏联在农业全盘集体化运动中建立了集体农庄制度。1932年将全国农业的管理权集中于苏联农业人民委员部、苏联谷物和畜牧业国有农场人民委员部，以及苏联农产品采购委员会。至此，以部门管理为主、高度集中的计划经济体制在苏联已经初步形成。1934年是苏联政治经济体制迅速向高度中央集权制发展的一年，该年联共（布）第十七次代表大会上，决定将书记处所属的7个中央机关按生产原则改组为工业部、农业部、计划财贸部和政治行政部等10多个部，其中许多部的首脑由忠于斯大林的中央委员亲自担任，加强了中央书记处和斯大林个人的权力，加速了以党代政的政治经济体制的形成。1936年12月5日颁布苏联宪法，以法律形式固定了高度中央集权的政治经济体制，同时所有制结构模式和以部门为主的经济管理体制也固定下来。① 以部门为主的经济管理体制得到迅猛发展，部门越来越多，越分越细，权力的垂直结构变得更加陡峭。

1941年卫国战争爆发到1953年斯大林去世，是苏联政治经济体制的稳定和凝固化阶段。苏联卫国战争开始以后，总书记、苏联人民委员会主席又亲自兼任国防委员会主席，集党政军大权于一身。许多事关苏联党和国家命运的重大问题都由政治局书记处决定。经济管理仍然实行以部门为主的高度中央集权的经济体制。战后的改革也只是涉及中央各部门的权力再分配问题，并没有触及扩大地方和企业的权力问题。斯大林晚年在《苏联社会主义经济问题》一书中，还强调国家不与企业、集体农庄等任何经济组织分掌基本生产资料的所有权。②

2. 国有资产管理体制

苏联高度集中的计划经济管理模式是以生产资料国家所有制为基础建立起来的。该体制的主要特点之一就是国有制，由党的书记、苏维埃主席、高级干部、厂长、经理代表国家掌管和支配一切生产资料。主要措施包括：（1）实行自上而下的全面直接的指令性计划管理。对国民经济的各个领域和各个过程都由国家通过详细的、繁多的指令性指标加以确定。国家不仅对属于国家所有制的工业、商业、交通运输、对外贸易等各个部门及企业下达详尽的指令性计

① 《苏维埃社会主义共和国联盟宪法》，1936年12月5日全苏苏维埃第8次非常代表大会通过。

② 刘克明、金挥主编《苏联政治经济体制七十年》，中国社会科学出版社，1990，第223页。

划，而且对集体所有制的农业及集体农庄也下达指令性计划。（2）利用行政机构和行政办法来管理经济。物质供应、资金调拨、价格水平都由政府部门来统一管理。实行集中计划供应制和调拨制，价格统一规定。（3）以高度集中的部门管理体制来管理经济，注重条条管理，削弱和限制地方和企业的积极性。①

指令性的计划体制有一个历史发展过程。十月革命后，苏联就开始了建立计划经济的过程。1921 年成立了国家计划委员会，当时它是人民委员会领导的劳动与国防委员会的一个咨询性质机构。1926 年起，苏联开始制订国民经济年度控制数字。1931 年国家计委改为直属苏联人民委员会的计划决策机构。1931 年按计划分配的资金已占苏联国民收入总额的 2/3。国家计委共设 53 个局或相当于局极的单位（1941 年资料），包括综合性的、专业性的及地区计划局。各个中央经济部门都设有自己的计划机构。斯大林时期，按国民经济各部门建立了管理经济的行政机构。这些机构在整个国家行政管理系统中占据了相当大的比重。1924 年管理政治行政的部有 4 个，管理经济的部有 6 个；到 1936 年分别为 5 个和 12 个；至 1947 年则为 6 个和 50 个；1952 年分别为 8 个 40 个。② 与指令性计划经济建立的过程相适应，逐步过渡到高度集中的供给制式的物质技术供应体制，实行国家供委集中领导分级管理体制。第一级，是苏联国家物质技术供应委员会，简称“供委”。苏联国家供委是 1948 年初成立的。在此以前主管全国物资技术供应的是国家计委和苏联部长会议直属的物质技术供应总管理局。国家供委的任务是：制订物质分配计划；编制年度的和远景的物质平衡表草案和生产资料分配计划草案；制订最重要建筑工程和开工项目的综合供应计划，并报请苏联部长会议审批。在斯大林执政晚期，国家供委成为全国最高的物质技术供应管理机构。它负责向各个部门、主管机关和加盟共和国分配物资供应额，但不负责直接分配产品。第二级是各部门的物资管理机构，下面还有地方物资技术供应机构和企业的技术供应处。决定性环节是中央一级，物资技术供应的计划权、管理权都集中在中央，中央一级直接掌握的统配物资和集中分配物资占全国物资技术供应总额的绝大部分。指令性计划是实施命令经济的神经中枢，它主要由三部分组成：庞大的计划管理机构体系、无所不包的计划指标体系和高度集权的计划编制程序。当时指令性计划有三个主要特征：第一，计划的目标和任务由国家和管理机关集中确定，下级和执行者无权变更；第二，计划任务以必须执行的指令性计划形式下达给执行者；第三，以国家下达的计划指标完成程序，作为考核执行者工作成果的根本尺度。

（二）促进国家政权的巩固

1. 国有资产是社会主义制度的重要物质基础

国家所有制是国家政权赖以存在和发展的重要物质基础。斯大林指令性计划经济的基础——集体所有制和国家所有制在国民经济中占统治地位，奠定了社会主义公有制的基础，这

---

① 杨世忠：《市场经济与国有资产管理》，中国社会科学出版社，1998，第 47 页。

② 刘克明、金挥主编《苏联政治经济体制七十年》，中国社会科学出版社，1990，第 339 页。

在一定程度上为实现共同富裕准备了条件。斯大林不主张搞国家资本主义，社会主义制度下无论如何都不能把生产资料列入商品的范畴。他认为：(1) 生产资料并不“出售”给任何买主，甚至不“出售”给集体农庄，而只是由国家分配给自己的企业；(2) 生产资料所有者——国家，把生产资料交给某一个企业丝毫不失去对它们的所有权，相反地，是完全保持着所有权的；(3) 企业的经理从国家手中取得生产资料，不但不会成为这些生产资料的所有者，相反地，是被确认为苏维埃国家的委托，依照国家所交下的计划，来使用这些生产资料的。① 为了克服列宁去世以后严重的政治和经济危机，斯大林在苏联开展了大规模的国有化运动。斯大林在1936年《关于苏联宪法草案》的报告中宣布建成社会主义的主要依据是：“社会主义体系在国有经济一切部门中获得全部胜利”，“生产资料的社会主义所有制已经确立并成为我们苏联社会不可动摇的基础”。② 根据1936年的《苏联宪法》规定：国家所有制是社会主义所有制的基本形式，集体农庄合作社所有制是劳动者的集体所有制，是公有制的另一种形式。

在经济发展的调节措施上，斯大林不仅强调社会主义经济应当是计划经济，而且认为社会主义国家要求建立的计划经济体制就是以国家为主体调节经济运行的计划体制。社会主义国家经济运行的基本体制特征就是：国家所有制是社会的基本经济基础，由国家行政机关对整个社会经济生活进行计划控制。不仅如此，社会主义国家的经济职能既在于作为经济活动的主体从事经济活动，也在于保护社会主义所有制和发挥一般的调节作用。即国家承担起发展和协调经济的重任。为此，它代表全体人民占有生产资料，国有资产不仅控制了国民经济命脉，而且触角伸至社会经济的各个领域。在按传统模式构建的社会主义经济体制下，甚至把所有私有财产逐出国民经济，国有资产几乎达到了一统天下的程度。国有资产的绝对强势地位要求一种高度集中的管理体制与之相适应。国家对国有资产的管理通过层层下达指令性指标，从国有资产的投入、使用、经营到收益分配都由国家控制和管理。经营国有资产的国有企业没有自主权，企业生产所需要原材料、燃料均由国家提供，所需资金由国家拨付，企业利润悉数上缴。1937年，全民所有制和集体所有制在苏联全国生产基金（不包括牲畜）中占的比重为99.6%，占国民收入的比重为99.1%；在零售商业中占的比重是100%。其中，国家所有制在全国生产基金中的比重达到90%，它不仅包括工商业中的国有企业（城市的生产资料），还包括农业中的国有农场，农业的基本生产资料，如土地、农业机器设置（拖拉机、收割机、汽车）等也属国家所有。③

在斯大林亲自指导下，由苏联科学院经济研究所作的《政治经济学教科书》把国家所有制和由国家机关组织实施的计划经济列为社会主义最基本的经济特征。其中，国家所有制更被看作整个社会主义制度的基础。国家所有制形式决定了国有资产是社会主义制度的重要经济基

① 杨世忠：《市场经济与国有资产管理》，中国社会科学出版社，1998，第40~41页。

② 唐鸣、俞良早主编《共产党执政与社会主义建设——原苏东国家工人阶级政党执政的历史经验》，人民出版社，2008，第270页。

③ 唐鸣、俞良早主编《共产党执政与社会主义建设——原苏东国家工人阶级政党执政的历史经验》，人民出版社，2008，第270页。

础。苏联的政治基础，是由于推翻地主和资本家的政权并建立无产阶级专政而成长和巩固起来的劳动者代表苏维埃。苏联的一切权力属于城乡劳动者，由各级劳动者代表苏维埃行使。苏联的经济基础，是由于消灭资本主义体系、废除生产工具与生产资料私有制和消灭人对人的剥削而确立的社会主义经济体系和生产工具与生产资料社会主义所有制。苏联国家所有制的基本特点在实践中奠定了社会主义公有制的基础，使之在国民经济中占统治地位。苏联国家所有制的基本特点：一是国家以全民的名义组织生产资料，组织生产和分配；二是以国家指令性计划为基本运行机制，用产品经济取代商品经济。在苏联模式形成和建立初期，这种高度集中的指令性计划经济管理体制曾有效地动员了大量的人力、物力、财力来发展社会主义经济。这为一个资本匮乏的农业国家提供了必需的资本集中的积聚渠道以及强大的政治动员和整合手段，集中统一的国有资产管理体制为苏联建设社会主义提供了重要的经济基础，从而极大地推动了社会主义建设的历史进程，曾使苏联经济有了较大的发展。苏联在整个战前时期和战后恢复时期都保持了较高的经济增长率，并为逐步实现共同富裕打下基础。

2. 国有资产管理体制促进了苏联工业化发展

斯大林认为执政的共产党为了发展生产力和发展经济，必须实施工业化的路线和方针。他引用列宁的话“或者是灭亡，或者是在经济建设方面也赶上并且超过先进国家”。因此，斯大林认为必须尽快进行社会主义工业化，因为“工业是包括农业在内的整个国民经济的主脑，工业是一把钥匙”。[①] 斯大林所倡导的工业化道路除追求高速度外，还强调以优先发展重工业为中心。当时苏联的技术和经济极其落后，迫切需要快速发展工业，赶超先进的资本主义国家。另外，快速发展工业尤其是重工业也是因为备战的需要。苏联处于资本主义强国的合围和封锁状态下。要想摆脱孤立被困局面，必须快速发展工业。实现国家工业化是俄国社会发展的要求，是俄国近代社会几代人的夙愿。斯大林指出，我们已经争得了无产阶级专政，从而建立了走向社会主义的政治基础，我们还要用自身的力量，建立社会主义所必需的经济基础。苏联是在资本主义包围的环境下进行建设的，如果不实现社会主义工业化，如果停留在只输入机器而不能自立生产机器的阶段，就不能担保苏联不变成资本主义体系的附属品。

斯大林的国家工业化计划是一种超工业化计划。实现超工业化计划要高速，要求苏联在10年内跑完先进资本主义国家50~100年走过的路。斯大林要求高速度地实现超工业化计划，自然要寻找实现国家超工业化计划的捷径。这条捷径就是斯大林确定的抛开一般的、普遍的经济规律，由国家采取非常的行政手段，强制实行工业化。强制实行国家工业化就要建立高度集中的指令性计划，优先发展重工业。斯大林从多个方面强调优先发展重工业的重要性：重工业尤其是机器制造业，是保证国家经济独立的基本条件；重工业尤其是军事工业，是捍卫国家独

---

① 唐鸣、俞良早主编《共产党执政与社会主义建设——原苏东国家工人阶级政党执政的历史经验》，人民出版社，2008，第224页。

立和安全的重要条件；重工业主要是机器制造业，是改造农业和其他工业部门的关键。[①] 计划在当时具有最高效力，国家计划对企业、部门、地区的生产和流通具有极大约束力，计划就是“法律”。计划经济体制在社会主义现代化建设中发挥了积极作用，它不仅基本适应了苏联当时的社会生产力水平，有利于调整国民经济结构和生产力布局，而且保证了国家经济在很长一段时间内的发展速度超出发达资本主义国家。

集中统一的国有资产管理体制为苏联工业化发展提供了人才、物力和资金基础，奠定了国民经济发展的基础，并且建立了较完整的国民经济体系。由于国家拥有支配经济资源的权力，即国有资产的所有权、占有权和支配权，可以集中力量优先发展战略产业。按照国家发展战略，对产业结构进行调整，推动工业和科技技术进步。通过行政手段组织、协调各方面力量，展开科研攻关、新技术发明等。苏联高速的工业化进程所需要的资金问题主要通过社会主义内部积累，依靠本国的统筹调配和节约。国家号召人民必须和盗窃行为，尤其是盗窃国家财产的行为作斗争。苏联的国有资产管理体制曾发挥发挥重要作用，使苏联经济取得了巨大的成就。“一五”计划完成时，工业总产值占全国工农产值之比就超过 70%；“二五”计划完成时，苏联的工业总产量已居欧洲第一，仅次于美国居世界第二。美国发展经济学家吉利斯说：“这种体制的优点，是它给予中央计划人员以高度的经济控制权限，凭这样的控制权，当局可以迅速地调整关键部门。”

3. 国有资产管理体制为反法西斯战争胜利提供了物资保障

20 世纪 20 ~ 30 年代，苏联面临的国际环境恶劣，国家笼罩在战争阴影下。根据对世界局势的分析，斯大林预感战争的危险一天天地逼近，他指出苏联如果没有自己的重工业，尤其是若没有新式的国防武器，就会在敌人的进攻下“手无寸铁”，就会面临具有“致命危险”的、“实力悬殊”的流血战争。为加强国防建设，联共（布）开始快速着手发展重工业、全面建设战备经济，这必然要求联共（布）中央集权，强化党对国家的经济、政治、文化生活的集中领导。国家所有所制的模式固定了以国家部门管理为主，实行统一计划管理的高度集中的经济体制。

国家集权管理体制体现出生产资料公有制的优势。通过政府各部门对农业建设事业统筹安排、合理布局、集中指挥、调遣，充分利用了人力、物力、财力，有效地克服了分散主义、地方主义和无政府主义，为开发自然资源、实现重工业高速度发展的目标创造了条件。20 世纪 30 年代，国家经济持续高涨，保证了苏联能在短短的十多年的时间内建立起社会主义比较强大的物质基础，使一个原来资本主义不发达的国家成为社会主义强国，工业生产一跃而居欧洲第一位，世界第二位，进而为反法西斯战争的胜利奠定了雄厚的物质基础。1940 年，苏联工业总产量比 1928 年增加了 5 倍多，每年平均递增 16.8%，国民收入增加了 4 倍多，每年递增 14.6%。1928 ~ 1940 年的短短 13 年中，苏联的钢产量从 430 万吨增至 1840 万吨，石油产量从

① 唐鸣、俞良早主编《共产党执政与社会主义建设——原苏东国家工人阶级政党执政的历史经验》，人民出版社，2008，第 227 页。

170万吨增至3420万吨，煤产量从3550万吨增至16470万吨。[①] 头三个五年计划的实现，生产了足够的武器、弹药和军需的棉花、粮食。这就使苏维埃国家拥有了抗击并打败法西斯的雄厚的物质基础。加上领导体制上的不断调整，可以说，在“二战”开始时苏联已经拥有了强大的陆军和海军，整个国防实力大大提高了。1941年6月22日苏德战争爆发，6月30日成立了国防委员会，掌握全部国家权力。斯大林出任国防委员会主席和国防人民委员。在战争期间，国防委员会统率一切，全国一切机关、团体的活动都归它领导。国防委员会除领导作战任务外，还领导实现了工业东迁、扩大东部播种面积、巩固后方工厂等。斯大林后来说：“这是我们的管理经济和行政的各人民委员部（其中包括我们的铁路运输）的一项规模巨大、极其困难、极其复杂的组织工作。但是，困难被克服了。”[②] 斯大林关于在战时轨道上促进国民经济的指示得到了实现。到战争临近结束时，红军大炮增加了4倍多，坦克增加了14倍，空军增加了4倍。所有这些，成为取得伟大卫国战争胜利的重要保证。战时苏联动员之快，规模之大，确是举世罕见。没有这种高度集中体制，苏联的反法西斯战争是不可能这样迅速地取得胜利的，即使胜利也会经历艰难得多，曲折得多的历程。

斯大林领导苏维埃国家勇敢地战胜了法西斯，保卫了社会主义祖国，巩固了无产阶级政权。苏联模式在当时劳动人民心目赢得了自己的声望。然而，集权和专政的管理模式在战后仍然得以延续，其严重弊病也显露出来。这为一些干部思想蜕化变质、贪污受贿埋下了祸根。“战争加强了人们对国家权力的信念，而不是加强他们对经济规律的信念”。[③] 国家所有制名义上把一切权力都集中到国家手中，但实际上是整个国家的政治、经济、社会、文化权力都聚集到俄共（布）身上。党不仅是领导核心，而且以公共权力核心的形态，直接指挥国家政权机关作为或不作为。[④]

4. 国有资产管理的集权削弱导致了苏联政府的腐败

苏联高度集中的计划经济管理模式是以生产资料国家所有制为基础建立起来的。这种体制的形成是20世纪30年代苏联国内外各种特殊历史条件综合作用的结果。它建成初期确实取得了一定成效。计划经济集中了全国的人力、物力和财力，根据国家经济布置和发展战略，优先发展工业，特别是重工业，短时期内苏联的发展跃居欧洲第一、世界第二。同时，依靠这种统一集中的国有资产管理体制，苏联取得了反法西斯战争的胜利，为世界和平做出了贡献。

随着历史的发展，计划经济体制越来越偏离科学社会主义的一些基本原则，“二战”后其弊端越来越明显。高度集中的计划经济体制开始暴露出统得过多、管得过死、缺乏活力、效率低下的弊端。国有资产管理以部门管理，即“条条”管理为主，中央部门集宏观经济和微观

---

① 刘克明、金挥主编《苏联政治经济体制七十年》，中国社会科学出版社，1990，第399页。

② 刘克明、金挥主编《苏联政治经济体制七十年》，中国社会科学出版社，1990，第326页。

③ 莫舍·卢因：《苏联经济论战中的政治潜流——从布哈林到现代改革派》，倪孝铨等译，中国对外翻译出版公司，1983，第99页。

④ 唐鸣、俞良早主编《共产党执政与社会主义建设——原苏东国家工人阶级政党执政的历史经验》，人民出版社，2008，第6页。

经济的决策权于一身，直接支配企业的人力、财力、物力和产、供、销大权。在这种经济管理体制下，党对指令性经济计划的制订、实行、验收具有全面的领导权。在程序上，国民经济计划和指标体系、国家预算等都由国家计划委员会制定，然后报请人民委员会审批产生。但事实上这些工作都必须由联共（布）中央作出定夺。联共（布）中央正是通过对国家经济计划委员会和人民委员会的领导，将这些经济决策大权牢牢地掌握在手中。国家和企业经济活动的决策，都由国家主管经济的机关集中掌握，生产指标由国家下达，物资、技术和装备由国家统一调拨，甚至“每一千块砖头、每一双皮鞋或每一件内衣，都要由中央调配”。[①] 产品同样由国家统一销售，价格由国家统一规定，企业除了有一定的利润留成以外，对生产、分配、流通等方面没有任何自主权和决策权。难怪赫鲁晓夫在批评这种体制的弊端时说：“从位于莫斯科的一个中心、一个部去领导国内全部工业，这当然是很难的。那时候部长应当比上帝站得还高，因为他得知道和看到，比如库页岛、堪察加、巴库或亚美尼亚都在做些什么，而这都是不可思议的事情”。高度集中的计划经济模式极大地削弱了企业的积极性和自主性，片面地强调国家、集体的利益，忽视个人利益，在很大程度上限制了劳动者主体作用的发挥，不利于生产率的提高，因而势必阻碍苏联现代化的进程。

随着高度集中的计划经济体制进一步巩固和强化，国有资产管理也出现了一些弊端，如侵吞国有资产、以权谋私和权钱交易等。社会主义国家的所有制实现形式，指的是由国家（通过政府及其官员）或集体以人民委托者的名义直接占有、控制生产资料。斯大林将国家所有制与全民所有制联系起来。他认为，全民所有只能是抽象意义上的，因为全民很难按照一个意志活动，所以全民不可能来具体地行使所有权。在这种情况下，只能通过代表全民意志的国家来代替全民行使所有权，而国家所有制实际上就是全民所有制的实现形式。但是这种高度集权的经济管理体制也由于缺乏监督而出现了很大的弊端，权力过度集中于中央，民主机制缺乏，广大人民群众缺乏监督权力。没有充分实现社会主义公有制原则，没有充分保证人民的社会财产主人翁的地位。国家所有制很容易变成“无主所有制”，从而使一些官员有了享受特权的权力和机会，逐渐脱离群众成为特权阶层。苏联官僚权贵阶层窥视到以国家名义支配国有财产的机遇。权贵阶层以集权方式支配国有资产的途径十分方便，借口也堂而皇之。权贵阶层可以利用部门和行业超常的集中程度，甚至代表国家以所有者面目出现，直接支配所管辖范围的财产。同时国家法规不健全，国有财产管理混乱，使国家所有变得十分抽象和空泛，这就很容易使官僚取得的支配权逐渐演变为隐性的占有权。斯大林也意识到了这一点，并通过各种方式防止国有资产的侵蚀。1936 年宪法规定：“……凡侵犯社会主义公有财产者，即为人民的公敌。”1938 年 8 月 16 日，苏联最高苏维埃关于法院系统的法律中也宣布：保护社会主义经济制度和社会主义财产使之不受任何侵害为苏联司法最重要的任务。刑法还规定，不但要严惩那些盗窃、侵吞者及其帮凶，而且也要严惩那些不爱护社会主义财产、将委托给他们的国家财产和公有财产作不合法的处理，从国营企业中出产质量低劣产品的人。

① 刘克明、金挥主编《苏联政治经济体制七十年》，中国社会科学出版社，1990，第 352 页。

然而，不受制约的权力还是滑向腐败的深渊，专政的权力使国有制逐渐变成了事实上的私有制，越来越多的权力拥有者卷入了腐败队伍。“从斯大林本人到集体农庄主席，按照级别享受这些特权：黄金地段的高级住房，免费占用别墅，专用汽车（领导人和妻子、儿女都有，有时甚至一人几辆供选择），专职司机，免费早餐与午餐，假日去修养所，往返修养所、疗养所的大量路费、补助、‘医疗费’、阔气的狩猎、不用排队就在特供商店里购买紧缺的商品和进口奢侈品，以及其他一些形形色色的特殊供应。”[①] 在党的权力金字塔上职位越高，享受的东西就越丰富。

列宁和斯大林时期，苏联完成了国有资产的积累、国有资产管理体制的探索、发展和确立时期。到斯大林执政时，高度集中的计划管理体制得以定型。这种体制对苏联政权的巩固和廉洁政府建设起到了积极的作用，领导苏联人民在相当较短的时间里实现了工业化，打败法西斯进攻为世界和平做出巨大贡献，使苏联跃居为世界强国等。同时也由于没有适时改革和调整，在一定程度上也削弱了党的执政威信。总体而言，党对国有资产的管理主要涉及两个问题：一是加强和改进党的领导方式科学化的问题；二是提高党的质量和纯洁性的问题。对国有资产管理体制进行改革既是社会主义上层建筑本身的自我完善，也关涉廉洁政府建设。这里关系到无产阶级专政并不是自动、自发地实行的，它首先是依靠党的力量，在党的领导下实行的。当苏维埃国家制定内外政策的“一切基本问题”的时候，起领导作用的也正是党。[②] 正因为如此，党必须不断改革和完善自己的领导方式和管理科学化，加强廉洁政府建设，而不是通过简单的行政命令方式。必须坚持党内民主制度和对党的监督机制，反对个人崇拜和集权专断。更为重要的是关涉党员队伍纯洁性的问题，需要不断提高党员素质和加强党员组织纪律性，避免专制和腐败。然而苏联在社会主义建设的实践中出现了党和国家职能的混淆，党实际上代替了国家权力机关即立法机关的职能，国家权力不恰当地集中于党。斯大林后期，国家权力机关相对萎缩，最高苏维埃在相当程度上只是装饰品，丧失了国家最高权力机关的性质。这也意味着人民失去了主人翁的权力，这与社会主义国家本质并不相容。党变成了特权的党，党管理的国有资产被特权阶层侵蚀和挥霍。国家所有制让国家成为所有者，名义上国家代表劳动人民掌握生产资料的所有权并管理企事业，但在实际运作过程中，常常演变为政府官员掌握经济权力的局面，逐渐形成了高于人民的特权阶层，而全体公民则变成为国家服务的雇佣工作者，难以体现工人阶级和劳动人民的经济权力。官僚主义的泛滥与特权阶层的形成，直接影响了党和国家的性质。难怪苏联学者指出“斯大林政权就其社会阶级本质而言是党和国家官僚的政权”。[③] 这些现象导致干群关系严重对立和隔阂，与工人阶级和农民阶级的关系恶化，削弱了廉洁政府建设，丧失了人民的公信力。对苏联政治、经济模式的定型，甚至对苏联后期的国家解体、无产阶级政权的丧失都产生了深远影响。

---

① 唐鸣、俞良早主编《共产党执政与社会主义建设——原苏东国家工人阶级政党执政的历史经验》，人民出版社，2008，第275页。

② 刘克明、金挥主编《苏联政治经济体制七十年》，中国社会科学出版社，1990，第278页。

③ 马尔科维奇、塔克等：《国外学者论斯大林模式》（上册），中央编译出版社，1995，第398页。

第二节　国有资产管理体制的僵化与弱化加剧了苏联政府的腐败

一　国有资产管理体制的僵化时期

经过了斯大林模式的确立与强化之后，尤其是随着战争状态的结束，苏联的经济体制与国有资产管理进入了调整时期。这样的调整肩负着继往开来的使命，是决定苏联体制和国家发展的关键。但遗憾的是，历时二十余年的调整并没有正本清源，理顺体制，反倒使整个国家都进入了一个停滞僵化的阶段，苏联的廉洁政府因此而受到削弱，为之后的改革与发展留下了巨大的隐患。

（一）改革的冒进与停滞

1. 赫鲁晓夫时期的冒进改革

赫鲁晓夫当政时期，试图对经济改革与廉洁政府建设全面推进，双管齐下。一方面大幅度调整经济政策，一方面大刀阔斧进行政治改革。但他的改革缺乏深刻系统的理论指导，停留在了就事论事、就事解决事的浅层次上。这种情况极易使改革方向不明确、措施不配套、缺少连续性，以至影响社会稳定。

（1）赫鲁晓夫的经济政策。

赫鲁晓夫首先在农业方面进行了改革和政策调整。1953 年 9 月，赫鲁晓夫在党的中央全会上通过了《关于进一步发展苏联农业的措施》的报告。据此自 1958 年 6 月起，取消义务交售制，实行农产品采购制；鼓励庄员发展副业经济，允许庄员拥有一定数量的自留地和饲养一定的牲畜，同时降低自留地的税额。1958 年起取消副业的义务交售制。

之后，改变计划管理体制体制。1955 年 3 月苏共中央通过了《关于改变农业计划工作》的决议，过去国家向农场或农庄下达详尽的指令：包括各种农作物的播种面积、播种时间、技术措施、收割时间、粮食产量等共 280 多项，严重影响农场和农庄因地制宜管理生产的自主性。决议宣布从 1955 年起只下达国家收购农畜产品的数量指标，废除过去繁杂多样的计划指标。但是在实施中，国家仍经常用行政手段干预农业生产的安排。

第三，开垦荒地，扩大谷物生产。1954 年 3 月 2 日，苏共中央全会通过决议，在哈萨克斯坦和西伯利亚大规模开垦生荒地和熟荒地。1954 ~ 1958 年，共开垦了 4000 万公顷的土地，相当于全苏耕地的 1/5，1958 年垦荒区的谷物产量为全年全苏产量的 2/5。不过垦荒的配套工程存在严重脱节，加上垦殖方法失当，造成风沙侵袭，使垦荒成果未能有效巩固。

第四，改组农业生产的组织管理，由农庄收购农业拖拉机站。1958 年 2 月，苏共中央通过了《关于进一步发展集体农庄制度和改组拖拉机站的决议》，改变了斯大林时期生产资料不是商品，不能出售，只能由国家成立机器托拉机站代耕，收取实物报酬的做法；将托拉机等农机卖给集体农庄，同时将机器托拉机站改为机器修配站。这一决定虽受农民欢迎，但在实施过程中操之过急。到1959年1月，全国8000个机器拖拉机站中卖掉的有7655个，本应在三五年内分期偿付的款项，改为一年内还清，本无购买力的20%的农庄也被强令贷款购买。其结果打乱了农庄建设的正常秩序，农机维修没有跟上，驾驶员不稳定，使农机的效益大受影响。

第五，合并农庄，发展国有农场和大农庄。从1953年到1964年，农庄数由93300个减少到38300个，平均农户从1950年的近100户到1965年的426户；国营农场从1953年的4857个到1964年10100个。

第六，大力培养受高等教育的农庄主席、农艺师、农技师和拖拉机手。

赫鲁晓夫的农业改革有一定的成果。1950～1960年，苏联农业人口减少了1100多万人，而农业产量有所增加，谷物产量1953年为8250万吨，到1964年为15210万吨，增加了84%。农产品价格1964年比1952年增加了2.5%。农机化水平大大提高，1964年和1953年相比，拖拉机从74万台增加到154万台，卡车从42万辆增加到95万辆，谷物收割机则从32万台增加到51万台。国家对农庄的长期贷款从5.8亿卢布增加到12.5亿卢布，农庄庄员的平均收入1955年为25卢布，1965年达51.3卢布。

但是赫鲁晓夫唯意志论的错误指挥也给农业带来了重大的损失。如过快地改变农业管理体制；强行推广玉米种植面积，减少草地面积，1953年全苏玉米面积仅350万公顷，赫鲁晓夫竟要求到1960年增加到2800万公顷，从而带来了灾难性后果，由于它不适合苏联各地的实情，从而造成大幅度减产，农民拒播，到1965年仅为320万公顷。

赫鲁晓夫的农业改革并没有触及农庄内部的机制改革，仍然是劳动日分配制、集中劳动的大锅饭，难以充分调动农民的劳动积极性。1958年后他又放弃了鼓励发展家庭副业政策，限制私人经济的发展，1958～1964年私人经济和私养牲畜减少了13%～15%。

此外，他还不加分析地宣布把农业部、大中农业机构及高等学院的农业实验室统统搬到农村；1962年又决定把党组织分为工业党、农业党，造成了管理体制的极大混乱。

赫鲁晓夫的工业改革政策主要是以下几方面。

第一，改革工业管理体制。由于20世纪30年代以来形成的高度中央集权的行政管理为主的计划经济体制的影响，严重束缚了全国20多万个企业的积极性和主动性。在90%的工业产值由中央控制的苏联，从生产发电机到小别针，一概由国家计划委员会决策。赫鲁晓夫首先把15000个中央企业下放给加盟共和国管理并扩大地方的管理权限。

1957年2月，苏共中央通过了赫鲁晓夫的《关于进一步改进工业和建筑业的管理组织》的报告。由中央管理工业由建筑业转为地方管理。1957年5月10日，苏联最高苏维埃发布法令，将25个中央部和113个加盟共和国部撤销，中央仅保留航空、无线电、造船、化学、重型机械、交通运输建筑等部；全国划分为105个经济行政区，各区设国民经济委员会，管理各地的企业。改组后的经济管理体制为苏联部长会议—加盟共和国部长会议—经济行政区的国民经济委员会—工业和建筑业各企业。其结果据1959年统计，中央直属的企业产值由45%下降为6%，经济行政区属工业和建筑业产值占72%，地方属产值占22%。

这样的改革在主要方面只是变“条条”管理为“块块”管理，并未根本改变滋生健康有序的经济内生动力，结果是这次改革以收效甚微而告终。

第二，实行物质利益原则，推行盈利率和奖金制。1962 年 9 月 9 日，哈尔科夫经济学院教授利别尔曼发表《计划、利润、奖金》的文章，建议用这些经济手段而不是行政手段来推动企业生产的发展；国家只给企业下达产品数量和完成期限两个指标；把盈利率作为企业优劣和奖金发放多少的标准。1962 年 9 月至 1963 年底，《真理报》发起了在全国进行大辩论活动。赫鲁晓夫支持利别尔曼的主张，并在乌克兰的一些工厂试行。它为后来进行的经济体制改革奠定了舆论和实践的准备。①

（2）赫鲁晓夫时期的政治体制改革。

纵观赫鲁晓夫的执政始终，可以看出赫鲁晓夫对干部问题还是有相当深度的理解的。一方面，他非常清楚干部是政策贯彻的保障，是执掌政权的基础。为此他曾提出过类似斯大林干部决定论的论断：“关键在于干部，而且仅仅在于干部”。② 另一方面，赫鲁晓夫也觉察到了官僚主义对于社会发展有着严重的危害，必须要对这种治理缺陷进行整饬，这就要提高工作效率，建立起高效的社会管理机制。而提高干部队伍工作效能的办法，赫鲁晓夫认为主要有两个途径：一是提高干部的文化素质与管理能力；一是要有流动性，保持干部队伍的活力与纯洁性。

按此思路，赫鲁晓夫首先大力推动了干部队伍专业化和知识化建设。1955 年，他曾建议派遣 3 万名受过高等或中等专业教育的干部去更换全国 1/3 的集体农庄主席。到 1961 年，苏联 9/10 的州委书记、边疆区委书记、加盟共和国中央书记和 3/4 的市委书记、区委书记都具有高等教育程度。

在这之后赫鲁晓夫又采取了另一项大胆的举措——推行干部更新制度。他认为，经常更换干部，提拔年轻干部，不仅可以防范个人崇拜的复发，是适应“全民党”、“全民国家”的建设思路的重要步骤，更是防范官僚主义、提高效率的有效手段。他谈到：“经常更换干部，提拔在工作中成长起来的新同志，把年轻的工作人员同富有经验的工作人员在我们党和国家的乐队中结合起来，是马克思主义政党的发展规律”。而且这符合“全民国家”与“全民党”在当前时期的要求，是“发展民主的一大步骤”。赫鲁晓夫并强调：“有选举产生的各级机关的经常更新，今后应该成为不可违犯的党内生活准则，成为国家和社会生活的准则”。③

在此原则指导下，赫鲁晓夫对各级干部进行了大幅度的调整与更换。从集体农庄、企业、区委的领导干部，到中央委员、各部部长，及至中央委员会的主席团成员，在赫鲁晓夫执政期间基本上被更换了 60% 以上。而在苏共二十二大文件中，更进一步对干部更新制度作出了如下规定：每次例行选举，苏共中央委员及主席团成员至少更换 1/4；加盟共和国党中央，边疆区委、州委的成员至少更换 1/3；市委、区委、基层党委或支委的成员至少更换一半。还规

① 赫鲁晓夫经济改革内容整理自：刘克明、金挥主编《苏联政治经济体制七十年》，中国社会科学出版社，1990；学术交流网，http://www.annian.net/show.aspx? id = 2038&cid = 23

② 《赫鲁晓夫言论》，第 3 集，中文版，第 19 页。

③ 《苏联共产党第 22 次代表大会文件汇编》，第 287 ~ 290 页。

定：苏共中央主席团委员以及设有州的加盟共和国党中央领导机关成员，连续当选不得超过3届，每届任期4年；不设州的加盟共和国党中央、边疆区委、州委以及市委、区委领导机关的成员，连续当选也不得超过3届，每届任期2年，基层党组织的书记连续当选不得超过两届，每届任期1年。如果超过上述规定更长期地连续当选，则必须有3/4以上的投票赞成。除了党的领导机关的成员以外，国家机关和社会团体的各级领导干部，也照此办理。

赫鲁晓夫还提出要求："要使当选领导职位的同志们不挡住新生力量的道路，而相反地给别人开辟道路"。[①]

赫鲁晓夫执政的早期，改革多是恢复性的，是恢复被斯大林破坏的维系党和国家运转的制度，因而尚有成效。到执政中后期，开始重新审视当时苏联的社会主义体制时，开始制定进一步的发展战略时，没有系统理论的弊病则开始显露。由于对社会主义本质的理解缺乏深入探究，对斯大林模式中政治结构的弊端缺少科学的分析，导致了出现提倡分权而不放权、号召监察却不予地位的现象。在因认识局限而改革具有不彻底性的同时，赫鲁晓夫还犯有冒进、盲目、严重脱离实际情况的错误。克服认识局限的良方就是谨慎实践，及时总结，但赫鲁晓夫时期的改革却没有做到这一点。在"全民国家"、"全民党"的理论已经造成一定的思想混乱的情况下，贸然推行党组织拆分、干部任期制等广泛涉及社会群体利益的措施，加之经济政策的失效，激化的矛盾便使赫鲁晓夫告别了政治舞台，改革也因政治破产而半途而废。

2. 勃列日涅夫时期的改革停滞

思想僵化作用于经济领域会导致经济改革的失效，而体现在政治领域则极易形成执政力量腐化。勃列日涅夫时期的政治体制虽然在执政初期对修正冒进起过一定作用，但总体而言是向着进一步专权与僵化的方向发展。这一时期历时漫长，对于苏联的廉洁政府建设造成了深及肌理的侵蚀。

（1）加强集权。

勃列日涅夫甫一执政，即在调低了发展基调的基础之上，开始对赫鲁晓夫的执政理论与政策进行了全面的修改与调整。首先，不再大讲"无产阶级专政在苏联已经不再必要"，而是强调无产阶级专政"继续"的必要性。强调："无产阶级专政国家的任务和职能在全民国家的任务和职能中得到了合理的继承和发展"。其次，不再宣扬"国家消亡"，而是强调加强国家机器。在苏共二十三大时，勃列日涅夫谈到："民警机关、检察机关和法院在争取进一步巩固社会主义法制方面正在做许多工作。"[②] 1970年4月21日，勃列日涅夫在纪念列宁一百周年诞辰大会上作报告说："全民国家是我们建设共产主义的重要工具。这就是为什么必须不断地加强这个国家，完善整个管理社会的体系的原因。"[③] 再次，宣扬民主的同时强调加强法制。在苏共二十三大时勃列日涅夫开始强调，要"最严格地遵守社会主义法制"，"培养社会所有成员

① 《苏联共产党第22次代表大会文件汇编》，第288页。

② 《苏联共产党第二十三次代表大会主要文件汇编》，中文版，第101页。

③ 转引自王正泉等编《苏联的发达的社会主义理论》，中国人民大学出版社，1985，第145页。

的自觉纪律具有最重要的意义”。[①] 到二十四大时，勃列日涅夫更是谈到：“加强法制——这不仅仅是国家机关的任务。党组织、工会、共青团也必须尽一切努力来保证法律得到恪守，改进对劳动人民的法律教育。遵守法律与法令应当成为每个人的个人信念。对公职人员的活动来说尤其如此。任何违反或回避法律的企图，不管其理由如何，都是不能容忍的。”[②] 此外，对社会团体的作用只表示“要进一步提高”，而不再提“把国家职能转交给社会团体”。在具体政策中，勃列日涅夫上台后，立即着手合并工业党与农业党，恢复苏维埃、工会、共青团的统一组织，撤销经济行政区，恢复部门管理体制，开始有步骤地收权于中央。

这些举措在勃列日涅夫执政初期对于纠正赫鲁晓夫冒进改革所带来的混乱起到了良好的作用，苏联社会在很短的时期内恢复了秩序。面对立竿见影的效果，本已保守的勃列日涅夫因此更加坚定了继续执行这些政策的决心。可是问题便也由此产生，政策调整应该是对前面政策做到扬弃，改善其偏颇，也要吸取其精髓。但勃列日涅夫对赫鲁晓夫政策的调整中，却没有做到批判地继承。赫鲁晓夫的改革政策虽然仓促冒进，但仍有些思路与措施乃是针对苏联的痼疾，涉及当时苏联的一些根本的结构性的问题，如集权严重、民主乏力、经济增长模式过于粗放等。然而这些有益的探索却没有被勃列日涅夫真正继续下去，片面地强调有序，最终导致了集权的再度加强。

随着过渡期“三驾马车”体制的结束，勃列日涅夫更是总揽党、政、军大权，实行党政不分、以党代政的体制。1977 年，苏共中央 5 月全会决定，勃列日涅夫以总书记身份兼任最高苏维埃主席团主席；同年 10 月 7 日，最高苏维埃非常代表会议审议通过了《苏维埃社会主义共和国联盟宪法（根本法）》。按新宪法增加的条款，勃列日涅夫又兼任国防委员会主席。与个人权力逐步高度集中同步，独断专行现象严重起来，党内民主遭到破坏。据后人回忆：“（专权后）勃列日涅夫做决策时依靠的是秘书，而不是政治局”，“秘书先于政治局做研究……经常出现这种情况：勃列日涅夫说：‘我们建议这样，我们是这样考虑的’，秘书就回应道，‘是的，就是这样，列昂尼德，伊里奇’，于是政治局成员一致同意。”[③] 甚至震惊世界的入侵阿富汗计划即是仅由勃列日涅夫、乌斯季诺夫、葛罗米柯和安德罗波夫四人组成的小组决定的。[④] 有勃列日涅夫做榜样，权力集中的现象迅速在苏联各级领导机关蔓延开来，排斥异己、阻塞视听逐渐成为了这一时期政治生活的主要特点，革新精神被严重打压，改革开始陷于停滞。

（2）个人崇拜再现。

个人专权是个人崇拜孳生的绝佳土壤。勃列日涅夫专擅大权后亦开始大张旗鼓地大搞个人崇拜。1973 年，他获得列宁和平奖金，还获得了 4 枚苏联英雄金质奖章和 7 枚列宁勋章。1976

① 《苏联共产党第二十三次代表大会主要文件汇编》，中文版，第 113 页。

② 《苏联共产党第二十四次代表大会主要文件汇编》，中文版，第 110 页。

③ Ростов-на-Дону，《Леонид Брежнев в воспоминаниях，размышлениях，суждениях》，《Феникс》，1998，第 139 页

④ Л. Н. Нежинский，《Советская внешняя политика в годы холодной войны》，《Междунар. отношение》1995，第 465 页

年他被授予苏联元帅，在历任苏联领导人中，只有斯大林享受过这一称号。1980 年又获得了列宁文学奖金。1976 年在勃列日涅夫 70 诞辰时，苏联掀起了颂扬高潮。《真理报》专门开辟了 7 天的专栏，阿谀奉承之辞比比皆是。“以勃列日涅夫名义发表的几本小册子：《小地》、《复兴》、《垦荒者》等，其发行量之大也是惊人的，截至 1981 年底，出版 1960 次，平均每两个苏联人就有一册。”① 苏联著名的持不同政见者阿尔巴托夫对此评价为：一而再地“造神”运动在社会上造成了极坏的影响，促使了教条主义泛滥、道德滑坡，严重打击了人们的政治信仰，从而使苏共的群众基础大为削弱。当时苏联的政治宣传，就像“演出一出荒诞的戏”，群众“都不信以为真。这大大加深了人们对政权的不信任感，加强了不关心政治和玩世不恭的消极风气，腐蚀了人们的思想和灵魂。从象征的意义上说，这个插曲犹如我国历史上我们为之付出了很大代价的这段可悲的时期树立了一块墓志铭。这是名副其实的停滞时期。其登峰造极之时我认为是 1975 ~ 1982 年”。②

（3）形成等级森严的社会结构。

专权的稳固需要有官僚阶层的稳固，官僚阶层的固化则会导致社会结构的等级化，其后果则是任人唯亲，搞裙带关系成为了自然。官员们或弄虚作假，粉饰太平，或明哲保身，唯上是从，或以权谋私，贪污腐化。官僚主义成为了这一时期的代表性特征。于是，“所有的决定都是由最上层做出的，与此同时，‘上边’却不能真正采取任何一个行动——其中每一项决定要经过几十次甚至几百次协商，此外，领导人任何一项决定作出后，在贯彻时又受到机关的专横的阻挠。”“几乎没有人对某件事真正承担责任。”③ 官僚化的另一个严重后果是管理机构的膨胀，到勃列日涅夫后期，苏联大约有机关干部 600 万人，官僚机构一年印发的各种文件达 8000 亿份。④

而领导干部职位终身制对官僚主义盛行更是推波助澜。在赫鲁晓夫执政时期，中央委员连选连任者比例为 49.6%，到二十二大，中央委员连选连任的比例提高到 79.4%，二十五大时则为 83.4%，二十六大时更是达到了 90% 以上。⑤ 领导干部终身制也必然导致领导干部高龄化。在苏共二十六大时，政治局委员平均年龄为 70 岁，书记处成员平均年龄为 68 岁，核心成员的平均年龄竟高达 75 岁。超级稳定的官僚队伍带来的另一大弊端则是“特权阶层”的壮大。特权阶层的先天属性就是抵制任何实质性的改革，此时，掌握了绝对力量的特权阶层更使社会各阶层之间的流动陷于封闭状态，而这种流动的缺乏又必然会使社会缺乏前进的动力，此刻的苏联社会生活已经几乎没有任何进取精神而言。尤其在勃列日涅夫执政后期，整个国家死气沉沉，呈现出凝固化的状态，而这种凝固已经不仅仅是政治与社会层面上的僵化，而且还意味着苏联的经济发展速度明显衰退，发展潜力已接近枯竭（见表 7 - 1），苏联社会已经出现了严峻的危机。

---

① 转引自陆南泉等主编《苏联兴亡史论》，2002，第 599 页。

② 格·阿·阿尔巴托夫著《苏联政治内幕：知情者的见证》，徐葵等译，第 346 页。

③ 格·阿·阿尔巴托夫著《苏联政治内幕：知情者的见证》，徐葵等译，第 301 页。

④ 资料来源于刘克明、金挥主编《苏联政治经济体制七十年》，中国社会科学出版社，1990，第 607 页。

⑤ 资料来源于刘克明，金挥主编《苏联政治经济体制七十年》，中国社会科学出版社，1990，第 549 页。

表 7－1　苏联经济增长情况

单位：%

二战后和赫鲁晓夫时期		勃列日涅夫时期	
时期	年平均增长率	时期	年平均增长率
1946～1950 年	14. 2	1966～1970 年	7. 4
1951～1955 年	10. 8	1971～1975 年	6. 4
1956～1960 年	9. 1	1976～1980 年	4. 2
1961～1965 年	6. 5	1981～1985 年	3. 6

资料来源：陈之骅主编《勃列日涅夫时期的苏联》，中国社会科学出版社，1998，第 71 页。

改革停滞不前与勃列日涅夫政权的思想僵化有着直接的关系。抑变求稳，安享太平是其执政期间的主要思想特征。这一时期中，进取的锐气被逐渐消磨殆尽，突破性的新理论与新观点无从觅迹，而已有的被实践证明了的成功经验也被漠视与压制。高度集权愈演愈烈，苏联似乎重塑了“新斯大林主义”。阿·阿夫托尔哈诺夫对勃列日涅夫时期的经济改革亦提出了自己的看法，认为列宁的新经济政策才是解决经济问题的正道，应该“在国家控制‘经济命脉’的同时，实行轻工业非国有化、服务行业私人化，农业个体化。”而这是“列宁主义的宝库”，“列宁和党都曾说过这个政策是一种‘长期’的计划，是‘整个历史时期’的计划。对克里姆林宫来说，其他出路是没有的。”① 换言之，改革不去触及根本，最后只能是步履维艰、每况愈下。

（二）特权阶层的形成

苏共内的特权阶层，是从勃列日涅夫上台后特别是其后期逐步形成的。1966 年 4 月，苏共二十三大召开，在勃列日涅夫主持苏共中央工作后的首次全国代表大会上，就对党章第 25 条进行修改。勃列日涅夫特别推崇长期主持意识形态工作的苏斯洛夫的一句话：“干部队伍的稳定是成功的保障。”他从片面追求干部队伍的稳定，发展到形成领导干部事实上的职务终身制。勃列日涅夫、苏斯洛夫等高级干部都是在他们的职位上寿终正寝的。特权阶层严重损害了社会主义的声誉、制造了社会鸿沟、败坏了社会风气。普通民众与特权阶层的距离越来越远。在苏联社会中，一般大众自称“我们”，而把特权者称为“他们”。苏联的“权贵阶层”是官僚集团的核心部分，他们掌控着国家最重要的权力部门，包括党中央、最高苏维埃、政府、军队、外交等各领域。② 北约情报部门统计认为，此时最上层的执政权贵大约有 11000 人，具体包括：国家最高领导机关——苏共政治局和书记处，代表着最高立法机关；苏共中央机关各部门的最高领导人，代表着实际政权执行机构；苏共地方委员会的领导人；政府部长；军队及强力部门的领导人；苏维埃系统的高级领导人；高级外交官；共青团、工会及一些文艺团体等社

① 阿·阿夫托尔哈诺夫：《勃列日涅夫的力量和弱点》，杨春华、张道庆译，新华出版社，1981，第 76 页。

② 权贵阶层即指官僚等级名录制的核心成员。

会组织的负责人。① 如果在统计中加上上述机构的领导班子与大型国有企业与集体农庄的领导者，则总人数大约为25万人，这25万人在联盟内享有最充分的特权（见表7-2）。

表7-2　苏联特权阶级25万人的成分

单位：%，千人

组成成分	占比	人数
党务官僚、党书记及全职负责官员	38	95
政府、共青团、工会的负责官员	24	60
知识界特权分子	17	43
科学院士、学院院长、校长		10
首席医生		10
编辑及重要记者		17
艺术家及艺术组织领导人		4
社团重要官员		2
企业经理	9	22
工业		8
建筑		2
运输		2
贸易		5
农业		5
军队、警务、外交官员	12	30
苏联特权阶级	100	250

资料来源：杜渐著《新俄罗斯帝国》，朝阳出版社，1977，第395页。

过度集权和僵化的党政领导体制及因此形成的官僚特权阶层，使党的思想政治教育工作失去权威性。这些特权阶层，享有高薪、住房、别墅、汽车、游艇、内部餐厅、特供食品、特供商店、海滨休假、夏日狩猎等许多特权。以薪水为例，1922年，苏联的工资最高与最低的差距是8倍，1934年扩大为30倍，到1953年扩大到四五十倍，到勃列日涅夫时期，更是扩大到上百倍。勃列日涅夫的上台，这个特权统治阶级就迅速地成长起来。正是在这个时期，党政干部与人民群众收入的差距达到30~44倍，同时又把科技人员的收入不合理地加以降低，科技人员与工人的工资由1940年的2.1∶1降到1980年的1.1∶1，完全违背了世界科技进步潮流。正是在这个时期，党政机构迅速地膨胀起来。据统计，苏联全联盟和联盟兼共和国部从1965年的29个增加到20世纪80年代前期的160个，部长会议所属的部委和直属机构正副部长级干部达800人之多，一个黑色冶金部就有正副部长19人。党政机关已完全官僚化了。党的干部事实上的终身制达到顶点：1976年苏共25大选出的中央委员中连任的达90%；26大选出的中央政治局和书记处成员是25大的原班人马；中央委员中任期最长的达34年；至于思想僵

① 张树华著《过渡时期的俄罗斯社会》，新华出版社，2001，第79~80页。

化、个人专断、脱离群众、任用私人、裙带关系、营私舞弊、腐化堕落，更是比比皆是。1982年，苏联工人和职员占到86.7%，集体农民和合作社手工业者为13.3%，而党政干部的人数如果按人口的5%计算则达到1300万人，这是一个很不小的社会群体或社会集团。更严重的是，他们并不以享有特权为满足，而且还以各种方式侵吞国家财产，贪污腐化之风日益蔓延滋长。马克思主义对他们来说只是口头上的东西，共产主义、社会主义理想在他们头脑中已经淡薄。① 法国著名作家罗曼·罗兰访问莫斯科时惊讶地发现高尔基也被当做贵族供养起来。这位有良知的作家深感苏联已经出现“特殊的共产主义特权阶层”。② 特权阶层的腐败风气恶化党群关系的后果在苏联解体时得到直接体现。苏联共产党的反对派人物打着“反特权”的旗帜，并以自己上班不坐小汽车而坐大轿车这一点行动，就激起人民群众巨大反响，并得到积极拥护。③

在勃列日涅夫当政的18年间，苏共党内风气的败坏和各级官员的种种腐败事件广为流行，贪污受贿、任人唯亲、盗窃国库等毒素迅速蔓延，不仅党内高官涉嫌腐败，就连勃列日涅夫的家人和他本人也都身陷其中。例如，谢洛科夫在当内务部长的17年间，实际上将内务部第一大型国家别墅和曾作为内务部迎宾馆的第八国家别墅据为己有。他还在赫尔岑大街24号占有一套很大的公寓。这两座国家别墅和公寓里，存放着谢洛科夫及其家人的大量私人财物。在其中的一个别墅里，光地毯就一张迭一张地堆放了七层；而俄罗斯著名画家的油画都放在了床底下。身为内务部第一副部长的丘尔巴诺夫，勃列日涅夫的驸马爷，在几年的时间里，贪污受贿达654200卢布，约合105万美元。上梁不正下梁歪。在勃列日涅夫庇护下的犯罪，成为莫斯科和各加盟共和国领导人效法的榜样。勃列日涅夫后期，莫斯科和各加盟共和国里的贪污腐化问题越来越恶劣了，“渔业案件”、“索契案件”、“克拉斯诺达尔案件”、“海洋案件”、“乌兹别克案件”……都引起了公众的广泛关注。

勃列日涅夫还试图建立“特权继承制”。他的儿子是对外贸易部副部长，女婿是内务部第一副部长，一个弟弟也当上了副部长。勃列日涅夫的女婿丘尔巴诺夫算得上是苏联时期各种腐败行为的集大成者。丘尔巴诺夫与勃列日涅夫的女儿加林娜·勃列日涅娃结婚时，在莫斯科市内得到了一幢装修豪华的公寓和一幢宽敞的郊区别墅。勃列日涅夫从自己收藏的国外小轿车中送给他们一辆捷克的“斯科达－1000”轿车、一辆轻型的法国“雷诺－16”。勃列日涅夫还非常关心女婿的前途，亲自出马找内务部长谢洛科夫，希望提拔丘尔巴诺夫担任内务部副部长。1977年他果然当上了内务部副部长，之后4年间，他步步高升，一直到被推选为苏共中央候补委员，中央监察委员会委员。

大权在握的丘尔巴诺夫在任内务部副部长（同时兼任中央监察委员会委员）期间，经常以各种名目到苏联各地“视察”。各地方当局都以国家元首级的规格接待他。所到之处，他不仅大吃大喝，而且连拿带掖。金银首饰、文物珠宝等，只要丘尔巴诺夫喜欢的，都会带上。到

① 参见岑峨《对前苏联思想政治教育的反思》，《思想·理论·教育》2001年第10期；奚广庆《也谈苏联解体的一个原因——兼评美国学者科兹的几个论点》，《当代世界社会主义问题》2001年第2期。

② 参见罗曼·罗兰《莫斯科日记》，上海人民出版社，1995。

③ 江流、陈之骅：《苏联演变的历史思考》，中国社会科学出版社，1994，第313页。

后来，地方官员们甚至把成捆的卢布塞进他的腰包。几年时间，丘尔诺夫总共收受贿赂654200卢布，约合105万美元。

这个“特权阶层”成员的主要特征是：第一，他们掌握着一些党政军领导机构和企业、农庄的绝对领导权。第二，多数人文化程度较高，受过高等教育，有高级专业技术职称，经常去西方国家访问。第三，这些人已不是当年的无产阶级革命家，马列主义对他们来说只是口头上说说的东西，共产主义理想在他们头脑中已经淡薄。第四，他们不以享有比一般规定的高级干部待遇还要大得多的特权为满足，而且以各种方式侵吞国家财产。他们中的不少人把自己领导的企业、农庄当做资本，从事半合法的和非法的生产经营活动，获取大量利润。据估计，在20世纪80年代初期各种不同类型的“影子经济”的收入已达到数十亿卢布之巨。用美国学者大卫·科兹的话就是，这个特权阶层非常实用主义和物质主义，没有意识形态的立场，最会重复官方的意识形态词句而不去想念它，只关心自己的特权和利益，只有极少数人相信社会主义。

这个“特权阶层”对苏联社会产生的消极影响在于它的因循守旧，不想或反对进行有损自己利益的任何实质性的改革，深恐因此而失去自己的既得利益。因此，它（至少是这一集团中的大多数人）在主观上并不想直接搞垮苏联和复辟资本主义，而是想方设法维持现状，但正因为这样才为以后改革的夭折和苏共的垮台埋下了伏笔。①

特权阶层的出现还实际成为苏联社会改革的阻碍力量。他们顽固反对市场经济，并不单纯是认识问题，不单是教条主义作祟，而是利益问题。因为党政官僚特权集团中的许多人，长期以来从全民所有制和集体所有制的计划经济体制中旱涝保收，得到很多法定和非法定的特权和好处。如果改为市场经济，他们认为这样公有制就要变为真正归人民大众公有，还要冒市场风险，结果势必失去自己的权益。②

总之，苏联特权阶层造成了人民与政权亲和力的弱化，造成苏联政权效益的递减趋势。严重败坏了社会主义的声誉，使苏联人民从对领导人的信任危机进一步发展到对社会主义的信任危机。

二　国有资产管理体制的弱化时期

（一）安-契过渡期有心无力的改革

1982年11月，安德罗波夫成为了苏共的总书记。到1984年2月去世，安德罗波夫在位仅14个月。在这短暂的执政期间，不可能作出大量的具体工作，但安德罗波夫还是在历史上留下了亮点。

安德罗波夫对于经济体制改革有独到见解，认为“所有制关系的变革决不可能一蹴而就”，“取得做主人的权利同成为主人——真正的、英明的和勤劳的主人——远不是一回事”。将“我的”变成“我们的”，即将私有制变成公有制，“这是一个长期的、多方面的不应该简

---

① 相关资料整理自人民网，http：//bbs1. people. com. cn/postDetail. do？id=88061549。

② 参见高放《苏联剧变三部曲：矛盾、危机和灭亡》，《当代世界社会主义问题》1999年第2期。

单化的过程”。因此，所有制改革还远未完善，还有大量的问题需要解决。安德罗波夫还批评了一味追求向全民所有制过渡的做法，“不是要采取把集体农庄机械地变成国营农场的方式”①，集体所有制不是“过时的”所有制形式，要充分发挥其作用。对个体劳动也应该放松限制，以提高劳动者的积极性，提高生产效率。

经济改革被安德罗波夫格外重视，他谈到“我们在社会发展上现在已经接近这样一个历史阶段：生产力的深刻质变以及与此相适应的生产关系的完善不仅已经迫在眉睫，而且已经势在必行。这不仅是我们的愿望，这是客观需要，这种必要性我们既无法绕过，也无法回避。”②经济改革思路中，安德罗波夫反对分配中的平均主义，要求完善刺激制度，同时要注意把国家、集体和个人利益有机地结合起来，提高所有的经济杠杆和经济刺激机制的效能。

在实践中，安德罗波夫整顿劳动纪律，推行新思路的改革。在此期间，苏联先后通过了《关于扩大工业生产联合公司（企业）在计划工作和经济活动中的权利及加强其对工作成果所负责任的补充措施》、《劳动集体法》等法规。在农业方面，推行集体承包制；工业领域则进行了扩大企业自主权的试点。这些措施对传统理论形成了挑战，对于打破僵局、探索真正符合实际的社会主义经济建设道路具有很大的意义。

安德罗波夫的改革取得了成效，1983 年苏联工业产值出现了回升，增长率为 4.2%，工业收入增长了 3.1%，但苏联的危机形势并没有根本扭转。由于在位时间过短，改革并没有全面深入地展开，其理论也因此没有机会与实践互动促进，只是停留在了一个开端良好的思路之上。安德罗波夫去世后，改革亦即戛然而止。契尔年科就任总书记后已经体弱多病，此后不久健康更加恶化，无法正常履行职务，13 个月后即去世，无所作为，社会危机愈发严重。人们对修补性的改良失去了耐心，渴望着深刻而彻底的改革，苏联由是进入了激进的戈尔巴乔夫时代。

戈尔巴乔夫上台后，他所面临的已是一个百病缠身、垂垂暮矣的苏联社会。社会发展停滞，“老人政治”登峰造极，以至在短短的两年多的时间内竟有三位总书记年高辞世。这时在死寂般的平静表现之下，社会矛盾的潜流已经波涛汹涌。一方面求发展已成为愈益壮大的民间呼声，另一面新生的官僚阶层也开始对极端的“老人政治”无法容忍，官僚间的代际矛盾日益突出。国家出现了几乎整个社会与身处权力体系上层的保守势力的尖锐对立之势。戈尔巴乔夫就是在这样一个强烈求变的氛围中以年富力强、开明求新的改革者形象登上了权力之巅，开始推动国家的“加速”发展。

（二）苏联政府的垮台与国有资产流失的恶性循环

1. 苏联经济发展的困境与戈尔巴乔夫失效的经济改革

社会发展停滞在经济领域有着最直接的体现。至戈尔巴乔夫执政时，苏联的经济状况经历了十余年的增长速度减缓（见 7-3），已逐渐步入了难以自拔的泥沼之中。这显然与苏联僵化

① 苏联《共产党人》1982 年第 3 期。

② 邢广程著《苏联高层决策七十年》，第四册，第 348 页。

的政治体制息息相关，苏联廉洁政府建设能力在长期收到侵蚀之后，已经对社会经济健康发展构成了阻碍。正本清源，苏联的改革此时应该从党自身的改革启动。

表 7－3　戈尔巴乔夫时期的经济增长速度

单位：%

战后和赫鲁晓夫时期		勃列日涅夫时期	
时期	年平均增长率	时期	年平均增长率
1946～1950 年	14.2	1966～1970 年	7.4
1951～1955 年	10.8	1971～1975 年	6.4
1956～1960 年	9.1	1976～1980 年	4.2
1961～1965 年	6.5	1981～1985 年	3.6

资料来源：陈之骅主编《勃列日涅夫时期的苏联》，中国社会科学出版社，1998，第 71 页。

但在执政之初，戈尔巴乔夫并未认识到这一点，或对现存体制内进行单纯的经济改革抱有幻想，于是率先在经济领域提出了“加速战略”，迈出了改革的第一步。在苏共中央四中全会（1985 年）和苏共二十七大（1986 年）上，戈尔巴乔夫提出了加速苏联经济发展的战略方针，主要目标是从 1986～2000 年 15 年国民收入年均增长速度达 4.7%，国民收入翻一番。并拟出两条主要措施：发展先进科技，提高社会生产力与对经济体制进行根本改革。为此，戈尔巴乔夫提出了苏联经济体制改革的新思路，其主要内容是：首先从所有制问题入手。一反以往经济体制改革不涉及所有制问题的认识，提出把生产资料占有方式与经营方式区别开来，同时反对把集体所有制向全民所有制过渡的政策，主张积极发挥集体所有制经济的作用，允许多种经济成分并存的经济形式存在。其次提倡对市场经济的新认识。检讨以往对商品经济、市场经济否定和批判的态度，提出要克服对商品货币关系的成见，认为把商品货币当做异己的东西等同社会主义，导致了经济中的唯意志态度，导致经济运作中的不切实际的做法。

1987 年，苏联中央六中全会经过激烈讨论通过了《根本改革经济管理的基本原则》，随即，最高苏维埃通过《国营企业联合公司法》，以及有关计划、价格、财政、银行、物资供应等 11 个决议。在以上认识的基础上，戈尔巴乔夫拟定了以下主要措施：①实行多种形式的所有制，在租赁、独立经济核算、承包、股份等形式基础上把国家所有制逐步改变成为能带动群众自己民主管理的所有制，允许包括私有所有制在内的所有制存在。承认他们在法律面前完全平等。②建立和组织真正的市场经济。建立消费品、生产资料、有价证券、投资、外汇和科研成果市场，加速进行财政、货币和信贷体制的改革，国家通过价格、税收、利率和贷款等形式调节。③改变不合理的经济结构，增加军工企业转民用产品的比重，扩大消费品生产比重等。这些措施集中从企业改革入手，取消对企业的指令性计划，以期实现企业自主经营，自负盈亏。

但如前论述，在苏联政治体系严重异化的情况下，推动发展的“传动机制”已经失灵，在原有的增长模式下进行经济改革实际上已没有出路。戈尔巴乔夫的经济改革很快便四处碰壁，难以推行。苏联经济的下滑趋势非但没有得以缓解，反而呈现加速衰败的迹象。国民生产总值方面，1981～1985 年增长 19.5%，平均年均增长率为 3.6%。而 1985～1990 年仅增长 13.2%，平均年均增长率下降为 2.5%；国民收入，1981～1985 年增长 17%，平均年均增长率为 3.2%。而 1985～1990 年仅增长 6.8%，平均年均增长率下降为 1.3%；社会劳动生产率，平均年均增长率由 1981～1985 年的 3.1% 下降到了 1985～1990 年的 2.7%。1985 年财政赤字为 150 亿卢布，此后赤字飞速上升，1986～1988 年平均赤字达 430 亿～440 亿卢布，1989 年上升到 920 亿卢布。债务大幅增加，内债从 1988 年的 3118 亿卢布增加到了 1990 年的 5661 亿卢布，欠西方的外债由 1985 年 280 亿美元增加到了 480 亿美元。外贸在 1984 年为顺差 90 多亿卢布，到 1988 年开始出现外贸赤字 34 亿卢布，1990 年上升到 100 多亿卢布。[①] 在不到三年的时间里，经济改革便以失败告终。渐显的危机迫使戈尔巴乔夫调整了改革的主攻方向，开始了雷厉风行的政治体制改革，以打碎社会发展途中的“阻碍机制”。

2. 有“破”无“立”的政治体制改革

苏联的官僚集团至戈尔巴乔夫时期已经形成了空前的规模。戈尔巴乔夫在后来曾披露，他任职时官僚总数已达 1800 万人，占劳动力总数的 15%，[②] 机构臃肿到了无以复加的地步。强大的官僚集团固守着自己的本位利益，对社会发展构成了致命的阻碍。戈尔巴乔夫此时的目的在于通过政治改革以打破“阻碍”，促进发展。

在全面阐释自己执政理念的《改革与新思维》一书中，戈尔巴乔夫指出：“国家开始失去前进的速度，经济工作越来越乱，积累了一个又一个困难问题，而且日益尖锐化，未解决的问题越来越多。社会生活中出现了我们所说的停滞现象和其他一些与社会主义格格不入的现象。形成了某种阻碍社会经济发展的机制”。而这种“阻碍机制”在政治生活中的危害尤其严重，表现为：“党的领导削弱了”，“领导人更迭的自然过程遭到破坏”，某些干部“违法乱纪、官官相护、滥用权力、压制批评、中饱私囊”，“党和国家机关的实际行动落后于时代和生活本身的要求”，出现了“官僚主义化与官僚阶层”，“人民群众不能实际参加管理国家事务。”阻碍机制已经使国家处于“危机前的状态”。[③]“这样就形成一种相当奇怪的景象：一架大功率机器的巨大飞轮在转动，机器和工作地点之间的传动却失灵了，或者说传动皮带吃不上劲。”[④] 于是，在对“阻碍机制”清算的鼓吹声中，苏联政治体制改革的进程启动了。

对于政治体制改革之难、之险，应该说戈尔巴乔夫还是有着清醒的认识的，也深知改革所面对的对手是强大的政治集团，稍有不虞即有全盘皆输的可能。他曾谈到：“改革碰上的绊脚石是庞大的党政机关，他们就象一座座拦河大坝，横亘在改革的道路上。‘赫鲁晓夫被机关碰得头破血流，现在也会发生同样的事情’。”[⑤] 为此，戈尔巴乔夫设计了两条途径来削弱官僚的

---

① 刘洪潮等主编《苏联 1985～1991 年的演变》，新华出版社，1992，第 56～61 页。

② 缅都科夫：《资本主义，社会主义与和平共处》，武汉大学出版社，1988 版，第 36 页。

③ 米·谢·戈尔巴乔夫著《改革与新思维》，苏群译，新华出版社，1987，第 57 页。

④ 米·谢·戈尔巴乔夫著《改革与新思维》，苏群译，新华出版社，1987，第 57 页。

⑤ 米哈伊尔·戈尔巴乔夫著《戈尔巴乔夫回忆录：真相与自白》，述弢译，社会科学文献出版社，2002，135 页。

势力。一是发动“来自下层的革命”，赋予民众权力以抗衡官僚；一是分化官僚集团，促其内斗而渔利。后来戈尔巴乔夫在回忆录中对此也作出了明了的解释：“不难理解，党政官僚阶层肯定对这些新政措施极端仇视。当时，政权的关键部门还在他们的控制之下，因而只有两种办法才能使改革取得成功：组织社会上大多数坚决主张彻底变革的力量，对党政官僚阶层施加强大的压力；另一方面，运用策略手段削弱上层的抵制，孤立其中最保守的部分，广招具有新思维的人士一起参加改革。不采取策略手段应对，已经形成总体体系的强大的官僚阶层是永远不会拱手让出权力的。”①

按此思路，戈尔巴乔夫在上任伊始便开始大力提拔新人，以削弱老派特权阶层的势力。在1986年的苏共二十七大上戈尔巴乔夫一举提升了16人到中央最高领导层，占到了最高层总人数的61.5%。尔后，在部长会议中除更换了主席之外，副主席也更换了6人，免去7人，政府部长（或国家委员会主席）撤换32人。党中央机关24个部长撤换了15个，占62.5%。同时，15个加盟共和国的党、政、苏维埃的第一、二把手共更换18人，全国157个州委（边疆区委）第一书记更换46人，占29%；军队系统中，国防部副部长以上的主要将军更换了7人，三总部3名主要负责人调整了2人，5大军区主要领导调整了4人，军区以上军政主要负责人调整40余人，比率超过50%。②

1988年6月的苏共第十九次代表大会更进一步作出决议，决定实行干部任期制，取消终身制。规定各级党政干部每届任期5年，至多连任两届。同时将进行大规模的机构精简，将精简联盟机构的40%，各加盟共和国机构的50%，各州和边疆区机构的1/3。以期建立起“高度职业化、掌握现代化的信息技术、受到人民的民主监督，并能把经济和社会进步推向前进的新型机构”。1988年10月末，中央书记处进行了正式改组。其部门从20个减少到9个，同时成立了6个委员会，负责制定立法制度、农业、外交和党内监督等重要方面的政策。在共和国层次也进行了这样的改革。

同时为发动民众，戈尔巴乔夫又以倡导实现“公开性”和“民主化”作为政治改革的前提步骤。1986年3月6日，戈尔巴乔夫在苏共27大闭幕式上的讲话中列举了党的“加速”战略的各项目标和内容。其中一项说：“争取加速，就是说要加强民主，坚定不移地发展人民的社会主义自治，扩大党和社会生活中的公开性，为发挥每个劳动者和每个集体的主动性与首创精神开辟广阔的天地。”③ 1987年在苏共中央1月全会上，戈尔巴乔夫对改革的含义作了系统的阐述，并指出改革的最终目的是：“要深入地革新国家生活的各个方面，使社会主义具有最现代化的社会组织形式，最充分揭示我们的制度的各个决定性方面——经济、社会政治和道德方面的人道主义性质”，④ 到20世纪90年代前后，戈尔巴乔夫又在此基础上提出了“人道的、

---

① 米哈伊尔·戈尔巴乔夫著《戈尔巴乔夫回忆录：真相与自白》，述弢译，社会科学文献出版社，2002，第190~191页。

② 穆中魂、郑彪主编《戈尔巴乔夫时代》，大连出版社，1989，第251页。

③ 辛华编译《苏联共产党第二十七次代表大会主要文件汇编》，人民出版社，1987，第430页。

④ 辛华编译《苏联共产党第二十七次代表大会主要文件汇编》，人民出版社，1987，第134页。

民主的社会主义”的概念。①

为了配合改革的进程，戈尔巴乔夫提出，要“全面发展社会主义制度的民主性”，“彻底恢复列宁的公开性原则、社会监督、批评与自我批评”。“已经是着手制定保障公开性的法规的时候了。这些法规应该保证国家组织和社会团体工作中最大限度的公开性，使劳动人民真有可能就社会生活的任何问题发表自己的看法。”②

戈尔巴乔夫政治改革的动作之快、力度之大、势头之猛都属世界改革历史之罕见，一时间全社会的求变愿望被调动起来，底层民众的声音愈来愈具影响；另一方面也由于权力结构的重大调整而使社会秩序产生了日渐严重的动荡。在此过程中，戈尔巴乔夫虽然成功地迅速动摇了旧有特权阶层的权力基础，但却没有搭建起新的有效的权力结构，政治体系中的权威同时也开始迅速消解，政权的合法性受到了日益严峻的挑战。更重要的是，廉洁政府建设被“一刀切”的运动大大地弱化了，使得利益目标发生转移的官僚们对物质的追求变得愈发肆无忌惮。

首先，在倡导“公开性”时出现了严重的引导性的失误。在党的生活与机关活动公开化的同时，过多并过激地纠缠于历史问题。这一时期随着大批冤案的主角，如布哈林、季诺维也夫与加米涅夫等长期被宣传为罪大恶极的反革命分子被平反昭雪，大量揭露党史上的失误乃至暴行的档案、材料与纪录片也开始被公开。但此时的舆论导向却并非是对开明政策的褒扬，而是掀起了对既往政策广泛而激烈的声讨，并逐步演化成对苏联历史的偏激而片面的否定，这造成了极大的思想混乱，严重动摇了苏共的正统意识形态。

其次，激进的“民主化”使政权能力极大削弱，社会失去规范力量而秩序大乱，律纪松弛，客观上为官僚集团的寻利彻底松了绑。1988 年 12 月 1 日，最高苏维埃通过了《关于修改和补充苏联宪法（根本法）》，宣布成立苏联人代会，并将其作为最高权力机构。1990 年 3 月 14 日，苏联第三次非常人民代表大会通过了《关于设立苏联总统职位和苏联宪法修改补充法》。在修改后的苏联宪法中增加了“苏联总统”一个章节，规定总统是国家的最高执行长官；同时取消苏共领导地位，引入多党制。在 1990 年 3 月 14 日通过的宪法修正案中，对规定苏共作为社会领导力量的宪法第六条作了根本修改：苏联共产党、其他政党以及工会、共青团、其他社会团体和群众运动通过自己选入人民代表苏维埃的代表，并以其他形式参加制定苏维埃国家的政策，管理国家和社会事务；一切政党应在宪法和苏联法律的范围内活动；打破原有的联邦制宪法体系；改变了原有的选举制度，人民代表实行竞争性选举；原有的关于经济制度的宪法条文也被改变。经过修改，宪法中取消了关于生产资料社会主义所有制的提法。这些改革措施使苏联整个权力体系有了发生颠覆的可能，苏共的统治能力被几乎削弱殆尽。至此，改革已经脱离了政权所能把握的轨道。

3. 侵吞国有资产是苏维埃政府垮台的重要诱因

从官僚政治的角度来讲，官僚集团利用权力对应得报酬之外的物质利益的追求属于其固有

---

① “公开化”的详细过程参见张盛发《论戈尔巴乔夫改革在俄国现代化进程中的历史地位》，http://www.cc.org.cn，2002 年 4 月 19 日。

② 辛华编译《苏联共产党第二十七次代表大会主要文件汇编》，人民出版社，1987，第 141、151 页。

的劣根性，这亦是对官僚政治必须加以权力制衡的根本原因之一。而今，戈尔巴乔夫的改革使特权阶层的官僚们看到了以一种新方式占有社会资源的可能，以此可以在最大限度地转化利益的前提下攫取最大的物质利益，于是特权阶层的利益目标迅速地发生了转移，苏联的旧有体制便成为了失去了利用价值的羁绊物，被弃之而唯恐不及。

在此，本文引用两段判断与预言来说明特权阶层的这种本性。"特权若不能传给自己的儿孙，那祇有一半价值。而遗产权又是与财产权不可分离的。所以仅仅做一个托拉斯的经理还是不够的，必须做一个股票持有者才行。如果官僚在这紧要的方面得到了胜利，那就是表示他们变成一个新的占有阶级了。""现在来说第二个假定：假使一个资产阶级的政党，打倒了苏联的统治层，那它就会在现在的官僚、行政长官、技术专家、经理、党部书记以及一般特权的上层当中，找到大批现成仆人。既然现时官僚可以不顾那些太显明的不便之处而采行等级和勋章制度，那么在将来的阶段上，他们就必然会在财产关系上找支柱以支持自身的。"① 实乃远见卓识。

苏联特权阶层利益目标转移的过程基本上与戈尔巴乔夫的改革进程同步。20 世纪 80 年代中后期，在戈尔巴乔夫经济改革启动以后，特权阶层即利用职权迅速而隐蔽地开始了侵吞国家财产的进程。首先是共青团体系，以改革先锋的形象示人，却以钻政策空子为发家手段，在国际贸易、金融投机等领域"大展身手"；其后在工业、金融、商业等领域内，权贵阶层纷纷转换身份，从部长、局长、处长迅速转换为董事长、总经理、经理，轻而易举地占据了经济转型中的关键地位。1987 年通过《国营企业联合公司法》后，更是掀起了政界官员向经济领域转换身份的高潮。自 1989 年起，在各个国家职能部基础上成立康采恩和托拉斯。部在编制上被取消，在此基础上成立股份公司形式的康采恩。部长或副部长任公司总裁，国家股份由集团公司领导托管，其他股份在部的领导人之间瓜分；而商业银行则是在国家银行的基础上，由原来的专业银行组织起来的。很多商业银行是在部的财政局的基础上建立的，原财务局长或副局长则顺理成章地变成了银行的董事长；商业部门，则在国家供销机构和商业机构基础上建立了交易所、合资企业和大型的商社。同时，"1990 年一年退党的人几乎就有 250 万。4 月全会的辩论对社会公开后，这个过程又加快了。截至 1991 年 7 月 1 日，苏共计有党员 1500 万人。就是说，一年半的时间，退党的和被开除的党员有 400 万，占党员总数的 22%。"②

在戈尔巴乔夫时期，特权阶层已经不以追逐自己的享受为满足，还希望把拥有的一切特权长期占有，并且可以传给后代。与此同时，当他们发现，挂在嘴边的所谓社会主义、共产主义信仰和罩在身上的共产党人的光环，都已失去了利用的价值，原有的特权必须改头换面，而资本主义是他们既得利益合法化的最合适的制度，特别是当苏联共产党和国家处于生死存亡的危急关头，这一特权阶层为了保住自己的特殊利益并使之合法化，他们就必然毫不犹豫地撕下原来的假面具，公开推动放弃社会主义，走全盘私有化的资本主义的道路。

---

① 参见托洛茨基《被背叛的革命》，何伟旧译，商务印书馆，2008。

② 米哈伊尔·戈尔巴乔夫著《戈尔巴乔夫回忆录：真相与自白》，述弢译，社会科学文献出版社，2002，第 353 页。

从廉洁政府建设和国有资产的关系的角度看戈尔巴乔夫的改革，不难发现，廉洁政府建设能力衰弱和国有资产流失呈现恶性循环的态势。廉洁政府建设能力越弱，国有资产的流失越难以限制；国有资产流失得越多，也使得廉洁政府建设愈发难以为继。所以探究其中根源要跳出二者之外，从更宽泛的制度建设视角来观察。一个政党只有坚持探索、保持活力，并建立完善合理的监督机制才有可能实现肌体的健康。

第三节　苏联共产党垮台后国有资产被瓜分

一　世纪大拍卖与俄罗斯寡头的出现

苏联解体后，失去了政权后的苏联共产党也同时彻底失去了对国有资产的管控，俄罗斯大地上随即出现了人类历史上极为罕见的国有资产大流失，觊觎已久的投机分子纷纷出笼，大肆侵吞70余年积累下来的巨额国民财富，以至在短短数年内出现了“俄罗斯寡头”的奇观，寡头们既富可敌国，又能在政坛翻云覆雨，给俄罗斯社会造成了巨大而影响深远的破坏。

（一）俄罗斯的私有化堪称“世纪大拍卖”

1. 昔日的权贵转换为今日的大亨

与社会发展倒退和民众的生活水平显著下降相反，原苏联体制内部的人却最大程度上地获得了收益，他们摇身一变，成为了俄罗斯转型社会中的精英，依然操纵着俄罗斯社会的转轨进程，依然是社会上的强势群体。根据表7－4、图7－1，可以清晰地看出，原苏联的官僚集团在苏联解体后，继续占有着俄罗斯的政治、经济资源，而对物质财富因其以私人的合法的身份占有，更体现出了新大亨相较于旧官僚所具有的更大的掠夺性。通过转型，原官僚们或在新政权中岿然不动，或“变现”了手中的权力，转化为富有的“新俄罗斯人”，成为了俄罗斯社会转型过程中的最大赢家。

表7－4　苏联和俄罗斯政治经济精英之间的延续性

单位：%

	总统圈子	党的领袖	地区精英	政府	商业精英
苏联精英总数	75.0	57.1	82.3	74.3	61.0
包括来自苏联共产党	21.2	65.0	17.8	0.0	13.3
苏联共青团	0.0	5.0	1.8	0.0	37.7
苏维埃	63.6	25.0	78.6	26.9	3.3
经济界	9.1	5.0	0.0	42.3	37.7
其他	6.1	10.0	0.0	30.8	8.2

资料来源：转引自卡瑟琳·丹克斯著《转轨中的俄罗斯政治与社会》，欧阳景根译，华夏出版社，2003，第5页，О. В. Крыштановская（1996）。

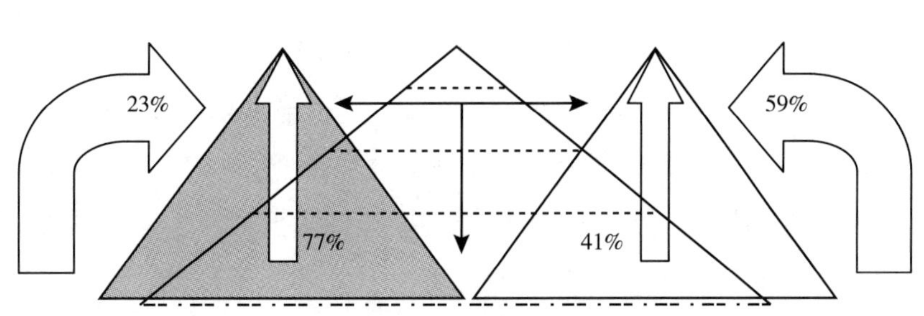

图 7－1　经济精英的出身

资料来源：О. В. Крыштановская，《Бизнес-элита и олигархи：итоги десятилетия》，第 34 页，摘自 www. hse. ru/journals/wrldross/ vol02 _ 4/ kryshtanovskaya. pdf

事实上，后来的寡头们大都与原苏联的权贵阶层有着千丝万缕的联系。一些人本身就是以高官的身份进入商界，如阿尔法集团总裁阿文曾担任外经贸部部长，霍多尔科夫斯基曾当过莫斯科团市委第二书记，俄罗斯垄断程度最高的“天然气工业”股份公司原董事长维亚西列夫曾任苏联天然气工业部副部长，前政府总理切尔诺梅尔金被认为是该公司的大后台。其余者亦是从权贵阶层进入经济领域后，依然利用体制内的关系来“变现”权力。例如，在波塔宁的“奥涅克辛姆银行”的创建中，原财政部部长费奥得罗夫、原对外经济贸易部部长达维多夫及其他部长在发放必需的批文和所要求的许可证方面给了波塔宁极大的帮助。古辛斯基则是利用与莫斯科市政当局的密切联系，第一个在莫斯科组建了商业化的“桥”银行，并且把其总部设在市政府大楼里。这家银行在莫斯科备受关照，因此在国有企业私有化的过程中得到不断扩张。在 1998 年金融危机后，莫斯科市政府仍然坚持把所有市属单位的账户设在该银行，显然这是无比巨大的支持。

2. 自导自演的私有化

体制内部的人瓜分国家财富最直接的手段是利用自己制定规则的“私有化”，并在十年左右的时间里完成了西方国家数百年才得以形成的资本积聚。“私有化”也是国有资产正式地大规模流失的开始。1991 年颁布的《俄罗斯联邦私有化法》对私有化的定义是：“国有企业和市政企业的私有化，是指把国有的和市政所有的企业、车间、设备、厂房、设施、其他财产以及股票，出售给公民、股份公司（合伙公司），变为私有。”① 按照时间进程与实施范围，俄罗斯私有化可以分为小私有化和大私有化。小私有化指商业、服务业企业及小型工业、运输业和建筑业企业的私有化，这一进程从 1992 年起到 1993 年已基本完成。大私有化则要复杂得多，其中又可以分为三个阶段：第一阶段为“证券私有化”，通过发给公民私有化证券无偿转让国有财产；第二阶段为“货币私有化”，通过出售企业股票有偿转让国有资产；第三阶

① 《俄罗斯联邦私有化法律法》，《苏维埃俄罗斯报》1991 年 7 月 17 日。

段为“个案私有化”，停止大规模私有化，转为按“点状方案”有选择地、个别地进行国有企业的股份制改造。[①] 从1992年初到1997年7月，通过“小私有化”和“大私有化”两大阶段完成了大规模私有化改造并转入个案私有化阶段。到2002年1月1日，共有13万家国有企业实现了私有化，占私有化之前全部国有企业总数的66%。国有成分从1990年的88.6%下降到10.7%，私有成分从1.2%上升到75.8%，集体与其他混合成分从10.2%变为13.4%。以非国有制为主导的多元化所有制体系为基础的市场经济框架基本形成。

就这样，在管控薄弱的情况下，财富被不公正、不公平地迅速集中。“在私有化实际不受管制、极不平等并往往是非法进行的国家里，例如俄罗斯，一种倒置的合法性金字塔尤其难以成立。……比较的调查一再表明，在多数的社会里，赚得的或继承的私人财产，还有企业家，都能获得一定的合法性。然而，俄罗斯资本家并不能指望这种合法化的原则。他们以这种方式积累起来的新财富常常受到指责，认为是非法地侵占公共财产所得；同时还能造成人们对市场经济的不信任，把它看作黑手党式的经济，还有对容忍甚而造成这种黑手党经济的民主制的不信任”。[②]

自1992年10月发行私有化证券的短短数年内，经过合法的和不合法的买卖，有50%以上的私有化证券集中到600多家投资基金会，在“证券私有化”结束的1994年，丘拜斯就说，俄企业的股份将不可避免地集中于10%～15%的少数人之手。同时，市场的活力却没有得到应有的释放，经济持续萧条，国家财政了出现难以维系的局面。

利用此时国家经济、政局双双陷入危局的局面，攫取者们终于等到了良机，一个可以摘取俄罗斯工业皇冠明珠的机会。于是在1995年，私有化进入关键的第二阶段——“货币私有化”的时候，攫取者们开始高调介入。

（二）俄罗斯寡头的形成

这一阶段是寡头形成的关键阶段，寡头们先是利用政府财政出现危机、难以维系的局面，开展一次大胆而关键的进取计划，得以实现了资本的急速扩张；其后又毅然投身到政治漩涡中，力助叶利钦连任成功，最终得以混迹于政坛高层，实现了从经济领域到政治领域的跨越，也完成了从工商巨头到寡头的身份转换。

1. “贷换股”计划——资本的进取

大亨们利用“货币私有化”实现资本进取的手法用趁火打劫来形容并不为过。趁着政权羸弱，急需注入能量之际，大亨们直接亮出了改变游戏规则的砝码，即自己提出具体方案，要求政府接受。虽然方案会作得很具欺骗性，但却是改变了政策的性质，一旦成功，政府的政策实际上就纳入了大亨们所设计的发展轨道，政策即开始为这一小撮人服务，大亨们也就达到了

① 此处对私有化进程的详细总结请参见潘德礼、许志新《俄罗斯十年》，世界知识出版社，2003，第454～455页。

② 猪口孝等著《变动中的民主》，林猛等译，吉林人民出版社，1999，第230～231页。

“要对私有化过程本身私有化”的目的。

1995 年 3 月 30 日，波塔宁作为发言人向俄罗斯政府内阁的全体成员说明了“贷换股”计划的方案，陪同在场的大亨还有霍多尔科夫斯基和斯莫棱斯基。波塔宁的方案是：整个由几个俄罗斯顶级大亨组建的财团可以为政府提供 9.1 万亿卢布（相当于 18 亿美元）的贷款，作为交换，财团将获得在一批重要企业中的国家股份的管理权，这些企业包括诺里尔斯克镍业公司、尤科斯石油公司、国家电力公司等。

1995 年 8 月 31 日，叶利钦签署了第 889 号总统令，批准了此次贷换股计划，其基本思路与原则与波塔宁的方案没有大的区别。政府将把一批重要企业里的国家股份交给财团管理，以换取贷款。但其形式稍有变化，国家将拍卖这些国有股份的管理权，而不是直接与财团交易，以确保公正与公平。这是典型的掩耳盗铃做法，因为参与拍卖的公司被严格限定为提出此项计划的几个大亨，所谓拍卖完全是一场内部人交易。

计划规定，国家将在前三个月里支付债权人很低的利息；贷款期限为 1996 年 9 月，也即是大选之后；此后，政府将有两个选择，一是偿还贷款，收回股份，二是把股份出售。其中重点在于，如果政府选择出售股份，由于这些股份已经被作为贷款的抵押，政府需要向债权人支付企业私有化价格与该债权人提供给政府的贷款之间差额的 30%。而且更为重要的是，该债权人将作为政府的代理人来组织第二次拍卖，这样势必会形成又一次的内部人交易。

根据这样的计划，第一轮拍卖的胜出者可以被允许廉价售出他们用于作政府贷款抵押的股份，和明眼人预测的一样，他们把股份卖给了自己人。例如，霍多尔科夫斯基在 1995 年贷给政府的 1.59 亿美元，政府凭此获得了尤科斯 45% 的股权。一年以后，霍多尔科夫斯基利用一个空壳公司和 1.6 亿美元将这笔投资转入自己账下，政府在这次交易中的获利几乎为零，霍多尔科夫斯基却获得了这家大型石油公司 45% 的股份。

同样狡猾的方案是，他们使政府通过一项法令：债权人可以通过发行新股票的方法偿还子公司的债务。这条看似不起眼的规定其实却隐藏了深远的布局，那就是新股的发售可以稀释原有的股本掌握结构，国有股占优势的局面将有机会被打破，这使得这些握有大量机动资本的大亨可以趁机加购股票，从而取代国家成为这些企业的最大股东。

实际情况为这样，霍多尔科夫斯基在稀释股票的过程中，又加注投资 1 亿美元买走大部分的新股，使自己在尤科斯石油公司的股份达到了 51%，实现了自己掌控企业的预谋。波塔宁表现得更为夸张，他一年前贷给政府 1.3 亿美元购得辛丹卡石油公司 51% 的股权，一年后则用 1.298 亿美元又转到了自己的名下，而又仅仅一年后，波塔宁将辛丹卡仅 10% 的股份买给了英国石油公司，其作价达到了 5.71 亿美元。1997 年波塔宁又得到了梦寐以求的诺里尔斯克镍业公司 38% 的股份，而出价仅为 2.5 亿美元，相比他为此贷给政府的 1.7 亿美元仅高出了 8000 万美元。诺里尔斯克镍业公司是俄罗斯最大的有色金属采掘企业，号称俄罗斯工业的明珠，其价值可以以上千亿美元来衡量。别列佐夫斯基同样以微小的代价获得了巨大的收益，他在 1995 年贷给政府 1.001 亿美元获得西伯利亚石油公司 51% 的股权，在 18 个月之后以 1.1 亿美元使这部分股权归为己有。

俄罗斯的这些金融大亨们到这个时候就已经演化成了拥有金融－工业集团的巨头了，不仅操控着国家的金融血脉，而且已经在逐步攫取国家的工业核心，这数个大型的金融－工业集团各自形成了一张不断蔓延的巨网，在不断吞噬国家财富的同时，也开始伸张自己的政治诉求。他们贿赂官员，安置权力掮客，并大举进入传媒领域，控制舆论，提升影响。典型的金融－工业集团的特征，著名学者李建民曾这样概括："典型的俄罗斯金融－工业集团具有以下特征：①集团的头头通常是银行和金融控股公司；②集团中包括一个或几个部门的工业公司，以及商业和配套的企业；③加入集团的企业按照封闭型或开放型股份公司的形式组织起来（在后一种形式下，其股票可以在俄罗斯或国外的金融交易所上市）；④通常，金融集团与政府有着私人的联系，即在政府中有着其代表，或者在其领导班子中有前政府高级官吏；⑤金融集团之间为争夺控制原全民所有的"蛋糕"中最诱人的那块而争斗，同时又被错综复杂的相互参与的金融关系网联系在一起；⑥集团还控制着各种传媒。"① 这时的金融大亨们，已经没有争议地晋升为经济领域的巨头，初步具备了与核心权力层进行讨价还价的实力，更进一步的发展就只待与最高权力的结合了。

巨头们的进取与政府的孱若在这段时期内形成了鲜明的对照。叶利钦政府此刻内忧外患，车臣战争、经济发展陷入困局、身体健康恶化等一系列严重问题使叶利钦政府的民望达到了历史低点，议会中的俄罗斯共产党为首的左派势力日益增长，取代叶利钦政府似乎已是大势所趋，不容逆转。在这种情况下，找到新的强有力的盟友是叶利钦政府的当务之急，而从叶利钦政府中获益最丰富、最有能量的金融－工业巨头们无疑也具有最大的合作意愿与实力，双方一拍即合，迅速整合资源，在1996年与左派展开了大选决战（见表7－5）。

表7－5　寡头：俄罗斯最主要的金融－工业集团

集团	寡头	金融利益集团	工业利益集团	传媒利益集团
鲁科伊尔集团	阿勒科普罗夫	帝国银行（与盖兹普罗姆公司）	鲁科伊尔石油公司	《消息报》（与俄罗斯联合进出口银行）
别列佐夫斯基	别列佐夫斯基	奥比第雷尼银行（与洛格瓦茨汽车经销公司）	西伯利亚石油公司（1998年与尤科斯集团合并组建尤科西集团）	俄罗斯公众电视台（与其他）《独立报》、《火种》杂志
阿尔法	弗里德曼	阿尔法银行	秋明公司（石油和各种贸易公司）	
桥集团	古辛斯基	桥银行		《七日报》、《结论》杂志独立电视台（与盖兹普罗姆公司）

① 李建民：《俄罗斯金融寡头暨官僚资本主义探源》，《东欧中亚研究》1997年第5期。

续表

集团	寡头	金融利益集团	工业利益集团	传媒利益集团
梅纳捷普	霍多尔科夫斯基	梅纳捷普银行	尤科斯集团(1998 年与西伯利亚石油集团合并组建尤科西集团)	独立新闻媒体集团
俄罗斯联合进出口银行	波塔宁	俄罗斯联合进出口银行	斯丹科石油公司诺利尔斯克公司	斯维辛维斯特电信公司《共青团真理报》、《俄罗斯电视报》、《消息报》(与鲁科伊尔集团)
斯莫林斯基－农业集团	斯莫林斯基	斯莫林斯基－农业集团银行		《商业报》
盖兹普罗姆	雅克希列夫	帝国银行盖兹普罗姆银行国家储蓄银行	盖兹普罗姆(石油和天然气)	《劳工报》、《工人论坛报》独立电视台(和桥集团)

资料来源：转引自卡瑟琳·丹克斯著《转轨中的俄罗斯政治与社会》，欧阳景根译，华夏出版社，2003，第 18 页。

2. 决战大选——寡头的形成

俄罗斯学者罗伊·麦德维杰夫曾谈到：“所有学者都认为，1996 年初是俄罗斯‘寡头资本主义’制度建立的时间”，① 本文也赞同这样的时间划定。1996 年 2 月，在瑞士达沃斯举办的世界经济论坛上，以别列佐夫斯基、古辛斯基为首的俄罗斯金融－工业巨头决定组成一个同盟，以打败俄罗斯共产党领导人久加诺夫，帮助叶利钦赢得总统大选。随后加入这个组织的还有霍多尔科夫斯基、斯莫棱斯基、波塔宁、弗里德曼——阿文等巨头，他们为丘拜斯的私有财产保护基金会投入了 500 万美元用以支持叶利钦的竞选。这个小群体的合作组织因而也被称为“达沃斯同盟”。

当时的俄罗斯政治局势已经呈现一边倒的局势，久加诺夫当选呼声高涨，俄共在议会选举中也大获全胜。在 1995 年 12 月 17 日举行的杜马选举中，俄共获得了 22.3% 的选票，得到了 157 个代表议席，占 450 个杜马议席中的 1/3 强，一跃成为议会第一大党。而叶利钦此时似乎已经处在被遗忘的边缘，1996 年 1 月，距离大选仅剩半年的时间，叶利钦的民调支持率还只有 5.4%。可是就是在这样不利的局势下，叶利钦集团与巨头们的结合展现出了超乎想象的巨大能量，实现了惊人的大逆转。

这期间巨头们充分利用自身的资源，提供了巨额的资金支持，并全力配合开展媒体攻势，在俄罗斯全国范围内掀起了一场轰轰烈烈的选举游说大战。他们找到了丘拜斯，找到了季亚琴

① 罗伊·麦德维杰夫著《普京——克里姆林宫四年时光》，王晓玉译，社会科学文献出版社，2005，第 286 页。

科，找到了伊留申，[①] 成立了专门的竞选组织小组，统筹安排，协调动作。在随后的日子里，竞选小组高效运转，用尽各种或明或暗的手段，终于成功拉下了久加诺夫，使叶利钦连任成功。

叶利钦打败了久加诺夫，演绎了一段在西方观察家眼中都堪称不可思议的神话，七人组在竞选成功后有三个人进入叶利钦的政府，这七个人的财团控制了50%的俄罗斯经济。澳大利亚的外交官格伦·沃勒在俄罗斯住了10年，沃勒在他的长篇著作《俄罗斯的精英》中关注到了财富与权力的联姻以及金融和政治利益的合并，“这个关系简直像乱伦，大多数私营金融团体的第一笔资本都是通过他们接近党和共青团所得到的特权或与俄罗斯政府部长们的政治交往得来的”。[②]

1996年选举结果如表7－6、表7－7所示。

表7－6　第一轮选举结果

单位：%，百万张

	比例	选票数
选民	69.81	75.7
叶利钦	35.28	26.7
久加诺夫	32.03	24.3
列别德	14.52	11.0
亚夫林斯基	7.34	5.6
日里诺夫斯基	5.70	4.3

表7－7　第二轮选举结果

单位：%，百万张

	比例	选票数
选民	68.89	74.7
叶利钦	53.82	40.2
久加诺夫	40.31	30.1
二者都不选	4.83	3.6

经此一役，俄罗斯的金融－工业巨头在人们的称谓中被冠以了一个新的称呼：“寡头”。正是在这一过程中，他们表现出来的巨大政治影响力，以及随后获得的政治地位使他们远远超过一般经济巨子所具有的能量，从而形成了一个独特的群体——“俄罗斯寡头”。至此，俄罗斯寡头初步构建起了自己横跨政治经济两个领域的权钱一体的王国，并不断延伸着自己的势力。

① 塔季扬娜·季亚琴科，叶利钦的女儿，负责与叶利钦的沟通工作；维克多·伊留申，叶利钦的助理，协调克里姆林宫内部事宜，两人都是关键人物。

② 水皮：《私有化是一个什么过程》，《中华工商时报》2004年10月9日。

3. 瓜分战利品，寡头进一步壮大

很大程度上作为获得寡头支持的代价，俄罗斯政府的政策越来越明显地开始倾向于寡头们的利益。首先是加大了扶持金融工业集团的力度。1996 年 4 月 1 日，叶利钦发布“关于鼓励金融工业集团建立和活动的措施”的第 443 号总统令，进一步提出一些刺激金融工业集团发展的办法，其中包括从 1997 年开始在国家预算草案中列出用于国家支持金融工业集团的资金；对参与国家项目的金融工业集团给予预算支持；最重要的是明确要求俄罗斯政府采取措施，促进资产向金融工业集团的中央公司集聚。为此规定，在必要时必须保证金融工业集团中央公司对集团中国有股份的委托管理，参与金融工业集团的国有企业有权将国有企业的不动产划入金融工业集团中央公司的固定资产，租赁或抵押给金融工业集团的中央公司。1993 年出台的总统令和临时法规对金融工业集团的建立和运行还有许多限制。1995 年 1 月 16 日，俄罗斯政府发布《关于促进建立金融工业集团的纲要》，1995 年 11 月 30 日，叶利钦总统签署《俄罗斯联邦金融工业集团法》，进一步放宽和简化金融工业集团建立的程序和条件，取消了 1993 年法规中包含的限制，金融工业集团发展的政策环境进一步改善。

（1）取消对加入金融工业集团的企业国有股比例限制。1993 年俄罗斯禁止国有股超过 25% 的股份公司组建或加入金融工业集团。如果根据这个规定划分，一些大型股份制企业集团都不属于金融工业集团范畴。例如，天然气工业总公司、俄罗斯统一电力系统、俄罗斯电信投资公司、鲁克石油集团公司、尤克斯石油集团公司、俄罗斯石油公司、石油产品运输集团公司、石油管道运输公司、俄罗斯诺利里镍金属股份集团等。这些股份集团多是根据叶利钦总统 1992 年 11 月 16 日第 1392 号总统令在原有的政府部的基础上建立的，其中国有股全部超过 25%。

（2）取消对金融工业集团组织形式的限制。1993 年只允许股份公司加入金融工业集团，同时规定，金融股份公司不得加入；加入金融工业集团的其他信贷和投资机构不得掌握超过所加入集团的 10% 的股份；职工超过 2500 人的企业、在地方和共和国市场占主导地位的企业不得加入金融工业集团；金融工业集团成员企业不得超过 20 个，职工总数不能超过 10 万人。1995 年金融工业集团法和政府纲要法规取消了上述限制，集团成员企业之间可以交叉持股，数量不限，允许金融工业集团组织形式多样化。进入金融工业集团的可以是任何股份公司及其子公司、除社会团体和宗教组织外的所有商业和非商业组织、外国商业和非商业组织等。多个金融工业集团中央公司也可以联合签署协议组建新的财团或银团。金融集团法将金融集团的概念规定为：金融工业集团是以一个总公司和若干个子公司在组建金融工业集团合同的基础上全部或部分联合自己的物质的和非物质的资产的法人总和。

（3）允许不同所有制和不同法律属性的企业组建金融工业集团。1993 年法规只允许开放式股份公司组建金融工业集团，1995 年金融工业集团法允许不同法律属性的组织组建和加入金融工业集团。例如，金融工业集团法规定，金融工业集团总公司是投资单位，但允许金融工业集团以经营公司、协会和联合会形式组建。

（4）出台诸多优惠政策。首先，税收优惠。采取的举措包括：过渡到对金融工业集团的最终总产值征税；对金融工业集团的有价证券业务的税收提供优惠；在法律规定的范围内，对跨国金融工业集团成员国范围内合作供货提供关税优惠和特惠。其次，扩大国家担保范围。国家为金融工业集团发行的有价证券提供担保。再次，资金和投资优惠。金融工业集团有权加快固定基金折旧的速度。国家向金融工业集团成员提供独立确定设备折旧和积蓄折旧扣款、将获得的资金用于金融工业集团活动的权利；国家还为金融工业集团所实施的项目提供投资贷款和其他财政援助，对进口项目所必需的设备提供国家财政支持；为提高金融工业集团中从事投资活动的银行的投资积极性，俄罗斯中央银行向其提供减少义务储备定额、改变其他定额的优惠。最后，金融工业集团法允许地方政权在其权限范围内组建地区性和跨地区金融工业集团并提供必要的其他优惠政策和支持。例如，莫斯科市规定除国家提供的优惠外，莫斯科市对那些有利于解决莫斯科城市发展急需任务的金融工业集团，给予工业用地和住宅用地优先考虑和优惠照顾等。

（5）俄罗斯政府制定的金融工业集团发展纲要中，首先规定了金融工业集团组建和发展速度。1995 年建立 10 ~ 15 个，1996 年建成 50 ~ 70 个大型金融工业集团。在短期内建立 100 ~ 150 个规模上可以同国际上主要集团公司相比的金融工业集团。

其次是加大对大型代理银行的扶植，新的法令规定，有资格成为代理银行需要自有资金超过 1 万亿卢布。1996 年，这样的银行有 13 个。包括奥涅克西姆银行、俄罗斯储蓄银行、外贸银行、英科姆银行、国家储备银行、国际金融公司、汽车银行、帝国银行、莫斯科国际银行、俄罗斯信贷银行、首都储蓄银行、梅那捷普银行、莫斯科贸易银行等。① 代理银行负责经营联邦预算资金的财政和贷款业务，国际金融组织资金的金融和贷款业务以及总统和总理委托的其他业务。大致包括以下 9 项内容：国内的国家外汇债券业务；运出作为抵押物的贵金属；调节外债，其中包括前苏联欠外国的商业贷款、清偿债务人所欠债款；配置和管理包括欧洲债券在内的国际债券；配置临时闲置资金；为国际金融组织的贷款提供服务。例如，吸收国际金融经济组织、外国政府、国际公司、外国投资基金、银团和公司等的金融资源。为国际金融组织、外国国家出口组织和其他金融组织出资的项目提供服务；集中掌管国家间合同范围内的对外经济活动；履行黄金交易的金融业务结算；政府委托的个别业务和结算。

从代理银行的职能可以看出，它们在这些业务运作中会赚取巨额利润，达到较快资本扩张的目的。例如，截至 1997 年 1 月 1 日，前第一副总理波塔宁领导的私人银行——奥涅克西姆银行中的国家预算资金总额甚至超过国有的俄罗斯储蓄银行的一倍，其经营国债 1 年，就可获利 10 亿美元。1996 年一年时间，该银行经营的国际海关委员会的资金就达 46 万亿卢布。② 1993 年才成立的奥涅克西姆银行在短短的两三年时间利用国家资金扩张了自有资金，一跃而成为俄罗斯第三大银行。可见，国家及其国有资本在培育金融资本方面发挥了多么重要的促进作用。可以说，俄罗斯绝大部分的金融资本是在为国家项目服务、履行国家委托等有利可图的

① 俄罗斯《今日报》1997 年 1 月 17 日。
② 俄罗斯《莫斯科共青团报》,《今日报》1997 年 8 月 7 日。

业务基础上发展起来的。政权及其政策是俄罗斯金融资本赖以发展的土壤。由于有政权的精心扶植和政策大幅度倾斜，金融工业集团发展较快。1995～1996年的一年时间内，金融工业集团的生产规模从26万亿卢布增长至100多万亿卢布，在国民经济总产值中的比重从2.5%增至10%。[①] 俄罗斯大银行可以动员3000亿美元资产。

再次是给予特殊政策，加快金融资本向工业资本的渗透。1997年12月17日，俄罗斯对阻碍金融财团向工业领域跨行业渗透的金融工业集团法条款进行了修正。1995年金融工业集团法第3条第2款规定，不允许参加一个以上的金融工业集团。这使金融资本的流动和集聚，金融资本与工业资本实现横向最大限度结合受到制约。实践中，金融财团实际已经打破这个约束，参加和联合跨行业、跨国家的金融工业集团。一个银行参加几个甚至十几个金融工业集团，形成了不少以金融财团为轴心的跨行业金融工业集团。例如，“国际俄罗斯”金融工业集团的主导银行是波塔宁领导的奥涅克西姆银行，这个集团联合了石油化工、有色和黑色金属、交通运输、进出口行业。1997年通过的“关于对金融工业集团法的修改和补充”规定，允许银行和其他信贷组织参加一个以上的金融工业集团。

最后是予以直接的利益补贴。例如古辛斯基的“桥－银行”则将以12亿美元的价格购买国家联合通信体系“通讯投资－俄罗斯电视网”25%的股份。斯摩棱斯基的“首都储蓄银行”以1300亿卢布获得了“国家农工银行”51%的股份等。

至此，寡头们的势力达到了全盛时期。在经济方面，寡头们获得了更多的扶植政策，之前诸多的禁锢在这一时期相继被取消，寡头旗下的金融工业集团得以空前壮大；政治方面，寡头们正式涉足政坛，出任高官，开始把影响力直接作用于政府决策。此时的寡头们终于拥有了足以影响国家走势的巨大能量，一度成为了国家最为核心的领导力量之一（见表7－8）。

表7－8 俄罗斯经济精英的形成阶段

阶段	阶段名称	经济精英的特点	经济阶段的特点
1982～1989年	共青团经济的创建	经济试验者从权贵阶层分立	高利润的部门被垄断
1989～1992年	权贵阶层对国有财产的侵吞	形成授权者阶层	金融及监管领域被瓜分，金融资本开始集中
1992～1994年	公开的工业私有化	形成经济精英	莫斯科的银行家们开始争夺企业
1994～1998年	公有财产拍卖	形成寡头	大型企业被莫斯科的银行家们掌握，形成了金融工业集团的纵向联合体

① 俄罗斯《消息报》1996年11月2日。

二　国有资产遭到洗劫的社会后果

苏联解体后，其主要继承者——俄罗斯联邦的社会转型可以说是付出了惨重代价，经济严重滑坡，民众生活困苦，社会秩序混乱，国力大为衰弱。这正是疯狂攫取社会财富爆发出的对社会巨大的破坏能量。国有资产流失殆尽的危害性在俄罗斯的社会转型过程中找到了最鲜明、最有说服力的例证。

（一）社会进程出现严重倒退

转轨以来，俄罗斯的社会生产持续大幅度下降。1992 年国内生产总值下降 14.5%，1993 年下降 8.7%，1994 年降幅为 12.7%，1995 年降幅为 4.1%，1996 年再降 3.4%，1997 年停止下降并出现微弱增长（0.9%），1998 年因金融危机而再度下降 4.9%。至此，转轨以来国内生产总值累计下降近 40%。① 1990 年按汇率计算的俄罗斯国内生产总值（GDP）为 10000 多亿美元，2000 年则下降为 2469 亿美元，只相当于美国 GDP 的 2.7%，为中国的 25%，只占世界的 0.78%。②

人均收入水平急剧下滑，1995 年工资水平降至 1990 年的 48%，退休金降至 25%（见图 7－2），生活出现了普遍的贫困化。至 1999 年，俄罗斯的消费价格总共上涨 6168 倍，职工月平均工资为 64 美元，养老金不到 20 美元，这一年的恩格尔系数则高达 52.0%。

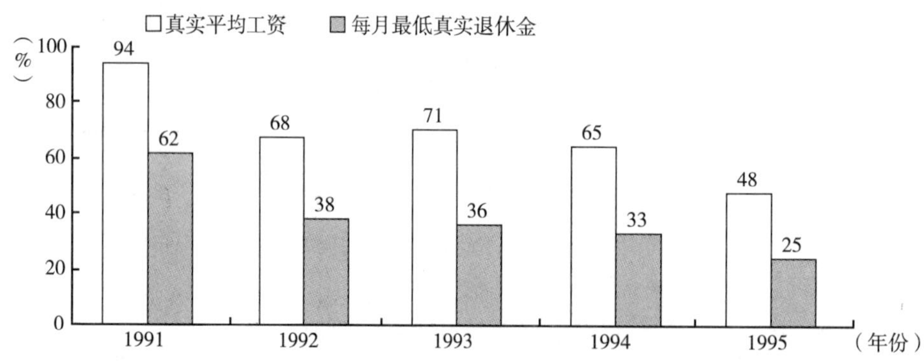

图 7－2　真实工资和退休金（1990 年为 100）

资料来源：根据 International Monetary Fund 1993_ 1995 资料加工。

俄罗斯的人口出现了快速下降的局面，其原因在于，包括医疗服务的迅速下降、大规模的贫困、数以千万计的公民进行不利的节食、增长的失业、对不明确的未来所产生的压力和焦虑以及酗酒等。1991 ~ 1995 年，出生率下降了 23.2%，而总的死亡率却增加了 31.6%。1993 年，尽管一些死亡人口的数量已经被移民所抵消，但俄罗斯的人口还是下降了 307000 人，1994 年又下降了 124000 人。平均寿命方面，1994 年俄罗斯的平均寿命是 64.2 岁，比上一年

① 俄罗斯统计委员会：《2000 年俄罗斯统计年鉴》，莫斯科，2000，第 16 页。

② 潘德礼主编《俄罗斯十年》下卷，世界知识出版社，2003，第 423 页。

少了1.4个百分点；男子的预期寿命是57.3岁，而妇女是71.1岁。1992年俄罗斯的自杀率高达十万分之三十一，到1996年，这一数字上升到了十万分三十九点四。①

（二）社会秩序的破坏与失范

旧官僚转化而来的精英们肆无忌惮的以权谋私，不仅使国家的经济发展遭受重创，亦导致了社会控制功能的紊乱，致使俄罗斯在转轨过程中各种形式的犯罪、影子经济、社会丑恶现象猖獗兴起，社会秩序日呈混乱乃至动荡，社会环境受到严重的污染。

仅1995年，犯罪案件就达275.6万起，或者说，每10万人中就有1900人犯罪。然而，还有许多隐蔽的犯罪没有统计进来，估计实际犯罪比统计的结果要多2倍。犯罪形式则呈多样化，遍布社会生活的各个领域：经济犯罪严重。在经济转轨时期，这种犯罪呈大幅度上升趋势。1995年的经济犯罪共有200万起左右，占全部犯罪的70%。这种犯罪除了原有的盗窃、抢劫、贪污等形式外，还出现了许多新的形式，比如信贷诈骗、非法经营活动、欺骗居民行为等。俄罗斯每年诈骗款额可达20万亿卢布，逃税款额则可达200万亿卢布；刑事犯罪急剧增加。这种犯罪近年来比改革前的1986年多了1倍。每年可达3万多起。仅莫斯科，每年就发生200多起谋杀、绑架事件，主要对象是企业家、银行家，还有他们的家属。这种犯罪还表现出明显的职业化倾向，许多犯罪者都曾受过专业的训练；未成年人犯罪日趋严重。过去14～18岁的未成年人犯罪，男孩子主要是偷盗、流氓行为，女孩子主要是卖淫，近来除了如上犯罪形式外，还有贩毒，倒卖武器，袭击外国商人，绑架儿童并向其父母勒索钱财等，这些犯罪已具有成年人犯罪的性质；有组织犯罪猖獗。黑社会已经成为了俄罗斯社会的一个巨大的毒瘤。黑社会组织有着很好的物质基础，它们拥有各种交通、通信和暴力的手段，甚至掌握着电台、报刊，有自己的生产经营网络。在全国范围内，这些犯罪组织总共控制着4万个公司，企业30%的收入要交给它们。这种组织的犯罪形式也多种多样，包括盗窃、走私、军火交易、卖淫、敲诈、谋杀、倒卖文物等。② 黑社会的发展甚至已跨越了国界，连俄罗斯政府也公开承认，在俄罗斯活动的黑帮组织有5700个之多，其中许多组织正向海外扩展。据俄内务部专家估计，目前俄黑帮控制着俄50%的非国有企业和60%的国有企业。俄罗斯黑社会甚至还渗入俄国家杜马。俄罗斯黑帮出巨资资助一些人参加俄杜马议员选举，从而使这些人为他们的犯罪组织或财团服务。据报道，俄上届杜马中有10%的议员是黑帮或与黑帮有关。俄前内务部长库利科夫也表示说，黑帮活动已经渗透到政府的每个部门，其中包括执法和司法机构，他称黑帮已经有效地在最有利可图的经济部门中谋取到自己的位置。③

社会控制能力的衰弱也滋生了庞大的影子经济和从业队伍。影子经济又称为“地下经济”、“非正式经济”、“灰色经济”等。俄罗斯国家统计局的资料显示，1992～1994年，俄罗

① 卡瑟琳·丹克斯著《转型中的俄罗斯政治与社会》，欧阳景根译，华夏出版社，2003，第268～270页。

② 详细数据参见库德里亚夫采夫《库德里亚夫采夫院士谈俄罗斯社会犯罪问题》，www.motherol.com/info/list.asp? id=5444。

③ 光明网，2001年5月18日，www.china.org.cn/chinese/2001/May/34336.htm。

斯的影子经济占国内生产总值的9%～10%，1995年达到占20%，1996年增加到占23%。另据俄罗斯内务部1997年向国家安全会议的报告中列举的数字，1990～1991年，俄罗斯的影子经济生产规模达到国内生产总值的10%～11%，1993年上升至27%，1994年达到39%，1995年为45%，1996年为46%。俄罗斯前总理切尔诺梅尔金在一次报告中承认，俄罗斯国内影子经济中流通的资金大约70万亿卢布。有的专家称，影子经济所造成的损失完全可以与国家预算相比。仅流往国外的资本就有1500亿～3000亿美元。影子经济的从业队伍惊人地庞大，约为3000万人，与影子经济有关联的达到5800万～6000万人。4100个企业、50%的银行、80%以上的合资企业与影子经济有联系或受犯罪团伙的保护。影子经济几乎渗透到所有的经济领域、所有的地区。同时影子经济的投资活动或地下投资活动比较活跃。一项调查显示，37.6%的被问询者回答称，他们将50%的资本投入影子经济。而80%护法机关的代表认为，企业家将50%以上的资本投入影子经济，其中41%的人认为，投入影子经济的资本超过80%。企业大都掩盖巨额收入，这样做的有73.5%的企业；把资金转移到国外，这样做的有65%的企业；逃税和走私，染有这种行为的达59.1%的企业。①

秩序混乱加剧了人们的悲观情绪，酗酒、吸毒、生活放纵等不健康现象便开始在俄罗斯大规模的蔓延。据估计，俄罗斯每人每年的纯酒精消费量约为15升，几乎是世界卫生组织划定的一个民族的基因库将发生不可逆转变化的临界水平的两倍。染有酗酒习惯的人约有2000万人，染有毒瘾者达600万人，这些毒品依赖者中大多数是年龄不到25岁的青年人，他们还未曾从事过任何建设性的活动。因劣质酒精包括进口产品中毒而死的人数，1993～1997年（包括1997年），几乎增长了两倍。每年因酒精代用品中毒而入院治疗的人数达9万人，其中死亡者达4万～5万人。毒品交易的发展速度达到了猖獗的程度。1994～1997年，学龄儿童和大学生中（特别是大城市的）吸毒者人数增加了5～7倍。内务部的数据表明，10年间，因使用毒品而导致致命后果的案件数目上升了11倍，而发生在儿童身上的则增长了39倍以上。鉴于吸毒人群的年龄段主要在13～25岁之间，所以俄罗斯目前正在成长的整整一代人实质上都处在危急之中。同样令人触目惊心的是，由社会性因素决定的疾病病例的增多，譬如与1990年相比，患肺结核的病例增加了0.7倍，染梅毒的39倍，吸毒者4倍，酒精性精神病4倍，中毒者翻了一番。艾滋病传染病已经开始迅速传播，受害者人数仅在1996年一年就增长了7倍，1997年新确诊的感染HIV病毒的人数与1996年相比又增长了两倍，比此前10年间查出的感染HIV病毒者的人数总和还超出0.6倍。②

三　俄罗斯共产党的困境

（一）流失的国有资产反噬了俄罗斯共产党的胜利

俄罗斯共产党成立于1990年6月，当时是苏联共产党内的一个分支机构。1991年“8·

① 董晓阳：《俄罗斯官僚资产阶级是如何形成的》，《东欧中亚研究》1998年第6期。

② 详细数据参见谢尔盖·格拉济耶夫《俄罗斯改革的悲剧与出路——俄罗斯与新世界秩序》，1998。

19”事件后，苏共和俄共被宣布停止活动。1993 年 2 月，俄共举行重建大会，并选举根纳季·久加诺夫为党的最高领导人。1993 年 3 月，俄共在司法部重新注册，当时注册党员人数为 50 万人，这充分说明了俄共尚具有广泛的社会影响和群众基础。1993 年 12 月 12 日，俄罗斯举行第一届国家杜马选举。结果，有 8 个政党和组织得票率超过 5%，进入国家杜马。其中："自由民主党"得票率为 22.79%，位居第一；"俄罗斯选择"联盟得票率为 15.38%；俄共得票率为 12.35%，位列第三大党。①

总体来讲，苏联解体之后，俄罗斯共产党可谓是逆境中求生存，其中一个重要原因就在于社会资源匮乏，财力不济严重限制了俄罗斯共产党的发展壮大，1996 年大选甚至在胜券在握的情况下，生生被大资本扳了下来。

当时在国有资产飞速流失的背景下，俄罗斯社会乱象丛生，人民群众的不满情绪高涨，主张公正平等的俄罗斯共产党因此获得了大范围民众的支持。在 1995 年 12 月 17 日俄罗斯举行的第二届国家杜马选举中，有 4 个政党和组织得票率超过 5%，进入国家杜马。其中：俄共得票率为 22.3%，名列第一；"自由民主党"得票率为 11.18%；"我们的家园－俄罗斯"得票率为 10.13%；"亚博卢"得票率为 6.89%。加上"单席位"选区当选的议员，俄共得 157 个议席；"我们的家园－俄罗斯"得 55 个议席；"自由民主党"得 51 个议席；"亚博卢"得 45 个议席。有些政党和组织的得票率不足 5%，未能进入议会，但它们有成员在"单席位"选区当选为议员，其中"农业党"20 人，"俄罗斯民主选择"联盟 9 人，"政权属于人民"联盟 9 人，"公众大会"5 人，"俄罗斯妇女运动"3 人。此外还有 77 个"独立"议员。

1996 年根据俄罗斯比较权威的俄罗斯社会舆论调查中心 1996 年 1 月末关于对政治家支持程度的一项调查，俄共主席久加诺夫名居榜首，居民支持率达 17%，比上月增加 6%；亚博卢联盟的亚夫林斯基位居第二，支持率为 15%，与上月持平；退役将军列别德位居第三，支持率为 14%；盖达尔位居第七，支持率为 9%；叶利钦位居第十位，排行倒数第二，支持率只有 5%。② 俄罗斯共产党和久加诺夫的胜利几乎是势不可挡了，俄罗斯的政局面临着方向性地选择。但就在此时，1996 年 2 月，在丘拜斯、别列佐夫斯基等人的斡旋下，俄罗斯最具影响的寡头古辛斯基、霍多尔科夫斯基、维诺戈拉多夫、斯摩林斯基、波塔宁等 7 大财团头目达成共识。他们一致决定建立一个财团和官僚相结合的支持叶利钦竞选的机构和智囊团，并为其竞选提供物质保障。他们千方百计地遏制俄共及左翼爱国力量总统候选人久加诺夫的影响，并阻止其获胜。为此寡头们不惜耗费巨资。有的材料估计叶利钦竞选总统费用达到了 7000 万美元。

---

① 其余党派情况是："俄罗斯妇女运动"得票率为 8.1%；"农业党"得票率为 7.9%；"亚博卢"联盟得票率为 7.8%；"统一和谐党"得票率为 6.76%；"民主党"得票率为 5.5%。加上"单席位"选区当选的议员，"俄罗斯选择"得 96 个议席；"自由民主党"得 70 个议席；俄共得 65 个议席；"农业党"得 47 个议席；"亚博卢"得 33 个议席；"统一和谐党"得 27 个议席；"俄罗斯妇女运动"得 25 个议席；"民主党"得 21 个议席。其他政党和组织的得票率都不足 5%，未能进入国家杜马，但它们有成员在"单席位"选区当选为议员，其中"公民联盟"18 席，"民主改革运动"8 席。《俄罗斯联邦宪法》第二部分最后过渡条款第 7 款规定第一届国家杜马任期为 2 年。

② 董晓阳：《俄罗斯利益集团》，当代世界出版社，1999，第 223 页。

其中大部分来自俄罗斯著名的7大财团等金融界和企业界大亨。一些俄罗斯专家认为，叶利钦竞选开销远远超过145亿卢布。仅叶利钦24次前往21个地区进行包括演讲会、集会等形式在内的大规模竞选活动，至少支出100多万美元。有学者认为，叶利钦的竞选费用大大超过立法允许的限度，可以同美国总统竞选活动费用相比。最终的结果是叶利钦的大逆转，连任了总统。大资本在其中扮演了决定性的作用，而具有讽刺意味的是，这些大资本仅仅在几年前还是苏联共产党控制的国有资产，如今反倒吞噬了俄罗斯共产党即将到手的胜利。

（二）缺乏财力支撑的俄罗斯共产党难以再现辉煌

在这次倒在了胜利的门槛之后，俄罗斯的政局开始出现趋向“中派”的势头，既得利益群体为巩固收益，开始走向联合。耗费巨大的选举体制下，这样的联合无疑会大大增强势力。

1999年12月19日，俄罗斯举行第三届国家杜马选举。结果，有6个政党和组织得票率超过5%，进入国家杜马。其中：俄共得票率为24.29%；“团结”联盟得票率为23.32%；“祖国－全俄罗斯”联盟得票率为13.33%；“右翼力量”联盟得票率为8.52%；“日里诺夫斯基”联盟得票率为5.98%；“亚博卢”集团得票率为5.93%。加上“单席位”选区当选的议员，俄共得110个议席；“团结”得74个议席；“祖国－全俄罗斯”得66个议席；“右翼力量”得29个议席；“亚博卢”得21个议席；“日里诺夫斯基”得17个议席。此外还有120多个“独立”议员。俄共虽保持了第一大党的位置，但俨然是“政权党”的“团结”联盟刚刚成立就显示了实力与潜力，对俄罗斯共产党构成了直接的威胁。

果然，“团结”联盟（后改为“统一俄罗斯”党）在新的人气领袖——普京的领导下，充分发挥了“政权党”的优势，迅速确立了领先地位，并成功对俄罗斯共产党进行了高效率地打压。2003年12月19日，新的《政党法》生效后，俄罗斯联邦中央选举委员会公布了第四届国家杜马选举的结果：“统一俄罗斯”党获37.57%的选票，位居第一，第二名俄共获12.61%的选票，第三名俄罗斯自由民主党获11.45%的选票，三个月前组建的人民爱国主义联盟“祖国”竞选联盟获得9.02%的选票，成功进入国家杜马，位居第四。俄罗斯右派代表——右翼力量联盟和亚夫林斯基领导的“亚博卢”集团未能突破5%的门槛，被排除在国家杜马大门之外。加上单席位选区的另外225个席位，最终“统一俄罗斯”党获得了议会席位的222席；俄共53席；自由民主党38席；“祖国”联盟37席；人民党20席；其他政党16席；独立候选人63席。从这一届起，杜马中相对稳定的政党力量格局逐渐形成。

俄罗斯共产党在本届选举中遭受重创，让出了第一大党的地位，并在随后的两届选举中继续被“统一俄罗斯”党远远抛开。第五届国家杜马选举的结果于2007年12月8日正式公布，俄罗斯中央选举委员会副主席斯坦尼斯拉夫·瓦维洛夫当天宣布的最终统计结果为，统一俄罗斯党的得票率为64.3%，获得国家杜马450个议席中的315席。此外，俄罗斯共产党、自由民主党和公正俄罗斯党得票率分别为11.57%、8.14%和7.74%，将分别在国家杜马中拥有57个、40个和38个席位。其余几个较有影响的政党的得票率为：农业党为2.4%，亚博卢为1.6%，公民力量为1.1%，右翼力量联盟为1.0%。

2011 年 12 月 9 日俄罗斯中央选举委员会副主席伊夫列夫宣布了当月 4 日举行的俄罗斯第六届国家杜马（议会下院）选举结果。“统一俄罗斯”党、俄罗斯共产党、公正俄罗斯党、俄罗斯自由民主党四个政党进入下一届国家杜马，“统一俄罗斯”党维持了在国家杜马中的第一大党地位。参选的 7 个政党中，俄总统梅德韦杰夫领衔竞选名单的“统一俄罗斯”党得票率第一，为 49.32%。俄罗斯共产党得票率第二，为 19.19%。其后是公正俄罗斯党和俄罗斯自由民主党，得票率分别为 13.24% 和 11.67%。亚博卢党得票率为 3.43%，正义事业党和俄罗斯爱国者党得票率均不到 1%。

俄罗斯的政党政治还远不够成熟，作为“政权党”的“统一俄罗斯”党在选举中屡有舞弊丑闻传出，这一方面虽有利于俄罗斯共产党等党派获得同情，但另一方面也说明了俄罗斯共产党等党派处于严重的不利局面当中。政权党握有行政资源的同时，还有肆无忌惮作弊的手段，这使得共产党等几乎没有抗衡的可能。换句话说，缺乏社会资源的党派，即使在“平等”竞选的制度中，也难有实际的作为。

第四节　苏联共产党在国有资产管理和廉洁政府建设方面的教训

本章力求以苏共国有资产管理与廉洁政府建设之间互为影响的关系为视角研究苏联兴亡的历史。国有资产是中国共产党执政的物质基础，中国共产党的执政是国有资产安全完整和政府廉洁的政治保障，国有资产管理制度是社会主义制度的重要组成部分。中国共产党要长期执政，就必须吸取苏共教训，不断强化经济基础，加强廉洁政府建设。

一　国有资产的流失和政府腐败导致了苏联共产党垮台

社会主义革命取得胜利后，在建立基本制度后，必须改革经济体制，使其适应生产力发展的要求。在改革过程中出现的问题应通过深化改革去解决。改革是革命，是一个不断进行的革命，也就是说，只有通过不断的改革以适应生产力发展的需要。从苏共管理国有资产和加强政府建设的实践看，要巩固和加强公有制的主体地位，就必须进行经济体制改革，要巩固和加强国有经济的主导作用，就必须建立卓有成效的国有资产管理机制，始终加强廉洁政府建设。

第一，经济体制改革的缺陷。

1921 年苏俄开始实行的新经济政策，是对前一时期军事共产主义政策的否定，它代表了一种新的社会发展战略，一种建设社会主义的新方案。第二次世界大战结束后，苏联社会的许多领域开始表现出明显的危机，这些危机的出现成了战后苏联社会改革思潮涌动的原因和动力。斯大林模式形成之后第一次遭遇了较大的冲击波。然而，由于没能得到斯大林的认可和支持，苏联失去了一次极其难得的历史机遇。但它毕竟预示了更大规模改革浪潮的到来。苏联自 1953 年斯大林逝世后也开始了改革的探索。赫鲁晓夫的经济体制改革主要包括下放中央管理权，减少国家计划指标，减少国家对农民的干预和扩大集体农庄的自主权，改革农产品采购制度，鼓励个人副业，改革劳动报酬制度，贯彻物质鼓励原则，等等。赫鲁晓夫的改革只是一次不成功的试验。由于改革过程中出现了大量的新矛盾，触犯了过多人的利益，超过了当时社会的承受能力，改革措施难以为继。随着赫鲁晓夫被罢黜，他的大多数改革措施也相继中止，半途而废。以1965年苏联实行新经济体制为标志，社会主义国家开始了新一轮的改革浪潮。苏联推行的新经济体制改革出台了一些新措施。但是改革进行了一段时间之后，便又逐步后退了，许多措施不是虎头蛇尾，就是名存实亡，改革的目标没能实现。1982年11月，勃列日涅夫去世，安德罗波夫继任苏共中央总书记，重新开启了苏联改革的闸门。苏联围绕体制改革问题进行了各种形式的讨论，就其深度而言，较之赫鲁晓夫时期围绕利别尔曼计划展开的讨论有过之而无不及。为了促进体制改革，苏联在一些重大理论问题上出现了突破性的进展，如强调苏联仍处于“发达社会主义”的起点，强调从理论上区分占有方式与经营方式，强调反对分配中的平均主义，强调进一步加强民主管理、提高管理效率，等等。1985年3月，戈尔巴乔夫上台执政。上台伊始，戈尔巴乔夫即明确表示要认真改进管理和整个经济机制。1988年苏共第十九次代表会议把改革的重心转入政治领域，苏联社会也迅速进入动荡时期。戈尔巴乔夫的体制内经济改革以失败告终。与剧变相伴随的经济体制改革也开始失去其原本的涵义，体制改革演变成了制度转轨。①

第二，经济体制改革的理论误区。

把社会主义经济视为产品经济就形成指令性的计划经济体制模式，把社会主义经济视为商品经济就形成市场经济模式。苏联历次经济体制改革难以有实质性的进展，从经济理论来讲，主要是两大教条。一是长期以来否定商品经济，一直批判市场经济。苏联历次改革未取得成功原因甚多，但不坚持以市场经济为方向，总是在集中的指令性计划体制框架内进行修修补补是重要因素。直到1990年7月，在苏共二十八大上，经过激烈争论，才肯定了向市场经济过渡的经济改革总方向。二是所有制理论。这是苏联历次改革都不能触及的。产生这一情况的原因是，在苏联一直存在着一个历史性的误区，即认为国有企业是全民所有制经济，是社会主义经济的最高形式。事实上，社会主义所有制形式的一个重要特征是：劳动者在联合占有的生产资料中享有一定的所有权。进一步说，马克思所说的这种所有制具有以下两个密切相关的本质内涵：一是劳动者集体共同占有和使用生产资料，任何个人均无权侵占生产资料；二是在用于集体劳动的生产资料中，每个劳动者都享有一定的生产资料所有权，这是在自由联合的劳动条件下实现劳动者与生产资料所有权相统一的具体形式。国有企业是全民所有制经济，是社会主义公有制的高级形式，这一理论误区长期以来影响着经济改革的深化。②

总之，苏共管理国有资产的实践几乎与整个经济体制改革同步。经济体制改革的反反复复造成国有资产管理的停滞不前。而且，苏联时期，虽然国有资产总量一直在持续增长，但是如何妥善处理党的领导与企业的经营之间的关系始终困扰苏共。解决困扰国有企业政企不分、政资不

① 蒲国良：《苏联东欧社会主义国家经济改革探索的主要成就与局限》，《马克思主义与现实》2009年第6期。
② 陆南泉：《苏联剧变的经济体制改革失败原因及启示》，《中国延安干部学院学报》2011年第2期。

分、国有资产严重流失等一系列问题，必须首先深化政府机构改革，按照政资分开、政企分开的原则，建立卓有成效的国有资产管理、运营、监督体系和机制。

二 苏共政权的丧失加速了国有资产的流失

苏联历次经济体制改革未能取得成功直接导致国有资产最终流失，而经济体制改革失败的一个共同原因是：不进行政治体制改革，有时甚至出现倒退，从而使传统的政治体制成为经济体制改革的主要阻力。因此，从苏共管理国有资产的经验来看，廉洁政府的削弱是国有资产管理弱化的根本原因。

第一，苏共建党思想在实践中被异化。

布尔什维克党成立后，列宁十分重视党的建设工作。概括起来，列宁的建党思想主要包括以下内容。无产阶级的政党是由工人阶级中最优秀、最有觉悟的分子组成的。党要成为一个有组织的整体和先进部队，党内就必须有一个全党共同遵守的统一的纪律，党不应该有什么不必服从纪律的“上等人物”和必须服从纪律的“平凡人物”之分；党内应该实行民主集中制原则，即党员必须参加党的组织，服从党的决议；党内所有负责人都由选举产生，并且可以随时撤换；在党内生活上少数服从多数，部分服从整体，下级服从上级；党内实行讨论自由和行动一致的纪律；党的代表大会是最高权力机关，有最后决定权；发扬党内民主，加强党内监督；要正确处理阶级、领袖和群众的关系，正确处理作为群众领袖的无产阶级政党和其他组织与群众的关系；等等。

十月革命取得胜利后，布尔什维克党成为了执政党，列宁及时预见到作为一个执政党所面临的种种危险，他指出：“对于一个人数不多的共产党来说，对于一个作为工人阶级的先锋队来领导一个大国……向社会主义过渡的共产党来说，最严重最可怕的危险之一，就是脱离群众”。① 这一时期，列宁着重阐述了有关执政党的建设。列宁强调指出，只有20多万党员的布尔什维克党，之所以能取得并巩固国家政权，关键是它得到了广大群众的拥护。进行社会主义建设，同样也需要依靠人民群众。为了防止党脱离群众，列宁提出以下措施。一是防止因为革命胜利取得了政权而骄傲自大。列宁说：“我们党目前也许会陷入十分危险的境地，即变得骄傲自大起来。一些政党有了骄傲自大的可能，这往往就是失败和衰落的前奏。我希望我们决不要使我们的党落到骄傲自大的地步”②。二是要防止脱离实际、盲目决策、犯主观主义的错误。列宁认为，党制定方针政策，一定要从实际情况出发，正确反映人民群众的愿望和要求，这样才能给群众带来实际利益，巩固同群众的联系。三是与脱离群众的官僚主义作斗争。列宁指出：“我们所有经济机构的一切工作中最大的毛病就是官僚主义。共产党员成了官僚主义者。如果说有什么东西会把我们毁掉的话，那就是这个。”③

---

① 《列宁选集》第1卷，人民出版社，1995，第626页。

② 《列宁全集》第38卷，人民出版社，1986，第354~355页。

③ 《列宁全集》第52卷，人民出版社，1987，第300页。

列宁的担心最终变成了严峻的现实。在苏联存在的70多年中，作为执政党的苏联共产党由一支工人阶级中最优秀、最有觉悟的分子组成的先锋队，逐渐蜕变成脱离群众、享有特殊利益的“特权党”。其主要表现是，党内领导阶层按照权力的大小和职务的高低被划分成为不同的等级，在物质上享有不同的优待和特权，成为一群高高在上、占有国家大量财富的特权阶层。如果说，20世纪四五十年代，这种“特权现象”还仅限于高级领导集团内部，到勃列日涅夫时期，享有特权的人从中央扩大到地方，从党和国家最高领导人扩大到地方机关负责人，他们不仅要求相应的权力，还要求相应的财富和享有相应的特权，于是出现了按照职位高低进行配备的“特供商店”、“专用别墅”、“红包”，以及各种各样名目繁多的为领导干部提供的特殊待遇。领导干部享有特权的制度，由最初的“对外保密”，到后来的“公开执行”，最终发展成迫使广大民众默认的“合理”制度，从而造成了社会财富和公共权力的极大不公平，也违背了社会主义的平等价值观。正如俄罗斯历史学家罗・亚・麦德维杰夫所评价的：“一些党的干部完全没有任何理由享有特权，但是他们不仅享受了这些特权，而且这些特权还成为了他们追求的唯一目标。”①

在苏东国家，官员们逐渐形成特殊的利益共同体。前苏联部长会议主席尼・雷日科夫曾引用过一句很有哲理的话：“权力应当成为一种负担。当它是负担时就会稳如泰山，而当权力变成一种乐趣时，那么一切也就完了。”到了勃列日涅夫晚年，其主要注意力都集中在“稳定”干部上。一个是稳定权力，不断颁布各种条例、规定。这些条例、规定很多都和人民的要求无关，而是为了使官僚阶层日益膨胀的利益要求进一步固定化、规范化、制度化，使他们感恩戴德，成为当时领导集团的坚定拥护者。另一个就是稳定队伍，尽量提拔一些亲信，目的主要是为了防止别人再用当年赶赫鲁晓夫下台的办法来对付他本人。而下面的干部也需要勃列日涅夫这样“爱护干部”的领袖在台上，以维护自身的权力和利益。上下之间便形成了一种具有特殊利益，却与群众越来越疏远的“共同体”。

毋庸置疑，高度集权的政治体制模式以及由此而衍生出来的官僚特权阶层，严重损害了民众的根本利益，也使曾代表广大人民利益的苏共的合法性受到了质疑。叶利钦在《我的自述》中曾这样描述：“当人们了解到这令人愤怒的社会不公，并看到党的领袖不采取任何措施以制止党的高层人物对财富的这种不知羞耻的掠夺，就（对苏共）失去了最后一丁点的信任。”需要指出的是，虽然与广大普通党员相比，苏东国家党内特权阶层的人数相对较少，② 但共产党的执政党地位，以及党员对国家各权力部门领导权的垄断，使得共产党的干部成为各阶层中获得实际利益最多的群体，领导集团内部的腐化也导致了整个社会腐败现象丛生，政府各级官员的官僚主义作风日益严重，这些都是不争的事实。可以说，苏东国家腐败问题的滋生和蔓延，最根本的原因是执政党的建设软弱无力，思想上、组织上、作风上都出了问题，背弃了为群众

---

① 罗・亚・麦德维杰夫：《让历史来审判——斯大林主义的起源及其后果》，人民出版社，1981，第108页。

② 据俄国学者的估计，苏联后期，这个阶层大约有50万~70万人，加上他们的家属，共有300万人之多，约占全国总人口的1.5%。

谋利益的宗旨。在苏东国家，普通民众与特权阶层之间存在着一道无形的巨大鸿沟，这从一般民众自称“我们”，而把特权者称为“他们”的日常生活用语中，就可以感受得到。从这个意义上说，苏东国家共产党内的特权阶层不仅败坏了自己的形象，也损害了执政党在民众中的威信，造成了民众对共产党逐渐失去信任。

总之，苏联政治体制的特点决定了苏共的核心地位。苏联政治体制包括三大组织系统。除了以苏维埃为核心的国家组织系统外，还有党的系统和群众团体系统。而且，党的系统与国家组织系统关系极为密切，除最基层外，苏联几乎所有国家组织单位都有党的委员会或支部。苏联政府机构的党员接受双重领导：上级政府部门的正式领导和所在党组织的非正式领导。可以说，苏联的实际权力重心不在以苏维埃为核心的国家组织系统，而在党的系统。苏联的政治体制结构因此被称为“发动机”加上“传动装置”。苏联共产党是领导力量，是“发动机”，而其他组织，如苏维埃、工会等则是“传动装置”。

可见，在苏联政治体制中苏共的地位特殊，它名义上是政党，实质上是国家政权组织。苏共对国家、社会的政治领导变成了对国家、社会生活的直接干预和全面控制，这种领导方式缺乏弹性和灵活性，不利于调动国家和社会各个方面的积极性。“就其制度而言，苏联政治制度的特点是社会方面的一党制、意识形态方面的一元制和经济方面的垄断制。共产党支配着政治、文化和生产活动，坚持主张党国合一。”然而，即便如此，如果苏共能够始终站在时代的前列，为人民群众指出前进的方向，忠实地反映和代表人民的利益，也不会在各种非共和反共势力的攻击下由强变弱、如此不堪一击。俄罗斯联邦共产党主席久加诺夫在谈到苏联剧变原因时尖锐地指出：苏联和苏共垮台的基本原因是对财产、权力和真理的垄断。它断送了国家，导致国家上层的腐化和变质，直接出卖民族利益。

经济基础决定上层建筑，这是马克思主义的一个基本原理。人民民主专政是建立在生产资料的社会主义公有制基础上的，只有不断加强公有制的主体地位，确保国有资产安全完整，社会主义制度才会是巩固的，政权和党的执政地位才会是巩固的。如果把大量国有资产量化到个人，并最终集中到少数人手中，那样，国有资产就有被掏空的危险，社会主义制度就会失去经济基础。苏共管理国有资产的经验与教训是深刻的。

第二，苏共未能成为市场化改革的可靠保障。

就一般性规律而言，政治转型分为开放、打破、重建和巩固四个进程。俄罗斯的政治转型同样也经历了戈尔巴乔夫时期的政治民主化与公开性以及随之而来的苏维埃制度的瓦解，并在叶利钦时期寻求新俄罗斯的构建。

俄罗斯政治转型的历史进程催生了“国家性”观念的产生。叶利钦把政治转型的开放阶段定位为“从革命到改革”。在叶利钦看来，俄罗斯政治转型的萌芽可以上溯到赫鲁晓夫时期。他认为，在赫鲁晓夫解冻时期曾在原制度的框架内进行过第一次改革尝试。斯大林逝世后政权对社会的全面控制削弱了，实行了某些开放措施，这使苏联加快了发展，甚至在军事和航天领域成为科学技术革命领先的国家之一。但是，由于缺少用于其他事业的资金，经济和社会政治制度缺乏实际变化，所以科学技术革命的动力很快就消失了。而苏联力图保持同“资本主义世界”的军事均等、帮助“社会主义阵营”的国家和一切“进步力量”的对外政策榨干了经济发展的潜力。苏联在20世纪60年代末再次出现了消费危机。20世纪70年代上半期苏联的经济效率指标开始下降，到1980年的时候，70%的集体农庄和国营农场出现了亏损。①

叶利钦的这一判断显然与俄罗斯国内外对赫鲁晓夫执政年代的评价大体吻合。虽然赫鲁晓夫在苏联执政仅仅11年（1953～1964），但这段时期是斯大林逝世后苏联社会主义发展历史上的一个转折时期。在这一时期苏联的对内对外政策有了重大的调整，政治经济体制也发生了重大的变革。变革的领域相当广泛，涉及党政领导体制、干部体制、监察体制、法制以及社会团体的地位和作用，也涉及工业、建筑业、农业、劳动工资和财政信贷等管理体制。赫鲁晓夫从斯大林逝世后立即着手调整和改组党政机构，各种改革措施连续不断地出台。整个改革既具有一定广度，又具有一定深度，它触及苏联传统体制的各种弊端，但这些改革也具有矛盾性和局限性。总的来说，赫鲁晓夫的改革是一种错综复杂的现象，它带有探索的性质。② 叶利钦评价说，赫鲁晓夫执政年代取得的成就，是人民的功劳，是他们的劳动和才能产生的结果。但是，这些成就主要是军事方面的。结果在经济以及生活水平和质量方面离发达国家越来越远。苏联曾经试图制止这种趋势，但毫无结果。叶利钦认为这是苏联集权制度的一种顽症。③ 由于受到各种各样的社会、政治和经济条件的制约，无法以重大的改革来取代过时的模式，不能预期它会采取权力下放和自由市场的做法。那将无异于自毁其权力的基础，实行自由市场制度将使苏联官僚机构的大部分职能变得没有必要。④ 例如，1965～1967年，勃列日涅夫与部长会议主席柯西金，最高苏维埃主席团主席彼德戈内成为权力场上的“三驾马车”。“不止一次出现过这样的情况，在克里姆林宫碰头并对一系列不止是重要，而且是紧迫的问题作出决定的正是这3个人。”⑤

经济上的不成功促使苏联领导人在其他领域搞改革，首先是试图通过公开性和民主化消除党在思想和政治领域的不利局面。1985年3月11日，戈尔巴乔夫在苏共中央非常会议上当选为苏共中央总书记。苏联政治体制的弊端要求苏联共产党进行改革，戈尔巴乔夫执政以后立即启动了新形势下的改革举措。苏维埃制度的改革一开始并没有成为戈尔巴乔夫关注的焦点。在分析苏联国内局势时，首先碰到的是经济发展停滞不前，国家正处于危机前的状态。⑥ 1985年4月23日，苏共中央举行全会，戈尔巴乔夫在会议上首次提出“加速发展战略”。“国家如何和依靠什么才能加速经济发展……只要把经济集约化和加速科技进步置于我们整个工作的中心，改革管理和计划工作以及结构政策和投资政策，普遍提高组织性和纪律性，根本改进工作

① Россия, за которую мы в ответе. Послание Президента РФ Федеральному Собранию, *Российская газета*, 24 февраля 1996г.
② 刘克明、金挥主编《苏联政治经济体制七十年》，中国社会科学出版社，1990，第418页。
③ Россия, за которую мы в ответе. Послание Президента РФ Федеральному Собранию, *Российская газета*, 24 февраля 1996г.
④ 阿·尼·舍甫琴柯：《与莫斯科决裂》，王观声等译，世界知识出版社，1986，第206页。
⑤ 罗伊·麦德维杰夫：《人们所不知道的安德罗波夫》，徐葵等译，新华出版社，2001，第68页。
⑥ 米·谢·戈尔巴乔夫：《改革与新思维》，苏群译，新华出版社，1987，第11～21页。

作风，那么，加快增长速度，而且是大大加快增长速度的任务是完全能够实现的”。① 当时没有提出改革政治体制的问题。由于经济改革的几项主要措施在执行中都不顺利，戈尔巴乔夫也承认情况的好转很慢，改革事业比原来所估计的要困难得多。雅科夫列夫指出，“加速战略”的破产表明，问题堆积如山的根源在于体制本身，而不在于这种体制的一些工作机制。②

戈尔巴乔夫认为是党内干部的抵制及政治制度存在着问题，因此急于实行政治方面的变革。1986 年 7 月 31 日，戈尔巴乔夫在视察哈巴罗夫斯克时提出了“政治体制改革”的任务，他说，“目前的改革不仅包括经济，而且也包括社会生活的所有其他方面：社会关系、政治体制、精神和意识形态领域、党和我们全体干部的工作作风和工作方法。”③ 从 1987 年开始，戈尔巴乔夫转入改革新战略，中心就是政治民主化。1987 年 1 月 27 日，苏共中央举行全会。苏共总书记戈尔巴乔夫在《关于改革和干部政策》的报告中首次提到：“改革——这就是坚决克服停滞不前的过程，打破障碍机制，建立加速苏联社会的社会经济发展的可靠而有效的机制。”④ 戈尔巴乔夫认为多年来在苏联形成了一种妨碍社会经济发展的特殊机制，这种机制阻碍了社会主义的进步和改革。“在进行改革的条件下，重新唤起和加强苏联人对国家命运的主人翁责任感、对公共事务的个人参与感和个人利益相关感，是一项极重要的政治任务，甚至是最重要的政治任务。我们感到不安的是，还存在着某种异化因素，这些因素的产生是由于削弱了国家机关和经济机关同劳动集体、普通劳动者的联系，是由于对他们在社会主义社会发展中的作用估计不足。最广义的人的因素是我们的主要潜力，发挥这种潜力的办法是实现民主化。我们正尽我们的最大努力来调动人的因素，首先是加强我们的一切计划的社会目的性。……我从同苏联人的生动的直接会见中得到的主要印象是，他们以人民固有的敏感非常深刻地领悟到改革在政治上和道义上的含义。”⑤ 那么，怎样做才能使改革不可逆转，怎样做才能不重犯错误？1987 年 2 月 25 日，戈尔巴乔夫在苏联工会第十八次代表大会上发表题为《改革是人民的切身事业》的讲话。在戈尔巴乔夫看来，倘若人民这个主角在经济领域、社会领域、政治领域、精神领域、管理领域参与改革没有落实，那么改革就将落空。为了解决这些任务，只有一条路，这就是苏联社会的广泛民主化。为了实现社会生活各个领域的根本改造，苏联需要公开性、批评与自我批评这样一些强有力的民主形式。⑥ 1988 年 6 月 28 日，戈尔巴乔夫在苏共第 19 次全苏代表会议上作了题为《关于苏共 27 大决议的执行情况和深化改革的任务》的报告。

---

① 《召开苏共例行第二十七次代表大会及有关筹备和举行代表大会的任务（1985 年 4 月 23 日在苏共中央全会上的报告）》，引自《戈尔巴乔夫言论选集（1984～1986 年）》，苏群译，人民出版社，1987，第 47 页。

② 亚·尼·雅科夫列夫：《一杯苦酒——俄罗斯的布尔什维主义和改革运动》，徐葵等译，新华出版社，1999，第 183 页。

③ 《改革刻不容缓，它涉及所有人和所有方面：在哈巴罗夫斯克边疆区党组织积极分子会议上的讲话（1986 年 7 月 31 日）》，引自《戈尔巴乔夫关于改革的讲话（1986 年 6 月～1987 年 6 月）》，苏群译，人民出版社，1987，第 55 页。

④ 《关于改革和党的干部政策：在苏共中央全会上的报告（1987 年 1 月 27 日）》，引自《戈尔巴乔夫关于改革的讲话（1986 年 6 月～1987 年 6 月）》，苏群译，人民出版社，1987，第 133 页。

⑤ 米·谢·戈尔巴乔夫：《改革与新思维》，岑鼎山等译，世界知识出版社，1988，第86～89页。

⑥ 《戈尔巴乔夫关于改革的讲话（1986 年 6 月～1987 年 6 月）》，苏群译，人民出版社，1987，第258～261 页。

苏维埃制度的改革正式启动。

苏联式社会主义模式一个不容忽视的缺陷恰恰是矮化并限制人的自由和发展。人类社会的发展是生产力不断进化的结果，生产力的进化是不断创新的结果，而创新的基本前提是人的自由和发展。马克思主义认为，以工人阶级为代表的广大劳动人民是生产力的代表，是生产力发展的动力所在。苏联的社会主义制度消灭了阶级剥削，曾经因实现了社会平等而极大地调动了劳动人民的积极性，生产力和整个社会在很长一段时期以惊人的速度向前发展。然而第二次世界大战后兴起的新科技革命使科学技术成为第一生产力，社会平等以及普通劳动者的积极性不再是生产力发展最关键的因素，人的自由创造和迅速调整生产资源配置的可能性至关重要。① 然而，苏联式社会主义模式忽视了人是社会发展的原动力这一金律。对人的忽视导致执政党限制了人们的创新思想和实践，进而使社会经济发展后劲不足，并最终使苏联式社会主义在制度博弈中失守。② 可见，对社会实行思想解放是改革取得的一项巨大成绩，也是人民取得的主要的政治成果。但是，经济上缺少实际改变，公开性必然会损害政治制度的基础。这产生了双重后果。一方面，根除了集权主义制度的残余，打破了党的官僚们的一统天下的领导。另一方面，国家机构一部分瓦解，一部分已不起什么作用。③

与此相应，戈尔巴乔夫的经济体制改革也出现了矛盾性。一方面，戈尔巴乔夫在保留苏联社会主义经济的同时却削弱管理苏联经济的行政命令杠杆，试图用以完全核算为主要内容的新手段取而代之。1985～1990 年，戈尔巴乔夫进行的改革创新，如实行公开性，采用新的合作制和租赁企业等经营方式，重新评价非劳动收入概念，通过苏联“关于企业经营活动的总则”等，扩大了企业经理们自由经营的领域。另一方面，这些变革方针也势在必行，因为企业经理们毫无自由，完全服从上级，严重阻碍了经济的发展。但与此同时，扩大企业自主权也破坏了苏联经济的基础，削弱了诸如国家计划委员会、国家供应委员会、财政部等作为行政命令体制骨架的国家各部委的权力，由此就出现了一个范围狭小的自由空间，在国家机关的庇护下打着改革的招牌，各种非法私人企业和非法金融机构迅速发展起来。而这对苏联经济体制构成了威胁。④

正如盖达尔所指出的，苏联当局无法做到一件最重要的事情，即将集中计划和管理经济的社会主义体制改变为市场化的资本主义经营方式体制。⑤ “二战”以后苏联的生产力和生产方式同苏维埃政权初期相比已经得到根本改变，而经济和政治体制没有与时俱进地进行改革和调整，各个社会阶层产生了与中央集中经济体制和政治体制的利益矛盾，随着时间的推移这些矛盾不断积累，因而酿成了接受激进改革的内在因素，并最终导致苏联剧变。首先，苏联工业化

① 安启念：《新世纪初俄罗斯社会思潮》，《教学与研究》2002 年第 12 期。

② 朱晓中：《转型九问：写在中东欧转型 20 年之际》，《俄罗斯中亚东欧研究》2009 年第 6 期。

③ Россия, за которую мы в ответе. Послание Президента РФ Федеральному Собранию, *Российская газета*, 24 февраля 1996г.

④ Л. Я. 科萨尔斯，Р. В 雷芙金娜：《俄罗斯：转型时期的经济与社会》，石天、董英辅等译，经济科学出版社，2000，第 3～5 页。

⑤ 盖达尔：《帝国的消亡：当代俄罗斯的教训》，王尊贤译，社会科学文献出版社，2008，第 316 页。

的生产方式确立和巩固以后，中央集中的经济和政治体制未适时变革，积累了与各个社会阶层的利益矛盾，社会提出改革的要求。但是，集权体制的既得利益者总是抵制改革，渐进改革总是夭折，因而高层决策者进行激进改革，这是苏联走上激进改革的深层次制约因素之一。其次，1980 年代中期以前，在苏联各个社会阶层内部都酝酿了选择或认可激进改革的因素，这是苏联走上激进改革的深层次制约因素之二。再次，苏联走上激进改革道路和苏联剧变不是由某个社会阶层和个人的意志所决定，而是苏联各个阶层中部分社会成员共同作用、合力的结果，这是苏联走上激进改革的深层次制约因素之三。①

俄罗斯政治转型的进程表明，由于苏共未能成为市场化改革的可靠保障和国家行政命令体制的削弱等一系列经济和政治因素的影响，国有资产严重流失，国家机构也最终瓦解。这就在客观上造成新俄罗斯独立之后其战略任务是“重建统一的俄罗斯国家机构与构建新俄罗斯的国家观念”②。

三 管理体制的缺陷和特权阶层的形成是国有资产流失的重要原因

在苏联政治体制系统中，苏联共产党是权力中心，因此研究苏共的兴衰是探寻苏联兴亡的关键点。“由于共产党处于社会主义社会政治体制的中心，是它的核心，所以研究政治体制的任何一个方面，只有考虑到党对于它的影响才会有成效”。邓小平同志也明确指出“要出问题，还是出在共产党内部”。

第一，特权阶层侵吞了国有资产。

尽管苏联解体、苏共垮台是多种因素综合作用的结果，但其关键原因还是出在共产党内。这种结果也是苏联特权阶层主动选择的。苏联的特权阶层垄断着国家的一切执政资源，包括政治经济资源、舆论宣传工具，掌握着苏联党政军以及企业和社会团体等干部的任命权，他们大多贪污腐败、恣意妄为，严重败坏了苏共的声誉、消解了人民群众对苏共的信任和支持，并从根基上动摇了苏共执政的合法性。这个官僚特权阶层，趁着戈尔巴乔夫改革之风大肆侵吞国有资产，化公为私，据为己有。尤其到了 20 世纪 80 年代后期，这个阶层的私有财产急剧膨胀。为了使自己拥有的财产合法化，他们实际上成了公有制最有力的摧毁者和私有化最实际的推动者。正如美国学者大卫·科兹所分析的：“70 年代苏共领导集团还是由理想主义的革命者组成的，到 80 年代就完全不同了，占据苏联党政机关要职的‘精英’们开始放弃共产主义意识形态，代之以典型的物质主义、实用主义。尽管这些‘精英’们还在不断重复官方的论点，但

---

① 黄立茀：《苏联社会阶层与苏联剧变研究》，社会科学文献出版社，2006，第 587～597 页。

② 例如，在 1994 年 2 月 24 日的总统国情咨文中，叶利钦认为：Россия переживает сейчас один из важнейших этапов развития своей государственности. См. Об укреплении Российского государства. Послание Президента РФ Федеральному Собранию，*Российская газета*，25 февраля 1994г.

在 1996 年 2 月 23 日的总统国情咨文中，叶利钦再次明确表示：Перед руководством России стояла стратегическая задача - воссоздание российской государственности. Без преувеличения，это была проблема выживания. См. Россия，за которую мы в ответе. Послание Президента РФ Федеральному Собранию，*Российская газета*，24 февраля 1996г.

相信者是极少数。他们开始考虑实行什么改革方案对自己最有利。许多人认为民主社会主义会减少自身的权力，改革前的社会主义虽然赋予他们某些特权，但又限制了他们把权力传给子女和聚敛更多的财富。显然，实行资本主义最符合‘精英集团’的利益，这样，他们不仅是生产资料的管理者，而且可以成为生产资料的所有者；既可以实现个人财富更快地增长，又能合法地让子女继承权力和财富。”因此，苏联解体、苏共的垮台，在很大程度上可以说是苏联特权阶层的“自我政变”，是为了使他们长期以来通过非法手段占有的社会财富和各种权益合法化，是他们主动选择的结果。1991 年 6 月，美国一个社会问题调查机构在莫斯科做了一次关于意识形态问题的调查，调查对象是掌握着高层权力的党政要员。调查采取特定小组讨论的方式，一般要同调查对象进行 4 ~5 小时的谈话，通过谈话以确定他们的思想观点。分析结果是：大约 9.6% 的人具有共产主义意识形态，他们明确支持改革前的社会主义模式；12.3% 的人具有民主社会主义观点，拥护改革，并希望社会主义国家实现民主化；76.7% 的人认为应当实行资本主义。苏联剧变的进程也确实表明了这一点。苏联时期的那些“在册权贵”在苏联解体以后摇身一变，成了新体制下的新官僚或者富翁。①

第二，特权阶层使苏共为维护既得利益集团而不思改革。

苏联很多干部并不是从一开始掌权就成为权力腐化的牺牲品。苏联的官僚特权集团是苏联模式的政治基础，同时，苏联模式又是官僚特权阶层赖以生存的最好的模式选择。苏联模式改革的最大障碍是这种无组织力量的官僚特权阶层。苏联时期在苏维埃国家机关系统中，特别在党的机关系统中，没有建立起一套提拔和更换领导干部的有效方法，这对政权建设极为不利，以致形成了所谓“斯大林的高加索帮，赫鲁晓夫的乌克兰帮，甚至更小范围的是勃列日涅夫的第聂伯帮”。

这种既得利益集团是具有相同利益的个人或企业的集团，均有进一步追求扩大此种共同利益的倾向。既得利益集团本质上属于分利集团。分利集团一旦形成，就有可能产生这样的后果：分利集团为求更大份额而不顾社会总收益的下降。因为，尽管整个社会生产率的提高也会增进利益集团成员的福利，但是，更有效更普遍的作法却是尽可能为集团成员从社会生产总额中争得更大份额。这样，久而久之，已经形成的分利集团形成垄断地位，保守僵化，决策迟缓，对所有可能威胁到自己既得利益的变革一律排斥，并且为了特殊利益不惜牺牲全社会利益。那些看得见和看不见的腐败之手，贪婪地攫取着属于人民所有的国家财富，而苏共对此从很少遏制到不打击再到庇护甚至纵容，结果导致了这一毒瘤在自身肌体上迅速发展蔓延。当苏共被自己的毒瘤腐化变质的时候，它自己就已经被人民所抛弃。

既得利益集团产生于苏共高度集权的政治体制。它的滋生发展，造成了苏联民众对苏共领导人的信任危机，并最终引起了民众对整个社会主义政治制度的信仰危机。无论信任危机还是信仰危机，本质上都属于政治认同危机。政治认同是人们在社会政治生活中产生的一种政治心理和意识上的归属感，在社会政治生活中有十分重要的作用。政治信任危机就是人们对政治领

---

① 戴隆斌：《苏联特权阶层的形成及对苏联剧变的影响》，《当代世界与社会主义》2010 年第 2 期。

导者的认同危机。政治信仰危机就是人们对一定政治意识形态的认同危机。

苏共缺乏党内民主，自身建设存在问题，导致其不承认也不能正视腐败问题。苏共党内民主受到极大的限制，党内监督机制无法对破坏社会主义法制，践踏社会主义民主的一系列错误进行纠正。首先，在党的领导层产生了不受党纪、国法约束，不受党组织、普通党员监督的特殊的个人和组织，广大党员民主权利遭到削弱。苏共历届党章都明文规定，党的最高机关是党的代表大会，代表大会应定期举行，中央委员会是它闭会期间的领导机构，向它负责并报告工作；政治局、组织局和书记处则是中央委员会下设的日常工作机关。政治局和中央委员会的权力是党的代表大会授予的，重大问题应由党的代表大会审议，交中央委员会和政治局贯彻执行。定期召开党的代表大会是广大党员享有民主权利的标志。然而，在斯大林时期，党章有关召开代表大会和中央委员会的期限的规定被严重破坏，一切重大事务都由政治局、书记处，特别是作为总书记的斯大林本人决定。压制党内不同意见，把党内意见分歧与阶级斗争联系起来，逐渐形成了“一言堂”和“家长制”，集体领导原则遭到破坏，党内权力逐渐集中到少数人手里。决策不民主、不科学、脱离实际给苏联带来巨大损害的例子在苏联历史上俯拾即是。其次，苏共掌握着制定干部政策，培养、选拔各级干部的权力，由于党内缺乏民主，在干部人事工作中事实上实行的是委任制、高级领导人的终身制。这种干部政策造就出了一批批只对上级负责，不对普通党员群众负责的干部，其中不乏阿谀奉承、吹吹拍拍、追逐私利之徒。干部以权谋私，生活待遇特殊化，逐渐演变为一个脱离群众的特殊的利益集团。最后，党内缺乏民主自然影响到党组织的自身建设。20 世纪 60 年代，苏共提出“全民国家”、“全民党”的口号，更进一步使党的先锋队作用下降。与党的上层拥有巨大权力相对照，苏共基层组织涣散，党的基层工作流于形式，缺乏凝聚力和战斗力。

苏共长期以来党政不分，以党代政，包揽国家和社会事务，使党陷入日常的管理工作，客观上削弱了党对国家和社会的总的政治领导。在社会主义国家，共产党必须对国家实行领导，社会主义国家是通过共产党代表全体人民掌握政权来实现政治统治和社会管理的。这是毫无疑问的，问题在于共产党如何实行对国家的领导。苏共成为执政党后，逐渐出现党包揽一切，党政职能不分，以党代政的现象。党的组织混同于苏维埃政权组织，包办代替国家政权机关的工作，过多干预社会团体事务，直接管理国家和社会生活的具体事务。从表面上看，好像是加强和实现了党对国家和社会的领导，实际上是以削弱党的总政治领导为代价的。

其中最突出的就是党垄断一切经济和政治权力，把其他一切国家机构和社会机构仅仅看成是党联系群众的纽带。宪法明确规定的最高国家权力机关——苏联最高苏维埃，地方最高国家权力机关——各级地方苏维埃，实际上处于党的直接干预下，“最高国家权力机关”有名无实。这使得苏共不仅肩负着领导社会主义建设的重任，而且在相当大的程度上肩负着维护联盟国家统一的任务。既然事无巨细都要由苏共来拍板，各级国家权力机关和管理机关、各种社会团体的作用和积极性自然受到抑制，在实际工作中难以担当重任。而一旦党本身出现问题，便不仅影响到坚持社会主义道路，而且也直接影响到联盟国家的生存问题。因此，客观上直接导致不承认也不能正视腐败问题，为个人专断，破坏社会主义法治提供了可能。

第三，特权阶层使苏共最终背离社会主义道路。

苏联共产党是执政党，在苏维埃政权中举足轻重。民众保持对政治局、中央书记处、苏共中央全会、苏联部长会议、苏联最高苏维埃主席团这些最高机构的信任是非常重要的。然而，既得利益集团的腐败行为对苏联政权产生了严重后果：由一些具有自己的某种准则、习惯和社会心理的高级官僚构成了帮派，并导致苏联民众对领导人失去信任。法国著名作家罗曼·罗兰访问莫斯科时惊讶地发现，高尔基也被当做贵族供养起来。这位有良知的作家深感苏联已经出现“特殊的共产主义特权阶层”。腐败风气恶化党群关系的后果在苏联解体时得到直接体现。苏联共产党的反对派人物打着“反特权”的旗帜，并以自己上班不坐小汽车而坐大轿车这一点行动，激起人民群众巨大反响，并得到积极拥护。

除了信任危机外，苏联共产党在思想上的理论僵化也使其逐渐丧失了思想上的先进性。思想无法跟上时代的步伐，使得苏共在群众中的威信逐渐下降，民众中出现了对党的领袖人物的信任危机，到苏联后期又转变成了对苏共整个思想理论体系的信仰危机。“信仰危机说明，苏联模式的意识形态模式已经过时并出现毒化作用。”

苏共依靠行政和秘密机关反腐，司法无所作为，群众和舆论监督缺失。苏联安全机关始终起着重要，有时甚至是关键性的作用。依靠国家安全委员会（克格勃）反腐直接导致司法机关无所作为。《苏联部长会议国家安全委员会》条例在 1959 年 1 月由苏共中央主席团批准并由部长会议通过决议会诸实行。这份绝密文件只有克格勃的最高层领导才有资格阅读。克格勃在苏联政治体系中的地位是：苏联部长会议国家安全委员会及其下属地方机构，是贯彻党中央和政府所采取的捍卫社会主义国家不受外部和内部敌人侵犯并保卫苏联国界之措施的政治机构。其使命是警惕苏维埃国家的敌人进行阴谋活动，揭穿他们的诡计，制止帝国主义间谍反对苏维埃国家的罪恶活动。国家安全委员会在苏共中央的直接领导与监督下工作。克格勃权限极大，处理包括打击腐败在内的众多政治任务。

秘密机关在社会生活中起到了如此巨大的作用，显然对于国家与社会的和谐发展是不利的。这种“不受任何法律约束的政权”原本是在一定历史条件下有一定针对性的专政，从适用的期限、范围到对象都不断地延长、延伸、扩大，形成了一个庞大的镇压机器，一种使每个个人时时刻刻、随时随地都能感到恐惧的制度。随着权力的逐渐集中，实施专政的主体也相应地发生了变化，由无产阶级的阶级专政、无产阶级先进政党代表无产阶级实行专政，逐渐转化为党内高层一小部分人代表党、代表无产阶级来实行专政。党的干部和各级官员由人民的公仆变为主人，官僚机构日益膨胀、官僚主义盛行，滋生出各种贪污腐败现象。在这种制度下，各级党组织、普通党员、一般群众乃至党的高级干部只能听命于一种声音，而为此所建立和逐渐强化的一整套官僚机器、一种压抑个性、排斥不同意见的气氛始终笼罩着苏共和苏联社会，党内民主无从谈起，司法无所作为，群众和舆论监督严重缺失。

政治统治的基础之一，来自国家权力得到社会成员服从的可能性，也就是国家权威的社会心理基础。传统文化、习惯、风俗等可以构成合法性的重要条件，但是最重要的是，国家政权要获得令人服从的权威，就必须依据某种价值标准和观念，以及反映这种价值的制度化形式，来证明自己有资格掌握政治权力。所以，国家政权需要通过信仰体系，为社会成员提供价值取向，为民众服从政治统治提供理论依据，并以此证明政治统治的正当性。社会成员对于政治统治的承认则代表了政治统治的合法性，而苏联社会出现的信任危机和信仰危机预示着苏共执政地位及苏联政权的合法性出现危机。

苏联面临的各种复杂链条中，主要环节是民主化。“只有民主化才是可行的，因为它是在社会主义社会里发生官僚主义蜕变的情况下唯一可以接受的选择。”苏共党内民主直接关系着苏联社会的发展。“如果真正的民主不是共产党生活准则的话，那么，这种民主也就不能成为我们整个苏维埃社会生活的准则。”作为执政党，苏共对苏联的解体有着不可推卸的责任。从苏共历史发展情况中可以看出，苏联政治体制从建立之初就存在着过度集权的弊端，而作为这种体制核心的苏共由于在一系列重大问题上犯了错误，又未能及时纠正，致使苏共这个列宁亲手缔造的俄国工人阶级的先锋队在新形势下逐渐蜕变，最终未能在国家生死存亡的紧要关头担当扭转局势的先锋队和战斗堡垒的重任。腐败问题使党最终背离了社会主义。

由于特权阶层的存在，苏共中存在的腐败问题最终成为苏联社会改革的阻碍力量。利益问题使得党政官僚特权集团中的许多人，得到很多法律之外的特权和好处。这造成苏联政权效益的递减趋势，干群关系恶化，并且严重败坏了社会主义的声誉，使苏联人民从对领导人信任危机进一步发展到对社会主义的信仰危机。“当人们发现这个制度明显的没有效率，对美好生活的允诺都是骗人的话时，他们就对政权和党失去了信任。政权和公民之间的断裂不断扩大，这是这个制度变弱的根本原因。”

综上所述，这个“特权阶层”成员的主要特征是：第一，他们掌握着一些党政军领导机构和企业、农庄的绝对领导权；第二，多数人文化程度较高，受过高等教育，有高级专业技术职称，经常去西方国家访问；第三，这些人已不是当年的无产阶级革命家，马克思主义对他们来说只是口头上说说的东西，共产主义、社会主义理想在他们头脑中已经淡薄；第四，他们不以享有比一般规定的高级干部待遇还要大得多的特权为满足，而且以各种方式侵吞国家财产。他们中的不少人把自己领导的企业、农庄当做资本，从事半合法的和非法的生产经营活动，获取大量利润。这个特权阶层非常信奉实用主义和物质主义，没有意识形态的立场，最会重复官方的意识形态词句而不去相信它，只关心自己的特权和利益，只有极少数人相信社会主义。特权阶层对苏联社会产生的消极影响主要在于它因循守旧，不想或反对进行有损自己利益的任何实质性的改革，深恐因此而失去自己的既得利益。因此，它在主观上并不想直接搞垮苏联和复辟资本主义，而是想方设法维持现状，但正因为这样才为以后改革的夭折和苏共的垮台埋下了伏笔。从戈尔巴乔夫执政时期的1987年开始，苏联许多部委改为大型康采恩，部长、副部长变成了康采恩董事长，财政局长变为银行行长，物资局长变为交易市场老板，石油部变为石油公司。这是一个变革过程，但是实施这个变革的主体错位，在许多情况下权力已经人格化。当时苏联官僚权贵阶层羽翼已经丰满，他们成为实施这个过程的主体，窥视到了以国家名义支配国有财产的机遇，借口也堂而皇之，可以不费吹灰之力将财产的国家所有实际上变为自己支配。同时，国家法规不健全，国有财产管理混乱，有了超常的高度中央集权体制，权贵阶层可以利用部门和行业超常的集中程度，甚至代表国家以所有者面目出现，直接支配所管辖范围的财产。当时连共青团也动了起来，开始经营共青团经济，开办共青团商品交易所等。官僚利用权力开始在国有的名义下暗自积聚个人资本，但这个时期他们还不具有阶级属性，而是苏联制度下的权贵阶层，是通过对人民财产的特殊占有形式即隐性占有方式来积累资本的。[①] 特权阶层的形成是国有资产管理弱化的深层次原因。

“其亡也忽焉，其兴也勃焉”，苏联共产党管理国有资产、加强政府建设的经验教训值得我们继续深入研究。

① 季正矩：《权贵阶层与苏共的腐败及其垮台》，《当代世界社会主义问题》2001 年第 4 期。

·第八章·

墨西哥革命制度党的国有资产管理与廉洁政府建设

墨西哥革命制度党在1929～2000年连续执政达71年，在20世纪80年代初，其党员人数达到1300万，群众基础广泛，是拉丁美洲的第一大政党。墨西哥革命制度党执政期间创造了两个奇迹：一是政治奇迹。该党不仅彻底结束了考迪罗在墨西哥的统治，结束了墨西哥100多年来军阀混战和独裁的历史，建立了真正统一的民族国家，而且在执政期间政局一直保持稳定，每6年更换一次文人政府，从未发生过军事政变，而同期的拉美乃至世界诸国，政局动荡，政变频仍，许多国家实行军事独裁统治。二是经济奇迹。20世纪40～80年代，墨西哥经济持续保持高速增长。革命制度党政府推行的进口替代工业化战略，使国家建立起了比较完整的工业体系，稳居新兴工业国行列，还加入了富国俱乐部——经济合作与发展组织（OECD）。不少学者将墨西哥保持长期的政治稳定和经济快速发展称为“墨西哥奇迹”。①

就是这样一个对墨西哥政治经济发展都作出了巨大贡献的党，在2000年大选中落败，终结了墨西哥革命制度党连续执政71年的历史。至今，人们还在总结这个老牌大党执政的经验教训。本文将循着历史的轨迹，总结正反两个方面的经验和教训：1982年以前，革命制度党统一国家，巩固政权，加强国有资产管理，增强自身执政能力，创造了“墨西哥奇迹”；1982年以后，开始实行新自由主义改革和私有化，国有资产管理弱化以致政府腐败蔓延，从而丧失群众基础，损害了党的公信力，最终在选举中落败。

第一节　国有资产管理体制的建立加强了墨西哥政府建设

一　国有资产管理体制的建立是墨西哥革命的重要成果

（一）1910～1917年革命及其成果

1810年9月16日，伊达尔戈神甫发出的赶走西班牙人的“多洛雷斯呼声”标志着墨西哥

① Roger D. Hansen, *La Política del Desarollo Mexicano*, Siglo 21 Editores, Decima Septima Edicion en españ ol, 1988, p. 3.

独立战争的开始。1824 年 10 月，墨西哥颁布宪法，成立联邦共和国，正式独立。在随后的半个世纪里，伴随墨西哥的不是独立与繁荣，而是考迪罗争权夺利、连年内战和外敌入侵。

这一时期，虽然已经从西班牙的统治下独立，但统一的民族国家尚未建立。1822 年，伊图尔维德建立帝国，称奥古斯都一世。1823 年，桑塔安那通过政变推翻帝国，国家陷入解体，中美洲、恰帕斯从墨西哥分离出去，哈利斯科、瓦哈卡、普埃布拉、萨卡特卡斯另立为州，尤卡坦则宣布只有实行联邦制才能加入墨西哥。1824 年墨西哥通过联邦宪法时，“自由与进步派”和“秩序与宗教派”的斗争仍然在继续。

1829 年西班牙入侵时，各州都不响应反对侵略。1833 年政府推行的改革也得不到推行，1836 年联邦制遭到否定，得克萨斯州则以保卫联邦主义为名脱离墨西哥，1838 年的墨法“馅饼战争”中，联邦主义者煽动成立“格兰德河共和国”。

1845 年，美国加紧吞并得克萨斯州，阿里亚加将军夺取政权，欲组织全国力量抗击美军，怎料联邦主义者再度政变，建立第二联邦共和国，民族危机达到顶点。面对美军入侵，19 个州中只有 7 个州抗击美军，墨西哥州拒绝派出炮兵，尤卡坦州则于 1847 年宣布独立，从此开始了历时半个多世纪的尤卡坦战争。1858 ~ 1860 年的改革战争后，保守派不甘失败，引狼入室，勾结法军，导致首都墨西哥城陷落。

1822 年，西班牙宣布不承认墨西哥独立的《科尔多瓦条约》，占领韦拉克鲁斯。1829 年，西班牙趁墨西哥内战之际再次出兵，直到 1836 年才承认墨西哥独立。1836 年美国发动得克萨斯战争。1838 年的“馅饼战争”中，法军占领韦拉克鲁斯。1846 ~ 1848 年爆发的美墨战争，美国吞并了墨西哥 55% 的国土，新建立了 6 个州①。1861 ~ 1867 年的英法西逼债战争，因胡亚雷斯政府宣布停止偿还外债两年，英国和西班牙在占领韦拉克鲁斯后与墨西哥政府谈判，随即撤军。法国则扩大侵略，于 1863 年 7 月再次占领墨西哥城，扶植奥地利大公马克西米利安称帝，胡亚雷斯领导墨西哥人进行 3 年苦战，法军才退出墨西哥领土。

连年的内战和外敌入侵彻底打碎了墨西哥的强国梦想。1876 年，波菲里奥 · 迪亚斯发动军事政变，建立起长达 30 多年的独裁统治（1876 ~ 1911 年）。其间，他取消一切民主，镇压工农运动，鼓励外资，提倡“秩序与进步”，实现“经济自由主义与政治独裁主义相结合”的发展模式。迪亚斯时期，外资在墨西哥修铁路、开矿山，控制了墨西哥的经济，与外国资本有密切联系的“飞地经济”发展很快，尤其是中央集权得到巩固，为墨西哥形成真正统一的民族国家奠定了基础。然而，外国资本的特权与控制也严重束缚了民族经济的发展，社会矛盾尖锐，工人罢工，农民起义，形成了 1910 ~ 1917 年革命的社会基础。

1910 年，迪亚斯继续操纵选举，资产阶级和自由派地主代表马德罗获得“反对连选连任党”的总统候选人提名，然而迪亚斯再度当选总统，马德罗主张“土地归还以前的主人”，号召人民举行武装起义，推翻迪亚斯的统治。同年 11 月，革命爆发，涌现出南北两位农民领袖，即南部的萨帕塔和北部的比利亚。1911 年 5 月，迪亚斯被迫辞职，同年 10 月马德罗当选总统，

① 这 6 个州是得克萨斯、新墨西哥、亚利桑那、犹他、内华达和加利福尼亚。

但他拒绝农民的土地要求。美国支持韦尔塔发动政变推翻了马德罗，资产阶级和自由派地主卡兰萨和奥夫雷贡同农民军一起推翻了韦尔塔政权，卡兰萨掌握政权后还是拒绝了农民军的社会改革要求，爆发了大规模内战。1914 年 12 月，萨帕塔和比利亚的农民军开进首都。在工农运动的推动和压力下，卡兰萨于 1915 年颁布土地改革法，1916 年召开制宪会议，1917 年通过新宪法。1917 年宪法是 1910～1917 年革命的最重要成果。

（二）1917 年宪法与墨西哥国有资产管理制度的建立

1917 年宪法是 1910～1917 年墨西哥资产阶级革命的产物，它不仅体现了资产阶级民主原则，也在一定程度上反映了劳动人民的要求。宪法共分 9 章 136 条，规定国家主权属于人民，实现立法、行政和司法三权分立，总统任期 6 年，不得连任。宪法规定国家是社会经济发展的领导者，经济由公共、社会和私人三种成分组成。公共部门掌握具有战略意义的经济部门，同时法律保护其他两种经济成分。该宪法以第 27 条和第 123 条最为著名，第 27 条确立了墨西哥国有资产管理的基本原则与制度。

宪法第 27 条规定，国境内的土地和河流所有权属于国家，国家过去和现在都有权将其所有权让与私人而形成私有财产；除非因公共利益和给予补偿，不得剥夺私有财产，但为了公共利益，国家在任何时候都有权对私有财产加以限制；应采取必要措施分散大地产，发展小土地所有制，建立拥有必需的土地和河流的新农村居民中心点；那些土地和河流缺少或不足的乡镇、村庄和公社所有权获得国家从邻近地产中划分给它们的土地和河流；印第安人公社的土地不得再转让；一切矿藏和资源的所有权直接属于国家；对石油和固态、液态及气态碳化合物，国家将不授予特许权或签署合同；以提供公共服务为目的的电力生产、输送、变压、分配和供应由国家专门经营，在这方面将不对私人授予特许，为实现上述目的所需的财产和自然资源由国家利用；只有因出生或因入籍而成为墨西哥人的人以及墨西哥的团体才有权获得土地、水源及其附属物的所有权和开发权或水源的特许，国家将给外国人以同样的权利，但外国人应同意与墨西哥人同样对待，不得要求其本国保护其财产，违者所得之财产应予以没收。

宪法第 123 条规定，工人有组织工会和罢工的权利；实行 8 小时工作制；每周 6 天工作日，确定最低工资，禁止利用妇女和儿童从事危险和对身体有害的工作，不分性别和民族，实行同工同酬。第 130 条还规定了宗教信仰自由，取消教会特权，教会不得拥有不动产等。

1917 年宪法将 1857 年宪法中的个人主义思想原则改变为社会权利原则，并对以往宪法有关公民权和人权的思想进行了修改。1917 年宪法继承了以往宪法中关于平等权、安全权、财产权和自由权的规定，在此基础上提出了公平分配公共财富、实现国家的均衡发展和城乡人民生活条件的改善等新的理论原则。[①] 这种社会权利的实现以国家的干预为保证。

1917 年宪法是墨西哥历史上最激进的，也是世界上著名的资产阶级宪法之一。美国著名政治学家詹姆斯·伯恩斯将 1917 年宪法誉为墨西哥第一部反映本国经验与需求，而不只是照

① 曾昭耀：《政治稳定与现代化——墨西哥政治模式的历史考察》，东方出版社，1996，第 19 页。

搬西欧和美国政治思想的立宪文献的范例。“墨西哥政治制度之所以引起人们浓厚的兴趣，除了它有长期稳定的效果之外，主要是因为它具有一般国家政治制度所没有的特点，无论是这个制度的政权结构、政党的组织结构，还是各社会阶级的权力结构，都是墨西哥本乡本土的。”①

墨西哥1917年宪法基本原则的核心是“革命民族主义”，强调捍卫经济主权，抵御外国资本的入侵。曾任总统的德拉马德里（1982～1988年）曾对革命民族主义加以解释，指出民族主义是墨西哥存在的根本价值，是墨西哥革命思想体系中的一个基本观念，如果没有民族主义，很难想象墨西哥人会以什么样的方式来享受自由，墨西哥的民主会采取什么样的形式，公正价值将如何体现。“如果我们想成为自由人，如果我们想民主地生活，如果我们想建立社会公正，这是因为作为墨西哥人的我们想这样做，作为墨西哥人的我们这样思考，作为墨西哥人的我们这样决定。因而，我相信，民族主义是涵盖所有其他价值、决定或应该决定所有其他价值的价值，如果没有这种民族主义，我们便不能生存下来。”② 革命民族主义成为墨西哥人捍卫国家主权的重要思想武器，通过革命民族主义，后来的革命制度党将墨西哥人凝聚在一起，摆脱了100多年来盲目追随西化的道路，开辟了一条新的民族自主型的发展道路。20世纪80年代以前，墨西哥历届总统都坚持奉行这一原则，使墨西哥真正开始了由传统社会向现代社会的过渡。③

1917年宪法确立了墨西哥国有资产管理的基本原则和制度，后来的革命制度党成立后，宣布以该宪法为执政纲领，奉行“革命民族主义”的宪法精神，为其长期执政提供了制度保障和物质基础。

二 国有资产为革命制度党长期执政提供了物质保障

1910～1917年革命后，由于地方考迪罗的重新崛起，墨西哥再度出现了军阀割据和混战的局面。摆在墨西哥人民和政府面前的任务，就是彻底摧毁考迪罗主义的政治传统，稳定政局，实现政治现代化。卡列斯总统认为就是要“从一个统治的国家变成制度国家”④，建议成立包括一切革命力量的统一政党。1929年3月4日，全国2500个政治俱乐部和500个地方政党的代表举行大会，联合成立国民革命党，卡列斯当选该党的“最高领袖”。大会通过原则声明，以1917年宪法为党的纲领，“争取民主的完善和社会正义”，进行“体制化和社会改革”。国民革命党是革命制度党的前身，它的成立是墨西哥集权化过程的主要步骤。在1910～1929年，墨西哥的国内冲突仍然依靠暴力来解决，作为官方党的国民革命党成立后，则主要以和平方式解决国内冲突，为国家的长期政治稳定奠定了基础。

---

① 曾昭耀：《政治稳定与现代化——墨西哥政治模式的历史考察》，东方出版社，1996，第66页。

② 同上，第144页。

③ 林被甸：《对20世纪中叶拉美社会变革的思考》，转引自谭融《墨西哥革命制度党的兴衰及给我们的启示》，《南开学报（哲学社会科学版）》2005年第4期。

④ Migue González Compeán y Leonardo Lomelí (coordinadores), *El Partido de la Revolución Institución y conflicto (1928－1999)*, Fondo de Cultura Economica, Mexico, 2000, p34.

国民革命党成立之初，组织还很分散，具有政党联盟的性质，已经加入该党的成员仍然保留原名和独立性，只是在全国性的重大问题上才进行协商。然而，此时国际上资本主义经济危机正在蔓延，国际市场萎缩，农产品价格大幅下降，国家财政困难，社会矛盾尖锐。为了继续国家的工业化进程，充分发挥国家的作用，建立更加强有力的政权，首先要改造国民革命党，把执政党改造成更有权威的政党。1933 年，国民革命党修改了党章，取缔地方小党，成为一个权力更加集中的全国性政党。

1934 年，国民革命党左翼领袖卡德纳斯提出“六年计划”（1934～1940 年）的竞选纲领，卡德纳斯就任后，推行了一系列政治经济和社会改革，使墨西哥的职团主义政治模式得以确立，国家通过不断增加的国有资产，进一步控制了全国经济，为墨西哥奇迹的创造打下了良好基础。

在政治上，改革主要包括两个方面：一是把包括工农在内的广大民众吸收进党，将卡列斯时期的考迪罗和地方首领党改造成一个有工农民众参加的党；二是将卡列斯所建立的地区结构的官方党，改造成职团主义结构的官方党。1938 年，卡德纳斯改组国民革命党为墨西哥革命党，改变了过去以地方党派为基础的组织形式，按照工人、农民、民众和军人 4 个非地域性职业社团划分的原则组织起来，将党分为 4 个职业部门，即农民部、工人部、人民部和军人部，由中央执行委员会实行集中领导，形成一个广泛的、中央集权的执政党。其中，前三个部都有从基层到中央的垂直组织系统。在党内设置军人部避免了军人非法干政的弊病，进一步把军人引入制度化的轨道。正是这种无所不包的职团主义政治模式，扩大了党执政的政治和社会基础，为革命制度党的长期执政创造了政治和社会条件。

卡德纳斯还进行了经济和社会改革，主要措施有以下几个方面。

一是大力推进土地改革。政府没收本国和外国人拥有的大地产，分配给农民。其任内共分配土地 2000 万公顷，比其执政前历届政府 20 年的分配总额还多一倍以上，100 多万农民无偿获得了土地。此外，还取消了过去给予外国人的 452 万公顷土地的租让合同，同时设立国家农贷银行支持农民组织合作农场。

二是实行国有化。1937 年，墨西哥政府把外国垄断资本家控制下的铁路全部收归国有；1938 年，把属于英、美、荷的 17 家石油公司全部收归国有；政府还在 10 年内还清外国在墨西哥的资产。此外，卡德纳斯还实行教育改革，鼓励工会的发展。政府在全国推行“社会主义教育”制度，扩大和普及教育。政府鼓励修订全国劳工法，把分散的劳工组织合并为墨西哥劳工联合会。在社会方面，政府制定了《社会福利法》，规定对工伤事故、年老退休、疾病死亡进行补助。

卡德纳斯改革奠定了革命制度党长期执政并创造“墨西哥奇迹”的基础条件。通过政治改革，政府把工农组织纳入了原先只有考迪罗参加的官方党，吸收工会、农民协会和军人团体为党的组成部分，实行团体党员制，使党员人数迅速增加到 400 万。通过土地改革，墨西哥不仅限制了大地产的再生，而且把许多土地分给农民，扩大了党的执政基础。政府还有意识地把农民、工人和公务人员都动员起来，组成一些职团机构，如墨西哥劳工联合会、全国农民联合会、全国人民组织联合会等，作为唯一合法的利益集团，吸收进官方党，构成工人部、农民部和人民部来代表各行业部门的利益，同时又服从国家的控制。该制度一方面让所有的民众集团都有参政和进入政府部门的机会，另一方面又使这些集团不得不牺牲自己集团的政治独立性，服从党和政府的领导。此外，该制度还给予反对党一定的活动空间，通过竞争性的选举制度实现政府和平轮替，革命制度党执政的合法性也得到了保障。

通过国有化，墨西哥建立起石油、铁路等国家资本主义部门，大大增加了国有资产在经济中的比重和控制力，加强了国有资产的管理，为国家的工业化创造了条件。卡德纳斯改革基本上摧毁了封建大地产庄园制度，并使民族资本取代外国资本掌握了国家最重要的经济命脉，基本上完成了 1910～1917 年革命以来由半封建社会过渡到民族独立的资本主义社会的任务。不仅如此，墨西哥创造的这个有权威的政治经济体制，还从根本上改变了国家与各主要生产要素（资本与劳动）之间的关系，形成了一个由国家调节和仲裁各生产要素之间关系的独特模式。正是这样一个模式，成为此后几十年墨西哥政治稳定、经济增长的最重要原因，保障了国家现代化战略的贯彻执行。

亨廷顿在研究转变中社会的情况时提出：“一个政治社群必须拥有对法律的共识与一致的利益观念，共同认识和观念必须在行为层面反映出来，且其结合必须是有规则的、稳固的、长期性的。”简言之，必须是制度化的。也就是说，立足以反映伦理共识和相互利益的政治制度，是在复杂社会中维持一个政治社群的另一个极重要的条件。而这些制度，反转过来，可赋予共同目标以新的意义，在个人与团体的特殊利益之间缔造新的连锁。①

三 “墨西哥奇迹”是墨西哥革命制度党加强国有资产管理和政府建设的重要成果

1934～1940 年的卡德纳斯改革不仅巩固了革命制度党的统治，而且为党的执政提供了坚实的物质基础。国有化措施和严格的国有资产管理加强了廉洁政府建设，加快了国民经济的增长速度。卡德纳斯执政期间，国内生产总值年均增长 4.5%，为墨西哥实行进口替代工业化战略奠定了基础。所谓进口替代工业化战略，就是力图通过建立和发展本国的工业，替代过去从国外进口的工业品，以带动经济增长，实现国家工业化的努力或实践。到 20 世纪 50 年代末期，进口替代工业化战略取得了相当大的成就，巴西、墨西哥等拉美主要国家成为世界上比较重要的新兴工业国家，形成了相对完善的工业体系。拉美战后实现经济起飞的“巴西奇迹”和“墨西哥奇迹”都是在进口替代工业化战略的背景下实现的。

（一）“墨西哥经济奇迹”的创造

自卡德纳斯改革之后的 1940 年起，墨西哥进入进口替代工业化时代，这是墨西哥现代化的最重要阶段。革命制度党政府继续进行经济和社会改革，扩大国家的国有资产规模、巩固党

---

① 〔美〕塞缪尔·P. 亨廷顿：《转变中社会的政治秩序》，王冠华等译，三联书店，1989，第 9～10 页。

执政的物质基础。

在经济方面，正处于第二次世界大战期间的卡马乔政府（1940~1946年）于1941年颁布工业加工法令，规定新企业5年内免税；1944年颁布外资法，规定外国人在墨西哥经营企业要经外交部批准，出资比重不得超过49%。马特奥斯政府（1958~1964年）还大力推进进口替代工业化，并开始制订经济发展计划，促进经济的稳定发展；1960年，实行电力工业国有化。埃切维里亚政府（1970~1976年）提出均衡发展的方针，合理照顾工人阶级利益，同时让资本家获得合法利润；给农民提供贷款和技术，把农业和工业结合起来，实现农产品的工业化。

继续推进土地改革。1943年，卡马乔政府颁布新的土地法，承认村社土地分成小块经营的原则，继续分配土地，1940~1945年共分给农民660万公顷土地。马特奥斯执政时期恢复土地改革，6年间分配土地1600多万公顷，使24万户农民受益。

在社会政策方面，卡马乔政府于1943年颁布社会保障法，成立墨西哥社会保障委员会。1959年，马特奥斯政府成立国家公务员社会保障和福利委员会。埃切维里亚政府还把社会保险扩大到农村，大力发展农村的教育事业。

从20世纪40年代到80年代初，革命制度党依靠其广泛而坚实的执政基础，不仅保持了政治稳定，还在1940~1970年实现了经济的高速增长，创造了墨西哥“经济奇迹”。1940~1956年是墨西哥进口替代工业化的开始阶段，特点是经济增速高，也伴随较高的通货膨胀率，这一时期的国内生产总值年均增长6.1%。墨西哥利用国内外的有利条件优先发展制造业和农业，土地改革更是提高了农民的积极性。政府利用强大的物质资源，大力投资水利、电力等基础设施，为出口部门的发展创造了良好条件。第二次世界大战及战后初期，盟国对战备物资的需求刺激了民族工业的发展，在政府的积极参与下，钢铁、机器制造、化肥、电子等重工业也开始得到发展。1957~1970年墨西哥是进口替代工业化的快速发展阶段，国内生产总值的年均增长率达到6.8%，而通货膨胀率只有2.3%，为历史最低水平。这期间政府开始鼓励私人资本和外国资本投资，并协调其与国家资本之间的关系，将国家的公共投资主要集中在基础设施、电力和钢铁等基础工业部门；调整关税政策，鼓励耐用消费品、资本货物和中间产品的进口替代；在农业方面推行以良种、化肥和人工灌溉为主要内容的“绿色革命”。革命制度党依靠国家资本，引导私人资本和外国资本参与经济建设，创造了“经济奇迹”。1970~1982年是进口替代工业化的第三个阶段，其特点是经济发展不稳定，暴露出了进口替代战略的一些弊端，经济增速开始放缓。尽管如此，20世纪70年代墨西哥经济还是保持了5.2%的经济增长①。而且由于1978年发现大规模的石油资源，给墨西哥带来了短期的“石油繁荣”，1979~1981年经济的年均增速达到8.4%。然而，由于自20世纪70年代起，政府大举借债，以致通胀加剧、本币贬值，80年代初国际贷款利率大幅上升，国际储备枯竭。1982年8月，墨西哥政府宣布无力按照协议偿还美国和国际金融组织的贷款，拉美债务危机爆发，进口替代工业化阶段宣告结束。

① 徐世澄：《墨西哥》，世界知识出版社，2000，第92页。

（二）革命制度党职团主义政治模式的巩固与“政治奇迹”的创造

卡德纳斯改革奠定了革命制度党在墨西哥执政的基本政治模式，其后的历届革命制度党政府都十分重视党的制度建设和执政基础建设，不断完善党的制度和国有资产使用等管理制度。

在政治上，革命制度党通过进一步的政治改革巩固党的执政地位。卡马乔就任不久便取消了军人部，允许原军人部的成员以个人身份加入其他 3 个部，其结果是军队的上层军官加入了人民部，下层军官和士兵加入了工人部和农民部，这样军队再发动军事叛乱的机会就大大减小了。① 同时，把由中等阶层组成的全国人民组织联合会吸收入党，将其纳入人民部，使人民部的力量大大加强。随着墨西哥军队政治职能的缩小，墨西哥终于走上了文官政府的道路，而卡马乔本人也成为革命制度党最后一位军人出身的总统。1940 年以来，墨西哥修改后的宪法明确规定，总统只能任一届，即一个人只许任一届总统，不得重新参选当选。这种制度是一种权力平衡制度，它是墨西哥政治最重要的稳定因素之一。正如亨廷顿在论及墨西哥政治体制的适应性时指出的：“在总统任职的六年里，他确实握有大权，但没有希望连任。这种做法明显地有助于体制的稳定。”② 1946 年，墨西哥革命党正式改组为墨西哥革命制度党。

1946 年初颁布新的选举法，规定只有在内政部登记的全国性政党才被承认为合法政党；申请登记的党至少应拥有 3 万名党员，并在全国 2/3 以上的州每州党员人数不少于 1000 人；1954 年，中科蒂内斯总统（1952～1958 年执政）又进一步把政党登记所需的党员人数提高到 7.5 万，并在全国 2/3 以上的州每州党员人数不少于 2500 人，并首次规定妇女有选举权和被选举权。

墨西哥革命制度党具有广泛而巩固的组织基础，党内各部是按照工人部、农民部和人民部三个部的垂直领导系统和横向的协调系统组织起来的。

工人部主要通过以墨西哥劳工联合会为主的劳工大会来控制全国绝大部分工会组织。1966 年，政府推动成立了劳工大会，这是由 32 个全国性工会联合会组成的协商性劳工组织。其主要成员组织有墨西哥劳工联合会、工农革命联合会、墨西哥区域工人联合会、国家工作人员工会联合会、革命工人联合会、共和国铁路工人工会、全国矿业和冶金工人工会、联邦区劳工联合会、电力工人统一工会、共和国石油工人工会等。而仅墨西哥劳工联合会的会员组织就有 30 多个行业工会、9000 多个基层组织。

农民部通过以全国农民联合会为主的农民常设大会来控制全国大多数的农会组织。农民常设大会的主要成员有全国农民联合会、全国农业劳动者联盟、农业工人和农民独立中央工会、全国农民自治联盟、墨西哥农民联合会、卡德纳斯农民中央工会、工农人民总联盟等。而仅其

① 巴勃罗·冈萨雷斯·卡萨诺瓦：《墨西哥的国家和政党》，墨西哥，1988，第 124 页。转引自曾照耀《政治稳定与现代化——墨西哥政治模式的历史考察》，东方出版社，1996，第 45 页。

② 〔美〕塞缪尔·P. 亨廷顿：《变革社会中的政治秩序》，王冠华等译，三联书店，1989，第 295 页。

中的全国农民联合会就有20多个全国性农民组织。

人民部则通过全国人民组织联合会来控制国家机关及自由职业者等众多的基层组织。全国人民组织由50多个全国性专业职团组成，主要有国家工作人员工会联合会、全国教育工作者工会、全国小土地所有者联合会等。国家工作人员工会联合会是人民部的核心。虽然人民部党员人数较其他两个部少，但其经济社会地位最高，势力也最大，墨西哥的历届总统和政府高级官员大多数来自人民部。

革命制度党在组织方面的一个重要原则是利用各部之间以及各部内部各个不同组织之间的矛盾实行分而治之的策略，平衡各方力量对比，防止某个组织凌驾于革命制度党之上。此外，革命制度党和政府享有最终裁判权，可以授予或拒绝授予某个组织的合法地位，有权决定某项行动（如罢工）是否合法，并进行最终裁决。这样，革命制度党就可以宣布某些组织为非法，清除不够顺从的领导人。

总之，革命制度党凭借其雄厚的政治经济资源，建立起了既有广泛的基础，又高度集权的组织，形成强大的职团主义组织体系，这是其长期执政、创造政治奇迹的最重要保障。

（三）国有资产管理是革命制度党发挥利益聚合功能的基础

革命制度党通过其掌握的丰富的国有资产和政治资源，将工人部、农民部和人民部牢牢掌控在自己手中，由于人民部多由国家工作人员组成，与党的政治经济关系比较直接，下文主要以工人部和农民部为例，说明革命制度党发挥利益聚合功能的物质和制度基础。

1. 革命制度党与工会和工人之间的利益连锁关系

革命制度党控制着工会和工人的组织机构，而革命制度党、工会、工人间的利益交换关系使该党充分发挥了利益聚合功能，使工人及其组织成为其重要的执政基础。进口替代工业发展模式则使革命制度党掌握了丰富的国有资产和政治资源，成为该党利益支付的来源，工会和工人则以为该党奉献忠诚为回报。

革命制度党为工人和工会提供的利益包括政治支持、社会经济援助和法律特权等几个方面，具体如下。

第一，对党内工人部的领导封官许愿。其中，对工人和工会的控制主要通过墨西哥工人联合会来进行，它控制着劳工大会的决策权。墨西哥工人联合会代表占众议院中工人代表的比例也体现了墨西哥工人联合会的优势（见表8-1）。为了鼓励工人部的成员服从党的领导，革命制度党及其政府给予各成员组织的领导在党内、联邦政府或地方政府、参众两院担任各种职务的机会。

第二，政府可以从国家财政中给予工人部及其下属组织经费支持。革命制度党通过劳工部向雇主增加压力，要求其提高工人工资和福利。雇主则从国家的保护政策中得到好处，也愿意接受政府的要求。①

---

① 罗荣渠主编《各国现代化比较研究》，陕西人民出版社，1993，第480页。

表 8－1　众议院中劳工代表的名额与比例（1964～1988 年）

单位：人，%

时间	革命制度党众议员总数	劳工代表总数	劳工代表占革命制度党代表的比例	墨西哥工人联合会众议员总数	墨西哥工人联合会众议员人数占革命制度党众议员总数的比例	墨西哥工人联合会众议员总数占劳工代表总数的比例
1964～1967	177	27	15.3	17	9.6	63.0
1967～1970	172	34	19.8	14	8.1	41.2
1970～1973	150	25	16.7	14	9.3	56.0
1973～1976	173	27	15.6	20	11.6	74.1
1976～1979	262	39	14.9	23	8.8	59.0
1979～1982	294	66	22.4	43	14.6	65.2
1982～1985	300	73	24.3	50	16.7	68.5
1985～1988	289	71	24.6	44	15.2	62.0

资料来源：Cesar Zaqueta and Ricardo de la Pena，*La Estructura del Congreso del Trabajo*，*Estado*，*Trabajoy Capital en Mexico*：*una Acceramiento al Tema*（Mexico City：Fondo de Cultura Eeonomica. 1984），Camara de Diputados；*Directorio*，*1982－1985*（Mcxieo City：Congreso de la Union，n. d.），and data supplied by Deputy lie，Fernando Ortiz Arana Sccretary of Eletoral Action PRI。

革命制度党还给工人提供非工资形式的社会福利，如社会保险、医疗、教育、生活基本用品和住房补贴等。埃切维里亚政府成立了工人住房基金会，专门负责解决工人的住房问题。政府还给工会一些捐赠，在墨西哥工人联合会总部工作的员工，除了得到联合会支付的工资外，还能从革命制度党那里得到补贴。

墨西哥工人组织回报革命制度党的主要方式有以下几种：第一，维护革命制度党的统治地位。如墨西哥工人联合会在选举中坚决支持革命制度党的候选人。在卡马乔的竞选中，墨西哥工人联合会就动员工人投了卡马乔的票，在革命制度党没有完全把握获胜的时候，墨西哥工人联合会甚至盗取投票箱。墨西哥工人联合会的强大支持保证了卡马乔的胜利。第二，控制和动员劳工。1938 年，墨西哥工人联合会第六届全国大会对工会的罢工活动做了进一步的限制，规定其所属工会的罢工活动必须经过该联合会执行委员会的批准。这一规定是对劳工法的补充，对工人的罢工有重要的控制作用。第三，支持政府政策和意识形态控制加强革命制度党统治地位的合法性。在货币贬值、实行紧缩政策、降低工资和权力过渡等困难时期，墨西哥工人组织都能充当稳定局势的重要力量。1968 年学生惨案之后，墨西哥工人联合会的支持帮助革命制度党走出合法性危机的阴霾。当然，墨西哥工人联合会也会以罢工相威胁，组织罢工要求政府提高工人待遇，但这些抗议活动一般都被控制在不危及革命制度党统治的范围内。

2. 革命制度党与农会和农民之间的利益连锁关系

墨西哥历史上是农民起义比较频繁的拉美国家之一，农民经常诉诸武力反对地方或全国的统治集团。然而，在1930年以后，农民成为墨西哥政府和革命制度党最强大的支持者。革命制度党参加选举和贯彻执政方略等活动都离不开农民的支持。革命制度党通过建立与农民和农会之间的利益连锁关系来保障来自农民的支持。

革命制度党控制和动员农民的方式主要有两种：一是国家为农民提供土地、水源、信贷、肥料等生产资料。传统上，土地是农民最主要的生存资源，不断推动土地改革是执政党得到农民支持的最有力措施。卡德纳斯将农民运动纳入革命制度党的职团主义结构就是以土地改革为先导的，土地改革也成为波蒂略总统之前历届政府的重要政策之一（见表8－2）。1938年，卡德纳斯创建全国农民联合会，试图通过土地改革更好地控制地方势力。在进口替代工业化时期，国家公共投资是农业发展资金的主要来源，对农业的补贴也迅速增长，仅信贷方面的补贴就占整个部门产出的10%。到1981年为止，整个农业部门1/4的收入都来自公共部门的转移支付。政府通过国营公司为农村提供生产所需要的种子、化肥和农用机械，政府为农牧产品，尤其是基本谷物的收购、销售、储藏和运输提供便利的渠道。政府保证粮油作物的价格，实行农业保护主义政策，受许可证覆盖的农牧产品达800种。[①] 二是建立全国农民联合会加卡西克网络的官方党职团结构。"卡西克"一词来自印第安土著语言阿拉华克语，意思是"拥有房子或者持家"，其历史原型是印第安村社的族长。从殖民地社会、考迪罗政权一直到政党政治时期，卡西克不断调整自身的存在方式，成功依附于不同类型的政权并且与之实现了利益共享，表现出很强的适应性。卡西克统治的特点体现为封锁所辖区域的对外交往并垄断当地的政治和经济资源，在地区政治经济生活中发挥着双重作用。[②] 革命制度党和政府给地方卡西克的利益有如下几个方面。

表8－2　1935～1979年墨西哥历届总统任期内土地分配情况

单位：公顷

总统	时　间	土地分配数量
卡德纳斯	1935～1940	20074704
卡马乔	1941～1946	5286636
阿莱曼	1947～1952	3129285
科蒂内斯	1953～1958	3469958
马特奥斯	1959～1964	3162796
奥尔达斯	1965～1970	4120530
埃切维里亚	1971～1976	6516262
波蒂略	1977～1979	753689

资料来源：Friedrieh Katz，ed.，*Riol*，*Rebellion*，*and Revolution*：*Rural Social conflict in Mexico* Prineeton（Prineeton University Press，1988），p. 35。

① 郑振成：《新自由主义与民众主义政党》，中国社会科学院研究生院博士论文，2000，第23页。

② 周楠：《卡西克主义与墨西哥当代政治经济关系》，《拉丁美洲研究》2009年第5期。

第一，承认卡西克在村社的势力和地位，给予他们在农业贷款、土地分配、农业投资等农村资源和政府投资方面的支配权。全国农民联合会虽然是职团组织，却拥有法定的权力任命农业部门的官员或是宣布农村选举无效。在1992年宪法修改之前，土地分配的权力掌握在全国农民联合会的手中。

第二，支持卡西克参与政权。势力强大的卡西克可以担任市长、州议员和控制市政府。地方卡西克跟全国农民联合会有着特殊的关系，大部分的卡西克都是全国农民联合会基层组织的领导人，卡西克利用其所拥有的资源和革命制度党分配的政治经济资源发展自己的庇护体系。

地方卡西克回报革命制度党的方式就是动员和控制农民支持其统治。卡西克庇护体系可以说是全国农民联合会势力的延伸，全国农民联合会通过卡西克可以有效动员村社成员在选举中支持革命制度党。卡西克动员的手段可以是利用个人的权威，也可以是利用经济利诱乃至暴力威胁，如切断水源、停发贷款或是武力惩罚。与普通政党的选举动员方式相比，卡西克的手段似乎更加行之有效。革命制度党在20世纪80年代之前的选举中一直保持高得票率是离不开全国农民联合会—卡西克的庇护体系的。

（四）国有资产是党和国家之间连生关系的重要纽带

墨西哥政治奇迹的最重要特征是革命制度党在政治体系中占绝对优势，革命制度党又被称为“官方党”。革命制度党的绝对优势来源于它和国家的连生关系。1917宪法规定了行政、立法和司法三个部门相互制衡和监督，而实际上，这三个部门均为革命制度党所控制。党和国家好像在相互服务于对方的利益，政府的权力和党的权力很难划分界限。在1988年之前，革命制度党就是一切。如米格戴尔所说，人们很难将革命制度党与政党联系起来，谈及革命制度党，首先想到它是一个政治、经济和社会体系；其次是一个包括墨西哥几乎所有主要集团的统治联盟；再次是一个调节各地区和全国范围的竞争的权力均衡器。①

在墨西哥，革命制度党的官员身兼联邦政府、联邦议员或地方官员的职务，联邦议员、州长和州议员多为革命制度党党员。在1995年之前，尚没有非革命制度党党员跻身内阁成员之列的先例，州长之位也只是在1989年之后才有非革命制度党党员担任。革命制度党的各职团部门行使着国家各部门的职权。如革命制度党工人部的墨西哥工人联合会控制着工人福利分配的权力，革命制度党农民部的全国农民联合会则控制着广阔农村地区农村官员的推选以及土地分配的权力。

墨西哥的总统制以及总统与革命制度党的关系强化了这种“党即国家”的连生关系。在墨西哥，总统的宪法权力已经非常强大，而且还可以行使“超宪法权力”。在2000年之前的历届大选中，墨西哥总统都可以选定他的继承人。通常在离任前一年，由总统与党内各方商定总统候选人。总统继承人往往在内阁成员中产生，如波蒂略曾任财政部长，德拉马德里和萨利

---

① Carl, J. Migdal, “Mexico's Failing Political System,” *Journal of Interamerican Studies and World Affairs* 29 (1987): 107 - 123.

纳斯曾分别为前政府的预算和计划部部长，塞迪略总统在就任总统前曾任教育部长之职。由于革命制度党可以有效控制选举过程，总统职位其实只是在革命制度党的党员间传递。总统作为党的实际领导人，还可以“钦定”州长和地方官员。总统控制着联邦选举委员会，选举结果必须由总统批准才能生效。总统作为行政长官，也有权撤消不受欢迎或是有作弊行为的官员的职务。总统权力至高无上，他可以凭借自己的权威，暗示一个州长“自动”辞职，也可以示意参议院，以不称职或没有能力维持公共秩序为由，解除州长的职务。更有甚者，总统不但可以通过联邦议会清洗某个州的州长，甚至还可以清洗这个州的议员及其他地方官员。墨西哥在名义上实行联邦制，但在革命制度党统治下实际上已经成为单一制国家，中央享有最高权力，而地方权力则由中央授予。这样，总统与革命制度党的关系是一种相互依赖、相得益彰的关系，而这种关系强化了革命制度党与国家之间的连生关系。正是这种关系，革命制度党才能获得源源不断的物质资源和其他执政资源，通过职团主义政治体系和其背后的庇护体系有效地控制国家，实现长期执政。

在革命制度党集权统治时期，国家支配着地方的财政收入，中央政府控制着大约85%的国库收入，州政府和地方政府分别控制12%和3%。一般而言，这意味着市政府有80%的收入依赖于州和政府中央政府，仅有20%来自本地。① 这就是革命制度党统治的物质基础。依靠对国民经济具有控制力的国有资产和党内牢固的职团主义政治结构，革命制度党具备了长期执政的社会经济基础，从1929年3月4日一直执政到2000年12月1日，连续执政71年，创造了政治奇迹和经济奇迹。

第二节　国有资产管理的弱化是革命制度党下台的重要原因

一　新自由主义改革弱化了国有资产管理

（一）1982年债务危机与“华盛顿共识”的出台

长期执行进口替代工业化这种内向型的发展战略，尤其是随着这种发展战略的深化，使拉美国家的经济发展陷入了困境。从20世纪60年代中期至1973年第一次世界石油危机爆发，拉美国家已经由一般消费品进口替代转向耐用消费品、中间产品和部分资本货的进口替代，开始发展汽车、钢铁、化工、家用电器以及电子工业等，这就使拉美国家的制造业有了资本密集型和技术密集型的特点。这些产品不仅需要专业化生产，而且投资大、技术复杂，进口需求高。而内部资金积累缓慢、资金普遍不足使拉美国家增加了对外资和进口的依赖。可以看出，进口替代工业化模式越深入发展，资本密集型和技术密集型的特点就越明显，拉美国家对进口

① Chappell Lawson, “The Elections of 1997,” *Journal of Democracy* 8（1997）.

的依赖就越大，反过来对出口的要求也就越高。否则，进口替代发展战略就难以持续。然而，又恰恰是长期执行进口替代工业化发展战略，导致拉美国家的对外出口无法满足这个历史重任。进口替代工业化发展模式最终使拉美国家经济陷入了困境，使拉美国家不得不进行战略调整。

20 世纪 70 年代，石油危机的爆发使拉美国家发生了债务危机，经济停滞、通货膨胀也在加剧。也就是从这时候开始，一些拉美国家开始与进口替代模式分道扬镳。20 世纪 60 年代，拉美国家发展政策面临的挑战并没有使进口替代政策的弊端得到彻底的清除，相反，一些缺陷表现得更加明显。拉美国家开始了发展战略的转变过程。首先是智利、阿根廷和乌拉圭等国开始全面抛弃进口替代发展模式，奉行所谓的货币主义战略。20 世纪 80 年代，债务危机使拉美国家的进口替代战略难以为继，不得不进行“第二代改革”，由国家干预经济逐渐转向开放的市场经济。

1989 年出炉的“华盛顿共识”更为拉美国家的市场化改革推波助澜。1989 年，曾担任世界银行的美国国际经济研究所的经济学家约翰·威廉姆森执笔撰写了《华盛顿共识》，系统地提出指导拉美经济改革的各项主张，具体包括四个方面的十项政策措施①。这十项措施得到了世界银行等国际金融机构的支持。在威廉姆森看来，由于这些思想秉承了亚当·斯密自由竞争的经济思想，与西方自由主义传统一脉相承。后来人们将这些观点称为“新自由主义的政策宣言”。体现“华盛顿共识”的政策主张，从 20 世纪 90 年代起曾由国际货币基金组织（IMF）、世界银行等国际组织在发展中国家及转轨国家推动，其后果引起较大争议。尽管拉美国家后来的左派领导人攻击新自由主义及其主要代表的“华盛顿共识”，认为是这种政策造成了更大的财富分配不平等，甚至造成了国家经济的衰退，“华盛顿共识”以及后来拉美国家的经济改革和发展战略调整，正是墨西哥等拉美国家进行新自由主义改革的大背景。

（二）新自由主义改革与国有资产管理的弱化

为了克服债务危机和经济危机，德拉马德里政府接受了国际货币基金组织重新安排债务的谈判条件，开始了政府政策的重大转变。政府政策最主要的转变有两个：一是减少和重新确定国家的经济作用，所使用的手段起初是减少公共开支，后来是私有化。二是对外开放，如加入关税及贸易总协定（世界贸易组织的前身），完全放弃“二战”后所实行的进口替代工业化战略，逐步取消关税，打破对外国产品进口的壁垒，促进出口。一些观察家指出，上述政策的转

① 这十项措施是：在财政政策方面，一是实行紧缩政策，削减公共福利开支，防止通货膨胀，加强财政纪律；二是把政府支出的重点转向经济回报高和有利于改善收入分配的领域，如基本医疗保健、基础教育和基础设施；三是改革税收，降低边际税率和扩大税基。在货币政策方面，一是实行利率自由化；二是采用具有竞争性的汇率制度。在贸易和资金政策方面，一是实行贸易自由化；二是实行资本准入，尤其是外国直接投资准入自由化。在宏观产业政策方面，一是实行私有化；二是放松政府管制，消除市场准入和退出的障碍；三是保护产权。参见维基百科《华盛顿共识的来源与演化》，http：//zh. wikipedia. org/wiki/% E5% 8D% 8E% E7% 9B% 9B% E9% A1% BF% E5% 85% B1% E8% AF% 86。

变等于“墨西哥经济历史”方向发生根本变化，“德拉马德里政府将作为墨西哥历史的分水岭而被载入史册”。① 随后执政的萨利纳斯政府和塞迪略政府继续推行面向市场的经济发展战略，对墨西哥经济结构进行了根本的改革。通过新自由主义的改革，墨西哥经济发生了由封闭的进口替代到开放的出口导向、由国家干预到市场化的转变，这直接导致了墨西哥的私有化以及国有资产管理的弱化。就是在这个经济发生转型的时期，墨西哥的政治也发生了重大的变化，革命制度党的执政地位日益受到反对党的挑战。

萨利纳斯上台后，加速推进新自由主义政策，开始对墨西哥的国有企业进行“私有化”改造（见表8－3）。正是在私有化过程中，一场瓜分国有资产的“盛宴”在墨西哥拉开了帷幕。当时，许多国有企业被贱卖，执政党和政府各级官员大肆贪污受贿、化公为私，侵吞国家资财，造成国有资产的严重流失。

表8－3　私有化金额超过1亿美元的墨西哥国有企业

单位：亿美元

企业名称	金额	实行私有化的时间
墨西哥商业银行	25.5	1991年10月
墨西哥国民银行	23.0	1991年9月
墨西哥电话公司	17.6	1990年12月
墨西哥铜矿	13.6	1988年10月
赛尔芬银行	9.09	1992年1月
墨西哥综合商业银行	8.72	1992年2月
卡纳尼矿业公司	4.75	1990年9月
墨西哥航空	3.39	1988年11月
综合贸易银行	2.04	1991年6月
墨西哥国家银行	1.82	1991年6月
斯卡特萨钢铁公司	1.7	1991年11月
墨西哥北方钢铁公司	1.45	1991年11月
墨西哥国营航空公司	1.4	1989年6月
尼库饭店	1.1	1988年10月
德莱法多斯化学公司	1.06	1988年1月

资料来源：世界银行《世界银行研究观察家》，1994年7月，第250页。

早在德拉马德里时期，上述腐败现象就初见端倪。1983年6月，墨西哥石油公司前负责人霍奇·迪亚斯·瑟兰诺被提起诉讼，控告他在墨西哥石油公司购买两台天然气柜的交易中诈骗了3400万美元，迪亚斯·瑟兰诺立即被捕入狱。墨西哥电信业巨头卡洛斯·斯利姆·埃卢则是从萨利纳斯启动的墨西哥国有企业“私有化”浪潮中起家。这种腐败不可避免地侵蚀了执政党的最高领导层。萨利纳斯总统的亲戚、朋友、部下和身边的工作人员，都卷进了

① 袁东振：《论墨西哥经济转型时期的政治变革》，中国社会科学院博士论文，2002，第7页。

这一场瓜分国家财产的腐败“盛宴”。仅从后来陆续曝光的重大贪污腐败案件看，已涉及萨利纳斯总统及其亲属、内阁部长、州长、副总检察长等政府要员和政府一般公务员。其中最典型的案件是萨利纳斯的胞弟劳尔·萨利纳斯在私有化过程中非法致富，聚敛非法资金上亿美元。劳尔因被指控与腐败和洗钱案件有牵连，并被瑞士司法当局指控与贩毒集团有染而被没收在瑞士银行的存款。1999 年，劳尔被控指使他人杀害革命制度党前总书记马谢乌，获刑 50 年。①

1997 年 2 月 19 日，墨西哥全国缉毒局局长古铁雷斯·雷沃略将军及其两名助手因参与贩毒活动被捕。据报纸披露，在塞迪略执政期间，因贪污和涉嫌贩毒而被撤职、法办的军队高级将领除雷沃略以外，还有负责军事运输的弗朗西斯科·基罗斯·埃莫西利奥将军，马里奥·阿图罗·阿科斯塔·查帕罗将军和国防部长之子、负责军事通讯的恩里可·塞万提斯·马丁内斯将军。② 1997～1998 年，联邦政府对违规犯法的官员进行了 9665 例行政制裁和 959 例经济制裁，处罚金额达 4118 亿比索，将证据确凿的 375 名刑事罪犯绳之以法。2000 年 6 月，正当墨西哥各大政党进行激烈的竞选角逐时，曾任革命制度党财务书记，后任墨西哥联邦区长官、旅游部长的奥斯卡·埃斯皮诺萨·比利亚雷亚尔因涉嫌贪污 4.2 亿比索而逃亡国外。③

二　国有资产管理弱化与革命制度党庇护主义体系的瓦解

20 世纪 80 年代，墨西哥实行新自由主义经济政策后，国家的国有资产不断减少，革命制度党得以执政的物质基础受到严重削弱。随着实际最低工资的急剧下降，官方工会墨西哥工人联合会受到严重影响。由于修改宪法第 27 条，结束了土地改革，允许自由买卖村社的土地，使官方农会全国农民联合会受到极大的打击；而人民部的唯一全国性组织全国人民组织联合会实际上已不起多大作用。三个职团组织与革命制度党的离心倾向愈益严重，墨西哥国家与劳工的关系再度出现了非制度化的危险趋势。因为革命制度党所推行的新自由主义改革日渐脱离了忠心支持革命制度党的劳工阶级，削弱了其赖以存在的社会基础和组织基础，所以随着职团主义体系的衰落，建立在这个体系基础上的党也面临着动摇和解体的危险。另外，党的职团结构功能弱化削弱了党的组织基础，而党内的派系斗争更造成了党的分裂，严重破坏了党的团结统一。

新自由主义改革降低了劳工和工会对革命制度党的支持，削弱了其执政的群众基础。首先，改革导致了工人工资水平的下降和社会福利待遇的削减，降低了工人对革命制度党的支持力度。其次，工会与革命制度党的关系发生重大转变。这主要表现在三个方面：一是工会领导人对革命制度党的忠诚相对弱化；二是工会普通成员对工会领导人的忠诚程度同时也相应降低；三是工人力量内部进一步分化，新的自由工会普遍建立，国家通过某些组织控制整个工人

---

① 高新军：《贫富悬殊的墨西哥为何没有爆发革命》，《同舟共进》2008 年第 2 期。

② *Proceso*, No. 1245, 10 de Septiembre, 2000, pp. 10－13.

③ *Mediodia*, 9 de Diciembre, 2000, p. 4.

队伍的办法已经不能奏效。工人和工会的变化削弱了革命制度党的执政基础。

政府规定的最低工资水平是工人与雇主商定实际工资的基准，是反映工人实际工资的重要指标。1982～1994 年，墨西哥工人的最低工资水平和实际收入水平的各项指数均呈下降趋势，按 1994 年不变美元计算，工人日均最低工资从 1982 年的 9 美元一直跌到 1994 年的 4.14 美元，制造业年均实际收入同期也从 7591 美元下跌到 5470 美元，1988 年甚至为 4626 美元。[①] 在进口替代工业化时期，政府设置了一些社会福利机构和项目，资助中低收入的工人，如增加食品供应的“全国人民生活必需品公司”、医疗保障的“墨西哥社会保障协会”、解决住房问题的“工人住房基金会”，负责工人信贷的“全国劳动者消费促进和保证基金会”和工人银行。1982 年后，政府对这些项目的支持力度也大大下降。

工人工资水平的下降、就业机会和社会福利的减少，从根本上动摇了传统的庇护体系，工会和革命制度党遭到各个行业工人的不同程度的抵制，抵制程度最强的是钢铁部门。蒙特雷冶炼厂的关闭导致了工人对工会和革命制度党的强烈抗议，一位来自矿区的党代表说，如果蒙特雷冶炼厂不重新开业，他将退出革命制度党。蒙特雷冶炼厂矿工工会的领导人说，“工人的第一号敌人就是共和国的总统”。[②] 在蒙特雷，有 4 万多人游行示威，抗议政府关闭蒙特雷冶炼厂，他们将党员证烧毁，宣布“矿工从此获得自由，结束所有的政治依附”。[③]

20 世纪 80 年代中期以后革命制度党进行的经济结构改革，逐步深化了新自由主义发展模式。但与此同时，墨西哥民族产业受到强烈冲击，国有企业由 1982 年的 1155 家减少到 1993 年的 209 家。2000 年，墨西哥贫困人口达 450 万，几乎占全国人口的一半，其中赤贫人口达到 2400 万，墨西哥 20% 的最富有的人拥有全国 58% 的财富，而最贫困的 20% 人口只占有 3.6%。[④] 外国农产品的大量涌入使那些得不到政府补贴和生产效率较低的农民处境日益艰难，有的甚至破产。新自由经济政策破坏了社会的均衡发展和社会公正，使失业、贫困化和两极分化加剧，从而动摇了革命制度党赖以执政的群众基础。

第三节 革命制度党在国有资产管理和廉洁政府建设方面的经验教训

连续执政 71 年的革命制度党在 2000 年的大选中落败，其成败的经验教训也从此成为各界研究的重点，而其在国有资产管理和廉洁政府建设方面的经验教训主要有如下几点。

---

① James Gregory Samstad, *Union Legacies and the Politics of Productivity: Corporatism, Clientism, and Firm*, reorganization during the transition to export-led development in Mexieo, dissertation, University of California, Berkeley.

② Gerardo Otero ed., *Neoliberalism Revisited*: *Economic Restructuring and Mexico Political Future* (Westview Press, 1996), p. 159.

③ Judith, A. Teiehman, *Privzation and Political Change in Mexico* (University of Pittsburgh Press, 1995), p. 168.

④ 袁征：《墨西哥新总统福克斯面临诸多挑战》，《当代世界》2000 年第 12 期。

一　偏离了党的指导思想——革命民族主义

革命民族主义是1917年宪法的基本精神，它顺应了墨西哥社会发展的需求，反映了墨西哥民族的利益。墨西哥革命制度党将其奉为党的指导思想和执政纲领，它使该党表现出一种维护社会公正的形象，由此而受到广大民众的拥护，使革命制度党具有广泛的社会基础，也使它在相当长的历史时期中立于不败之地。虽然直到1972年该党的七大才正式把革命民族主义确立为党的指导思想和原则，但实际上从革命制度党的前身国民革命党起，革命民族主义就已成为党的指导思想。

革命制度党在1929年成立之初就将1917年宪法作为党的执政纲领，而这个纲领体现的就是革命民族主义原则。其基本主张有：在政治方面，继承和发扬墨西哥革命的传统，维护民族团结，协调阶级利益。在经济方面，建立国家所有制、社会所有制和个人所有制并存的混合经济体制，强调国家对经济的宏观调控。在社会方面，通过个人劳动和增加社会福利，实现社会公正。在文化方面，保护墨西哥多元的民族文化传统，大力发展教育事业。在外交方面，坚决捍卫民族独立与国家主权，反对帝国主义、殖民主义和霸权主义。正是在这一思想的指导下，革命制度党赢得了广大民众的支持和拥护，发展了民族经济，促进了社会稳定，维护了党的团结统一，创造了“墨西哥奇迹”，使墨西哥革命制度党的统治稳如磐石。

20世纪80年代以来，伴随着国家经济战略的变化和经济政策的转向，墨西哥革命制度党在意识形态方面发生了重大的变化，它放弃了长期奉行的革命民族主义原则，在思想上以新自由主义取代了革命民族主义和民众主义。从德拉马德里政府开始，革命制度党便逐渐放弃了革命民族主义，以名为社会自由主义实为新自由主义的理论纲领取代了革命民族主义和民众主义，并在实践中放弃了墨西哥革命的宗旨。

革命制度党指导思想发生的变化，如放弃“革命民族主义”、推行“社会自由主义”，动摇了该党得以长期执政的社会基础。革命制度党1929年成立后，高举主权独立、民主自由、公正平等的“革命民族主义”旗，得到社会各界的普遍支持和拥护。1992年该党十五大将“社会自由主义”理论正式确立为党的思想原则。此后，该党历届政府根据这一指导思想大力推行新自由主义的经济发展战略，逐步减少国家对经济的干预，无节制地对外开放贸易和金融市场，实行私有化。由于减少社会福利开支，失业人员激增，导致社会贫困化和贫富差距日益拉大。新自由主义经济政策带来的负面影响，加之该党领导层对社会公平问题漠不关心，严重地伤害了社会大多数人的利益，社会、政治矛盾加剧。长期以来，革命制度党一直是通过控制国内最大的工会、农民协会、国有企业职工以及青年和妇女等群众组织，保证政府各项政策的实施。然而，新自由主义的经济改革使革命制度党的组织基础大大削弱。大部分国有企业的私有化不仅使党失去了原国企职工的支持，更造成了大量国有资产的流失。自由工会的普遍建立使官方工会的影响力明显削弱。政府修改宪法，允许村社土地买卖，也使革命制度党在农村的阵地发生动摇。改革虽然使经济恢复了增长，但从中得益的只是一小部分人。革命制度党的基本支柱之一——城市中产阶级的生活水平也有所下降。这一切都导致革命制度党在大选中的支持率明显下降。

尽管在塞迪略执政时期，革命制度党的十七大又决定重新举起革命民族主义的旗帜，摒弃社会自由主义的主张，但实际上塞迪略奉行的还是社会自由主义的政策。社会自由主义的基本主张是：在政治方面，主张通过政治改革和民主改革，维护民主和自由。在经济方面，主张发展市场经济，推进私有化，减少国家对经济的干预。在社会政策方面，反对随意向群众许诺的民众主义和国家大包大揽的做法，主张通过团结互助，实现社会公正。在文化教育方面，主张既要保存和肯定传统文化，又要积极吸取各种外来文化，主张实行一种自由的国家教育制度。在对外关系方面，主张国际合作与对话，减少对抗，积极改善同美国的关系，推动对外关系的多元化。由于新自由主义政策背离了墨西哥革命的宗旨，过分强调经济自由，缺乏对社会问题的重视，再加上收入分配制度不合理，导致社会财富过于集中在少数人手中，社会贫困化日益加剧，两极分化愈加严重，为社会增添了许多不稳定因素。由于革命制度党以新自由主义为指导，一方面使党在广大民众及党员面前丧失了其原有的、鲜明的特征，因而降低了党的感召力、吸引力和凝聚力；另一方面使党内思想多元化，出现了党内分歧，破坏了党的团结统一。还由于新自由主义改革侵害了广大民众的利益，因而恶化了党同社会阶层的传统联盟关系，极大地削弱了党的力量。

新自由主义改革不仅使革命制度党背离了革命民族主义的主导思想，而且造成党内分歧严重。20 世纪 80 年代后期，革命制度党内部出现分裂。1986 年 8 月，以前总统拉萨洛·卡德纳斯之子、米却肯州前州长夸特莫克·卡德纳斯和革命制度党前主席、前内政部长和墨西哥驻联合国代表穆尼奥斯·莱多为首的革命制度党内的一批著名人士，由于对德拉马德里新自由主义经济政策和党内的腐败现象不满，公开宣布成立“民主革新运动”，并把矛头直接指向总统和党的领导人。并于 1989 年 5 月另立“民主革命党”，成为革命制度党的重要反对派。20 世纪 90 年代，面对改革，党内分歧更加明朗化。

2000 年 7 月，革命制度党在墨西哥大选中败北。就在大选后的第二天，在革命制度党全国执行委员会的会议上，奥尔蒂委员尖锐地指出，这次革命制度党竞选失败的原因在于党背离了革命的方向和建党原则，党背叛了自己，将民族主义变成新自由主义，将主权变成全球化。革命制度党参议员、曾任内政部部长和普埃布拉州州长的巴莱特认为，革命制度党之所以失败，是由于党失去了指南，在意识形态上出现偏差，新自由主义的瘟疫在党内蔓延，将“社会自由主义”强加给党，篡改了党的原则，使党的力量削弱，与基层失去联系。① 萨利纳斯以社会自由主义取代革命民族主义，放弃革命的旗帜，丧失革命继承者正统身份，革命制度党与工农民众的距离越来越远，最终丧失了意识形态的凝聚力。

二　职团主义政治模式是革命制度党长期执政的政治和社会基础

职团结构提供了联结官方党及其民众基础的渠道和制度形式。职团结构最初可以靠官方党

① 徐世澄：《连续执政 71 年的墨西哥革命制度党缘何下野》，《拉丁美洲研究》2001 年第5 期。

控制的国家机器强制性建立起来，但真正维系职团结构长期存在并有效运转的机制并不是职团政治结构本身，而是其背后的庇护主义体系。庇护关系是非正式政治生活中的一种特殊的交换关系，其中具有较高社会经济地位的恩主运用自己的影响力和资源向社会经济地位较低的恩客提供保护和利益，恩客向恩主提供一般性的支持和帮助作为回报。恩主和恩客庇护体系是错综交织的关系网络，一个恩主属下有众多的恩客，而一个恩客也可能有几个他同时效忠的恩主。这个网络体系呈金字塔状，各种庇护关系盘根错节，最后在金字塔的顶端交汇，就是说最后他们都效忠于一个恩主。在墨西哥，这个最高的恩主就是总统。这个含有若干级阶的垂直庇护关系在墨西哥叫“卡马里亚”，意为政治集团。集团顶端是总统，接着是阁员、议员或墨西哥工人联合会与全国农民联合会的领导人等。这个政治集团由于受总统任期限制，每6年都有大的变动，但由于革命制度党垄断了总统职位，政治集团的变化对革命制度党来说并没有多大的影响，尤其对革命制度党和卡马里亚底端的农民和工人间的关系来说更是如此。越往集团结构的顶端，恩主和恩客的关系就越复杂，政治色彩就越浓，恩客在效忠顶头恩主时考虑的期待不仅局限于物质回报，而且涉及权力的分配、职位升迁和政治斗争的未来走向等。越往派系结构的下端，庇护关系就越简单，恩客效忠的期待可能只有一个，就是物质回报。有时候，很小的物质回报，如给农民分配一双鞋，也可以获取他们在选举上的支持；而另一些时候，政府或者革命制度党的许诺也可以达到同样的效果。① 回报可以是物质的，也可以是抽象的，但物质的是基础，但对于维持这种庇护关系却是不可或缺的。集团内部存在竞争，胜出的派系获得权力并享受决策权带来的好处，整个集团内部各派系间的收益分配是内部竞争问题。而革命制度党则需要与国家连生，通过国有化和土地改革等措施充实国有资产，奠定维持庇护关系运转的物质基础。

20世纪80年代末至90年代末，墨西哥的政治改革限制和取消了革命制度党的部分特权。例如，萨利纳斯时期的政治改革规定，任何政党不能控制众议院2/3以上的席位，任何政党不准接受政府官员、政府机构、宗教机构、国外个人和实体的政治捐赠，所有政党必须在规定的时间内提交竞选收支明细表等。这些改革名义上是对所有政党的要求，实际上受约束最大的还是执政党革命制度党。再如，塞迪略时期的政治改革在允许反对派运用新闻媒体的同时，取消了革命制度党在竞选活动中运用媒体和资金的特权；联邦行政区长官不再由总统任命，而改由直选产生；等等。上述改革无疑降低了革命制度党对政治社会生活，尤其是选举活动的掌控能力，得利的必然是以国家行动党等反对党。

三 墨西哥的国有资产管理为革命制度党长期执政提供了物质基础

庇护关系的运转受诸多因素的制约，如恩主可控制资源的多寡、恩客可以获取的好处的多寡等。恩主可控资源的多寡与政治经济体制密切相关。在进口替代工业化时期，是国家而不是私人控制着主要经济部门。国家还通过进口许可证、进出口补贴等掌握着众多资源的支配权。

① 郑振成：《新自由主义与民众主义政党》，中国社会科学院研究生院博士论文，2000，第25页。

在劳资关系和处理农村纠纷中，国家是调停者和仲裁者。显然，在国家干预、国家保护盛行和党政不分的进口替代工业化时期，革命制度党控制着丰富的资源，官方党控制下的庇护关系也就盛行不衰。庇护关系削弱政党体系的竞争性，加强了革命制度党在威权体制的霸主党地位。

利益交换和互惠是维持庇护关系的关键。卡德纳斯在将农民和工人纳入官方党职团体系之初就承认了利益交换关系。

首先，农民加入官方党的职团结构伴随着激进的土地改革。1940 年，卡德纳斯曾向 80 万人分配了 1800 万公顷的土地，其继任者也继续推进土地改革，分给农民土地，村社的人口也不断增长。村社与国家机构的联系也越来越密切，大都加入了全国农民联合会，该组织在政府与农民之间出色地发挥了桥梁的作用，但在 20 世纪 70 年代以后，随着国家对农业投入和其他干预的增强，国家的农业部门、国家农业银行、各种援助机构的作用不断增强。埃切维里亚政府颁布了《联邦农业改革法》，使相连的村社组合成村社合作社，国家通过国家农业信贷银行以及各种援助机构资助它们。同时，国家设立了一些专门机构，如墨西哥烟草公司、墨西哥咖啡公司、全国村社发展基金会引导农村的生产和销售。贷款的发放成了控制农民的重要工具。农民为了获得贷款和争取到其他方面更多的投入，成为革命制度党竞选投票中最坚定的支持者。

其次，革命制度党对工人的控制同样体现着上述互惠互利的交换关系。在革命制度党—工会—工人的庇护结构中，墨西哥工人联合会是联系党和工会组织的重要纽带。1966 年后，劳工大会发挥了联合和团结全国工会组织的作用。革命制度党给予的利益包括两部分，一个是革命制度党给予工会的政治支持、物质支援和法律特权等，另一个是工会从革命制度党和国家获得的同时分配给劳工的好处，如住房、物资、教育机会、津贴等。后者的回报方式是确保工人对工会的服从，把工资水平控制在一定范围，在危机过程中支持政府，在选举中投票给革命制度党候选人，等等。革命制度党一般通过控制工会领导人的方法来控制工会和工人。官方党在选定工会的领导人后，就会采取相应的措施巩固其地位，维护其权威，这样可以增强工会领导的忠诚，也可以确保他对工人的控制。革命制度党群众基础广泛，包括了众多的社会阶层，同时能通过党内的协商机制，使各自的利益得到一定程度的满足。工人部和农民部是在数量上占绝对多数的工农阶级的代表，人民部“从某种意义上讲，是党的任何一个支持者的收容所”。[①]议会的席位和政府职位是革命制度党分配给他们的利益，1943 ~ 1976 年，人民部分得的众议院席位平均占众议院总席位的 50%，工人部和农民部各得 25%。

四　国有资产管理的弱化是各种社会势力产生离心倾向的直接原因

经济自由化和私有化改革非但没有取得预期效果，而且大大削弱的革命制度党的国有资产管理，加剧了政府腐败。首先，经济自由化强烈冲击了民族产业，外国产品的大量涌入使民族企业处境日益艰难，大量破产倒闭，失业与贫困增多，两极分化加剧，社会矛盾逐步激化，民

① 曾照耀：《政治稳定与现代化——墨西哥政治模式的历史考察》，东方出版社，1996，第 97 页。

众尤其是中下层民众对此极度不满，直接损害了革命制度党执政的社会基础与绩效合法性，国家财政收入大大减少，国有资产在自由化和私有化的浪潮中被吞噬殆尽，革命制度党再也不具备维护任何一种庇护体系的物质基础了。

另外，经济模式的转换还瓦解了原来进口替代发展模式下的社会结构，革命制度党的社会基础、阶级基础与联盟关系都发生变化并逐步瓦解；在旧基础瓦解的同时，革命制度党却未及时构建新的关系网络，如未将新的阶层纳入职团结构，这就动摇了革命制度党执政的社会与阶级基础。①

政治改革破坏了革命制度党与国家的利益连锁关系，扩大了反对党的空间与影响，改变了墨西哥的政治格局，动摇了革命制度党统治的基础。新自由主义改革促进了多元主义的发展。政治领域的多元主义慢慢侵蚀着墨西哥一党主导体制的核心支撑结构——职团主义政治结构。具体而言，多元主义对职团主义政治结构冲击很大，使其难以为继。新自由主义改革后，新成立的各类组织、机构、团体迅速分流、接管了部分原有组织团体的功能，使传统职团结构趋于瓦解。譬如，新成立的农村代办处、常设农民土地大会等组织分流了全国农民联合会的部分功能，打破了全国农民联合会对农民代表权的垄断，导致农村传统职团结构的解体。另外，多元主义冲击了一党主导的集权政治体系，改变了革命制度党主导的职团主义政治结构。

1994 年元旦，也就是在象征新自由主义改革和全球化成果的北美自由贸易协定开始生效的同时，南方的恰帕斯州爆发了印第安农民武装起义。萨帕塔民族解放军的领袖们认为新自由主义改革遗弃了印第安民族，号召进行广泛的社会经济政治改革。萨帕塔民族解放军起义使长期潜伏的矛盾暴露出来，震撼了墨西哥乃至整个世界。恰帕斯动乱使开始走向不稳定的墨西哥农村形势扑朔迷离，加剧了革命制度党的统治危机。

在传统的庇护体系和职团结构丧失效能后，革命制度党面临政治、经济、社会的全面危机。萨利纳斯和塞迪略政府都做出了制度重建的努力。萨利纳斯启动了全国团结计划，试图以此建立新型庇护体系；同时，他试图在传统民众组成的“外围联盟”之外，建立一个以大银行家和大资本家为主，包括中产阶级在内的“大都市联盟”以扩大社会基础，但这些尝试都以失败而告终。塞迪略进行了西方模式的政治改革，希冀民主的形象能增加革命制度党的合法性和争取选民的更大支持，但结果是，革命制度党的执政能力不断削弱，反对党在获得更大的政治空间后不断壮大。2000 年的总统选举以雄辩的事实证明：一个丧失了执政资源的政党，无论其以前有什么样的历史功绩，都不可能继续保有自己的执政地位。新自由主义改革使革命制度党丧失了执政的政治社会基础和物质基础等执政资源，在选举中落败，最终丧失 71 年之久的执政地位是可以想见的。

五　革命制度党在国有资产管理方面的经验教训

广泛、坚实的政治社会基础和丰富的物质基础是革命制度党长期执政的重要保证。革命制

① 郑振成：《新自由主义与民众主义政党》，中国社会科学院研究生院博士论文，2000。

度党的长期执政是其强大的政治社会基础和物质基础在选举结果上的反映。工人、农民的忠诚和支持是革命制度党不断取得选举胜利和实现有效统治的政治社会基础，而革命制度党通过国有化和土地改革等措施不断加强党与国家之间的连生关系、丰富和强化国有资产管理则构成该党执政的物质基础。没有强大的物质基础，革命制度党便不能维持其职团主义政治结构，便不能有效发挥利益聚合功能，继续将工农组织团结在自己的旗帜之下。

那么，革命制度党长期执政的逻辑逐渐显现，即革命制度党通过总统集权的官方党职团结构来实现对工人和农民的控制和动员，而这是其长期执政的政治社会基础，其间还贯穿着革命制度党与工农组织的利益连锁关系，即官方党的庇护主义体系，而这样的体系得以运转的基本条件是革命制度党通过“党即国家”的连生关系而不断丰富的物质资源和政治资源，国有化和土地改革是革命制度党取得该条件的最重要措施。

第一，1929 年革命制度党的前身国民革命党成立后，逐步建立和完善了总统集权的职团主义政治模式，占全国人口绝大多数的工人和农民被纳入革命制度党的职团体系，成为其执政的政治和社会基础。革命制度党通过工人部和农民部对工人和农民进行控制和动员。革命制度党和工农民众形成政治模式上的控制与被控制、领导与被领导的关系，其背后起根本作用的还是党与工农之间形成的利益连锁关系。在进口替代工业化时期，革命制度党为工人和工会提供政治和法律上的特权，保证工人最低工资水平，提供住房、社会保险、医疗、基本生活用品等社会福利和经济援助等，为农民则通过土地改革给无地农民分配土地，保障水源和化肥等生产资料的供应，对农产品的实行价格保护等利益资源。作为回报，官方工会和农民组织在选举时动员工人和农民投票支持革命制度党，支持政府的政策和改革措施。庇护关系是革命制度党巩固其执政的阶级基础的根本动力和物质基础，职团主义政治结构则为其提供政治和社会基础。庇护主义体系的利益来源于革命制度党通过国有化和土地改革控制的丰富资源，该党与政府的连生关系及进口替代工业化发展模式更是保证了利益来源的充足性。

第二，新自由主义经济改革改变了职团主义政治结构的运行环境，使革命制度党通过党内各部控制和动员工农及其组织、巩固其执政基础的机制及其功能不断削弱，大大削弱了革命制度党的执政能力，革命制度党开始面临合法性危机。

1982 年债务危机爆发后，为了摆脱经济困境，德拉马德里政府经过几年的谈判和抗争之后，逐渐接受了以“华盛顿共识”为基础的改革方案。随后上台的萨利纳斯政府则加快了新自由主义改革的步伐，与美、加签订了北美自由贸易协定。新自由主义改革给总统集权的革命制度党职团政治结构带来了严重的冲击。随着国有企业的大规模私有化，加上土地改革的终止，革命制度党可以支配的物质资源锐减，利益来源枯竭，工人享受的福利待遇每况愈下，新的“独立”工会和农会组织如雨后春笋般涌现，庇护体系已经难以为继。加上私有化中不断曝出腐败丑闻，更是冲击着革命制度党的合法性。经济自由化废除了进口替代工业化时期的国家保护政策，对工业和农业部门的生产补贴、价格保护逐步被取消。利益的逐步减少降低了工人对官方工会组织和农民对官方农会组织的忠诚程度，职团部门对工人和农民的控制能力也遭到削弱。这样，革命制度党就丧失了其执政的政治和社会基础，党内分裂此时也在不断加剧。

可见，革命制度党的新自由主义模式动摇了传统职团主义政治结构的统治支柱，从根本上破坏了革命制度党的执政能力。

第三，萨利纳斯和塞迪略的改革加速了传统机制的瓦解，却没有建立起行之有效的巩固和扩大革命制度党的社会阶级基础的替代机制，新自由主义模式的政治改革最终导致了革命制度党的下台。

为了克服革命制度党的政治危机，萨利纳斯和塞迪略都采取了一些应对危机的措施，进行了制度创新的尝试。萨利纳斯启动了“全国团结计划”，绕过传统的职团机构，通过分布各地的地方团结委员会，试图建立以总统为中心的新型庇护体系，同时，他也试图以“现代化”社会组织取代传统的职团部门。然而，在革命制度党的内部，以传统职团部门的领导人为首的“政客派”还保持着强大的实力，萨利纳斯解除传统结构的做法遭到他们的强烈抵制，使得萨利纳斯不得不在新旧制度之间游移不定，其结果是，功能枯竭的旧制度遭到雪上加霜的侵蚀，而新机制却无法得到成功确立。

最重要的是，萨利纳斯的新庇护体系强化民众与总统本人和“现代化”组织的庇护关系，使革命制度党游离在庇护体系之外，党和国家连生关系瓦解，民众对总统的忠诚和对革命制度党的忠诚必然降低以致消弭。萨利纳斯还以大银行家和资本家为主的“大都市联盟”在新自由主义改革的条件下并不能与以工农为主的“外围联盟”在革命制度党内共存。从诺斯的制度变迁理论来看，制度变迁的重要依据是制度报酬，也就是制度的收益和成本之间的差额。在进口替代工业化年代，政府保护工人最低工资就意味着企业主阶层的高生产成本，而在新自由主义框架下，“大都市联盟”的收益就意味着“外围联盟”的代价，财富的集中就意味着贫困的加剧。“大都市联盟”与“外围联盟”的直接对立是不可避免的，在总统权威削弱、宏观调控能力弱化的情况下，这种做法必然导致党内分裂的加剧和民众基础的瓦解。革命制度党的民众主义传统和形象使“大都市联盟”始终对它保持着警惕，而同时其新自由主义改革又损害了“外围联盟”的利益，所以它既不能取悦于前者，也为后者所不容。萨利纳斯还试图通过他的“新工会主义”将更多的中产阶级吸纳进党内，扩大党的阶级基础，但也没有取得明显的收效。在墨西哥2000年大选中，中产阶级和“X一代”① 成为反对党国家行动党的重要支持者，在中产阶级比较集中的墨西哥城地区，国家行动党候选人福克斯的得票率为46.4%，而拉瓦斯蒂达仅为26.7%，在18~24岁的选民中，前者获得了50%的选票，而后者仅为32%。所以，革命制度党的参议员瓜哈尔多在总结选举失败的原因时说，革命制度党缺少与年轻一代的沟通，没有在年轻人的心目中塑造良好的形象，使革命制度党“承担了经济失败的责任，却没有享受经济业绩的功劳。②

塞迪略应对危机的措施主要集中在政治改革方面，试图增强革命制度党的合法性。其改革措施主要包括三个方面：一是加强司法和立法部门的独立性；二是取消革命制度党的特权，减

① 指年龄在18~30岁的人。

② *El Financiero*, 30 de Julio, 2000, p. 17.

少总统对地方选举的干预，总统不再指定党的总统候选人；三是改革联邦选举委员会，提高选举的透明度和公正性。塞迪略的政治改革削弱了革命制度党一党独大、总统集权的职团主义政治结构，使墨西哥政治逐渐向“三权分立”和多党自由竞争的西方代议制的方向转变。萨利纳斯和塞迪略的改革脱离了墨西哥的实际，接受了与旧的民众主义政治上层建筑相脱离的经济制度，却又无法根据本国的国情进行切实可行的政治制度创新，以巩固和扩大执政的社会基础。相反，他们的政治改革加速了传统执政基础的瓦解，却没有容纳新的可以替代的支持力量。最终，2000年大选的失利以最浅显的方式说明了萨利纳斯和塞迪略改革的结果，革命制度党成为自己领导的新自由主义改革的牺牲品。

任何国家的政党执政和改革，都离不开国有资产等物质资源，离不开政治清廉。在1992年南方谈话中，邓小平指出：“从根本上说，手头东西多了，我们在处理各种矛盾和问题时就立于主动地位。”[①] 这里讲的“手头东西”，实际上指的就是党的执政资源，国有资产无疑是最重要的物质资源。2004年6月29日，胡锦涛总书记在主持中共中央政治局的集体学习时指出，要深入分析和研究党执政所面临的新情况、新问题，大力加强党的执政理论建设，为廉洁政府建设提供强有力的理论指导。明确提出了党的执政理论建设是一项系统工程，包括执政理念、执政基础、执政方略、执政体制、执政方式、执政资源等主要方面。这是“执政资源”这一概念在党的文献中的第一次出现。这说明中国共产党正在吸取国内国际执政党的经验教训，加强国有资产管理和廉洁政府建设，不断扩大自己执政的政治基础、社会基础和物质基础。

---

① 邓小平：《邓小平文选》第3卷，人民出版社，1993，第377页。

· 第九章 ·

新加坡人民行动党的国有资产管理与廉洁政府建设

新加坡国土面积715.8平方公里，人口531万（2012年），地少人多，自然资源匮乏。1965年与马来西亚分离独立后，新加坡大力开展经济改革和建设，由原来仅仅依靠转口贸易维持生计，发展成东南亚地区重要的金融中心、世界电子产品重要制造中心、世界主要炼油中心和国际贸易中转站。2010年，人均GDP达50123美元，在亚洲位列第一。

新加坡国有资产主要由两部分组成：一部分为法定机构管理的公共财产，另一部分为国有企业经营的国有资产。新加坡国有资产在整个国民经济中占有举足轻重的地位。目前，新加坡主要的国有企业约100家，与国有企业有联系的企业超过2000家，其产值约占GDP的12%左右。

自1965年独立以来，新加坡人民行动党连续赢得12次全国大选。行动党之所以在近50年的时间里长期执政，在于组建了一个廉洁政府，并通过对国有资产实行科学有效的管理，较好地实现了国有资产的保值和增值，带动了经济持续增长，实现了人民生活的极大富裕。

第一节　新加坡国有资产管理的基本框架

新加坡国有资产管理框架分为三个层次：第一层是政府部门；第二层是法定机构和政府控股公司；第三层是国连公司。政府部门主导制定经济发展战略，法定机构和政府控股公司按经济战略制订各自的计划，开展经营活动，国连公司在政府控股公司的领导下，达成企业盈利目标。①

法定机构在新加坡国有资产管理体制中占有重要地位。所谓法定机构，是指根据国会通过的专项法令，按法律程序设立的担负特殊功能的自治性法人团体。法定机构由政府设置，隶属

① 袁丽娜、陆长福：《对新加坡国有资产管理体制的分析与借鉴》，《河北科技大学学报（社会科学版）》2004年第2期。

于政府某部，并有其主管部拨付其创立资金和必要的流动资金。法定机构又是相对独立于政府各部的半官方的专业管理部门，肩负行政和企业的双重职能：既代表政府行使部分行政权力，承担社会职责，又自主经营，故有“半国有企业”之称。

新加坡主要法定机构有：财政部的金融管理局、会计及公司监管局、邮政储蓄银行；贸易及工业部的经济发展局、公用事业局、贸易发展局、裕廊镇管理局、旅游促进局、标准与工业研究所等；国家发展部的建屋发展局、市区重建局、建筑发展局等；新闻、通讯及艺术部的港务局、电信局、广播局等；劳工部的中央公积金局；教育部的职业与工业训练局。有些法定机构下属还设有控股公司和附属企业，如贸易发展局控股公司，市区建局下属设 Pidemco 公司，等等。

政府控股公司是国有资产的经营机构，代表政府具体运营国有资产。政府控股公司依据公司法成立并运作，完全由政府投资并拥有，并在众多的国连公司中拥有股份或处于控股地位。

新加坡的政府控股公司主要有淡马锡控股公司、政府投资有限公司、新加坡科技控股公司、国家发展部控股公司等。财政部代表国家对政府控股公司行使股东权，控股公司依据公司法自主经营。

国连公司是政府控股公司投资并拥有其部分股权的企业。国连公司依据公司法成立及运作，完全围绕经济目标经营与发展，参与市场竞争。政府控股公司与持股企业的关系由公司法规范，即政府控股公司依据出资额对持股企业行使股东权利。国有资产参与企业与政府控股公司之间存在产权关系，它接受政府控股公司行使的股东权利，但不接受政府部门的行政权力。

根据不同情况和需要，有的国连公司由一家控股公司投资，也有的由多家控股公司投资。一些大的国连公司不仅是国家控股公司的控股公司，同时又是一些国连公司的控股公司。国连公司的经营遍及各行各业，有力地推动了新加坡经济的发展。①

人民行动党对国有资产管理实现了政府部门与法定机构、控股公司的分离。将部分行政职能和营造市场环境以及股权管理的职责交给法定机构和控股公司，割断了国家与企事业间的直接联系，使政府能够把精力集中在政策、规划的制定和监督实施上。由于有法定机构和控股公司充当隔离层和保护层，企事业可免受不必要的政治干预。

法定机构与控股公司的功能定位、目标任务各有不同。法定机构不以盈利为经营目标，兼有一些行政管理职能，主要任务是通过其在基础设施及公共服务领域的经营活动营造良好的市场环境，以促进市场的公平竞争和保障经济活动的正常运行。控股公司则通过对国连公司的参股获得必要的资金来参与市场竞争，围绕政府经济策略，遵循市场效益原则，以利润最大化为目标，采用专业化的管理方式进行经营，不受政府特殊照顾，不具有行政色彩。

对于国有资产的管理和运营，新加坡形成了比较系统的监督体制，主要有权力监督、司法监督、财务监督、舆论监督和公共监督等。新加坡是总理制国家，为了监督以总理为代表的最高层的决策，新加坡于 1993 年开始设立了民选总统，民选总统没有决策权，但享有人事、财

① 黄绍松：《新加坡国有资产管理体制及其对我国的启示》，《党政干部学刊》2003 年第4 期。

务、行政监督权，可以否决政府对法定机构和国有企业重要职位的任命，以及国家储备金的动用。

第二节 法定机构与国有资产管理

一 法定机构的定位

如前文所述，新加坡的法定机构是根据国会通过的法令，以法律程序设立的具有特殊功能的半官方管理机构，由除国防部和外交部以外的各政府专业部分管。法定机构兼有公共性和市场性的特征。一方面，法定机构主要行使或受政府委托行使特定的公共职能，是某些特定的垄断性公共物品的提供者，为政府行政机构分担职责，法定机构又是公用事业的主要监管机构，政府赋予法定机构代替政府部门行使管理和监管的职能，成为监管体系中具有比较特殊地位的机构；另一方面，法定机构又实行市场化运作。到2010年，已有83个法定机构在促进新加坡社会和经济发展方面发挥重要作用。

法定机构的管理、经营范围主要是工业区开发、交通运输、广播电讯、公用事业等基础设施和社会服务领域。这些领域投资大、资金回收慢，完全交由私人企业经营，容易形成垄断而导致价格过高，投资环境恶化。新加坡政府借助法定机构管理和经营这些领域的国有资产，目的在于更好地营造良好的市场环境，引导市场竞争。① “新加坡法定机构运作的领域几乎垄断了全国所有的基础设施建设和公共服务领域，它们的产出不是商品，而是具有某种特性的公共服务。”②

法定机构的职能和权益由国会相应法令明确规定，其目标和任务由政府专业部门具体制定。由于法定机构的领导人通常由政府各部的部长担任，因此在对重大经济问题进行决策时，能够和政府保持一致，并积极配合工作，从而确保大致上能符合经济和社会发展的方向。法定机构的管理职能、运营方式及社会目标各有其特点，为避免法定机构与有关政府部门之间出现权责不清的现象，确保法定机构能按照立法规定而自主运作，议会为每一个法定机构专门立法，详尽规定其组织结构、领导人的任免、职能和权限、财务和审计、责任和罚则，等等。

法定机构完全为国家所拥有，但与政府部门相脱离而自成为独立的法人，在合同签订、产业扩停等方面具有比政府部门更多“自由裁量权”。虽然政府给予其投资津贴和亏损补贴，但其资金融通一般不靠政府拨款，而是向政府、一般民众或国际组织借贷，因此不受政府部门预算和其他财政控制。主管部门不直接干预和参与法定机构的经营管理活动，法定机构拥有诸如年度预算计划、投资贷款、人事财务管理等重要决策权。法定机构实行自主经营和独立核算。在政府确定的基本定员指标内，由各法定局自行聘用人员。法定机构的工作人员不属于公务

---

① 邱红：《新加坡的国有企业管理体制——兼论我国国有企业管理体制的改革》，《当代亚太》1999年第3期。

② 崔晶：《新加坡法定机构的运营模式及启示》，《东南亚纵横》2011年第6期。

员，但必须通过公开招聘。各法定机构每年公布年度报告和企业实绩，接受政府部门的监督。

虽然法定机构有其独特的法律地位，但它们仍然由新加坡政府各部委负责管辖，其内部的管理体制由三部分组成：（1）董事会，通常由国会议员、高级公务员或者在某领域内的杰出人士担任主席并且由总理任命；其他成员由高级公务员、商人、专业人士、学者或行业协会会员担任；（2）管理团队，由总经理、执行主席、秘书和各部门主任组成；（3）辅助人员，由行政专员、文书人员组成，负责执行董事会和管理团队做出的决定。①

董事会是法定机构的最高领导和决策机构，决定战略性计划和政策，监督计划和政策的实施以及选拔最高管理层。内阁主管部选拔、任命董事会成员，并委派常任秘书任董事会主席。董事会成员 6～10 人，一般由国有或私营企业的董事、经理、全国职工总会领导层、高等学府学者以及社会团体名流担任，多为兼职。一届任期为两年且可以连任。在人员的选择上，不仅要求都有与该行业相关的背景，有较深的专业知识，而且要求有较高的个人道德品质。董事会成员不参加法定机构的日常经营活动，不在法定机构领取薪酬。

法定机构的总经理由委员会从经理人市场上或从国外聘请。根据法定机构发展和对企业监管的需要，法定机构设有多个职能部门以及相应的辅助机构。各个职能部门之间相互协作，信息共享，共同推动着法定机构的发展。

由于法定机构不属于政府序列，因此，其雇员也不属于公务员系统，新加坡公共服务委员会不负责法定机构雇员的录用和选拔。相对应的，法定机构雇员的薪水等级、工作年限、服务条款，以及晋升和奖惩制度等方面的规定都因不同的法定机构而不同，具有较大的灵活性。

法定机构采取企业运作模式，一般要自负盈亏，盈利可以用于进一步的投资。法定机构可以以自己的名义获得和处置财产。其经费来源主要有两个渠道：一是通过向公众或商业机构出售产品和提供服务来获得资金；二是政府为购买法定机构提供的服务所支付的代理费和援助金。当法定机构不能做到收支平衡时，其亏损可由新加坡政府财政提供的低息贷款来弥补，从而帮助它们拓展业务。

二　法定机构的职能

法定机构根据不同时期的不同需要由国会通过的法令设立，在法令中特别规定了该法定机构成立的原因、职能、权利和权力。法定机构的职能主要有以下几项。

其一，促进经济发展。这是新加坡很多法定机构设立的主要目标，如经济发展局的主要职责就是促进外商投资和出口贸易，并且为工业企业提供技术和咨询服务；新加坡国际企业发展局致力于帮助新加坡企业成长和实现国际化；裕廊镇管理局的主要功能就是规划、促进和发展高质量的工业设施；新加坡标准、生产力与创新局的目标是为建设一个充满活力的新加坡经济而提升企业的竞争力；等等。

其二，发展基础设施，提供公共服务。如公共事业局的建立就是为了向公众提供电力、水

① 崔晶：《新加坡法定机构的运营模式及启示》，《东南亚纵横》2011 年第 6 期。

和天然气；港务局的设立是为了提供高效率的服务，维护港口的设施，并且促进和发展新加坡港；民航局的职责是运营和维护樟宜国际机场和实里达机场；陆路交通管理局的目标就是提供一个高效率和高效益的陆路交通管理系统。

其三，建设居民住宅和推进市区重建。如建屋发展局设立的目的是为公众开发低价公共住房，解决民众的住房短缺问题；市区重建局主要负责推进城市的整体规划和市区的改造。

其四，促进教育发展。新加坡政府非常重视教育和培训，因此成立了许多法定机构承担这项工作。如隶属于教育部的新加坡技术教育学院和5个理工专科学院（新加坡理工学院、义安理工学院、淡马锡理工学院、南洋理工学院和共和理工学院）。此外，新加坡科学中心的建立是为了促进民众对科学技术的学习和兴趣。东南亚研究所作为一个面向东南亚国家的地区性研究中心，也是一个法定机构。

其五，促进旅游业的发展，如1964年成立的新加坡旅游促进局，就是为了向游客提供新加坡的相关信息来促进旅游业的发展。在旅游促进局的推动下，到访新加坡的游客逐年增多，在2005年，有894万外国游客来到新加坡旅游。1974年成立的圣淘沙发展局，就是为了开发和管理圣淘沙岛，使之成为外国游客和新加坡人的一个休闲胜地。

其五，促进金融业的发展。为使新加坡成为区域金融中心，新加坡政府先后成立了新加坡货币局和新加坡邮政储蓄银行来促进金融业的发展。①

还有一些法定机构负责管理民众文体活动，加强环境保护和促进公共卫生，等等。

法定机构在国有资产的管理和经营方面具有明显优势，在新加坡经济社会发展中发挥了重要作用。建屋发展局制订和推行多个五年建屋发展计划，投入巨资发展公共住宅建设，使新加坡成为世界上解决住宅问题的成功典范。而经济发展局则卓有成效地推行了工业化计划，消灭了新加坡的失业人口，从而大大促进了经济的发展。港务局多次荣膺亚洲“最佳码头经营者奖”和“最佳货仓经营者奖”。裕廊镇管理局在工业区的开发和管理上也是颇有成效的，目前除在国内开发和管理工业区和科技园外，还在国外从事工业区联合开发和管理。

三　建屋发展局的成就与历程

建屋发展局是新加坡最重要，也是最大的法定机构。对该局进行个案分析，有助于深刻掌握人民行动党对国有资产管理的科学性和有效性。

20世纪60年代，面对十分严峻的住房问题，人民行动党开始实施公共住房政策，通过建屋发展局负责公共住房的建设和管理，在解决居民住房问题上取得突出成就。截至2008年，新加坡建屋发展局共建造了99.03万套公共住房，容纳了新加坡81%的居民（其中79%的居民拥有住房产权），整个新加坡的住房产权拥有率高达92%，远高于同时期的香港（54%）、

---

① 崔晶：《新加坡法定机构的运营模式及启示》，《东南亚纵横》2011年第6期。

韩国（56%）、日本（61%）等国家和地区，[①] 成为世界上成功解决住房问题的国家之一。

1959 年新加坡实现自治时，有 84% 的家庭住在店铺和简陋的木屋区，其中 40% 的人居住在贫民窟和棚户区，能够住上像样住宅的人只占 9%。[②] 住房问题成为影响民众生活的头等大事。受政治选情的影响，人民行动党开始意识到住房问题的重要性，逐步把住房建设上升到关系国计民生和自身执政地位的高度加以认识，将解决住房问题列为社会发展的首要任务之一。

1960 年，新加坡成立建屋发展局，全面负责新加坡公共住房的建设与管理，为人们提供可负担得起的公共住房以及附属配套设施。建屋发展局制订了第一个“五年（1961～1965 年）建屋计划”，确定了解决房荒、消除贫民窟和棚户区以及更新市区的目标，开始大规模兴建低标准住房，平均每年提供了近 1 万套公共住房。[③]

为解普通居民住房紧缺的燃眉之急，建屋发展局这一时期建造的公共住房主要以出租为主。由于财力有限，设计的公共住房仅仅能满足使用功能的最小面积，一房式、两房式和三房式的平均面积分别仅为 23 平方米、37 平方米和 54 平方米，每套单元内配备了基本的设施和设备，如水、电供应和卫生间等。截至 1964 年底，政府已安排 40 万人入住新建的住房。[④]

到 1964 年，虽然大量的标准住房有效缓解了新加坡的房荒问题，但通过自治后的前两次大选，人民行动党深切认识到了住房在新加坡的特殊政治含义。为了进一步巩固人民行动党的执政地位，新加坡政府依然高度重视住房问题，并进一步提出了全面的公共住房政策，此后新加坡的公共住房进入快速发展时期。

1964 年，新加坡宣布实施“居者有其屋”计划，鼓励中低收入的阶层购买政府组屋，以拥有自己的住房。政策规定，上自政府部长，下至普通职工，除经济上十分困难、买不起住房者外，一律必须购买房屋，以解决自己住的问题。[⑤]

但是，最初的出售效果并不十分理想，1964 年推出的 2068 套公共住房仅售出 1600 套，到 1967 年也仅售出 6000 套。[⑥] 面对这一困局，新加坡政府随即展开了调查，发现原因是居民购买力不足。于是，政府于 1968 年 9 月通过了决定，允许居民动用自己的公积金来购买公共住房。这一措施不仅提高了居民的购买力，而且为新加坡提供了建设资金，申购组屋者数量开始大幅增加。

20 世纪 70 年代初，在住房矛盾已大为缓和的情况下，为满足国民改善居住环境的需求，新加坡于 1974 年成立了住房与城市发展有限公司，专门建设五房式户型，为中等收入家庭提供住宅，凡家庭月收入在 4000 新元以下者均可购买，称为中等入息公寓。[⑦] 由此，新加坡的

---

① 张祚：《公共商品住房分配及空间分布问题研究——以新加坡和武汉为例》，中国地质大学（武汉）博士论文，2010，第 80 页。

② 马志刚、刘健生：《新加坡的社会管理》，群众出版社，1993，第 98 页。

③ 根据新加坡建屋发展局 *Annual Report 2006* 中的统计数据计算得出。

④ 初建宇：《新加坡住宅发展的研究》，上海交通大学硕士学位论文，2003，第 7 页。

⑤ 马志刚、刘健生：《新加坡的社会管理》，群众出版社，1993，第 99 页。

⑥ 刘鹏：《新加坡集合住宅研究》，天津大学硕士学位论文，2008，第 16 页。

⑦ 刘鹏：《新加坡集合住宅研究》，天津大学硕士学位论文，2008，第 16 页。

住房政策目标由解决低收入阶层的住房问题提高到覆盖中低收入家庭。同时，建屋发展局放宽了组屋的转售政策，允许住满3年的业主以市场价转售组屋，此条例的出台使组屋转售市场逐渐得以形成和发展。

至1979年，已有64%的新加坡居民住进了组屋。在政治稳定、经济得到飞速发展的情况下，行动党开始调整公共住房政策，建屋发展局的工作重心由“多盖屋”转向“盖好房”，重视组屋结构的多样化和高级化，以更好地满足不同阶层居民的住房需求。

调整之一是住房面积的增大。进入20世纪80年代后，建屋发展局已不再兴建一房式、两房式和三房式的组屋，开始大量建造90平方米的四房式、110平方米的五房式和更大面积的现代化高级住宅。同时，增加花园、绿地、娱乐等公共用地，改善地面景观，新加坡的居住条件得到进一步改善。

调整之二是公共住房政策覆盖阶层的扩大。这一时期，出现了“执行共管公寓”的模式。它由政府和私人开发商共同开发，设计和外部设施上接近私人公寓，其外部设施由政府和业主共同管理。大都采用单元式布局，比组屋的外廊式布局造价高，功能更加合理，配套设施也更加齐全。其售价要比组屋高出1~2倍，往往每套几十万乃至百万新元，所以只有中高收入的人才可能购买公寓。① 执行共管公寓的推出是为了解决“夹心阶层”的住房问题，即那些收入水平超过组屋的申购标准，但又无力购买私人住宅的居民，这标志着新加坡住房政策的人群覆盖范围进一步扩大。执行共管式公寓发展很快，每年供给达到12000~16000个单位。② 执行共管公寓将中产阶级纳入公共住房的覆盖人群，一定程度上抵消了中产阶级的民主诉求。

除此之外，国家对组屋的相关政策进一步放宽。1981年，政府开始允许居民用公积金来购买私人住宅，同时金融机构可以提供相当于房价100%的贷款，且贷款期限可长达35年，加上国外资本大量流入，新加坡的私人住宅市场也活跃起来。随着外来人口的不断增加，政府开始允许永久居民购买转售组屋，转售组屋市场也蓬勃发展起来。至1996年，新加坡的住宅产业达到顶峰，各类住房市场均呈现购销两旺的景象。

从1980年到1996年，政府建造的组屋超过43万套，占组屋建设总量的45%，居住在公共住房中的家庭比例达到86%。③ 政府组屋解决了大部分中低收入阶层的住房问题，基本实现了1964年提出的“居者有其屋”的目标，人民行动党也因此赢得了国际社会和国内人民的高度赞誉。

1993年，吴作栋接任人民行动党秘书长，标志着新加坡的第一代与第二代权力交接过程的最终完成。吴作栋在大力推行“协商式民主”的同时，还出台“组屋翻新和重建计划”影响民众的政治倾向，以巩固人民行动党的执政地位。

组屋翻新和重建计划是一个综合性的系统化的计划。“组屋翻新计划”主要包括“主要升

① 刘鹏：《新加坡集合住宅研究》，天津大学硕士学位论文，2008，第14页。
② 刘鹏：《新加坡集合住宅研究》，天津大学硕士学位论文，2008，第14页。
③ 初建宇：《新加坡住宅发展的研究》，上海交通大学硕士学位论文，2003，第9页。

级计划”和“中期升级计划”以及其附加计划，如“电梯升级计划”和“选择性重建计划”。组屋翻新和改造由政府提供90%以上的资金，其余由个人承担。[①] 截至2006年底，在“主要升级计划”下受惠的组屋已超过13万个。[②] 组屋整体重建计划主要针对那些已经全部老化的旧组屋。由于旧组屋已经全部老化，居民更愿意卖掉；而旧组屋一般又位于地点好、密度低的地区，土地价值没被充分利用，因此政府试图充分开发。组屋在整体重建之后，居民可以回迁，其费用由建屋发展局按照市场价格对住户给予全额补偿。

进入21世纪，随着经济的发展和收入的增加，人们更加注重生活水平的提高和居住条件的提升。选择住宅不仅要考虑户型、面积、区内环境及周边环境，更要把地理位置考虑在内。能够欣赏到海景的东海岸地区和空气清新、自然环境优美的中央地区成为了人们买房的首选。为了满足高档次组屋人员的需求，建屋发展局于2005年推出了私人组屋。私人组屋由私人开发商负责设计、建造和销售。这种新的组屋发展模式，目的是刺激住房需求和满足追求较高档次组屋人员的需求。私人组屋在外观上比政府组屋漂亮。虽然私人组屋由私人开发商开发，但其仍属于公共住房的范畴，申请者必须符合建屋发展局规定的条件，如申请者的家庭月总收入上限为8000新元。私人组屋只占新加坡住房供应的一小部分，建屋发展局仍以提供普通的组屋为主。

四 法定机构的管理与监督

为了确保法定机构运营的透明性和廉洁度，新加坡政府对法定机构的运营实施必要的监督和控制。法定机构的账户必须由新加坡审计长或总理任命的审计员来审计。总理必须审定法定机构的年度预算，并且向议会汇报法定机构的财政决算和年度报告，由议会来批准财政预决算。[③]

人民行动党对建屋发展局的管理与监督，突出表现了对国有资产管理的科学性和规范性。李光耀说：“建屋，是我们的基本国策。”[④] 1960年成立建屋发展局成为新加坡国策——公共住房政策的执行机构。为了保证建屋五年计划的顺利实施，建屋发展局通过国会授权，获得了许多权力，包括土地征用、与建材商合作签约、进口建筑材料、公开招标、监督承包商施工、培训自己的工人和工程师、禁绝签约和分房中的舞弊腐败行为等。建屋发展局所属建筑企业有发展自己的采石场、砖厂和打桩公司的权力等。[⑤]

建屋发展局是新加坡国土资源的重要管理部门，拥有“彻底的”征地权。新加坡国土面积相对较小，但政府拥有充足的土地储备。新加坡的土地大部分为政府所有，私人拥有的很

① 李光耀：《新加坡的公共住房政策——得失之间的政治与地产》，《中外房地产导报》2005年第6期。

② *Yearbook of Statistics Singapore*, 2007, p. 118.

③ 崔晶：《新加坡法定机构的运营模式及启示》，《东南亚纵横》2011年第6期。

④ 张永和：《李光耀传》，花城出版社，1993，第353页。

⑤ Barbar, ed., *Singapore: a Country Study* (Federal Research Division, Library of Congress: 1991), pp. 188 - 190.

少。新加坡的房地产产权形式分 Freehold（永久地契）、999-Leasehold（999 年的租用地契）及 99-Leasehold（99 年的租用地契）三种。政府向发展商出售土地有两种级别，即 99 年和 999 年。1966 年，选举国会通过的《土地征用修正法案》规定：建屋发展局有权强制购买任何用于建屋发展的私地，价格低于市价 20%。强有力的征地权保证了大规模公共住房建设所需的土地资源。新加坡公民购买的组屋仅有 99 年的使用权，而所有权则归属新加坡政府。

建屋发展不以盈利为目的，享有组屋定价权，使组屋价格免受市场影响而发生大的波动。20 世纪 80 年代组屋价格比私人公寓低 50% ~70%，[①] 凸显了组屋的保障性质。

在成立初期，建屋发展局实行的是一条龙服务，从动迁到设计，到施工到销售，到物业管理，全部由建屋发展局负责。1989 年前后，建屋发展局把施工等环节外包给其他机构。20 世纪 90 年代，组屋的内部设计开始向私人设计师开放。2005 年，建屋发展局通过公共投标的方式，让私人发展商参与公共房屋的开发。私人发展商开发的组屋，在定价上仍然必须取得建屋发展局的核准。

由于组屋具有社会保障性质，因此政府制定了相应的法规条例，详细地规定了组屋的申请、分配、转售等，有效地遏制了组屋的投机买卖，保障了组屋市场的有序发展。

新加坡各种组屋管理法规规定得非常全面、透彻和清晰，没有任何模糊的空间。这些规定具有法律效果，如果一旦违反，触犯条例者可能会被控上法庭。实施严格的法制，保障了新加坡住房政策的顺利实施。

首先，在组屋申请方面，建屋发展局根据既定要求对申请人进行一系列严格的资格审查，以保证组屋分配给真正有需要的人。申请者以家庭为单位，是新加坡公民；年龄在 21 岁以上；之前不能拥有其他组屋和私房；家庭月收入上限不超过 8000 新元。如果是单身，则必须满足年龄超过 35 岁的条件。政府规定，每一个家庭有两次向建屋发展局购买组屋的机会。任何人在买卖组屋时，必须提供翔实的资料，如果一旦发现虚报，将面临高达 5000 新元的罚款或 6 个月的监禁，严重者两者兼施。[②]

其次，建屋发展局采取一系列严格的规范和程序保证组屋分配过程的共开、公正与公平。组屋配售方式主要有以下三种：其一为抽签选购，这是最主要的组屋配售方式。组屋供小于求时，抽签可以避免分配不公和暗箱操作。其二为即选即购，符合条件的申请人可以向建屋发展局提出购房申请，由该局按照先到先得的原则进行分配。即选即购一般在组屋供求关系较为稳定的情况下得以采用。其三为预购，即先售后造，按需而造。这种方式不但可以更加贴近申请人的需求，而且可以减少组屋空置的风险，符合新加坡住房市场已趋饱和的市场实际。[③]

建屋发展局根据组屋市场的供需变化，使用不同的分配方法。当需求比较旺盛时，建屋局提前公告即将发售的组屋情况，申请人进行登记并支付定金，再有电脑抽签挑选。当需求稳定

---

① Michael Haas, ed., *The Singapore Puzzle* (Praeger Publishers: 1999), p. 68.

② 张永兴：《新加坡用“政府组屋”控制房地产市场》，《中国改革报》2006 年 6 月 9 日。

③ 江丹：《新加坡组屋的配售、转售和租赁》，《上海房地》2006 年第 9 期。

时，申请人在建屋局规定的时间内提出购房申请，建屋发展局按照先到先得的原则分配组屋。当需求低迷时，建屋局公布建屋地点并开放申请，然后通过抽签方式选出申请人，再邀请申请人选择户型、层次，达到70%以上预订量以后再进行建设。

为了推进国家其他政策的贯彻实施，新加坡还推出了一系列的优先购房计划，符合优先购房计划的家庭可以比一般家庭更快、更容易获得组屋。1987 年新加坡政府推出了育有三名孩子家庭优先购房计划；1963 年和 1986 年推出了受徙置和重建计划影响的家庭优先购房计划；2002 年推出已婚儿女选购组屋近父母住家，或者父母选购组屋近已婚儿女住家的优先购房计划。

为从根本上杜绝投机获利行为，新加坡从公共住房政策开始执行时就制定了严格的转售政策，明确了退出机制。最初的规定是：组屋业主如果想转售组屋，必须以当时的购买价加装修成本回售给建屋发展局。后来，随着组屋的发展，越来越多的组屋居民希望改善居住条件，转售政策多次做过放宽调整，但同时都设置了严格的条件。在新加坡，组屋仅仅作为"个人意义上的财产所有权"而存在，新加坡公民只是作为严格商业意义上的组屋顾客而存在，每个人都被认定自愿接受卖主和地主所确定的租售条件。① 根据目前相关法规，组屋住满 5 年后才可转售，转售环节政府不征收任何所得税，但转售者再次申请购买"组屋"时，将依据购买面积大小的不同，征收 1.5 万 ~5 万新元不等的转售费。

公共住房行业是一个国家经济领域中的重要环节，是权力与经济活动高度交织的行业，极易滋生腐败。人民行动党高度重视遏制和打击在住房领域的腐败行为。迄今为止，新加坡住房领域的腐败大案只发生过一起——郑章远自杀事件。郑章远曾是新加坡的国家发展部部长，领导建屋发展局负责新加坡住房政策的实施。1986 年 12 月，有人揭发郑章远先后于 1981 年、1982 年在两起政府征地、批地交易中受贿。为了保留"一个堂堂正正的东方绅士"的"面子"，他企图阻挠反贪局调查，并且要求面陈李光耀。但是，李光耀没有答应会见这位为建屋事业奋斗了 26 年的老友。无奈之下，郑章远留下遗嘱自杀，希望对其停止调查。但国会中有一个反对党议员坚持要求成立调查委员会调查到底，李光耀很快同意了这一要求。其后，由于新加坡"腐败可耻"的文化氛围，其家人自觉无颜生活在新加坡而移居国外。②

第三节　新加坡对国有企业的管理

一　基本情况

新加坡政府对竞争性企业拥有的国有资产主要通过政府控股公司进行管理。政府控股公司是指政府为了控制和投资国有资产，拥有一个或几个公司的大部分股权或证券的政府公司，即

① Chua Beng-Huat, *Political Legitimacy and Housing: Stakeholding in Singapore* (Routledge: 1997), p. 136.

② 李光耀：《经济腾飞之路——李光耀回忆录》，外文出版社，2001，第 158 ~ 159 页。

控股公司通过独资、控股和参股形式形成对营运企业的持股关系。

在1987年开始的“私有化”进程中，新加坡向私人出售了一些国有企业的股份，但国有股份在这些企业中仍占控股或主导地位，且出售国有资产所收回的资金也是用于再投资，以调整产业结构，促使国有经济更快地增长。因此，国有经济在整个国民经济中占有举足轻重的地位。随着新加坡国有企业在国民经济中的影响不断增大，国家也不断加强对国有企业的管理，逐步形成了有新加坡特色的国有企业管理体制。①

市场化管理是新加坡管理国有企业的一条重要经验。新加坡国有企业经营管理的模式与私有企业和外资企业的管理模式基本相同，即企业里生产要素中的人、财、物的组织和使用完全采用资本私人所有的企业做法：企业中的职工和企业之间都是雇佣关系，即可以根据需要雇用和解聘；企业财务完全独立核算，不享受国家任何优惠和照顾；员工工资和奖金和企业效益紧密挂钩；企业产供销完全依靠市场。从而，所有竞争性国有企业能够充分地依据正确的经商原则，不断发展壮大。政府对国有企业有明确的盈利要求，对其经营者的考核也主要考核利润指标。国有企业一旦不能盈利，或盈利能力变差，政府就会果断将其卖掉。

新加坡独具特色的通过控股公司管理经营性国有资产和投资的做法，以及新加坡国有企业的治理机制、运营体制和国有企业与政府之间的关系，可以通过对淡马锡控股公司（以下简称“淡马锡”）的个案分析得到充分反映。

淡马锡成立于1974年，是新加坡最大的全资政府控股公司，其主要任务是掌握新加坡政府对企业的投资。淡马锡创建的宗旨主要是代表政府行使经营性国有资产的股份管理和运营，并作为众多下属投资公司的股东，致力于创造持久价值并使其最大化。

淡马锡是一个宝塔形的产权结构体系，形成从政府到母公司、子公司、分公司等多达7个组织层次产权体系的公司治理。该公司成立以来，通过产权投资直接拥有44家第一层次子公司，通过产权投资和下设孙公司的方式，间接控制数百家公司。许多淡马锡企业是新加坡的骨干企业，例如海星轮船、新加坡港务集团、新加坡航空公司、新加坡电信公司、新加坡科技集团、新加坡发展银行、新加坡能源集团、新加坡报业控股等。淡马锡的主要上市公司共计占新加坡交易所总市值的21%，其主要直属子公司均在新加坡交易所上市，成为金融资产，市值达750亿新元。② 淡马锡经营范围广泛，包括基础建设、金融、港口、船运及物流、航空、电信及传媒、电力与公用事业、地铁等。淡马锡有时会果断脱售不重要或不具备国际发展潜能的企业，而且不时地投资于新兴工业，以便在新加坡培育出新的产业群体。

从1974年6月成立至今，淡马锡以市值计算的年股东总回报达到18%，每年派发给股东的股息超过7%，总投资额由初期政府授予的3.5亿新元的资产，到2008年3月，投资组合总市值已达到1850亿新元（约合1340亿美元）。③

① 叶祥松：《新加坡国有企业管理体制及其启示》，《学术界》1996年第2期。

② 杨列兵：《新加坡淡马锡经验及其对国资监管和国企发展的启示》，《枣庄学院学报》2009年第3期。

③ 张正勇：《新加坡淡马锡国有资产管理模式的经验及借鉴》，《广西财经学院学报》2010年第1期。

淡马锡与政府之间存在清晰的权力边界，所有权与经营权完全分开，投资主体与决策主体相分离。淡马锡股权100%为新加坡财政部持有，由财政部投资司负责监督淡马锡公司的运营和操作，但在注册性质上属于一个民间法人，即私人法人。淡马锡的定位是代表新加坡政府管理国有资产，通过独立运作的市场化模式实现国有资产的经济职能，依靠产权纽带管理控制所持股政府关联公司，并采取市场化运作政府资本，提高所持股企业的经营绩效、财务绩效，实现利润最大化。“以政府控股公司体制来管理国有企业既保证了国有资产的所有权，又体现了私营企业的经营方式，是所有权与经营权相分离间接管理国有企业的有效形式。”①

淡马锡的管理模式体现了新加坡国有资产管理模式的实质内涵：其一，通过政府控股公司行使出资人权利。政府不直接管理国有企业，国家控股公司代表国家持有国有企业股权，行使股东权利。国家控股公司在政府部门和下属企业之间充当隔离层；政企分开，保护企业免受不必要的政治干预；对企业进行专业化管理，实行完善的财务纪律，提供比政府专业部门更有效的战略指导；协调政府管理国有企业的有关政策，防止各部门之间政策相互矛盾；督促下属公司和企业执行上级的指示和决策，保护所有者利益不受侵害。

其二，实行市场化运作和管理。新加坡强调国有企业必须市场化运作，并对国有企业有明确的盈利要求，对其经营者主要考核利润指标。淡马锡的经营层对利润指标负责，一旦政府要求国有企业协助实现政府的某些举措，则政府也必须给予相关企业一定的补偿。淡马锡一方面通过持股或出售股权体现其经营方向，另一方面作为股东积极参与其全资、控股企业的治理，即派其高管人员进入旗下公司的董事会参与决策。

其三，建立完善成熟的监督机制。新加坡政府对国有企业的监督主要是对淡马锡这类控股公司的监督。淡马锡董事会成员中的公务员代表政府对企业的日常经营管理进行监督，这在一定程度上保证了监督的公正性，其薪酬由政府支付。淡马锡定期向财政部报送财务报表，使财政部随时了解淡马锡的经营状况。政府作为所有者，也可随时对国有企业进行检查。

二　政府的权限

新加坡政府对政府控股公司的管理主要体现在人事权和收益分配权上。政府始终是政府控股公司唯一的出资人。政府控股公司董事会成员及公司主要经理人员的任命都需经财政部通过，由共和国总统审批。

由政府派出的代表担任政府控股公司董事会的董事，代表政府行使资产管理职能，使政府能够实现对整个公司的有效掌控；此外，经营业务范围的审定、重大投资项目的审批及财务报表的审核等制度，使政府控股公司整个系统内各类企业的重大经营活动始终处于政府的掌握之中。

对于某些重大事项决定，政府控股公司必须向财政部咨询，财政部对政府控股公司给予了

---

① 王勤：《新加坡国有资产管理体制简介》，《外国经济与管理》1992年第9期。

相当大的经营自主权。与此相对应，政府控股公司在每年从子公司取得红利的同时，也必须将自己利润的50%上缴给财政部。尽管政府控股公司为有限公司，不必向社会公布其财政数据，但是，它必须每年向财政部递交经审计的财务报告，财政部每年检查淡马锡的经营业绩。

政府控股公司本身的治理结构在很大程度上保证了监督权和管理权的分离。政府对企业的经营活动做到监管但不干预，对重大事项审核但不承诺，鼓励大胆自主经营但不失控，从而有利于实现国有资产的保值和增值，扩大国有经济的控制力，并培育和造就一批国际水平的现代企业。例如，据淡马锡统计资料，自 1974 年成立以来，政府委托淡马锡经营的国有资产不但没有流失，反而大幅增长。

三　董事会的职能

新加坡国有资产管理机构通过财政部的董事任命委员会实现所有者职能。政府通过董事任命委员会产生政府控股公司董事，甚至政府控股公司下属公司的董事长履行所有者职能。董事任命委员会成员是由各部部长和有关专家组成，财政部部长任主席。各成员之间没有隶属关系，由任命委员会投票产生政府控股公司董事。董事不从企业直接领取薪酬，而由基金会统一发放。

1991 年以前，董事任命委员会只选定控股公司的董事。从 1991 年开始，人事控制进一步强化，董事任命委员会不仅选定控股公司董事，还要选定控股公司向其子公司派出的董事长。

按照新加坡有关法令规定，新加坡政府控股公司均实行董事会下的总经理负责制。淡马锡的现任董事会由 9 名成员组成，所有成员均由政府财政部提名，最后由总统任命。财政部官员担任董事长，金融管理局局长、财政部总会计师、贸易发展局局长等担任该公司的董事，也有部分董事从社会上招聘。淡马锡董事的任期为 3 年，可以连任。

淡马锡董事会下设三个委员会。执行委员会负责检查所有的子公司事项，同时在财政部授权的范围内，制定进行投资或退出的决策；财务委员会负责检查淡马锡在股票市场和证券市场上的投资活动；领导力发展和薪酬委员专门委员会负责公司的人事和薪酬。

董事会的经营职责主要有：（1）战略发展。从战略视角审视淡马锡的投资，与国连公司的董事会和管理人员一道识别业务机会，协助国连公司与潜在合作伙伴和新市场建立联系，谨慎监督国连公司业绩（包括战略目标和经营目标）及其完成情况。（2）公司发展。确保国连公司拥有高质量的董事会和管理团队，促进可持续的增长。（3）资本资源管理。实现金融资源价值最大化，从投资组合中取得最好回报。

由总裁（即首席执行官）和 75 名专业人员组成的淡马锡管理层负责日常事务，并向董事会以及执行委员会报告工作。职能部门包括直接投资、策略投资、有价证券（股票等）投资、财政与管理信息系统，以及机构服务部门，等等。①

董事会在淡马锡控股系统内外上下承接起到了关键作用。一方面，淡马锡通过董事会隔断

① 张占奎、王熙、刘戒骄：《新加坡淡马锡的治理及其启示》，《经济管理》2007 年第2 期。

政府对淡马锡的干预，并通过属下企业董事会隔断淡马锡控股对旗下企业的干预，划清各自管理边界；另一方面，淡马锡控股董事会以控股股东身份通过属下企业董事会以及优秀董事的选拔、评价、奖惩促进旗下企业在淡马锡控股确定的战略方向上稳健经营。

淡马锡的制衡机制包括激励机制和约束机制两个方面。淡马锡董事会的多元化制衡机制和多元化的监督机制为公司的有效运行以及资产高效配置提供了制度保证。所谓多元化的内部制衡机制，指公司董事会由政府官员、企业管理人员和民间人士（私营企业家、学者或其他专业人士）三方共同构成。来自不同方面董事的存在，可以形成部门利益上的有效制衡机制，降低官员董事或某一特定部门董事专制的可能性，使公司利益进一步避免政府部门、企业集团或特定利益群体出于自身利益考虑的干扰，使整个决策过程更具有公平性和公正性。

淡马锡的外部制度性制衡也有利于政企的进一步分离。1991 年通过的新加坡宪法第 5 号规章修订案规定，新加坡民选总统对淡马锡董事会成员或首席执行官的任免拥有独立否决权。这意味着淡马锡董事会的官员董事要受到宪政体制下公选总统的制约，脱离总理领导政府之外的总统，一定程度上可以克制政府的“私利”冲动。官员董事不从淡马锡领取物质薪酬，也保证了官员董事的相对公正性。

在激励机制上，政府根据公司的经营状况对委派的董事实行奖惩：经营业绩好的董事可以升迁，担任更重要的职务，获得更多的薪金；如果公司经营实绩不佳，董事将不被委任。

淡马锡公司每年将利润总额的 15% 上缴财政部，其余资金由公司自主使用。

四 市场化运营

新加坡政府控股公司的管理模式通过对国资职能的清晰界定和目标的精准定位，成功实现了政府公共目标与商业利益的平衡。

淡马锡始终代表政府管理国有资产，依靠产权纽带管理国有企业，采取市场化方式运作国有资本。淡马锡在市场上以独立法人面目出现，其在投资决策和资金使用等方面享有充分的自主权，完全按市场方式经营。淡马锡同样不直接介入下属企业的经营决策，而是通过加强董事会建设来实现对它的有效监管。淡马锡对下面的各个投资公司的日常经营也不会过多干涉，使实际进行投资的各个下属公司进一步独立于政府和控股公司，成为真正的商业经营主体。直属子公司独立经营、自负盈亏。

淡马锡在参与市场经济活动的过程中不享受特殊的优惠或保护政策，必须遵循民法体系下与其他企业相同的职责或享有相同的权利，强调在同等条件下公平竞争。在资金来源方面，除 1974 年政府转交给淡马锡 3. 54 亿新元的国有资产外，之后资金的来源主要是公司自身的业务增长，包括投资企业的红利、减持企业股权的资金以及新投资的回报。企业的日常运营也主要以盈利为目的，以实际经济绩效为指标。政府产业政策或者其他社会目标虽然受到公司的高度重视，但不是淡马锡经营的主要内容。

淡马锡全称为“新加坡淡马锡控股（私人）有限公司”，这里，“私人”两个字突出了淡马锡公司在决策、运营和参与市场经济活动中，完全遵循与其他私营企业相同的市场规则和法律规范；由淡马锡等控股公司投资的国有企业，不论触资或合资，均不挂国营招牌，而是以私人企业名义，按照公司、法规向政府有关部门登记注册，取得企业法人地位。“这就意味着国有资产中的经营性部分，完全可以通过基于商业运作模式的控股公司形式，实现经营效率和收益的巨大提升和国资的保值增值。”①

在国有资产经营方面，淡马锡以追求盈利和股东利益最大化为目标，采取积极的投资策略和灵活的资本退出机制，以实现国有资产保值增值。新加坡前总理李光耀曾说，在私人企业家犹豫不决或过于谨慎时，我们愿意投入国家资金，但这些企业都必须经过市场经济的竞争考验。当这些投资看来已经失败时，我们就让它们关门倒闭，而并不试图通过各种保护措施来支撑它们。②

淡马锡建立了一个国有资产公司化运营和国有资本战略性投资运作的平台，在这个平台上，一方面通过合理有效的法人治理结构积极参与其全资、控股企业的治理；另一方面通过持股或者出售股权体现其经营方向，保证国有资产运营的主动性和有效性。通过多元且有侧重的投资参股，达到了既利用灵活的企业经营机制实现国有资产保值增值，又可以对事关国计民生和国家安全的行业进行有效控制的目的。

五　完善的监管体系

新加坡从外部和内部两个方面对国有企业进行监督。外部监督主要有政府监督、舆论监督，以及公众监督三种方式。“这些多元化的、完善的内部制衡机制和外部监督机制使淡马锡可以在市场上以独立的‘私人’身份同其他资本进行强有力的竞争，实现国有资本的收益最大化。”③

新加坡实行严格的反腐倡廉法律和法规，除由总统直接负责的反贪局对包括下派到各控股公司的国家公务员的公务活动进行监督外，新加坡政府对国有企业的监管还通过以下四种途径进行：一是由财政部等部门直接派出副部级和司（局）级官员，直接参加公司董事会。通过他们在董事会的活动，影响和监督公司的重大决策，以确保公司经济活动符合政府赋予它的使命。二是通过财务报告和项目审批制度，对公司重大决策进行监管。如规定公司必须定期将财务报表上报财政部，且上报之前必须经国际权威审计公司评审，以便财政部了解和掌握公司经营状况。另外，凡涉及公司及公司下辖子公司的重大投资决策和经营事项，如公开上市、改变经营范围或到海外投资等，均需上报财政部审批或备案，尽量避免发生重大项目投资决策的失误。三是不定期派人到公司或其子公司调查了解情况。新加坡是个小国，政府主管经济工作部门的有关官员与政府控股公司上层负责人一般都比较熟悉，他们经常利用吃早茶或共进午餐等形式，随时向公司询问和了解情况。

① 张晖明、张亮亮：《对国资职能和定位的再认识——从新加坡淡马锡公司的全称说起》，《东岳论丛》2010年第4期。

② 李光耀：《李光耀四十年政论选》，现代出版社，1996，第157页。

③ 张晖明、张亮亮：《对国资职能和定位的再认识——从新加坡淡马锡公司的全称说起》，《东岳论丛》2010年第4期。

政府鼓励新闻媒体对国有企业中侵吞国家财产和贪赃枉法行为进行公开曝光。例如，淡马锡作为一家掌管着400多亿美元国有资产的大公司，长期以来一直是媒体聚焦的对象。由于淡马锡属下很多公司的经营业务与普通百姓的日常生活息息相关，如民航、地铁、电信、港口、码头等，因此，这些国连公司的重大举措经常见诸报端或在电视上亮相，这就使淡马锡在涉及公司重大业务决策时难以暗箱操作。

为了防止信息不对称可能导致的内部人控制问题，新加坡规定：国有企业无论上市与否，其经营状况都应当公开，任何机构或个人，只需交纳5新元的费用，就可以在注册局调阅任何一家国有企业，包括政府控股公司的有关资产管理信息企业的资料，以保证公众舆论对国有企业具有一定的监督作用。

国有企业内部制衡监督机制企业内部的制衡机制主要反映在三个方面。一是权力制衡机制，主要体现在董事长和总经理（首席执行官）不能由一人兼任。董事会严格履行决策、选择经营者、享受投资收益的权力，总经理履行经营管理职能。二是投资制衡机制。规定投资计划的推荐者不能同时作为批准者。如果投资规模超越管理层的权限，必须交由执行委员会或董事会批准。三是财务制衡机制。主要是建立以经济附加值为核心的业绩考核制度，按计划和批准权限使用资金，按会计准则清楚、真实地记录会计账目，通过国际会计师审核财务报告。

政府控股公司专门设立监事会，其内部监督职能由董事会直接承担。董事会内设审计委员会，专门负责公司的财务审计。公司内部在业务运营（项目投资）制度和程序上，制定相关政策和规定，以确保公正，并接受政府监管。而对那些特大型的项目，因本公司资金有限而需要政府注入新的资本时，还要报请财政部审批。

政府控股公司对子公司的监管，主要通过以下四种方式进行。一是子公司重要领导者的任免由总公司审批。子公司的董事长、首席执行官（总裁）和总经理必须报总公司批准，任期不超过6年。董事长与首席执行官（总裁）的职位原则上分设，子公司的董事会规模大小由公司确定（一般设12人左右），并要求每家子公司必须保留一定比例的外部董事，鼓励他们从全球范围内物色优秀的管理经营专家加盟。二是实行子公司业务范畴控制制度，要求所属企业在开拓新的业务时，必须经过充分的论证和总公司审核批准，否则，将被视为违纪。三是建立业绩考核制度。业绩考核指标因行业不同有所区别。具体某公司的当年指标的高低，则由公司提出一个基本比率，然后与总公司协商确定。四是开展定期业绩分析制度。根据企业的财务报告，每年至少进行两次业绩分析，并要经常抽查，并奖励业绩好的企业的经营者，对业绩差的企业提供指导和帮助。

第四节 新加坡对国连公司的监管

一 基本情况

国连公司是政府控股公司投资参股并拥有其部分股权的企业。在控股公司行使股东权力的基础上，持股企业享有充分的经营自主权，不接受超出股东权力的行政权力。国连公司依据公司法成立及运作，完全围绕经济目标经营与发展，参与市场竞争。国连公司的经营遍及各行各业，有力地推动了新加坡经济的发展。

政府控股公司董事会作为政府的产权代表，对其下属于公司的经营活动负有监督管理以保证资产增值的责任。国连公司重要领导者的任免由政府控股公司审批，董事长、首席执行官和总经理必须报政府控股公司批准，任期不超过6年；对国连公司业务范畴实施控制，国连公司开拓新的业务必须经过充分的论证和政府控股公司的审核批准；建立业绩考核制度，业绩考核指标因行业不同而有所区别；开展定期业绩分析制度，政府控股公司每半年要向财政部递交一份有关下属子公司经营状况分析的报告，财政部长每两年也要到各公司视察一次。

在内部运营管理方面，国连公司董事会有权决定公司经营的大政方针、股息分配及配股等事宜，在投资决策、资金使用等方面也享有完全的自主权，不受财政部和控股公司的制约。国连公司都独立经营、自负盈亏，由本公司董事会负责决策和管理日常经营活动。

淡马锡直属子公司以下各个层次的公司企业，其组织结构与淡马锡无直接关系，主要是通过直属子公司逐级实施产权管理。这些公司企业完全依市场规则运营，经营机制与私营企业基本相同。

二　淡马锡下属国连公司

最鼎盛时期，淡马锡直接拥有44家公司股权，其中持股超过50%的有27家（其中2家为上市公司），持股20%~50%的公司有9家（其中上市公司4家），持股5%~20%的公司有8家（其中1家公司上市），这44家公司都是位居第一层次的子公司。淡马锡还通过这些子公司的投资活动，间接控制着500多家公司，构成了一个由母公司、子公司、孙公司、曾孙公司等产权关系多达7个组织层次的庞大产业体系。

1985年以来，淡马锡脱售了大约40家公司的全部股权，并脱售了另外25家公司的部分股权。目前，淡马锡直接控制着22家企业，其中7家在新加坡股票交易所上市，间接控制的企业数约有2000家，总资产超过700亿新元（420亿美元）。淡马锡公司通过对企业实施控股、参股，或买卖企业有价证券等经营方式，在国内及世界各地从事投资和控股公司的多行业经营活动。①

20世纪80年代中期以来，淡马锡开始着手调整投资组合，定期对旗下的企业进行全面梳理，分析旗下公司的商业价值与发展潜能，通过精简或整合的形式来提高股东的长期投资回报。淡马锡以持有或脱售的思路，将旗下企业分为三类，A类和B类继续持有，另外一类则属于出售的部分。

A类为重要资源（供水、能源、燃气网、机场、港口等）和公共政策类（公共广播、保健、教育、公共康乐设施、博彩等）企业，由政府拥有并监控；B类为具有核心实力业务、区域或国际发

① 张占奎、王熙、刘戒骄：《新加坡淡马锡的治理及其启示》，《经济管理》2007年第2期。

展潜能，以及生物高科技等企业。例如，新加坡国际港务集团就充分地利用全球性的商业网络迈向国际化；星展银行也发掘了区域性的商机，成功拓展了集团在海外的业务。除上述两类之外的其他企业，则属于淡马锡选择适当的市场时机全部脱售的类型。

对于与新加坡的国家安全和重要经济利益息息相关的经济资源，或由于市场监管架构尚未完备，有关业务仍然在国内呈现垄断格局的企业，淡马锡将继续持有这些关键资源的控股权，包括水、电和煤气供应，机场管理，海港业务，等等。

三 管理与控制

从淡马锡的组织框架和操作模式来看，其所控主要子企业均为上市公司，淡马锡的国有资产保值增值主要是通过下属企业上市来实现的。

淡马锡对子公司的管理和控制完全基于产权关系并通过一系列方式来进行。如总公司通过直属子公司，逐级实施产权管理。基于持股数量，淡马锡对持股企业实施公司治理，包括推荐或任命持股企业的董事和总裁，参与决定利润分配方案，获取股息，以及对资金变更、资产重组、项目投资提出意见、实施控制等。子公司必须按期向控股公司呈报本公司董事会会议备忘录；子公司必须定期向控股公司提交本公司的月度、半年和年度财务及管理报告书；子公司必须定期向控股公司呈报本公司有关投资和贷款方面的计划；若子公司需要增加资金，必须得到控股公司董事会的同意；等等。总之，淡马锡对子公司的控股并不仅局限于它作为股东的权限，而且包括了它对公司总体经营状况的监控。

淡马锡对下述国连公司的控股模式主要有：（1）绝对控股模式。对政府要绝对控制的公司保持50%以上的股权。（2）适当控股模式。视上市公司的股权分散程度，握有适当的控股比例。（3）交叉持股模式。对于像银行这样既要求政府握有控股权，又需防止统得过死的企业，运用交叉持股的办法，使国有股份多元化。（4）分层控股模式。形成环环相扣的产权关系纽带，增强国有产权的辐射力。（5）政策控制模式。

为确保国有股权对某些重要公司的控制，新加坡还采取了特殊措施，即发行特别股。这些特别股股东或拥有对修改公司章程的批准权或否决权，或拥有对董事的任免权，或拥有多票表决权。

此外，政府还对个人和外资股份进行限制。对个人股份的限制，主要针对银行、财务公司、保险公司及报业公司，以防止私人通过积累股份而接管这些公司。例如，规定发展银行个人持股不得超过其总股本的5%。对外资股份进行限制，以保证运输、石油、报业等重要行业的公司由本国控制。如新加坡航空公司的外资股份限制在25%以下。①

在人事控制方面，对于控股公司直接投资持股的所谓“第一层”国连公司，控股公司提出其派出董事的人选，报政府董事咨询与委任会议审查同意后，由控股公司派出。重要国连公司的董事长还必须是执政党党员。政府通过任免董事的权力，保证控股公司董事会执行国家的

① 邱红：《新加坡的国有企业管理体制——兼论我国国有企业管理体制的改革》，《当代亚太》1999年第3期。

有关政策意图。代表其他非国有股东的董事人选，也需经财政部董事与咨询委任会议咨询和备案。在第一层国连公司的董事会中，往往有政府官员，如在发展银行的8人董事会中，包括董事会主席在内的4位董事是政府官员，其他4位是私人企业或国连公司的代表。也有些公司的董事会中无政府官员参与，如石油公司，政府是通过发展银行派出的3位董事来间接影响其董事会的重大决策。第二层及以下层次的国连公司，其董事会人选不需呈报董事咨询与委任会议审批，但控股公司仍可通过股权关系纽带，对董事的任免和董事会决策施加影响。

淡马锡向下属国联公司董事会推荐董事成员，但推荐需要得到股东年度大会通过。公司总经理或首席执行官则由国联公司董事会聘任。此外，如果合适的话，淡马锡的高级官员还可以成为国联公司董事会成员。

第五节　国有资产管理与廉洁政府建设

一　促进国民经济发展

人民行动党通过科学管理和经营国有资产，有效地维护了新加坡的整体利益和人民群众的长远利益，也使廉洁政府建设不断获得提升，使新加坡政府持续获得人民支持。国有资产的保值增值，对新加坡经济发展和行动党执政地位的巩固起到了重要作用。1959年以来，在人民行动党的领导下，新加坡经济高速发展、社会长期稳定、人民群众生活水平不断提高、国际地位持续提升，使人民行动党广泛赢得民心。

国家企业担负着为国家排忧解难的重任。新加坡建国初期，经济基础薄弱，私人资本不足，投资能力有限，许多企业光靠私人无法维持经营。在这种情况下，新加坡政府创办了一批隶属财政部的国有企业，进入高风险、高投资工业项目领域，如钢铁、造船、石油化学等，以此扩大就业，为新加坡经济发展奠定基础。1974年6月，李光耀亲手建立淡马锡管理国有资产，目的就在于设立专门部门收集国有企业的经营状况信息，并让财政部和内阁清楚掌握这些公司的表现。

新加坡经济的一个突出特点是，国有经济在国民经济中占有很大比重，占1/3强的地位，并与外资经济一起并列为新加坡的两大主要经济支柱。据统计，1980年国有经济部门占国内固定资本形成总值的比例为26.8%。自1987年开始向“私有化”进程中，虽向私人出售了一些国有企业的股份，但国有股份在这些企业中仍占控股或主导地位，且出售国有资产所收回的资金也是用于再投资，以调整产业结构，促使国有经济更快地增长。因此，国有经济在整个国民经济中占有举足轻重的地位。①

淡马锡作为国有投资公司，以主导国内经济为重任的身份出现。淡马锡控股就是新加坡国有投资公司，几乎掌握着这个国家的经济命脉。在成立后的很长一段时间里，淡马锡产值一直

① 叶祥松：《新加坡国有企业管理体制及其启示》，《学术界》1996年第2期。

占新加坡国内生产总值的13%左右，市值占股票市场40%以上。20世纪80年代初期，新加坡GDP增长平均保持在6%，到了1986年至1998年，新加坡经济进入奇迹发展阶段，GDP平均增长高达8.5%，同时淡马锡投资平均回报率达18%。截至2008年3月31日，淡马锡资产总值约1850亿新元，规模已与美国通用电气、德国西门子公司等巨无霸旗鼓相当。参股500多家公司，控制新加坡交通、金融、通讯、地产、能源。据2006年3月公布的资料，淡马锡在金融业的投资占40%，电信占24%，交通运输占10%，房地产占7%，其他占19%，目前在80家公司持有5%～100%的股权，庞大的资本帝国几乎掌控新加坡所有重要领域，通过产权投资，参股了500多家公司，形成了一个从政府到母公司、子公司、分公司的庞大资本帝国。

在淡马锡的国内资金布局中，其重点囊括了以下企业：港务集团，100%股份，世界第二大港口运营商；新加坡电力，100%股份，新加坡最大电力公司；新加坡科技，100%股权，新加坡最大电子工程服务公司；新加坡电讯，65%股份，新加坡最大的电信公司；嘉德置地，61%的股份，亚洲最大的房地产公司之一；新加坡航空公司，57%股份，按市值计算世界排名第二的航空公司；星展银行，28%股份，东南亚银行界龙头。在新加坡最大的10家企业中，由淡马锡控股的有7家。①

新加坡的国有企业一方面负有追求国有资产保值和增值的商业职能，另一方面还肩负一定的向社会和公民提供战略物品和公共物品的任务。新加坡政府有选择地拥有和控制一些关乎国家命脉的经济领域的控股公司和国连公司。这些公司大都集中在对新加坡的国家安全和经济健全十分重要的国家重要资源领域，包括水源、能源、煤气网、机场和港口等。对于博彩、公共广播、政府津贴的服务（如医疗、教育、住宅），还有各种公共康乐设施，如动物园和飞禽公园等，为了有利，政府也通过建立国有企业的方式，对其实行完全控制，即拥有绝对或相对的控股股权。这些企业不以盈利为目的，定位于政府目标和社会目标。一旦这些企业对新加坡不再重要，或者当市场上有可替代的企业，或者是市场管理机制已经建立起来以后，政府将脱售或削减它在这些企业的股份。

新加坡是一个城市岛国，没有腹地，缺乏自然资源，“除了阳光和空气之外一切都需要进口”。1965年独立之初，新加坡政府面临一连串的内忧外患。对此，新加坡政府审时度势，采取了走“工业化道路”的正确经济发展路线。迄今为止，新加坡经济发展经历了由独立初期时的劳动密集型工业，逐步过渡到具有高附加价值的资本、技术密集型工业和高科技产业，进而发展到目前的信息产业等知识密集型经济。在这种情况下，新加坡经济体系能够保持高度的灵活性，不断根据国际经济体系和结构的变化迅速调整发展战略，始终在国际经济体系和国际经济结构保持优势地位，很大程度上在于国有企业扮演了国家经济发展战略主要实施者的角色。

国有经济在新加坡的经济发展和产业升级中发挥了战略性、关键性的作用。1965年独立

① 袁境：《国有资产管理中的政府目标与市场目标二重性探讨——“淡马锡”修宪的启示》，《经济体制改革》2010年第5期。

以后，经济基础薄弱，失业率高达10%，全国180万人中失业的就有20万人，新加坡政府面临创造就业机会、减轻就业压力的任务。为此，新加坡采取了以政府为主导、大力发展劳动密集型制造业的经济方针。当时，新加坡的一些基础产业，如交通运输、造船业，都是由政府出面兴办的国有企业。

20世纪70年代初，新加坡实现了全民就业，政府调整了经济发展政策，即从劳动密集型向资本密集型和高科技产业发展。由于20世纪70年代初发生了石油危机，新加坡利用其特殊的战略位置，决定发展新加坡原油加工业。1977年由政府出资成立新加坡石油公司和新加坡化工集团。与此同时，政府还投资兴建了一批高科技电子和计算机企业。到20世纪70年代中期，新加坡由政府投资兴办的企业越来越多。新加坡政府为了进一步促进全国基础设施的发展和管理，成立一些法定机构，这些法定机构集政府职能与企业经营为一体，如电力局、邮电通讯管理局、石油管理局等，实行政企合一，既制定法规、政策，又进行行业管理和经营。随着各类工业发展规模和企业数量的增加，政府感到要管理好众多的国连企业负担越来越重，难度越来越大。为此，政府逐步将制定政策和法规与企业的经营职能分开，并将有关行业的管理机构进行合并。

淡马锡自成立之日起就与新加坡国家战略紧紧相连，其持续健康发展被新加坡政府一直作为维护国家经济和社会稳定发展的重要战略来考虑和对待。在2002年的“淡马锡宪章”中，淡马锡的定位是，新加坡政府通过淡马锡控股，持有并控制那些与新加坡国家安全、经济利益和公共政策目标紧密相关的公司，此为淡马锡服务于国家经济战略的目标，政府通过对国有资产的保值增值情况对淡马锡控股公司进行考核。因此，实际上淡马锡是在政府与市场双重目标指引下进行投资管理。在淡马锡成立之后的相当长时间内，淡马锡承担着促进新加坡经济发展的社会使命，而商业责任的目标使得淡马锡始终坚持着价值导向的企业化经营。①

淡马锡对于各个行业的进入与退出，都反映出那一个阶段新加坡产业结构调整政策及世界产业发展方向。如新加坡航空公司就是在新加坡脱离马来西亚独立之后，与马星航空公司分家后成立的。而胜科海事公司则在当年英军撤出远东地区时，船厂设施开始投入商业化营运后成立的。这些公司都志在发展高经济效益业务，维持与创造工作机会，并一同为新加坡经济的活力、发展与繁荣作出贡献。②

进入21世纪，随着新加坡经济黄金时代的过去和亚洲经济新局面的开启，包括中国和印度在内的发展中国家，成为经济的高速增长地区。此时，淡马锡审时度势，加大海外投资力度。在2000年以前，淡马锡在新加坡国内的投资占78%，到2008年，这一数字已降到33%，而对OECD国家的投资占到23%，对亚洲地区（除本国外）占41%。淡马锡的长期目标是所谓的“三三三”计划，即1/3投资在新加坡本国，1/3在OECD，1/3在亚洲其他国家或地区。

---

① 袁境：《国有资产管理中的政府目标与市场目标二重性探讨——“淡马锡”修宪的启示》，《经济体制改革》2010年第5期。

② 张占奎、王熙、刘戒骄：《新加坡淡马锡的治理及其启示》，《经济管理》2007年第2期。

这样的投资策略能够照顾到地域风险，在广有潜能的新兴市场进行自己的开拓。①

鉴于双重战略目标已不适应新形势下淡马锡的发展以及新加坡国家经济发展的目标，淡马锡日渐专注于商业投资运作，弱化其为政府发展经济的目标，这将更有利于其投资海外市场，分享新兴增长地区的成果，实现淡马锡的国家利益。2009 年 8 月 25 日，淡马锡公布了修改后的“淡马锡宪章”，将目标设定成为利益相关者创造可持续的长期回报，将公司描述为一家按照商业原则管理的投资公司，并放弃了公司肩负的改善新加坡经济状况职责的说法，淡化其与政府的关系，为淡马锡投资全球提供一个目标框架，把投资重点放在具有国际发展潜能的企业，并从不符合其建立长远商业利益目的的非核心业务中逐步淡出，完全实现淡马锡的商业运作行为。

二　增进社会稳定与和谐

人民行动党通过对国有资产的管理和运营，有效地改善和提高了人民的福祉，增强了廉洁政府建设能力。

人民行动党领袖李光耀深知提高民众福祉、增加他们对财富的拥有对执政党的重要性。他曾这样写到：20 世纪“50 和 60 年代发生暴乱时，路人也会参加，向汽车的挡风玻璃扔石头，把汽车掀翻，放火烧毁。到 60 年代中期，当人们拥有住房和其他资产后，发生暴乱时他们的反应大不相同。年轻人把停放在路旁的史古打抬上组屋的楼梯。这种情况加强了我的决心，我要让新加坡每个家庭都有真正的资产让他们去保护，尤其是他们自己的住房”。②

通过法定企业和控股企业，人民行动党实现了新加坡经济社会高速发展的目标，通过法定机构，新加坡完善了卫生、医疗、教育、交通等公共建设，为民众提供了安全、有序的社会环境。通过国有企业，带动了新加坡经济的高速发展，实现了高就业率、低犯罪率，有效地维持了社会、政治稳定。根据国家财政状况和企业状况，淡马锡每年向财政部上缴一定的税后利润。这部分收入不用于经常预算开支，而专用于国家储备金，统一使用。这笔巨额资金（数额保密）的存在，极大地增强了新加坡抵御各种风险的能力。

通过建屋发展局，人民行动党创造性地实施了“居者有其屋”计划，人民与政府成为“利害相关者”，在自觉或者不自觉中维护了新加坡的社会和政治稳定。“居者有其屋”政策的基本目标就是要创造一个让所有居民因为拥有自己的住房而感到骄傲的国家。李光耀指出：“我们的目标是居者有其屋。”“我们将全力以赴去达到我们的目标。只要新加坡保持稳定，行政管理得好，一个公民在一间组屋方面的投资，经过几年，价值自然会增加，增加得比其他任何财产来得多。”③ 李光耀还认为：“如果每个家庭都有自己的住房，国家将会更加稳定。”④

新加坡国家发展部部长马宝山曾经说过，“必须强调的是，政府将鼓励更多教育程度和收

① 张正勇：《新加坡淡马锡国有资产管理模式的经验及借鉴》，《广西财经学院学报》2010 年第 1 期。

② 李光耀：《李光耀回忆录：经济腾飞路》，外文出版社，2001，第 111 ~ 112 页。

③ 赵文春、张振国：《瞩目新加坡》，中国城市出版社，2004，第 126 页。

④ 李光耀：《新加坡的公共住房政策——得失之间的政治与地产》，《中外房地产导报》2005 年第 6 期。

入较高的新加坡人选择居住组屋，因为这种公共住房经验，不仅是促进国人凝聚力的一个途径，更有助于促进社会安定与和谐，对于国家的经济发展和建立国家的认同感非常重要”。①新加坡政府第二任总理吴作栋曾经指出，“我们政府的政策就是要让每一个新加坡人都能在自己的国家拥有他自己的切身利益。我们要让每一个新加坡人都感到是这个国家的一部分，让他们感受到他们是国家的主人并永远都对国家有一种责任感。……他们最好的切身利益莫过于在这里拥有一套政府组屋或一套私人住房”。②

新加坡的公共住房政策在高度强调住房是国民福利的同时，也具有对社会财富再分配、体现社会公平的作用。新加坡统计局2005年的年报显示，政府组屋的拥有者的平均房产净值是15.4万新元，是他们的年家庭收入的3.3倍。其中，20%最低收入的组屋拥有者的房产净值同家庭年收入的比率最高，达到9.8倍。可以看出，收入越低的家庭通过拥有政府组屋获得相对越多的房产净值，20%最低收入的家庭的房产净值非常接近全国平均水平，相当于全国水平的90%。③ 1997年，新加坡总理李显龙在国庆大会上表示，新加坡未来5~10年的经济增长估计在4%~6%，当经济增长时，房地产价格上升，组屋的价格也上升。国民通过购买组屋参与了新加坡的成长，好比购买了新加坡的股票。④

此外，新加坡还为同座组屋各个种族居民的比例设限：华族87%，马来族25%，印度族和其他少数民族13%，同一邻区则分别是84%、22%、13%，⑤ 实行种族混合居住政策，以改善各族人民之间的关系，促使他们相互了解，促进种族和谐。

总之，建屋发展局对新加坡土地和组屋的管理，成为新加坡实现社会良性发展、经济稳定增长和政治长期稳定的有效途径。在公共住房领域中的杰出表现，有效地提升了人民行动党执政的政治合法性。李光耀曾说：“公积金和‘居者有其屋’计划确保了政治稳定，也是新加坡的选民在每次选举中都以大多数票一再投选人民行动党的一个重要原因。”⑥

三 国有资产管理与民主选举

新加坡实行的是议会共和制，议员由公民投票选举产生，在议会中占多数席位的政党组建政府。从政府与人民的关系上看，议会由人民选举产生，议会又通过授权的形式，使内阁拥有治理国家之权。人民与政府之间是授权与被授权的关系，选举是人民完成授权的主要形式，人民决定着政府的命运。因此，选举是新加坡政治生活的头等大事。

关于新加坡政党政治的性质，学术界存在两种不同看法。一种认为，新加坡政党制度在形式上更接近多党制，而在实质上更接近一党制。新加坡可称为一党制国家。⑦ 另一种则认为，

---

① 刘鹏：《新加坡集合住宅研究》，天津大学硕士学位论文，2008，第11页。

② 俞永学：《新加坡住房政策及其对中国的启示》，上海交通大学硕士学位论文，2008，第25页。

③ 俞永学：《新加坡住房政策及其对中国的启示》，上海交通大学硕士学位论文，2008年，第46页。

④ 谭璐：《新加坡实验：八成五人住组屋》，《21世纪经济报道》，2007年9月18日。

⑤ Christopher Tremewan, *The Political Economy of Social Control in Singapore* (Macmillan Press Ltd.: 1996), p. 66.

⑥ 李光耀：《李光耀回忆录：经济腾飞路》，外文出版社，2001，第114页。

⑦ 孙景峰：《新加坡行动党执政形态研究》，人民出版社，2005，第23页。

"新加坡行动党执政模式虽与一党专政模式具有形式的相似，却有本质的不同；虽与两党或多党轮流执政模式具有形式的不同，却有本质的相通"。[①]

事实上，新加坡政治无论在形式上还是本质上都毫无疑义地属于多党制，因为除了长期执政的人民行动党外，新加坡还先后出现过其他22个政党；这些政党的产生和存在都具有合法性，其中一些政党还一直在国会选举中参与与人民行动党的竞争。尽管这些政党从来没有撼动人民行动党的执政地位，但轮流执政本身并不构成多党制成立的前提条件。且随着时间的推移，未来某个反对党通过选举获得执政地位的可能性也是存在的。[②]

尽管西方学者一直认为人民行动党对反对党的打压，是反对党弱小和弱势、难以对人民行动党执政地位构成挑战的重要原因，那种认为反对党不能对执政党"造成任何实质性的政治挑战"的原因在于人民行动党对"反对党活动的有效限制"的说法明显过于粗糙，没有看到反对党难以挑战人民行动党的执政地位，关键在于人民行动党执政的政府高效、廉洁，代表了人民的根本利益，在领导经济发展和提高人民生活水平方面取得了杰出成就，赢得了人民的信赖和拥护。有学者就曾很有见地地指出：新加坡的富裕是导致反对党在选举中不能获胜的关键因素。[③] 尽管人民行动党执政后，对新加坡的原有政治制度有所改动，但一人一票的选举制度依然存在；尽管人民行动党在选举前和选举中经常采取对反对党不利的措施，但这并不足以导致新加坡选举公平性的彻底丧失，人民依旧能够通过这一法定制度改朝换代。[④] 一项对新加坡人的随机调查表明，76%的被访者认为投票为公民提供了最有意义的参与途径。这表明新加坡选民能够在选举中表达自己的真实意图。[⑤]可以想象，如果人民行动党政府贪污腐败成风、缺乏效率，导致新加坡经济社会发展迟缓、社会动荡不安、人民生活水平低下，即使人民行动党再对反对党打压也无济于事。在这种情况下，新加坡人民会毫不犹豫地将他们手中的选票投给在他们看来能够给他们带来新的希望的政党，尽管这些政党或许还不够强大。

---

① 吕元礼：《新加坡行动党执政模式分析》，《东南亚研究》2005年第1期。

② 在新加坡，除了共产党之外，愿意在宪制范围内活动的一切政党均享有合法地位，各种政治派别均享有依法组织政党的自由；宪法规定各个政党可以参加竞选，执政党的地位是由选民没有外力压迫的情况下投票选举决定的。

③ Hussin Mutalib, *Parties and Politics, a Study of Opposition Parties and the PAP* (Singapore Eastern Unversities Press, 2003), p. 252.

④ 在2001年大选中，亲临民主党候选人徐顺全竞选集会的中国学者萧功秦描写道：民主党候选人大多抨击政府没有为下层平民办事。例如，发言人列举出总理拿年薪近200万新元，各部长年薪为100多万新元，而平民只有几千新元。他们说，"新加坡执政者的薪金是全世界最高的，而老百姓工资是全世界最低的，这样的贫富不均，全世界只有新加坡才有。执政党口口声声说新加坡是一个大家庭，世界上哪有这样贫富不均的大家庭"？于是，会场上掌声雷动，气氛越来越热烈。有的发言人则提出，"在老百姓面临这样的经济困难时，应该有权获得公积金渡过难关"；有的发言人认为"政府吸引外来人才的政策，导致新加坡工人沦为次等公民"；有的发言人则要求政府赶走跨国公司，以保护本地企业；等等（萧功秦《新加坡的"选举权威主义"及其启示——兼论中国民主发展的基本路径》，《战略与管理》2003年第1期）。这从一个侧面表明了新加坡选举制度的公平性。

⑤ Ooi Giok Ling, Tan Ern Ser, Gillian Koh, "Survey of State-Society Relations: Social indicators Research Project, Excutive Summrary Report," *IPS Working Papers No. 5*, Singapore: Institute of Policy Studies, October 1998.

对国有资产的成功管理，有利于新加坡经济社会的发展，从而对人民行动党的执政地位的稳固起到了不可替代的作用。这很大程度上是由于国有经济的发展和带动，在 1960 ~ 1990 年，新加坡实际 GDP 增长了 11 倍，并且于 1960 ~ 1969 年翻了一番，1970 ~ 1979 年又翻了一番，1980 ~ 1990 年间再翻了一番。[①] 2001 年，在谈到人民行动党为何连续赢得大选时，李光耀不无自豪地说："批评新加坡的人相信行动党能够屹立不倒，是因为我们对付敌对者向来毫不留情。然而这样的解释未免简单化了。如果我们违背了同人民缔结的信约，早就被踢出局了。我们在 60 年代领导人民走出绝望的深渊，进入前所未有的增长与发展的时代。我们利用世界贸易与投资增长作为垫脚石，只用一代人的时间便从第三世界晋升到第一世界的水平。"[②]

住房问题直接关系到百姓的生活质量，因此在新加坡的历次大选，住房问题始终都是选举的主要议题之一。新加坡公共住房政策取得的巨大成就是人民行动党的主要政绩之一，也成为人民行动党展示执政党政治业绩与执政能力的理想衡量物。人民行动党动用国家资源实施的公共住房政策取得的成功，有效地巩固了自身的执政地位。

1955 年 4 月，新加坡进行了第一次普选，劳工阵线获胜成为执政党。当时新加坡的住房条件极其恶劣，1/3 的人口拥挤在市区 4 平方公里的狭小范围内，25 万人住在城市的贫民窟，30 万人住在棚户区，住房问题成为亟待解决的社会问题。意识到住房问题的严重性和政治意义，劳工阵线政府在 5 年内建设了 10978 套政府公共住房，平均每年 2000 套以上，[③] 但这些住房在房荒面前只不过是杯水车薪，政府解决住房的不力成为至关重要的政治问题，新闻媒体要求政府采取更积极、更有决定意义的措施解决住房短缺问题，议会反对党甚至一度要求政府为它失败的住房政策辞职。

在 1959 年 5 月的大选中，住房问题成为所有选民和参选政党关注的一个主要选举课题，作为两个主要参选政党之一的人民行动党更是如此。人民行动党把住房问题列为"选举纲领的第一条"，一方面批评执政党的无能，另一方面列举了大胆而全面的住房政策，承诺如果当选将立即进行大规模的廉价房工程，确保低收入群体的住房需求，并改组信托局，代之以更为有效的住房机构。当时的执政党劳工阵线也宣布，如果再次当选，第一年将建设 1 万套，次年建设 1.5 万套政府组屋，但是由于之前解决住房问题的不佳表现，劳工阵线最终只获得了新议会全部 51 席中的 4 席。[④] 人民行动党获取 43 个议席而首次成为新加坡的执政党，其大胆、全面的住房政策无疑是行动党获取大选胜利的主要原因之一。

然而，人民行动党在住房问题上的初期表现是令选民失望的，1960 年建屋发展局权提供了 1682 套组屋，而人民新申请的住房需求却是 2627 套，[⑤] 这比之前劳工阵线每年提供 2000 套

---

① W. G. 赫夫：《新加坡的经济增长》，中国经济出版社，2001，第 298 页。

② 李光耀：《李光耀回忆录：经济腾飞路》，外文出版社，2001，第 118 页。

③ 宋培军：《建屋与建国：新加坡建屋发展局研究》，北京大学硕士学位论文，2003，第 8 ~ 9 页。

④ Ching-Ling Tai, *Housing Policy and High-rise Living, a Study of Singapore's Public Housing* (Chopmen Publishers: 1988), pp. 106 – 107.

⑤ Stephen H. K. Yeh, ed., *Public Housing in Singapore: A Multi-disciplinary Study* (Singapore University Publishers: 1988), pp. 106 – 107.

的住房还要少。住房问题的解决不力使人民行动党在1961年补选中遭遇滑铁卢，脱离人民行动党的王永元参加芳林补选，劳工阵线大卫·马绍尔参加安顺补选，双双击败执政党候选人，当选反对党议员。①

此次补选的失利引起了李光耀对住房问题的高度关注。他认为，“无产者是社会不稳定的因子，贫民区向来都是滋生罪恶的温床。而有产者比无产者更加希望政局的稳定，否则他们会面临着失去产业的危险”。因此，李光耀决心“让新加坡的家庭拥有自己的住房，否则政治就不会稳定”。② 在此背景下，受到政治选情激发的人民行动党更加强调通过建屋绩效来赢得政治合法性，获取选民的支持。这样，1961年建屋发展局建屋猛增到7320套，1962年达到12230套。③ 到1963年，住进组屋的人口比例由1960年的9%上升到18.3%，④ 建屋发展局局长林金山也因此获得了淡马锡勋章。

随后，在1963年的大选中，人民行动党最大限度地利用了住房建设的成就为其参选服务，最终战胜了“社阵”和新加坡“巫统”，第二次赢得了议会选举。大选过后，李光耀说：“要是没有林金山（建屋发展局局长）使得整个组屋建立起来，整个党也许早在1963年9月就被击垮。”⑤

人民行动党也巧妙地运用公共住房政策，对选民施加影响，以保证在大选中获胜。利用组屋翻新次序来影响大选，⑥ 就是典型的例证。从1984年大选开始，组屋翻新次序开始与是否支持执政党挂钩。新加坡的组屋翻新一般10年进行一次大修，对每一个选民而言，支持反对党可能会失去即时翻新的机会，直接影响其数年内的居住条件和生活质量，从而达到影响选民投票的目的。此外，人民行动党还出台居住区种族比例设限政策，弱化了种族因素和民族主义对大选的影响。组屋翻新次序和组屋种族比例设限政策，在一定程度上使选民能够更理性地投票，从两个不同的方面增加了人民行动党获取大选胜利的砝码，对人民行动党的长期执政发挥了良好的支撑作用。

在1984年大选中，反对党获得国会中的两个席位，对此李光耀首次提出反对党选区将失去一些政府服务项目。1985年3月，国家发展部部长郑章远正式宣布：对于人民行动党选区的电梯、水管、排水和屋顶等设施，建屋发展局将优先提供维护。郑章远在议会中讲到：“这是一个非常实际的政治决定……我并不认为这有什么不应该。作为人民行动党政府，我们之所

---

① 冯清莲：《新加坡人民行动党：它的历史、组织和领导》，上海人民出版社，1975，第18~29页。

② 冯清莲：《新加坡人民行动党：它的历史、组织和领导》，上海人民出版社，1975，第103页。

③ Ching-Ling Tai, *Housing Policy and High-rise Living, a Study of Singapore's Public Housing* (Chopmen Publishers: 1988), p. 76.

④ Department of Statistics, *Economic & Social Statistics Singapore 1960 - 1982*, Singapore, 1983, p. 118.

⑤ 陈岳、陈翠华编著《李光耀——新加坡的奠基人》，时事出版社，1990，第51页。

⑥ 新加坡政府十分重视旧组屋的改造和开发利用，每年都有计划地对旧的组屋进行更新，以实现组屋区随经济发展而不断升级，避免出现贫民窟现象。基本上是“五年一小修，十年一大修”。小修是指外立面和室外铺装的更新，大修则是指增加面积或改善功能，使组屋不断适应社会进步和人们生活水平提高所带来的变化。

以首先照看好行动党选区，是因为大多数人支持我们。”[①] 住房翻新次序与大选结果挂钩对反对党造成了不利影响。在1988年大选中，人民行动党重新夺回了一个席位，只有民主党领袖詹时中继续赢得波东巴西区，成为国会中唯一的反对党议员。[②]

但是，在之后的1991年大选中，人民行动党只赢得77席，反对党则上升到4席。1992年4月12日，新加坡总理吴作栋在记者会上提出，在推行下阶段的组屋翻新计划时，如果个别选区的屋龄和人口结构等条件相似，翻新要首先照顾支持人民行动党的选区。他解释说：“这不是在政治上来硬的。这是依据民主原则推行民主政治的做法。就以吉甘柏选区的选民来说，他们更感兴趣的是要有反对党议员。如果我们没有正确地理解他们的选票的含义，而为他们推行各项计划，这就显示出我对他们的感受不敏感。……他们将在1996年享有第二次的表态机会。”[③]

1997年大选中，针对4个反对党选区的组屋屋龄即将达到翻新年限的情况，吴作栋政府明确亮出了“竞选之饵”：支持人民行动党候选人的选区给予组屋翻新优先权。人民行动党的逻辑是：“如果没有利害关系，无论怎样都是一样的，选民就不会严肃地对待选举。如果他知道其中的利害，就会严肃对待选举。”[④] 为此，人民行动党还专门发了一封“公开信”申明利害。吴作栋在解释组屋翻新和选民选票的关系时指出：“当他们选择这个政党而不是选择那个政党时，他们必须接受政党的纲领。如果他们选错政党，那么，他的生活，在一至两届大选后，或甚至马上就应该有显著不同。”[⑤] 结果，两个反对党选区倒戈，剩下的两个反对党选区——波东巴西区和后港区的组屋翻新则被推迟。吴作栋对此解释说：“要贯彻民主制度，人民必须清楚认识到，你不能选甲后而要乙为你做事。当你在削弱行动党的势力，你不能同时指望这只金鹅为你生金蛋。如果你要更多金蛋，你就得培育与支持它。这种互惠互利的观点并不罕见。许多民主国家的执政党都采用这种政策。”[⑥] 而在2001年的大选中，人民行动党提出“政府将提供市民45%～50%的选择性组屋翻新补助”，工人党则以西方式的“福利国家”相号召。大多数选民在反对党的“更加民主”和人民行动党的“渡过经济难关”之间选择了后者。最近的两次大选，反对党选区的主要议题被限定在组屋翻新与否的狭窄表达空间，结果反对党都只获得两席。

除了巧妙运用组屋翻新次序影响大选外，新加坡还通过设定组屋种族比例提防民族主义在政治选举中的负面影响。在组屋的配售中，新加坡一般用抽签分房的办法打破各族聚集而居的传统。但是政府后来发现，屋主一旦到了能够把现有组屋卖掉任由自己购买转售组屋的时候，

---

① 宋培军：《建屋与建国：新加坡建屋发展局研究》，北京大学硕士学位论文，2003，第15页。

② Christopher Tremewan, *The Political Economy of Social Control in Singapore* (Macmillan Press Ltd.: 1994), pp. 62－64.

③ 吕元礼：《亚洲价值观：新加坡政治的诠释》，江西人民出版社，2002，第632页。

④ *Straits Times*, 24 December 1996.

⑤ 吕元礼：《亚洲价值观：新加坡政治的诠释》，江西人民出版社，2002，第633页。

⑥ 《行动党的三大政治纲领》，《联合早报》1992年5月24日，转引自吕元礼《亚洲价值观：新加坡政治的诠释》，江西人民出版社，2002，第633页。

便会寻求与同一种族的居民重新聚居。针对这一情况，建屋发展局1989年开始为同座组屋的不同种族居民的比例设限：华族87%，马来族25%，印度族和其他少数民族13%，同一邻区则分别是84%、22%、13%，[①] 一旦顶限，少数种族家庭便不能申请购买同个邻里社区的组屋。通过居住区种族比例设限政策，新加坡有效地弱化了种族因素和民族主义在选举中的作用，减少了人民行动党获取大选胜利的不确定因素。

第六节　借鉴与启示

我国国有资产包括经营性国有资产（含国有金融资产）、行政事业性国有资产、资源性国有资产。随着社会主义现代化建设的不断推进，我国国有资产规模不断扩大，质量不断提高，在经济社会发展中发挥着不可替代的作用。

所谓提高国有资产的管理水平，主要指增强国有资源配置的合理性，使管理本身更加公开、公平、科学、规范，提高效率；在管理过程中杜绝腐败，减少决策失误；为国民谋求和提供更多的福祉，维持社会秩序和稳定。

党的十八大明确提出要“完善各类国有资产管理体制”。新加坡人民行动党对国有资产管理的某些做法，对我国深化国有资产管理与廉洁政府建设之间关系的认识，从而以改革创新的精神不断完善各类国有资产管理体制具有一定的借鉴和启发意义。

首先，新加坡的经验告诉我们，执政党执政时间越长，国有资产的科学管理对廉洁政府建设的意义就越重大。在中国和新加坡这样一党长期执政的国家，执政党的能力和地位与国有资产管理之间的关系更为紧密，国有资产的管理水平甚至成为廉洁政府建设能力的一个直接表现，国有资产在执政党的管理下保值增值还是流失严重，在国有资产的管理中是否发生严重的腐败行为，直接影响到执政党执政地位的稳定程度。另外，执政地位越长，执政党对国有资产管理积累的经验越多，能力和水平也应该随着时间的推移逐步提升，从而也越能通过提高国有资产的管理水平巩固自身的执政地位。

其次，新加坡的经验告诉我们，国有资产的管理应该在明确产权的同时，最大限度地做到政企分开、政资分开、政事分开、政社分开。国有资产的管理应该满足双重目标，即争取达成经济效益和社会效益的统一。这一方面要求国有经济不断增强控制力和影响力，在经济发展、社会服务和政治稳定中发挥主导作用；另一方面要求管理部门和国有企业不断增强活力和竞争力，真正成为公共服务和市场经济的重要主体。

社会公共管理职能与所有者职能之间存在一定的边界，是新加坡国有资产管理的基本原则。在我国，也应该尽量做到国资监管机构专门承担国有资产出资人职责，不再承担社会公共管理职能，社会公共管理部门从政府经济调节和社会管理角度对各类所有制企业进行管理，不承担出资人职责。国资监管机构依法对企业的国有资产进行监管，不再干预企业的生产经营活

---

① Christopher Tremewan, *The Political Economy of Social Control in Singapore* (Macmillan Press Ltd.: 1996), p. 66.

动。企事业必须自觉接受国资监管机构的监管，不得损害所有者权益；应充分发挥市场在资源配置中的基础性作用，遵循市场经济规律经营管理国有资产，推动国有资本优化配置，实现国有资产的保值增值。

再次，强化国有资产的监管，不断完善财务监督、审计监督、监事会监督机制，建立并不断完善业绩考核和激励约束机制，逐步建立国有资本预算管理制度和收益管理机制。

加大对国有资产管理中发生的腐败行为的打击力度，有效避免国有资产成为腐败的温床和寻租的工具。对于基础设施建设、公共服务提供、经济适用房及两限房建设和管理等，最大限度地做到公开、透明，接受社会舆论监督。例如，目前我国各级政府在经济适用房、两限房和廉租房的开发、分配、管理等各个环节，均缺乏规范的制度约束和强有力的社会监管，引发了越来越多的问题。在这方面，新加坡建屋发展局的做法，就很值得借鉴。

我国各级国资监管机构经授权代表本级人民政府对国有资产履行出资人职责，享有资产收益权、参与重大决策和选择管理者等出资人权利，对出资企业国有资产保值增值和发挥好国有资产在经济社会发展中的作用负责，接受本级人民政府的监督和考核。另外，国资监管机构也应建立以绩效考核、薪酬分配、领导人员管理和财务评价、产权管理、风险管控等为主线的工作闭环体系，实现管人、管事、管资产的有效结合；应完善绩效考核体系，加大分类考核力度，探索不同性质、不同类别、不同行业的绩效考核模式，提高考核指标的导向性和针对性，切实落实国有资产保值增值、有效使用和管理责任。

最后，完善国资监管法规规章。国有资产的影响力存在于社会经济生活的每一个角落。尽管如此，我们国家有关国有资产管理的立法十分薄弱。迄今还没有一部有关国有资产管理的基本法律，只有一部综合性的法规，即 2003 年 6 月国务院颁布的《企业国有资产监督管理暂行条例》，其他有关法规及规范性文件全是部门规章。当前迫切需要制定《国有资产法》，同时制定和修改相关的法律法规。

因此，我国应根据各类国有资产的属性和监管特点，加快制定各类国有资产监管的法规规章，形成比较完善的国有资产监管法规体系，实现国资监管的制度化、规范化和体系化。要加快完善各类国有资产立法，健全国有资产出资人制度、领导人员管理制度、重大事项管理制度、财务和资产监管制度，规范政府、国资监管机构和国家出资企业（或单位）的关系。完善国家出资企业（或单位）投资管理、财务管理、风险管理等专项管理制度，不断提高现代化管理水平。完善产权登记、资产统计、清产核资、资产评估、产权转让等各类国有资产基础管理制度，建立全国统一的企业国有资产基础管理工作体系。完善上下级国资监管机构指导监督制度，确保中央和地方国有资产监管政策、目标和主要任务的协调一致。

·第十章·

中国古代国家资产管理与统治兴衰

中国古代的国家资产，包括政府以税收形式取得的财产，官府控制的山林川泽、土地、宅舍园苑、牲畜等以及利用这些资源形成的收益，这些也就成了中国古代国家资产的管理对象。不过，古代的国家资产的概念与实质，与现今有别，因为当时是“家天下”的格局，国即是家，家即是国，国家之公与最高统治者之私的界限是模糊的。但是，必须看到，中国古代的私有经济之外，的确还普遍存在着另外一种所有制形式，那就是其所有权和经营权为官府所有，有学者称之为“国有经济”。[①] 中国古代的国有经济，广泛存在于农业、手工业、商业等各个领域，尤其以手工业领域最为突出。汉代，官营手工业经济有了巨大发展，汉武帝中期，废除了汉初盐铁经营自由的政策，将盐铁生产、销售收归国家统一控制专营，“敢私铸铁器煮盐者，钛左趾，没入其器物”，[②] 并在中央和地方设置考工署、尚方署、盐官、铁官等负责各种手工业品的生产、销售和官有资产的管理。[③] 唐代是中国历史上的强盛王朝，其在政治、经济、法制等方面都取得了一定进步，对国家资产管理的制度设计也趋于成熟。明清时代，由国家直接控制的土地与物资仍是巨大的，而且在管理上也很多合理的制度创设，但是由于皇权的强大，皇帝对国家资产的侵蚀是不受限制的，往往在王朝后期导致腐败蔓延，最后导致王朝的衰亡。此外，中国古代的国家资产，更多地体现为一种消费性的、非经营性的性质。因此，我们探讨历史上不同时期的国家资产的管理与统治兴衰关系，对现实而言也是有一定的借鉴意义的。本章主要选取在中国古代对国家资产管理有一定典型的意义的唐、宋、明、清四个王朝进行分析。

第一节　唐代国家资产管理与唐朝的兴衰

就唐代而言，国家资产主要指以下几个部分：来源于赋税收入的官府粮仓之谷米（如太

① 宗寒：《中国历史上的国有经济》，《当代经济研究》1999 年第 9 期。

② （汉）司马迁：《史记》卷 30《平准书第八》，中华书局，1959，第 1429 页。

③ 向祖荣：《清末民初官有资产流失问题研究》，四川师范大学硕士学位论文，2005，第1 页。

仓以及地方州县仓库的粮食）和左、右藏之钱帛，安史之乱以后收入大盈库、琼林库和延资库等库藏的钱物；官营农庄（如上林署、京都各处宫苑等），官营畜牧业（如钩盾署、殿中省之尚乘局、太仆寺之典厩署和典牧署、西北的国家牧场——牧监），官方田宅（如屯田、营田、公廨田、百官的职分田等），卫尉寺掌管的仪仗兵器与帐幕，官营工商业及其收益（如唐前期，少府监和军器监制造的兵农之器，安史之乱以后的榷盐、榷酒、榷茶收益，官营高利贷商业——公廨本钱经营收益，仓粮的出举放贷、常平仓的粜籴、诸司的交籴等利用粮食季节差价而经营的官营高利贷）；此外，还包括官奴婢、部曲、客女、车船、碾硙、邸店、铺肆、庄宅等的出租庸赁等收益。可见，唐代国家资产内容庞杂，其管理机构也相对繁复。

一　唐代国家资产的管理机构

唐代制度大体以安史之乱为界划分为前后两个阶段，前期制度是魏晋南北朝以来的制度总结，以尚书六部行政体系为核心；后期制度则开启了宋代官制的新局面，以使职体系为核心。① 因此，唐代国有家资产的管理机构也同样经历了两个不同的时段。由于广义的国家资产内容庞杂，很难面面俱到地对其管理进行论述，故主要选择一些具有代表性的，且史料记载较为详细的内容进行探讨。

1. 中央谷米钱帛的仓储、库藏管理机构

谷米钱帛为唐代社会财富的象征，也是国家资产的重要组成部分，其主要来自赋税收入。唐代前期，负责国家钱谷仓储、库藏管理的机构主要有户部之金部司和仓部司、司农寺之太仓署和诸仓监、太府寺、州府之司仓参军。其中金部司和仓部司为政务机构，分掌钱谷出纳之政令。金部郎中、员外郎“掌库藏出纳之节，金宝财货之用，权衡度量之制，皆总其文籍而颁其节制”；仓部郎中、员外郎“掌判天下仓储，受纳租税，出给禄廪之事”。② 仓部司和金部司并不负责具体事务的运行，不过总其政令而已。负责具体钱谷出纳之务的机构是太府寺和司农寺属下的太仓署和诸仓监。司农寺和太府寺的分工，显然是为了加强对资产的专门管理。太仓署是国家的粮食总管，其粮食主要来自所收租米，所管仓庾谓之“京仓”。③ 为了保证太仓有足够的粮食，各地租米特别是东南粮食需要漕运入京（唐前期河北粮食亦入京），中途转运之仓亦归属司农，如卫州黎阳仓、荥阳洛口仓、洛州河阳仓、陕州常平仓等，这些仓库设置仓监，以掌仓储。④ 太府寺属下之左、右藏，为国家财货总管。左藏署掌钱帛、杂采，天下赋调上供中央者皆输入左藏掌管；右藏署掌金玉、珠宝、铜铁、彩画等。⑤

进入天宝年间，唐玄宗为了直接控制左、右藏，以便从中央国库随意支付专款，挥霍调拨

---

① 刘后滨：《安史之乱与唐代政治体制的演进》，《中国史研究》1999 年第 2 期。

② （唐）李隆基撰，（唐）李林甫注，〔日〕广池千九郎校注，〔日〕内田智雄订补《大唐六典》卷 3“金部郎中员外郎”条，三秦出版社，1991，第 74 页；同书同卷“仓部郎中员外郎”条，第 75 页。

③ 《大唐六典》卷 19“太仓署令”条，第 375 页。

④ 《大唐六典》卷 19“太原永丰龙门监”条，第 377 页。

⑤ （宋）欧阳修、宋祁等：《新唐书》卷 48《百官三》，中华书局，1975，第 1264 ~ 1265 页。

减少层次，于是另设专使负责。“是时分立诸使，旧来司存之官备员，莫得举其职”。[①] 左、右藏的职能受到了侵夺，府库管理制度也出现了一定程度的混乱。随着安史之乱的爆发，为了筹措军费以备急需，于乾元元年（758）以第五琦“充两京司农太府出纳使”，[②] 以一人之身掌管钱帛出纳，行使原来分别由太府寺和司农寺的职能；同时，他又将盐利入大盈库。大盈库、琼林库为皇帝的私库，唐玄宗开元年间设置，当时赋税“委于有司，以给经用”；贡献“归于天子，以奉私求”。[③] 即皇帝私库收入主要来源于地方的税外进奉，此外，还有国库支拨、皇庄园苑的收入等。[④] 这样，皇帝的私库和国库有了正式区分，私库夺取了原来国库的部分资产收入。而唐代前期，皇帝私库由国库支拨，内库出纳必须经过国库中枢机构的管理。安史之乱以后，第五琦将盐利入大盈库，更增加了皇帝私库的资产储存量。但是后来唐德宗时期，杨炎改革，“凡财赋皆归左藏库，一用旧式，每岁于数中量进三五十万入大盈，而度支先以其全数闻”。[⑤] 盐利又进入左藏库。唐代后期的左藏库实际上已经一分为三，分别贮掌度支、盐运、户部三司钱物；它的上级机关也变成了度支、盐运和户部三司，“左藏库在收纳时听命于三司，在支出时只听命于度支、户部二司。度支掌盐运司送纳盐利及天下上供赋税的收支，是国家财政的主要部分，户部所掌数量有限”。[⑥] 但是皇帝私库大盈库、琼林库一直存续至唐代末期，收入主要来源于天下进奉。在“家天下”的时代，皇帝很难将家、国分开，因此，唐代后期，皇帝的私库也常用做国费开支，成了“国库的补充储备库”，但是正常的财政机构职能却被其架空。[⑦] 会昌五年（845）九月，“敕置备边库，收纳度支、户部、盐铁三司钱物”。至大中三年（849）十月，“敕改延资库”，除每年收纳三司一定钱物外，“诸道进奉助军钱物”亦纳入其中，置延资库使领其事。[⑧] 延资库独立收支，使晚唐时期左藏的库藏出纳之权受到了严重侵削。

谷米的仓储管理机构在玄宗开元年间也发生了重大变化，由于裴耀卿改革漕运，东渭桥附近已经设置国廪——东渭桥仓，即北太仓。[⑨] 天宝年间，北仓储粮“六百六十一万六千八百四十石，太仓七万一千二百七十石”，[⑩] 北仓成为了国家的重要仓储，在国家财政中占有举足轻重的地位。安史之乱后，东渭桥仓与太仓一道成为国家重要的粮谷贮藏与出纳机构。

可见，唐代的钱谷库藏管理机构经历了由前期的户部—司农寺、太府寺—太仓与左、右藏

---

① （宋）司马光撰，（元）胡三省音注《资治通鉴》卷216“天宝十一载秋八月”条注，中华书局，1956，第6913页。

② （宋）王溥：《唐会要》卷59“出纳使”，中华书局，1955，第1024页。

③ （后晋）刘昫等：《旧唐书》卷139《陆贽传》，中华书局，1975，第3793页。

④ 葛承雍：《唐代国库制度》，三秦出版社，1990，第144～150页。

⑤ 《旧唐书》卷118《杨炎传》，第3420页。

⑥ 李锦绣：《唐代财政史稿》下卷，北京大学出版社，2001，第368页。

⑦ 具体研究可以参见葛承雍《唐代国库制度》，作者在“内库”一节，探讨了唐代后期内库用做军费开支、社会赈济、补充国用的情况，并制表列举事例以资说明。

⑧ 《唐会要》卷59“延资库使”，第1022页。

⑨ 李锦绣：《唐代财政史稿》下卷，第353页。

⑩ （唐）杜佑撰，王文锦、王永兴等点校《通典》卷12《食货·轻重》，中华书局，1988，第291～292页。

为中心的政务、事务分开的管理体制。至安史之乱后，钱物的管理机构演变为以大盈库、琼林库、延资库和左藏并存的局面，右藏机构消失；大盈库、琼林库为皇帝私库，左藏受命于三司，延资库为独立的库藏，与左藏并立。谷米的管理机构则变为东渭桥仓和太仓等诸仓并立的局面。

2. 国家田产宅舍管理机构

国家田产宅舍指朝廷控制下的官田和房产。唐代前期的官田主要有屯田、宫苑田、职分田、公廨田、驿田等。屯田是为了就近解决军需而置；宫苑田是为皇室开支而置；职分田是按官职品级授予官吏作为俸禄的土地；公廨田是朝廷为补助官署公费所置，由各政府部门自行经营，以田租收入作为本部门办公费用和官员的俸禄补充；驿田是按照各交通驿站马、驴的头数而授给的公田。这些国有土地的管理机构较为复杂：屯田由工部之屯田司掌管，屯田郎中、员外郎“掌天下屯田之政令”，按唐制，“凡军州边防镇守，转运不给，则设屯田以益军储”，[①] 以供应军需为目的，垦种者多为军士。而司农寺属下之诸屯监，“各掌其屯稼穑”[②]，负责屯田的具体事务。唐代屯田在解决军需供应上发挥了较大作用，但是随着安史之乱后唐代军事经济形势的巨大变化，边区屯田因边军回防、吐蕃兴起而损失大半，加上河北由安史叛军控制，唐前期的屯田所剩无几，导致军粮、战费急缺，唐朝财政陷于入不敷出的艰难境地，内地置屯也就应运而生。此外，屯田司还掌管在京百官职分田和在京诸司公廨田之政令；而在外（地方）诸司公廨田和官员的职分田则由户部郎中、员外郎掌管。驿田则随驿给，由驾部或户部郎中掌管，由所配官司或州县经营。宫苑田产由司农寺掌管，其下属之上林署掌苑囿园池的蔬菜果品种植，以供朝会、祭祀及尚食等诸司所需常料；司竹监掌园竹种植，以供“宫掖及百司所须帘、笼、筐、箧之属”，并供尚食以竹笋等；京都苑总监、京都苑四面监掌苑内宫馆、园池之禽鱼饲养、果木种植及苑池修葺诸事。[③]

安史之乱后，随着尚书六部体系的崩溃，使职的大量兴起，以及边地屯田的丧失，原来由屯田司、司农寺和户部郎中掌管田产、房产的机构演化为由营田使、庄宅使、内园使和总监使等使职所取代。唐代后期，朝廷在地方广泛设置营田，道设置诸道营田使，道之下因屯田设置状况设州营田使或州营田都知官，营田都知官下设屯，每屯下置有营田户，从事耕垦劳作。自营田使、屯官至营户，自成系统，形成了不同于道、州、县、百姓的特殊组织。[④] 经过这样一种机构体系，诸道营田使取得了对天下营田的领导权，将所收财赋转输中央。但是唐德宗以后，内地屯田归地方，营田官吏归节帅任命，营田不再直属中央，中央田产被地方节镇所瓜分。而唐代后期，藩镇割据，在财政权方面，唐前期统收统支的财政管理体制被打破，地方拥有了前所未有的赋税分割权。建中元年（780）实行的两税法，以大历十四年（779）为基准，

---

① 《大唐六典》卷7“屯田郎中员外郎”条，第165页。

② 《大唐六典》卷19“诸屯监”条，第379页。

③ 《大唐六典》卷19“上林署令”条，第374页；同书同卷“司竹监”条，第377～378页；同书同卷“京都苑总监”与“京都苑四面监”条，第378～379页。

④ 李锦绣：《唐代财政史稿》下卷，第537页。

确定各州府征税总数以及送使、留州的数量，启动了唐王朝建立中央与地方赋税分割制度的进程。至元和年间，唐宪宗“分天下之赋以为三，一曰上供，二曰送使，三曰留州”,① 标志着唐后期中央与地方分割两税和中央对两税收支实行定额管理的新体制的全面建立。在这样的背景下，内地屯田归地方，对中央而言无疑是一大资产损失。唐僖宗、昭宗时期，中央所设营田使——京畿营田使再次出现，掌管京畿附近的营田，因为当时中央能够控制的区域也就只剩下京畿，当时国家财政仰赖地方贡献、京畿地区加税及营田屯收以维持。② 显示了营田在唐末国家财政中的重要地位。除营田使外，唐代后期掌管国有田产、房产的重要机构还有庄宅使，其经营内容为畿内及诸州府庄宅、店铺、车坊、园硙、土地的租赁货卖,③ 财权较重，对加强中央财力也起到了一定作用。元和以后，内庄宅使借用了三司普遍设置的巡院制度，在东都等业务繁忙地区设院管理；庄宅使下配有勾押、都勾、勘覆等吏职，并于副使、判官下设巡官；内庄宅使这种独特院制，当是由其掌管业务遍及天下决定的；院的普遍设置，加强了对天下官营庄宅的管理。④ 庄宅使侵夺了原屯田曹和司农寺的部分职权。

唐代宗时期，宫苑系统分裂出众多使职，如内宫苑使、苑内营田使、栽接使等。唐德宗即位后，对宫苑管理机构进行了整理调整，将其析为两个系统：其一为内园系统，包括营田、栽接、总监等，侧重于内园（皇家园林）的管理、生产、供给；其二为宫苑使系统，宫苑使掌城门守捉，后与闲厩使合为一使，多由武官担任。⑤ 其中内园使、栽接使和冰井使等分割了司农寺上林署的职掌，总监使则直接夺取了司农寺苑总监之职。

3. 车马舟船等管理机构

车马舟船是古代的交通工具，马还是冷兵器时代重要的战略装备，因此，唐代政府对这些资产的管理极为重视。

唐代前期舆辇马牛杂畜等交通工具之政令归兵部属下之驾部掌管，“驾部郎中、员外郎掌邦国之舆辇车乘，及天下之传驿厩牧官私马牛杂畜之簿籍，辨其出入阑逸之政令，司其名数”；凡驿站、监牧、太仆寺、诸卫、诸司之牛、马杂畜及备运之车，“皆审其制以定数焉”。⑥ 即驾部主要负责马匹车辆等的籍账工作，并不负责具体事务的管理。当时负责具体事务管理的机构是太仆寺和殿中省。据《大唐六典》卷17《太仆寺》：太仆寺掌管厩牧车舆事务，下辖乘黄、典厩、典牧、车府四署以及诸监牧；乘黄署掌天子车辂及其训练，其任务是根据不同的场合给天子提供不同的车辂；典厩署掌马牛杂畜之饲养；典牧署掌放牧的马牛杂畜之出纳及奶酪之事；车府署掌王公以下的车乘及其训练。唐代在西北等各地设有国家牧场，称为牧监，它是隶属于太仆寺的官营畜牧业机构，但是因为太仆寺设于京城，而监牧远在西北等边地，因此太

---

① 《新唐书》卷52《食货二》，第1359页。

② 李锦绣：《唐代财政史稿》下卷，第538页。

③ （宋）王钦若等编《册府元龟》卷419《邦计部·蠲复第三》，中华书局，1960，第5871页。

④ 李锦绣：《唐代财政史稿》下卷，第467～468页。

⑤ 李锦绣：《唐代财政史稿》下卷，第471页。

⑥ 《大唐六典》卷5“驾部郎中员外郎”，第126～128页。

仆寺对其掌控权有限。唐高宗时，全国有48个牧监，马匹数量由贞观初的3000匹，“至麟德中，四十年至七十万六千匹”。[①] 战略装备的充裕，成就了大唐前期的辉煌国力。唐高宗仪凤三年（678），于监牧使上设置都监牧使，并置副使及判官等，于是太仆寺之权尽为其所夺。[②] 安史之乱后，“吐蕃乘隙陷陇右，苑牧畜马皆没矣”。[③] 朝廷的战略物资装备遭到严重损失。为了补充军队中马的装备，唐代后期朝廷主要依靠买马来供给。乾元元年（758）以后，回纥仰仗讨贼（安禄山、史思明）之功，每岁来边境与唐朝进行绢马贸易，“纳一马，取直四十绢”，[④] 动以数万求售，朝廷购马的经济损失甚大，致使唐朝政府国力不支。[⑤] 另外，朝廷为了应付战争的需要，有时还向民间购马；后来朝廷曾在蔡州置龙陂监，在襄州置临汉监养马，都因夺占民田遭到反对而失败。[⑥] 可见，唐代前期监牧能够实施的重要原因之一就是国家控制着大量的国有土地。

殿中省是专门为天子衣食住行服务的机构，其属下之尚乘局掌天子内外闲厩之马，尚辇局掌朝会、祭祀时天子的舆辇、伞扇陈设。但是，武后圣历年间设置的闲厩使，“分领殿中、太仆之事，而专掌舆辇牛马。……开元初，闲厩马至万余匹，骆驼、巨象皆养焉。以驼、马隶闲厩，而尚乘局名存而已”。[⑦] 尚乘局之职被闲厩使所夺。开元中期，闲厩使成为管理马匹的最高机构，群牧使也置于其下。闲厩使属下之飞龙使以宦官充任，中唐以后，飞龙使尽总内厩之马，而闲厩使反而无马可掌，这种局面从唐代宗任命鱼朝恩充任飞龙使开始，一直延续到唐朝灭亡；宦官充任的飞龙使控制了国家所有的御马和监牧，中晚唐的括马、进马、赐马、市马、马禁等都由飞龙使负责。[⑧] 唐代马匹管理机构的变迁，反映了皇权的加强过程，即由原来的公卿大臣充任至皇帝近臣——宦官充任。

唐代舟船由都水监之舟楫署管辖，上承尚书省工部之政令，舟楫令“掌公私舟船及运漕之事”，下辖诸津，但是开元二十三年（735），舟楫署因不敷需要而被废罢。[⑨] 后设水陆发运使掌洛阳、长安间漕运和海事，又设江淮转运使管理江南各道漕运和海事。中唐以后，因漕运日重，常由宰臣兼转运使等职。以后舟船管理机构，可能划归转运使负责。

---

① 《新唐书》卷50《兵》，第1339页。

② 张国刚：《唐代官制》，三秦出版社，1987，第97页。

③ 《新唐书》卷50《兵》，第1339页。

④ 马俊民、王世平：《唐代马政》，西北大学出版社，1995，第134、138页。

⑤ （唐）白居易撰，顾学颉校点《白居易集》卷57《与回鹘可汗书》：“……达览将军等至，省表，其马数共六千五百匹。据所到印纳马都二万匹，都计马价绢五十万匹。缘近岁已来，或有水旱，军国之用，不免阙供。今数内且方圆支二十五万匹。分付达览将军，便令归国；仍遣中使，送至界首。虽都数未得尽足，然来使且免稽留。贵副所须，当悉此意。顷者，所约马数，盖欲事可久长。何者？付绢少则彼意不充，纳马多则此力致歉。马数渐广，则欠价渐多。以斯商量，宜有定约；彼此为便，理甚昭然。”中华书局，1979，第1224~1225页。

⑥ 《新唐书》卷50《兵》，第1339页。

⑦ 《新唐书》卷47《百官二》，1217~1218页。

⑧ 《唐代马政》，第30~31页。

⑨ 《大唐六典》卷23“舟楫令”条，第428页；同书同卷“都水监”条，第427页。

4. 仪仗兵器帐幕等管理机构

唐代兵器帐幕为军事装备物资，也是国有资产的重要组成部分。兵部之库部“掌邦国军州之戎器、仪仗及冬至、元正之陈设，并祠祭、丧葬之羽仪，诸军州之甲仗，皆辨其出入之数，量其缮造之功，以分给焉”。[①] 负责全国军事装备籍账的管理。而卫尉寺则负责具体的事务，“卫尉卿之职，掌邦国器械、文物之政令，总武库、武器、守官三署之官属；少卿为之贰。凡天下兵器入京师者，皆籍其名数而藏之”。[②] 武器署，贞观年间东都分置；武库署，开元年间东都亦置。[③] 据《大唐六典》卷16《卫尉寺》：武库署掌天下兵仗器械收藏，以供国用，但是其所掌兵械主要是供仪仗所用；武器署所掌兵器则供在外使用，但用毕必须纳于武库署；守宫署掌各种场合下的帐幕供设，如巡幸、祭祀等重大活动。

唐代前期仪仗兵器由卫尉寺统一管理，但是其后军器收贮权由卫尉寺转入宦官掌领的弓箭库使，管理体制上进一步发生变化。[④] 弓箭库使由宦官专任，掌管兵械的贮藏出纳。

5. 官营国家工商业管理机构[⑤]

官营国家工商业一部分属于非经营性资产（如少府监、将作监和军器监所掌专供皇室、军队等特定对象所用物品的制造），另一部分属于经营性资产（如榷盐、榷酒、榷铁、榷茶、公廨本钱等），其涉及的领域非常广泛，管理机构也相当复杂，而且唐代前后期这些机构还发生了巨大变化。

唐代前期，中央管理手工业的最高机构是尚书省属下之工部，其“掌天下百工、屯田、山泽之政令”；工部属下之工部司“掌经营兴造之众务，凡城池之修浚、土木之缮葺、工匠之程序，咸经度之。……凡兴建修筑材木工匠，则下少府、将作，以供其事”。[⑥] 直接负责事务的手工业机构是少府监和将作监，军器监则是开元十六年（728）从少府监中独立出来的，专门负责兵器制造的机构。[⑦] 据《大唐六典》卷22《少府军器监》：少府监掌百工技巧诸事，总中尚、左尚、右尚、织染、掌冶五署及诸冶监、铸钱监、互市监等；中尚署掌供郊祀所用圭璧、天子器玩、后妃配饰等；左尚署掌车乘装备之配制；右尚署掌鞍辔、兵器、甲胄、纸笔、茵席、鞋履制作；织染署掌冠冕、组绶及织纴、染色，有染坊使；掌冶署掌金属器物与玉器制作；诸冶监掌兵、农之器的制造，以给军士、屯田、居民；铸钱监掌铸钱业务；互市监掌管与少数民族交易之事。开元二十五年（737）之后，出现诸道铸钱使，[⑧] 少府铸钱之职遂废。由

---

① 《大唐六典》卷5“库部郎中员外郎”条，第128页。

② 《大唐六典》卷“卫尉寺卿”条，第328页。

③ 《唐会要》卷65“卫尉寺”，第1138页。

④ 刘玉峰：《试论唐代官府手工业的发展形态》，《首都师范大学学报》2001年第5期。

⑤ 有关唐代官营国有工商业的研究，具体可参见刘玉峰《唐代工商业形态论稿》，齐鲁书社，2002。笔者在此仅做简要论述。

⑥ 《大唐六典》卷7“工部尚书侍郎”条，第156页；同书同卷“工部郎中员外郎”条，第157、164页。

⑦ 《大唐六典》卷22“北都军器监”条，第412页。

⑧ 《唐会要》卷59“铸钱使”，第1022页。

宦官充任的内中尚使则取代了中尚署的职掌；宦官充任的毡坊使、毬坊使取代了织染署的职掌。[①] 至于唐代后期少府监其他机构的使职化，还有待于更进一步的研究。将作监掌土木营造之事，下辖右校署，掌版筑、涂泥、粉刷；中校署，掌管竹、葛等器物制作；左校署，掌木器制作；甄官署，掌石器、陶器制作。又有百宫监、就谷监、库谷监、斜谷监、太阴监、伊阳监，掌采伐木材。唐代后期，由宦官充任的武德使取代了将作监左校署、中校署和甄官署的职掌；而百宫监诸监之职掌归神策军，由神策军采造使负责。[②] 军器监，掌兵器甲弩制造，领甲坊、弩坊二署，甲坊署掌铠甲、筋角等军事装备制造；弩坊署掌矛、弓矢、排弩等兵器制作。“乾元元年（758）六月，敕军器监改为军器使，……其使以内官为之”；贞元四年（788）二月，“武库遂废，其军式器械隶于军器使”。[③] 可见，唐代后期军器生产的管理权落入宦官之手，管理机构也改易名称。

对国家财政收入影响甚大者还有官营垄断性工商业，即榷盐、榷铁、榷酒、榷茶，它们大多是在安史之乱后，国家财政紧张的情况下推行的，而且都由盐铁转运使负责管理。[④] 刘玉峰先生对唐代官营国有垄断工商业的经营管理有一定研究，他认为：乾元元年（758），第五琦推行榷盐，实行亭户制盐—官府统购—官运官销的食盐垄断专营，由盐铁转运使负总责，盐铁监、院等机构具体经管；唐代宗大历年间至唐德宗建中元年（780），盐铁转运使刘晏对第五琦之制进行了改进，采取亭户制盐—官府统购—商运商销的新方式，并在食盐的主产区和运销要地设立13个巡院，加大打击私盐的力度。榷酒指政府对酒的垄断经营，经历了由榷酒至榷曲（酒曲是发酵酿酒的专用酵母），最后唐朝廷推行了一种要么由地方政府随两税钱、青苗钱一并向两税户征收按一定比例均配的榷酒钱，要么由地方政府独置官店直接酿沽垄断酒利，禁止两法并用的酒业经营新制度，并大致延续以至唐亡。榷茶先后经历了官制官批—商运商销的垄断运营方式至民制官收—商运商销方式的转变。榷铁并非仅指对铁的垄断性经营，而是泛指对金、银、铜、铁、锡等矿产矿业的垄断性经营。[⑤]

唐政府还经营官营高利贷业务，即公廨本钱，它由官府用公款投入商业或贷放市肆取利。安史之乱以前，尚书省刑部之比部司兼公廨本钱的管理，京师诸司和地方府州的仓曹参军负责各机构公廨本钱的行政管理。[⑥] 安史之乱后，比部对公廨本钱的管理体制崩溃，中书门下、御史台、宦官诸司诸使等开始直接管理本部门的公廨本钱。除公廨本钱经营之外，唐政府经营的国有商业还有仓粮的出举放贷、常平仓的粜入粜出、和市、宫市等。

二 唐代国家资产的管理制度

唐代国家资产的管理制度，以安史之乱为界，经历了前、后两个相对明显的阶段。

---

① 李锦绣：《唐代财政史稿》下卷，第501、503页。
② 李锦绣：《唐代财政史稿》下卷，第499～500、505页。
③ 《唐会要》卷66“西京军器库”，第1164页。
④ 《旧唐书》卷49《食货下》，建中三年诏：“天下山泽之利，当归王者，宜总榷盐铁使。”第2116页。
⑤ 刘玉峰：《唐朝官营工商业管理论析》，《社会科学战线》2004年第5期。
⑥ 《大唐六典》卷6“比部郎中员外郎”条，第151～152页；《新唐书》卷49下《百官四下》，第1312页。

1. 内、外勾检制

“勾”即审查之意，对于财政的勾检制度（也就是现今所云之审计制度）在唐代业已建立，但是这一制度发展到唐代中后期便遭到了不同程度的破坏。

（1）财务勾检机构

唐代前期，中央专职审计机构是刑部之第三司比部，比部隶属于刑部，独立于财政部门之外，行使着财政审计监督之权。比部的勾检范围包括“诸司百僚俸料、公廨、赃赎、调敛、徒役、课程、逋悬数物，周知内外之经费”，“京师有别借食本”；此外，“凡仓库出内、营造、佣市、丁匠、功程、赃赎、赋敛、勋赏、赐与、军资、器仗、和籴、屯牧，亦勾覆之”。[①] 可见，比部掌握着全国的审计大权。康均将比部勾检的内容概括为四个方面：其一，财政支出，包括中央和地方各部门的经费支出，中央机关各级官吏的薪俸支出，勋赏赐与支出，工程营建支出以及军资器械支出；其二，财政收入，包括各种赋敛、税收；其三，其他收入，包括赃赎、徒役以及逃亡罪犯的遗物等项收入；其四，公库系统的出纳，包括仓储粮食财物的支纳给受，丰年议价和籴谷物的出纳和储藏。[②] 此外，比部还有勾检经籍图书的职能。[③] 可见，比部的勾检之权通达各个领域，无论是内外上下，无不加以勾审。安史之乱后，由于两税法的实施，以及藩镇割据局面的出现，比部的审计职能受到削弱，逐渐失去了勾检权。唐德宗时，比部勾覆职能已成为“国家旧制”，[④] 表明比部勾检权大为削弱。唐穆宗时，“比部令：‘勾诸司钱谷，载在格令，其事讹谬，岁月已深。’宜令中书门下精择比部郎官，修举典制，勾诸司钱谷，仍立时限，具条疏闻奏”。[⑤] 比部勾检诸司钱谷已徒具空文，比部失权年月滋久，故诏令中书门下优选比部郎，希冀恢复国家旧典，仍由比部履行勾检诸司钱谷职务。但比部勾检职能的削弱乃至丧失，已是大势所趋，无法挽回了。以后，比部演化为制定诏令的机构。

在比部之下，中央诸省、寺、监以及州县都设有兼职负责财务勾检的官吏。如尚书都省之左、右司郎中，掌“省署钞目，勘稽失”；[⑥] 秘书省之主事“掌印，并勾检稽失”；殿中省的丞和主事分别掌管“勾检稽失，省署抄目”和“掌印，及知受事发辰”；[⑦] 将作监主簿“掌印，勾检稽失。凡官吏之申请粮料、俸食，务在、假使，必由之，以发其事。若诸司之应供四署、三监之财物器用违阙，随而举焉”，[⑧] 掌当司财务审核和财用监督。总之，录事、主书是门下省、中书省的勾检官；九寺诸监的勾检官员是主簿和录事（太府寺稍有例外，为丞和录事）；州、

---

① 《旧唐书》卷43《职官二》，第839页；另参见《大唐六典》卷6“比部郎中员外郎”条，第151～152页。

② 康均：《我国古代比部审计制度的兴衰》，《财会学习》2006年第3期。

③ 《唐会要》卷35“经籍”，第643页。

④ 《旧唐书》卷118《杨炎传》，第3420页。

⑤ （清）董诰等编《全唐文》卷66《南郊改元德音》，中华书局，1983，第702页。

⑥ 《旧唐书》卷43《职官二》，第1816页。

⑦ 《大唐六典》卷10“秘书省主事”条，第217页；同书卷11“殿中监”条，第232页。

⑧ 《大唐六典》卷23“将作监主簿、录事”条，第423页。

府的勾检官员是录事参军，县则为主簿和录事。[①] 他们的职能大体都是“勾检稽失”与“受事发辰”之类，即检查本部门的工作效率，并对当司财务行政进行审计，属于部门内部的勾检。

可见，唐代前期形成了在比部之下，横向遍布各司，纵向直达地方州县的勾检（审计）系统。但是，除比部外，唐代其余勾检官皆依附于诸省或寺监机构、或州府县部门，它们和比部之间并没有直接的隶属关系，而且其财务审计职能也只是其行政工作的一部分，这必然影响到其审计效率的发挥。

安史之乱后，随着尚书六部体系的崩溃和使职体系的兴起，比部的审计职能也受到严重削弱。因此，无论中央还是地方的审计机构都发生了重大变化，唐代后期，中央随着户部、度支、盐运三司成为新的国家财政的主要领导机构，因此，三司各自设置官吏（判官、巡官）进行内部勾检，其他使司也设有兼职审计官吏；地方诸道则形成了以勾覆官所、孔目官司为中心的勾检系统。[②] 就中央的财政控制而言，这种勾检体系无疑显得较为混乱，不利于勾检职能的有效发挥。

（2）勾检制度

唐代的财务勾检制度分为自勾和它勾，即部门内部勾检和外部勾检两种。诸省、寺以及州县部门设置的丞、主事、主簿或录事兼职负责相应各自部门内部的财务审计。而且唐朝政府还制定了《勾帐式》作为对财务勾检的制度管理。[③] 李锦绣先生结合吐鲁番文书，对唐代的“勾帐”进行了复原，她认为：第一，唐代“勾帐”的内容包含所有、破除和见在三部分，而所有钱物又分“前帐”剩余和“新帐”收入两类；第二，“勾帐”的格式固定，先“总帐”，再种类“细目帐”，后事类“细目帐”，“总帐”与“细目帐”数额相应，可逐一计算，完全符合；第三，“勾帐”造写要求严格、精确，数字必须大写；第四，“勾帐”必须经过勾检官的审核、勾检，勾官要在每一笔账目的右侧用朱笔写下审计结果、数额是否符合，与文案、其他“帐历”是否一致，都成为审核、检查的重点。[④]

在进行具体勾检的过程中，中央审计机构比部和中央诸省寺监、天下府州县的勾检官各自职责不同。比部掌天下一切财富的勾检审计，主要是进行季度和年度的勾覆审理。唐朝前期（开元年间或以前）对京城及地方诸司移送比部的勾检时间各有限定，如京司及诸州有别借食本钱，京司是“每季一申省”；而诸州是“岁终而申省，比部总句覆之”。[⑤] 即别借食本钱在京诸司是季审，而地方州府是年审。“仓库出内，营造佣市，丁匠功程，赃赎赋敛，勋赏赐与，军资器仗，和籴屯收”的勾检，则根据距离京师的远近，规定申送比部的时间，分为月申、季申、六个月申和年申四种：“其在京给用则月一申之；在外二千里内，季一申之；二千

---

① 李锦绣：《隋唐审计史略》，昆仑出版社，2009，第34～40页；李志刚：《唐代勾检制度研究》，扬州大学硕士学位论文，2010，第15～21页。

② 李锦绣：《隋唐审计史略》，第64、67、77页。

③ 《唐会要》卷39“定格令”：“至垂拱元年三月二十六日，删改格式，加《计帐》及《勾帐式》，通旧《式》成二十卷。”第702页。

④ 李锦绣：《隋唐审计史略》，第127页。

⑤ 《大唐六典》卷6“比部”条，第152页。

里外，两季一申之；五千里外，终岁一申之”。[①] 对资产储存出纳机构太府寺左藏库的审计，“太府四时以闻奏，尚书比部覆其出入”，[②] 即季审。图书典籍的审计是每三年一审，“文明元年（684）十月敕，两京四库书，每年正月，据旧书闻奏。每三年，比部勾覆具官典，及摄官替代之日，据数交领。如有欠少，即征后人”。[③] 主要勾检图书典籍的数量。在建中元年（780）的比部奏状中，更加详细地提到了地方州府的勾检官、勾检时间，以及勾检后的处理办法，具体如下。

> 建中元年四月，比部状称：“天下诸州及军府赴句帐等格，每日（月）诸色句征，令所由长官录事参军、本判官，据案状子细句会。其一年句获数，及句当名品，申比部。一千里已下，正月到。二千里已下，二月到。余尽三月到尽。省司检勘，续下州知。都至六月内结，数关度支，便入其年支用。旨下之后，限当年十二月三〔十〕日内纳足者。诸军支〔度〕使亦准此。又准大历十二年六月十五日敕：诸州府请委当道观察判官一人，每年专按覆讫，准限〔申〕比部者。自去年以来，诸州多有不到。今请其不到州府，委黜陟使同观察使计会句当，发遣申省，庶皆齐一，法得必行。”敕旨：依奏。[④]

这条史料提到了唐代前期和大历年间的审计法规，按条文：地方诸州府的勾检官每月进行勾检，确定需要勾征的财物数量和品名；在“勾征造帐”的基础上，将一年的勾征结果申报比部；并根据各地距京师长安的距离，将勾征账目申送比部的时间划分为：“一千里已下”，正月到；“二千里已下”，二月到；其余皆三月到；比部审计之后，一是将勾征旨符颁下诸州，使诸州在六月内结案，二是将勾征结果以“关”的形式通知度支，以使度支好编制下一年的支度国用计划；最后，诸州在接到比部勾征旨符后，将勾征钱物如数征收，限定在十二月三十日前交纳征收完毕。安史之乱后，由于地方行政由州、县二级变为道、州、县三级，因此大历十二年（777）的敕对地方州县的勾检工作进行了相应调整，道派遣“判官”一人“每年专按覆讫”，参加州“勾帐”的审核和制造，并督促诸州按时申报比部。

2. 御史台监察制

御史台是监察机构，与比部的审计职能有所不同：比部主要负责勾勘账目，而御史台则是监督行为；前者是为了勾征，后者是为了保证令式的执行。[⑤] 御史台在财务上的监督职能，唐代前期主要

---

① 《大唐六典》卷6“比部”条，第152页。

② 《唐会要》卷59“度支使”，第1016页。

③ 《唐会要》卷35“经籍”，第643～644页。

④ 《唐会要》卷59“比部员外郎”，第1036页。

⑤ 比部的工作性质与御史台有着根本的区别：比部是审计机构，御史台是监察机构；比部勾勘账目，御史台监督行为。一个是为了勾征，另一个是为了保证令式的执行。见李锦绣《唐代财政史稿》上卷，第318页。

勾检官只负责审核勾稽，发现问题，而无权进行处理，至多将结果呈报有司或提出整改建议；而御史台在审查出问题后，可以直接进行处理或直接将处理结果呈报有司。勾检官具有很强的依附性，它只是行政工作中的一个环节；而御史台则自成一系。见李志刚《唐代勾检制度研究》，第47～48页。

是由三院（台院、殿院和察院）中的察院来履行的。御史台将财政财务的监督分为风闻弹举和亲理监临两类。御史台为监察机构，对一切违反法规的行为都有权进行纠举弹劾，因此，本部分主要论述其对财政的亲理监临。

御史台设监察御史十员，“掌分察巡按郡县、屯田、铸钱、岭南选补、知太府、司农出纳”等事务。[①] 即御史台负责监督太府寺、司农寺等财务收支的出纳行为，诸道屯田及铸钱的“审功纠过”。《新唐书·职官三》也提到监察御史“掌分察百寮，巡按州县，狱讼、军戎、祭祀、营作、太府出纳皆莅焉”。监督的范围涵括了财物贮藏机构和手工业制造。百官朝中廊下食的供给，由殿中侍御史监临：“两班三品以朔望朝，就食廊下，殿中侍御史二人为使莅之。”[②] 此外，监察御史还负责馆驿收支的审核，开元二十五年（737），“以监察御史检校两京馆驿”。[③]《大唐六典》对御史监临司农寺和太府寺的出纳记载较为详细：“凡天下赋调，先于输场简其合尺度斤两者，卿及御史监阅，然后纳于库藏。”[④] 即御史对于太府寺的库藏诸物既监督其入，也监督其出。在人员的配备上，“开元十九年（731），以监察御史二人莅太仓、左藏库”。[⑤] 即监察御史一人监督太仓，一人监督左藏库。不仅如此，监察御史派出的巡按御史还要察天下诸州的“仓库减耗”。[⑥] 开元年间，御史台监督库藏的机构发生了变化，由监察御史变为殿中侍御史，“开元以降，权属侍御史，而殿中兼知库藏、宫门内事”；殿中侍御史“一人同知东推，监太仓出纳；一人同知西推，监左藏出纳”。[⑦] 唐文宗太和年间，仍然沿袭殿中侍御史监库藏出纳的制度，但是对监临的时间有了调整，具体如下。

> 太和元年（827）六月，御史大夫李固言奏：“监太仓殿中侍御史一人，监左藏库殿中侍御史一人。台中旧例，取殿中侍御史从上第一人充监大仓使，第二人充监左藏库使。又各领制狱，伏缘推事，皆有程限，所监遂不专精，往往空行文牒，不到仓库，动经累月，莫审盈虚，遂使钱谷之司，狡吏得计，至于出入，多有隐欺。臣今商量，监仓御史，若当出纳之时，所推制狱稍大者，许五日一入仓；如非大狱，许三日入仓；如不是出纳之时，则许一月两入仓检校。其左藏库公事，寻常繁闹，监库御史所推制狱，大者亦许五日一入库；如无大狱，常许一旬内计会，取三日入库句当。庶使当司公事，稍振纲条，钱谷所由，亦知警惧。”敕旨，依奏。[⑧]

这段材料提到了殿中侍御史因为推按制狱，事务繁忙，疏于监督，而导致库藏管理的官吏

① 《旧唐书》卷44《职官三》，第1863页。
② 《新唐书》卷48《百官三》，第1237页。
③ 《新唐书》卷48《百官三》，第1240页。
④ 《大唐六典》卷20“左藏令”条，第388页。
⑤ 《新唐书》卷48《职官三》，第1240页。
⑥ 《新唐书》卷48《职官三》，第1240页。
⑦ 《新唐书》卷48《职官三》，第1238～1239页。
⑧ 《唐会要》卷60“殿中侍御史”，第1054～1055页。

出纳不实，从中获利之弊。为了加强殿中侍御史的监督职掌，同时又不耽误其推按制狱，于是规定：监仓御史若遇出纳之时，兼遇大狱，则五日一入仓监临；无大狱则三日一入仓；若不是出纳之时，则允许一月两入仓库监临。监左藏库的殿中侍御史，遇到有制狱稍大者，五日一入库监督；无大狱，则三日一入库。但是到唐文宗开成年间，监库藏出纳之职又从殿院移至察院。[①] 无论监察机构如何变迁，但整体反映出唐代对中央库藏机构的资产监督是较为严密的。

唐代后期，御史台对国家财政的监督权力在加强，甚至其职掌有的发展为勾稽审核。如大历十四年（779），以御史一人充馆驿使，对馆驿费用，“季月之晦，必合其簿书，以视其等列，而校其信宿，必称其制”。[②] 即每月终、季终勾会簿书，审核收入支出是否符合制度规定，“兼会计、审计与监督于一身”；不仅如此，御史台还逐渐侵夺了比部在图书经籍、公廨本钱等领域的审计权，[③] 其在经济领域的权力在逐渐加强。

3. 出纳检验制

史料中对唐代国家资产出纳程序记载最为详细的是谷米钱帛，故以此为例来探讨唐代资产的部门管理程序。

（1）入库验收

“凡天下赋调，先于输场简其合尺度斤两者，卿及御史监阅，然后纳于库藏，皆题以州县、年月，所以别粗良，辨新旧也。”[④] 即州府税物运送至京师之后，先于“输场”陈列，由太府卿和御史台官员监临，抽查其是否符合斤两、尺度；验收合格后，送纳左藏库贮存，并在财货上署以州县名称和年月时间，以区分粗良，辨别新旧。“署之官匹帛皆印之，绝吏之私”。[⑤] 盖上官印，防止官吏贪污。右藏库的杂物土贡也按照左藏库一样分类验收入库，“凡四方所献金玉、珠贝、玩好之物皆藏之；出纳禁令，如左藏之职”。[⑥] 如果未经上司同意，“诸官物有印封，不请所由官司而主典擅开者，杖六十”。[⑦]

（2）出库勘契

太府寺、司农寺为国家的钱帛、谷米库藏机构，朝廷对其物品或钱财的出库程序非常严密。需要木契作为凭证。唐代前期，金部郎中、员外郎掌“库藏出纳之节，金宝财货之用”，为了加强对库藏的管理，“乃置木契，与应出物之司相合，以次行用，随符、牒而合之，以明出纳之吝（金部置木契一百一十只：二十只与太府寺合，十只与东都合，十只与九成宫合，十只与行从太府寺合，十只行从金部与京金部合，十只行从金部与东都合，二十只与东都太府

① （宋）王钦若等编《册府元龟》卷516《宪官部·振举第一》，中华书局，1960，第6172页。

② （唐）柳宗元：《柳宗元集》卷26《馆驿使壁记》，中华书局，1979，第704页。

③ 李锦绣：《隋唐审计史略》，第79页。

④ 《大唐六典》卷20“左藏令”条，第388页。

⑤ 《旧唐书》卷131《李皋传》，第3640页。

⑥ 《大唐六典》卷20“右藏署令”条，第389页。

⑦ （唐）长孙无忌撰，刘俊文笺解《唐律疏议笺解》卷15《厩库·官物有印封擅开》，中华书局，1996，第1152页。

寺合，二十只东都金部与京金部合）”。①

司农寺“凡置木契二十只，应须出给，与署合之（十只与太仓署合，十只与导官署合，皆九雄一雌。雄，主簿掌；雌，留署，勘然后出给）”。② 太府寺“凡置木契九十五只：二十五只与少府、将作、苑总监合，七十只与库官合。十五只刻‘少府监’字，十四只雄，付少府监；五只刻‘将作监’字，四只雄，付将作监；五只刻‘苑总监’字，四只雄，付苑总监，皆应索物。雌留太府寺”。③ 左藏库或右藏库在给对方出给钱物时，“凡出给，先勘木契，然后录其名数，请人姓名，署印送监门，乃听出。若外给者，以墨印印之”。④ 可见，木契作为领取钱物的凭证，主管官员先校勘木契，符者合将钱物发放给领取者，在账簿上记录领取人的物品名称、数量以及姓名，并加盖官印，送至监门卫处，才允许其出；监门卫还得检查领取人的物品，因为私物（外给者），盖的是墨印。金部、太府寺和左右藏库的木契关系如何，葛承雍先生做了考证，他认为：木契雄雌两式分为一雄数雌，雌的相当于凭证的“正联”，由国家掌管；雄的相当于凭证的“副联”，由出纳主管部门掌管；领取财物者持牒、券到省司申请木契，随同符牒到太府寺与雌木契验合无误，然后由左右藏库根据太府寺签署注销收回木契，照数支给财物。若承命出给，用库物五百段，钱二百千以上者，要经中书门下审核，使用“发御书日敕”，并置木契二十只循环轮流，与太府寺相合，方能生效，支出物品；即使是太府寺的木契，也要经过户部、度支的复核备案，发出文书同意，始能生效，以便年终汇总开支实数；无论是宫廷索取，还是诸司领取，都必须雌雄相合，做到文簿、木契、实物三对口，木契与符牒分簿互为根据，才算勘合手续完备、合法。⑤ 可见，唐代对钱物资产的管理是非常严格的。

4. 财务“帐簿”制

唐代规定：“凡在署为簿，在寺为帐，三月一报金部”，⑥ 即九寺属下之署（如太仓署、左藏署之类）造簿，然后在寺（如司农寺、太府寺等）汇总为帐，一季度申报金部。凡“宫中用度，一匹已上皆有簿籍”，⑦ 表明唐代的“帐簿”记载是非常详细的。“凡左、右藏库帐禁人之有见者。若请受、输纳，人名、物数皆著于簿书。每月以大摹印纸四张为之簿，而丞、众官同署。月终留一本于署。每季录奏，兼申所司”。⑧ 即左右藏库“帐”禁止无关人员翻阅，以防泄露或偷改；库物的出纳都需要登记物品的名称和数量在簿上，每月造簿，太府寺丞以及其他官员需要在上面同署签名，左右藏库的月簿留署，“季帐”申诸司，一季度一申奏。太府

---

① 《大唐六典》卷 3“金部郎中员外郎”条，第 74 页。
② 《大唐六典》卷 19“司农寺主簿”条，第 373 页。
③ 《大唐六典》卷 20“太府寺主簿”条，第 384 页。
④ 《旧唐书》卷 44《职官三》，第 1890 页。
⑤ 葛承雍：《唐代国库制度》，第 78 页。
⑥ 《新唐书》卷 48《百官志三》，第 1263 页。
⑦ 《旧唐书》卷 162《潘孟阳传》，第 4240 页。
⑧ 《大唐六典》卷 20“太府寺丞”条，第 384 页。

寺丞四人，以一人专“主左、右藏署帐”。[①] 即便内侍省对于宫人开支，也造有“帐簿”，“凡宫人之衣服、费用，则具其品秩，计其多少，春、秋二时，宣送中书［若用府藏物所造者，每月中（终），门司以其出入历为二簿闻奏。一簿留内，一簿出付尚书比部勾之］”。[②] 也是每月造簿，一簿留署，一簿申送比部勾覆。而且唐代还有专门的《计帐式》，[③] 从敦煌文书中发现的官府会计“帐簿”来看，普遍用大字批示“帐簿”，并有着比较固定的格式。然而，由于史料限制，我们难以详知其他资产管理部门的“帐簿”情况。

5. 赏罚奖惩制

为了加强对资产管理部门官吏的管理，唐朝政府从考课和法律两方面对他们进行双重监管。

（1）考课

考课就是国家依照所颁布的法令和行政规则，在一定的年限内，对各级官吏进行考核，并依其不同表现，区别不同等级，予以升降赏罚。唐朝政府对九品以上官员的考课法是四善二十七最，“凡考课之法有四善：一曰德义有闻，二曰清慎明著，三曰公平可称，四曰恪勤匪懈”。在二十七最中，涉及资产管理部门的考核条例有：“职事修理，供承强济，为监掌之最”；“耕耨以时，收获剩课，为屯官之最”；“谨于盖藏，明于出纳，为仓库之最”；“牧养肥硕，蕃息孳多，为牧官之最”。[④] 考课等级共分为九等：上上、上中、上下、中上、中中、中下、下上、下中、下下。若考课等级在中上以上者，“每进一等，加禄一季；中下已下，每退一等，夺禄一季。若私罪下中已下，公罪下下，并解见任，夺当年禄，追告身；周年，听依本品叙”。[⑤] 即考课等级在中上以上者，增加一季度的俸禄；中下以下，每等级降低一等，则减少一季度的俸禄。若犯有私罪，考课等级在下中以下，犯公罪，[⑥] 考课等级在下下者，解除现任官职、剥夺当年俸禄，并追还告身（官员的任命状）。“中品以下，四考皆中中者，进一阶；一中上考，复进一阶；一上下考，进二阶；计当进而参有下考者，以一中上覆一中下，以一上下覆二中下。上中以上，虽有下考，从上第。有下下考者，解任。凡制敕不便，有执奏者，进其考。”[⑦] 由此看出，唐朝对官吏考课的目的是为了选贤任能、奖善罚恶、裁汰贪懦、澄清吏治、使官僚队伍更适合于封建统治的需要。因此，凡在考课时，列于中等以上的官吏，在政治上可以升官，在经济上可以加禄；列于中等以下的官吏，就要降级罚禄，情节严重的，甚至要受到罢官的处分。可见，考课制度本身是通过奖善罚恶来对官吏队伍进行有效的管理。

---

① 《新唐书》卷48《百官三》，第1263页。

② 《大唐六典》卷12“内给事”条，第260页。

③ 《唐会要》卷39“定格令”，第702页。

④ 《大唐六典》卷2“考功郎中”条，第45~46页。

⑤ 《大唐六典》卷2“考功郎中”条，第47页。

⑥ 唐朝区分公罪和私罪。所谓公罪，就是指“缘公事致罪而无私曲者”，类似于现在的渎职罪。私罪指的是“不缘公事，私自犯者；虽缘公事，意涉阿曲，亦同私罪”，通常指的是贪污、受贿等职务犯罪。在处罚上，依据犯罪人的动机和罪过，公罪要轻于私罪。见《唐律疏议笺解》卷2《名例·官当》，第182页。

⑦ 《新唐书》卷46《百官一》，第1192页。

（2）律令对职务犯罪的处罚

如果说考课制度体现不出其强制性，那么唐律规定的职务犯罪条例则具有强制处置的性质。为了防止官吏利用职务犯罪，政府制定了《职制律》和《厩库律》等律文，尤其是后者，专门用来规范库藏资产的管理。唐律对“厩库”的解释是：“厩者，鸠聚也，马牛之所聚；库者，舍也，兵甲财帛之所藏。”①

第一，官物保管不善或损毁官物。对资产而言，合理的保管可以减少损耗，因此唐朝政府用刑罚的方式来处置渎职罪。如法令规定，天子舟船要进行及时修治，否则出现使用时缺少的情况，处以二年不等的徒刑：“其舟船若不整顿修饰，及在船篙、棹之属，所须者有所阙少，得徒二年。此亦以所由为首，监当官司各减一等。”② 天子使用的车马服饰，休整不如法者，根据情节处以从杖刑至徒刑不等的刑法：“诸乘舆服御物，持护修整不如法者，杖八十；……其车马之属不调习，驾驭之具不完牢，徒二年。未进御，减三等。”③ 对于官营牧场，如果牧官在管理过程中，有马、羊等丢失、死亡，也要根据情节轻重，判处从笞刑至徒刑等不同的处罚。④ 不得无故杀伤官私马匹，否则也要处以刑罚。⑤ 如果官府仓库及其他资产保管不善，也要加以法律制裁：“诸仓库及积聚财物，安置不如法，若暴叙不以时，致有损败者，计所损败坐赃论。州、县以长官为首，监、署等亦准此。”官府用度，如若管理官员在“放散官物”时大手大脚，随意挥霍，造成官物损失，也要处罚：“假有营造屋宅及供祠祀、宴会，料度剩多，各计所剩坐赃论。若物在未用，各准所剩还官。”⑥ 而且官府财物都有封印，不得私自打开，“诸官物有印封，不请所由官司而主典擅开者，杖六十”。⑦ 如果乘骑或驾用官畜产不爱惜，致使脊破领穿；或放牧官畜产不尽职，致使官畜病羸瘦损，均获损毁官物罪，将受到法律的制裁：“诸供大祀牺牲养饲不如法，致有瘦损者，一杖六十，一加一等，罪止杖一百；以故致死者，加一等”；“诸乘驾官畜产而脊破领穿，疮三寸，笞二十；五寸以上，笞五十”。⑧ 若库藏官吏管理、防卫不谨慎，或有意放纵，致使库藏财物被盗、国家财产蒙受损失，也要处以

---

① 《唐律疏议笺解》卷15《厩库·总序》，第1081页。

② 《唐律疏议笺解》卷9《职制·御幸舟船有误》，第747页。

③ 《唐律疏议笺解》卷9《职制·乘舆服御物休整不如法》，第748~749页。

④ 《唐律疏议笺解》卷15《厩库·牧畜产死失及课不充》：“诸牧畜产，准所除外，死、失及课不充者一，牧长及牧子笞三十，三加一等；过杖一百，十加一等，罪止徒三年。羊减三等。余条羊准此。新任不满一年而有死、失者，总计一年之内月别应除多少，准折为罪；若课不充，游牝之时当其检校者准数为罪，不当者不坐。游牝之后而致损落者，坐后人。系饲死者各加一等，失者又加二等。牧尉及监各随所管牧多少通计为罪，仍以长官为首，佐职为从。余官有管牧者，亦准此。”第1085~1087页。

⑤ 《唐律疏议笺解》卷15《厩库·故杀官私马牛》：“诸故杀官私马牛者，徒一年半；赃重及杀余畜产若伤者，计减价准盗论，各偿所减价，价不减者笞三十（见血踠跌即为伤。若伤重五日内致死者，从杀罪）。”第1107页。

⑥ 《唐律疏议笺解》卷15《厩库·放散官物》，第1143~1144页。

⑦ 《唐律疏议笺解》卷15《厩库·官物有印封擅开》，第1152页。

⑧ 《唐律疏议笺解》卷15《厩库·养饲大祀牺牲不如法》，第1100页；同书同卷《厩库·乘驾官畜脊破领穿》，第1102~1103页。

杖刑至徒刑不等的刑罚。[①] 如果官府库藏物品在仓库内有故意弃、毁者，在刑事处罚之外，还要予以经济制裁，即令行为人赔偿损失；但是如果弃毁或亡失的物品为非可偿之物（如符、印、木契等），则仅科刑，不令行为人赔偿："官私器物，其有故弃、毁或亡失及误毁者，各备偿。……虽在仓库之内，若有故弃毁，征偿如法。其非可偿者，止坐其罪，不合征偿。"[②]

第二，官物私自出借或出贷。官方资产原则上不得私自外借或私自放贷，因为这种行为的实质是利用职权挪用官物，侵犯国家财产，故要追究法律责任。如私自将天子使用的车马等物借与他人者，处以1～3年不等的徒刑："诸主司私借乘舆服御物若借人及借之者，徒三年。非服而御之物，徒一年。在司服用者，各减一等。"[③] 如果将官府奴婢、牲畜等物品私自外借，"（若借人及借之者，）笞五十；计庸重者，以受所监临财物论。驿驴，加一等。即借驿马及借之者杖一百，五日徒一年，计庸重者从上法。即驿长私借人马驴者，各减一等，罪止杖一百"。[④] 如果库藏管理官员以官物私自外借，"（若借人及借之者，）笞五十，过十日坐赃论减二等"，但"罪止徒二年"。[⑤] 如果管理官员私自将所监守之官物或公廨物出贷与他人，处罚就更为严厉，因为这属于侵犯财产罪："诸监临主守以官物私自贷，若贷人及贷之者，无文记以盗论，有文记准盗论（文记，谓取抄署之类），立判案减二等。"疏议的解释曰："有文记者准盗论，并五匹徒一年，五匹加一等。'立判案，减二等'，谓五匹杖九十之类"；若将官方资产拿出"充公廨及用公廨物若出付市易而私用者，各减一等坐之"；如果借贷之人不能偿还，"征判署之官"。[⑥] 即由判官、主典、监事一类的官员赔偿。将官府库藏物品随便贷出或遣人市易，从形式上看，库物所有权并无损害，相反贷出似乎还有盈利的可能。但实际上很多官吏多假借贷之名，以牟取暴利中饱私囊，故唐律规定，借贷时无论有无掩人耳目的借据，一律处以贪污罪。官吏的家属在其监临之内受乞、借贷、役使、买卖获剩利，分知情与不知情两种情况进行处罚。

第三，官物入私，即通过多种方式，如侵吞、骗取、套取或盗取等行为，将官物据为己有。内外诸司监守或主守官府财物的官吏，如果盗窃自己监管的财物，要处以比普通盗窃罪重两等的刑罚，因为这属于贪赃行为："诸监临主守自盗及盗所监临财物者，若亲王财物而监守自盗，亦同。加凡盗二等，三十匹绞。本条已有加者，亦累加之。"[⑦] 唐代普通盗窃罪并没有死刑，但是监临主守官盗窃官物，则罪重至死刑，体现了唐律的治官原则。库藏管理官吏如果

---

① 《唐律疏议笺解》卷15《厩库·库藏失盗》："诸有人从库藏出，防卫主司应搜检而不搜检笞二十。以故致盗不觉者，减盗者罪二等，若夜持时不觉盗减三等。主守不觉盗者，五匹笞二十，十匹加一等，过杖一百，二十匹加一等，罪止徒二年。若守掌不如法以故致盗者，各加一等。故纵者各与同罪；即故纵赃满五十匹加役流，一百匹绞。若被强盗者，各勿论。"第1126～1127页。

② 《唐律疏议笺解》卷27《杂律·毁亡官私器物》，第1933页。

③ 《唐律疏议笺解》卷9《职制·主司私借服御物》，第753页。

④ 《唐律疏议笺解》卷15《厩库·监主私借官奴畜产》，第1121～1122页。

⑤ 《唐律疏议笺解》卷15《厩库·监主借官物》，第1138页。

⑥ 《唐律疏议笺解》卷15《厩库·监主贷官物》，第1132～1133页。

⑦ 《唐律疏议笺解》卷19《贼盗·监临主守自盗》，第1387页。

是在别人的教唆下窃取库物，仍以其为主犯，并处以徒二年的刑罚："假有外人发意，共左藏官司、主典盗库绢五匹，虽是外人造意，仍以监主为首，处徒二年；外人依常盗从，合杖一百。"① 监临官员若是属下馈赠的监临财物（官物），或是向属下乞取监临官物，也会受到相应的处罚："诸监临之官受所监临财物者，一尺笞四十，一匹加一等；八匹徒一年，八匹加一等，五十匹流二千里。与者减五等，罪止杖一百。乞取者，加一等；强乞取者，准枉法论。"② 如果资产管理官吏通过诈骗的方式，将官物据为己有，也会受到刑法的处罚："监临主守诈取所监临主守之物，自从盗法，加凡盗二等，有官者除名。"③ 资产管理官吏如若利用职务之便，通过涂改冒伪手段、诈称文契、受领券等，或偷改券抄、增减账簿项目、涂改年月日时限之类，虚报冒领、侵吞官府财产，造成国库管理混乱者，从重处罚："诸诈为官私文书及增减，（文书，谓券抄及簿帐之类）欺妄以求财赏及避没入、备偿者准盗论，赃轻者从诈为官文书法。"④ 若官员利用职务之便，将公家财产纳为己有或归于他人名下，处以赃罪："凡是公私论竞，割断财物，应入官乃入私，应入私乃入官，应入甲而入乙，应入私而入公廨，各计所不应入而入坐赃论"。⑤

此外，《厩库律》对财物进出不明、门司无故留难进出之物，受轻出重或重出轻受的出纳不平，官物赐给或借贷迟滞，不定期盘存库物等行为，都处以笞刑、杖刑、徒刑或罚俸等刑罚。

总之，唐朝政府通过考课和律令双重手段加强对资产管理部门的官员监管，以确保官物的安全和完整，防止官员的腐败。

三　唐代国家资产管理的经验教训与启示

唐代是中国历史上的强盛王朝，其强盛的原因除了军事上的强大外，还与经济实力有一定关系。而经济实力又离不开各方面的制度成熟与规范。因此，从资产管理角度看，唐朝的确有一些值得后代借鉴的东西。

第一，资产管理制度的严密是唐朝强盛的原因之一，唐朝衰弱也与资产管理制度的破坏有一定关系。唐朝的强盛虽然是多个因素促成的，但是其资产管理制度的严密无疑是其中的原因之一。"国家旧制，天下财赋皆纳于左藏库，而太府四时以数闻，尚书比部覆其出入，上下相辖，无失遗。"⑥ 如前所述，唐代前期资产管理部门政务、事务机构分开，而在具体的执行过程中，又相互牵制，上下相维，以防止失误。对全国资产的审计也相对严密，中央设立独立于财政部门的审计机构——比部，下辖于刑部。在中央审计机构之外，各职能部门内部也设有勾

① 《唐律疏议笺解》卷5《名例·共犯罪造意为旨》，第417页。
② 《唐律疏议笺解》卷11《职制·受所监临财物》，第870页。
③ 《唐律疏议笺解》卷25《诈伪·诈欺官私财物》，第1725页。
④ 《唐律疏议笺解》卷25《诈伪·诈为官私文书求财》，第1728页。
⑤ 《唐律疏议笺解》卷15《厩库·财物应入官私》，第1142页。
⑥ 《旧唐书》卷118《杨炎传》，第3420页。

检官，兼职负责对部门内部的财物审计，这样唐朝就形成了对全国资产的内、外审计制度。此外，还派遣御史台官员莅临监督出纳行为。对于资产管理官员，又从法律和考课两方面进行行为规范。故唐代前期的资产管理不仅形成了上下部门之间互相牵制，部门之外的审计、监督等制约，还从考课和法律两方面加强对内部管理官员的行为规范。可见，其制度设计之严密。即便到了唐德宗时期，比部的审计职能已经受到一定程度的破坏，但五代时人刘昫等还认为当时的资产管理制度是相对良好的："总制邦用，度支是司；出纳货财，太府攸职。凡是太府出纳，皆禀度支文符，太府依符以奉行，度支凭案以勘覆，互相关键，用绝奸欺。其出纳之数，则每旬申闻；见在之数，则每月计奏。皆经度支勾覆，又有御史监临，旬旬相承，月月相继。明若指掌，端如贯珠，财货多少，无容隐漏。"① 即当时的度支作为全国预算机构兼财政机构之一，负责太府寺钱帛出纳的文符和勘覆，太府寺凭度支文符出纳、并每月申报度支出纳之数，御史台官员监临太府寺官员的出纳行为，彼此互相牵制。因此，唐朝强盛局面的形成，与资产管理制度的设计严密有一定关系。

然而，安史之乱后，随着使职差遣的盛行，各种名号的使也随之遍布政府各个部门，侵夺甚至完全取代原有国家机构的职权。仅就唐代户部职掌范围来说，就出现了户口使、盐铁使、度支使、支度使、盐池使、转运使、出纳使、粮料使、税钱使、青苗地钱使、两税使、劝农使等十余种名号的使职。诸使遍布政府各个部门，造成正规职官丧失了规定的职守和权力，出现"兵部无戎帐，户部无版籍，虞（部司）、水（部司）不管山川，金（部司）、仓（部司）不司钱谷，光禄不供酒，卫尉不供幕。秘书不校勘，著作不修撰"的混乱现象，"官曹虚设，禄俸枉请"。② 原有的三省六部、九寺五监基本上名存实亡。就资产管理而言，唐代后期呈现出的乱象较多，聊举几例。如左藏库实际上已经一分为三，分别贮掌度支、盐运、户部三司钱物；它的上级机关也变成了度支、户部和盐运三司；与之并立的还有皇帝私库大盈库、琼林库，其一直存续至唐代末期；另外，还有延资库等专库。可见，唐代后期的资产管理机构混乱。唐代后期的勾检体系也显得较为混乱，比部勾检职能遭到削弱，以至于后来演化为制定诏令的机构；三司各自设置官吏（判官、巡官）进行内部勾检，其他使司也设有兼职审计官吏；地方诸道则形成了以勾覆官所和孔目官司为中心的勾检系统。对中央的财政控制而言，这种勾检体系不利于勾检职能的有效发挥，大大削弱了朝廷对资产管理部门的监管力度。而唐代后期藩镇割据，本应该申报比部的地方州府"帐簿"，"诸州多有不到"，③ 中央无法对其资产进行勘覆，这在某种程度上助长了地方实力，加剧了藩镇割据的局面。而唐代后期，地方藩镇掌握着行政权、财权和军权，因此，一旦藩镇割据，中央能否平定，除了军事实力外，还与中央财力有着极为密切的关系。唐后期中央之所以不能完全铲除割据藩镇，中央财力不支无疑是其中最重要的一项原因。唐代后期，宦官掌握皇帝私库的财权，这对唐代后期宦官专权局面的形成

① 《旧唐书》卷135《裴延龄传》，第3722～3723页。
② 《全唐文》卷510，陆长源《上宰相书》，第5184页。
③ 《唐会要》卷59"比部员外郎"，第1036页。

有一定推动作用，因为宦官“掌内库、司进奉”，用非财政手段掠夺宣索国库及地方之财宝，是宦官专权的财政保证。[①] 可见，晚唐政局——藩镇割据、宦官专权都与当时资产管理制度的混乱有一定关系。

第二，府库资产的丰盈与否直接影响到唐朝政权的兴衰。对于王朝兴衰与府库的关系，《旧唐书·食货志》的撰者有自己的认识。

> 量入而为出，节用而爱人，度财省费，盖用之必有度也，是故既庶且富，而教化行焉。周有井田之制，秦有阡陌之法，二世发闾左而海内崩离，汉武税舟车而国用以竭。
>
> 自古有国有家，兴亡盛衰，未尝不由此也。隋文帝因周氏平齐之后，府库充实，庶事节俭，未尝虚费。开皇之初，议者以比汉代文、景，有粟陈贯朽之积。炀帝即位，大纵奢靡，加以东西行幸，舆驾不息，征讨四夷，兵车屡动。西失律于沙徼，东丧师于辽、碣，数年之间，公私罄竭，财力既殚，国遂亡矣。[②]

在他看来，国家兴亡盛衰与府库的丰盈与否有一定关系，如果“节用”、国家“既庶且富”，并施行教化，则国家兴盛。并列举隋文帝与隋炀帝的例子，隋文帝节俭，“未尝虚费”，故府库充实，国家兴盛；隋炀帝“奢靡”、四处用兵，故“公私罄竭，财力既殚，国遂亡矣”。不仅隋朝如此，纵观有唐一代，无论其建立还是中兴，抑或衰亡，都与其府库状况的好坏有一定关系。如“高祖发迹太原，因晋阳宫留守库物，以供军用。既平京城，先封府库，赏赐给用，皆有节制，征敛赋役，务在宽简。未及逾年，遂成帝业”。[③] 即李渊建唐，与重视府库资产有一定关系，有了府库财产的支撑，并通过节用等手段，管控好财产，最终成就了帝业。安史之乱以后，首都长安沦陷，国家库藏丢失，唐玄宗逃亡至蜀，唐肃宗则至灵武。然而，唐肃宗之所以还能够中兴唐朝，与当时“缘边之备犹在，加以诸牧有马，每州有粮，故肃宗得以为资”。[④] 也是依靠已有的部分资产（粮、马等）为支撑，收复长安，重建唐朝的。安史之乱以后，藩镇割据局面逐渐形成，而唐朝政权之所以还得以维持，陈寅恪先生认为：“除文化势力外，仅恃东南八道财赋之供给。至黄巢之乱既将此东南区域之经济几全加破坏，复断绝汴路运河之交通，而奉长安文化为中心、仰东南财赋以存立之政治集团，遂不得不土崩瓦解。大唐帝国之形势及实质，均于是告终矣。”[⑤] 陈寅恪的论述强调，唐代中后期东南经济发展迅速，其上缴给中央的财赋已成为支持唐中央政权存亡的重要力量，中央能否得到这批资产关系唐政权的存亡。黄巢之乱以后，由于唐王朝丧失了江南诸道的财赋收入，蜕变为西北一隅的地方“诸侯”，故很快灭亡。可见，“财赋，邦国之大本，生人之喉命，天下理乱轻重

---

① 李锦绣：《唐代财政史稿》下卷，第1286、1282页。

② 《旧唐书》卷48《食货志》，第2085页。

③ 《旧唐书》卷48《食货志》，第2085页。

④ 《全唐文》卷467，陆贽《论关中事宜状》，第4773页。

⑤ 陈寅恪：《唐大政治史述论稿》，上海古籍出版社，1997，第20页。

皆由焉”。①

第三，统治者的挥霍奢靡导致国家资产大量流失和库藏管理制度的破坏。以唐玄宗为例，众所周知，唐玄宗一生经历了开元盛世至安史之乱两个时段，也就是唐朝由全盛走向衰落，而前期“开元之治”局面的形成，与其厉行节俭有一定关系。《资治通鉴》卷211有以下记载。

> 上以风俗奢靡，〔开元二年〕秋，七月，乙未，制：“乘舆服御、金银器玩，宜令有司销毁，以供军国之用；其珠玉、锦绣，焚于殿前；后妃已下，皆毋得服珠玉锦绣。”戊戌，敕：“百官所服带及酒器、马衔、镫，三品以上，听饰以玉，四品以金，五品以银，自馀皆禁之；妇人服饰从其夫、子。其旧成锦绣，听染为皂。自今天下更毋得采珠玉，织锦绣等物，违者杖一百，工人减一等。”罢两京织锦坊。②

正是由于唐玄宗统治前期大力提倡节俭之风，亲自带头抑制奢靡，并任用一批清廉正直和才能之士为官，才奠定了开元盛世的格局。但是长期的社会稳定和经济繁荣使得唐玄宗逐渐骄奢怠惰起来，不仅疏于朝政，在生活上也变得挥霍奢靡。《新唐书·食货志》有如下记载。

> 天子骄于佚乐而用不知节，大抵用物之数，常过其所入。于是钱谷之臣，始事朘刻。太府卿杨崇礼句剥分铢，有欠折渍损者，州县督送，历年不止。其子慎矜专知太府，次子慎名知京仓，亦以苛刻结主恩。王鉷为户口色役使，岁进钱百亿万缗，非租庸正额者，积百宝大盈库，以供天子燕私。及安禄山反，司空杨国忠以为正库物不可以给士，遣侍御史崔众至太原纳钱度僧尼道士，旬日得百万缗而已。自两京陷没，民物耗弊，天下萧然。③

《新唐书》的撰者欧阳修等认为，唐玄宗奢靡而不知节俭，一些奸臣为了满足唐玄宗私欲，破坏库藏管理制度，将原属于国库的一部分资产输入天子私库，供天子享乐，但安史之乱，两京沦陷，自此“民物耗弊，天下萧然”，唐朝昔日的全盛局面一去不复返。唐玄宗本人也在安史之乱后，皇权旁落，宝应元年（762）凄惨地死于长安神龙殿。④ 司马光也认为，唐玄宗统治后期因为奢靡生活导致晚节不保，“晚节犹以奢败”。⑤

唐玄宗挥金如土、赏赐无度造成的“国有”资产流失和浪费在史书中有详细记载。如唐

---

① 《旧唐书》卷118《杨炎传》，第3420页。

② 《资治通鉴》卷211，开元二年“上以风俗奢靡”条，第6702页。

③ 《新唐书》卷51《食货一》，第1346～1347页。

④ 《资治通鉴》卷222，肃宗宝应元年“甲寅，上皇崩于神龙殿”条，第7123页。

⑤ 《资治通鉴》卷211，开元二年“上以风俗奢靡”条，第6702页。

玄宗曾把全国各地一年的进贡物品都赏赐给李林甫，“尝诏百僚阅岁贡于尚书省，既而举贡物悉赐林甫，辇致其家”。① 天宝年间，唐玄宗宠爱杨贵妃，“织绣之工专供贵妃院者七百人”。② 唐玄宗还大力赏赐杨贵妃的兄弟姊妹钱财、珍宝无数，“赐诸姨钱岁百万为脂粉费。〔杨〕铦以上柱国门列戟，与锜、国忠、诸姨五家第舍联亘，拟宪宫禁，率一堂费缗千万。见它第有胜者，辄坏复造，务以环侈相夸诩，土木工不息。帝所得奇珍及贡献分赐之，使者相衔于道，五家如一”。③ 天宝六载（747），唐玄宗下令在京城长安为安禄山建造宅第，“敕令但穷壮丽，不限财力”。④ 天宝八载（748）二月，唐玄宗率领百官观看国库——左藏库，“赐帛有差。是时州县殷富，仓库积粟帛，动以万计。……上以国用丰衍，故视金帛如粪壤，赏赐贵宠之家，无有限极”。⑤ 正是由于唐玄宗的奢靡，“视金帛如粪壤”，因此，开元年间，新建大盈、琼林二库，作为天子私库，将天下进奉（进贡物品）归于天子私库。⑥ 而这一部分资产原本归属国库，这在一定程度上造成了唐代“国有”资产的大量流失，也使得天子私库和朝廷正库有了正式区分，破坏了原有的库藏管理制度，导致唐代后期在很长一段时间内，国库与皇帝私库争夺天下进奉。可见，由于唐玄宗的挥霍奢靡，不仅造成“国有”资产的大量流失，还导致了库藏管理制度的破坏；而库藏管理制度的破坏，又对唐代后期的财政混乱局面造成了深远影响。

第二节　宋代国家资产管理与宋朝的兴衰

宋代的国家资产被称为官物，皇帝或官府对其享有占有、使用、收益和处分的权利。具体来说，主要包括以下几类：一是国有土地、森林、河流、湖泊、矿产等资源；二是房产、园林等资产；三是作为财政收入的粮秣、布帛、丝绵、钱银等物产；四是车、马、邮、船等交通设施；五是官营的手工业、畜牧业等。

一　宋代国家资产的管理机构及制度

1. 官田⑦

官田，归国家所有，国家对这部分田产享有占有、使用、收益和处分的权利，突出表现在封建国家的最终支配权。宋代均田制的彻底崩溃及随着不抑兼并政策的推行和商品经济的冲击，国家土地所有权形态日趋衰落，国家享有最终支配权的土地数量相对减少。

---

① 《新唐书》卷223上《奸臣上·李林甫》，第6346页。

② 《资治通鉴》卷215，玄宗天宝五载“杨贵妃方有宠”条，第6872页。

③ 《新唐书》卷76上《后妃·玄宗杨贵妃》，第3494页。

④ 《资治通鉴》卷216，玄宗天宝十载“上命有司为安禄山治第于亲仁坊”条，第6902页。

⑤ 《资治通鉴》卷216，玄宗天宝八载春二月条，第6893页。

⑥ 《旧唐书》卷139《陆贽传》，第3793页。

⑦ 陈志英：《宋代物权关系研究》，河北大学博士学位论文，2006，第40~51页；魏天安：《宋代官营经济史》，人民出版社，2011。

宋代国有田产有官庄、屯田、营田、马监牧地、官田、职田、学田、没官田、户绝田等种类。[①] 宋代官有田产的类型不同，大致反映着其所有权自身的一些特点，如官庄、荒田、河滩沙涂田、监马牧地等自始属于国有；相对而言，逃田为暂时的“系官”田产。又如，户绝田产、没官田属于由私有转为国有的田产；职田、屯营田、学田、公廨田属于国家所有而由各级官府或官员经营收益。可见，虽皆为官田，因类型不同，其所有权产生和来源及经营管理情况存在一些差别。

官庄是指前代遗留下来的官田和其他各种应归官的田产。官庄由官府自己组织经营，形式多样。宋代官庄作为国有田产形式，其设置围绕着封建国家利益并受国家政策的影响，使不同时期的官庄来源呈现不同特点。

屯田与营田，在最初因兵耕、民耕而不同，后因屯田用兵也用民，两者遂名异实同。尽管其经营方式不同，但所有权性质相同，始终都属于官有。

职田也称职分田，随官而给，充做地方各级官吏的俸禄收入，有养廉之意，因而也称“圭田”。[②] 官吏对享有的职田可以像私人地主一样通过招租承佃的办法经营，有免乡县差徭的特权。职田只允许客户租佃，佃户则以浮客充，实行租佃制，官府对此有严格的管理规定。因官吏离任时国家有权收回，国家还可酌情予夺，体现着国家保留最终的所有权。

学田是宋政府专门拨出供应学生日常生活之用的土地。[③] 北宋初年官府下诏赐给学田的同时，对学田建立了一套完备的管理制度。各州县官府都设置专吏，管理学田，建立砧基簿登录学田，专人督促“学粮”缴纳。在对学田占有、使用上，各州县官府行使权利与随官而给、更代相付的职田的权利行使存在着一定的差别。学田采取租佃制经营，把田地租给别人经营获取地租，满足学校学生的日常生活需要。

宋代除籍没犯罪官吏的田产外，还有一系列的法律规定，使宋代出现了大量的没官田，成为官田所有权的一种重要来源。其具体法律事由主要有：因犯罪田产没入官；因交易违法及漏税者田产没官；因户绝而没官田产（包括其他财产）；等等。

官府作为土地所有人和经营者，自然会本着经济利益最大化的原则决定其管理政策。官府一方面将掌握的公田出租，把地租作为财政收入的一部分；另一方面直接参与土地买卖。封建国家作为全国最大的地主，在获得所有权利益的同时，并以此为经济基础对社会经济生活进行

---

① 郭东旭认为“有屯田、营田、官庄、学田、监牧地之分”（《宋代法制研究》，河北大学出版社，2000，第266页）；宁可认为“宋代国有土地名目繁多，主要有官庄、屯田、营田、马监牧地、官田、职田、学田、没官田、户绝田等”（《中国经济发展史》第一册《宋辽夏金卷》，中国经济出版社，1999，第1014页）；杨康荪认为“宋代由官府控制的田土名目繁多，有屯田、营田、官庄、户绝、逃田、籍没、抵当、学田、宗室财用田，以及围田、湖田、沙田涂田等诸色水利田”（《宋代官田包佃述论》，《历史研究》1985年第5期）；张邦炜从宋代官田的来源来说明官田的种类：首先是无主的荒地和失去了所有者的户绝逃田，其次也有籍没犯罪人的田产作为官田的，再次还有购买民田为官田的（《论宋代的官田》，《甘肃师范大学学报》1962年第4期）。

② （宋）王得臣：《麈史》卷上，影印文渊阁四库全书本。

③ 漆侠：《宋代货币地租及其发展》，《求实集》，天津人民出版社，1982，第176页。

调整，一定程度上发挥着缓和社会矛盾的作用。

2. 房产①、园林②

北宋时期，随着大量民众涌入城市，带动了房屋租赁市场的火爆，节节攀升的房租使得越来越多的人租不起房，露宿街头。为了稳定社会，北宋政府设置了店宅务③。店宅务，以京朝官三班、内侍三人为监官，领修造指挥五百人，负责管理和维修国有房产，并向租住公房的人收取租金。④

店宅务收来的房租，除应付日常官员的工资和开销外，其他都要上缴国库，成为宋朝一项重要的经济来源。都城开封设有“左右厢店宅务”，其中左厢店宅务负责管理东城的国有房产，右厢店宅务负责管理西城的国有房产。店宅务的收入除供皇室消费外，还以其一部分入户部财计。从北宋到南宋，州县一级的城市差不多都有一个或者一个以上的楼店务。地方城市的楼店务收入，一般作为州军公使钱，即地方官署办公费支用。私人建房等侵占或借用官地者，要纳白地租钱，其钱数量很少，不见支用则例。

店宅务的出现，虽然在一定程度上缓解了住房紧缺的问题，但还是远远不够。在灾害时期，朝廷常会适时颁发一些减免房租的政令。比如宋英宗时，曾下诏州县长吏，遇大雪天气，蠲免僦舍钱三日，每岁勿过九日。

宋朝政府还设有福田院，专门收容老幼残疾而无依靠之人。从仁宗庆历二年（1042）到神宗熙宁九年（1076），宋朝政府多次重修东、西福田院，增设南、北福田院，命工部大建住房，但凡逃荒入京的流民、赤贫破家的市民、无人奉养的老人等，尽可能安置进福田院，每年所需费用约五百万左右，全由中央财政承担。北宋末年，权臣蔡京当国，又下令各州县设置居养院、安济坊和漏泽园，其中安济坊用于慈善医疗，漏泽园用于安葬无人认领的尸体，居养院则用于住房救济，让遭了天灾的居民和无家可归的乞丐居住。这个措施一直延续到南宋中叶。

宋代的园林主要可分为四大类别：皇家园林、陵寝园林、寺观园林，以及宗室外戚、高官富商所拥有的私家园林，其中皇家园林和陵寝园林，属于国有资产。在东京城内外的百余座名园中，以琼林苑、宜春苑、玉津园、瑞圣园最为有名，谓之四园苑。这四个官办的大型园林，分布在外城四周，并有兼管城内外四方其他官办园苑的任务，因此建设得比一般官办园苑要壮观得多。以皇城为中心，将四周的官办园林分属于四园苑，由官派的三班及内侍总领，主典负责具体业务，军队既参加护园，又要进行劳动。

北宋中期，伴随官僚集团的日益庞大，冗官冗员成为严重的社会问题，一些贵族子弟也挤进园林管理部门，造成园林建设方面的许多弊端，宋廷不得不采取一些措施来加以纠正。宋仁宗天圣三年（1125），对四园苑进行了一次整顿，管理官员的专职性得到加强，管理结构中上下级关系得到疏通，不称职的人得到调整，要求四园苑勾当官“并须选曾任监押巡检使臣

① 杨师群：《东京店宅务：北宋官营房地产业》，《史林》1991 年第 1 期。

② 周宝珠：《宋代东京研究》，河南大学出版社，1996，第 469 ~ 470 页。

③ 店宅务，初名“楼店务”，太平兴国初改为“店宅务”，后又几经更易，南渡后又改为“楼店务”。

④ 《宋会要辑稿·食货》55 之 2，中华书局，1965。

充”，还下诏“自今殿宇墙屋花架损动，即申三司，立便差人检计修盖”。[①] 至仁宗庆历七年（1047），宋廷进一步采取措施，对园林管理提出更加严格的要求，诏书中规定：花草树木，有历有籍，一切登记在册。这样做的结果，堵塞了诸处随便向四园苑“取移”花木的弊病，在园林管理方面也是一次改革。正因为如此，北宋中期以后，园林保持常盛不衰，至北宋末而达到高峰。

3. 仓、场、库、务[②]

宋朝通过税收、征集与购买的大量粮秣、布帛、丝绵、钱银等，[③] 这些国有物资的储藏和保管设有专门的管理机构，宋人沿用的五代名词，通常称“仓场库务”。[④]

北宋前期，三司在财政机构中居于主导地位，权力很大，既管税收（含禁榷收入），又管许多与财政收支关系密切的官营手工业等。但是，有一笔数量相当可观的财赋三司实际却无管辖权，那就是进入内藏库的财赋。内藏库是宋太祖以北伐为目的而设置的，依靠江南金银课利的固定上供渠道，以及与三司合作设置的市易务收入遗利，储备了大量的国家财政资金。这些财政资金，除了应对高额的军费支出，还常常用于赈灾，以示“皇恩浩荡”。

宋朝内藏库在宋真宗时扩建，分为四库：金银一库，珠玉、香药一库，锦帛一库，钱一库。这种设置，反映了内藏财赋在品类结构上的特征，这是同内藏库收支结构相对应的。金银依古人观念，属山泽之入，依惯例，应归入内藏库，宋朝大体也袭用此制。由于统治者保密，内藏库每年收入财赋无法统计，皇室支出情况也是保密的，不知确切数目。内藏库用于军费、赈灾的支出频见记载，且确有相当数量。在国家财政长期吃紧、而各种开支又日益庞大的情况下，内藏库如同一座不时蓄泄的水库一样，还是在一定程度上发挥了有益的调节作用。

元丰四年（1081），改行新官制，户部理财体制取代了三司理财体制。随之而来的是，在中央即朝省范围内，财赋也分为御前、朝廷、户部三大部分。其中朝廷封桩财赋在北宋的主要体现者有元丰、元祐等库，在南宋的主要体现者则有左藏南库和左藏封桩库等。从支用方向来看，元丰等库财虽与内藏财同有储待非常之功用，但元丰等库一般只用于国家非常之用，很少用于皇室消费，而内藏财赋有相当数量用于皇室消费。

元丰改制后，户部的职权范围比三司大大缩小，三司事权分散于五曹寺监。太府寺、司农寺成为负责储财的重要机构。太府寺侧重钱帛，司农寺侧重粮草。太府寺的执掌繁重，隶属于它的机构共25个，其中左藏、内藏、奉宸、元丰、祗候、布、茶、杂物诸库为贮存财货之所，粮料、审计二院负责颁发官兵俸禄，都商税务、汴河上下锁、蔡河上下锁为征商之机关，市易司、榷货务、杂买务、杂卖场负责贸易之事，交引库掌边籴、便钱等事。另有抵当所、和剂惠

---

① 《宋会要辑稿·方域》3之11。

② 参见汪圣铎《两宋财政史》，中华书局，1995，第584～636页。

③ 参见汪圣铎《江淮泝汴漕粮入京情况表》，《北宋漕粮入京逐年定额数》，《两宋财政史》，中华书局，1995，第872～875页。

④ 《五代会要》卷25《租税杂录》，卷27《仓》，中华书局，1998；《资治通鉴》卷290《书叙指南》，卷6《仓场库务》，中华书局，2011。

民药局、店宅务、石炭场、香药库等。南宋时太府寺所领机构有增有减，大体增少减多，职事较北宋时略简。司农寺的职事在诸寺中也较繁剧，时人称其长官为“走卿”，言其为粮草等事终日奔走。司农寺下辖机构五十：粮仓二十五、草场十二、排岸司四、园苑四、下卸司、都曲院、水磨务、柴炭库、炭场等。太府寺、司农寺虽与尚书省户部有上下之别，却没有严格的隶属关系，这或多或少地削弱了户部控制财政的能力。

4. 车、马、驿、船①

北宋时期，在京城开封设有御辇院、车营务和致远务。

御辇院，负责乘舆、步辇供奉及宫闱车乘等事宜，以诸司使及内侍充任，其下另设有供御指挥使 1 人，副兵马使 3 人，辇官 92 人，分掌轮流擎御辇。次供御辇官 77 人，荷负御衣箱。下都军使 4 人，副兵马使 3 人，辇官 578 人，分给宫中及戚里车舆。车院兵士 89 人，掌禁中及诸宫院驾车。②

车营务，负责养饲驴牛驾车，提供内外的差役。以京朝官、诸司使、副、三班、内侍 3 人监充，还有役卒 4412 人。

致远务，负责饲养驴等杂畜，以供装载乘舆行幸的什器及边防军资。监官 3 人，以车营务兼领，兵校 1624 人。③

宋代的驿与递铺遍布全境，形成独立的邮传管理体制。县与重要的镇寨有驿，驿有递铺功能。两驿间距 60 里左右，其间设有递铺，两递铺间距多为 10 里或 20 里，与驿共同构成邮传网络。各递铺有曹司和节级负责，县令、县尉是县级驿与递铺的主管，州有巡辖使臣巡视按察，州通判监督考核。路级管理者是提举递铺官。都进奏院是邮传的总收发机构，而递铺的总管理机构是尚书省兵部和枢密院。

宋代漕运及其他官方物资，通常每 10 船组成 1 纲，如 50 船即编为 5 纲之类，称为纲运，如运送粮食的“粮纲”、运送奇花异石的“花石纲”之类。陆上运输官府物资，也以每若干辆车或若干个挑夫组成一纲，均由官员及兵士押送。

造船业由于海外贸易的兴盛而迅速发展。北宋时东京设有造船务，督造“纲船”（漕运船）为主，以及座船（官员坐的船）、战船、马船等类。

5. 官营手工业、畜牧业④

宋代的官府手工业同前代一样，一些重要手工业多为国家掌握和垄断，官府手工业在生产中占主导地位。宋朝官府手工业规模都较大，手工业组织也比唐时更加庞大。官府手工业专门从事宫廷的用具、服饰、器物的生产和供应，并涉及军需、营造等事业，属于百工的事务，设

---

① 曹家齐：《宋代交通管理制度研究》，河南大学出版社，2002；魏天安：《宋代邮传网络的组织结构》，载姜锡东主编《政府与经济发展：中国经济发展史上的政府职能与作用国际研讨会论文集》，知识产权出版社，2005，第 177～195 页。

② 《宋会要辑稿·职官》19 之 16。

③ 《宋会要辑稿·食货》55 之 19、20。

④ 魏天安：《宋代官营经济史》，人民出版社，2011。

有专门机构和官吏进行管理。

宋初，工部及将作、军器等监成为闲司，职务归属三司；少府监亦为闲司，另设文思院等，掌金银犀玉工巧之物，金彩绘素装钿之饰，以供舆辇、册宝、法物，及“凡器服之用”的，领有42作。另外，内侍省里的一个后苑造作所，掌管制造禁中及皇属婚娶名物，领有81作。[①] 文思院和后苑造作所的产品都不过是皇家日常使用的器物，此外，还有土木工程、军器制造、车舆制造、礼器、各种织染、盐、铁等。

元丰五年官制改革后，有关机构设置如下：工部，设有尚书、侍郎、掌百工水土之政令，所属工部司设郎中、员外郎各一人，掌制作营缮计置采伐所用财物，按其程式以授有司。少府监，设监、少监、丞、主簿等职官，掌百工伎巧之政令。分设四案，下辖文思、绫锦、染、裁造、文绣等五院，制造各种御用金、银、玉器、服饰、法物等，以及诸州铸钱监。将作监，设监、少监、丞、主簿等职官，掌管土木工匠板筑造作之政务等，分设五案，下辖十个附属单位。军器监，设监、少监、丞、主簿等职官，掌监督缮治兵器什物，以给军国之用。分设五案，下辖四个附属单位。此外，还有都水监、内侍省的后苑造作所、司农寺的都曲院、水磨务、炭场等。

官府手工业的制成品，除皇家自用及赏赐外，也有以售卖形式处理的。宋代还有较大规模的、技术更复杂的手工业，包括坑冶业，铸钱业、制盐业、丝织业、制瓷业、印刷业、造船业等。坑冶由私人（坑户）经营的，缴纳一定数额的税“岁课”；也有朝廷直接经营的，产品的运销全受朝廷的控制。

兵器作为军用物资，是国家资产的重要组成部分，兵器的生产是由官府直接控制。[②] 宋初由作坊使和副使职掌兵器生产。开封的兵器工场即名“作坊”。[③] 史称三司的盐铁部胄案主管兵器生产，其长官是判胄案一员[④]。宋神宗熙宁六年（1073），设置军器监，总管内外军器之政。军器监的长官是判军器监，副职为同判军器监[⑤]。元丰改制后，军器监已不是领导全国兵器生产的机构，而只是负责开封的兵器生产。各州府的都作院已不归军器监管辖。元丰改制后，长官为军器监、少监各一员。南宋建炎三年（1129），并归工部。绍兴十一年（1141），复置长、贰各一员。[⑥]

宋朝兵器的贮藏与生产的管理体制是分开的。宋初，开封设有军器五库在崇政殿东横门外，掌禁兵器、衣甲、枪、弩、箭各为一库。[⑦] 元丰改制后，由卫尉寺掌管藏兵杖、器械、甲胄，以备军国之用，其职能只限于开封。南宋初，废卫尉寺，并入工部。宋朝在各个府州军设

---

① 《宋会要辑稿·职官》29之1。

② 参见王曾瑜《宋代军制初探》（增订本），中华书局，2011，第404～418页；魏天安《宋代官营经济史》，第402～424页。

③ 《续资治通鉴长编》卷17，开宝九年三月己巳，中华书局，2004；《职官分纪》卷44。

④ 《山堂群书考索》后集卷4，影印文渊阁四库全书本。

⑤ 《续资治通鉴长编》卷246，熙宁六年八月庚寅；卷258，熙宁七年十二月庚午。

⑥ 《宋史》卷165《职官志》，中华书局，1985；《山堂群书考索》后集卷11。

⑦ 《玉海》卷183，广陵书社，2003。

置军器库、甲仗库、防城库之类，甚至有炮库之类更细的分贮，而且这是相当普遍的，某些县也有设置。

牲畜是国家的重要物资，宋代发展畜牧业的条件远不如前代优越，宋朝对畜牧业非常重视，建立了一套畜牧业的管理体制，并逐步健全和完备。①

太仆寺是中国古代官营畜牧业的管理机构之一，宋初沿袭前代建立了太仆寺，管理官畜，长官为太仆卿，其下有少卿、臣、主簿各一人。太仆寺的职能可归纳为两部分；一是掌管宫廷中皇帝及诸王公大臣的乘舆、车辂供应和教阅象、马；二是掌管马政、监牧的畜牧账籍、国马的饲养治疗等。

驾部是隶属于尚书省兵部下的一个司，作为官营畜牧业的管理机构之一，驾部的主要职能是掌管全国的舆辇、驿传、官营监牧马匹的增损、孳育、买马等。

群牧司是北宋时期管理官营牧马业的主要机构。具体而言，它负责马匹的内外饲养、放牧、管理、支配国马之政；检查马匹的孳育、损毙情形，对于所辖院监，如骐骥两院及内外诸坊监，转发有关诏令文牒；大事由群牧制置使和群牧使共同签署办理，小事由群牧副使、群牧都监负责处理；群牧都监或判官每年轮流出巡各州坊监，检查国马的孳育状况。②

牛羊司是隶属于光禄寺下的一个机构，主要负责供应祭祀和宫廷宴享所用的牲畜。牛羊司内有勾当官和监官，一般由京朝官、诸司使副及三班兼领。③ 羊司不是全国性官营畜牧业的管理机构，它主要为宫廷豢养牛、羊、猪等牲畜，以备宴享和祭祀之用，隶属其下的机构有牛羊供应所、乳酪院等。

综合言之，太仆寺、驾部、群牧司、牛羊司等是宋代官营畜牧业的主要管理机构。这些机构的主要职能是负责皇帝、王公贵戚的乘舆及军队的马匹供给，监牧牲畜的饲养、考课、祭祀用牲和供给消费等。它们在发展的过程中权力此消彼长，有时出现相互侵夺的现象。从总体上看，太仆寺、驾部、群牧司以管理官营牧马业为主，其中也包括驴、骡、骆驼等一些大牲畜；而牛羊司主要掌管牛、羊、猪等杂畜的相关事宜，供应朝廷。它们各有分工又相互合作，呈现出一种多元化的管理机制。

二　宋代国家资产管理的经验与教训

宋代对国家资产的管理，既形成了各项规章制度，积累了一系列值得借鉴的经验，又有诸多教训可资汲取。以下兹举数例，予以说明。

1. 滥赏无度，骄奢淫逸，导致阶级矛盾尖锐

“杯酒释兵权”时，宋太祖曾成功运用赏赐的统治手段来安抚众臣，从而为实现政权的巩固与平稳过渡创造了有利条件。此后，历代皇帝对皇亲国戚、功臣、宠臣等也多有赏赐，其中

① 参见张显运《宋代畜牧业研究》，中国文史出版社，2009，第33～42页。

② 《文献通考》卷56《职官考》10，中华书局，2006。

③ 《宋史》卷164《职官志》4，第3892页。

房产是重要的赏赐物资。

赐宅作为官房的特殊分配形式，是特殊情况下朝廷嘉奖个别达官显贵的一种手段。达官显贵们在建造或扩建者豪宅之时，不可避免地会加剧住宅用地的紧张，侵扰到周边的民居。早在太平兴国年间（976～984），宋太宗看到楚昭辅的居第低洼狭小，有意让有关部门予以扩建，楚昭辅顾虑会侵占百姓的用地，坚持不同意。宋太宗深表嘉许，赐其白金万两，让其另买宅第。[①] 君臣的爱民之心尚存，对住宅用地还比较审慎。

到了北宋后期，京师开封人烟日益稠密，居民住房甚为紧张。崇宁五年（1106）二月，宋徽宗下令在开封南部展筑京城，用来修盖诸王及帝姬的宅邸。[②] 政和六年（1116），第三次对开封外城进行增修，其目的不仅是为了加强军事防范以及容纳政权机构，也是为日益庞大的皇室成员建造馆第创造条件。

在阶级社会里，特权阶层要享受奢靡生活，必然要侵及普通百姓的正常生活。京城户口日益增多，楼宇密集，官员赐宅的面积要远远大于普通的民房，给官员赐宅一处往往要拆毁众多民居，大者亘贯整个坊巷，小者也要拆迁不止数十家，驱迫之时，扶老携幼，怨声载道。[③] 这种拆迁带有浓郁的强制性色彩，造成局部的社会动荡，带来了恶劣的社会后果。权贵们只图自己享乐，而不顾念民生之多艰，蒙赐之家所享有的荣华富贵是伴随着普通民众的血泪。随之而来的亡国之灾，使统治阶级的骄奢淫逸更具讽刺意味。

如果说北宋初期赐宅还有一些激励功臣的积极作用，而北宋后期赐宅的负面影响则更为突出，已不适宜作为一种常用的赏赐方式，因而不断有臣僚陈言赐宅的弊端。比如宋徽宗大观三年（1109），御史大夫翁彦国再次上疏指出当时赐第的严重问题：第一，赏赐为滥，赐第过多；第二，受赐之家趁机扩展宅第，致占官舍、拆民房，使民无地、无力再建房，增加了城市不安定因素和国家财政负担；第三，无功之从臣、佞幸伎术之人，凭借宠遇得以赐第，违背了赐第原则，助长了攀援货求之风，再次强调非有大勋大业者不复赐第。[④] 朝廷在这种呼吁下，取消了赐宅，改为赐钱，令其私自营造。

北宋晚期，达官显贵的奢华赐宅，一方面渲染着丰亨豫大的盛世气象，另一方面也显露出宋王朝腐败的冰山一角。北宋的覆灭固然有外族入侵的外在原因，而统治阶级的腐败及其所激化的社会矛盾，无疑是深层次的原因之一。

2. 贪腐渎职，管理不善，导致国家资产的损失浪费

对于兵器的储备，宋朝也制定了各种制度和措施，主要有：（1）严把兵器入库质量关。（2）按兵器的类别、性能分类存放。（3）各兵器库必须做好兵器储藏期间的质量管理工作；定期对库存兵器进行检查、翻到，发现有锈蚀或受潮者，要及时加以擦拭和曝晾，并努力改善兵器储藏条件；各有关部门定期委派官吏检视。（4）加强库区安全管理，在兵器库的盖造地

---

① 《宋史》卷257《楚昭辅传》。

② 《宋会要辑稿·方域》1之20。

③ 《宋会要辑稿·方域》4之23。

④ （宋）赵汝愚编，北京大学中古史研究中心校点整理《宋朝诸臣奏议》，上海古籍出版社，1999。

点选择上尽量远离居民区，严格门禁制度，申严火禁，配置一定人数的防虞官兵在兵器库四周往回巡逻。(5) 严格库藏兵器的支借与还纳制度。等等。

以上这些制度与措施本事，对兵器的储藏和管理是有利的，但是由于宋代官僚政治的腐败，并未能在实践中得当较好地贯彻执行，也不能充分发挥应有的积极作用。事实上，宋代的兵器储藏管理显得非常混乱，尤其在质量管理方面暴露出的问题最多，武库官吏每至验收兵器之时，往往只未能严把质量关，致使不少劣质兵器进入武库，这势必给以后库藏兵器出现质量问题留下隐患。不仅如此，对于已入贮的兵器，许多兵器库管理人员又不太注意加以妥善的维护和保养，加之库藏条件较差，兵器日久不用，往往朽败，损折不可用。这种情况在诸路州郡兵器库中表现得尤为突出。比如宋真宗时，王禹偁发现南方一些州城的器甲很不完备，这一方面是因为当地潮湿暴凉不利于军器的保管，另一方面则是因为长吏上下因循，不敢擅有修治。[①] 宋神宗熙宁时，陕西路提点刑狱司和宣抚司奏言，华州甲仗库弓弩不堪，原因在于监官及本州官员都不用心点检，有误缓急使用。[②] 元符年间，河北缘边安抚司报告，备城军器没有按照规矩排垛，还有不少损坏、朽烂、不堪施用之物，如遇边防缓急，势必导致阙误。[③] 北宋后期，李新指出州郡军器因循，不加修治，他建议诸州府甲仗库改善军器的收藏条件，没有楼房处，并许创置，楼房隘陋处，则添展修盖，务必保障军器经久耐用。[④] 宋孝宗淳熙年间，朱熹知南康军，指出当地武库所管兵器“皮线烂断，札片锈涩，不堪使用”。[⑤] 这些例子都充分反映出宋代兵器在贮藏管理方面存在不少问题和弊病。

总之，宋代兵器质量之所以多粗劣，除了原材料不足和生产领域的种种弊端所致之外，贮藏管理不善也是一个很重要的因素。[⑥]

3. 大兴土木，挥霍无度，导致北宋的灭亡

宋徽宗赵佶过分追求奢侈生活，在位期间，重用蔡京、王黼、童贯、梁师成、朱勔、李邦彦等奸臣主持朝政，大肆搜刮民财，穷奢极侈，荒淫无度，建立专供皇室享用的物品造作局。

政和七年（1117），宋徽宗下令在开封的东北部兴建艮岳，至宣和四年（1122）才完工。宋徽宗对奇石着迷，为了修建艮岳的假山，搜集苏州盛产具有“皱、透、瘦、漏”四大特色的太湖石，并且在苏州设立应奉局，由蔡京的心腹朱勔主持。为了搜寻出奇制胜的花石，各地官吏都带着士兵到处乱窜，高山深谷、急流险滩也无法阻挡大家为皇帝效力的热情；无论深宅大院还是草门棚户，只要有一石一木稍堪玩味，只要官员上门，做上皇家记号，立刻就身价百倍，成了御用之物，主人必须妥善保护；稍有不慎，就将被以大不敬的罪名治之。等到发运时，一般都要拆墙毁屋，恭恭敬敬地将这东西请出去，为此倾家荡产者不计其数。有的石头上

---

① 《续资治通鉴长编》卷 47，咸平三年十二月。

② 《司马文正公传家集》卷 45《乞罢修腹内城壁楼橹及器械状》。

③ 《续资治通鉴长编》卷 507，元符二年三月甲子。

④ 《历代名臣奏议》卷 222，影印文渊阁四库全书本；《跨鳌集》卷 13《乞诏州郡置架阁军器库札子》，影印文渊阁四库全书本。

⑤ 《晦庵先生朱文公文集》卷 20《与曾左司事目札子》，国家图书馆出版社，2006。

⑥ 史继刚：《宋代军用物资保障研究》，西南财经大学出版社，2002，第 192 ~ 200 页。

千人都抬不动，大到必须拆毁汴京的城门才能运进去，以当时的条件，运输如此庞然大物，必须要使用水运，发生了很多船毁人亡的惨剧。在受花石纲祸害最深的浙江东南一带，爆发了方腊起义。

宋徽宗不仅在艮岳的修筑上煞费苦心，而且在园艺管理方面使用了各种奇技淫巧，以提高游园的观赏性、参与性和趣味性。宋徽宗聘用驯兽师薛翁在园内饲养、驯化禽兽，薛翁通过模仿禽鸣、技术训练，让园内的珍禽异兽表演各种动作，达到招之即来、挥之即去的效果。每当宋徽宗临幸时，薛翁就发出号令，天上数万珍禽群翔，陆地上鹿舞鹤鸣，呈献出“万岁山瑞禽迎驾”的喜人景象，宋徽宗龙颜大悦，当即给薛翁封官加禄。在艮岳的两座大山里，修筑有数十个大小不同的岩洞。在岩洞里存放很多雄黄及卢甘石，雄黄的作用可以避蛇、蜈蚣等毒虫，而卢甘石在阴雨天“能致云雾”飘游在山谷之中。东京城中还成立了藏冰务，冬季把冰藏在冰窖里，夏季将冰搬入艮岳的岩洞内，凉气袭人，使这里成为避暑胜地。

宋徽宗荒怠于朝政，流连于艮岳，纵欲享乐，朝政一片混乱。北方日渐强盛的金朝眼看着宋朝军政腐朽，遂虎视眈眈，大兵南下。靖康元年（1126），也就在艮岳刚建好5年的时候，金兵已攻打到东京城下。不愿做亡国奴的宋朝军民，将艮岳的石头砸碎作为炮石，奋力抗击金兵。城内的老百姓满怀着对朝廷的不满，拆毁艮岳内的殿宇，砍伐万寿山上的树木，充当兵器和烤火取暖的薪柴。鹿苑中的梅花鹿等禽兽也被全部杀死以充军粮。宋朝积弊已深，君臣指挥不力，金兵不久就攻破开封城，将其洗劫一空。艮岳也就此被毁，消失在历史的长河之中。

第三节 明代国家资产管理与明朝的兴衰

明代国家资产构成中最大的部分是土地，称为“官田”。按照清朝初年著名学者顾炎武的解释，官田就是“官之田也，国家之所有”。官田的所有权属于国家，而民田则属于私人所有。官田是一个统称，可以细分出许多小类。《明史·食货志》记载：“初，官田皆宋元时入官田地。厥后有还官田、没官田、断入官田、学田、皇庄、牧马草场、城壖苜蓿地、牲地、园陵坟地、公占隙地、诸王公主勋戚大臣内监寺观赐乞庄田、百官职田、边臣养廉田、军民商屯田，通谓之官田。其余为民田。”明代官田数量大约相当于民田的1/7。《明史》卷77《食货一》记载：“弘治十五年（1502），天下土田止四百二十二万八千五十八顷，官田视民田得七之一。”国有资产的第二大部分构成是矿产资源，包括矿产、盐场等。矿产有金银矿、铜矿、铁矿、水银矿及矿质颜料青绿矿。明代后期，每年的盐课银在100万两白银以上，是明代后期国家收入的重要组成部分。明代国有资产的第三部分构成是国家所有的房屋、仓库及物资。明朝建立初期，定都南京。朱元璋即命令在南京的龙江、仪凤门、钟阜门一带建设民房，分给军民居住。明朝政府还在南京城的三山门外修建房屋，用以贮存商人的货物，称为“塌房”。住在廊房的居民，按间数大小，每间每季向国家缴纳一定的宝钞或铜钱。官店经营商货过栈业务，向商人收取货物保管费形式的商税——官店钱。明朝政府在全国各地都设有仓库。京城、运河沿线及各省都有仓库，地方上的州县也有预备仓。京城的主要仓库在宫中，时称内十库。明代国有资产的第四部分是官营手工业，主要是指为宫廷服务的织造、烧造等业。

一　明代国家资产的管理机构

明代国家资产的管理比较复杂，不存在一个统一的中央层面的管理机构，而且往往因行业性质的不同而有不同的隶属。

1. 户部

最大的国家资产管理机构，自然是作为国家财政主管部门的户部。自明朝初年废除中书省之后，吏、户、礼、兵、刑、工六部成了主要的行政机构，直接对皇帝负责。户部设尚书一人，左、右侍郎各一人，作为副手。《明史·职官志》载："（户部）尚书掌天下户口、田赋之政令，侍郎贰之。"

户部管理全国所有的田地。因此，对官田征收田赋是户部的职责。然而，户部对官田的管理并不直接。对官田田赋的征收，更多地是由各级政府负责，即省一级的布政司以及其下的各府、州、县。

户部直接管理的国家资产，主要是京城的仓库。内十库中，贮存军服的乙字库属于兵部管理，贮存弓箭的戊字库、贮硫黄等物的广积库，以及贮存丝纱的广盈库则属工部管理，其他六库则都由户部管辖。此外，太仓银库、御马仓、军储仓、通州张家湾盐仓检校批验所等仓库亦由户部管理。各个仓库都设置大使、副使等官直接负责。为加强管理与协调，从宣德五年（1430）起，户部添设总督仓场一职，一般带户部尚书或侍郎衔。

户部管辖下的很重要的一部分国家资产，是国家通过食盐专卖而得到的收入。但是，盐的专卖没有一个负总责的主管官员，也没有建立起一个专门的中央机关，通常是户部尚书监管，下面由 6 个都转运盐使司、7 个盐课提举司进行管理来实现的。

金属矿的开采，亦在户部管辖之下，并且通过各地的场局征收银课得以实现。早在洪武十九年（1386），明朝就在福建尤溪县的银屏山开设银场局，管理下属的冶炉 42 座，同时在浙江的温州和处州的丽水、平阳等七县设置银场局。银场局负责征收银课，岁课 2000 余两。到永乐年间（1403～1424），金场局、银场局的设置更多，仅福建一地每年岁征银课就达到了 3 万两，浙江增加到 8 万两。在开采铁矿的地方，朝廷则设铁冶所。明朝初年有 13 个铁冶所，每年向国家输铁 746 万余斤。后来铁矿向民间开放，允许百姓自行采炼，但抽取一定比例的铁归国家，"每三十分取其二"。水银、硃砂的开采地，亦设场局。

2. 工部

工部负责国家的工程建设、军事物质供应、公用物质采办与贮备，下设营缮、虞衡、都水、屯田四司。工部营缮司负责宫殿、陵寝、祠庙、仓库、廨宇、营房、王府的宅第等建筑的营建，以及皇帝使用的车驾、仪仗、乐器等物的置办与修缮，甚至还包括监狱之中狱具的置办。为此，营缮司要组织匠户服役，还负责管理贮备物资的仓库如神木厂、大木厂、台基厂、琉璃厂等。一旦发现建筑或设施出现问题，就必须及时修缮。一些新升任的高级官员如内阁大学士，如果没有自己的办公场所，则由工部向皇帝奏请择地建造。

工部虞衡司负责采办与陶器烧造之事，所谓“典山泽采捕、陶冶之事”，职责在于将山林川泽之利转化为国家日常事务中所需要的物资。转化的途径，一是直接采办，二是通过抽分，即抽取实物税的分式征取。采办的内容包括“鸟兽之肉、皮革、骨角、羽毛”，以供“祭祀、宾客、膳羞之需，礼器、军需之用”。工部的屯田司，除负责屯田事务外，还要负责雇人伐薪烧炭。这些薪炭，在南方则取自沙洲水滩，在北方则取自山麓。

3. 光禄司、太仆寺及上林苑

光禄寺掌管祭享、宴劳、酒醴、膳羞之事，实际上是负责宫廷饮食供应及朝廷公费餐饮接待，对礼部负责。光禄寺下有大官、珍羞、良酝、掌醢四署及司牲、司牧二司，分别负责供应祭品宫膳、肉食果类食物、酒醴、糖油酱盐等事，因此掌管了大量与饮食相关的物资，甚至包括专为食品降温而准备的冰块。明代后期，朝廷动辄用银，故光禄寺在万历二年（1574）的时候又增设银库大使一人，表明光禄寺亦有了自己的银库。

太仆寺负责牧马，对兵部负责，掌管种马、马场等国家资产。除京城的太仆寺外，还在沿边地界山西、甘肃、辽东、陕西等处设行太仆寺养马。明代中后期，马政改革，由民间代养变成缴纳马银，而太仆寺的马价银也就成了16世纪明代国家财政的重要部分。明朝为牧养马匹，又设苑马寺，圈地养马，下设各牧各苑，牧设监，苑设圉长，共管辖六监二十四牧之马政。牧、苑内的草场及马驹，皆是国有资产。

上林苑为宫廷食用蔬果的专供基地，东至白河，西至西山，北至居庸关，南至武清，西南至浑河，由正五品的上林苑监管理。上林苑监正及其属官们，负责督率养户、栽户饲养禽兽，种植树木瓜蔬果，以供祭祀、宾客以及宫中使用。在这一范围内，禁止围猎。光禄寺采办的蔬果，一般由上林苑提供，不够的情况下才向民间购买。

4. 宦官机构

为皇室服务的宦官机构，直接替皇帝管理大量国家资产。明代的宦官机构有十二监、四司、八局。十二监中的内官监，据《明史·职官志》规定，“掌木、石、瓦、土、塔材、东行、西行、油漆、婚礼、火药十作，及米盐库、营造库、皇坛库”，表明其下管辖了一些手工业及仓库。四司之中的惜薪司，掌管宫中所用薪炭，而宝钞司掌管制宝钞所用的粗细草纸。八局之中，兵仗局掌制造军器，下辖火药司；银作局负责制造金银器饰；巾帽局掌管宫宦官的帽靴，以及驸马冠靴、藩王之国时诸旗尉的帽靴，等等；针工局负责宫中衣服；内织染局负责染造御用及宫内应用的缎匹，设在城西的蓝靛厂归其管辖；酒醋面局掌管宫中的食用酒醋、糖浆及面豆等物；司苑局掌管蔬菜瓜果。可见，宦官几乎全面涉足宫中的物资管理与贮备。

外廷的户部、兵部、工部所管理的“内十库”，都设掌印太监管理，其财物的收纳都由宦官掌管，其支出亦必须经由宦官之手，而外廷的行政机构不过掌管账目而已。十库之外，又有御酒房、御茶房、牲口房、甜食房、盔甲厂等机构。各处解来的折粮马匹，也要让兽医辨验明白，交御马监交收。外国及土官献给皇帝的“金银财宝、段匹之类”类似于国礼之类的物品，则一般先摆在殿前丹陛等处陈设，然后“交付长随内使收受”，归入宦官的管辖之下，成了皇帝的私物。皇帝的皇庄，是官田的一部分。皇庄在官田中也占较高的比例。嘉靖年间（1522～1566），户部尚书孙交在皇帝的命令下对所有的“宫庄”进行清理，编造《皇庄新册》，载明当时皇庄的田数为180690顷左右。这部分土地，实际上却完全是由宦官们在打理，其全部产出也全归皇帝个人享用。

国有资产由国家行政部门与皇帝的家奴宦官机构共同掌管，成了明代中央层面的国家资产管理的一大特色。

二　明代国家资产的管理制度

明朝政府在管理国有资产的制度设计上，有合理的成分，也有不合理的成分。一方面，明代作为中国封建社会后期的一个朝代，其国家资产的管理比较成熟，国家资产的收支与管理都有一些比较成型的制度，并且与其高度集权、发达的监察体系等政治特征相应，形成了一些较为特殊的制度，如金花银制度，以及监察机构对国家资产的全面参与。另一方面，由于皇权膨胀，国家的资产与宫廷开支其实不分，皇帝可以肆意攫取国家的财富，而皇帝豢养的家奴宦官全面涉足国家资产的管理，并借机中饱私囊。

1. 收支监管

明代国家资产的收支与监管，皆有一定之规。以工部节慎库为例，工部节慎库建立于嘉靖八年（1529），其建立是为了适应明代中后期大量的抽分物资折成白银缴纳的变化，主要贮放工部征来的白银、铅、铜、铁。节慎库每年入库的白银大约在80万两左右，数量上仅次于户部管辖的太仓，可见非常重要。节慎库设置大使一人（正九品），账目管理则由工部的营缮、虞衡、都水、屯田四司轮流派遣一名主事（正六品）来进行掌管。白银入库，除了工部官员到场外，负责监察的科道官员也会一起到场，即一位户科给事中，与巡视该库的都察院御史，会同工部四司的郎中（正五品）一起会估，造册奏报皇帝。入库验收之前，先要到厂库衙门挂号，然后送库贮存，一般在每月的四日、九日下库，而且禁止夜间以蜡烛照明入库，以防有人趁昏暗进行盗窃。工部四司的财物，一般分开四处存放。其支放，先要到工部领取发领单，规定何时领取，再到库中支领，登记造册。库中还设置册库，存放账簿，以便稽查。

国有土地与房屋的管理，也有相关的规定。例如，嘉靖年间规定，凡公主、开国功臣中的公爵及其子孙们从朝廷得到的庄田，世代较为久远的，要将庄田的70%退回，交还给政府。明朝政府亦时常清理被权贵们侵占的国有房屋。例如，正统二年（1437），皇帝派御史李彝前往南京清查被权贵侵占的田地与房舍，结果清理出了官地2350亩、房屋1228间。这些土地后来分配给军队的士兵耕种，而房屋则召租，租赁给军民。

2. 征收

在国家资产的征收上，也有一些合理的制度规定。例如，山林川泽虽然归国家所有。但是，国家对资源的开采却有一定成规，亦遵循自然规律，尽量不竭泽而渔。工部的虞衡司负责下令有司采捕各种可以供祭祀和食用的野生动物，但是明确规定“冬春之交，毒药不施原野”，以保证野生动物在繁殖季节的繁殖。除了某些特殊区域外，国家对山川林泽之利并不完全垄断，对庶民也实行部分开放，通过征取一部分税收而让老百姓自取其利，所谓“凡山场、园林之利，听民取而薄征之”。

3. 支出

国家资产的使用，亦有一定之规。明代国家资产的开支，极大一部分是用于军费。明朝政府每年往北方边境地区支付的军费——年例银——在300万~500万两白银，而户部太仓每年缴入的白银也不过200万两左右，需要靠其他的盐课银与马价银的收入来弥补其间的差距。

在国家资产的使用中，较为巨大的一项开支是皇帝、宫廷及宗藩的开支，其次是官员的俸禄。皇帝及宗藩的开支日渐增大，成了明朝后期财政的巨大负担。皇帝对国家资产的占有与使用，原本有一定的制度设计。金花银便是一项专门留给皇帝使用的白银。最初，专供皇帝使用的内承运库中的金银，只是从矿产税中获得，到明英宗正统元年（1436）国家田赋中的一部分改折银缴纳，每年约100万两，全部送入内承运库，供皇帝挥霍或赏赐武臣使用，称为“金花银”。按照这一制度安排，皇帝的开支应在金花银的范围内支取。但是，明代皇权既然没有约束，皇帝就可以支取户部太仓的白银。正德年间（1506~1521），宫中的宦官们向皇帝禀报说内府财用不足，请支太仓银。户部尚书按照规定予以抵制，但最终皇帝还是支取了太仓的白银作为宫廷使用。从永乐朝（1403~1424）起，皇帝开始设立自己的私人庄园——皇庄，而且皇庄的发展到16世纪末期遍及京畿。明代皇帝对王公贵族要求赐田的请求往往来者不拒。例如，万历皇帝让自己的儿子福王朱常洵到河南做藩王的时候，便一次性赐田4万顷，在大臣们极力反对的情况下才减半为2万顷。于是，福王的王庄遍及河南、山东、湖广等地。可见，明朝的国家资产管理上尽管有一定之规，却经常被皇帝当做私人财物进行处置。

4. 国家资产管理中宦官的全面参与

由于宫廷开支与国家财政并没有严格的分隔，皇帝的家奴宦官在国家资产的管理中全面参与。使用宦官，不但可以让皇帝更放心，而且便于皇帝本人不受约束地挥霍国家资产。

前述的宦官机构中，不少机构除有管理国家资产的职能外，皇帝还经常派宦官对国家资产管理进行干预。宣德年间（1426~1435），皇帝已开始使用宦官来管理北京和通州的粮仓。户部的太仓以及工部的节慎库是国家的两大银库，皇帝也可以加派宦官进行管理。例如，天启七年（1627），皇帝就曾经派宦官涂文辅总督太仓银库和工部节慎库。户部负责榷税，工部负责许多物料的采办，然而，自成化年间（1465~1487）到嘉靖年间（1522~1566），皇帝往往派宦官到景德镇，烧造御用瓷器。万历年间，皇帝派出矿监、税使，四处搜刮金银，进奉宫中。再如，上林苑虽有上林苑监进行管理，然而正德年间增设了上林苑监督内臣99员，后来继任的嘉靖帝于嘉靖元年（1522）革去80员，意味着仍有19员宦官参与上林苑的管理。宦官因为受皇帝的信任，常借机侵吞国家资产。《明史》称，“凡为仓库害者，莫如中官”，认为宦官是侵盗仓库的罪魁祸首。他们在宫中兴工营建时，借着管理物料的机会大肆贪蠹，往往是库藏发百万金，而朝廷止得十余万金之用，侵占90%。例如，有一次乾清宫修缮，前后共支白银五六万两，而实际使用的白银仅3000两。

5. 审计与监察

在明朝国家资产的管理制度中，有一定的稽查制度，而主要负责稽查的是科道官，也就是都察院十三道御史及六科给事中。科道官向来被称为皇帝的“耳目之臣”。六科负责“稽查六部百司之事”，其中重要的一项职能便是审查各部收支是否有弊端。六科中的户科，“监光禄寺岁入金谷，甲字等十库钱钞杂物，与各科兼涖之，皆三月而代”。《明史·食货志》载：“凡甲字诸库，主事偕科道巡视。太仓库，员外郎、主事领之，而以给事中巡视”。隆庆元年（1567），吏科给事中管大勋就曾经受皇帝的委派前往稽察工部的银库——节慎库——在之前三年内的收支情况。再如，光禄寺负责祭祀宴享，“监以科道官一员，察其出入，纠禁其奸弊”。接受科道官员稽查的不仅仅只有户部、工部或光禄寺。太仆寺管马政，每三年要与御史一人前往印烙，精选健马。在食盐专卖方面，皇帝定期会派出巡盐御史，对各个食盐产区加强管理。可见，明代国家资产的管理中，监察机构的全面参与是一项重要制度。

三　明代国家资产管理的经验与教训

1. 统治者提倡对国家资产的节用

明代国家资产管理有一些好的案例，充分体现出节用的管理原则。首先，一些爱民的皇帝和官员，深知不应让国家资产贬值和浪费。例如，1424 年 11 月，刚刚即位不久的明仁宗朱瞻基对大臣们说：“我听说南京的抽分厂积贮了大量的薪柴，龙江提举司积贮的竹木也很丰富。现在南京人很难得到薪柴。与其存放过久腐烂，不如将它们散发给老百姓。除维持每年的使用需求之外，工部应将这些薪柴竹木都卖掉。”于是，从第二年起，南京应天等府所应缴纳的芦柴，80% 折成宝钞缴纳。这便是要求国有资产在保存过程中不应贬值和浪费、虚耗。如果国有资产存在贬值风险时，应该让国有资产以合适的方式流动起来，既实现保值，又实现服务于国家的目的。其次，明代一些优秀的官员在管理国有资产时也有系统思维，从而使资源得到合理配置。例如，周忱在江南巡抚时，有一年明宣宗因为北京皇宫要修缮，派人赴江南命周忱征集牛皮胶 1 万斤以供宫室的粉刷彩绘之用。周忱正好因事去北京，同钦差相遇于途中。钦差要周忱赶快返回江南采办牛皮，周忱却并不立即折回，反而兼程进京。到北京后，他把京城仓库中大批贮存多年的行将朽腐的牛皮取出煎胶，以供急用。回任之后，他再采办新牛皮补充北京库藏。

2. 统治者依靠专制权力肆意侵吞国家资产，会造成王朝的腐败和巨大的社会动荡

明朝一些昏庸的君主，往往贪婪地掠夺社会财富，将大批国家资产占为己有。这样的例子，以明朝万历皇帝（1573～1620 年在位）向外派出大批矿监税使最为典型。人君富有四海，照常理看是没有必要与民争富。明朝的开国皇帝朱元璋读《宋史》的时候，见到宋太宗改椿库名为“内藏库”，就感叹地说：“人君以四海为家，因天下之财供天下之用，何有公私之别？太宗，宋之贤君，亦复如此！”然而，后来的明朝诸帝在敛财上丝毫不逊于宋朝的皇帝。从“金花银”到“皇庄”，再到明神宗派矿监、税监搜括民财，明代皇帝对国有资产的侵吞越演越烈，著名的明清史学者孟森先生感叹说：“帝王之奇贪，从古无若帝（指明神宗万历皇帝）

者”！向全国派遣矿监，始于万历二十四年（1596）。这一年，万历皇帝派御马监太监鲁坤会同户部郎中戴绍科、锦衣卫佥书杨金吾前往河南开矿，承运库太监王亮同锦衣卫官员张懋中往北直隶的真定等处开矿。当时，户部尚书杨俊民和兵部尚书石星提出反对意见，但并未能改变皇帝的想法。一时间，矿监四出：陈增去了山东的青州等地；王忠去了陕西的横岭；田进去了永平府；王虎去了真定府。同时，皇帝还向各地派出税监。最早派出的税监，是御马监太监张烨。他被派到北京东面通县的张家湾征税。不久后，太监韩济被派到天津收取店租。此后，运河及内河重要港口如临清、京口、仪真、东昌、苏州、杭州、湖口等地都有税监。他们倒是忠实履行为皇帝敛财的职责。此后十年中，几乎每个月都有矿监、税监向内库进奉银子的记录。例如，万历二十五年（1597），山东矿监陈奉就进奉矿银530余两，河南矿监鲁坤进奉矿银7400余两。万历二十六年（1598）十二月，临清税使马堂向皇帝进贡了8100两税银。据学者统计，10年中总共进奉的矿、税银约500万两。这项收入是一个大项目，仅次于农业税和盐税。矿监、税监的出现，使得大批国库应有收入反而流入到皇帝及太监们的私囊之中。而且，矿监、税使的横征暴敛，只是为皇帝一己之私利，全不顾国家的大体，为增加税银，竭泽而渔，小商小贩一律不放过，从而抑制了一些原本商业繁华地区的商业发展。为反抗这种横征暴敛，各个城市不断发生民变。例如，万历二十七年（1599）四月二十四日，运河边的重要城市临清，三四千名生计受到影响的商人聚集到马堂的衙门之前，放火烧了马堂的衙门。宦官陈奉的行为则更为不端，走到哪里，民变就发展到哪里。诚如后来内阁大学士沈一贯所描述的，“陈奉入楚，始而武昌一变，继之汉口，继之黄州，继之襄阳，继之光化县，又青山镇，逻阳镇，又武昌仙桃镇，又宝庆，又德安，又湘潭，又巴河镇，变经十起，几成大乱”。就是当时的各省大吏，对矿监、税监也是不能忍受。凤阳巡抚李三才就数次上疏，指出矿监、税监之害。他说：“陛下爱珠玉，民亦慕温饱。奈何陛下欲崇聚财贿，……而不使小民适朝夕之乐！”又吓唬皇帝说：“一旦众畔土崩，小民皆为敌国。……陛下怏然独处，即黄金盈箱，明珠填屋，谁为守之？”最后，皇帝在万历三十三年（1605）下旨停止开矿，召回矿监，但税使依然留在各地。在万历三十四年（1606）的云南民变中，由于一些军官的参与，税使杨荣被处死，尸体被扔到火中焚烧。消息传来，万历皇帝大怒，数天不食。他说：“荣不足惜，何纲纪顿至此！”殊不知，纲纪是需要维护的！万历皇帝不理朝政，唯独对宦官们搜刮民脂民膏的举止十分关注，又如何能维护好基于儒家伦理而建立的纲纪呢！儒家纲纪是重义而轻利的，重利忘义的万历皇帝自己已然违背了这种纲纪，又如何要人民去遵从呢？万历皇帝敛财所得的大量白银，贮藏在宫中，称为内帑。大臣们因为边疆战事多次请求发内帑，但都遭到拒绝。相反，福王之国，“赐田二万顷，盐引万计”，又是侵用国有资产做皇室私用。最终，明朝的政治与财政危机在明朝万历年间越演越烈，以至后人有“明之亡亡于万历”的感叹。

正反两面的例子表明，统治者合理而有节制地使用国家资产，在保证正常公务支出的前提下还利于民、用之于民，就能得到人民的拥护和支持。相反，为一己之私欲而采取杀鸡取卵、竭泽而渔式的敛财方法，就会危及其统治的经济基础，最终付出代价。

第四节　清代国家资产管理与清朝的兴衰

清代的非经营性国家资产大致由皇家宫殿园林、国有土地、水利工程、官营的非经营性手工业、驿站与邮传五部分组成。清代北京的皇宫称故宫，平面布局以大殿（太和殿）为主体，取左右对称的法式排列诸殿堂、楼阁、台榭、廊庑、亭轩、门阙等建筑。故宫东西宽750米，南北长960米，面积达到72万平方米。清代自顺治至雍正时期，国家统一，社会生产发展，国家财富有了一定的积累，陆续开始了园林建设，整顿了南苑及西苑，初步构建了畅春园、圆明园及热河避暑山庄。乾隆、嘉庆时期，国家财力达于极盛，集中财力经营西郊园林及热河避暑山庄，圆明园的格局在乾隆年间基本形成。此时，还整治了北京西郊水系，建造了清漪园这座大型的离宫苑囿，即为今日颐和园的前身，并对玉泉山静明园、香山静宜园进行了扩建，形成西郊三山五园的宫苑格局。清代的国有土地分官庄、官田、屯田三种。清代的水利工程以畿辅地区所建规模最大，主要是开引河流，疏导泉源，筑造堤坝，在新疆等边远地区也建设了一些水利工程，江浙地区还建有海塘。官府手工业大体上分为两大部分，一部分是直接为皇帝、贵族、政府和军队的特殊需要而设立的，涉及纺织、瓷器、金银器、建筑、兵器、铸币等；另一部分则是与国计民生密切相关的物资，因其社会需求量大，利润高且有些涉及国家安全，往往由政府直接经营，如盐、铁、酒、茶叶等，主要实行政府专卖制。清代的邮驿由驿、站、塘、台、所、铺等六种形式构成。全国共有驿站1972处、急递铺13935所。这些邮驿遍及全国各地，京师的皇华驿是其中的总枢纽，以其为中心，形成了东北路、西北路、东路、中路、西路五个分中心。以上的这些非经营性国家资产，在清代有着一整套较为完善的管理机构，这些国家机构为国家资产的有效运转，提供了保障。

一　清代国家资产的管理机构

清代非经营性国有资产可分为皇家资产和国家资产两部分。皇家资产主要是由内务府管理；国家资产主要由中央六部中的户、工、兵三部掌管。

1. 皇室管理机构

自清廷入主中原以来，设立了专门掌管皇族事务的内务府。既而因太监吴承辅所言，又专门设立十三衙门，为皇帝及其家族服务，在宫廷内侍奉皇室及其家族，以宦官为主管，致使弊端丛生。至康熙时，罢黜十三衙门，仍立内务府，至此，内务府成为管理皇家事务的总机构。总体来说，皇室的管理机构建置如下。(1) 府：宗人府，掌管皇族之属籍，以修玉蝶，统系亲疏。内务府，掌内府财政，用以祭祀、飨宴等事宜。詹事府，掌坊局之政事，遇会议朝审等事宜。(2) 寺：太常寺，掌祭祀、礼乐之事。光禄寺，掌飨祭、宴劳、酒礼、膳馐之事。太仆寺，总掌皇家之马政，畿辅牧马养马之事宜。鸿胪寺，掌朝会宾客、吉凶礼赞之事。(3) 太医院：掌皇家医疗事宜。

2. 国家中央管理机构

户部。户部掌管清代的中央财政大权，凡中央国家资产费用的支出，都必须经过户部批准。户部设立了银库、段匹库、颜料库总管国家财政。其下又设立十四清吏司，分管各省民赋收支情况。其设置大概为：布政司库，为一省财政之总汇机构，布政使需稽查各地收支出纳总数，上报于户部。按察司库，储藏罚缓银钱，岁输刑部为用。都粮道库，管理由州县征缴的漕赋银。驿道库，储藏驿站马夫工料等事宜。河道库，贮藏河饷。兵备道，储藏兵饷。盐运使库，盐法道库，凡大使之征缴商人所得盐税皆入两者。

工部。清代工部是管理全国工程事务的机关。职掌土木兴建之制、器物利用之式、渠堰疏降之法、陵寝供亿之典。凡全国之土木、水利工程，机器制造工程（包括军器、军火、军用器物等），矿冶、纺织等官办工业无不综理，并主管一部分金融货币和统一度量衡。清代工部下设四司：营缮清吏司，掌宫室官衙营造修缮；虞衡清吏司，掌制造、收发各种官用器物，主管度量衡及铸钱；都水清吏司，掌估销工程费用，主管制造诏册、官书等事；屯田清吏司，掌陵寝修缮及核销费用，支领物料及部分税收。除四司外，清设有制造库，掌制造皇帝车驾、册箱、宝箱、仪仗、祭器等；节慎库，掌收发经费款项；料估所，掌估工料之数及稽核、供销京城各坛庙、宫殿、城垣、部院衙署等工程。

兵部。清代的驿务管理，归于中央兵部，专设一车驾司，任命官员七人，主管全国驿道驿站。同时，又在皇宫东华门附近，设置了专门管理机构，由满汉两大臣会同管理京师和各地驿务联系，下设有马馆，专门负责驿夫驿马，又设立有捷报处，收发往来公文和军事信息。

这些机构在设置上，形成了较为完备的运转机制。由此，也形成了许多可资借鉴的管理制度。

二 清代国家资产的管理制度

清代在国有土地、水利工程、非经营性手工业、驿站与邮传方面建立了一系列较为可行的管理制度，为我们今天的国有资产管理提供了借鉴与参考。

1. 对国有土地的管理政策

清代对国有土地的管理十分重视，采取了鼓励垦荒、改善田赋制度，实行了“滋生人丁，永不加赋”的政策，以保证土地的开放与利用。

（1）鼓励垦荒

清初在籍土地有290万顷，仅相当于明末在籍土地的1/3，大量无主的荒地，既是制造社会矛盾的隐患，也是清政府赋税缺额的重要原因。时人论曰：“无地则无民，无民则无赋，惟正供有亏，根本之伤。”[①] 可见，对荒芜土地加以有效的管理，是维护社会稳定、增加财政收入的前提与保证。有鉴于此，清廷实行了一系列鼓励垦荒的政策。

第一，将垦荒作为考核、选拔官员的标准之一。顺治六年（1649），清廷命令各地方官员

① （清）卫周胤：《请陈治平三大要》，见《皇清奏议》卷2，（台北）文海出版社，1967。

将无主荒地，无论原籍，广加招徕，编籍入册。命将无主之地，州县官府将给予印信，以资凭证，令其开垦耕种，并规定“以招民劝耕之多寡”为官员的考核标准。① 不仅垦荒与官员的考核相联系，对官员的选举也有参考作用。顺治十七年（1660），便有规定：“垦地百顷以上，考试文义通优者以知县用，疏浅者以守备用；垦地二十顷以上，文义通优者以县丞用，疏浅者以百总用。”②

第二，鼓励农民垦荒。为了鼓励农民参与垦荒，清政府宣布放宽起征赋税的年限，分别规定，凡农民耕种的荒地，可在3年或6年后起科。为了帮助农民耕作，清政府还向农民发放牛具银。牛具银，即清廷承若，凡开垦荒地之流民或贫困者，可由国家发给牛种，用于耕作。但清廷发放的牛具银并非无偿的，其规定：自官府给予牛具银后，第二年要缴纳一半银两，第三年需全额纳给官府所发放的牛具银。

第三，让兵丁参与屯田垦荒。顺治九年（1652）八月十九日，礼科给事中刘余谟上奏请屯田。他认为国家钱粮，每岁大半皆用于兵饷。又加之各省水旱异常，处处请蠲请赈，故建议湖南、四川、两广地区统兵诸将及地方官，凡遇降寇流民，选择其中强壮者为兵，令其屯田。这个建议得到顺治帝的认可，于是下令各地实行军屯。如顺天府给予守备兵每人10亩荒地，令其耕种。四川也在保宁、顺庆、龙安、潼川等地实行兵民屯田，以供军需。

清初通过一系列鼓励垦荒的措施，至康熙年间已经初见成效。顺治时期，全国垦田已达到680万顷，到康熙末年，已有在籍田地近900万顷。康熙帝曾赞叹道：“前云南、贵州、广西、四川等省，遭叛逆之变，地方残坏，田亩抛荒，不堪见闻。自平定以来，人民渐增，开垦无遗，或沙石积难于耕种者，亦间有之，而山谷崎岖之地，已无弃土，尽皆耕种矣。”③

（2）对田赋征收的改进与完善

为了改进对田赋的征收办法，清廷于顺治十四年（1657）年颁布了第一份《赋役全书》。该书罗列了地丁原额、荒亡、实征、起运、存留等数额。康熙二十四年（1685），又下令重修，对旧书中地亩钱粮书目分厘丝毫等尾数过长、不易检核之处，进行了删减，定为《简明赋役全书》，该书与旧书相辅相成，以备随时查考。至康熙三十年（1691），又诏令各省各州县，将《赋役全书》科则、输纳数目公示，此后清朝政府的赋役数额被固定下来，各衙门需凭此征收，不得任意更改。

除了编写《赋役全书》，清廷还实行了“串票”制度。“串票”又称“截票”，是百姓向官府缴纳钱粮的一种收据，一般为一式两联或三联，因而故名“串票”。《清文献通考》曰：“截票之法：开列实徵地丁钱粮数目，分为十限，每月限完一分。其票用印钤盖，就印字中分而为两，一给纳户为凭，一留库柜存验，即所谓串票也。”④ 康熙二十八年（1689），清廷又在二联票的基础上改为三联票，新增一联交由催征差役监督。随后，又演变为四联票，中间程序

① 《清世祖实录》卷43，顺治六年条，中华书局，2008。

② 《康熙会典》卷8《吏部汉缺选法》，（台北）文海出版社，1993。

③ 《清圣祖实录》卷249，康熙五十一年条，中华书局，2008。

④ 《清文献通考·田赋一》，浙江古籍出版社，1998。

较为烦琐，没过多久，又改回了三联票。

清廷所颁布《赋役全书》，实行截票制度，都是要避免土地征收过程中的漏洞环节，增强国家的监督机制。但是，在实际运作过程中效果并不明显。因为，从刻印截票、填写课征额度的权利，都掌握在地方各级官僚手中，这就很难避免公私舞弊的行为。虽然如此，清廷对土地赋税征收方式的改进，也有其积极的社会意义。它在一定程度上减轻了百姓赋役负担，有利于封建社会秩序的巩固与稳定。

（3）“滋生人丁，永不加赋”

康熙五十一年（1712）二月，颁布了摊丁入亩的新政：“今海宇承平已久，户口日繁，若按现在人丁加征钱粮，实有不可。人丁虽增，地亩并未加广，应令直省督抚，将见今钱粮册内有名丁数，勿增勿减，永为定额。其自后所生人丁，不必征收钱粮，编审时，止将增出实数察明另造清册题报。”① 因此，自康熙朝开始，清廷“征收办粮，但据五十年丁册定为常额，续生人丁，永不加赋”。② 康熙五十年（1711），清廷所掌握的全国人丁约有2460万，所应征收的丁银335万余两。这些人丁数所应缴纳的银两，将被固定成定额，以后不再因人丁的增长而加派钱赋。

当然，清廷的这项政策首先是有利于封建王朝的统治的。这项政策的实行，使得清政府的财政收入连年递增。清初，其对土地的财政收入每年仅2000万两白银左右，到了康熙、雍正时期，则增长到2500万两白银以上，特别是乾隆年间，竟增至3300万两白银，成为维系清廷运转的重要物质基础。

另外，我们也应看到，这项政策的实施在一定程度上也刺激了劳动者的生产积极性，使佃农、手工业者、小商人摆脱了丁银的束缚，减轻了他们对封建土地的人身依附关系，他们有了更多的自由，自谋发展，从而促进了当时社会人口的增长，对国家经济的长远发展与复兴起到了重要的意义。时人王庆云便曰：“惟均之于田，可以无额外之多取，而催科易集。其派丁多者，必其田多者也，其派丁少者，亦必其有田者也。家家无藏匿，里户不逃亡，贫穷免敲扑，一举而数善备焉。所不便者，独家止数丁而田连阡陌者耳。”③

除了对国有土地的有效管理外，在对水利工程的建设方面也卓有成就，这是与清代积极投入水利工程的修建密切相关。

2. 积极投入水利工程的修建

水利工程是清代国家资产的重要组成部分，清代对水利工程的修建主要有两个方面：一是对黄河的治理，二是对海塘的修复。

黄河之患，历代皆有。黄河的河道自古经历的六次较为显著的变化，但是在元至元（1335～1340）以前，黄河尚未承担漕运的功能，故治之较易。至元以后，黄河的水上运输功

---

① 《清圣祖实录》卷249，康熙五十一年二月壬午。

② 《钦定大清会典事例》（嘉庆朝）卷133《户部·户口编审》。

③ （清）王庆云：《石渠余纪》卷3，清光绪十六（1890）年刻本。

能日益凸显，这使得治理十分困难。特别是清咸丰年间（1851～1861），黄河河道北移动，在咸丰元年（1851）八月，南河丰北厅所属三堡发生了决堤，河水漫过堤顶，水深三四米。黄河河道北迁，由沛县华山、戚山，分注微山、昭阳等湖，外泛运河，致使丰沛、铜山、砀山等县民田房舍多被淹没。咸丰五年（1855）六月，黄河在兰阳铜瓦厢（今河南兰考附近）决口，先向西北斜注，淹及封邱、祥符二县村庄，复折转东北，漫注兰仪、考城及南隶长垣等县村落，复分三股：一股由赵王河走山东曹州府南下注；两股由直隶东明县南北二门分注，经山东濮州、范县，至张秋镇汇流穿运，总归大清河入海。为了确保社会经济的发展，清代对黄河的治理大致形成了以下三个管理制度。

其一，皇权亲自监管。清帝高度重视水利工程的建设。以康熙帝为例，其有六次南巡，皆与治河有关。萧一山《清代通史》曰："玄烨以黄河屡次冲决，久为民害，欲亲至其地，相度形势，察视堤工。且以东南民情，未尽融合，而故国之思，所在潜萌，思有以震慑之。又欲周知地方风俗，小民生计，故屡举南巡之典。"① 可见，康熙帝南巡的直接原因在于为治理河务，寻求良策。其中的治河名臣靳辅，就是康熙帝在南巡中选察的人才，其在康熙四十五年（1706）南巡后，下诏曰："朕谨念河防，屡行亲阅，凡自昔河道之源流，治河之得失，按图考绩，靡不周知。粤从明季寇氛，决黄灌汴，而洪流横溢，岁久不治。迄于本朝，在河诸臣，未能悉心修筑，以致康熙四十五年间，黄淮交敝，海口渐淤。朕乃特命靳辅为河道总督，靳辅自受任以后，斟酌时宜，相度形势，兴建堤坝，广疏河流，排众议而不扰，竭精勤以自效，于是黄河故道，次第修复，而漕运大通。其经理一切之法具在，虽嗣后河臣，互有损益，而规模措置，不能易也。"② 这是康熙帝在南巡后所下之诏，在诏书中其肯定靳辅的治河功绩，以此作为典则。通过这六次南巡，康熙帝了解了南方河患的基本状况，有助于其统筹全局。

其二，选用勤廉的名臣治理。清初，河淮同流，淤沙渐积，清廷以杨方兴为河道总督，杨方兴勤于政治，其言："河古今同患，而治河古今异宜。宋以前治河，但令赴海有路，可南亦可北。元、明迄我清，东南漕运，自清口迄董家口二百余里，藉河为转输，河可南必不可北。若欲寻禹旧迹，导河北行，无论漕运不通，恐决出之水东西奔荡，不可收拾。势须别筑数千里长堤，较之增卑培薄，难易显然。且河挟沙以行，束之为一，则水急沙流；播之为九，则水缓沙壅。数年后河仍他徙，何以济运？臣愚以为河不能无决，决而不筑，司河者之罪；河不能无淤，淤而不浚，亦司河者之罪。若欲保其不决不淤，谁敢任之？请敕下廷议，定画一之规，屏二三之说，俾有所遵守。疏入，上嘉纳焉。"③ 其后又有朱之锡，治河十年，鞠躬尽瘁，直隶山东河南总督朱昌祚疏言："之锡治河十载，绸缪旱溢，则尽瘁昕宵；疏浚堤渠，则驰驱南北。受事之初，河库贮银十余万；频年撙节，现今贮库四十六万有奇。核其官守，可谓公忠。及至积劳撄疾，以河事孔亟，不敢请告。北往临清，南至邳、宿，夙病日增，遂以不起。年止

① 萧一山：《清代通史》第一册，华东师范大学出版社，2005，第634页。

② 《清圣祖实录》卷248，康熙四十六年条。

③ 赵尔巽：《清史稿·杨方兴传》，中华书局，1977。

四十有四，未有子嗣。龠请恩恤，赐祭葬。”① 徐、兖、淮、扬间颂朱之锡惠政，相传死为河神。可见，清廷选能用贤，官员任劳任怨，为成功的治理河务奠定了基础和保证。

其三，利用先进的科技手段。清代在治河技术上，发明了一些重要的科技手段。如靳辅发明了挖“川”字河的方法；在筑堤技术上，推广并改进了潘季驯的技术；改进埽坝技术；提高堵口、抢险技术；等等。此外，还运用了一些先进的河工器具。在麟庆所著《河工器具图说》一书中，便分门别类地对河工工地使用的器具逐一进行了图解说明。书中绘有 133 帧图画，包括 254 种器物，如用于工程看护、维持的防护工具，包括志椿、打水杆、均高等 57 种器具。再如用于整治河道、起拉和挑挖河泥、修筑堤岸闸堰，包括畚、铁锥、木夯、戽斗、水车、混江龙等 68 种工具。还有用于救灾抢险等紧急河工活动，包括捆箱船、苇缆、木犁、木筏、木龙全式等 56 种。等等。学者李平评论道：“《河工器具图说》是我国传统河工器具的总结性之作，一定程度上反映了历代特别是清代河工的技术水平。中国古代治河取得了举世瞩目的成就，清代治河的努力和成果几为历代之最。”②

除了治理黄河及其河运以外，继康熙帝后，雍正帝、乾隆帝则主要在修治江浙海塘方面取得了较大成就。雍正帝派官员修补了海宁县陈文港乱石塘、海盐县石塘、余姚县石塘，还将江苏金山卫城北至华家角的土塘加固为石塘，为沿岸群众的生产和生活提供了安全保障。

清初，修筑江浙海塘，动员各地有名望的官绅实行捐纳制度。按亩捐米，并将各项罚款、追缴虚报款等作为筑塘工费。康熙五十四年（1715），又实行了“捐监”的制，即凡士民愿意捐款作为海塘工程经费，则允许入国子监为监生。雍正十一年（1733），又准许“捐官”，以其所得为修塘款。乾隆帝即位，认为捐资得官之法，易滋生腐败，改钱塘江海塘工程经费由正项钱粮拨支。但除此而外，又实行了调拨盐务引费、盐课公费、各项罚款、查抄款以及盐商和官员的捐款等并行的一系列规定。在乾隆五十一年（1786），乾隆帝下诏，规定先后将海塘经费的余存款、藩库借支银等借与商人生息，以其所得作为海塘岁修经费。道光时期，由于财政上的困难，不得不又恢复了“捐官”制度，并实行按田亩的田赋分年摊征钱塘江塘工银。而自同治以后，清廷屡践兵燹，国库空虚，故修复坍溃各塘的经费主要来源有九：一在海宁等县征收米捐，专济海塘工用；二为支拨厘金和在征收茶捐、丝捐、（盐）纲捐、茧捐时，各加征塘工附捐；三为调拨盐课引费；四为调拨江、浙两关关税；五为停解闽省军饷转拨；六为江苏省协济；七为职衔捐纳；八为殷富捐输；九为公帑发商生息。

此外，清廷还实行了一些规章制度，以加强和完善对海塘工程的管理。在江苏地区，还设立了海防道，专门管理、监督海塘工程。还派驻了专门官兵，建立了相关的巡逻制度，还在物资储备、维修供应等方面建立了相关的法规制度。

经过几代的努力，至乾隆末期，清廷建立起了北起江苏宝山，南至浙江仁和的海塘防御体系，庞毅先生称：“江浙海塘的修筑和维护，对东南沿海地区的农业、手工业、城市商业的发

① 赵尔巽：《清史稿·朱之锡传》，中华书局，1977。

② 李平、王大宾：《〈河工器具图说〉所见之清代治河科技水》，《新学术》2008 年第 6 期。

展和社会的繁荣安定，起到了重要的推进作用。”① 可见，清对黄河的治理、对江浙海塘和珠江三角洲堤坝的修建等水利工程的建设，为社会经济的恢复奠定了基础，对社会生产的发展产生了深远的影响。

3. 对官营手工业者实行废黜匠籍与免除杂税的政策

匠籍制度始于元代，统治者为了便于管理手工业者，专门设立户籍管理，将其编入专门的匠籍。至明代也规定手工业者一律编入匠籍，隶属于官府，并且加强了其人身依附关系，规定凡从事手工业者，一律世代相袭，实行轮班制、住坐制，以为国家服役。

清代的匠籍制度是从明代沿袭而来的，其中匠籍全为手工业者，军籍中也有不少在各都司卫所管辖的军器局中服役者，此称为军匠。从法律地位上说，这些被编入特殊户籍的工匠和军匠比一般民户地位低，他们要世代承袭，且为了便于管理，不许他们分户。为了鼓励手工业发展，清廷在一些官办手工业中实行了匠班银的政策。规定在轮班匠中，实行以银代役的制度；同时住坐匠的服役，也逐渐向用银两征收的方法改变。

清初，长期的社会战乱，人民流离失所，造成了户籍管理的困难，明代的匠籍制度很难在清初贯彻和施行。到了顺治二年（1645）五月，清政府决定废除这一制度，实行“各省俱除匠籍为民”，免征京班匠价银。《清文献通考》记载：“前明之例，民以籍分，故有官籍、民籍、军籍，医、匠、驿、灶籍，皆世其业，以应差役。至是（顺治二年）除之。”② 至此，持续了4个半世纪的匠籍制度正式终结，匠人获得自由身份。但是，这项政策进展得并不顺利。顺治十五年（1658），工部便以有些工程尚繁、所需费用不足为由，奏请清廷恢复对匠班银的征收。这就使得匠户既作为“民”，要缴纳“丁银”，又要作为“匠”，缴纳“班银”，加重了手工业者的负担，造成一身两役的困境。浙江海盐县、安徽广德、福建漳浦县、湖北的襄阳等地，相继出现了匠人因不堪负担，逃亡乡里的情况。而因匠户逃亡的缺额，竟需“有司或代为捐解”，③ 有司又将其转嫁于小民，因此，一些地方出现了官民交困的社会现象。

面对如此困境，一些官员呼吁进一步改革。山东济宁知州吴柽曰：“窃惟今无匠籍、民籍之分，要之皆民籍，既征丁银，宜豁除班匠，否则派入条鞭之内。”④ 山西永济县令潘苍企亦曰：“工匠亦民丁也，既征其丁，又征匠价，是力役之征，人供其一，而匠供其二。”⑤

为了解除手工业者的负担，江西和浙江两省最先将匠班银均摊入田亩征收。此后，各省纷纷奏请在全国实施。继江西、浙江以后，湖北、山东、湖南也实行了这一政策。雍正以后，全国性的摊丁入亩政策普遍推广开来。

伴随着摊丁入亩政策的实施，清廷还进一步免征了手工业者所负担的一些杂税。清康熙帝对发展官办手工业十分重视，将三藩战争期间为应付军事开支而增派的盐税、房田税、牙行杂

---

① 庞毅：《中国清代经济史》，人民出版社，1992，第54页。

② 《清朝续文献通考·田赋考》，浙江古籍出版社，1997。

③ 《襄阳府志》卷10《食货志·蠲恤》，清光绪十一年（1885）刻本。

④ （清）吴柽：《牧济尝试录·杂税论》。

⑤ （清）陈仪：《陈学士文集》卷4《赠永济令潘苍企叙》，清光绪五年（1879）刻本。

税等有关的商业税，在战后予以免除，规定康熙十三年（1674）以后所增加的各项商业杂税，一并免征。当时，国家为战争所需，鼓励各地官员以增税为功绩。于是，各地普遍巧立关卡，关税有正税、商税、船料税三种。正税按出产地道征收，商税则依据当时物价情况，对货物所征收之税。船料税按船之梁头大小征收。可见，该时期各地关税极为严苛。康熙帝为了发展商业，于康熙十八年（1679）下诏曰："各关差将不应纳税之物额外加征，差役四出，把守关隘，扰害商民者，该部严行察禁，一行发觉，从重治罪。"这些政策的措施，维护了商业的正常秩序，有助于保持市场的顺利流通。

对官营的手工业而言，工匠们的劳动属于为国家赋役的范围，并不能形成雇佣关系，其劳动基本上是无偿的。因此，匠籍制度的存在，阻碍了资本主义萌芽在中国的生长，也严重阻碍了中国自由劳动力市场的形成，造成雇佣关系的缺失，使得资本主义的生产关系只能长期处于低级阶段。范金民先生认为，这种管理模式，给清代官营手工业的发展带来了两种倾向："一种是规模经济和学习效应下的生产扩张的效率曲线。表现为向下倾斜的平均成本线。而另一种大规模的生产方式管理成本的上升导致的效率低下，努力结果和分配结果的不对等导致的生产激励下降，博弈结果趋向于个人理性而非集体理性。这个不仅存在于封建社会下的官营经济，就是现当代的国有经济也存在这样的问题。两者的竞争的结果决定了官营手工业发展的命运。如果第一种效应占上风，那么官营经济的整体绩效就是好的，否则，官营手工业必然遭到市场的淘汰。"①

4. 对驿站、邮传的管理与开辟

清代在邮驿制度方面实行了"邮"与"驿"的合并制度。自汉唐以来，邮传是国家的通信机构，主要负责传递公文。而"驿站"则是负责提供各种交通和通信工具的机构。可见，两者是相辅相成的。但由于各自所属机构不同，有些重要信息由邮传官吏负责发送，往往到了某一驿站后，不能及时由驿官调拨马匹等交通工具，致使延误了情报。有鉴于此，清代将邮传与驿站合并为一，既精简了国家机构，节省了政府的财政支出，又使驿站从间接地为通信使者服务，转变为直接办理相关通信事务的机构，大大简化了清代的国家通信系统，提高了工作效率。如未合并以前的邮传，一昼夜最多可行400里，邮驿合并后，一昼夜可至600~800里。康熙年间的"三藩之乱"，从云贵至京师的5000余里行程，快马通信只需要9天即可到达。

雍正年间，为了进一步加强皇权，设立了军机处，这对清代的邮驿发展起到了促进作用。清统治者十分重视邮驿制度的建设，一些重要谕旨，往往不经外廷内阁处理，由军机处直接交付兵部捷报处，发给驿站向下驰递。在一些文书上还写有"马上飞递"、"六百里加紧"、"飞折八百里驿递"等字样，以示重要而紧急。

清代除了对"邮"与"驿"的合并外，还在东北、西北、西南边疆地区，开辟了许多"邮"、"驿"机构，大部分称为"驿"，军用则称"站"，新疆、甘肃地区称"塘"，蒙古地区称"台"，甘肃一些地区还称"所"，等等。

① 参见范金民《清代废除匠籍制度的历史意义》，《社会科学辑刊》1995年1月。

东北地区是清代驿站较为发达的地区。康熙时期，在黑龙江设立驿站20余处，雍正增至30余处，从黑龙江到北京的直达驿道共5条，各从齐齐哈尔、瑷珲、珠克特依草地为起点，长达3000里，这些驿道俗称“大战路”，是专门为皇帝进贡所用。沈阳是清朝故都，盛京将军属下所设驿站，以盛京为中心，西至山海关，共有13个驿站，东至兴京有4个，总计近30余处。

在西北地区，青海在乾隆时期已经建成主要驿道5条，共有24个驿站。新疆的驿站从嘉峪关到哈密，沿线共12个驿台，至乾隆时期，为了平定准格尔的叛乱，增设至125处。在西南地区的贵州境内的驿道，主要为递送政府公文及运输军粮，雍正时期，在贵州开辟了许多山区驿道，在一些边远的县级地区还专门设立了“县递”。

可见，清代在全国设立了较为完善的邮驿网络，可以及时传递各地信息，传达国家公文。特别是战争时期，有助于清廷及时了解前方军情，对战略战术进行适时调整和决策。其在边疆地区设立的驿站机构，又为有效统治边疆地区作出了贡献。

5. 对国家资产的监督与审计制度

清代对国家资产建立了较为完备的中央监督与审计制度。中央的监察机构有都察院和六科。其中，都察院为中央监察机关，是封建社会中央专制的特色之一，不仅为皇帝之耳目，更负责监督百官，窥探政事之得失。都察院的最高长官为左都御史，满、汉各一人，从一品；副长官为左都副都御史，满、汉各二人。左都御史掌查核官常，并豫参朝廷大议。凡重大案件，需会刑部、大理寺审定，并负责监察在祭祀、朝会、经筵等不合礼仪者。其所属执行监察任务的机构有十五道监察御史、五城兵马司、宗室御史处、稽察内务府御史处及雍正以后的六科给事中。十五道监察御史是对地方实行分道监察的组织。五城兵马司为清朝设立的稽察京师地区的地方治安的监察机构，其职掌为各率所属，办理地方之事，整顿风俗。六科指吏、户、礼、兵、刑、工六科，长官为掌印给事中，满、汉各1人，正五品，又有掌印给事中，负责稽查六部百司。又有掌印监察御史，满、汉各15人，从五品，负责纠察内外百司之官，分理各省之刑事案件。

除了对国家资产的监督外，清代还建立了严格的资产审计制度。这一制度根据需要，有按旬审计者，如逢九科道官进库验收；有按月审计者，如支领户部钱粮，每月造册送户科奏销；还有按年审计者，如直省钱粮，每岁终造册送互科奏销。审计的形式主要是按期限造册送科道官注销、察核。对于一些重要的建筑工程，则需要事前确估，竣工后同步监督，采取事前、事后审计相结合的办法。此外，还建立了严格的事后巡回审计制度，如科道官巡视仓库、盘查钱粮等。而审计的方法主要是根据奏销册、考成册、总册以及会计凭证、仓库实物等进行查核。这些会计报告一般都详细出具各项账目，以便于科道官的审核稽查。而中央各部门以及地方各级衙门的钱粮收支账目都必须经过科道官审核后才准予奏销。

三　清代国家资产管理的经验与教训

清代在对国家资产的管理方面，既形成了一些经验，又有诸多教训，可资借鉴。以下便举三例，予以说明。

1. 清初对房屋土地的管理缓和了社会矛盾

清人入关之初，诸王与八旗兵丁没有土地，清帝下令，将无主荒废的土地拨给之。顺治元年（1644），清帝下谕旨曰："我朝定都燕京，期于久远，凡近京各州县无主荒田，及前明皇亲、驸马、公、侯、伯、内监，殁于寇乱者，无主庄田甚多。尔部清厘，如本主尚存，及有子弟存者，量口给予；其余尽分给东来诸王、勋臣、兵丁人等。盖非利其土地，良以东来诸王、勋臣、兵丁人等，无处安置，故不得已而取之。可令各府州县乡村，满汉分居，各理疆界，以杜异日争端。今年从东来诸王，各官兵丁，及见在京各部院官，着先拨给田园。其后至者，再酌量拨给。"① 这些无主荒地中，有些是已故前明官僚的家产，清帝令朝廷详查数量，酌量给予其子弟部分田地耕种，此外，则尽归清廷所有。

但是这种政策在实际执行过程中往往会弊端丛生。首先难以明确区分何为无主荒地；其次满汉各自占有土地，相错杂居，难免会滋生矛盾；最后对各地疆理的划分也不明确。那么，对于以上诸多问题，该实行怎样的管理政策呢？

当时就有大臣建议对已占有的房屋实行满汉分居的措施。时任顺天巡抚刘寅东便上疏曰："清查无主之地，安置满洲庄头，诚开创宏观！第无主与有主地，犬牙相错，势必与汉民杂处；不惟今日履亩之难，恐日后争端易生。臣以为莫若先将州县大小，定田亩多寡，使满洲自住一方，而后以察出无主地，与有主地互相兑换；务使满汉界限分明，疆理各别而后可。盖满人聚居一处，阡陌在于斯，庐舍在于斯，耕作收放，各相友助，其便一也；满汉疆理，无相侵夺，争端不生，其便二也；里役田赋，各自承办，满汉各官，无相干涉，且亦无可委卸，其便三也；处分当，经界明，汉民无窜避惊疑，得以保业安生，耕耘如故，赋役不缺，其便四也；可仍者仍，可换者换，汉人乐从。且其中有主者，既已归并，其余自不容无主者隐匿，其便五也。"② 其所言满汉分居有五大好处，可解决当时土地界限不明确的诸多问题，避免满汉矛盾的激化。

顺治五年（1648），清廷便下诏曰："京城汉官民原与满洲共处，近闻争端日起，劫杀抢夺，而满洲人等彼此推诿，竟无已时，似此何日清宁，此实参居杂处之所致也。朕反复思维，迁移虽劳一时，然满汉各安，不相扰害，实为永便。除八旗投充汉人不令迁移外，凡汉官及商民人等，尽徙南城居住，其原房或拆去另盖，或贸卖取价，各从其便。朕重念迁徙累民，着户工二部详察房屋间数，每间给银四两。此银不可发与该管官员人等给散，令各亲身赴户部衙门当堂领取，务使迁徙之人得蒙实惠。六部、都察院、翰林院、顺天府及大小衙门书办吏役人等，若系看守仓库，原住衙门内者勿动，另住者尽行搬移；寺院庙宇中居住僧道勿动，寺庙外居住者尽行搬移；若俗人焚香往来，日间勿禁，不许留宿过夜，若有违犯，其该寺庙僧道，量事轻重问罪。着礼部详细稽察，凡应迁徙之人，先给赏银，听其择便，定限来岁岁终搬尽，着

① 《钦定大清会典事例》（光绪朝）卷159《户部·田赋宗室庄田·畿辅官兵庄田一》。

② 《钦定大清会典事例》（光绪朝）卷159《户部·田赋宗室庄田·畿辅官兵庄田一》。

该部传谕通知。”① 可见，对于搬迁的汉官与汉民，清廷实行了特殊的政策，允许其买卖房屋，以鼓励其向城外搬迁。

清初对土地房屋的居住实行满汉区域自治政策，是符合清初社会发展实际需要的。清初政权刚刚确立，各地反清斗争此起彼伏，满汉矛盾较为突出。清廷在京师实行满汉区域自治，在一定程度上可以避免满汉矛盾的激化，正如郭松义先生所云：“清朝统治者所以要在京师急切推行满汉分居，除沿袭早先聚族而居的习俗，主要是进关以后，面对庞大汉族民众所产生的不安全感所采取的措施。他们把八旗中大部分精锐安置在京师，而京城的居住核心紫禁城是皇帝和家口的住所，然后是皇城，系皇帝私属内务府三旗居地，然后才是外八旗。外八旗有上三旗和下五旗之分。其中上三旗中的镶黄、正黄两旗，均分列左右两翼之首，这都是大有深意的。康熙以后，随着皇帝看重西郊园居，于是围绕畅春、圆明等苑囿地区亦移驻八旗分点聚居，以作守备。京师的这种八旗军眷单独城居的模式，后来也为各地驻防军队所效仿，并名之谓满城。”② 可见，这种满汉分居的格局也有助于清廷加强中央集权，巩固其在中原的统治地位。

2. 和珅贪污案暴露出的清代国家资产管理漏洞

乾隆时期，社会安定，国家统一，乾隆帝早年曾励精图治，但晚年却有倦政之弊，疏于对国家资产的管理，致使腐败之风盛行。其中最有代表性的便是和珅对国家资产的贪污案。

乾隆帝晚年将权力交给亲信和珅，使其成了乾隆帝的“代理人”。和珅，原名善保，字致斋，姓钮祜禄氏，生于乾隆十五年（1750），满洲正红旗人。乾隆三十四年（1769），和珅始入仕途。因其为人机警，颇受乾隆帝赏识。乾隆四十年（1775），命其掌管内务府三旗官兵事务，赐紫禁城骑马，一身兼管数职，封一等忠襄公，任首席大学士、领班军机大臣，兼管吏部、户部、刑部、理藩院三库，还兼任翰林院掌院学士、《四库全书》总裁官、领侍卫内大臣、步军统领等要职。

和珅对当时皇家资产和国家资产的掌控权非常大。在宫廷事务方面，他掌管内务府、圆明园、茶膳房、造办处、上驷院、太医院及御药房等事务。在国家资产的掌控方面，他担任户部尚书，专管钱款拨付，还掌控着崇文门税务监督一职。和珅位职权重，其个人无学行，“及得志，则以聚敛自丰为惟一之目的。而又贪渎无厌，征求财货，皇皇如不及。”③

与此同时，清廷的监督管理机制也被和珅所控制，其中朝野官员多为和珅私党，萧一山先生曰：“珅在政专肆，中外多其私党。朝士之持正者，亦禁口不言，任其恣意，以故宠尤隆而势尤赫。时文臣中如纪昀，武臣中如海兰查，皆功业昭然，颇蒙帝眷者，徒以与和珅不和，不得大用。而每预文字之役，则伎刻特甚。凡得卷非其属意者，先视笔误斡补处抉去之，其无笔误，则妄摘瑕疵，以指甲深画之。与诸大臣会同阅卷，珅辄专决，或取或舍，其气焰可想。”④ 这样就使得原有的对国有资产的监督机制形同虚设。和珅为皇帝宠信之极，官阶之高，管事之

① 《清世祖实录》卷40。

② 郭松义：《清代社会变动和京师居住格局的演变》，《清史研究》2012年第1期。

③ 萧一山：《清代通史》第二册，第155页。

④ 萧一山：《清代通史》第二册，第158页。

广，兼职之多，权势之大，清朝罕有，这便为其大肆贪污国家财产打开了方便之门。

据嘉庆四年（1799）所下谕旨，其指出和珅诸多罪状，其中有曰：“昨将和珅家产查抄，所盖楠木房屋僭侈踰制，其多宝阁及隔段式样，皆仿照宁寿宫制度，其园寓点缀竟与圆明园蓬岛、瑶台无异，不知是何肺肠，其大罪十三；蓟州坟茔居然设立亭殿，开置隧道，致附近居民有和陵之称，其大罪十四；伊家内所藏珠宝内珍珠手串竟有二百余串，较之大内多至数倍，并有大珠较御用冠顶尤大，其大罪十五；又宝石顶并非伊应戴之物，所藏真宝石顶有数十余个，而大块真宝石不计其数，且有内府所无者，其大罪十六；家内银两及衣物等件数逾千万，其大罪十七；且夹墙藏金二万六千余两，私库藏金六千余两，地窖内并有埋藏银两两百余万，其大罪十八；附京通州、蓟州地方均有当铺钱店，查计资本又有十余万，以首辅大臣下与小民争利，其大罪十九；伊家人刘全不过下贱家奴，而查抄资产竟至二十余万，并有大珠珍珠手串，若非纵令需索，何得如此丰饶，其大罪二十；其余贪纵狂妄之处，尚难悉数，实从来罕见罕闻者。”① 可见，和珅在职期间，利用国家对国有资产管理的漏洞，以权谋私，贪赃枉法，侵吞了大量皇族和国家资产，即使是其家奴才，也家产万贯。和珅的贪污行为，折射了清朝繁盛外衣掩盖下的吏治腐败问题，这成为清廷由盛及衰的最大原因，萧一山先生论曰：“殊不知庇奸殃民，自隳国威，清运之盛衰，即以此为最大关键也！”②

由此可见，对国家资产的管理要形成一系列完善的规章制度，在此基础上，还要加大各部门间的监督管理机制。对权力的拥有者而言，更要“兼听则明，偏信则暗”，使各级机构既能够互相协作，又不乏相互制约的机制，这对国家资产的管理十分重要。

3. 道光年间户部银两亏空案与清代国家资产的流失

清代六部设置中的户部是掌管全国款项收支与拨付的中央权力机关，清代每年由户部直接支配的银钱数量，约占全国财政收入的1/3，《大清会典》云：“银库为天下财赋总汇，出纳均有常经，各省岁输田赋、盐课、关税、杂赋，除存留本省支用外，凡起运至京者咸入焉。”③ 可见，其具有“国库”的职能。

自康熙朝以来，清廷为了解决国家在财政上较为吃紧的状况，主要实行了以下三个措施：一是火耗，《清朝文献通考》卷4《田赋考四》称：“钱粮出于田亩之中，火耗加于钱粮之外，火耗之名，自明以来始有之。盖由本色变而折银，其取之于民也，多寡不一，其解之于部也，成色有定，此销镕之际，不无折耗，而州县催征之时，不得不稍取盈以补其折耗之数，亦犹粮米之有耗米也。”④ 可见，火耗本指零碎白银，经火镕铸成银锭或元宝过程中所生的损耗。后引申为中国清朝于正规税粮或税金之外的一种附加税。二是平余，即清廷在各地征收赋税中，以加派、加征的份额解送给户部的，叫“平余”，亦称“余平”。平余创自四川，此后在各地推行。三是漕折，指漕粮改折银钞收纳。嘉道之间，各省漕粮多收折色，所折之钱，往往高于

① 中国第一历史档案馆藏上谕档嘉庆四年正月十六日。

② 萧一山：《清代通史》第二册，第159页。

③ 《大清会典事例》卷182，《户部・库藏・银》。

④ 《清朝文献通考》卷4《田赋考四》。

粮价，亦是一种无形之加赋。

但是自道光年间以后，清朝封建专制体制已弊端丛生，政治腐败，社会矛盾日益突显，吏治败坏的程度也达到了空前的地步。再加之外国殖民主义的入侵，激化了民族危机，中国逐渐沦为半殖民地半封建社会。清廷的中央集权机构已日见衰败。在这样的背景下，许多国有资产出现了流失，道光二十三年（1843），发生了一起户部银库亏空的案件，就是其中影响较广、教训亦十分深刻的案例之一。

户部银库库丁张诚保之兄张亨智，想为其次子报捐知州，便于道光二十二年（1842）十一月初二，托人将11余万两白银各分装数袋内送至户部。但仓促之际，库丁张诚保有所误报，而御史库官等又未听出，故张诚保交完之时，共剩银4口袋，约4000余两白银。消息随即走漏，众人一哄而上，哄抢漏报银两，最后运到由张亨智开办的万泰银号内时，只剩不足4000两白银。此事相关知情的库丁均分得了好处，而万泰银号的几位管事人却未得好处，遂向张亨智讨要，反被张亨智辱骂，这几个人在一怒之下将张亨智告到了衙门。最后，经该城衙门咨送刑部，此案被曝光。①

道光帝高度重视这个案件的查处，派钦差大臣将户部所管库银悉数盘查，并下令将涉案人员交付军机处，会通刑部严查。在审查中，户部银库在管理制度上的缺陷也被一一曝光。在银库的管理上，不仅仅是基层的小官——库丁——能够随手窃取，至于职位相对较高的管库大臣与查库御史，就更为恣意了。欧阳昱在《见闻琐录》中言："自是逢皇上命御史查库，必进规银三千两，仆从门包三百两，日积月久，习以为常。或穷京官与会试举子知其弊者，向库吏索诈，库吏必探访其人之家世，才能如何，以定送银多寡，数两、数十、数百、数千不等"。②可见，这种"集体违规"的风气弥漫了整个清代道光年间的官场。

道光帝也采取了一系列严厉措施，以弥补户部银两的大量亏空。萧一山先生论道："道光二十一年，库丁盗帑事发，亏银九百余万，宣宗责管库诸王大臣分年赔缴。又通饬内务府部院各衙门裁减浮费，三苑三山珍货，命有司变价，库亏之数，数年弥补全完。"③ 但是，清廷此时处在国内外双重矛盾的包围下，国家政权已经渐趋衰落，道光帝虽然主观上已经意识到了官吏的腐败，但在实际上，也是心有余而力不足了。这起户部亏空案，反映了清廷自道光以来，财政制度上的混乱，而这种混乱正是清王朝走向衰落的重要标志之一。

唐、宋、明、清四个中国古代王朝国家资产管理与统治兴衰的经验教训表明，如果国家资产不能有效监管，将会加剧王朝的腐败，最终导致王朝的灭亡。这个教训是我们今天应该借鉴的。

---

① 韩祥：《1843年户部银库亏空案及其影》，《史学月刊》2012年6期。

② （清）欧阳昱：《见闻琐录》。

③ 萧一山：《清代通史》第二册，第270页。

· 第十一章 ·

中国国民党的资产管理与政府建设

第一节　国民党统治大陆时期的官僚资本

在近代以来中国现代化转型和现代经济成长的过程中，从晚清到民国，由于政府的介入，出现了数量不菲的国有资产。1927 年国民党掌权后，由于其建立的是中央集权的一党专政的政权体系，又打着“节制资本”的旗号，从而大大发展了国家资本，并因为和党政官僚的结合，形成了国家—官僚资本体系，积聚了颇为庞大的国有资产。这些国有资产，在相当程度上，支撑了国民党政权的统治，然而因为国民党治党松弛、纪律涣散，这些国有资产又成为国民党各级官僚利用特权、侵吞瓜分、贪污腐化的对象，从而引起民间和舆论的强烈反应，被判定为“祸国殃民”的官僚资本，在政治上不利于国民党的统治。国民党政权败退到台湾后，在较长时间里，延续了其在大陆统治时期建立国有企业的政策，又在台湾建立起一套党营企业体系，积聚了庞大的党产，对国民党统治的稳固起到了一定的作用。2000 年台湾实现政党轮替前后，国民党的党产问题成为政治对手攻击的软肋，党产处在变卖、消解的过程中，这一过程迄今仍未最终完结。总结国民党在大陆和台湾统治时期建立和处理国有（公有）资产的经验教训，有助于我们借鉴历史，观照现实，更好地认识和国有资产监管与廉洁政府建设的关系，提高政府廉洁从政、执政为民的能力。

一　国民党官僚资本称谓的来龙去脉

有关国民党统治时期官僚（官营）资本、公营资本以及党营资本的概念，长期以来是不明确的，学界和政界都有各种各样的说法，其中包括官僚资本、国家资本、官营资本、党营资本、公营资本等等，也有人称之为“军阀官僚资本”等。[①] 但是，尽管说法不一，在国民党统治时期，官僚资本的概念始终是存在的，即便国民党政权自身对此也并不讳

① 郭静：《中国官僚资本的历史分析》，博士学位论文，中央民族大学，2007。

言。按照目前学界的一般界定，我们将1949年12月国民党政权迁台前控制的资本称为官僚资本或官营资本，而将1949年国民党退居台湾之后控制的资本称为公营（包括党营）资本。

1949年以前国民党政权控制下的官僚资本有多种实现形式。经济学家王亚南将其分为三种类型：其一是官僚所有资本，即由官僚自己参股或经营的企业；其二是官僚使用或运用的资本，即名为国营企业但由官僚处置；其三是官僚支配资本，即既非自己经营，也非通过国营形式运用，但却因种种原因在多方面受官僚支配的私人资本。① 在这三种形式中，第三种形式牵涉较广，概念亦有待严格厘清。第一种形式属于官僚个人资本，亦即纯粹意义上的官僚资本，如宋氏家族的孚中公司、孔氏家族的扬子公司等。而通常所说的官僚—国家资本大多以第二种形式出现，即名义上为国营公司，并可能有多方参股，主管部会作为股东之一，可以参加董事会，虽不直接负责经营，但企业的运作基本处于政府的控制下，并打上了企业负责人即官僚个人的印记。

1949年以后国民党统治台湾时期的企业形态有三大类：公营企业、民营企业和侨外资企业。企业股权51%以上属台湾当局所有者为公营企业（51%以上股权属民间私人所有者为民营企业；华侨、外国人投资股权在51%的企业为侨外资企业）。公营企业又分为“国营”、省营、县市营、军营、党营等事业，其中“国营”事业，又有分属“总统府”、“经济部”、“财政部”、“交通部”、“退辅会”、“卫生部”等部门管辖。② 另外，作为国民党党产的党营企业则是一个特殊的经济现象，以至于有人认为“在全世界很难找到像台湾这样一个奇特的资本结构，除了私人资本与国营、省营与县市营的公有企业之外，庞大的国民党党营企业既非公营，也不是私营，完全是台湾在国民党一党独大体制下形成的又一个经济‘怪兽’”。③ 由此来看，国民党党营企业既不属于“国营”企业，也与习惯所称的官僚资本有着很大的区别，④ 国民党党营企业是介乎于国营与民营之间的新的企业形态，被国民党视为孙中山三民主义经济政策的实现方式。它是国民党党务财政体制变革的产物，是国民党因应所谓宪政需要，兑现其“还政于民”的承诺，实践其党费自筹、以党养党的目标以实现党库与国库的切割所创办的企业。⑤

对于官僚资本的定义，早期主要来自马克思主义学者和理论家。早在1923年，瞿秋白在《前锋》杂志上发表了《论中国之资产阶级的发展》，首次使用了“官僚资本”一词。他将洋务派经办的官办企业称为“官僚资本之第一种”，将官商合办企业称为“官僚资本之第二种”。1929年，李达在《中国产业革命概况》中指出，清代官僚举借外债时，“从中渔利，自肥私

① 王亚南：《官僚资本之理论的分析》，《文汇报》1947年3月25日。

② 韩清海：《中国企业史·台湾卷》，企业管理出版社，2003，第4页。

③ 《台湾国民党的党营企业》，http：//hi. baidu. com/liudongke/item/c0b3b32c7d284398 b7326396。

④ 孔祥增：《中国国民党党营企业之特征分析——以齐鲁公司为主要研究对象》，《历史教学》（高校版）2009年第6期。

⑤ 彭淑芳、孔祥增：《试析民国时期国民党党营企业》，《人民论坛》2011年3月（中）总第321期。

囊，形成官僚资本”。[①] 1936 年，吕振羽在《中国政治思想史》中，将清政府创办的“国营事业的萌芽”统称为官僚资本。[②] 此时所说的官僚资本主要指清政府和北洋军阀政府的官办企业。大约在抗日战争中后期，舆论对国民党官僚利用职权、私人参与投资企业或金融机构发“国难财”颇为不满，将之称为官僚资本，予以抨击。马寅初在《提议对发国难财者开办临时财产税以充战后之复兴经费》中指出：“几位大官，乘国家之危急，挟政治上之势力，勾结一家或几家大银行，大做其生意，或大买其外汇。其做生意之时以统制贸易为名，以大发其财为实。故所谓统治者是一种公私不分之统制。”[③] 随着国民党官僚资本的膨胀，马寅初对官僚资本的抨击也愈加严厉，“所谓国营，实即官办”，“假公济私为通病，由来已久，莫可究诘……近来夫变本加厉，由暗偷私窃变为公开劫夺”，“所谓‘窃钩者诛，窃国者侯’的局面，已呈现于吾人的眼前”。[④] 与此同时，中共对官僚资本的抨击也愈加严厉。陈伯达在《中国工业与中国资产阶级》中也断言：官僚与买办的经济垄断正从金融业向工业发展，“官营就是‘国营’，‘国营’就是官营”。[⑤] 1945 年 4 月 24 日，毛泽东在中共七大会议上做《论联合政府》的政治报告中说：官僚资本“亦即大地主、大银行家、大买办的资本，垄断中国的主要经济命脉，而残酷地压迫农民，压迫工人，压迫小资产阶级和自由资产阶级”。[⑥] 这里所说的“官僚资本”，主要还是指国民党官僚的私人资本以及私人经济活动。

随着解放战争的进展，中共开始将国民党政府的国家资产、官僚私人资产、党团资产以及政府各部门的公产都划归为官僚资本。1946 年陈伯达撰写《中国四大家族》，首次将蒋介石、宋子文、孔祥熙、陈果夫和陈立夫并列为中国四大家族，其资产为官僚资本。他认为，官僚资本是代表帝国主义与封建主义的，是在政治上当权的人物利用政治的强制方法，通过掠夺农民及其他小生产者、压迫民族工业而集中起来的金融资本。他对“四大家族官僚资本”的财富做出了初步估算，“四大家族或是‘官’式的，或是‘商’式的，在金融、商业、工业、地产诸方面所独占的财产，以及他们在外国的存款和产业，粗略统计一下，至少当在二百万万美元左右”。[⑦] 最后，他对“四大家族官僚资本”的特点和历史作用进行了分析，认为近代中国的官僚资本是封建的、买办的资本，是大地主、大买办在经济上的联结物；四大家族

---

① 转引自李少兵、王莉《20 世纪 40 年代以来中国大陆“四大家族官僚资本”问题研究》，《史学月刊》2005 年第 3 期。

② 吕振羽：《中国政治思想史》，黎明书局，1937，第 492 页，转引自李少兵、王莉《20 世纪 40 年代以来中国大陆“四大家族官僚资本”问题研究》，《史学月刊》2005 年第 3 期。

③ 《马寅初经济论文选集》（增订本），北京大学出版社，1990，第 21 页，转引自李少兵、王莉《20 世纪 40 年代以来中国大陆“四大家族官僚资本”问题研究》，《史学月刊》2005 年第 3 期。

④ 《马寅初全集》第 12 卷，浙江人民出版社，1999，第 359 页，转引自李少兵、王莉《20 世纪 40 年代以来中国大陆“四大家族官僚资本”问题研究》，《史学月刊》2005 年第 3 期。

⑤ 《解放日报》1942 年 2 月 8 日，转引自李少兵、王莉《20 世纪 40 年代以来中国大陆“四大家族官僚资本”问题研究》，《史学月刊》2005 年第 3 期。

⑥ 毛泽东：《论联合政府》，《毛泽东选集》第 3 卷，人民出版社，1991，第 1046 页。

⑦ 陈伯达：《中国四大家族》，长江出版社，1946，第 147 页，转引自李少兵、王莉《20 世纪 40 年代以来中国大陆“四大家族官僚资本”问题研究》，《史学月刊》2005 年第 3 期。

和中中农交四大银行在经济上的独占，则是官僚资本最高、最集中的发展，是中国半封建或封建、半殖民地或殖民地制度最后的产物；四大家族对农民、小生产者乃至民族自由工业，进行了空前规模、空前集中的掠夺；四大家族经济独占是在反人民、反革命的军事活动中形成和发展起来的，其掠夺方式是包括军事在内的各种超经济的方法；四大家族的经济独占，从金融、商业、工业、农业一直蔓延到文化业，摧残了生产力的发展，是完全腐朽寄生的独占；四大家族的经济独占，是外国独占资本——帝国主义的附属物。①

1947 年许涤新在《官僚资本论》中指出：官僚资本是大地主、大银行家、大买办的资本。他分析了官僚资本的社会根源、构成，并指出其本质是封建性和买办性资本。书中分析了蒋宋孔陈四大家族的投资情况，将“四大家族官僚资本”划分为六种类型：官僚的私人资本、被四大家族控制的国家资本、与国家资本结合的官僚资本、与民间资本结合的官僚资本、与国家资本及民间资本结合的官僚资本、与外国资本结合的官僚资本。他认为完全属于官僚的资本是那些“利用政治特权获得”并“利用政治特权去运用”的资本；在国民党统治下，国家资本实际上是四大家族的私人资本。② 同样是在 1947 年，毛泽东在《目前形势和我们的任务》中指出：“蒋宋孔陈四大家族，在他们当权的二十年中，已经集中了价值达一百万至二百万的巨大财产，垄断了全国的经济命脉。这个垄断资本，和国家政权结合在一起，成为国家垄断资本主义。这个垄断资本主义，同外国帝国主义、本国地主阶级和旧式富农结合着，成为买办的封建的国家垄断资本主义。……这个资本，在中国的通俗名称叫做官僚资本”。③ 四大家族官僚资本的说法自此延伸下去，官僚资本亦由最初的官僚私人资本扩大到官僚管理下的国家资本、与官僚资本有关系的各种类型的资本。四大家族个人资本、国家资本、官僚资本三者间画上了等号。随着“四大家族官僚资本”内涵和外延的扩大，最后，人们则用其代指国民党和国民政府的所有官营资产。④

二　国民党官僚资本的形成与演变

在北伐战争中，随着北伐军（国民革命军）的进军步伐，国民党先后接管了北洋政府的大量官僚（官营）资本企业。

1927 年 4 月，南京国民党政府宣布成立。1928 年 12 月 29 日，东北军首领张学良通电全国，宣布东三省自即日起“遵守三民主义，服从国民政府，改旗易帜”。这样，随着北伐结束及东北易帜，以蒋介石为代表的国民党政府在形式上取得了统一中国的名分。

任何一个政府都是建立在一定的经济基础之上，依靠一定的经济基础方能存在。南京国民

① 陈伯达：《中国四大家族》，长江出版社，1946，第 153 页，转引自李少兵、王莉《20 世纪 40 年代以来中国大陆“四大家族官僚资本”问题研究》，《史学月刊》2005 年第 3 期。

② 许涤新：《官僚资本论》上海人民出版社，1958，转引自李少兵、王莉《20 世纪 40 年代以来中国大陆“四大家族官僚资本”问题研究》，《史学月刊》2005 年第 3 期。

③ 毛泽东：《目前形势和我们的任务》，《毛泽东选集》第 4 卷，人民出版社，1991，第 1150 页。

④ 李少兵、王莉：《20 世纪 40 年代以来中国大陆“四大家族官僚资本”问题研究》，《史学月刊》2005 年第 3 期。

党政府也不例外。在北伐告成、形式上的全国统一实现以后，在实行“训政”的同时，南京政府开始注重经济建设。这一时期，南京政府日益重视发展国家资本，逐步确立国家资本的主导地位，明确规定了以国家资本为主体和由国家经营的产业领域，并逐步付诸实施。中国经济发展的主体状态开始由北洋政府时期的自由经济转向统制经济，并成为这一时期的主体特征。①

为推动经济的发展，国民党政府先后成立一系列机构。

1928 年 3 月，南京政府成立农矿部（负责全国农务、矿业等行政事务）、工商部（负责全国工商行政事务），同年还设立中央工业试验所，为工业发展创造条件。

1930 年 12 月，农矿部与工商部合并组成实业部，孔祥熙出任第一任部长。

1928 年 11 月，南京政府成立兵工署，成为垄断军工企业的主要机构。

1929 年 1 月，成立行政院建设委员会（主要负责管理国有企业），张静江出任第一任主席，主要的国有企业有南京首都电厂、浙江长兴煤矿、安徽淮南煤矿等。

1931 年 11 月，成立隶属于行政院的全国经济委员会；1933 年 9 月，改属国民政府管辖，由宋子文主持。

1928 年 11 月 1 日，中央银行在上海成立，宋子文出任第一任总裁。②

这些机构发展国家资本的实施历程虽各有特点，但主要是通过两种途径：一是分别对北洋政府时期的包括军工企业在内的国有企业进行接收和有选择的扩建；二是通过直接投资和接管兼并民营企业，逐步强化和扩展国家资本。③

1935 年，国民党政府通过强行增发官股的方式，把中国银行④、交通银行⑤、农民银行⑥等纳入官僚资本的体系，初步建立了垄断全国经济的两大系统：即四行两局（中央银行、中国银行、交通银行、农民银行及中央信托局、邮政储金汇业局）的金融系统和以资源委员会

---

① 薛毅：《国民政府资源委员会研究》，社会科学文献出版社，2005，第 43 ~ 44 页。

② 1924 年 8 月广东革命政府在广州创立中央银行。1926 年 7 月国民政府移迁武汉，同年 12 月在汉口设中央银行。原广州的中央银行改组为广东省银行。1928 年 11 月 1 日，南京国民政府成立中央银行，总行设在当时全国的经济金融中心——上海，在全国各地设有分支机构，法定中央银行为国家银行，行使中央银行职责，同时武汉中央银行停止营业。1949 年 12 月，中央银行随国民党政府撤往台湾。

③ 薛毅：《国民政府资源委员会研究》，社会科学文献出版社，2005，第 45 页。

④ 1912 年 1 月 24 日由孙中山总统下令成立。1912 年 2 月 5 日在上海大清银行旧址正式开业，改大清银行为中国银行，负责整顿币制、发行货币、整理国库，行使中央银行权利。故中国银行为中国历史最悠久的银行之一。1949 年中国人民解放军军事管制委员会接管中国银行。

⑤ 始建于 1908 年（光绪三十四年），是中国早期四大银行之一，也是中国早期的发钞行之一，其发钞历史长达 33 年，也是发钞时间最长的银行。1986 年 7 月 24 日，作为金融改革的试点，国务院批准重新组建交通银行。1987 年 4 月 1 日，重新组建后的交通银行正式对外营业，总部设在上海。成为中国第一家全国性的国有股份制商业银行，现为中国五大国有大型商业银行之一。

⑥ 1935 年 6 月 4 日，国民党政府公布了《中国农民银行条例》，在原四省农民银行基础上改组而成的中国农民银行正式成立了。资本总额仍为 1000 万元，总行仍设在汉口，1937 年迁至南京。根据《条例》规定，该行办理发钞、农业放款、票据贴现、买卖证券、经营储蓄存款和汇兑，享有兑换券发行权、农业债券发行权和土地债券发行权。

为主的工业系统。[①] 1936年四大银行的实收资本占全国银行的42%，资产占59%，发行兑换券占78%，纯益占44%[②]。1935年底，官营企业在中国工业资本中的比重占10%。[③]

1931年日本发动“九一八事变”，侵略东北地区；1932年日本发动“一二·八事变”，侵略大上海；中华民族面临巨大危机，经济发展遇到巨大困难。

在国难当头的危急时刻，蒋介石重新确定其经济发展的策略：尽量避免中日间全面战争的爆发，争取时间发展国内经济，充实国力，增强中国对日作战的实力。[④]

为落实其新的经济发展谋略，1932年11月1日，国防设计委员会（直属国民政府参谋本部）正式成立，[⑤] 由蒋介石亲自担任该会委员长，具体事务由秘书长翁文灏（时任北平地质调查所长和清华大学代理校长）、副秘书长钱昌照负责。

国防设计委员会自成立起，主要负责经济调查、制定国家经济的发展规划等，几乎没有直接创办企业[⑥]，也没有直接经营企业[⑦]。不过，1934年夏季，国防设计委员会曾设立陕北油矿探勘处（孙越崎出任处长），创办一家企业——陕北延长油矿[⑧]。还曾奉蒋介石之命，整理了位于河南焦作的中英合营大型企业——中福煤矿[⑨]。

1935年4月，国民政府军事机构大改组，国防设计委员会与兵工署资源司合并，易名资源委员会，隶属于国民政府军事委员会，“以便于统筹运用，并赋予开发全国资源，经办国防工矿事业之任务，以建立腹地国防经济为工作重心”[⑩]。蒋介石继续兼任委员长，仍由翁文灏、钱昌照出任正、副秘书长。名称的变化也意味着工作范围和性质随之发生了变化，资源委员会自此从国民党政府之国情调查机构转为全国主管工业机构。

在军事委员会主管资源委员会时期（1935年4月至1938年3月），资源委员会除继续在国内进行资源调查之外，还编列制订《国防工业初步计划》（1936年3月）[⑪]、《重工业建设五年计划》及《中国工业发展三年计划》（1936年6月）等[⑫]。之后，资源委员会主要创办的企业有中央钢铁厂、茶陵铁矿、彭县铜矿、灵乡铁矿、江西钨铁厂、湖北大冶铜矿、中央无线电制造厂、江西高坑煤矿、湖南湘潭煤矿、河南禹县煤矿、四川油矿、云南锡矿、青海金矿、四

---

① 何应龙、邓泽宏：《国民党政府发展官营资本企业的政策比较》，《信阳师范学院学报》2004年第3期。

② 中国人民大学经济系“中国近代经济史”编写组：《中国近代经济史》（下），人民出版社，1978，转引自何应龙、邓泽宏《国民党政府发展官营资本企业的政策比较》，《信阳师范学院学报》2004年第3期。

③ 陈真：《中国近代工业史资料》（第3辑），生活·读书·新知三联书店，1961，转引自何应龙、邓泽宏《国民党政府发展官营资本企业的政策比较》，《信阳师范学院学报》2004年第3期。

④ 薛毅：《国民政府资源委员会研究》，社会科学文献出版社，2005，第50页。

⑤ 程玉凤：《资源委员会档案史料初编》（上），台湾“国史馆”，1984，第18~20页。

⑥ 王宗荣、林木：《略论抗日战争时期的资源委员会对工业的垄断》，《北京师范大学学报》1987年第4期；简锐：《国民党官僚资本发展的概述》，《中国经济史研究》1986年第3期。

⑦ 祝慈寿：《中国近代工业史》，重庆出版社，1989，第637页。

⑧ 薛毅：《国民政府资源委员会研究》，社会科学文献出版社，2005，第87~88页。

⑨ 薛毅：《国民政府资源委员会研究》，社会科学文献出版社，2005，第86~93页。

⑩ 程玉凤：《资源委员会档案史料初编》（上），台湾“国史馆”，1984，第6页。

⑪ 《钱昌照回忆录》，中国文史出版社，1998，第45页。

⑫ 钱昌照：《两年半创办重工业之经过及感想》，《新经济》第2卷第1期，1935年5月。

川水力发电厂等①。

鉴于旧中国当时十分困窘的财政状况，资源委员会提出利用外资和外国技术发展中国重工业的设想。② 为此，在蒋介石的大力推动下，资源委员会于1936年4月8日在柏林与德方签订《中德易货协议》，规定中国可购买德国1亿马克以内的军火或军工及重工业设备，所费资金可用钨、锑、桐油、生丝、猪鬃等农矿物资抵付，借款年息5厘。双方还签署了进行技术合作的协议。协议规定由德国帮助资源委员会兴建炮厂、机关枪厂、光学仪器厂、硫酸厂、钢铁厂、钨铁厂、铜矿等。③

在随后德国提供的1亿马克贷款中，国民政府将其中的90%以上用来购买军火及军工设备，并分配给资源委员会982万马克，用来购买德国设备。资源委员会随即以这笔款项购买德国的先进机器设备，以建设中国的建设机械、冶金、电子、化工等工矿企业。具体看，资源委员会用于矿业部分的为357万马克；用于电业部分的为132.8万马克；用于工业部分的为492万马克，共计约982万马克。④ 自1936年双方建立易货关系开始，至1941年7月中德断交为止，资源委员会先后在德国购买了价值357万金马克的机器设备，建立了一批比较先进的工矿企业。《中德易货协议》的签订，解决了中国发展经济所面临的资金、技术、设备及对外贸易等难题，为资源委员会兴办重工业开辟了道路。

按照《中德易货协议》的精神，1937年6月，资源委员会与德国政府下属之HAPRO（合步楼）公司签订了《关于筹设中央钢铁厂契约》，约定德国帮助中国在湘潭建设一个年产10万~15万吨钢锭的钢铁厂（中央钢铁厂）。该厂“由德国克鲁伯炮厂担任设计，西门子的建筑部门负责土建工程，机器设备全部由德国供应”⑤。德国向中国提供钢铁厂所需洗煤、炼焦、熔铁、炼钢、轧钢、铸造、修理和动力等全套设备。计有化铁炉2座、炼钢炉7座、炼焦炉1座、大中轧钢机数台等，年生产钢材10万吨。计划于1939年7月建成，1940年1月1日正式投产。⑥

这一时期，资源委员会还兴办了飞机发动机制造厂（1936年11月开始筹办，1937年基本建成，因抗战被迫暂缓）、中央机器厂（1936年11月开始筹办，抗战爆发后迁至云南昆明）、中央电工器材厂（1936年7月开始筹办，1938年6月建成投产，抗战爆发后于1938年底迁至广西桂林）等。在一时期资源委员会创办的企业还有茶陵铁矿、江西钨铁厂、彭县铜矿、阳

---

① 薛毅：《国民政府资源委员会研究》，社会科学文献出版社，2005，第148页。

② 钱昌照：《两年半创办重工业之经过及感想》，《新经济》第2卷第1期，1935年5月。

③ 详见《德国外交部HO9041315号文件》，转引自辛达漠《德国外交档案中的中德关系》（五），《传记文学》（台湾）第42卷第3期，1983，第82~83页。

④《德国信用借款》，现存中国第二历史档案馆，资委会档案第2232卷，转引自薛毅《国民政府资源委员会研究》，第158页。

⑤ 吴兆洪：《我所知道的资源委员会》，《回忆国民党政府资源委员会》，第84页，转引自薛毅《国民政府资源委员会研究》，第158页。

⑥《关于筹设湘潭中央钢铁厂之契约》，现存中国第二历史档案馆，资委会档案第7092卷，转引自薛毅《国民政府资源委员会研究》，第160、167页。

新大冶铜矿、中央机器制造厂、中央电工器材厂、中央无线电厂、中央电瓷制造厂、高坑煤矿、湘潭煤矿、天河煤矿、四川油矿、灵乡铁矿、中央炼钢厂、重庆炼铜厂、水口山铅锌矿、云南锡矿、四川金矿、青海金矿、龙溪河水电厂等20多家。1936～1938年，资源委员会为建设这批工矿企业投资总额达2212万元。①

中国地大物博，拥有丰富的特种矿产，主要指钨、锑、锡、汞、铋、钼、铜等金属矿产，还包括石棉、云母等矿产。这些特矿无论在经济方面还是军事方面，均有重要的价值。为对特矿实施统制和宏观调控，1936年2月，资源委员会制订统制特种矿产的协议，设立特种矿产管理机构，将全国特矿的生产及销售纳入资源委员会的统制之下。②

在经济部主管资源委员会时期（1938年1月至1946年5月）：资源委员会的职责范围及经营原则扩大；在抗战大后方继续创办企业，发展火力发电工业，兴建煤矿，创办玉门油矿、四川油矿及新疆独山子油矿，兴办钢铁企业。

在抗战大后方，资源委员会大力创办电力工业，如湘江电厂（1938年秋，系资委会兴建的第一家电厂）、贵阳电厂（1939年2月）、贵州桐梓天门河水电厂（1945年4月）、贵州玉屏万山火力发电厂（1945年）以及其他19家发电厂（19家发电厂总装机容量为34024千瓦）。整个抗战时期，资源委员会所属电厂的发电量占后方发电总量由最初的6.7%增长到52%。③

抗战时期，资源委员会在大后方积极兴建煤矿。先后独自兴办湖南湘南矿务局（1940年）、湖南祁零煤矿局（1938年10月）、江西高坑煤矿局（1938年3月）等。④ 1937年，资源委员会所属煤矿的煤炭产量不足2万吨，1943年则达到75万多吨。⑤

另外，资源委员会还与其他部门联合兴办了一批煤炭企业：湖南湘潭煤炭公司（1937年11月，与河南中福公司合办）、四川嘉阳煤矿公司（1939年，与四川民生公司、美丰银行、德丰公司及川康平民商业银行合办）、重庆建川煤矿公司（1939年9月，与中国建设银公司、中国银行集资组建）、云南明良煤矿公司（将原来的商办改组为官商合办）、贵州南桐煤矿（1938年，与兵工署等合办）、贵州煤矿公司（1941年，与贵州省企业公司等合办）、广西西湾煤矿（1938年7月，与广西省政府联合组建）、甘肃煤矿局（与甘肃省政府合办）等。

鉴于中国抗战大后方严重缺少石油，资源委员会创办甘肃玉门油矿（1941年3月创办甘肃油矿局，其主要经营的玉门油矿是国民党政府时期中国开发规模最大、产量最高的油矿，是

① 《资委会各单位历年库存拨资金明细表》，现存中国第二历史档案馆，资委会档案第2274卷，转引自薛毅《国民政府资源委员会研究》，第168页。

② 《中国第二历史档案馆典藏资委会档案》第9227卷、第9443卷，转引自薛毅：《国民政府资源委员会研究》，第178页。

③ 朱大经：《十年来之电气事业》、《十年来之中国经济》，转引自薛毅《国民政府资源委员会研究》，第228页。

④ 《中国矿业纪要》（第7次），经济部中央地质调查所、国立北平研究院地质学研究所，1946年印行，第397页。

⑤ 曹立瀛：《资源委员会沿革》（油印本），1949，转引自薛毅《国民政府资源委员会研究》，第258页。

“世界上开发最早的非海相油田之一”)，[①] 接管新疆独山子油矿（1944 年 7 月），还成立四川油矿探勘处，先后在四川巴县、威远县、隆昌县等地钻探油井、天然气等。

在资源委员会隶属于经济部初期经办的 60 多家工矿企业中，独资经营的有 39 家，合资经营的有 23 家[②]。截至 1941 年上半年，资源委员会经办的工矿企业已有 70 多家，其中工业企业 29 家，主要从事机械、电气、冶炼、化工等产品的生产；矿业企业 22 家，主要从事煤炭、铁、石油、铜、钨、锑、锡、汞等与国防、民用和外贸有关的资源开发；电力企业 20 家，主要为发展工业提供动力等。[③] 在抗战期间，以资源委员会所属企业为主，在抗战后方形成了 15 个新的工业中心地区。其中，资本在 1 万元以上、工人在 30 名以上、以电力为动力的工矿企业有 1354 家。[④]

抗日战争结束后，资源委员会奉命接管沦陷区的工矿企业。

日本发动全面侵华战争后，中国大批工矿企业先后落入日本人之手。为扩大对中国的经济侵略和掠夺中国的经济资源，日本还在中国兴建了大批工矿企业，并将其纳入军国主义战时体制。1945 年抗战胜利后，根据国际法准则，国民党政府接收了沦陷区的敌伪产业。所谓敌伪产业，主要包括两个部分：一是日本政府、日本侵略军以及日本侨民在华所办的各种公私产业；二是汪伪政府及大小汉奸所占有和经营的各种公私产业。[⑤]

1945 年 10 月，行政院长宋子文签请蒋介石批准，成立行政院收复区全国性事业接收委员会，由行政院副院长兼资源委员会主任委员翁文灏主持。随即，行政院颁布《收复区敌伪产业处理办法》，其中规定军政部负责接收军用品，交通部负责接收陆上运输车辆，招商局负责接收船舶，中央信托局负责接收房地产，工矿企业则主要由资源委员会负责接收。经济部将全国沦陷区分为东北区、冀热察绥区、鲁豫晋区、苏浙皖区、湘鄂赣区、粤桂闽区及台湾区 7 个区，令资源委员会派人前往接收。

以接收之敌伪产业为基础，重组经济单位。如在东北地区的敌伪产业接收完毕后，将接收的 117 个敌伪工矿企业组建为隶属于资委会的东北电力局等 19 家官营企业：东北电力局、抚顺矿务局、阜新煤矿有限公司、北票煤矿有限公司、西安煤矿有限公司、中国石油公司东北炼油厂、东北金属矿业有限公司、鞍山钢铁有限公司、本溪煤铁有限公司、沈阳机车车辆制造有限公司、中央机器有限公司、沈阳制车厂、沈阳机器厂筹备处、中央电工器材厂沈阳分厂、沈阳化工厂、沈阳橡胶厂、葫芦岛硫酸厂、辽宁水泥有限公司、华北水泥有限公司、锦西厂、辽西纸浆制造有限公司。除资源委员会接收的以上敌伪企业外，国民政府经济部、粮食部、中央

---

① 焦立人主编《当代中国的石油工业》，中国社会科学出版社，1988，第 11 页，转引自薛毅《国民政府资源委员会研究》，第 267 页。

② 江鸿治：《资源委员会经办国营事业之概况》，《资源月刊》，转引自薛毅《国民政府资源委员会研究》，第 219 页。

③ 翁文灏：《经济部的战时工业建设》，《资源委员会公报》第 1 卷第 1 期，1941，第 91 页，转引自薛毅《国民政府资源委员会研究》，第 220 页。

④ 薛毅：《国民政府资源委员会研究》，第 220 页。

⑤ 薛毅：《国民政府资源委员会研究》，第 346 页。

信托局、东北行辕经济委员会等单位也在东北接收了一批敌伪企业。[①] 冀热察绥区（华北地区）接收的敌伪企业重组为8家官营企业：冀北电力有限公司、华北钢铁有限公司筹备委员会、天津机器厂、天津制车厂、中央电工器材厂天津分厂、天津化学工业有限公司、华北水泥公司、天津纸浆造纸公司。[②]

至1946年6月，资源委员会接收的敌伪工矿企业已有2401个。[③] 至1946年底，资源委员会“手里的固定资产（产品、半成品、原材料等流动资产不在内）的账面价值就达10万亿以上，实际价值更远远超过此数”[④]。另有资料显示，“国民政府各部门接收敌伪工矿、企业价值为20亿美元”[⑤]。1947年，资源委员会所属工矿企业的产值在全国工业生产总值所占比例分别为：煤炭38.8%、电力83.3%、钢90%、水泥51%，石油，铁砂，钨、锑、锡、铜等有色金属及机制食糖等均达95%以上。[⑥]

在行政院主管资源委员会时期（1946年5月至1949年），资源委员会成为中国最大的重工业管理机构。1946年5月，资源委员会脱离经济部管辖，升格为与经济部同级的机构，直属行政院，钱昌照出任主任委员。1946年6月，资源委员会创办中国第一个国家资本的石油公司——中国石油有限公司，主要开采玉门、四川及台湾等老油气田的石油和天然气。

截至1947年底，资源委员会下属工矿企业共有生产事业96个单位，各单位之下又有附属厂矿，共计291单位，总共职员32917人，其中技术人员13343人、管理人员19574人；工人190858人，其中技术工人94089人、普通工警96769人。[⑦]

三　战后（1945年后）官僚资本的膨胀

1945年8月日本宣布无条件投降后，国民党政府随即宣布将日本在华的所有“公私事业资产及一切权益一律接收，由中国政府管理或经营”，密令陆军部在负责接收日军投降的同时负责监督接收日伪公私财产。1945年8月31日，行政院颁布《行政院各部会署局派遣收复区接收人员办法》。10月，在行政院设立收复区全国性事业接收委员会，并于其下分区设立敌伪产业处理局，管理敌伪产业的接收和处理事务。据此，将原沦陷区分成苏浙皖区、粤桂闽区、

① 薛毅：《国民政府资源委员会研究》，第367～368页。

② 《收复区接办事业概况》《资源委员会公报》第10卷第5期，1940，第103～104页，转引自薛毅《国民政府资源委员会研究》，第369～370页。

③ 《敌伪经济事业之接收处理》，国民党经济部档案，第二历史档案馆藏，转引自薛毅《国民政府资源委员会研究》，第385页。

④ 吴兆洪：《我所知道的资源委员会》，《回忆国民党政府资源委员会》，中国文史出版社，1988，第118页，转引自薛毅《国民政府资源委员会研究》，第386页。

⑤ 孙宅巍：《国民政府接收述略》，《民国档案》1989年第3期，转引自薛毅《国民政府资源委员会研究》，第386页。

⑥ 吴兆洪：《我所知道的资源委员会》，《回忆国民党政府资源委员会》，中国文史出版社，1988，第118页，转引自薛毅《国民政府资源委员会研究》，第387页。

⑦ 资源委员会编《复员以来资源委员会工作概要》，1948，第2页，转引自陈真等《中国近代工业史资料》（第3辑），生活·读书·新知三联书店，1961，第873页。

河北平津区、山东青岛区、武汉区、河南区、东北区、台湾区等8个接收区。整个接收工作到1946年底，除东北外，基本完成。

经初步估计，国民党政府接收的工厂矿场、商业、房地产和家具、仓库码头、金银外币、铁路、车船、飞机、各种物资（不包括国防用品和其他军用品）的资产折合成战前法币达323252万。①

据国民党政府财政部统计，伪中央储备银行库存黄金553492两、白银7639323两、银元371783枚、美金5500000元，伪中国联合银行库存黄金170000两、美金10201460元以及英镑26544，全被中央银行接收。② 据统计，到1946年官僚资本控制的银行388家，分支机构2085处，集中的存款数达54211.1亿元，占全国各类银行存款数的91.6%；放款59719.6亿元，占全国各类银行放款数的94.4%。③

国民党政府还接收日伪华北垦业公司、军粮城农场、华北农业试验场和东北盘山农场等处的大量土地（约150万余亩土地）。据统计，当时国民党政府经济部接收敌伪工厂矿场共9345个单位（资产折战前法币116076万元）。④ 在处理过程中，发还原主的比重极小，大部分敌伪厂矿企业被直接移转给官僚资本。据经济部部长王云五的报告，敌伪工矿资产有83.5%转给官僚资本，但实际上要达到90%左右，而敌伪交通运输业资产（共218784万元）则全部为官僚资本所得。在经济部接收的工矿企业中，有292家重工业厂矿转为资源委员会管辖，其资产总值为11478亿元（折合成战前法币为24216万元，合美金3.826亿元）⑤。对敌伪工矿业资产的接收，使官僚资本在工矿业和交通运输业的资产大大膨胀。

根据汪敬虞先生发表的《大陆解放前夕国民党官营事业资产估计》⑥，以1946～1947年为准，分工矿、铁道、邮电等9个部分对国民党政府官营资产做了详尽分析及计算，简要摘录如下。

（1）工矿：关于战后的官营工矿事业的资产价值。战后国民党的工矿事业，一部分是在后方发展起来的，一部分是从敌伪接收过来的。在后方的工业投资，约为18918万元⑦；矿业投资，约为4476万元⑧；合起来是23394万元。从敌伪接收过来的工矿企业，按东北区、华北区、华中区和华南区四大部分测算，超过30亿，相当于国民党在战时后方的工矿投资的13倍以上。

---

① 简锐：《国民党官僚资本发展的概述》，《中国经济史研究》1986年第3期。

② 张宪文主编《中华民国史纲》，河南人民出版社，1985，第641页。

③ 许涤新、吴承明主编《中国资本主义发展史》第3卷，第635页。

④ 简锐：《国民党官僚资本发展的概述》，《中国经济史研究》1986年第3期。

⑤ 简锐：《国民党官僚资本发展的概述》，《中国经济史研究》1986年第3期。

⑥ 汪敬虞：《大陆解放前夕国民党官营事业资产估计》，中国经济史论坛 http：//eco. guoxue. com/article. php/5959/8，2005年7月。以下资料出处均转引自汪文。

⑦ 李紫翔：《从战时工业论战后工业建设的途径》，《中央银行月报》新1卷第1期。

⑧ 1944年伪资源委员会所属的矿业雇工人数为3730人，依照战前矿业资产价值与雇工人数的一般比例，估计约如上数。

（2）铁道：战前官办铁道共17线，其中国营的有北宁、平汉、津浦、京沪、沪杭甬、平绥、正太、道清、汴洛、陇海、广九、湘鄂、南浔、粤汉南段等15线；省营的有杭江一线；市营的有南京市一线。1933年，17线铁路全长共9763公里；资产设备价值，包括路基、隧道、桥梁、轨道、车辆、车站、机厂、房屋及各种设备之维持费在内，共计86949万元①，平均每公里的资产价值约为9万元。战后国民党政府也接收了沦陷区的日本铁道遗产，按照台湾、东北、华北测算：台湾官营铁路，接收以后，共计917公里②，每公里资产价值依9万元计算，全部资产价值约为8164万元；日本在华北的铁道投资，都由“华北交通股份有限公司“主持，在1944年投资额累计为22925万元③，这是账面价值，除了铁道投资以外，还包括其他交通方面公路、航运的投资；东北在战前共有铁道6273公里，到战争结束为止，东北共有铁道达13000公里④。以上三部分资产的移转额，共计为86839万元。

（3）公路：1933年以后，国民党政府开始积极投资公路建筑，到抗战前夕为止，全国公路里程已达109500公里。⑤ 到1948年6月底止，全国公路总里程，包括东北、台湾在内，虽然达到119774公里，但是通车里程实际上只有64857公里。⑥ 通车公路每公里投资额，我们依旧以丁级公路投资额计算，约为25943万元；未经完全修复的公路，减半计算每公里的投资额，约为10988万元，合计为36931万元。官营车辆，连同市内汽车在内，截至1946年底，约为4703辆，其中公路总局直辖车辆为3613辆⑦，台湾省营为269辆⑧，其他各省为421辆。市内汽车约400辆，其中台湾68辆⑨、上海241辆⑩、南京25辆⑪，余为其他各市所有，每辆作价1000元计算，共计470万元。合计战后国民党政府官营公路资产总值为37396万元，这个数字和战前公路资产价值的差额，就代表公营公路资产的增加额，计8227万元。

（4）航运：国民党政府主要通过国营招商局经营航运业。1932年国民党接办收回旧股，以国营名义经营，抗战胜利后，更接收大批敌伪船只，同时增购新轮，形成一个庞大的官营航运机构。招商局的资产，在国民党政府接办以前，账面上的数字是1175万元。接办整理以后，账面价值变成293万元。随后逐年增长，到1947年8月底止，账面价值已高达174302万元。⑫ 1948年底全国官营船舶共计450670吨（除去招商局为352800吨）。⑬

---

① 参阅1933年《中华民国统计提要》，《铁道年鉴》，各路资产、资金统计表及《杭江铁路统计年报》。

② 《台湾交通统计汇报》，1948年。

③ 昭和十九年（1944）《北支那开发株式会社及关系会社概要》。

④ 康德十年（1943）《满洲年鉴》。

⑤ 《十五年来之交通概况》，第25页。

⑥ 《交通月刊》，第2卷第12期。

⑦ 《公路统计年报》，1946。

⑧ 《台湾交通统计汇报》，1948。

⑨ 《台湾交通统计汇报》，1948。

⑩ 《上海公务统计月报》。

⑪ 《南京市统计年报》。

⑫ 招商局75年来资本数额表，见《国营招商局75周年纪念刊》。

⑬ 参阅《交通月刊》，第1卷第9期及《台湾交通统计汇报》，第199页。

（5）空运：战前有中国航空（与美国合办）、欧亚航空（与德国合办）、西南航空三家官营航空公司。1933 年中国、欧亚两公司共有飞机 26 架，资产总值是 926 万元，其中中国 416 万元、欧亚 510 万元。[①] 西南航空公司的资本，原定为 200 万元，实际这个公司的寿命很短，两广政府的投资，只及 30 万元。[②] 所以 1933 年的空运投资一共是 956 万元。战后官营空运机构也有三个单位：一个依旧是中国航空公司，一个是由欧亚改组的中央航空公司，一个是新成立的民用航空局。在 1947 年的时候，中航、央航共有飞机 95 架[③]，民用航空局有飞机 110 架[④]，合计 205 架。飞机连同一切设备的价值，用战前的价计算，平均每架约为 35 万元[⑤]，则全部资产价值约为 7175 万元。

（6）邮电：1933 年，全国官营有线电报局为 942 所，无线电台为 43 所，市内电话交换所为 85 所，长途电话通话处 616 所，邮局 11033 所，信柜 30255 处。[⑥] 这些公司事业资产的维持费一共是 281 万元。[⑦] 据交通部的报告，抗战发生后留置沦陷区的官营电讯机构的资产总值，一共是 7736 万元。[⑧] 战后全国官营电讯局所，截至 1947 年 4 月，共计 1595 所，工作人员 41152 人，[⑨] 每人利用的资产价值，依旧以 6600 元计算，则全部电讯资产价值约为 27160 万元。至于邮政，1948 年共有邮局 19811 所，邮柜 33233 处。[⑩] 前者较 1933 年增加 66%，后者较 1933 年增加 10%。战后邮政事业资产约为 1245 万元。这个数字和电讯资产相加，就可以代表战后邮电事业所保有的资产额，计 28405 万元。

（7）渔林：渔业在战前全由民营，1945 年后开始实施官营渔业，可以分成两个系统：由接收敌伪水产事业机构所改组成立的中华、黄海、海南三家水产公司是一个系统；由挪用善后救济总署的渔业物资所成立的“渔业物资管理处”又是一个系统。渔管处的规模比较大，有渔轮 171 艘[⑪]，水产公司的渔轮一共有 13 对[⑫]；其他还有冷藏等附带设备。渔轮每艘平均约值 150 千元[⑬]，合其他附带设备，全部公营渔业资产价值约为 4000 万元[⑭]。

（8）公共工程：公共工程的范围很广，举凡河道、沟渠、港湾、都市街道、桥梁、下水道，以及一切不包括在上列 6 项中之公共建筑。1927 ~ 1937 年，国民党政府在水利工程上的支出，累计不过 4446 万元；而政府支出预算中，导淮委员会、黄河水利委员会以及广东治河

---

① 《交通年鉴》航空篇。

② 《交通年鉴》航空篇。

③ 行政院新闻局编《民用航空》。

④ 《我国一年来之民航》，《交通月刊》第 2 卷第 1 期。

⑤ 《交通年鉴》航空篇。

⑥ 《中国国民所得》。下册，附录 4。

⑦ 《中国国民所得》。下册，附录 4。

⑧ 参阅韩启桐《中国对日战事损失之估计》，第 46 页。

⑨ 行政院新闻局《电讯事业》，第 16 页。

⑩ 谷春帆：《我国一年来之邮政》，载《交通月刊》，第 2 卷第 1 期。

⑪ 《中华年鉴》，渔业章，第 1315 页。

⑫ 刘发煊：《一年来之渔业》，载《农业推广通讯》，第 10 卷第 12 期，合刊第 44 页。

⑬ 根据伪农林部渔业公司之估计，参阅《中华年鉴》，第 1315 页。

⑭ 根据联总捐赠中国渔业善后救济物资中，渔轮与其他设备之比例估计，参阅《海建》第 1 期，第 42 页。

委员会的经费，通常不到全部支出的0.2%。①

（9）金银外汇：金银外汇也是国家资产的构成部分，战前国民党政府的金银外汇，最初还作为发行的准备。从1935年起，中央及特许银行的发行额，占全国发行额的78%。在抗日战争开始的前一年，四行的发行额已经达到127022万元。② 代表战前国民党政府手中的金银外汇数量。1948年8月，国民党政府控制的金银外汇至少还有两亿美元。1949年国民党官僚集团完全崩溃以后，金银外汇资产的90%或转移国外。③

1949年10月中华人民共和国成立以后，人民政府立即宣布没收国民党官僚资本，毛泽东指出，“没收封建阶级的土地为农民所有，没收蒋介石、宋子文、孔祥熙、陈立夫为首的垄断资本主义归新民主主义的国家所有，保护民族工商业，这就是新民主主义革命的三大经济纲领”。④ 所谓没收官僚资本主义的工业企业，主要是指由国民党各级政府（包括中央政府、省政府和县市政府）经营的工业企业（包括国民党政府在抗日战争以后接收的日、德、意帝国主义在中国的工业企业）以及由国民党大官僚经营的工业企业。至于由小官僚和地主经营的工业企业，以及官僚资本主义工业企业中的民族资本的股份，都不属没收之列。⑤ 据统计，到1949年，被人民政府没收的官僚资本的工矿企业有：控制全国资源和重工业生产的国民党政府资源委员会，垄断全国纺织工业的中国纺织建设公司，国民党兵工、军事后勤系统所属企业，国民党政府交通、粮食等部门所属企业，蒋、宋、孔、陈家族和其他大官僚的商办企业，CC系统的党营企业，以及各省地方官僚资本系统所属的企业。共计有工业企业2858家，职工129万人，其中发电厂138家，采煤、采油企业120家，铁锰矿15个，有色金属矿83个，炼钢厂19家，金属加工厂505家，化学加工厂107家，造纸厂48家，纺织厂241家，食品企业844家；⑥ 国家银行系统和省市地方银行系统的银行2400多家；交通运输方面，有铁路2.18万多公里、机车4000多台、客车约4000辆、货车约4.6万辆、铁路车辆和船舶修造厂约30家、各种船舶约20多万吨。原中国、中央两家航空公司被劫持到香港的12架飞机，由于职工起义回归祖国。商业方面，有复兴、富华、中国茶叶、中国石油、中国盐业、中国蚕丝、中国植物油料、孚中、中国进出口、金山、利泰、扬子建业、长江、中美实业等10多家垄断性的贸易公司。据有关部门事后按固定资产原值估算，没收的官僚资本财产约为人民币150亿元。国民党的官僚资本转到人民手中，成为新中国国有经济的一部分。⑦

官僚资本在国民党统治大陆时期达到全盛，形成了对中国经济的全面独占与垄断。故有学者认为，国民党官僚资本的运转机制就是集权官僚制度主动适应外国资本的入侵而资本化，把

---

① 《财政年鉴》，上册。

② 《十年来之中国建设》，第5章。

③ 以上转引自汪敬虞《大陆解放前夕国民党官营事业资产估计》，中国经济史论坛 http：//eco.guoxue.com/article.php/5959/8，2005年7月。

④ 《毛泽东选集》第4卷，第1253页。

⑤ 汪海波：《新中国工业经济史（1949.10～1957）》，经济管理出版社，1994，第101页。

⑥ 汪海波：《新中国工业经济史（1949.10～1957）》，经济管理出版社，1994，第106页。

⑦ 白寿彝主编《中国通史》第十二卷“近代后编”（1919～1949）（上册）第五节官僚资本的崩溃。

专制政权作为外国资本掠夺中国民众剩余劳动果实的中介营利机构，通过资本的强大财势更好地巩固专制统治，以为外国资本买办。这样的资本势力只能靠专制权力才能发展起来，也必然会进一步固守集权而表现出官僚资本主义专制的特殊性。以专制政治权力控制经济交换环节，全面攫取民众的剩余劳动，积累资本，这是与商品经济和工业文明平等、自由的基本原则根本相排斥的。① 历史亦证实，国民党统治大陆时期的“官僚资本巧取豪夺与垄断，其结果必然造成工农业再度遭到破坏和商业混乱，整个国民经济走向衰败：工人失业，农民流离失所，城市小资产阶级破产，民族资本家没有出路，人民过着暗无天日的苦难生活。官僚资本对人民敲骨吸髓，横征暴敛，激起人民群众的强烈不满和暴风骤雨般的反抗，宣告了国民党政权覆亡的命运”②。

综上所述，国民党统治大陆时期实行一党专政，党国不分；实施独裁，拒绝民主，因而社会动荡，腐败加剧。而国民党为了维护官僚资本和大地主阶级的经济、政治利益，拒绝在和平条件下实行政治改革；国民党背弃诺言，忽视人民尤其是农民对土地的诉求，把自己处于同中国广大人民势不两立的地位；国民党表面上败于军事，根本上败于腐败。无须赘言，以官僚资本为经济基础的国民党在大陆的最终失败，是它的反动性和腐朽性导致的必然结果，美国学者费正清对此指出：“无能和腐化使国民党在中国彻底失去人心”，“国民政府的崩溃不仅是军事的，也是经济的、政治的和道德的”③。由此也可说明，汇聚了最广大的民心和民力的共产党最终赢得全国胜利，也是中国近代历史发展的必然。

第二节　国民党统治台湾时期的公营资本

一　大陆之黄金财富流入台湾

国民党撤离大陆之前，曾将大量黄金等运至台湾。迄今，有关记载多有差异，白寿彝主编之《中国通史》记载称：上海解放前夕，蒋介石两次下令用轮船从上海运走国库黄金2775358两、银元1520万枚、美元1537万元、珠宝以及大量外汇，总价值约5亿美元。④ 较有权威的是中国第二历史档案馆留存的资料。即在1948年11月至1949年1月，国民党中央银行奉命将库存现金密运台湾、厦门。中央银行发行局的装船记录为：1948年11月29日，黄金774箱，合纯金2004459两；1948年12月7日，银币1000万两，分装2500箱（每箱4000元）；1949年1月1日，银币3000万元；1949年1月20日，银币2000万元；1949年1月21日，银

① 郭静：《中国官僚资本的历史分析》，博士学位论文，中央民族大学，2007。

② 聂资鲁：《国民党执政大陆时期腐败现象的法理透视》，《湖南大学学报》2004年第3期。

③ 费正清：《美国与中国》，张理京译，世界知识出版社，2000，第274页。

④ 《中国通史》第十二卷近代后编（1919～1949）（上册）·第五节“官僚资本的崩溃”。

币1800万元等。[①] 前中央银行稽核处处长李之侠对此回忆到：这批金银美钞确实分三批运走。第一批是1948年12月1日午夜在外滩码头用军舰运走的，黄金总数为200万两，运至台湾基隆；第二批运走52万两，运至厦门；第三批由京沪杭警备总司令汤恩伯亲自押运20万两。三批黄金共计272万两。此外，随之运走的还有银元1520万两，美元1537万元。这三批外运的金银按1949年价格计算约值10亿美元。[②] 另据当时国民党政府监察院财政委员会的秘密报告，当时中央银行银库存黄金390万盎司、美元7000万及价值7000万美元的白银。又据当时中央银行档案记载，1948年11月29日已装箱的黄金就达200万两，此可佐证李之侠的回忆属实。其他的不同记载还有若干。[③] 据统计，仅1948年9月至12月，从大陆流入台湾的资金就达2947亿台币。[④] 这些软硬通货均成为台湾公营企业资本的重要来源。

另据国民党中央银行的一份内部文件（1949年7月8日中央银行总裁刘攻芸呈交蒋介石的秘密报告）显示，从1948年12月4日到1949年8月底为止，国民政府一共从大陆和美国两地运送了二百九十四万九千九百七十点二七九市两的纯金，这些原本应归属于上海中国银行国库的黄金，被分批运到台湾后，先后有八十万两、十万两、十二万六千两，总计有一百零二万六千两的纯金，被“拨付”给了台湾银行，据信主要是作为新台币发行之准备基金。……1949年10月15日，还另外拨付十二万五千两黄金给“东南军政长官公署”（台湾省政府的前身）。所以，总计一共拨付给台湾一百一十五万一千两纯金。这笔黄金成为战后“台湾金融、财政从战火废墟及艰难困苦中复兴崛起的资本。……台湾就是靠着这笔来自祖国大陆的巨额资金，从二战之后的废墟中逐步迈向富裕之域的”[⑤]。

二　全面接管日本在台经济遗产，实行“公营化”

国民党统治台湾时期的“国营企业”，多来自于对日本企业的接收。1945年8月29日，国民政府下令设立“台湾省行政长官公署”，任命陈仪出任台湾省首任行政长官，台湾省行政长官公署成为过渡时期的台湾最高行政机构。10月25日，在台北市市公会堂（后改名为中山

---

① 中国第二历史档案馆：《国民党政府撤离大陆前向台北厦门密运现金一组资料》，《民国档案史料》1989年第1期。

② 香港《明报月刊》，1990年12月号，第22页。

③ 宋连生、巩小华：《穿越台湾海峡的中美较量》（云南人民出版社，2001，第12页）的记载为：去台湾前，从国库运走黄金390万盎司，外汇7000万美元，价值7000万美元的银元，总计价值约在5亿美元以上；许极燉：《台湾近代发展史》（前卫出版社，1996，第514页）的记载为：价值50万盎司的金条；徐之先：《中日关系三十年》（时事出版社，2002，第315页）的记载为：357万两黄金、1520万两银元，加上存在美国的20亿美元；林长华：《战后美台经济关系概论》（九州出版社，2001，第25页。）的记载为：计有18000万美元运往美国，140吨黄金后又有400万两黄金运到台湾，中央银行广东分行2亿港元运到香港；陈宏：《台湾问题》（新世界出版社，2004，第53页）的记载为：395万两黄金、1400多万白银；卢晓衡：《海峡两岸社科交流参考》（经济管理出版社，2000，第240页）及张胜彦：《台湾开发史》（台北空中大学，1996，第322页）的记载为：黄金80万两、存在美国花旗银行的20亿美元。

④ 刘进庆：《台湾战后经济分析》，人间出版社，1995，第70页；陈宏：《台湾问题》，新世界出版社，2004，第54页。

⑤ 王丰：《蒋介石父子1949危机档案》，九州出版社，2010，第180页。

堂）举行了日军投降仪式，末任台湾总督安藤利吉向陈仪递交了投降书。面对战后台湾的经济混乱状况，在陈仪的主持下，国民党台湾当局开始了一系列的岛内经济重建工作，“其治台策略，主要系靠特殊化的行政体系加上全面性的经济统制，二者相互为用”①。陈仪首先决定将岛内的日本经济遗产全部收归“国有”，并大部实行“公营化”，以此作为恢复台湾经济的基础工程。

（一）岛内工矿企业的接收过程

1943年4月下旬，时任国民政府军事委员会委员长的蒋介石指派经济部部长兼资源委员会主任的翁文灏与教育部部长陈立夫举行“战后工业建设计划会议”，为抗战胜利后中国经济建设和工业发展拟订方案，其中讨论到台湾的工矿建设计划。② 1943年11月22日，蒋介石赴开罗，与美国总统罗斯福、英国首相丘吉尔举行会晤。12月1日，由三国首脑签署的《开罗宣言》正式公布，其中规定将日本窃取的台湾、澎湖列岛等归还中国。至此，收复台湾已成定局。为接收台湾做必要的组织准备，1944年3月，设立了由最高国防委员会直接管辖的中央设计局台湾调查委员会，设立该会的目的在于搜集台湾岛内政治军事、经济能源、地理民情等所有资料，重点规划台湾收复后的接管工作。台湾调查委员会的成员大多由资源委员会的成员兼任，如曹立瀛、包可永、许本纯等被聘为中央设计局设计委员，由通晓台湾事务的陈仪（曾任国民党福建省主席）担任主任。③

台湾调查委员会成立后，通过多方渠道，开始对岛内日资企业资产做摸底排查，主要做了以下几方面的工作：搜集有关台湾的资料；起草《台湾接管计划纲要》，规划光复后台湾的经济恢复计划，加紧培训相关的接收人员等。资源委员会所属的经济研究室也开始组织有关专家，加紧了对台湾岛内经济现况研究和调查工作。该研究室为了配合经济作战，长期搜集日军占领下的中国东北、台湾以及东南亚地区的经济资料。1944年3月，该室研究人员郑伯彬完成了《台湾经济资源》的编写工作。1945年8月，国民政府经济部与战时生产局成立台湾区特派员办公处，委派资源委员会工业处处长包可永为特派员④，该处内设糖业、机电、冶化、轻工业、矿业等5个组，负责接管有关方面的工作⑤。

日本投降后不及半月，1945年8月29日，国民党政府任命陈仪为台湾省行政长官；30日，又任命了行政长官公署秘书长及各处处长。9月1日，台湾省行政长官公署临时办事处在

---

① 郑梓：《战后台湾的接收与重建》，新化图书公司，1994，第207页。

② 详见《工业建设计划会议暨战后工业计划案》，现存台湾中研院近史所图书馆，馆藏经济档案，转引自程玉凤《资源委员会对台湾糖业的接收与重建》，《“国史馆”馆刊》，复刊第24期。

③ 薛毅：《国民政府资源委员会研究》，社会科学文献出版社，2005，第370页。

④ 包可永同时还兼任台湾行政长官公署工矿处处长，整个台湾地区工矿的接管工作由他全权负责。

⑤ 5位组长中有4名是来自资源委员会，他们分别是：糖业组长沈镇南（原任中国炼糖公司理事）；机电组长刘晋钰（原任昆明电厂厂长）、冶化组长汤元吉（原任遵义酒精厂厂长）、矿业组长金开英（原任玉门油矿炼油厂厂长）；转引自薛毅《国民政府资源委员会研究》，社会科学文献出版社，2005，第371页。

重庆成立；9月7日，国民党政府又派陈仪兼台湾省警备总司令①，岛内陆海空三军皆归陈仪指挥；9月20日，《台湾省行政长官公署组织条例》公布施行②；10月25日，台湾省行政长官公署正式在台北成立。

1945年10月，经行政院长宋子文签请蒋介石批准，行政院成立收复区全国性事业接收委员会，并将接收地区分为苏浙皖区、湘鄂赣区、粤桂闽区、冀察热绥区、鲁豫晋区、东北区、台湾区共计7个区。以一省为一个区的仅台湾一地。由此可见，国民党政府对台湾接收工作特别重视。③ 资源委员会随即派出台湾工矿事业考察团，对台湾全岛的主要工矿企业作了实地考察。其任务是："在最短的时期内，对台湾工矿事业情况，了解一个全面的轮廓，提出决策性的意见，以便确定接管方案，建立企业结构，并派遣接管人员"④。考察团由10名专家组成，考察团团长为许本纯。⑤ 1945年12月初，考察团由重庆乘飞机经南京、上海前往台北。

由于台湾的工矿企业主要集中在岛内西部沿海和中部山岳地带，考察团进入台湾后便分批对西部和中部如基隆、台北、北竹、台中、嘉义、台南和高雄等地进行实地考察。考察团在西海岸一带，先后考察了高雄的炼铝厂、机械厂、造船厂、肥料厂和水泥厂；台南的纸厂和第六燃料厂；台中的纸厂，以及日月潭和雾社系统的水电站；新竹的大甲溪系统的水电站及竹东油田；台北的新店溪系统的水电站；高雄、台南、台中各一个糖厂。接着再向北行，考察了金瓜石铜矿和瑞芳金矿。同时又对太平山、阿里山和八仙山的森林和木材工业、高雄和台北的电工器材工业，以及基隆和高雄两个港口作了考察。另外，还专门赴东海岸一带，从岛北端的基隆，经宜兰、花莲港和台东，过大武山到岛南端的恒春和民间罗东，先后考察了苏澳的水泥厂，罗东的肥料厂和纸厂，花莲港的炼铝厂，花莲港和台东的两个糖厂，以及台东的火力发电厂等。

在抗战后期，美国空军曾对作为日本"南进基地"的台湾岛进行了反复轰炸，迫使岛内的大多数企业关门停产。当时美国媒体大肆宣扬"台湾的经济设施遭到了毁灭性的打击。"但此次考察团实际看到的结果却与之大相径庭，美军炸毁的只是电线电缆、厂房屋顶和一些辅助设备，而企业的关键设施如水电站的大坝、发电机组，以及许多重要的机器机床，很少受到直接的破坏，甚至如金瓜石铜矿的露天选矿场也没有炸毁。考察团集体研究了这一现象，得出的共同结论是："美国对台湾这个宝岛有着不可告人的野心的。美国战略设计人妄图通过战胜国的权势，把台湾从日本手中转到美国人手中。因此，当派大批飞机轰炸台湾时，目的只在破坏生产，而不想毁灭工业，以图日后易于恢复"⑥。的确，美军对台湾岛内的反复轰炸，目的只

① 《台湾省行政长官公署公报》第1卷，第1期。

② 《台湾省行政长官公署公报》第1卷，第1期。

③ 薛毅：《国民政府资源委员会研究》，社会科学文献出版社，2005，第371页。

④ 曹立瀛：《台湾工矿事业考察团纪要》，《回忆国民党政府资源委员会》，中国文史出版社，1988，第211页。

⑤ 他们是鲍国宝（电力）、许本纯（矿业）、许道生（钢铁冶炼）、高祀谨（机械）、潘履洁（化工）、陆宗贤（水泥）、谢家荣（地质）、蔡致通（保险）、季树农（财务）、曹立瀛（经济及综合），转引自薛毅《国民政府资源委员会研究》，社会科学文献出版社，2005，第372页。

⑥ 曹立瀛：《台湾工矿事业考察团纪要》，《回忆国民党政府资源委员会》，中国文史出版社，1988，第213页。

是破坏生产，特别是军事工业的生产，以迫使日本军国主义早日投降，减少美军的伤亡。美国政府的战略意图并非想毁灭台湾工业设施，他们精心制订出轰炸范围、规模和目标，以便未来占有台湾后，可在美国主导下尽早恢复岛内的社会、经济秩序。① 只是由于世界反法西斯战争的胜局日见明朗，美国迫于形势，不得不公开表示同意把台湾主权归还中国。但由此也使台湾得以保留下大批重要的经济产业设施。

1946 年 1 月，考察团结束对台湾岛内的考察，并提出多份考察分报告。其中，《台湾工矿事业考察报告》是对台湾经济与工矿的总情况做全面介绍的一般性的综合报告。另外，根据考察团成员的分业报告，由资源委员会经济研究室派专人用统一的项目和表式汇编出《台湾工矿事业考察总报告》，作为经济接收考察团的正式文件。全件分本文及附件两部分。本文分总论、电力事业、石油事业、金铜矿业、冶炼工业、机械及造船工业、食盐电解及肥料工业、水泥工业、纸粕及造纸工业、糖业 10 章。附件有《台湾电力事业考察报告》、《台湾机械工业考察报告》、《台湾纸粕及造纸工业考察报告》等 5 件。② 以上报告成为国民党政权接收台湾经济资源和产业设施的重要依据。

根据国民党政府的政策及台湾岛内经济的实际状况，考察团制定出接办台湾工矿企业的四项原则：第一，发展台湾工矿业，以适应当地天然资源及原料供给为原则，不求体系完整，以免创造经济割据的条件；第二，考虑原有工矿企业的规模和基础，分别缓急轻重予以恢复；第三，顾及国防与全国经济建设平衡发展，除必要的修复及所费无多的未峻工程外，不对台湾做巨额投资；第四，以糖、电为建设核心，由糖业推及有关的副产品化学工业和辅助工业，由电业推及电化和电冶工业。再有余力，才顾及其他工业。③

按照上述原则，1945 年 10 月，由台湾省行政长官公署同台湾省警备总司令部联合成立了台湾省接收委员会，下设军事、民政、财政、金融会计、教育、农林渔牧粮食、工矿、交通、警务、宣传、司法法制、总务等 12 组。其中，军事组由警备总司令部担任，负责日军接管及军事设施、武器弹药装备等接收；其余皆由行政长官公署统筹，分由各主管单位兼任有关各组的主任。11 月起正式展开接管与接收。台湾省接收委员会下设日产处理委员会，以“为专责处理日产之总枢纽，且由行政院指挥监督”④。同时在全岛 17 个县市中设立分会，至 1946 年 2 月设立完毕。随着接收工作的进展，在日产处理委员会下，1946 年 7 月 1 日又另设日产标售委员会和日产清算委员会。⑤

台湾工矿企业的接收工作分为两个阶段进行：1945 年 11 月至 1946 年 3 月为监理阶段。监

① “美国当时设想中国将是美国的势力范围，美国感到必要时随时都可以在台湾建立军事基地。”转引自资中筠《美国对华政策的缘起和发展》（1945～1950）》，重庆出版社，1987，第 284 页。

② 原件现存南京中国第二历史档案馆，资源委员会档案。

③ 曹立瀛：《台湾工矿事业考察团纪要》，《回忆国民党政府资源委员会》，中国文史出版社，，1988，第 217 页。

④ 袁颖生：《光复前后的台湾经济》，联经出版事业公司，1998，第 77 页。

⑤ 日产标售委员会负责处理日产的估价标售事宜；日产清算委员会负责处理日台合资企业及金融机构的一切债权债务清算事宜。袁颖生：《光复前后的台湾经济》，联经出版事业公司，1998，第 77 页。

理期间，工矿处按行业组成监理委员会，派出监理人员进驻日资各主要企业并对企业的人事管理、财务支出等重大事项全权掌管，企业日常生产及设备保养等事务则以委托形式继续由原有日籍职员负责管理。1946 年 4 月，监理阶段结束，进入接管阶段。监理委员会改为接管委员会，正式接收了台湾岛内的全部日资企业。由于采取了接管分为两个阶段进行的方法，使台湾岛内主要工矿企业接收时避免了混乱，大大缩短了恢复生产的时间。

据统计，战前台湾经济已具有一定规模，工厂数量较多。① 战后台湾省行政长官公署以“敌产”名义，将日本人留下的公务机关财产、企业财产与个人财产全部国有化。② 1946 年 11 月，从台湾总督府正式接收的日资企业（包括日台合办企业）有 494 家。③ 以上企业共有从业人员 25 万人，其中 1500 余人有大学和高等技术专业教育学历，这些人在台湾战后经济复兴过程中发挥出很大作用。在处理上，台湾资本支配的企业原则上卖给民间；对日本资本支配的 376 家规模较小的企业则进行出售或预定出售。④

---

① 1944 年台湾的工业资本已达 88500 万元，1941 年底台湾使用动力设施、具有一定规模的工厂已达 8895 家之多。转引自李洪硕《台湾经济四十年》，山西经济出版社，1993，第 347 页；台湾工业企业数量主要在二战后期骤然增加，其原因为，日据后期台湾总督府大力推行工业化政策，在岛内建立大批重化工企业，如涉及基础工业的钢铁工业、轻金属冶炼、水泥、橡胶等制造业。但实则规模均属不大，“投资者则多数均系日本工业资本，此类工厂实已类似日本工业之附属工厂，至本省人投资者则如凤毛麟角”。转引自张汉裕《光复前台湾之工业化》，台北联经出版事业公司，1980，第 112 页。太平洋战争后期，日本许多民用部门转为军用部门，设备闲置，且因日本本国物资匮乏，许多以前依赖日本输出的民生用品，要求台湾自己生产，因此，乃将许多日本的老旧设备移至台湾，台湾一下子增加了许多民生用品企业。二战后期从日本移到台湾的企业主要有：北川制纲株式会社、东京芝蒲电气株式会社、台湾干电池株式会社、台湾橡胶株式会社、日本香料药品株式会社、大屯纸料株式会社、新高工业所、台湾窒素工业株式会社、钟渊曹达工业株式会社、台湾化成工业株式会社、南方水泥工业株式会社、拓南窑业株式会社、拓南特殊窑业所、台湾纤维工业株式会社、南方纤维工业株式会社、中央纺织有限公司、国产软木塞工业株式会社、高砂铅笔株式会社、台湾日本涂料工业株式会社等。转引自台湾总督府《大东亚战争与台湾》，1943，第 155 ~ 157 页。

② 陈鸣钟、陈兴唐：《台湾光复与光复后省情》下册，南京出版社，1989，第 68 页。

③ 陈鸣钟、陈兴唐：《台湾光复与光复后省情》下册，南京出版社，1989，第 68 页。在其他有关接收日资企业的著述中，统计数字存有诸多不同记载：①台湾当局接收的日资企业有 860 家，其中日本人支配的企业（日资占 50% 以上）有 775 家，台湾人支配的企业有 85 家。此数字记载于刘进庆：《战后台湾经济分析》（人间出版社，1995，第 25 页）、陈孔立：《台湾历史纲要》（九州图书出版社，1997，第 426 页）及田珏：《台湾史纲要》（福建人民出版社，2000，第 265 页）。②接收的日产企业（包括日台合资企业）共有 978 家，其中日本人支配的（日籍资本占一半以上的）企业有 893 家，台湾人支配的企业（台人资本占一半以上的企业）有 85 家，转引自韩清海《中国企业史·台湾卷》，企业管理出版社，2003，第 114 页。③徐之先：《中日关系三十年》（时事出版社，2002，第 314 页）记载为 5969 家，其中食品工业 2815 家、机械器具 645 家、纺织业 109 家。④陈宏：《台湾问题》（新世界出版社，2004，第 53 页）的记载为 3600 多家。⑤张胜彦：《台湾开发史》（台北空中大学，1996，第 322 页）的记载有 822 家。⑥李洪硕：《台湾经济四十年》（山西经济出版社，1993，第 347 页）的记载则是 1778 家，其中资本额在 500 万日元左右的厂矿有 49 家。

④ 由于台湾总督府在日据后期基于战争需要，把大部分台人企业收编入日人手中，国民党台湾省政府的接收政策使台湾民间工商业者产生了很大的被剥夺感。二战前，台湾经济发展水平在亚洲地区已仅次于日本，但光复后台湾很快出现恶性通货膨胀和失业问题，直接打击了民众生活水平。台人都认为这是陈仪政府的经济政策失当所致，接收也因此被台湾人民叫做“劫收”。转引自孙代尧《台湾威权体制及其转型研究》，中国社会科学出版社，2003，第 49 页。

按照国民党政府的接收政策，战前日本的殖民遗产，战后几乎全部以国家资本的形式为台湾当局所接收，这些资产几乎涵盖了台湾产业、金融、贸易等各个领域，特别是总督府官方拥有的公有土地占台湾全部耕地的60%～70%，其产值在1947年占台湾工矿业生产总值的70%。[①] 实行公营化的企业，则可再分为国营、国省合营、省营及县市营4种形态。如22家石油、铝业及钢铁企业为国营，43家电力、肥料、造船、机械、制纸、糖业、水泥企业为国省合营，306家工矿、农林、航业、保险、土木建设及金融企业为省营，其他残余的9家企业重组为县市经营，合计为388家。[②] 再加上国民党台湾省党部所接收的19家企业（主要为文化、媒体等部门，共计399家），属岛内独特的党营企业。有人称其为台湾的"党国资本主义"。[③] 通过对399家大型企业实行公营化，形成岛内公营企业"一枝独大"的局面（见表11－1）。

表11－1 国民党台湾当局接收台湾厂矿一览

业别	接收厂矿		账面实收资本	
	会社	厂数(家)	总额(万日元)	台股所占比例(%)
糖业	日糖兴业	15	10995.80	0.46
	台湾制糖	12	6361.60	0.18
	明治制糖	8	6100	0.67
	盐水港制糖	8	3693.80	0.4
电力	台湾电力	34	9675	2
金铜矿	日本矿业台湾支社金瓜矿山事务所	1	5348.10	—
	台阳矿业瑞芳矿山事务所	1	178.5	—
石油及天然气	日本海军第六燃料厂	3	12000	—
	帝国石油	1	2000	—
	日本石油	1	100	—
	台拓化学工业	1	3700	—
煤矿	基隆重炭矿	16	700	18
	南海兴业	5	1250	1
	台湾拓镇三德矿业所	3	500	—
	台湾产业	2	100	—
煤矿	山本炭矿所	2	—	—
	昭和炭矿	1	150	45
	近江产业	2	20	—
	武山炭矿	2	35	—

① 陈孔立：《台湾历史纲要》，九州图书出版社，1997，第427页。

② 刘进庆：《战后台湾经济分析》，人间出版社，1995，第25页。

③ 有中国学者指出：这些接收重组的公营企业，奠定了台湾"党国资本主义"的经济基础，转引自孙代尧《台湾威权体制及其转型研究》，中国社会科学出版社，2003，第49页。

续表

业别	接收厂矿		账面实收资本	
	会社	厂数(家)	总额(万日元)	台股所占比例(%)
	展南殖尾炭矿	1	100	—
	台阳矿业	3	1000	44
	中台矿业	3	200	80
	大丰炭矿	2	120	50
	共荣炭矿	2	100	90
炼铝	日本铝	2	6000	—
食盐电解	南日本化学工业	1	500	—
	旭电化工业	1	500	—
	钟渊曹达工业	1	500	—
肥料	台湾肥料	2	200	2.5
	台湾电化	2	200	10
	有机化成	1	600	—
	台湾窒素	1	100	—
电炉炼钢铁	樱井电气铸钢所	1	375	—
	台湾重钟渊工业	1	370	—
	前田砂铁铜业	1	220	1
	兴业制钢	1	80	—
	东邦金属制炼	1	1000	—
水泥	台湾化成工业	1	1050	—
	台湾水泥工业	1	250	—
	南方水泥工业	1	400	—
合　计		147	76897.80	1.57

资料来源：宁档计85685/二宗。转引自李洪硕《台湾经济四十年》，山西经济出版社，1993，第347～348页。

需要指出的是，以上统计尚未包括日资企业财产的土地部分价值和国民党接收的台湾总督府公务机关财产、企业财产及个人财产。根据《台湾接收委员会日产处委员会结束总报告》的统计，企业的土地价值为492790万台币。另据台湾当局编印的《台湾省行政纪要》统计，台湾总督府公务机关的财产593件，计293850万台币；企业财产1295件，计716360万台币；个人财产48968件，计88880万台币。因此，国民党政府在台湾接收的台湾总督府财产总额约为160亿台币。①

依照资源委员会与台湾省政府商议的意见，台湾的石油采炼、炼铝和铜金矿采炼三业由资

① 刘进庆：《战后台湾经济分析》，人间出版社，1995，第24页。

源委员会独家接管并经营。[①] 这样，至1946年秋，资源委员会与台湾省政府先后接收并完成了台湾十大公营企业。十大公营企业分别是：中国石油股份有限公司台湾分公司（资源委员会独营，公司地点为苗栗，下辖苗栗油矿探勘处、高雄炼油厂、嘉义溶剂厂及台湾营业所等单位，原甘肃油矿局玉门炼油厂厂长金开英为主要负责人），台湾铝业公司（资源委员会独营，公司地点为高雄，负责人为孙景华），台湾铜矿筹备处（资源委员会独营，公司地点为基隆，负责人为留美学人袁慧灼），台湾电力股份有限公司（国省合营，公司地点为锦町，任命资源委员会电业处处长陈中熙为公司董事长，原昆明电厂厂长刘晋钰为总经理），台湾机械造船股份有限公司（国省合营，公司地点为基隆，在基隆和高雄分设造船厂和机器厂，总经理由资源委员会工业处简任技正高祀谨担任），台湾制碱股份有限公司（国省合营，公司地点为高雄，下设三个分厂，总经理由方以矩担任），台湾肥料股份有限公司（国省合营，公司地点为台北，总经理由原遵义酒精厂厂长汤元吉担任），台湾糖业股份有限公司（国省合营，公司地点为上海，在台北设立办事处，在台湾的虎尾、屏东、总爷、新营设立4个分公司，任命前中国银行重庆分行副经理兼中国炼油公司理事沈镇南为总经理），台湾水泥股份有限公司（国省合营，公司地点为台北，在高雄、苏澳、新竹设立3个分厂，总经理由徐宗涑担任），台湾纸业股份有限公司（国省合营，公司地点为台北，在台北、台中、台南、高雄、麦町设立5个分厂，总经理由谢惠代理）。[②] 十大公营公司资本总额约为76286万日元。[③]

十大公营公司均是当时台湾规模最大亦最为重要的企业。其中，台湾电力公司的前身为台湾电力株式会社，中国石油股份有限公司的前身为日本海军第六燃料工厂、日本石油株式会社、帝国石油株式会社、台湾石油销售株式会社、台拓化学工业株式会社、台湾天然瓦斯研究所等12家日资企业[④]，台湾铝业公司的前身为日本铝业株式会社[⑤]，台湾肥料公司的前身为台湾电化株式会社、台湾肥料株式会社、台湾有机合成株式会社，台湾糖业公司的前身为大日本制糖株式会社、台湾制糖株式会社、明治制糖株式会社、盐水港制糖株式会社，台湾制碱股份有限公司的前身为南日本化学工业会社（日本曹达、日本盐业、台湾拓殖）、钟渊曹达会社、旭电化工株式会社；台湾水泥股份有限公司的前身为浅野水泥株式会社、台湾合成工业株式会

① 为此，资源委员会分别组建了中国石油公司台湾分公司，下辖苗栗油矿探勘处、高雄炼油厂、嘉义溶剂厂、台湾营业所等单位，任命原甘肃油矿局玉门炼油厂厂长金开英为主要负责人；新组建的台湾铝业公司地址设在高雄，负责人为孙景英；台湾铜矿筹备处的办公地址设在基隆金瓜石，由资源委员会派往美国的实习回国人员袁慧灼任主任。转引自薛毅《国民政府资源委员会研究》，社会科学文献出版社，2005，第378页。

② 薛毅：《国民政府资源委员会研究》，社会科学文献出版，2005，第379页。

③ 郑友揆：《旧中国的资源委员会——史实与评价》，上海社会科学院出版社，1991，第212页。

④ 还有出光兴业会社、共同企业株式会社、日本石油株式会社高雄制油所、日本石油株式会社苗栗制油所、日本石油株式会社台北事务所、日本油槽株式会社等。

⑤ 由日本铝业株式会社3家工厂组成，即日本铝业株式会社高雄工厂（炼铝）、日本铝业株式会社花莲港工厂（炼铝）及日本铝业株式会社台湾出张所（台北，营业单位）组成。这3家企业都是由日本三菱、三井及台湾电力公司共同投资，于1935年成立了日本铝业株式会社。

社、南方水泥株式会社、台湾水泥管株式会社等10家日资企业[①]，台湾纸业股份有限公司的前身为台湾兴业株式会社、台湾纸浆株式会社、盐水港纸浆株式会社、东亚制纸工业株式会社、台湾制纸株式会社等7家日资企业[②]，台湾机械造船股份有限公司的前身为台湾铁工所株式会社、东光兴业株式会社高雄工厂、台湾船渠株式会社（三井重工业）高雄工厂[③]。另外，资源委员会还成立主要为公营企业服务的3个直辖办事处：材料供应事务所台湾分所（台北）、保险事务所台湾分所（台北）、资源委员会台湾办事处（台北），并组建了台湾工矿警察总队。[④]

这些公营企业还陆续新建了一批新的企业。其中电力公司建立了34个发电所，糖业公司建立了30个左右的的分厂，肥料公司建立了5个分厂。产品不断增加，产量逐年提高。[⑤] 到1949年，资源委员会接收的这些企业，“在短短4年内重新恢复到战前60%的生产量”[⑥]。其中水泥、肥料等的产量已超过日据时代的最高纪录。

（二）对各行业的接收

1. 台湾金融业的接收

金融是经济的中心，银行是社会财富的集散地，控制了金融，就意味着控制了社会财产，国民党政府对接收台湾地区的日资金融机构，予以了极大的关注。国民党政府制定了《收复区日伪财政金融机构财产接收办法》，《办法》明确规定：“凡接收区内所有日伪财政金融机构财产，由财政部各区财政金融特派员商请各该接收区接收委员会核发接收证件接收之”，“接收日伪财政金融机构财产，由接收机关通知当地军警机关协助办理”。1945年6月，台湾当局公布了《台湾省当地钞票及金融机构处理办法》，规定了岛内日本设立的金融机构由指定的国家行局接受处理，岛内的商业金融机构除经该局财政金融特派员查明其负责人确是当地正当人士及业务健全者准予重新注册外，其余一律停止营业。并公布《台湾省商业金融机关清理办法》作为处理台湾金融的依据。[⑦]

1946年5月，国民党台湾当局明确指定由中国农民银行接收台湾银行。由国民党政府财政部派出董事11人，监察7人前往台湾接收台湾银行并进行彻底改组，但名称仍维持台湾银行不变。另外，三和银行由台湾银行接收兼并，储蓄银行被改组为台湾银行贮蓄部、台湾商工

---

① 还有台湾水泥株式会社、台湾石灰石株式会社、大和水泥管株式会社、浅野水泥株式会社高雄水泥板工厂、台湾制袋株式会社、台湾株式会社等。

② 还有乃良制作所（从事修理业务）、台湾制纸株式会社冷水掘炭矿厂（主要供应燃料）。

③ 刘进庆：《战后台湾经济分析》，人间出版社，1995，第26~27页。1948年3月台湾当局将机械、造船两厂改组分别成立两家公司，台湾造船公司即接收基隆造船厂而处理；台湾机械公司则下设高雄铸造厂、高雄机器厂、修船部3个单位。

④ 薛毅：《国民政府资源委员会研究》，社会科学文献出版社，2005，第380页。

⑤ 《资源委员会在台生产事业历年重要产品产量统计表（1046~1949年）》，载薛月顺：《资源委员会档案史料汇编——光复初期台湾经济建设》，台北“国史馆”，1992，第345~347页。

⑥ 程玉凤：《资源委员会对台湾糖业的接收与重建》，《“国史馆”馆刊》，复刊第24期，第131页。

⑦ 李宏硕：《台湾经济四十年》，山西经济出版社，1993，第10页。

银行，彰化银行、华南银行被接受改组为官商合办银行。[①] 战后台湾主要的5家银行均为省营银行，其中台湾银行的前身为（日资）台湾银行、台湾储蓄银行、日本三和银行，台湾土地银行的前身为日本劝业银行台北支店，台湾第一商业银行的前身为台湾商工银行，华南商业银行的前身为华南银行，彰化商业银行的前身为彰化银行（日资）。[②] 其中，台湾第一商业银行、华南商业银行、彰化商业银行的银行性质为股份有限公司。1946年10月5日，将台湾产业金库（组合）改组为台湾省合作金库[③]，城乡及乡镇信用合作社改组为信用合作社及农会合作社。还有合会储蓄业，以合会方式存放储金，用以调剂平民资金，是台湾省特有的金融事业。[④] 台湾劝业、台湾南部、东台湾、台湾住宅等5家日资金融公司被接收并合并成立台湾中小企业银行（省营）[⑤]。

2. 台湾电力事业的接收

在国内各地当时接收的日资电业企业中，台湾电力株式会社最大、最完整，有30余万千瓦的发电能力。日本占据时期，台湾电力事业由台湾电力株式会社独家经营。该会社是由台湾总督府直接控制的所谓官商合办企业，投资总额达30500万日元。到1945年8月日本战败投降时，台湾岛内已建成的发电所共34处，发电容量32万千瓦。其中，由于台湾水力资源丰富，台湾总督府注重建设水力发电站，已建成的水电站26处，容量27万千瓦；火力发电厂8处，共约5万千瓦，主要供枯水季节补充及临时应急之用。[⑥] 此外，已经动工兴建尚未最后竣工的水电站9处，容量约30万千瓦。输配电线路遍布全岛，所以，台湾岛内用电极为普遍，全岛电力用户达41万户，年发电量达10亿余度。[⑦]

1945年11月，台湾电业监理委员会成立（1946年3月20日改为电业接管委员会）。由于电力事业的恢复关系到整个台湾岛内的经济重建，所以，电业监理委员会成立伊始，就抓紧电

---

① 《台湾行政长官公署财政处处长严家淦关于台湾省完成接受后的财政状况向南京国民政府财政部的报告》（1946年底）、《敌伪经济事业之接受处理》（1946年11月），中国第二历史档案馆档案。

② 刘进庆：《台湾战后经济分析》，人间出版社，1995，第26页。

③ 1942年7月1日，台湾总督府以律令批准“台湾产业组合联合会”正式成立，此即台湾产业金库（组合）之始。联合会系法人组织，采取保证责任，股金250万元，实缴1/5，全属各种合作社认足、无官股参入。1944年4月1日改造为台湾产业金库（组合）。光复后1946年1月当局派员监理，10月5日正式改组为台湾省合作金库。转引自韩清海《中国企业史·台湾卷》，企业管理出版社，2003，第130~131页。

④ 李宏硕：《台湾经济四十年》，山西经济出版社，1993，第10页。

⑤ 在接收台湾各金融机构时冻结的现钞数额巨大，如分别以台湾银行千元券和日本银行日元券计算，合计冻结6.4亿元或5660.6万元。其中台湾银行3.93亿元或3002.2万元，日本劝业银行1471.1万元或138.4134万元，三和银行2786万元或1555.4万元，台湾商工银行1.18亿元或1223.82万元，彰化银行7735.4万元或836.3万元，储蓄银行3914万元或334.5万元，华南银行1877.9万元或169.39万元。见《台湾行政长官公署财政处处长严家淦关于台湾省完成接受后的财政状况向南京国民政府财政部的报告》（1946年底）、《敌伪经济事业之接受处理》（1946年11月），中国第二历史档案馆档案。

⑥ 韩清海：《中国企业史·台湾卷》，企业管理出版社，2003，第118页。

⑦ 太平洋战争末期，美军将台湾电力设施定为重点轰炸目标。据统计，台湾地区因美军轰炸而损失的发电容量达12.73万千瓦，但其中除溪口发电站1.8万千瓦发电机被炸或无法修复外，其余多为输配电设备受损而停产。此外，因自然灾害而停工的发电设备达10万千瓦，且都较难修复。到日本战败投降时，全岛尚在运行的发电机组为4.8万千瓦，仅及原发电容量的16%，各种输配电设备也都有不同程度的损坏。

力设施的修复工程，并采取了许多积极措施，推动岛内电力事业重建的顺利进行。台湾电力株式会社原有日籍职员3352人，台湾光复初期，被遣送回国的有2903人，留用449人。为维持并进一步促进电力事业的发展，电业监理委员会大量提升台湾当地职员充实生产管理和技术设备等方面的管理层。同时，通过与国民党政府行政院各部门协调，竭力罗致内地的电业专门人才，以接替日籍职员撤离后所空缺的生产及技术管理业务，在电业监理委员会的周旋下，台湾电力事业的各项生产经营以及修复工作较为顺利。

1946年5月1日，资源委员会代表中央政府与台湾省政府合组台湾电力有限公司，实行“中央与地方”共同经营的管理形式。公司营业范围为开发台湾全省电力资源，供应台湾全省用电，促进台湾全省电气化。

3. 台湾糖业的接收

在整个接收过程中，对台湾糖业的接收始终是台湾当局接收工作中的重点之重。① 1945年10月，台湾糖业监理委员会成立。糖业监理委员会成立伊始，就着手一方面加紧清查日资制糖企业资产情况，一方面督促各制糖企业尽早恢复生产。

出于台湾糖业在台湾经济中的重要地位，并便于其日后生产经营的顺利进行，经国民党政府行政院确定，由资源委员会代表中央政府与台湾省政府合办台湾糖业公司，公司股份由资源委员会和台湾省政府双方分摊，其中资源委员会占60%，台湾省政府占40%。1946年4月，资源委员会与台湾省政府几经磋商，合组台湾糖业接收委员会，正式接收了岛内日资制糖企业的全部资产。同年5月1日，台湾糖业股份有限公司宣告成立②，额定资产为台币30亿元。总公司下设4个区分公司③，分别接管日资四大制糖企业等的资产和生产业务等，迅即垄断了岛内的糖业生产与销售。

在监理期间，资源委员会就提出台湾糖业要达到年产100万吨的计划。1947年，台湾糖业股份有限公司与美国通用运输公司（General American Transportation Co.）签订技术协作协议，聘请美国技术专家赴岛内考察糖业生产现况，并筹划利用美国银行贷款，以购买美国先进

① 台湾位于亚热带地区，气候温暖，雨量充沛，宜于种植甘蔗。台湾的糖业原是由大陆传入，经台湾人民数百年辛勤经营，在台湾经济中占据着举足轻重的重要地位。1895年台湾沦为日本的第一块海外殖民地后，为使台湾成为向日本本土提供工业原料和粮食的供应基地，日本对台湾糖业的发展极为重视。统治台湾的最高殖民机构——台湾总督府采取一系列经济统制措施甚至动用军警，强迫岛内当地农民种植甘蔗，改良蔗种，兴修水利，并积极引进日本财阀垄断资本势力，大力兴办采用新式技术和设备的制糖企业。长期以来，这些采用新式技术和设备的制糖企业大都是日本财阀投资和直接经营的。经台湾总督府几十年的经营，台湾糖业迅速发展为支撑整个台湾岛内经济的重要支柱。据统计，1939年台湾甘蔗业的产值在全省农产品中仅次于稻米，占据第二位，占全岛农产品总值的25%；制糖业产值则名列全岛工业产值之首，占全岛工业总产值的65%；从事糖业及相关产业的人数，在全岛产业中占据第一，对台湾经济的影响可谓举足轻重。

② 由16家日资制糖企业组成：日糖兴业株式会社、台湾制糖株式会社、明治制糖株式会社、盐水港制糖株式会社、日本糖业联合会台湾支部、酒精输送株式会社、东亚矿业株式会社、日本制果株式会社（即恒丰制果公司）、明治产业株式会社台北工厂（即明华糖果工厂）、东亚水糖制果株式会社、森永制果株式会社、南投清轨株式会社、株式会社福大公司、新兴产业株式会社、展南拓殖株式会社、卓兰兴业株式会社等。

③ 1950年撤消4个区分公司，依据地理情形划分为5个总厂区（台中区、虎尾区、新营区、总爷区、屏东区）；并将原有的42个制糖所进行归并为27个。转引自《台湾文献辑览》（3），1962。

制糖设备和有关专利技术等。①

4. 台湾石油业的接收

早在19世纪50年代，台湾岛内就已发现石油蕴藏，最早由岛内当地人采用土法开采炼制。日本占据台湾后，继续开采石油，但规模始终不大。太平洋战争爆发后，日本军国主义以武力攫取了东南亚地区的丰富油田，并立即集合全力，开始在台湾发展炼油产业。其战略规划为：拟利用产自东南亚地区的原油，运到台湾岛内炼制急需的各类军用油料。1942年，日本海军拨出巨额专项资金，在高雄设立了海军第六燃料厂，该厂计划日炼原油15000桶，准备建成东方规模最大的油料供应基地。②

接管之初，由国民党当局抽调甘肃油矿局炼油厂专家全权负责台湾地区石油事业的接收与恢复工作。1946年3月，台湾地区石油事业的接收正式开始。1946年6月1日，由资源委员会全资成立中国石油有限公司，总公司设于上海，统筹全国的石油采、炼、运销事业。在台湾地区的原日本海军第六燃料厂等10多家炼油企业，分别改组为中国石油有限公司所属的台湾油矿探勘处、高雄炼油厂、新竹研究室及台湾事业所等4家单位，分别经营台湾地区石油探勘、炼制、研究及销售业务。

5. 炼铝业的接收

台湾炼铝业原由日本铝株式会社独家经营。该会社成立于1935年，同年就在台湾高雄市建立炼铝工厂。炼铝需耗费大量电力，台湾水力资源丰富，水力发电成本低廉，铝厂规模不断扩大，1938年又在花莲港地区增设工厂。这两家工厂的实际投资本总额约8000万日元，设计能力为年产铝锭26000吨，但过去最高年产量仅为13810吨。太平洋战争期间，铝厂损失严重，花莲港工厂主要设备大半被毁，而且供铝厂专用的水力发电厂被大水冲毁，短期内难以复工。高雄工厂的厂房建筑及机械设备平均损失达38%。

铝为军需及民用必不可少的物资，战前中国大陆所用纯铝及铝制品完全依赖进口。台湾光复后，国民党当局派专家调查了台湾炼铝业的现状，认为战后国内市场对铝的需要量估计每年可达5万吨，因此岛内炼铝工业如能迅速恢复，既可大量供应大陆市场以取代进口，节省外汇。台湾炼铝厂的设备较为先进，虽然战时被炸，但高雄工厂还可修复，且台湾电力充足，劳动力便宜，恢复生产后还能与外货抗衡。遂决定尽快恢复台湾炼铝业的生产。

① 该计划主要内容为：在未来的3年内由美国银行贷款3000万美元，用于修复战争期间损坏的制糖企业、甘蔗种植园以及仓储、铁路公路等基础设施。力争5年内达到年产140万吨食糖的生产能力。计划要求从第5年起，以出售台湾食糖盈余分20年期限还清全部贷款本息。由于战后美国政府将大部分资金投入到对欧洲经济的“扶植与复兴”上，原定之美国贷款，一时难以实现，该计划无法付诸实行。面对困境，台湾糖业股份有限公司只能在日本殖民统治的原有经济基础上，凭借国内和自身的力量逐步恢复生产，计划5年内达到种植甘蔗14.5万公顷、年产食糖77万～88万吨的目标。

② 在该工厂建设过程中，由于美军的猛烈轰炸，岛内重要的基础设施和生产设备多半被毁。日本投降前夕，日本海军又将未毁的炼油器材和专业设备大都转移出台湾。至日本宣布投降时岛内的石油采炼业已全部停工。

1946 年 7 月，台湾铝业公司成立。[①] 开始积极筹划恢复铝业生产。台湾铝业公司制订出分两期修复高雄铝厂的计划。第一期于 8 个月内修复年产铝锭 600 吨的设备；第二期于 14 个月内将高雄铝厂生产能力修复至年产 12000 吨铝锭。修复工程所需器材设备，除一部分可由暂时不拟修复的花莲港工场拆迁外，其余大部分都需要自国外购买，共需美金 770 万余元。[②]

6. 其他行业的接收

1945 年，台湾省当局接收了日本总督府于战争末期成立的“台湾重要物资营团”（由三井物产、三菱商事等财阀商社计 8 家单位组成的贸易商业统制公司），并重新组合为台湾省贸易公司；[③] 同年，总督府烟酒专卖局改组为台湾行政长官公署直属的台湾省烟酒专卖局；原台湾总督府直属的樟脑局、日本樟脑株式会社改组为台湾省樟脑局；[④] 总督府林业局等 7 家单位改组为台湾省林业局。1946 年，原台湾总督府公路局被改编为台湾省公路局（后改为台湾汽车客运公司）；同年 8 月，原台湾总督府铁道局被改编为台湾省铁路管理局；原台湾总督府邮政管理局被改编为交通部邮政总局；原台湾总督府电信管理局被改编为交通部电信总局；台湾信托株式会社改组为台湾信托公司（省营，后民营化）；台湾住宅营团等 5 家单位改组为台湾营建公司（省营，后民营化）；等等。[⑤]

“由此，战前日本的独占资本在战后几乎原封不动地被编入国家资本当中。这样，经由承袭战前支配台湾殖民地经济的日本独占资本之遗制的方式，在战后接收的过程中孕育出战后台湾经济中庞大的国家资本。日本独占资本被换穿上国家资本的外衣。这个庞大的国家资本的形成，基本上是殖民地遗制与国民党权力所结合产生的……这种国民党国家资本支配的体制构成了战后台湾经济体制的起点”。[⑥] 至此，日本在台的殖民遗产基本转变为台湾当局直接管辖下的公营企业，成为光复初期台湾经济恢复与发展的重要基础。“正是依靠资源委员会在台湾接管的工矿企业，发展生产，安定民心，渡过了最困难的时期，并为日后台湾经济的起飞创造了必备的条件”。[⑦]

国民党当局从日本人手中接收的企业，大多转为公营，在战后初期经济恢复和重建过程中，这些公营企业与祖国大陆迁台的公营企业共同成为台湾经济的主体。1947～1949 年，由

① 1986 年台湾铝业公司并入中钢公司。

② 此外，台湾仅生产铝锭，而无铝制品制造厂，因此，计划在上海收购原华铝钢精厂，加以扩充，生产铝制品。由于铝厂修复所需设备均需以外汇购买，国民党当局难以筹得外汇，修复工程建造甚慢。为加快进度，台湾铝业公司筹备处拟与外资合作经营台湾炼铝业。

③ 1945 年 11 月改为台湾省贸易局，1947 年改为物资调节委员会，1952 年撤消物资调节委员会，另设物资局。

④ 1967 年实行樟脑业民营化，樟脑局撤消。

⑤ 本节有关接收日资企业的统计，主要参阅：刘进庆：《战后台湾经济分析》，人间出版社，1992，表 4，第 26～27 页；张瑞成：《光复台湾之筹划与受降投降》，近代中国出版社，1990，跋，第 400～495 页；吴若予：《战后台湾公营事业之政经分析》，台湾业强出版社，1992，第 34～39 页；陈师孟：《解构党国资本主义》，自立晚报社，1991，表1～2，第 52～62 页；陈鸣钟、陈兴唐：《台湾光复和光复后五年省情》，南京出版社，1989；等等。

⑥ 刘进庆：《战后台湾经济分析》，人间出版社，1992，第 28 页。

⑦ 薛毅：《国民政府资源委员会研究》，社会科学文献出版社，2005，第 384 页。

祖国大陆迁台的公营企业计有：金融业，如“中央信托局”（1950年在台湾复业）、交通银行、“中国银行”（1960年在台湾复业）、“中央银行”（1961年4月在台湾复业）、“中国农民银行”（1967年在台湾复业）等，这些金融机构复业前业务都委托给台湾银行办理；纺织业，如“中国纺织公司”、雍兴纺织公司、中本纺织公司、台北纺织厂等；钢铁业，如台湾钢厂（利用由东北冈山厂撤出器材来台设立）；渔业，如“中国渔业公司”（利用前行政院善后救济总署撤出物资来台设立）；农业化工业，如农业化工厂（利用救济总署撤出物资来台设立）；煤矿业，如新竹煤矿局（利用山东淄博煤矿公司撤出器材来台设立）；机械工程类，如中华机械工程公司（物资供应局利用战后剩余器材来台设立）；交通运输业，如“国营”招商局；国防工业。①

据统计，经济恢复初期，公营企业的产值占岛内工业总产值的80%以上。但应指出的是，战后初期建立起来的台湾经济是一种混合经济体制，是资本主义公有制和私有制两种形式兼容并包，以计划经济诱导自由经济，而非放任主义的自由经济体制。一方面，台湾当局制订经济计划，实行多种经济控制，并以公营企业挟雄厚资本与关键部门之势，扶持民营企业又防止私人垄断，抑制贫富差距过大；同时控制金融机构，运行信贷、利率、税收、外汇管理等财经政策和基本建设诱导公营民营企业按台湾当局总的经济战略发展，有时也以行政手段对民营企业进行奖励或惩罚，对策略性工业加以保护等形式，参与经济运行与调控。另一方面，把市场经济作为全部经济活动的立足点，利用这种机制下个人积极性和民营企业的活力促进经济迅速发展并取得巨额贸易顺差，同时激发公营企业在市场经济中按经济规律去运行、发展。②

三　公营企业中的国民党党营企业

台湾发展公营企业的政策把官僚资本融入到公营企业中变成国家垄断资本的同时，国民党还兴办了庞大的党营企业。按照一般的界定，国民党党营企业属于大陆时期官僚资本的范畴及台湾时期的公营企业范畴。抗日战争胜利之初，国民党面对国际、国内的民主宪政潮流，凭借接收日伪资产的历史契机，提出“以党养党，创办党营事业”的动议，决定大力兴办党营经济事业，从而为民主宪政体制前景下的党务经费来源寻求新的渠道。1945年国民党在重庆召开第六次全国代表大会，大会认为宪政即将开始，国民党党费亟待自筹，故而于5月17日第16次会议通过了由陈果夫主导的《关于筹措党费之决议案》，对党务经费改革进行了全盘的筹划。决议规定：运用党费基金创办各种事业，以巩固党的经济基础，以期党费自给。在陈果夫等的积极经营下，至1948年夏天，国民党在大陆已经拥有了青岛齐鲁公司、天津恒大公司、济南兴济公司、沈阳益华公司、台湾兴业公司、安徽农产公司、上海树华公司、永业公司、亚东银行及济南面粉厂等10家事业，此外，尚有中国盐业公司等投资事业。各公司均颇具规模，如齐鲁公司辖有橡胶厂、面粉厂、啤酒厂及食油厂，恒大公司有火柴厂、面粉厂及烟草厂，益

① 刘凤文、左洪畴：《公营事业的发展》，联经出版事业公司，1984，第8页。

② 田珏主编《台湾史纲要》，福建人民出版社，2000，第265～266页。

华公司有油脂厂、酒精厂及酿酒厂等。①

1946 年 3 月国民党六届二中全会通过《党营事业的建立和管理计划方案》的决议案，决定在接收敌伪工商企业资产项下拨给大约 5000 亿元为党营事业基金。这实际上就是中国国民党利用一党专政体制下的特殊地位和权势，变相地将国家财产让渡于国民党的具体形式。按照国民党创办党营企业的原则，首先，所有党营企业的所有权和最高控制权均为中国国民党所独有；其次，党营企业真正唯一的股东是中国国民党；再次，党营事业的党股股权均由中央财务委员会指派党股代表人代表中国国民党行使。②

国民党党营企业大都采取股份制的组织形式以民营企业的姿态向政府机关注册登记。按照当时《公司法》的规定，股份有限公司的股份可自由转让、买卖，但国民党党营企业的股份严禁流入证券市场。《中国国民党经营事业管理通则》中明确规定：党营企业之股票非经中央财务委员会之核定不得转让或流入证券市场，从而有效地保证了党营企业性质的不可变性，使中央财务委员会牢牢控制公司的股票。企业真正唯一的股东只是国民党本身。党营企业的党股代表人即所谓的股东皆由中央财务委员会指派，实际上各股东并非真正的出资人，不过是由财务委员会委派代表国民党行使出资人的权力而已。作为真正意义上的股东，国民党通过对公司股东的指派从而达到对股票的绝对控制权。《中国国民党经营事业方针草案》第八条规定：广聘同志为党股代表。从中可知，作为党营企业股东，须具备两个条件：其一，股东须为国民党党员；其二，股东须由国民党中央选派才得以充任。由此，作为党营企业的股东只不过是企业真正唯一的股东国民党的选派代表而已。③

有学者指出，国民党党营企业是在企业发展过程中不同于一般民营企业和国营企业的特殊的企业形态，是企业群体中一个相对独立的组成部分。……国民党党营企业可以称为是兼收自由与统制之效的经济制度的产物，是一种崭新的企业形态，是介乎于国营与民营之间的企业组织。④ 大陆时期国民党通过创办党营事业而达到“以党养党、党费自给”的政治目标和宗旨得到一定程度的初步实现。

政党利益具有阶级性和一定的特殊性，台湾政党亦带有一定的阶级或阶层属性。国民党作为长期执政的政党，更多地代表了社会精英的利益。⑤ 台湾时期国民党的党营事业，主要由七大控股公司与其转投资的党资企业构成，财力雄厚，是国民党活动经费的主要来源。国民党党营企业既非公营，也不是私营。台湾在“党国一家”即“党即国家、党即政府”的情况下，掌握政权的国民党依靠特权建立起一大批党营企业，于是党营资本成为台湾社会一个特别资本体。

按照台湾大学两位教授的调查，1991 年纯国民党党营事业 12 家（公营），总资产在 5000

---

① 孔祥增：《中国国民党党营企业之特征分析——以齐鲁公司为主要研究对象》，《历史教学》2009 年第 6 期。
② 孔祥增：《中国国民党党营企业之特征分析——以齐鲁公司为主要研究对象》，《历史教学》2009 年第 6 期。
③ 孔祥增：《中国国民党党营企业之特征分析——以齐鲁公司为主要研究对象》，《历史教学》2009 年第 6 期。
④ 彭淑芳、孔祥增：《试析民国时期国民党党营企业》，《人民论坛》2011 年 3 月（中）总第 321 期。
⑤ 林冈：《台湾政治转型与两岸关系的演变》，九州出版社，2010，第 47 页。

亿元以上，由这12家转投资的国民党可以控制的企业总数近70家（表面上为民营），其总资产远大于5000亿元。[①] 国民党以政权谋一党之私，破坏公平竞争，扩大了特权垄断。这严重背叛了民生主义的经济纲领，它的直接后果不是“社会福祉由国民平等分享之”，而是由一党居公为私。[②]

至20世纪90年代，台湾国民党党营事业已成为一个企业众多、资本规模庞大的财团。主要由中央投资公司、光华投资公司、启圣实业投资公司、悦升昌投资公司、景德投资公司、建华投资公司、华夏投资公司七大控股投资公司（均为100%控股）组成。至1999年底，七大控股公司投资的企业有200多家，资产总额超过1万亿元。在分工上，中央投资公司投资重点在金融、电子、石化、综合、海外事业，光华投资公司以能源与科技事业为主，建华投资公司以专业投资为主，华夏投资公司主管文化媒体事业，启圣实业投资公司以建筑与党营事业为主，景德投资公司主要承做保险业务，悦升昌主要负责相关海外投资事业。金融事业一直是党营事业的核心之一。其主要金融事业包括中兴票券、华信银行、中华开发信托、大华证券、三阳证券、复华证券金融、大华期货等公司。[③]

党营事业还积极跨入高科技事业，国民党党营事业投资的高科技产业包括两大体系：一是在七大控股公司内，以光华投资公司为主体投资高科技产业，计有70多家转投资公司；二是以中华开发公司的党营事业高科技投资重镇，该公司投资的企业有170多家，其中高科技企业占有相当大的比例。[④]

党营事业是维持国民党统治的经济基础，更是国民党在选举中最大的资金来源。依据国民党党营事业投资管理委员会（简称“投管会”）公布的旗下七大控股公司1998年度财务报告，其资产总额达1470亿元（新台币，下同），负债总额为787亿元，净值为683亿元。但“投管会”主任刘泰英表示，党营事业七大控股公司负债与净值均约为1000亿元，资产总值为2000多亿元。至1998年底，国民党七大控股公司总共主控66家企业（包括8家上市上柜公司以及58家未上市公司），转投资企业超过300家，其中有资料的43家主控公司总资产超过6000亿元，净值超过2000亿元。[⑤]

四　台湾公营企业（资本）的形成

公营企业又称为政府企业，按照经济学的规定，公营企业是政府直接或间接控制经营的企业，是普遍存在的一种经济成分。作为现代社会大生产的一种组织经营形式，公营企业无论在发达国家还是在发展中国家都占据着重要地位。世界各国广泛存在的公营企业，既不是国家资

① 易纲、许小年：《台湾经验与大陆经济改革》，中国经济出版社，1994。转引自何应龙、邓泽宏《国民党政府发展官营资本企业的政策比较》，《信阳师范学院学报》2004年第3期。

② 何应龙、邓泽宏：《国民党政府发展官营资本企业的政策比较》，《信阳师范学院学报》2004年第3期。

③ 彭淑芳、孔祥增：《试析民国时期国民党党营企业》，《人民论坛》2011年3月（中）总第321期。

④ 彭淑芳、孔祥增：《试析民国时期国民党党营企业》，《人民论坛》2011年3月（中）总第321期。

⑤ 彭淑芳、孔祥增：《试析民国时期国民党党营企业》，《人民论坛》2011年3月（中）总第321期。

本主义或国家垄断资本主义性质，也不是社会主义公有制性质。因为国家与政府是不能等同的，公营企业只是政府所有的企业。①

在台湾，一般而言，凡公营资本持有股权在50%以上的赢利事业均属公营事业。从其经营主体看，台湾的公营资本事业分别由党、政、军不同系统经营，其中以“政府”经营的事业为主体。“政府”经营的企业，按其所属范围，大致可分为三个不同层次：第一层次是“国营企业”（55家），即由“行政院”所属各部会经营；第二层次是省（市）营企业（40家），即由台湾省或台北市、高雄市政府经营；第三层次是县（市）营企业（8家），即由县级政府机构或省辖市政府经营。三级政府机构经营的“公营企业”共计103家，其涵盖面涉及农林渔牧业、制造业、公用事业、营造业、交通通信、金融保险、房地产以及其他各类服务业。可见，公营资本的主体是“国营企业”和省营企业，其经营规模大，资本地位相对重要；其他系统与层次的企业，相对来说，经营规模较小，资本比重也不大。②

台湾的公营资本是在接受日本在台产业、迁移大陆资产以及美国经济援助倾注的基础上形成的。1945年台湾光复后，国民党当局将其接收的台湾总督府所属的官办产业以及日本私人垄断资本在台企业转变为公营资本，计有公务机关财产和企业财产（包括日台合资企业）3600余项。其中，重要的企事业有：经营交通业的台湾铁路管理局、台湾省公路局、台湾航业公司，经营金融业的台湾银行、第一商业银行、台湾土地银行，经营能源的台湾电力公司，经营工农业市场的台湾肥料、台湾糖业、台湾铝业、台湾水泥、台湾工矿公司等，还有营造、商业、服务业等其他企事业。在台湾社会经济生活中，凡属重要的公用及基干产业，几乎全由公营资本掌握。1949年后迁入岛内的大陆资本主要有：“中央银行”、交通银行、招商局、“中国纺织”、“中国渔业”、台湾钢铁以及部分军事工业等重要产业。据统计，仅“中央银行”带至台湾的财产就有黄金395万两、白银1136万两、银元398万块以及数千万美元的美国银行存款，价值共计10亿美元。这些资本相当程度上填补了当时台湾经济资源，尤其是硬通货的严重空缺，构成了早期台湾公营资本企业发展的重要因素。另外，美国对台湾经济援助，都为台湾公营资本的维持和发展提供重要的财源和支柱。1951～1965年，美国对台提供15亿美元的经济援助。此外，有原始美元直接或间接派生出来的“美元台币基金”，共计新台币320亿元，主要用于电力、矿业、交通运输、公共行政等。据统计，20世纪50年代美援占台湾固定资本形成总额的比重高达1/3以上，其中在电力部门的比重更高达50%以上。③

20世纪60～70年代，是台湾公营资本发展的黄金时期。在60年代，随着台湾工业化的迅猛发展，台湾公营资本的发展也很快，成为控制台湾经济命脉的主要资本。据统计，1960～1969年，台湾公营企业资本形成从新台币42.7亿元增至148.8亿元，平均每年增长14.9%，

---

① “公营企业”，引自MBA智库百科 http://wiki.mbalib.com/wiki/%E6%94%BF%E5%BA%9C%E4%BC%81%E4%B8%9A。

② 李非：《台湾公营企业分析》，《中国经济问题》1995年第6期；李非：《台湾经济发展通论》，九州出版社，2005，第168页。

③ 李非：《台湾经济发展通论》，九州出版社，2005，第168～169页。

10 年累计形成总额达 700 多亿元；其占台湾资本形成总额的比重从 33. 9% 略降至 30. 8% ，平均比重为 27. 9% ；若加上“政府”资产（9. 6% ），平均比重为 37. 5% 。[①] 70 年代是台湾公营资本膨胀最快的时期，经营石油、化工、炼钢、电力、造船等重工业部门的公营资本企业不断膨胀，进一步确立在基础经济生活中的支配地位。1970 ~ 1979 年，公营企业资本形成从 166 亿元增至 1075 亿元，成长 5. 5 倍，平均每年增长率为 23. 1% ，比 60 年代的成长率高出 8. 2 个百分点，10 年累计资本形成总额高达 5828 亿元，是 60 年代的 8. 3 倍；其占台湾资本形成总额的比重从 28. 7% 略降至 27. 3% ，但 1975 年“十大建设”高潮时一度曾达 43. 4% ，若加上“政府”资产（14. 3% ），高达 57. 7% [②]。

20 世纪 80 ~ 90 年代，是台湾公营资本的调整及萎缩时期。80 年代以后，台湾公营企业资本和“政府”资产在增长速度上明显放缓，但是，绝对数仍有所增长。1980 ~ 1989 年，公营企业资本和“政府”资产形成总额从 2444 亿元增至 3434 亿元，平均每年递增率降至 3. 9% 。10 年累计资本形成总额前者为 14604 亿元，后者为 9836 亿元，合计达 24440 亿元。虽然公营企业资本占台湾资本形成总额的比重从 35. 2% 跌至 19. 6% ，下降了 15. 6 个百分点，1988 年一度滑至 16. 4% ，但是，“政府”资产的结构比重却快速上升，从 13. 3% 增至 19. 2% ，提高了 6. 1 百分点，与公营企业资本形成的比重大致相当。在 90 年代，随着公营企业民营化的推进，台湾公营资本的地位进一步下降。1990 ~ 2002 年，公营企业资本形成毛额从 2495 亿元降至 2325 亿元，13 年累计金额为 3 万多亿元；其占台湾资本形成总额的比重从 25. 1% 继续跌至 13. 9% ，下降 11. 2 个百分点，1998 年一度滑至 8. 6% 。另一方面，“政府”资产形成毛额仍呈上升趋势，同期从 2388 亿元增至 4126 亿元，平均每年递增 4. 7% ；其占台湾资本形成总额的结构比重从 24. 0% 略增至 24. 6% 。可见，后工业化时期，台湾公营企业资本逐步淡出经济舞台。[③]

台湾公营资本曾被视为台湾经济高度发展的核心力量，在台湾经济生活中占有重要地位。台湾公营企业拥有庞大的资产规模，其直接或间接控制的资本势力包括 5 个部分：第一，行政部门直接拥有的资产，至 20 世纪 90 年代达新台币 4 万亿元；第二，“政府”部门直接经营的企事业资产，总值达新台币 10 万多亿元，占岛内社会总资本的 20% ，其中，台湾“行政院”所属的“国营企业”资产总额占一半以上，创造出来的产值约占 GDP 的 5% ；第三，“政府”部门拥有的“中央”非营业循环基金达 30 多种，数额较大的有“退辅会”下的安置基金，其直营生产事业 28 种，转投资事业 39 种，开发基金转投资的公司也有 20 多家；第四，隐藏性公营事业的大部分资金由“政府”和公营事业出资，持股采取分散方式，任何单一官股均未超过 50% ，在形式上是以民营企业的姿态出现，如“中国商银”、中华航空、世华银行、中鼎工程、联华电子等，企业资产和营手规模十分庞大；第五，公营事业控制了大量的台湾社会经

① 李非：《台湾经济发展通论》，九州出版社，2005，第 169 页。

② 李非：《台湾经济发展通论》，九州出版社，2005，第 170 页。

③ 李非：《台湾经济发展通论》，九州出版社，2005，第 171 页。

济资源，其直接设立或参与投资的公司多达数百家，主要涉及电视、广播、报纸等新闻媒体，保险、信托、地方金融等金融事业，以及客运、石化、汽车、家电等产业。①

五 20 世纪 80 年代的公营企业民营化浪潮

有关国民党官营企业民营化的议题早在抗战结束之初就已提出，当时，为集中精力接收沦陷区敌伪产业，资源委员会提出将其在后方设立的规模小、以供应当地需要为主的国营生产事业，“尽量转让地方政府或当地人民经营”，并据此将 13 个小规模之电厂、机器厂、电工厂、化工厂转让地方政府或租让民营。② 1947 年后，该问题被纳入国民党政府推行的经济改革方案之中，并成为主要内容之一，它也因此而成为社会广泛关注的“经济界的大事”。③ 公营事业民营化议案遭到国民党内部诸多反对，立法委员丘汉平在致行政院的质疑中提出：国营事业改组出售，不但不能促进生产，反将国家资产分归有资之人民，“实为下策”，它与民生主义相反，并违背宪法精神，是“开倒车”。④ 时任资源委员会委员长的钱昌照也认为：将国家资本与官僚资本混为一谈是错误的，民生主义最重要原则之一就是发达国家资本，目前发展国家资本的主要任务是推进基本建设，“整个世界向前进，我们不能开倒车”。⑤ 随着内战的爆发及国民党政权的崩溃，国民党政府推行之公营企业民营化不了了之。

国民党撤至台湾以后，为满足美国援助的要求，开始实施有限度的公营企业民营化。从 20 世纪 50 年代初，台湾当局将台湾水泥、台湾造纸、台湾农林及台湾工矿“四大公营公司”实施民营化后，在公营企业移转民营方面再无重大举措。在长达 30 多年的时间里仅将一小部分不重要的公营企业移转民营。⑥

国民党台湾政府发展公营企业政策上的弊端，造成公营企业高成本低产出，尽管拥有雄厚的资本和技术力量，但是绝大多数企业缺乏经济效率，只能依赖独占特权维持生存，越来越成为经济发展的障碍。⑦ 根据台湾学者司徒达贤的研究，造成台湾公营企业效率低落的重大原因有 5 个方面：缺乏竞争、利润与政策目标并存、决策程序冗长、从业人员的准公务员身份，以及体制外目标等。⑧

自 20 世纪 80 年代中期始，由于岛内政经形势的巨大变化及公营企业自身弊端的日益显露，要求废除公营企业经营特权，重新分配社会经济资源的呼声日益强烈，而公营企业经济效

① 李非《台湾经济发展通论》，九州出版社，2005，第 173 ~ 174 页。

② 陈真等：《中国近代工业史资料》（第 3 辑），生活·读书·新知三联书店，1961，第 880 页。

③ 《国营事业配售民用办法之检讨》，《申报》1947 年 4 月 9 日，转引自赵兴胜《战后国民政府国营事业民营化问题研究》，《江海学刊》2002 年第 3 期。

④ 《中华民国史档案资料汇编》第五辑第三编“财政经济”（五），第 432 ~ 434 页，转引自赵兴胜《战后国民政府国营事业民营化问题研究》，《江海学刊》2002 年第 3 期。

⑤ 《资源委员会工作概况》，《申报》1947 年 3 月 1 日，转引自赵兴胜《战后国民政府国营事业民营化问题研究》，《江海学刊》2002 年第 3 期。

⑥ 杨志军：《论二十世纪晚期台湾公营企业民营化》，《湖南商学院学报》2005 年第 4 期。

⑦ 何应龙、邓泽宏：《国民党政府发展官营资本企业的政策比较》，《信阳师范学院学报》2004 年第 3 期。

⑧ 司徒达贤：《台湾国营事业的出路》，《经济前瞻》1995 年第 3 期。

益的不佳也使其陷入窘况，面临越来越严重的挑战。为此，国民党台湾政府自80年代后期开始，着手对公营企业进行以民营化为主导的改造，以产权的转换及企业运行法则等多种手段把公营企业推入市场，用市场竞争的压力迫使企业提高经营绩效。①

在民间资本要求公营企业民营化的呼声日益高涨的情况下，台湾“行政院”革新委员会于1985年通过《国营事业管理制度革新方案》，正式提出公营企业民营化问题，对纯生产或盈利事业尽量开放民营。1989年7月，“行政院”专门设立“公营事业民营化推动专案小组”，负责有关民营化执行方案。同年8月，正式提出中钢、中化、中船等19家第一批“立即办理”民营化的公营事业名单。② 1990年7月增列阳明海运；1991年又增加交通银行、农民银行两家公营企业作为第一波民营化的对象。③ 1992年6月，“立法院”通过《公营事业移转民营条例条例草案》，形成了系统的民营化政策。④ 1994年底，国民党台湾政府制定出大规模民营化实施方案，排出33家公营企业民营化的时间表。⑤

在民营化方式上，主要有：一是股票公开上市，向社会发行股票，降低公股持有比例至49%以下，通过股权分散完成民营化；二是对外公开直接标售公营企业资产或股权；三是以资产作价与民间资本合资成立民营公司，或公司合并，且存续事业属民营公司；四是开放特许权，允许民间参与竞争。⑥ 至2003年，先后完成10家公营企业移转民营，5家结束营业，2家不拟移转民营（台湾书店裁并为行政机关，财政部印刷厂暂维持公营），余18家，即中华电信、中油、中船、台电、台湾烟酒、台湾铁路、台盐、汉翔、唐荣、荣工、龙崎、台糖、自来水公司、台湾银行、土地银行、中央信托局、合作金库、优质总局等，继续推动民营。⑦

自20世纪80年代中后期开始施行之台湾公营企业民营化是一件规模宏大、程序繁杂的工程，是外部环境和内部运作机制共同经营的结果，涉及诸多层面，如产权制度的转变、员工权益的保障、法令规章的完善、金融市场的健全、个人利益与整体利益的平衡以及社会的正义与公平。因此，台湾公营企业民营化的道路必将是曲折的。⑧

国民党统治台湾时期的腐败依然存在，且随着经济发展而日趋严重。自国民党迁台后，从大陆带去了大量的资金和人才，加之有美日等西方国家的援助、投资，在20世纪70～80年代，台湾经济发展迅速，成为亚洲“四小龙”之一。但由于国民党一党独裁，由大陆延伸至台湾的腐败并没有得到彻底遏制，而不受制约的权力被金钱包围，更使腐败大发其酵，台湾社会官商勾结贪污丑闻不断，且愈演愈烈。亦官亦商是台湾社会非常普遍的现象，公营企业成了国民党官员腐败的近水楼台。按照国民党制定的《公务员》等法规，严禁现职官员在经济界

① 何力：《台湾改造“公营事业”的措施及前景》，《国际社会与经济》1994年第11期。
② 赵建中：《台湾公营企业运行机制研究》，东南出版社，1991，第86页。
③ 林长华：《战后台湾公营经济及其民营化的行政剖析》，《台湾研究》1996年第4期。
④ 李非：《台湾经济发展通论》，九州出版社，2005，第176页。
⑤ 赵建中：《台湾公营企业运行机制研究》，东南出版社，1991，第88页。
⑥ 李非：《台湾经济发展通论》，九州出版社，2005，第176～177页。
⑦ 李非：《台湾经济发展通论》，九州出版社，2005，第177页。
⑧ 钱玉光：《台湾公营企业民营化的背景分析》，《海峡科技与产业》2001年第2期。

兼职，但却形同虚设，官员兼职随处可见。如“经济部工业局局长”长尹启铭、“国贸局局长”林义夫兼任“中船公司”董事；“矿业司司长”曾四安、“能源会”执行秘书易洪庭兼任“中油公司”董事；“商检局局长”许鹏翔兼任台糖公司监察人；“财政部政务次长”王政一兼任“中央信托局”常务理事；“行政院政务委员”杨世缄兼任中华电信公司董事；等等。国民党退休高官更是把公营企业当作最佳去处，继续享受高薪待遇等，如“国有财产局局长”刘金标退休后担任台开公司董事长；前“国防部长”蒋仲苓成为农民银行董事；“总统府资政”赵自齐虽年近90高龄仍出任“中国商业银行”监察人；等等。[①]

第三节 国民党在资产管理和廉洁政府建设方面的经验教训

1949年12月迁台之后，随着国民党政权的逐步稳固，其对台湾经济发展的策略做了相当大的调整。战后台湾经济发展的历程为：从公营资本高度垄断与独占的集中经济体制（1960年以前）逐步发展到公民营资本双轨并存的混合经济体制（1961～1987年），再向民营资本自由竞争的市场经济体制（1988年以后）过渡与转变。[②] 通过国民党台湾政府的土地改革及工业化政策等，官僚资本大陆时期所特有的封建色彩及银行资本与商业资本相结合的基本特征已经消失。台湾公营资本企业的经营方向转向了工矿生产和社会基础设施建设。……20世纪中后期台湾取得跻身于“亚洲四小龙”的经济成就，其中一个重要的原因就是国民党政府汲取大陆统治时期背离民生主义而致经济崩溃、民众倒戈的惨痛教训，在经济政策上作出了一定的调整。[③] 这其中亦包括国民党对公有资产管理及运营的调整等。虽然国民党实现了台湾经济的高增长，台湾人民的生活水平有了较大提高，并在20世纪末顺利渡过亚洲金融风暴，但由于“国民党政治贪腐的劣绩，抵消了其在经济发展方面的政绩，使其在社会上的形象严重受损”[④]，故在2000年黯然“下台”。人类历史上的经济活动有着不少成功的经验和失败的教训，无论是成功还是教训，对后人都是一笔重要的财富，值得珍惜。[⑤]

通过我们对国民党管理公营资产的探索，可得出一系列经验教训。

第一，国家资本变异为官僚资本是国民党在大陆失败的重要原因。阶级本性决定了国民党掌权一开始腐败就相伴而生。如1927年8月发生在上海的尹子衡受贿案引起广泛的社会反响。[⑥] 在国民党统治大陆时期，“蒋介石、国民党实行的是以党治国、以党治军的执政方式，在政治、经济和军事等各个方面搞专制独裁，而专制独裁与以权力制约权力的民主原则是背道

① 王也扬：《腐败问题与去台后的国民党》，中国改革网，http：//www.chinareform.net/2010年2月8日。
② 李非：《台湾经济发展通论》，九州出版社，2004，第167页。
③ 何应龙、邓泽宏：《国民党政府发展官营资本企业的政策比较》，《信阳师范学院学报》2004年第3期。
④ 林冈：《台湾政治转型与两岸关系的演变》，九州出版社，2010，第59页。
⑤ 清庆瑞：《国民党官僚资本的形成对中国经济发展究竟起了什么作用?》，《教学与研究》1986年第6期。
⑥ 王绢：《从尹子衡受贿案安康年国民党当政初期的腐败问题》，《社会科学研究》2008年第6期。

而驰的，因而在蒋介石、国民党的统治下，权力不仅得不到制约，反而不断被强化，出现了社会失范、法制失控，（握有权力的人）滥用权力的现象，腐败愈演愈烈是必然的。腐败愈演愈烈的直接后果就是导致国民党的迅速衰败和灭亡”[①]。大陆时期的国民党政府通过特权垄断把国家资本变成不断压制私人资本而扩张的国民党官僚资本。结果导致农民破产，工商业凋零，终至民心背离。总之，官僚资本工商业是以其封建性、买办性、有限的民族性和对外国资本的依附性并通过直接和间接的各种政策途径控制了全国的工商业经济。[②] 国民党政府曾极力把国民党官僚资本说成是一般的资本主义，企图使人们相信，依靠国民党的官僚资本就能实现中国的工业化。这种欺骗宣传，早已为历史事实所粉碎。

第二，不做彻底的改革只能维系一时。腐败问题是国民党统治时期的痼疾，严重影响国民党的公众形象与统治稳定，成为国民党最终失去民心并失去政权的重要因素。[③] 汲取在大陆失败的教训，并为稳定其在台湾的统治秩序，更重要的是重建国民党政权，在国民党退居台湾初期（1950 年 7 月至 1952 年 10 月），实施了一次“以挽救党的政权为契机，以保持自己政治地位为目的，以整顿党的队伍为主要内容”的“改造运动”。[④] 由于蒋介石认为中国共产党的延安整风对中国共产党的强大起了十分重要的作用，因此他十分重视延安整风的经验。为了搞好国民党的“改造”，蒋介石把研究延安整风作为国民党“改造”的内容之一。蒋介石下令翻印了延安整风的有关文献，作为国民党“改造”的参考学习材料。国民党“改造”整顿了国民党各级组织，使国民党的组织状况和工作作风都较大陆时期有一定程度的改善，也确实提高了国民党的执政能力。这些，不但对国民党退台初期的混乱政局起了一定的稳定作用，同时，对台湾的经济发展也起到促进作用。从这个意义上说，国民党“改造运动”成了国民党发展史上起死回生的一个重要的转折点。[⑤]“改造运动”后的国民党政权进一步确立了蒋氏父子权力核心地位，也成为国民党统治台湾时期公营资本发展的历史前提和政治基础。虽然配合“改造运动”，国民党也同时在岛内实施了“土地改革”等，但通过改造运动的国民党，并没有在岛内建立起公开清明的廉政机制，也没有树立为全体人民谋求利益的发展目标，其本质属性并没有改变，而仅实施了一些不触及其根本核心利益的“边缘改革”而已，资本主义经济基础得以维系，而国民党一党独裁的威权体制却更进一步强化。

第三，缺乏有效监督的党营资产成为国民党滋生特权与政府腐败的手段。国民党历来党国不分，许多公营企业和物业作为“党产”，其巨额利润归党任意支配，缺乏有效的监督特别是民众的监督，更是成为金权结合的典型。国民党党营资产是其统治大陆时期的一个“怪异”产物，在统治台湾时期更为膨胀。最早的国民党党营资产是 1947 年由陈立夫成立的齐鲁企业。经过迁台后几十年的发展，党营事业成了一个企业众多、资本规模庞大的财团，成为台湾社会

---

① 聂资鲁：《国民党执政大陆时期腐败现象的法理透视》，《湖南大学学报》2004 年第 3 期。

② 何应龙、邓泽宏：《国民党政府发展官营资本企业的政策比较》，《信阳师范学院学报》2004 年第 3 期。

③ 王绢：《从尹子衡受贿案安康年国民党当政初期的腐败问题》，《社会科学研究》2008 年第 6 期。

④ 孙尧奎：《国民党改造运动的原因和动机》，《党史文苑》2005 年第 10 期。

⑤ 常家树：《二十世纪五十年代国民党的改造运动》，《党史纵横》2007 年第 6 期。

一个特别的资本体。[①] 有学者指出：国民党党营事业能够发展到今天如此庞大的规模，属于全民的“国库”扮演了重要角色，即过去半个世纪以来，国民党通过五大手法侵占“国库”财产。一是廉价购买及无偿占有土地。二是“政府预算补贴党营事业”。就是“国库”直接拨款给国民党党营事业，如中央社、中央日报、中正书局与中广公司等党营文化事业，过去长期接受政府预算补助。三是委托业务。即政府成为党营事业大客户，如中兴电工、中央产险等党营企业长期与政府所属的机构或公营企业有生意业务往来。四是双向委托投资，包括政府委托国民党做“人头股东”，如中华票券公司与“中国商业银行”等，以此规避“国会”监督。五是“党政合资”，“政府”与国民党携手合作创办独占或垄断性质的企业，从而获得巨额利益。“国民党党产的问题，不但反映了党内失去民主机制，而且污染了政风，戕害了社会经济正义，……归结而论，国民党党产问题可以说是现今民主政治及社会正义上的一大毒瘤，不能不加以铲除”。庞大的党营资产，长期以来只由国民党主席亲自指定的人员来管理，别人无权过问，外界也难以监督，形成党库、国库不分，贪污黑幕重重的局面。如李登辉曾任用他的私人密友刘泰英掌管党产，大肆贪腐，直到李登辉下台，刘泰英才以经济犯罪被绳之以法。总之，党产的黑箱、黑幕比比皆是，国民党的腐败包袱越背越重。研究国民党党产多年的台湾大学经济系教授张清溪表示，国民党庞大的党产，已造成弊案连连、黑金政治泛滥，甚至成为民主政治的障碍。另一学者陈明通则指出，国民党党营事业已转变为金融资本形态。由于国民党背负党营事业这一为外界长期诟病的黑金政治包袱，加上与党营事业相关的“兴票案”冲击，原本民意调查声望与支持率一直领先的宋楚瑜选情生变，代表国民党选举的连战形象也大受影响，结果宋楚瑜与连战双双在选举中失利，让民进党的陈水扁从中得利，国民党失去了在台湾50年的执政权。[②] 国民党贪必腐、腐必败的历史，反映了腐败消解统一意志和前进动力、导致社会灾难和政权颠覆的不变真理。能否有效地抑制和消除腐败现象，决定着一个政府管理下的社会能否长治久安，也决定着一个执政党国家政权的兴亡成败。今人当从国民党盛衰演变的历史中认真吸取教训。[③]

---

① 郑东阳：《国民党党产六月清零“百年老店”彻底转型》，《凤凰周刊》2010 年第 13 期。

② 王建民等：《国民党下台内幕》第十二章“党产怪兽”，新华出版社，2005。

③ 聂资鲁：《国民党执政大陆时期腐败现象的法理透视》，《湖南大学学报》2004 年第 3 期。

展望篇

·第十二章·

完善国有资产管理体制，加强廉洁政府建设

随着社会主义现代化建设的不断推进，我国各类国有资产规模不断扩大，质量不断提高，在经济社会发展中发挥的作用越来越突出。面对新的世情、国情和党情，需要加强政府管理国有资产和建设廉洁政府的能力，完善各类国有资产管理体制，加强廉洁政府建设，优化国有资产的布局和结构，建立健全适应社会主义市场经济要求的管理体制和制度体系，最大程度地发挥各类国有资产的经济、社会作用，创造更好的经济效益、社会效益，为进一步推进中国特色社会主义事业、加强廉洁政府建设提供坚实的物质基础。

第一节　完善国有资产管理体制的基本原则

党的十八大明确提出要“完善各类国有资产管理体制”，这既是对党的十六大以来国有资产管理体制改革取得成效的充分肯定，也是对进一步完善国有资产管理做出的重要部署。未来的国有资产管理体制改革要以十八大精神为指导，完善组织，健全体制，创新管理，优化结构，进一步提高国有资产管理对服务型政府建设和廉洁政府建设的支撑作用。

一　完善经营性国有资产管理的基本原则

国有资产是中国特色社会主义的重要支柱，是加强廉洁政府建设的重要基础。未来完善我国经营性国有资产管理的指导思想是高举中国特色社会主义伟大旗帜，以邓小平理论和“三个代表”重要思想为指导，深入贯彻落实科学发展观，坚持基本经济制度，以科学发展为主题，以加快转变经济发展方式为主线，优化资源配置，深入实施转型升级、科技创新、和谐发展战略，全面提升国有资产的素质和质量，增强活力，壮大实力，为经济社会发展作出新的更大贡献。

（一）战略控制原则

经营性国有资产的范围界定和经营管理要有利于加强国家对关系国家安全和国民经济命脉

的战略性行业和战略性领域的控制，为加强廉洁政府建设提供物质保障。要按照“有所为、有所不为”的原则，加快推进国有经济战略性调整，促进国有资本从一般竞争性领域的有序退出，同时加强国有资产向涉及国家安全的行业、重大基础设施和重要矿产资源、提供重要公共产品和服务的行业以及支柱产业和高新技术产业中的重要骨干企业集中，增强国有经济在关系国民经济命脉的重要行业和关键领域的支配地位，促进国民经济结构优化和升级，引导和带动整个社会经济的发展。要根据科技进步和国际产业竞争的新要求，加快国有资产在战略性新兴技术和战略性新兴产业的部署，抢占新一轮国际技术竞争和产业竞争的战略制高点，实现国民经济的跨越发展。需要说明的是，国有资本对战略性产业的控制并不等于国有资本对战略性产业的完全控制，国有资本要区别不同情况对战略性领域实行绝对控股和相对控股，党和国家积极鼓励非公有制企业通过以适当的形式参与战略性行业的发展。

（二）保值增值原则

保值增值是经营性国有资产经营管理的基本目标。加快推进现代公司制度和公司治理机制的完善，形成国有资产保值增值的长效机制。通过积极推进国有企业兼并重组，促进国有资产的合理流动，不断优化国有资本的资本结构和资产结构，提高经营性国有资本的价值创造能力。着力改善国有资产的产权结构、业务结构和组织管理结构，理顺管理层级、缩小管理幅度，实现产业组织效率和国有资产盈利能力的同步提升。通过产权重组，形成符合行业技术经济特征和经济发展阶段要求的产权结构和治理结构。通过业务重组，优化国有资产的业务结构，形成主业突出、纵向关系合理、核心优势明显的战略领域。通过企业组织结构重组，形成兼有规模经济和竞争效率的市场结构，使经营性国有资产成为国民经济的战略性资产，使国有企业成为社会主义市场经济体制中更具活力的市场主体。

（三）创新驱动原则

创新驱动应当成为经营性国有资产价值创造的主要来源。通过提升国有资产中的知识产权和品牌价值等无形资产的比重，优化国有资产结构；通过国有企业在市场竞争中发挥创新发展和引领示范作用，不断提升我国的国际产业竞争力。要建立和完善国有企业的技术创新机制，加大研究开发投入，提高自主创新能力。加快高新技术开发和传统产业改造，着力突破产业和行业关键技术，增加技术创新储备。强化知识产权意识，实施知识产权战略，实现技术创新与知识产权的良性互动，形成一批拥有自主知识产权的核心技术和知名品牌，发挥国有资本对产业升级、结构优化的带动作用。

（四）社会责任原则

经营性国有资产的配置和使用要有利于国有企业有效履行其社会责任。完善国有资本的社会报告制度，加强对国有资产经营管理的社会监督。国有资产的经营管理要遵守法律法规、社会公德、商业道德以及行业规则，忠实履行合同，恪守商业信用，反对不正当竞争，杜绝商业活动中的腐败行为。国有资产的经营管理要有利于资源节约和环境保护，要认真落实节能减排责任，带头完成节能减排任务；发展节能产业，开发节能产品，发展循环经济，提高资源综合利用效率；增加环保投入，改进工艺流程，降低污染物排放，实施清洁生产，坚持走低投入、低消耗、低排放和高效率的可持续发展道路。国有资产的经营管理要有利于保障生产安全，要严格落实安全生产责任制，加大安全生产投入，建立健全应急管理体系，不断提高应急管理水平和应对突发事件能力；为职工提供安全、健康、卫生的工作条件和生活环境，保障职工职业健康。国有资产的经营管理要有利于和谐社区建设。积极参与社会公益事业，热心参与慈善、捐助等社会公益事业，关心支持教育、文化、卫生等公共福利事业；在发生重大自然灾害和突发事件的情况下，积极发挥国有资产的支持和援助作用。

二 完善非经营性国有资产管理的基本原则

从非经营性国有资产的配置非生产性、使用目的服务性、资产使用无偿性的基本属性出发，未来非经营性国有资产管理的进一步完善应以邓小平理论和“三个代表”重要思想为指导，全面贯彻落实科学发展观，抓住推进政府机关事务管理体制改革的契机，积极适应政府机构改革、公共财政体制改革和事业单位改革的发展方向，以降低行政成本、保证政府廉洁为主线，不断完善制度，继续加强管理，自觉接受监督，减少行政事业单位支出，稳步推进中央行政事业单位国有资产管理制度改革。

（一）服务保障原则

服务保障是非经营性国有资产管理的根本要求。非经营性国有资产的配置、使用以有利于加强廉洁政府建设为根本宗旨，要有利于政府管理能力和服务能力的提升。行政事业单位国有资产作为政府行政最重要的物质性资源，是政府各部门履行公共管理职责的基础条件、开展公务活动的物质保障。这部分资产由于对政府机构运行起着关键性的作用，如果被浪费、流失甚至挪用，就不仅仅是资产价值的损失，更涉及政府机关和事业单位能否有效运作、能否向社会提供公共管理和公共服务的重大问题。合理配置和有效利用非经营性国有资产，充分发挥其在行政、事业单位履行职能方面的物质基础作用，有利于切实推进政府职能由传统的管理型向服务型转变，促进责任型、服务型、效能型政府建设。因此，改革现行中央政府资产管理体制是机构改革的需要，也是政府转变职能的需要。实现国家机构组织、职能、编制、工作程序的法定化，严格控制机构膨胀和坚决裁减冗员，是当前中国深化机构改革的重要任务。随着政府职能的进一步转变，作为政府履行职能的必要物质手段的中央政府资产的管理体制必须相应的进行改革，建立一套与之相适应的中央政府资产管理体制，提高国有资产使用效率，从根本上改变国家包办事情过多的局面。建立健全权责明确、高效统一的中央政府资产管理和监督体制，着眼于服务保障的原则，以减轻国家负担、增强事业发展、保障行政机能、提高办事效率为主要目的，为政府工作的正常运转提供坚实的物质保障。

（二）安全完整原则

加强法制建设，保证非经营性国有资产的安全完整。保证非经营性国有资产的“非经营性”，杜绝利用非经营性国有资产进行出租、投资、担保等经营性活动；杜绝任何形式的国有资产流失。依法治产是非经营性国有资产安全完整的基本保障。用制度管资产、用制度约束人，是贯彻依法治国方略、建设法治政府、依法行政的基本要求。利用法律、法规对中央政府资产进行从形成、使用到处置的全过程规范与管理，是市场经济条件下管理中央政府资产的基本原则。法制化是防止资产流失，提高资产使用效率，保证公共产品的数量与质量的一个有效监督制约机制，有利于中央政府资产管理走上规范化、制度化和科学化，也是从源头上有效防止腐败现象的有力武器。不断完善非经营性国有资产管理体制，加强法制建设，是从源头上根治政府腐败现象、规范政府行为的重要方面。

（三）公共公益原则

从公共产权和公共服务的基本要求出发，加强公益性国有资产的科学管理。加快针对公益性国有资产管理的专门立法，将公益性国有资产管理的有关规定和要求用法律法规或者规章的形式予以明确和规范，使我国的公益性国有资产管理有法可依。在法律框架下，推进公益性国有资产管理的透明化、市场化和规范化。公益性国有资产的新建和改造要科学透明，资产的处置和变更要经过相关政府和管理机构的审批，要充分发挥独立评估和社会监督在公益性国有资产管理中的作用。建立公益性国有资产年报制度，定期将公益性国有资产的统计报表向社会公开。公益性国有资产收益的取得应尽可能市场化运作，改变目前“谁管理，谁收益”的做法。公益性资产的投资主体要多元化，通过改革收益分配机制，积极引导社会资本投资公益性基础设施，形成公私合作的治理组织结构，提高公益性资产的运营效率。

（四）科学高效原则

科学高效地使用非经营性国有资产，提高经营性国有资产的使用效率。非经营性国有资产的使用要符合一般性资产使用所应当遵循的高效、科学的原则，管理体制和制度的设计要符合资产管理的一般规律。要按照建立社会主义市场经济体制的要求，充分发挥市场机制在资产配备、使用、处置过程中的重要作用。通过综合运用行政和市场两种力量，提高资产的使用效率。凡是能用市场机制管好的事情，就由市场机制来管；凡是能用公正、规范的社会中介组织解决的问题，就由社会中介组织来解决；对市场机制和中介组织难以解决的问题，也要避免单纯依赖行政手段，而要综合地运用经济和法律手段来解决。进一步完善统一制度、分级管理的中央行政事业单位国有资产管理体制，健全分类规范、分级指导的资产管理制度标准体系，全面推行资产标准化配置、精细化管理、规范化处置和全过程监管的运行机制，促进资产管理与预算管理、政府采购有机结合，整合服务保障资源，提高资产使用效率，节约财政经费开支，切实降低行政成本，保障政府机关高效有序运转。

（五）评价监督原则

加强对非经营性国有资产管理活动的评价和监督，保证非经营性国有资产配置和使用的公平、公正。国务院机关事务管理局作为中央行政事业单位国有资产的资产管理部门，负责国有资产具体管理工作，包括资产预算编制、产权管理、资产购置、使用和处置等，从实物形态上确保国有资产的完全完整，促进国有资产的配置优化、使用高效和处置规范。财政部作为中央行政事业单位国有资产的预算管理部门，负责国有资产的预算审批、经费支出和收益管理等工作，从价值形态上加强单位资产运用情况的考核，通过经费支出约束对中央行政事业单位国有资产实行监督管理。在分工管理的基础上，充分发挥监察、审计等部门的监督检查作用，健全与发展改革、国土资源、住房和城乡建设、财政等部门，以及地方相关行政管理部门的协调机制，为相关部门加强计划、规划、资源、预算等管理调控提供支持，推进中央行政事业单位国有资产管理尽快形成分工合理、责任明确、运转协调、监督到位的体制机制。资产宏观管理部门应就非经营性国有资产的占用、使用的基本情况形成报告，向全社会公开，自觉接受社会监督。通过社会性的监督和对话机制，为非经营性国有资产安全完整提供社会制度保障，形成社会性的约束机制，通过社会化的参与提高资产的管理效率。

第二节　完善国有资产管理体制的具体路径

国有资产的科学管理关系到我国社会主义市场经济建设的成败，市场经济条件下国有资产管理的核心，就是如何完善国有资产管理制度，防止化公为私。在新的发展阶段，中国共产党将继续领导人民积极探索市场经济条件下国有资产的运行规律，正确把握现代社会财产制度的内在要求和发展趋势。使国有资产管理的制度建设、绩效管理做到有法可依、有法必依，既体现了人民当家作主，又坚持了依法执政。

一　制定法规，健全制度，注重顶层设计

经营性国有资产管理改革是中国整个经济体制改革的中心环节，是改革成败的关键。随着国有资产管理体制改革的推进，国有企业改革进入了由出资人推动的新阶段。国资委代表政府对企业国有资产履行出资人职责，在建立完善国有资产监管体制、加强国有资产监管、加快国有企业改革发展、推进国有经济布局结构调整等方面都取得了长足进步，新的国有资产监督管理体制框架已经基本建立。认真总结经营性国有资产改革经验，明确进一步深化改革的思路和方向，对于坚定决心和信心、提高决策的科学性、增强改革措施的协调性、推动经济社会又好又快发展，都具有十分重要的意义。

（一）加快国有资产立法进程

国有资产管理制度的核心是国家法律，利用法律法规对国有资产进行从形成、使用到处置

的全过程规范与管理，是市场经济条件下管理中央政府资产的基本原则，也是贯彻依法管理国有资产的重大方略。

在国有资产的管理上，制定出严格、细致的法律条文并在现实中切实地加以遵循是很多国家常见的做法。如日本出台的与国有财产相关的法律包括《日本国有财产法》、《物品管理法》、《会计法》、《国债管理法》、《国有财产特别措置法》、《国有林野法》、《文化财产保护法》、《国家公务员宿舍法》等，对国有财产的形成、使用和处置都作了明确的规定。加拿大政府颁布了《联邦财务管理法》等，尽可能使政府公共财产的管理做到有法可依。

纵观我国国有企业改革的历程，实际上也是一个法律制度不断创新和完善的过程。从20世纪70年代末到90年代初以扩大企业经营自主权、增强企业活力开始到十七大明确新的国有资产管理体制期间，先后新出台或修订的法律条例包括《国营工业企业暂行条例》、《民法通则》、《中华人民共和国破产法（试行）》、《全民所有制工业企业法》、《全民所有制工业企业转换经营机制条例》、《中华人民共和国公司法》、《企业国有资产监督管理暂行条例》、《企业国有资产法》等，其中《公司法》在《企业法》的基础上进行了新的制度创新，国家作为股东依法享有资产收益、参与重大决策和选择管理者等权利，股东会、董事会、监事会和经理层各负其责、协调运转、有效制衡。《公司法》为当时开展的扩大股份制改革试点、国有企业组织结构调整、“无主管部门”企业改革、实施大公司大集团战略、企业集团试点、国家控股公司试点等一系列改革实践提供了重要的法律依据。2002年11月党的十六大以来，转向国有大中型企业改革，增强国有经济活力、控制力和影响力。确立了新的国有资产管理体制，明确了政府层面国有资产出资人代表。2003年5月，国务院发布了《企业国有资产监督管理暂行条例》（以下简称《条例》），明确了新的国有资产管理体制，2008年颁布、2009年开始实施的《企业国有资产法》，已经成为国有资产管理制度的内核。

从现在我国国有资产管理的法律法规实际情况来看，更多是国务院及财政部、国资委、国务院机关事务管理局等制定的管理办法，上升到法律或者条例层次的还较少。党的十六大、十七大已经明确了国有资产管理体制改革和国有企业改革的正确方向，进一步深化国有企业改革，完善国有资产管理体制，亟须继续加强国有企业改革立法。因此，我国应该针对国有资产管理的特点，一方面应制定出台《国有资产预算法》、《国有资产处置法》等专项法律，严格规定资产购置的购置程序、购置方法、资金渠道、评估程序、处置方法等内容，使资产形成和处置更加规范化、透明化，防止账外资产的出现。另一方面应加快出台《企业国有资产法》的细则，为国有资产管理提供更全面详细的制度框架，防止资产流失，促进保值增值，提高资产使用效率。在保证形成公共产品的数量与质量的一个有效监督制约机制的同时，促使国有资产管理走上科学化、法治化的轨道，国有资产实行法治是有效防止腐败、加强执政能力的有力武器。

（二）健全国有资产产权制度

我国国有企业改革主要经历了放权让利、“两权分离”（所有权和经营权分离）和建立现代企业制度三大阶段，第三阶段以1993年11月14日，党的十届三中全会通过《中共中央关于建立社会主义市场经济体制若干问题的决定》为标志，提出把转换国有企业经营机制、深化产权制度的改革、建立现代企业制度放在首要地位，并把现代企业制度概括为是适应市场经济和社会化大生产要求的产权清晰、权责明确、政企分开、管理科学的企业制度，第三阶段的改革已触及产权制度这个核心问题并不断深入发展，党的十六大进一步提出“建立中央政府和地方政府分别代表国家履行出资人职责，享有所有者权益，权利、义务和责任相统一，管资产和管人、管事相结合的国有资产管理体制”。我国的国有资产管理体制和国有企业以产权为重点的改革进入了全面创新的深入发展阶段。国有企业产权制度进一步深入改革的核心是健全出资人制度，理顺产权关系，明确中央政府和地方政府分别代表国家履行出资人的职责，落实所有者享有的权益，权利、义务和责任。

当前，完善产权关系的重点是进一步完善出资人制度产权改革，要坚持以下多个原则。一是出资人代表到位原则。从全国人民经全国人大到国资委的委托主要是政治治理的委托；从国资委经国有资产出资人代表再到经营企业的委托主要是经济获利的委托。二是管人、管事和管资产相统一原则。国资委在全国人大的监督授权下，对国有资产经营具有独立统一的人事权、经营权、收益权和资产处置权。国资委主要负责对中央大型国有企业进行授权、委托经营工作以及对省级国资委的监督管理工作。军工独资、金融控股与其他企业循环投资原则上设立中国军工投资公司和中国金融投资公司，在全国人大和国资委的授权下，分别负责对军工企业和金融企业委托投资经营。三是人大监督审查原则。国有资产不是国资委的资产，也不是出资人代表的资产，它们是全国人民的资产，是全国人民委托全国人大代管的资产，全国人大要对国资委的管理经营工作进行监督审查。四是公共管理职能和经营资产职能分开原则。对所有的国有资产进行彻底的剥离、清算和分类，非经营性的行政占用资产与资源性资产由公共管理部门进行管理，经营性金融资产与一般资产由国资委管理进行获利经营。五是两级所有、分级管理原则。为了更好地发挥国有经济的支柱性地位，并刺激地方经济的竞争发展，对国有资产进行中央与市级合理分割，两级所有，分级管理。省级国资委受国务院国资委的委托代管省属的国有资产。市级资产管理委员会（市资委）负责管理市有资产。六是企业家才能原则。进行国有资产获利经营活动的高级管理人员（包括董事长、总经理）的选拔要按照企业家的标准从全党范围内选拔，吸纳非党员企业家入党，或直接外聘党外企业家进行企业经营，建立强大的企业家才能高管人才库。

另外，要进一步调整企业集团内部的产权关系，增强国有企业的竞争力。当前国有企业集团一般采取的都是母子公司的组织形式。母子公司的关系很不规范，严重地制约着集团公司的发展。国外的跨国公司一般母公司都是上市公司或非上市的股份有限公司，而分布在世界各地的子公司，则大都是独资子公司，这些子公司再作为投资公司与所在国的企业合资建立有限责任公司、股份公司或上市公司。而我国的情况则恰恰相反，母公司一般都是国有独资公司，子公司有的是上市公司或其他形式的转制公司，也有的是未转制的存续企业。有的还存在企业办社会、厂办大集体现象，一企多制。规范母子公司关系，关键是要在母公司和子公司两个层面上建立健全法人治理结构。

可以采取以下两种基本办法对集团公司的母公司进行改革：一是将其改造为国有资产投资公司，以股东身份对子公司进行管控，并将现有的上市公司逐步发展为新的集团公司的母公司；二是对大型企业或企业集团的母公司进行股份制改造，使其成为股份公司或上市公司，并在母公司和子公司两个层面建立规范的法人治理结构。无论是国有资产投资公司，还是改造为投资主体多元化的母公司中的国有股份，都应由国有资产出资机构，直接行使出资人的权利。至于存续企业中属于剥离下来的企业办社会的部分，以及与企业生产经营活动毫无关系的经营实体，属于企业办社会的部分，则应按照国家的有关规定，把它们移交给企业所在地的政府；属于其他经营实体，并且能够自主经营、自负盈亏的，则应采取股份合作制和出售等形式进行改革，彻底割断它们与原有企业的关系，使其完全走向市场；对那些无法自主经营、自负盈亏的经营实体，可以通过破产、重组等方式加以解决。

（三）完善国有资本预算制度

国有资本经营预算是国家以所有者身份依法取得国有资本收益，并对所得收益进行分配而发生的各项收支预算，是政府预算的重要组成部分。国有资本经营预算是国有资产监管机构履行国有资产出资人职责的重要方式，是调整国有经济布局和结构的重要工具，是对国有资本管理和运营进行评价考核的重要手段。

我国国有资产预算制度主要经历了以下几个阶段。一是 1993 年之前的复式预算。1991 年国务院颁布《国家预算管理条例》，规定 1992 年起国家预算按复式预算编制。从 1992 年开始，中央预算和部分省级预算按“经营性预算”和“建设性预算”形式进行了试编。二是 1993 ~ 1998 年的国有资产经营预算。1993 年 11 月中共中央十四届三中全会通过的《中共中央关于建立社会主义市场经济体制若干问题的决定》中首次明确提出了“国有资产经营预算”这一概念。1995 年国务院发布的《中华人民共和国预算法实施条例》中，国有资产经营预算作为复式预算的一个部分被提出。三是 1998 ~ 2003 年的国有资本金预算。1998 年中央政府机构调整，原国家国有资产管理局并入财政部，相应的财政部新“三定”方案中的明确提法是“国有资本金预算”。1999 年财政部内设机构职能调整以后，明确赋予预算司研究和编制国有资本金预算的职责。四是 2003 年国资委成立之后的国有资本经营预算。2003 年 4 月，国资委正式成立。2003 年 10 月，党的十六届三中全会《中共中央关于完善社会主义市场经济体制若干问题的决定》中首次提出要“建立国有资本经营预算制度”。2008 年开始实施的《企业国有资产法》规定，国家建立健全国有资本经营预算制度，对取得的国有资本收入及其支出实行预算管理。从国家出资企业分得的利润、国有资产转让收入、从国家出资企业取得的清算收入、其他国有资本收入等都应当编制国有资本经营预算。国有资本经营预算按年度单独编制，纳入本级人民政府预算，报本级人民代表大会批准。国有资本经营预算支出按照当年预算收入规模安排，不列赤字。

国有资本预算制度为推动中央企业的改革重组、加快解决中央企业改革和发展中的体制性机制性问题发挥了积极推动作用。这些年来，中央和地方在探索建立国有资本经营预算制度过程中，取得了明显进展，但也存在不少问题，主要表现在预算编报主体、利润收缴（范围、比例）、分配、使用和监督等方面。一是关于国有资本经营预算相关部门的协调问题。在《国务院关于试行国有资本经营预算的意见》出台前，有的地方是财政部门将国有资本经营预算作为公共预算的一部分来编制，有的地方则由国资部门单独编制。如何协调好国有资本经营预算相关部门之间的关系仍是亟待解决的根本问题。二是国有资本经营预算的范围问题。我国的经营性国有资产分布范围广泛，但目前国有资本经营预算试行范围仅限于国资委管理的中央企业和地方国资委管理的地方国有企业，金融类国有企业、事业单位的经营性国有资产尚未纳入试行范围。因此有必要进一步拓宽国有资本经营预算管理范围。三是利润的收缴问题。关于利润收缴方式和比例目前存在一些不同意见。从地方实践看，各地对本地国有企业的利润收缴方式和比例各不相同。根据《收益收取办法》，中央企业利润收缴采取了分类一刀切的方式。这种方式虽考虑了行业间的差距，但仍无法根据企业实际情况确定利润上缴和留存比例。四是收入的分配和使用问题。主要是关于国有资本经营预算收入，是在国有资本经营预算范围内循环使用还是在更为广泛的政府预算（包括公共预算、国有资本经营预算和社会保障预算）范围内分配和使用的问题。

完善国有资本预算制度，重点需要做好以下几方面的工作。

第一，处理好国有资本经营预算与公共预算的关系。理论界目前主要有两种意见：一种是把国有资本经营预算作为公共预算的组成部分；另一种是把国有资本经营预算与公共预算分开，使二者平行起来，统一纳入政府总预算。因为如果把国有资本经营预算作为公共预算的组成部分，就难以区分政府作为社会公共管理职能和国有资产出资人职能之间的界限，也很难避免经营性国有资本投资挤占本应用于提供公共产品和服务的公共财政支出的情况，因此建议采用第二种。

第二，完善国有资本经营预算管理体系。首先是完善国有资本经营预算制度体系。当前，我国虽初步建立了国有资本经营预算制度，但还没有构建出完善的国有资本经营预算管理制度和流程体系。建议全国人大尽快完成对《预算法》的修订，明确财政部、国资委等相关部门在管理国有资本经营预算过程中的权责，形成财政部主管并汇总编制政府总预算、国资委独立编制和执行国有资本经营预算、全国人大常委会对国有资本经营预算进行监督的制度架构。其次是建立与完善国有资本投资的利润收缴制度。凡是赢利性的国有资产投资都必须向国家上缴利润；有国家投资的混合所有制企业，国家要像其他股东一样平等参与利润分配；国有独资企业则要根据企业发展需要，将利润在国家和企业之间进行合理分配。最后是健全国有资本投资利润的分配和使用制度。该利润除用于国有资本经营所需的各项费用，应根据国家产业政策和发挥国有经济控制力的需要进行再投资。

第三，改善国有资本经营预算制度环境。首先要加快推进国有企业股份制改革，优化股权结构。这有利于国有出资人根据股利政策、按照国有股比例获得相应红利，也就不会产生一些人担心的因分红比例一事一议或一对一谈判造成的效率低下等问题。其次要规范国有资产经营管理公司运作。国资委可以设立若干个国有资产经营管理公司，并使这些经营管理公司成为真正的投资主体。通过建立资产经营管理公司，构成国有资产出资机构—国有资产经营管理公司—被投资企业的三层次国有资产监管体系。最后要实现国有经济与非公有制经济的融合发展。当前，国有经济和非公有制经济正从各自独立发展转向优势互补和统一协调发展，这将是我国基本经济制度向更高层次的发展与飞跃。

（四）推进国有经济战略布局

1997 年党的十五大首次明确提出“要从战略上调整国有经济布局”。1999 年中共十五届四中全会通过了《中共中央关于国有企业改革和发展若干重大问题的决定》，提出：“到 2010 年，国有企业改革和发展的目标是：适应经济体制与经济增长方式两个根本性转变和扩大对外开放的要求，基本完成战略性调整和改组，形成比较合理的国有经济布局和结构，建立比较完善的现代企业制度，经济效益明显提高，科技开发能力、市场竞争能力和抗御风险能力明显增强，使国有经济在国民经济中更好地发挥主导作用。”中共十七大报告指出，要完善基本经济制度，健全现代市场体系。坚持和完善公有制为主体、多种所有制经济共同发展的基本经济制度，毫不动摇地巩固和发展公有制经济，毫不动摇地鼓励、支持、引导非公有制经济发展，坚持平等保护物权，形成各种所有制经济平等竞争、相互促进的新格局。中共中央“十二五”规划建议中明确要求，要推进国有经济战略性调整、加快国有大型企业改革、深化垄断行业改革。因此，推进国有经济战略布局和结构调整是我国国有企业改革的重大方向之一。

近年来，国有经济布局和结构战略性调整取得了明显进展。国有资产增长趋势更加明显，国有经济质量不断提高，国有企业数量快速下降，产业结构得到进一步优化。但是国有经济布局和结构战略性调整远没有到位，存在的主要问题有：从国有经济区域布局来看，国有经济有加剧地区间不平衡的趋势。我国东西部差距日益拉大已经是不争的事实，国有经济布局和结构调整的重要目标是缩小这种区域间发展不平衡，而国有资产向东部沿海地区集中无疑会加剧这种不平衡。从国有经济规模结构来看，仍有相当一部分国有资产分布在中小企业。随着国有经济功能的转变，中小企业已经很难发挥作用，而且中小企业会由于存在多级代理关系而付出高昂的监管成本，因此应继续逐渐退出。从国有经济所有制结构来看，国有经济中国有独资企业比例过高。另外，垄断性行业企业改革进展缓慢。一是一些提供重要公共产品和服务的垄断性行业，以及涉及国计民生的垄断性行业，尚未按照政企分开、打破垄断、引入竞争、依法监管的要求进行改革，亟须加以推进。二是电力、电信、民航、邮政、石油和市政公用事业等行业改革的任务还相当繁重，国有资本仍然处于主导地位，与其他各类资本充分竞争的格局尚未完全形成。三是国家对垄断行业实施依法监管的体制、制度和具体措施需要进一步建立和完善，有法不依、监管不力、处罚不严的现象依然存在。

国有经济布局的未来的改革将是以国有大企业为主要内容，当前国有大企业主要分为两种。一是功能性的国有大企业。包括基础设施和公共产品的供给类型的国有企业，如供水、供电、供油、供气、公共交通等；重要资源开发的国有企业，如果企业缺乏自律、政府监管能力不足的状况没有实质性的改变，重要资源开发由国有企业控制，会更好地平衡企业的经济利益和资源环境的目标；关系国计民生的重要企业，比如军工企业、大飞机等战略性产业，带有特殊社会功能或者经济功能，需要承担特定的社会、产业目标，国有经济需要继续保持控制力。二是竞争性国有大企业。

国有经济布局和结构战略性调整实质上是一个资源配置问题，在市场经济体制下，国有经济的功能主要体现在控制力上，国有控股企业能够调动更多的社会资源。继续推进国有经济布局和结构的战略性调整，就是要推动国有资本向关系国家安全和国民经济命脉的重要行业和关键领域集中，优化国有经济布局，增强国有经济控制力、影响力和带动力。加快竞争性领域改革步伐，继续完善国有资本有进有退、合理流动的机制，加快国有大型企业股份制改革，除极少数必须由国家独资经营的企业外，绝大多数国有大型企业改制为多元股东的公司。进一步健全公司法人治理结构，完善现代企业制度，提升国有企业管理能力，增强竞争力。大力支持国有企业科技创新、技术进步、节能减排、兼并重组和实施“走出去”发展战略，培育和发展一批具有国际竞争力的大型企业或企业集团，加快形成一批国民经济的支柱产业及主导产业群，增强国民经济发展的质量和效益。重点发展新能源、新材料、新医药、生物育种、信息产业、节能环保等战略性新兴产业，抢占产业技术制高点，培育新的经济增长点。加强对国有企业改制工作的宏观指导和监督检查，重视发挥工会组织的作用，正确处理行政命令与职工意愿之间的关系，规范国有企业改制行为，避免劳资冲突和国有资产流失。

加快推进垄断性行业企业改革。垄断性行业企业改革既为社会各界所广泛关注，又是深化国有企业改革的重点环节。要坚持政企分开、放宽准入、引入竞争、依法监管，推进垄断性行业管理体制和产权制度改革。按照形成综合运输体系的要求，推进交通运输业和铁路管理管理体制改革。深化电力体制改革，巩固厂网分开，加快竞价上网，稳步推进输配分开和区域电力市场建设，逐步形成良好的市场竞争格局。深化石油、电信、民航、邮政、烟草、盐业和市政公用事业改革，推进国有资产兼并重组，形成竞争性市场格局，建立现代企业制度。积极推进资本、技术、管理、劳动等生产要素参与分配，改革完善国有企业领导人员薪酬制度和股权激励、期权等分配制度，抑制垄断性行业企业职工工资水平过快增长。

二 统一集中，全程管理，落实绩效评价

行政单位国有资产是政府管理国家事务、履行公共管理职能、促进社会事业发展的基本物质保障，做好行政单位国有资产管理工作，责任重大，意义深远。随着市场经济的不断发展和各项改革的逐步深入，行政事业单位国有资产管理工作中出现了许多新情况和新问题，主要是管理体制还不完善，有效的监督约束机制尚未形成，科学的资产形成、使用、处置机制还不健全，管理制度体系有待加强，管理方式有待创新，管理专业化水平仍需提高等。继续完善行政机关国有资产管理，重点是做好以下几个方面。

（一）管理体制统一规范

加快全国范围内国有资产管理机构责权利的界定和落实，完善管理职能，形成一套统一规

范的管理体制，提高监管效能。党的十六大以来，我国经营性国有资产管理体制改革，坚持以集中统一管理为核心，已经取得积极进展。但是，我国行政单位国有资产管理体制仍然在一定程度上存在多头管理、条块分割的问题。在1998年国务院机构改革时，原国家国有资产管理局被撤销，其制定非经营性国有资产管理规章制度的职能划入财政部，而原来由其承担的中央行政事业单位国有资产产权界定、清查登记等项工作，则交给了国务院机关事务管理局承担。在中央国家机关基本形成了财政部门宏观指导、机关事务管理部门具体实施非经营性国有资产管理的格局。由于机关事务管理部门与财政部门的体制不同，上下级政府的机关事务管理部门之间没有领导关系，地方政府非经营性国有资产的具体管理职能仍然比较分散，有的由财政部门承担，有的由机关事务管理部门承担，也有的由后来成立的国资部门承担，多头管理、相互扯皮、缺乏协调的现象时有发生。由此造成非经营性国有资产管理条块分割的格局，从而直接影响到国有资产的管理效果。从我国和国外非经营性国有资产管理的国际经验来看，由几个部门共同管理或财政部门直接管理非经营性国有资产，都会造成多头管理、资源浪费等弊端。比如，美国1949年将原来分属4个机构管理联邦政府资产并为一个机构管理，即由美国联邦事务服务总局代表联邦政府履行资产管理职能，包括集中统一管理联邦政府资产、物业管理、政府采购、资产处置等。

因此，行政机关非经营性国有资产管理体制下一步完善的重点主要推进统一集中、分级授权的管理体系。各级行政单位占有、使用的国有资产，依法确认为国家所有。在中央政府资产层面上，中央政府资产的分级管理体系的基本点在于通过分级授权的方式，明确各级资产管理者之间的职责和权限。即国家对中央政府资产实行统一所有，所有权管理由国家行使；中央政府各部门保持相对独立的管理权限，在国家统一法规、政策指导下，分级管理本部门的行政事业资产。中央政府资产的占有、使用单位，通过国务院机关事务管理局授权，设置资产管理机构，对本系统除土地、办公用房、公务用车以外的资产进行管理，在管理过程中主要偏重于对本部门资产形成、使用和处置的管理，在管理手段上应注意价值管理与实物管理兼顾。通过资产的分级管理，对调动各方面积极性，管好、用好政府资产，提高资产使用效率，防止滋生腐败，增强监督职能，杜绝闲置浪费，具有积极作用，同时，也是中央政府资产实现职能化管理的重要渠道。

在地方层面上，建议借鉴四川、吉林、上海、浙江、福建、山东、深圳等地坚持机关事务管理部门集中统一管理的体制的经验，由机关事务管理部门实行非经营性国有资产统一产权登记、统一配置标准、统一处置管理。坚持非经营性国有资产产权属国家所有，由各级机关事务管理部门代表同级政府行使出资人的职责，分级实施集中统一管理，下级政府机关事务管理部门的资产管理工作要接受上级政府机关事务管理部门的业务指导，形成全国统一的非经营性国有资产管理体制。

（二）资产配置科学合理

根据服务保障行政机关高效运行的实际需要，从严控制配备标准，科学合理地配置资产，优化资产结构。国务院机关管理事务局2007年出台了《中央国家机关通用资产配置管理暂行办法》，强调通用资产配置应当遵循保障需要、节俭实用、严格标准、预算约束、政府采购和国产、节能、环保的原则，从配置条件、配置标准、配置程序、政府采购、管理与监督等方面都做了严格的规定。财政部2006年出台的《行政单位国有资产管理暂行办法》明确规定行政单位国有资产配置应当遵循严格执行法律、法规和有关规章制度；与行政单位履行职能需要相适应；科学合理，优化资产结构；勤俭节约，从严控制。对有规定配备标准的资产，应当按照标准进行配备；对没有规定配备标准的资产，应当从实际需要出发，从严控制，合理配备。

我国行政单位国有资产配置科学合理性已经取得重大进步，但是在很大程度上仍然存在部门行政经费很难削减的情况，各部门形成了“多要求拨款—多购买行政性国有资产—多占用这部分资产—多转化为集体或个人福利”的循环，形成国有资产的低效使用。

因此，要科学合理地配置资产，首先，要建立行政单位国有资产预算制度，使得资产的配备尽可能与单位履行的职能、职责、实际需求相匹配，解决好各单位之间资产配置不均、随意性强的痼疾，提高资产配置的效率。其次，要建立科学合理的资产形成机制。必须进一步完善、制定科学合理的资产配置标准，才能有效解决政府部门资产购置随意、配置不公平等问题。国务院机关事务管理局已经出台了《中央行政事业单位国有资产管理暂行办法》《在京中央和国家机关公务用车指标管理办法》、《中央国家机关办公设备和办公家具配置标准》（试行）等资产配置标准，应结合中央及地方政府资产的实际情况，进一步制定和完善办公用房面积、办公用房装修、公务用车配备标准和办公设备、办公家具的配备标准，对超标准配置资产的单位与有关领导的年度工作绩效考核挂钩。最后，要抓紧制定和完善资产的配备标准。资产的配备标准是保证资产配置科学合理的有效手段，也是资产管理部门审核资产预算的重要依据。对于不同类别的资产，在充分调查研究的基础上，制定出详细的配备标准，该标准应该包括资产的数量、种类、价格、规格等内容。

（三）资产使用节约高效

国务院机关事务管理局先后出台了《中央国家机关国有资产管理暂行办法》、《中央行政事业单位固定资产管理办法》、《中央国家机关国有资产基础管理工作制度》等规章制度，促进高效节约地使用国有资产。财政部2006年出台的《行政单位国有资产管理暂行办法》也明确要求行政单位应当建立健全国有资产使用管理制度，规范国有资产使用行为。认真做好国有资产的使用管理工作，做到物尽其用，充分发挥国有资产的使用效益；保障国有资产的安全完整，防止国有资产使用中的不当损失和浪费。

要加强国有资产的使用管理工作，做到高效节约使用国有资产，首先是要加强对资产使用过程的管理，建立高效节约的资产使用机制。一方面要加强政府资产管理的基础性工作，搞好资产的清查登记，建立健全资产台账制度和资产管理信息网络系统。另一方面要建立和完善单位内部资产使用责任制和单位“一把手”资产管理负责制。明确资产管理和使用具体职责，层层负责，责任到人，奖罚分明。其次要提高资产的精细化管理水平。一是不断完善资产决算报表体系和软件，确保主管部门和各级管理机构及时掌握资产存量、增减变动和制度标准执行情况；提高资产决算报告批复和分析水平，通过严格审核和定量分析，及时发现和纠正问题，不断加强和改进管理。二是提高资产管理信息化水平。通过行政事业单位国有资产管理信息系统，对中央行政事业单位国有资产进行动态管理；建立专项资产数据库，加强对办公用房、土地和车辆等重点资产的管理；搭建国有资产管理业务信息平台，整合资产配置计划、资产决算报告、资产处置平台和公务用车统计等多项综合业务信息，为各部门资产管理提供精细化服务。最后是要严格遵守国有资产使用的各种管理制度。借鉴国外先进经验，严惩国有资产违规使用者。发达国家不仅有完善的法律体系，要使行政性国有资产的各项管理条例在现实中被遵照执行，“执法必严”也是十分重要的。如法国对财政支出实行严格的预算管理，法律约束性强。年度预算经议会审议通过后，任何人无权改动，包括各个政府部门的预算，否则领导人要承担法律责任。法国各政府部门还都设有财政部派驻的财政监督员和国库主计官，涉及中央财政的每一项开支必须经由这两名官员的审核同意才能支出和报销。日本也同样有严格的财政支出管理制度，表现在国会每年都要重点审查政府预算是否符合《宪法》原则，必要时要求政府作出解释或调整。香港政府规定公务车不供任何个人专用，在非公事或规例准许的情况下使用公务车就是滥用，除了要缴纳车费外，还可能受到纪律处分。加拿大政府则设置了管理联邦政府国库的“总出纳”——公共服务部，联邦政府的所有收入和支出全部纳入其下的国库账户管理，政府各部门不得私设账户和“小金库”。加拿大实行部门预算，一经审核通过后就变成法律文件，严格执行。

（四）资产处置严格审核

在涉及国有资产无偿转让、出售、置换、报损、报废等产权转移和核销过程中，要严格审核，防止低价出售、提前报损报废等国有资产流失和浪费行为，保障所有者权益。行政单位需处置的国有资产范围包括闲置资产，因技术原因并经过科学论证，确需报废、淘汰的资产，因单位分立、撤销、合并、改制、隶属关系改变等原因发生的产权或者使用权转移的资产，盘亏、呆账及非正常损失的资产，已超过使用年限无法使用的资产，依照国家有关规定需要进行资产处置的其他情形。

行政单位国有资产处置应当按照公开、公正、公平的原则进行。资产的出售与置换应当采取拍卖、招投标、协议转让及国家法律、行政法规规定的其他方式进行。行政单位国有资产处置的变价收入和残值收入，按照政府非税收入管理的规定，实行“收支两条线”管理。行政单位分立、撤销、合并、改制及隶属关系发生改变时，应当对其占有、使用的国有资产进行清查登记，编制清册，报送财政部门审核、处置，并及时办理资产转移手续。

加强资产的处置管理，防止资产处置的随意性，提高财政资金的利用效率。最重要的是严把资产处置关，建立高效有序的资产处置机制。对于报损报废的资产，要严格审批手续；对于闲置的资产，要引入市场机制，变“死资产”为“活资产”，充分发挥资产的使用效率；对于转让、变卖的资产，必须评估后才能处置，防止资产的流失。首先是要进一步完善资产处置管理办法。资产处置是资产管理的最后一个环节，其工作的好坏直接影响到资产使用效率的高低。资产管理部门要合理调整资产主管部门的资产处置审批权限。充分发挥各部门的工作积极性，并要规范处置程序，严格审批手续，建立和完善资产的报损报废制度、统一调剂制度和产权交易市场。严格规定处置收入的管理，按照“收支两条线”的原则，将处置收入上缴国库。建立约束机制，明确规定资产处置责任，防止国有资产流失。其次是建设完善资产处置平台，提升处置功能。一是加强资产处置平台的操作、服务和管理功能。畅通行政单位资产处置渠道，逐步将各级行政单位的各类资产处置事项全部纳入资产处置平台，统一处置标准和程序，及时跟踪监管，进一步提高资产处置公开化、规范化水平。二是进一步完善资产处置工作机制。构建以资产主管部门为主体的监管层、以处置平台为主体的运行层和以中介机构为主体的经纪层“三层分立”、运转协调、相互制约的资产处置运行机制。三是加大资产调剂力度，促进部门之间资产合理流动，减少购置支出。四是规范国有资产捐赠行为，健全行政单位国有资产捐赠工作机制。五是规范礼品处置工作，认真落实党政机关礼品管理规定，完善礼品处置程序，确保礼品保值安全。

（五）绩效评价全面开展

在新形势下全面开展和加强行政单位国有资产管理工作绩效评价，对于建立科学合理的行政单位国有资产预算决算财政制度，降低行政单位运行成本，提高国有资产使用效率都具有十分重要的意义。同时也是促进行政单位国有资产安全完整和提高使用效率的现实需要。2012年10月，国管局出台了《中央行政事业单位资产管理绩效考评办法（试行）》，从配置计划执行率等10个率计25个考核点对中央行政事业单位资产管理绩效进行评价。这对降低行政运行成本，促进资产科学配置、高效使用和优化处置，进一步提高中央国家机关资产管理科学化、精细化、专业化水平进行了有益的探索。但是，由于长期以来我国行政单位国有资产存在产权复杂、家底不清、管理体制不顺等诸多现象，另外由于部门及单位之间所占用的国有资产的数量和质量不均，部分单位为了保护其既得利益，重增量轻存量等问题相当严重。行政单位内部没有自行评价的驱动力，外部缺乏有效的绩效管理评价约束，导致国有资产使用监督力度弱，使用效果和效率缺乏考核，造成一些部门和单位忽视实际需要和使用效果效率，热衷于财政预算的分配和资产的购置。这些现象都表明，全面开展行政单位绩效评价工作已经非常必要，建立健全绩效评价体系的已是迫切任务。开展行政单位国有资产绩效评价工作，有利于完善公共资源的配置职能，实现公共资源配置的结构最优化、效益最大化，促进行政单位国有资产供需的有效平衡。通过绩效评价可以为行政单位国有资产使用效果和效率考核提供有力支持，提高行政单位国有资产管理人员的工作积极性，提高行政单位的运转效率，有利于促进行政单位国有资产安全完整和资产质量提高。

全面开展行政单位国有资产管理绩效评价工作，主要从以下几个方面着手。一是资产安全完整管理绩效评价。行政单位国有资产的公共性、公益性和非营利性决定了其非经营性资产的安全完整成为资产占有使用部门的首要义务和出资方的基本要求。资产安全管理绩效包括资金投入使用的安全、最终形成资产的安全，资产完整则包括投入资产不被挪用，不流失。资产安全完整绩效评价要充分反映资产数量极其价值的变化，清晰评价初始价值、折旧、损坏、流失等方面，通过安全完整绩效考核评价资产占有使用单位是否维护了国有资产的安全完整。二是资产质量管理绩效评价。资产质量管理绩效评价是指对资产的可用性、资产结构的科学性以及不同资产之间的配套性管理进行绩效评价。高质量的资产是公共部门高效率的前提，也是资产优化配置与使用的保证。资产质量管理绩效考核主要从以下方面进行评价：是否具有完整的使用价值，能独立发挥其使用功能；实物资产的新旧程度评价；各类资产结构配置优化程度。三是资产使用效率管理绩效评价。重点考核评价国有资产的利用是否有效率，包括考核以下几个方面：资产在用与闲置情况，消除“重占有轻使用”的普遍现象，盘活闲置资产；单项资产使用效率，单项资产利用率是最能详尽说明行政单位国有资产使用效率，应对不动产、公用车等重点国有资产给予单项集中考核，其他非重点国有资产用抽样抽查的方式予以考核。

三　明确目标，完善制度，推进分类改革

事业单位是经济社会发展中提供公益服务的主要载体，是我国社会主义现代化建设的重要力量。改革开放特别是党的十六大以来，各地区各有关部门积极探索事业单位改革，不断创新事业单位体制机制，稳步推进教育、科技、文化、卫生等行业体制改革，积累了有益经验，取得了明显成效，为进一步推进改革奠定了基础。事业单位提供公益服务总量不断扩大，服务水平逐步提高，在促进经济社会发展、改善人民群众生活方面发挥了重要作用。

（一）改进财务核算制度

迄今为止，我国行政事业单位对国有资产主要是采用非成本核算的财务核算方式，会计制度采用收付实现制，其指导思想是行政事业单位是为满足社会公共需要提供服务的，它们以非营利为目的，无需进行成本核算，对国有事业单位而言，此种财务核算方式的低效性已显露无遗。资金供给和公共服务需求之间总是存在着矛盾，这就要求我们将有限的财政资金发挥出最大的收益，而要做到这一点，就必须讲求成本的概念。无论是营利性行业还是非营利性行业，实际上都希望以最小的成本来最大限度地达至目标，只是营利性组织以利润最大化为单一目标，而非营利组织的目标是多元化的。因此，事业单位不讲求经济核算是一种计划经济的思维，已远远落后于发展了的经济实践，其弊端突出地表现在以下一些方面。

在收付实现制下，会计科目太过简单，导致某些经济活动无法进行财务核算，从而阻碍了市场经济活动的展开。例如，对医院来说，从市场上融资租赁某项大型医疗设备也许比自行购置更为合算，但在目前收付实现制的会计制度下，没有相应的会计科目来对此项经济活动进行财务核算，因此很多医院只能放弃融资租赁方式。

目前的财务会计制度对某些经济活动的收益不作账面反映，导致了账外资产的存在和国有资产收益的流失。同样是因为缺乏必要的会计核算科目，某些事业单位对下设的事业或企业单位的初始资金投入，只反映为“长期投资”，如医院下设的营利能力很强的医药商店。至于这些企事业单位所创造的收益则完全在账面上没有反映。这就造成了很多事业单位的财务报表遗漏了相当多的重要信息，无法反映这类单位资产的真实状况。

以往事业单位固定资产不计提折旧、不重估市场价值的做法使得某些固定资产的账面价值

与实际使用价值、市场价值之间严重脱离，不仅不利于资产更好地发挥其经济收益，也不利于核算事业单位提供公共服务所花费的真实成本状况。例如，三年前购置的电脑设备，虽然在账面上仍记载着其购入时的资产价值，但由于使用不当等原因其实际发挥的效能已很小了；又如事业单位的房产从事业单位成立起就已存在且按当时的购建成本入账，但经济高速增长带来了房产的升值，对此账面毫无反映，更不用说不入账的事业单位的国有土地，其实两者都构成了事业单位服务提供的机会成本。这种既不核算事业单位服务提供成本、也不反映其资产升值的粗放式的财务核算制度与加强事业单位国有资产管理的目标发生了根本性的矛盾。不解决这一问题，要提高非经营性国有资产的使用效率就如同隔靴搔痒。

因此，重建成本核算的财务会计制度是加强事业单位国有资产管理的一个非常重要的方面。公共资源的稀缺性决定了对事业单位的财务考察——在达至目标时是否尽可能以最小的成本来进行——是提高事业单位公共服务效率的重要一环，这与公平性等并不矛盾。事实上，西方国家自 20 世纪 80 年代兴起的公共部门的新公共管理运动就是旨在提高公共服务效率，从而引出了绩效指标考核等一系列改革措施，而财务指标考核就是这种以结果为导向的考核体系的核心内容。国有部门改革取得成功的新西兰，他们在提高非经营性国有资产管理效率方面的一条重要经验就是从现金制会计系统转向权责发生制会计，区分收益性支出和资本性支出。其背后的理念是公共部门的管理者必须知道该用什么资源来提供公益性服务，了解所有项目的开支情况，从而尽量高效地使用公共部门的资源。权责发生制财务会计核算制度可以使政府预算决策者、公益性组织的管理者及外部监督者都能够更清楚地了解公共部门资源的耗费状况，以及各项资产的使用效率。

（二）探索绩效评价体系

事业单位国有资产绩效管理体系的建立和完善，是提高我国公共产品提供有效性的重要手段。从经济理论来看，事业单位的国有资产大部分属于公共产品或者准公共产品，其绩效判断标准是就是当公共品提供的边际成本等于边际效益时，公共品的提供达到了最理想的状态，在现实中虽然确定行政国有资产的边际成本和收益都存在诸多困难，但是在设计绩效评价体系时，遵循这一原则有利于设计出效果优良的评价体系。事业单位国有资产绩效评价体系要从国有资产全过程评价与结果评价的思路出发，以市场配置资源的成本为参考，兼顾政治、社会、经济等多重目标，建立一套科学合理、客观公正、定性定量相结合的国有资产绩效评价体系。

事业单位国有资产绩效评价体系指标的内容主要包括资产的配置、使用、处置等全过程绩效考核指标和资产使用效果或产出评价指标两大部分。全过程绩效考核指标具体包括以下几个方面。一是资产配置指标。重点考核配置是否合理，是否执行了规定的配置标准、配置数量，是否按规定程序报批，是否执行政府采购，事业单位购置纳入政府采购范围的资产，应当按照国家有关政府采购的规定执行。二是资产使用指标。重点考核是否建立健全资产购置、验收、保管、使用等内部管理制度。应当对实物资产进行定期清查，做到账账、账卡、账实相符；是否对本单位专利权、商标权、著作权、土地使用权、非专利技术、商誉等无形资产实行了管理；是否存在使用不当、利用率低以及不当的损失浪费；国有资产对外投资、出借、出租和担保是否进行了可行性论证，是否按规定程序报批，是否实行专项管理；收入是否严格执行收支两条线管理；是否对未脱钩的经济实体执行监管等。三是资产处置指标。资产处置方式包括出售、出让、转让、对外捐赠、报废、报损以及货币性资产损失核销。设计资产处置指标主要考核国有资产处置是否严格履行审批手续，未经批准不得自行处置。国有资产的处置是否遵循公开、公正、公平的原则，对于出售、出让、转让、变卖资产数量较多或者价值较高的，应当通过拍卖等市场竞争方式公开处置。国有资产处置收入属于国家所有，应当按照政府非税收入管理的规定，实行收支两条线管理。

除了国有资产全过程绩效评价指标外，应对资产管理结果或产出设计绩效评价指标，全方位考核国有资产投入产出效果，主要包括以下几个方面的指标。一是社会目标实现指标。重点考核事业单位国有资产的配置使用有没有达到预期的社会目标，提供的公共产品是否达到最佳使用效果，例如公立医院治病救人的数量和质量是否达到预期效果，公立学校培育学生目标是否实现，等等。二是资产安全与质量指标。主要包括三个下级指标：资产安全完好率，是指账实相符的安全完好资产占总资产的比率，是反映资产安全的核心指标，该比率越高越好；资产可用率是指具备完整的使用价值已投入或随时可投入使用的资产占总资产的比率，是反映资产质量的重要指标；事业资产率是指事业单位总资产中用于公共事业的资产占总资产的比率，反映的是事业单位对资产的配置是否合理，资产结构布局是否以事业发展主业为主，而非事业资产包括用于后勤服务、职工福利、对外投资、市场经营、产品开发等方面的资产。三是资产利用率指标。主要包括下面几个下级指标：事业资产利用率，是指事业单位在用的事业资产占事业总资产的比率，该指标越高越好；固定资产利用率，是考核固定资产在用情况的指标，是国有资产利用率的重点考核方面；固定资产共享指标，反映和外单位固定资产共享情况，也是提高固定资产利用率的重要指标；资产周转率分为流动资产周转率和总资产周转率，流动资产周转率是反映事业单位流动资产管理效率与周转速度的指标，总资产周转率反映的是事业单位总资产周转情况。四是部分经营性资产产出指标。对于事业单位中存在的经营性资产我们可参照使用企业单位经营绩效考核指标。主要有投资回报率、资产保值增值率、利润率、资产负债率等。

事业单位国有资产绩效考核是一项复杂的系统工程，需要从政治、社会、经济等多个维度来综合考虑，绩效评价体系要处理好政治与经济、单位与社会、经济与文化、过程与结果、当前与未来等多个方面的相互关系，以提升事业单位公共服务为根本目的，通过国有资产绩效考核全面提高事业单位的国有资产使用效果。

（三）分类改革与管理

分类推进事业单位改革，是深入贯彻落实科学发展观、构建社会主义和谐社会的必然要求，是推进政府职能转变、建设服务型政府的重要举措，是提高事业单位公益服务水平、加快各项社会事业发展的客观需要。《中共中央国务院关于分类推进事业单位改革指导意见》中提出的总体目标和阶段性目标：到2020年，建立起功能明确、治理完善、运行高效、监管有力的管理体制和运行机制，形成基本服务优先、供给水平适度、布局结构合理、服务公平公正的中国特色公益服务体系。今后5年，在清理规范基础上完成事业单位分类，承担行政职能事业单位和从事生产经营活动事业单位的改革基本完成，从事公益服务事业单位在人事管理、收入分配、社会保险、财税政策和机构编制等方面改革取得明显进展，管办分离、完善治理结构等改革取得较大突破，社会力量兴办公益事业的制度环境进一步优化，为实现改革的总体目标奠定坚实基础。

第一类是生产经营型事业单位的改革及资产管理。由于这类事业单位已介入到竞争性领域从事私人品的生产，因此将它们改制成为企业、国有资本退出这一经营型领域是一个较好的选择。解决办法是推进转企改制。周密制定从事生产经营活动事业单位转企改制工作方案，按照有关规定进行资产清查、财务审计、资产评估，核实债权债务，界定和核实资产，由同级财政部门依法核定国家资本金。转制单位要按规定注销事业单位法人，核销事业编制，进行国有资产产权登记和工商登记，并依法与在职职工签订劳动合同，建立或接续社会保险关系。事业单位转企改制后，要按照现代企业制度要求，深化内部改革，转变管理机制，并依照政企分开、政资分开的原则，逐步与原行政主管部门脱钩，其国有资产管理除国家另有规定外，由履行国有资产出资人职责的机构负责。

第二类是行政执法型事业单位的改革。由于这类机构分散掌握着多种政府执法职能，改革重点将是适当归并不同事业单位的执法职能，并精简机构和人员。具体改革策略是区分不同情况实施改革。结合行政管理体制改革和政府机构改革，特别是探索实行职能有机统一的大部门体制，推进承担行政职能事业单位改革。根据《中共中央国务院关于分类推进事业单位改革指导意见》，涉及机构编制调整的，不得突破政府机构限额和编制总额，主要通过行政管理体制和政府机构改革中调剂出来的空额逐步解决。对部分承担行政职能的事业单位，要认真梳理职能，将属于政府的职能划归相关行政机构；职能调整后，要重新明确事业单位职责、划定类别，工作任务不足的予以撤销或并入其他事业单位。对完全承担行政职能的事业单位，可调整为相关行政机关的内设机构，确需单独设置行政机构的，要按照精简效能原则设置。已认定为承担行政职能、但尚未调整到位的事业单位，在过渡期内继续按照现行法律法规和政策规定履行职责，使用事业编制且只减不增，人事、财务、社会保险等依照国家现行政策规定实施管理。

第三类是社会公益型事业单位。这一类事业单位涉及面较广，包括科技、文化、卫生、教育、广电系统、农林、水利、气象、优抚救济等多个领域。纯公益类服务应完全由政府出资，并较多地采用政府直接举办的方式；准公益类服务除了需要政府就公共效益部分出资外，应逐渐引入社会资金的投入，将能够内化为私人收益的部分采用私人付费的方式来弥补服务的提供成本。强化事业单位公益属性，进一步理顺体制、完善机制、健全制度，不断提高公益服务水平和效率，促进公益事业大力发展，切实为人民群众提供更加优质高效的公益服务。第一是要改革管理体制，实行政事分开，理顺政府与事业单位的关系。第二是要建立健全法人治理结构。面向社会提供公益服务的事业单位，探索建立理事会、董事会、管委会等多种形式的治理结构，健全决策、执行和监督机制，提高运行效率，确保公益目标实现。不宜建立法人治理结构的事业单位，要继续完善现行管理模式。第三是要深化人事制度改革。以转换用人机制和搞活用人制度为核心，以健全聘用制度和岗位管理制度为重点，建立权责清晰、分类科学、机制灵活、监管有力的事业单位人事管理制度。第四是要深化收入分配制度改革。以完善工资分配激励约束机制为核心，健全符合事业单位特点、体现岗位绩效和分级分类管理要求的工作人员收入分配制度。第五是要推进社会保险制度改革。完善事业单位及其工作人员参加基本养老、基本医疗、失业、工伤等社会保险政策，逐步建立起独立于单位之外、资金来源多渠道、保障方式多层次、管理服务社会化的社会保险体系。第六是要全面加强事业单位党的建设。按照党章和有关规定，及时调整党的组织设置，理顺隶属关系，选好配强党组织领导班子，加强党员教育、管理、服务，做好思想政治工作，推进精神文明建设，领导工会、共青团等群众组织开展工作，充分发挥党组织在促进事业发展、完成本单位中心任务中的领导核心或政治核心作用，保证党的基本路线方针政策在事业单位的贯彻执行。

第三节　完善国有资产管理体制的保障措施

有效提升国有资产的监督和管理水平是加强廉洁政府建设的重要基础；充分发挥行政事业机构和国有企业的党组织的政治核心作用，为加强国有资产监督管理提供了组织保障。这一原则对于经营性国有资产和非经营性国有资产同样适用。由于国有资产管理与廉洁政府建设密不可分，要进一步加强国有资产的监督管理，既需要加强行政事业机关和国有企业的党建工作；又需要推进学习型、服务型、创新型党组织建设，不断提高党的领导水平和执政水平，提高拒腐防变能力；还需要探索行政机关和国有企业党组织参与决策、带头执行、有效监督的有效途径，推进以惩防体系建设为重点的反腐倡廉建设。从对加强廉洁政府建设的意义上讲，经营性国有资产和非经营国有资产都具有重要的意义。但由于经营性和非经营性国有资产的资产属性、管理目标等方面均存在诸多差异，因此加强国有资产管理的保障措施也有所不同。加强经营性国有资产管理监管的重点是要法律保障与监督评价并重；加强非经营性国有资产管理监管的重点是要统一集中与分级管理并举。

一　经营性国有资产管理：法律保障与监督评价并重

（一）健全法规体系

目前，我国经营性国有资产监管法规体系已初步形成。但是从总体上看，目前的法规体系大多由规章和规范性文件构成，成文法律和行政法规较少，需要修改完善和起草制定的法规文件仍较多，诸多工作还缺少明确的制度规范。因此，需要进一步完善国有资产管理的法规体系，依法履行出资人职责。一是积极推进《企业国有资产法》的修改完善，制定或调整与之相配套的法规、规章、规范性文件和实施细则，使之更有利于加强国有资产的有效监管；二是依据《公司法》规定，深化国有企业改革；三是根据《物权法》、《证券法》、《反垄断法》、《预算法》等相关法律，规范国有资产的监督、管理和运营，使国有资产监管体制改革和国有资产监管法制体系与相关法律衔接更加紧密；四是根据《企业国有资产法》等相关规定，进一步加快建立国有资本经营预算制度，扩大国有资本经营预算制度的覆盖面。

（二）完善监督体制

不断完善国资监管体制，为增强监管有效性提供体制保障。第一，应该明确经营性国有资产监管者的职能定位。国务院国有资产监督管理委员会的建立，实现了对经营性国有资产的集中统一管理，但国资委是国有资本的经营者、运营者还是监管者的职能定位仍需要进一步明确。目前国资委作为"出资人"代表的同时，还承担社会公共管理职能，集监督、管理职能于一身，这就使得国资委与国有企业之间存在共同利益，需要在追求保值增值目标和承担国有经济的战略任务之间寻求平衡。因此，在深化国有资产管理体制改革中，要进一步明确国资委的职能定位，分离国资委作为国有资产出资人和政府社会公共管理职能。第二，需要构建一个包括对经营性国有资产监管者在内的监督管理体系，健全人民监督、政府监督、监管者内部监督和社会监督等多层次的国有资产经营管理的监督体系。要整合监管资源，加强监管协同，增强监管的前瞻性、及时性、针对性和有效性。此外，还要加强完善国有资产经营管理的报告和信息披露制度。

（三）推进分类监管

国有资产按照经济属性可以分为经营性国有资产和非经营性国有资产，而经营性国有资产又可以按照功能分为服务于社会目标和服务于经济效率目标两类。应进一步推行"分类监管"，针对这两类企业确定不同的国有资产管理方式，设立不同的监管机构，在组织机构上分别管理。对于主要服务于经济效率目标的国有企业，应按照现代公司制企业要求进行运作管理，可通过"国有资产管理委员会－国有控股公司－国有企业"三层运营体系进行管理。对于主要服务于社会目标的国有企业，其盈利目标处于次要地位，可由专门部门统一管理，具体运营主要可采用"国有资产管理委员会－授权经营的企业集团"两层运营体系。

（四）改进绩效评价

一方面，目前对国有企业的绩效考核侧重于经济绩效的考核，忽视对社会公共效率的考核，与国有企业同时兼顾经济效益和社会效益的双重功能存在不一致的问题；另一方面，政府在资金、土地、市场准入、特许经营权等方面给予国有企业诸多政策性优惠，而对国有企业经济绩效的考核中未能充分将之充分剔除，存在高估国有企业经济绩效的可能。因此，针对追求经济效率目标为主的国有企业和服务于社会目标的国有企业，应该建立起不同的绩效考核指标，确定不同的考核重点。

二　非经营性国有资产管理：统一集中与分级管理并举

（一）顶层设计，提升认识重视程度

必须高度重视国有资产安全完整在加强廉洁政府建设中所发挥的不可替代的作用，提升非经营性国有资产的政治社会地位。加强非经营性国有资产管理，保护好国有资产，防止国有资产流失，提高资产的使用效益，在保证行政机关履行职责和促进各项党、政、军事业的发展中都发挥了巨大的作用，为提升党在“动员和组织人民依法管理国家和社会事务、经济和文化事业，有效治党治国治军”等方面的本领提供了基础保障。然而，改革开放以来，国有资产管理体制建设的重点长期置于经营性国有资产之上，突出企业国有资产在维护国家基本经济制度、保障国计民生方面的重要作用，而非经营性国有资产的安全完整在加强廉洁政府建设中的突出作用长期被低估。思想上重视不够、体制建设滞后，必然不利于保障非经营国有资产的安全完整。不抓紧加强非经营性国有资产的管理，将难以保障非经营性国有资产的安全完整，将不利于保障机关行政职能的顺利运作，不利于党的路线、方针、政策的贯彻落实，必然不利于加强廉洁政府建设。

要加强非经营性国有资产的监督管理，必须进行顶层设计，从制度上保障非经营性国有资产的安全完整，建立“产权关系清晰－资产管理高效－监督管理严格”三位一体的非经营性国有资产监督管理体系。

第一，产权管理是资产管理的核心。明晰产权、明确权责是加强资产管理的关键。理顺非经营性国有资产的所有权、占有使用权、收益权和处置权等权属关系，建立健全相应的资产权属管理制度，是当前面临的紧迫任务。目前的行政事业单位国有资产管理体制中出现的成本高、效率低、浪费多、流失严重等诸多弊端都与所有者缺位密切相关，必须要建立明确的出资人代表制度，从体制上寻求根本解决。建立出资人制度，应做到产权清晰，必须明确各部门单位使用的资产都归国家所有，机关事务管理机构是出资人代表，使得产权归属清晰；监管有力，出资人代表有权按照法律赋予的职责，行使全面的监督管理权利。

第二，分级、分类、全过程管理是提升资产管理效率的有效方式。一是通过资产的分级管理，对调动各方面积极性，管好、用好政府资产，提高资产使用效率，防止滋生腐败，增强监督职能，杜绝闲置浪费具有积极作用。二是将资产按照它们的性质和相互联系，进行科学合理分类，对加强国有资产的宏观控制和微观管理，提高资产的使用效率和充分发挥资产的效益，具有十分重要的意义。三是要对资产做到从预算到购建、使用、维护、处置全过程进行管理和监督，这是一个动态管理的过程。它可以提高资产的使用效率，及时反映行政机关和事业单位资产的存量、增量和分布状况。

第三，建立全方位、多层次的非经营性国有资产监督体系。一是以法律为依据，以经济、技术指标为标准，充分发挥各种监督手段。从授权分级管理的关系来认识，分级授权到哪一层，监督就要到哪一层，被授权者何时开始行使权利，就要在何时开始接受监督。具体包括以

下几个层次：财政部、审计署、监察部对资产管理机构的监督；资产管理机构对资产主管部门的监督；资产主管部门对资产占用、使用单位的监督。二是建立资产的全过程监督约束机制。由于资产在形成、使用、处置等不同阶段具有不同的特征，因此必须建立从使用到退出的全过程资产监督约束机制。

（二）完善法规，建设科学管理体系

法制化是防止资产流失，提高资产使用效率，保证公共产品的数量与质量的一个有效监督制约机制，有利于非经营性国有资产管理走上规范化、制度化和科学化，也是从源头上有效防止腐败的有力武器。为加强国家对企业各种形式的出资所形成的权益的保护，我国已经于2008年公布并于2009年实施了《中华人民共和国企业国有资产法》，在法律层面对经营性国有资产履行出资人职责的机构、国家出资企业及管理者、国有资产出资人权益、国有资本经营预算及国有资产监管等进行了明文的规定，实现了经营性国有资产管理有法可依。但目前我国尚未对非经营国有资产管理进行立法，法律制度的不完善是威胁非经营性国有资产安全完整的重要不利因素。一方面，资产管理的规章、制度还很不健全，缺乏可操作性，已不适应当前资产管理工作实际的需要；另一方面，处罚的力度、刚性不够，执法的手段有限。为此，建立一套比较完整的非经营性国有资产监督法规及实施细则已刻不容缓。为有效防止非经营性国有资产流失、加大非经营性国有资产的管理力度，应尽快建立健全非经营性国有资产管理的法律体系，使非经营性国有资产管理部门在管理资产时有法可依，便于非经营性国有资产管理规章制度进一步完善。非经营性国有资产立法须明确各种资产的性质、范围、分类，明确非经营性国有资产的形成、使用和处置相关内容，明确非经营性国有资产的管理者。

在非经营性国有资产立法的基础上，立法部门和国有资产管理者还需制定与非经营性国有资产管理法规制度相配套的政策与制度。一是建立规范化的资产形成制度。对资产形成的管理是资产管理的首要内容，只有规范了形成制度，才能全面了解资产存量情况，有效防止资产重置和浪费现象。应严格规定资产购置的购置程序、购置方法、资金渠道等内容，使资产形成更加规范化、透明化，防止账外资产的出现。二是抓紧制定和完善资产的配置标准。资产的配置标准是保证资产配置科学合理的有效手段，也是资产管理部门审核资产预算的重要依据。对于不同类别的资产在充分调查研究的基础上，制定出详细的配置标准，该标准应该包括资产的数量、种类、价格、规格等内容。三是建立资产使用的责任机制和监督机制。资产使用责任制度是资产正常、有效使用的保证。要通过建立责任机制和监督机制，加强处罚的刚性力度，扩大执法手段，对一些责任心不强的工作人员因不及时地对资产进行保养、检修、维修，影响了资产使用效果和寿命的情况建立资产赔偿制度。四是完善资产处置管理办法。资产处置是资产管理的最后一个环节，其工作的好坏直接影响到资产使用效率的高低。通过对不同类别资产规定合理的处置权限，调动各方面的积极性，减少处置手续，使处置机制更加灵活。严格规定处置收入的管理，按照财政“收支两条线”的原则，将处置收入上缴国库。建立约束机制，明确规定资产处置责任，防止国有资产流失。

同时，应加强非经营性国有资产在廉洁政府建设中的基础性作用的宣传力度，提高全社会特别是各机关单位领导增强资产管理工作的观念，增强自觉、自愿保护国有资产意识，营造有利于加强非经营性国有资产管理、保障其安全完整的舆论氛围。

（三）科学评价，保证政策措施到位

第一，完善集中统一与分级分类相结合的管理体制。首先，推进资产集中统一管理。完善资产管理体制，必须以权属管理为核心，继续推进办公用房、土地和车辆等资产的集中管理，实现统一规划、统一标准、统一配置、统一处置，从源头上解决资产占有不公和政策外发放津贴、补贴等问题。其次，实施分级、分类管理。要在统一产权的前提下，充分调动和发挥主管部门和各级预算单位的积极性，实现分级管理，各司其职，各负其责。同时，针对保障性、公益性、经营性等不同性质、不同形态的资产，要分别实行分类管理。对教育、科技、文化、卫生、水利、体育等行业的事业单位资产，实行委托管理；对海关、税务、质检等垂直管理单位，授权相关部门进行管理。再次，理顺相关工作关系。资产管理是一项系统工作，需要发挥各方面的积极性，落实国务院确定的职责分工，处理好监察、财政、审计等部门的监督检查和资产主管部门统一管理之间的工作关系，实现管理、使用和监督等部门分工明确、协作配合、相互制衡的行政事业单位国有资产管理体制。特别重要的是，资产管理要为预算编制和审核提供依据，预算管理要为资产管理提供保障。

第二，建立科学高效的资产形成、使用和处置机制。首先，严格控制增量资产，完善资产形成机制。针对目前资产配置中存在的分配不公、超标准、超编制等问题，应抓紧健全资产配置标准以及费用定额标准，规范资产购置经费分配，严格执行政府采购制度，完善公开、透明的政府采购程序，降低资产购置成本，促进资产配置的公平合理。其次，加强存量资产管理，提高资产使用效益。要加强资产管理基础工作，建立健全资产建卡登账、维修保养和清查盘点等日常管理工作。强化资产使用管理责任制，把资产管理的具体工作和责任落实到资产管理者和使用者，不断提高资产使用效率。严格控制利用行政事业单位资产对外投资和出租出借行为，防止国有资产流失。再次，规范资产处置行为，促进资产合理流动。严格执行资产处置制度，规范处置程序，明确处置标准，健全审批手续，防止和杜绝随意处置资产。建立部门之间资产调剂机制，对闲置资产和超标准、超编制配置的资产，进行调剂或拍卖，促进部门之间资产的合理流动。加强处置收益管理，严格按照“收支两条线”原则，及时按规定向财政上缴处置收入。

第三，推进非经营性国有资产管理创新。一是逐步引入市场机制。学习借鉴国内改革经验和国外成熟的做法，充分发挥市场机制的作用，在资产购建中，大力推行政府采购、项目代建、竞价租赁等方式；在资产使用中，探索试行内部模拟租金制，推动物业管理社会化；在资产处置中，实行挂牌、拍卖等方式，改进管理方式，提高资产使用效率。二是稳步推进绩效管理。建立资产定性管理与定量管理相结合的绩效考评机制，完善资产绩效考核制度和评价监控指标体系。通过推进绩效考评管理，促进资产占有使用单位合理利用资产，节约财政资金，降

低行政成本，提高管理水平。当前要着重推进工程项目建设、办公用房使用、政府集中采购、公务用车管理和土地开发利用等领域的绩效考评。三是强化信息化管理手段。利用信息化手段，组织各部门清查核实非经营性国有资产，完整掌握基本情况，完善国有资产统计报告制度。升级行政事业单位国有资产管理信息系统，建立国有资产管理信息网络平台，掌握资产购置、使用、处置等动态信息，为制定资产配置标准和编制、审核资产购置预算，合理配置、调剂、处置资产提供及时、准确的依据。

第四，加强行政事业单位国有资产专业化管理。推进资产专业化管理，是实现行政事业单位国有资产管理科学化、规范化的必要前提，也是提高资产管理工作水平的内在要求。应进一步加强和改进行政事业单位国有资产管理工作，根据《中央行政事业单位国有资产管理暂行办法》，尽快出台相关配套制度，不断完善标准制度体系。管理部门一方面要切实履行资产管理职责，充分发挥专业化管理的作用，加强资产管理人员队伍建设，加大业务培训和交流力度，提高国有资产管理人员的专业素质；另一方面要加强与社会专业机构合作，充分发挥社会专业机构的作用，切实管好用好非经营性国有资产。

（四）内外结合，强化监督约束机制

第一，通过内部监督和外部监督相结合，监督主体多元化，监督方式多样化，加强非经营性国有资产的监督。一是坚持国有资产报告制度。即非经营性国有资产主管部门应每年将本部门占用的国有资产的存量、结构、分布、使用、效益及变动情况等向资产宏观管理部门报送文字报告和国有资产报表，各级资产宏观管理部门将对政府资产的占用、使用情况进行分析，形成完整的资产报告，报各级政府参考。二是加强审计监督。非经营性资产管理部门要加强与审计部门的协作，通过审计检查，查看资产管理的内部控制制度是否切实实施，各项审批程序是否规范，资产账实、账账是否相符。三是强化工商税务监督。密切与工商、税务部门配合，加强对外投资监管，对没有资产管理部门的批准文件，行政事业单位用非经营性资产办理经济实体，工商不予注册登记；税务部门加强对经营效益的检查，保障国家所有者的权益。四是加强财务监督。日常的资产处置和每年一次的资产清查，都涉及财务部门的资产价值量的核对，加强对财务和会计的监督检查，也是对资产管理的监督。五是重视新闻媒体、社会舆论监督。充分发挥新闻媒体、社会舆论的作用，对资产的政府采购、工程项目的招投标和资产处置等工作进行监督。

第二，根据资产在形成、使用、处置等不同阶段具有的不同特征，建立从使用到退出的全过程资产监督约束机制，主要体现在以下几方面。一是严把资产立项关，建立新购建资产会审制度。基建项目立项前，要有专门部门对需求、前期规划等方面进行审核，提出是否立项的建议，然后视资金需求状况，考虑是否立项。其他资产的购建，由资产管理部门根据部门资产的实际存量情况提出初步意见，列入资产预算方案，提交预算部门审议。二是严把资产预算关，建立资产资金统一编排预算制度。各级政府部门要把年度资产购建资金（含预算外）列出详尽的预算方案。三是严把资产购建关，建立健全统一政府采购制度。按统一配置要求，统一定

编标准进行采购，强化公开、公平、公正原则，规范政府采购行为，增强采购招投标透明度。四是严把资金关，建立资产购建的统一收付制度。没有列入当年预算的项目不再考虑购置。五是严把资产处置关，建立高效有序的资产处置机制。对于报损报废的资产，要严格审批手续；对于闲置的资产，要引入市场机制，变“死资产”为“活资产”，充分发挥资产的使用效率；对于转让、变卖的资产，必须评估后才能处置，防止资产的流失。六是加强对外投资监管，建立资产保值增值的考核指标体系。要对经营性资产及收益进行跟踪监管，落实投资者的监督管理责任和经营者的保值增值责任。根据经营业绩决定对经营管理人员的奖惩，用制度保证资产在营运中不断保值增值，保障国家所有者的权益不受侵犯。

结　语

国有资产是我国社会主义制度的经济基础，是我国亿万劳动者，经过一代又一代的努力，以血汗形成的物质结晶，是中国共产党建设廉洁政治的物质基础，是建设文明、民主、富强、公平与和谐国家的基础和起点。

中国共产党管理国有资产的历史充分证明，国有资产安全、完整是中国共产党立党为公、执政为民、建设廉洁政治的物质保障。在 1992 年南方讲话中，邓小平同志指出："从根本上说，手头东西多了，我们在处理各种矛盾和问题时就立于主动地位。"① 这里讲的"手头东西"，实际上指的就是党的执政资源，国有资产无疑是最重要的物质资源。江泽民同志指出："任何一个政权，都必须掌握一定的经济和物质力量，……否则便不能存在和发生作用。""我们社会主义国家政权要有效运行，也必须掌握一定的经济和物质力量。"② 国有资产就是这种经济和物质力量。

古今中外管理国有资产的历史说明，由于国有资产作为公共财产自身的某些弱点，如果监管不力，极易产生运行失控、浪费，甚至遭受侵吞，从而成为孳生腐败的土壤，产生官僚主义的温床，甚至导致政权垮台。中国古代封建王朝的兴衰、中国国民党在大陆的垮台和在台湾的曾经失权、苏共的垮台、墨西哥革命制度党的曾经丢权、新加坡人民行动党的长期执政，都充分说明了这一点。

随着社会主义现代化建设的不断推进，我国国有资产规模不断扩大、质量不断提高，在经济社会发展中发挥着不可替代的作用。因此，在市场经济条件下，管好、用好庞大的国有资产，既是完成中国共产党承担的 13 亿人民之重托的责任，也是对中国共产党建设廉洁政治的重大考验。

党的十八大明确提出"完善各类国有资产管理体制"。这是对党的十六大以来国有资产管理体制改革取得成效的充分肯定，也是对进一步加强各类国有资产监管作用、保持党的廉洁本色作出的重要部署。我们要深刻领会和认真贯彻党的十八大精神，牢牢把握正确的改革方向，

① 《邓小平文选》第 3 卷，人民出版社，1993，第 377 页。

② 《江泽民文选》第 3 卷，人民出版社，2006，第 70 ~ 71 页。

加强党的执政能力建设，提高党管理国有资产的能力，以改革创新的精神不断完善各类国有资产管理体制，推进廉洁政府建设。当前，完善各类国有资产管理体制，特别需要完善非经营性国有资产管理体制。

一　加强对非经营性国有资产监管的能力，是廉洁政府建设面临的一项紧迫而又重要的任务

非经营性国有资产是实行政党政策的直接工具。正像格伦·詹金斯指出的：“一切分配利益和社会利益有一个共同点，就是它们都要花钱。”① 社会主义公有制是我国的基本制度，公共资产是这一制度的物质基础，因此，从政治意义上说，管好非经营性国有资产就是维护社会主义制度。中国共产党要提高执政能力，完成人民的受托责任，就必须认识到提高非经营性国有资产管理水平的重要意义和任务。

改革开放以来，随着我国综合国力的增加，非经营性国有资产获得快速增长。非经营性国有资产的快速增长保障了中国共产党执政的需要，以及各类事业发展的资产需要。非经营性国有资产管理在保护好国有资产，防止国有资产流失，提高资产的使用效益，在保证行政机关履行职责和促进各项党、政、军事业的发展中都发挥了巨大的作用，为提升党在“动员和组织人民依法管理国家和社会事务、经济和文化事业，有效治党治国治军”等方面的本领提供了基础保障。

随着市场经济的不断发展和各项改革的逐步深入，非经营性国有资产管理工作中出现了许多新情况和新问题，主要是管理体制还不完善，有效的监督约束机制尚未形成，科学的资产形成、使用、处置机制还不健全，管理制度体系有待加强，管理方式有待创新，管理专业化水平仍需提高等。因此，完善非经营性国有资产管理体制，是进一步完善社会主义市场经济体制的必然要求，是深化行政体制改革、转变政府职能和廉洁政府建设的客观需要。

自改革开放以来，国有资产管理体制建设的重点长期置于经营性国有资产之上，突出企业国有资产在维护国家基本经济制度、保障国计民生方面的重要作用，而非经营性国有资产的安全完整在加强党的执政能力建设中的突出作用长期被低估。思想上重视不够、体制建设滞后，必然不利于保障非经营国有资产的安全完整，更不利于党和政府的廉洁建设。不抓紧加强非经营性国有资产的管理，将难以保障非经营性国有资产的安全完整，将不利于保障机关行政职能的顺利运作，不利于党的路线、方针、政策的贯彻落实，将严重损害党和政府的廉洁建设。

加强非经营性资产管理是公共管理的重要内容，是党执政的重要方面，更是建设廉洁政府的重要保证。中国共产党是人民福祉的受托人，就应当以向人民提供有效公共服务为宗旨。必须高度重视非经营性国有资产管理在加强党的执政能力建设中所发挥的不可替代的作用，提升非经营性国有资产管理的政治社会地位。加强非经营性国有资产管理在党的执政能力建设中的基础性作用的宣传力度，提高全社会特别是党员领导干部增强资产管理工作的观念，增强自

① 转引自（英）R. K. 米代勒等《世界各国的公营企业》，东北财经大学出版社，1991，第387页。

党、自愿保护国有资产意识，营造有利于加强非经营性国有资产管理、保障其安全完整的舆论氛围。

二　加强廉洁政府建设，完善非经营性国有资产管理体制

从非经营性国有资产的配置非生产性、使用目的服务性、资产使用无偿性的基本属性出发，未来非经营性国有资产管理体制的进一步完善应以邓小平理论、“三个代表”重要思想和科学发展观为指导，全面贯彻落实科学发展观，抓住推进政府机关事务管理体制改革的契机，积极适应政府机构改革、公共财政体制改革和事业单位改革的发展方向，以降低行政成本、建设廉洁政府为主线，不断完善制度，继续加强管理，自觉接受监督，减少行政事业单位支出，稳步推进行政事业单位国有资产管理制度改革。

完善非经营性国有资产管理体制，就是要立足我国国情，针对非经营性国有资产的属性和特点，建立健全适应社会主义市场经济要求和有助于加强廉洁政府建设的管理体制和制度体系，保护好、利用好、经营好非经营性国有资产，实现最优化配置、最充分使用，创造更好的社会效益，为建设中国特色社会主义提供坚实的经济和政治基础。

1. 建设廉洁政治和廉洁政府，发扬中国共产党艰苦奋斗的优良传统①，减少管理支出，降低管理成本，提高民生支出

党的十八大报告明确指出：“反对腐败、建设廉洁政治，是党一贯坚持的鲜明政治立场，是人民关注的重大政治问题。这个问题解决不好，就会对党造成致命伤害，甚至亡党亡国”，要求“坚定不移反对腐败，永葆共产党人清正廉洁的政治本色。”

所谓廉洁政治，就是不谋私利的政治，与腐败政治是根本对立的，其核心是全心全意为人民服务，本质上是为人民掌好权、用好权，不以权谋私。建设廉洁政治，就是要把中国共产党建设成为廉洁政党，实现干部清正，保证党员干部廉洁从政；就是要建设廉价高效政府，实现政府清廉，保证公共权力规范运行；就是要建设清廉社会，实现政治清明，促进政治文明充分发展。

建设廉洁政治，是马克思主义政党的本质要求，也是中国共产党的一贯主张。马克思、恩格斯总结巴黎公社的经验教训，提出建设“廉价政府”，指出只有建立新型的无产阶级政权，才能彻底消除腐败和官僚主义。“廉价政府”要求取消一切特权，防止“国家和国家机关由社会公仆变为社会主人”，防止干部变成在党内恣意作威作福的官僚。列宁继承和发展了马克思、恩格斯的廉政思想，指出无产阶级国家应该成为为人民服务的廉洁机关，不容许任何人利用手中权力，将政权变为掠夺人民、谋取私利和享有各种特权的压迫机器。中国共产党1941年在陕甘宁边区施政纲领里就提出要“厉行廉洁政治”。1947年10月，毛泽东同志在《中国人民解放军宣言》中，把“肃清贪官污吏，建立廉洁政治”作为中国共产党的一项重要政策。

① 本部分一些观点参考了国务院机关事务管理局党组：《始终保持艰苦朴素的优良作风　努力建设人们满意的政府机关》，《辉煌90年　中央国家机关纪念中国共产党成立90周年理论研究文集》，学习出版社，2011。

1989年9月，邓小平同志明确提出，在整个改革开放过程中都要反对腐败，搞廉洁政治。1993年8月，江泽民同志在十四届中央纪委第二次全体会议上的讲话中指出："我们要善于总结经验，反对腐败，搞廉洁政治。"2005年1月，胡锦涛同志在中央纪委第五次全体会议上的讲话中强调要建设廉洁政治。

建设廉洁政治，要落实中央"八条规定"和习近平总书记的讲话精神，发扬中国共产党艰苦奋斗的政治本色，加强非经营性国有资产监管，建设民生政治。

广大党员和干部要始终坚持勤俭为荣、浪费可耻和艰苦为荣、奢侈可鄙的良好风尚，任何时候都不能丢掉艰苦奋斗、勤俭建国这个党和国家的传家宝。

中国共产党的历史就是一部为了人民的幸福和国家的富强而不懈奋斗的历史。从成立那天起，艰苦朴素就是中国共产党理想、信念、性质、宗旨和作风的集中体现，成为中国共产党人特有的政治本色、精神力量和人格特征。完善非经营性国有资产管理体制，要求中国共产党大力加强党的建设和政府自身建设，努力降低执政成本和政府运行成本，将更多的资产用于发展经济和保障民生，带动全社会转变生产方式和消费模式，这对于保持和发展党的先进性和纯洁性，夯实党的执政基础，实现人民群众的切身利益和长远利益，具有十分重要的现实意义。

始终保持艰苦朴素、政治清廉是中国共产党的光荣传统，始终保持艰苦朴素、政治清廉的作风是时代和人民的要求。

艰苦朴素、政治清廉体现了中国共产党人的利益观，践行党的根本宗旨和保持党的先进性需要艰苦朴素、政治清廉。"共产党员同非党员相比，任何时候都必须为着国家和人民的利益，自觉地更多地牺牲个人的利益。共产党员的称号之所以光荣，就在这个地方。"①

艰苦朴素、政治清廉体现了中国共产党人的群众观，坚持党的群众观点、密切联系群众需要艰苦朴素、政治清廉。"共产党什么都不怕，就怕脱离群众，只要共产党员永远依靠群众，就是不可战胜的。"② 为了群众的利益，中国共产党应该控制自己的支出，将更多的资产配置和使用在群众需要的地方去。

艰苦朴素、政治清廉是廉洁政治的要求，体现了中国共产党人的权力观，巩固党的执政地位、提高党的执政能力需要艰苦朴素、政治清廉。"马克思主义权力观，概括起来是两句话：权为民所赋，权为民所用。前一句话指明了权力的根本来源和基础，后一句话指明了权力的根本性质归宿。"③ 中国共产党立党为公、执政为民，一切权力来自人民，应该坚持以人为本，把保障和改善民生、促进社会公平作为一切工作的出发点和落脚点，把更多的资源投入到社会管理和公共服务中去，满足人民的需要。

艰苦朴素、政治清廉体现了中国共产党人的发展观，坚持科学发展、转变经济发展方式需要艰苦朴素、政治清廉。建设资源节约型、环境友好型社会要求中国共产党艰苦朴素、政治清

① 《中共中央文件选编》，中共中央党校出版社，1994，第404页。

② 《刘少奇选集》上卷，人民出版社，1981，第234页。

③ 习近平：《领导干部要树立正确的世界观权力观事业观》，《新华文摘》2010年第22期。

廉。

艰苦朴素、政治清廉体现了中国共产党人的价值观，践行社会主义核心价值体系、建设中华民族共同家园需要艰苦朴素、政治清廉。艰苦朴素是人类社会最古老、最普遍的伦理，是中华民族的传统美德，是现代社会文明的价值取向，是社会主义、集体主义价值的重要内容，是比物质和货币资本还要持久的精神力量。中国共产党人应该自觉地以艰苦朴素为荣、以骄奢淫逸为耻，使艰苦朴素成为社会主流价值观，坚持勤俭节约，提倡合理消费，反对铺张浪费，坚持从自身做起、从日常做起、从点滴做起，倡导与我国国情相适应、符合党性要求的节约、绿色、低碳消费模式。

中国共产党作为中国唯一的执政党，在人民群众中具有强大的示范和导向作用，必须以最低廉的执政成本为人民提供更高优质高效的公共服务。近年来，办公用房、公务接待、公务用车、政府采购、节能降耗等，受到人民群众和社会舆论的广泛关注。中国共产党必须牢记“两个务必”，加强教育、完善制度、推进改革、厉行节约、领导带头，作始终保持艰苦朴素、政治清廉的优良作风的表率，成为人们满意的执政党。

加强宣传教育，从思想上保持艰苦朴素、政治清廉的优良作风，引导党员干部自觉践行社会主义价值观，弘扬廉政文化，倡导俭素为美，把艰苦朴素、勤俭节约作为基本原则，贯穿到党的建设和党的工作的全过程和各方面，讲党性、重品性、作表率、不忘本。

完善政策法规，从制度上保持艰苦朴素、政治清廉的工作作风。制度是管全局、管根本、管长远的，是控制执政成本、杜绝铺张浪费、践行艰苦朴素的最有效的手段。要坚持依法执政、科学执政、民主执政，完善国有资产管理制度，把国有资产的来源、分配、管理、事业、审计等情况置于群众和社会监督之下，把有效的资金和资源用在国计民生的“刀刃”上。进一步完善和落实机构编制、运行经费、基本建设、国有资产、政府采购、后勤服务保障、公共机构节能等领域的政策法规和制度标准，建立监督制约模式、行政法律责任、绩效评估方法及激励约束等配套措施，建立和推行行政问责制，做到用制度管权、按制度办事、靠制度管人，努力降低执政成本。

推进改革创新，从体制上保持艰苦朴素、政治清廉的优良作风。改革是新时期我们党的事业不断取得成功的法宝。提高党管理国有资产水平，加强党的执政能力建设，从根本上讲靠改革，依靠改革建立起适应社会主义市场经济需要的国有资产管理体制。深化非经营性国有资产管理体制改革，坚持廉洁、服务、节俭的原则，建立健全集中统一、权责明确的管理体制，科学规范、系统完善的保障制度，市场导向、多元并存的服务机制，提高国有资产管理科学化水平。要推进机关后勤体制改革，积极探索机关后勤服务社会化的实现形式，降低机关后勤服务成本；加快推进公务消费制度和服务保障机制改革，根据经济社会发展水平和机关实际需要，结合收入分配制度改革和社会保障制度改革，推进公务用车制度改革、公务接待制度改革、政府采购制度改革，建设廉洁政治。

坚持厉行节约，从管理上保持艰苦朴素、政治清廉的优良作风。厉行节约是中国共产党长期坚持的基本方针，也是新形势下顺应国际潮流、适应基本国情、回应群众呼声的必然要求。

要充分运用标准化管理、信息化管理和绩效管理等现代管理方式，加强投入产出效益分析，统筹使用服务保障资源，加强节约型政党建设，提高资产使用效益。

注重领导带头，从行动上保持艰苦朴素、政治清廉的优良作风。“风成于上，俗化于下。”党员领导干部要强化宗旨意识和群众观点，以身作则、率先垂范，带头弘扬艰苦朴素的优良作风，克服“官本位”的庸俗习气，反对享乐主义和奢靡之风，使艰苦朴素内化于心、外化于形，为党员群众作表率，为社会公众作示范，从行动上形成“人人勤俭节约、大家艰苦朴素”的良好氛围，永葆党的先进性和纯洁性。

2013 年 1 月，习近平总书记就新华社一篇内参报道作出重要批示，要求严格落实各项节约措施，坚决杜绝公款浪费现象，使厉行节约、反对浪费在全社会蔚然成风。

2013 年 1 月 21 日，习近平总书记在中国共产党第十八届中央纪律检查委员会第二次全体会议中强调，工作作风上的问题绝对不是小事，如果不坚决纠正不良风气，任其发展下去，就会像一道无形的墙把我们党和人民群众隔开，我们党就会失去根基、失去血脉、失去力量。抓改进工作作风，各项工作都很重要，但最根本的是要坚持和发扬艰苦奋斗精神。改进工作作风的任务非常繁重，八项规定是一个切入口和动员令。八项规定既不是最高标准，更不是最终目的，只是我们改进作风的第一步，是我们作为共产党人应该做到的基本要求。“善禁者，先禁其身而后人。”各级领导干部要以身作则、率先垂范，说到的就要做到，承诺的就要兑现。要坚持勤俭办一切事业，坚决反对讲排场比阔气，坚决抵制享乐主义和奢靡之风。要大力弘扬中华民族勤俭节约的优良传统，大力宣传节约光荣、浪费可耻的思想观念，努力使厉行节约、反对浪费在全社会蔚然成风。各地区各部门要不折不扣执行改进工作作风相关规定，把要求落实到每一项工作、每一个环节之中。作风是否确实好转，要以人民是否满意为标准。要广泛听取群众意见和建议，自觉接受群众评议和社会监督。群众不满意的地方就要及时整改。中央纪委、监察部和各级纪检监察机关要加大检查监督力度，执好纪、问好责、把好关。要以踏石留印、抓铁有痕的劲头抓下去，善始善终、善做善成，防止虎头蛇尾，让全党全体人民来监督，让人民群众不断看到实实在在的成效和变化。

2. 提高非经营性国有资产管理科学化水平①

提高非经营性国有资产管理能力、推动非经营性国有资产管理科学化是加强廉洁政府建设的重要环节。虽然我国的非经营性国有资产管理低效率只是局部问题，但它所带来的官僚主义、浪费和腐败却事关人民对党和政府的信任，也事关党和政府的廉洁形象，因而是全局性的，也是政治性的。

非经营性国有资产管理科学化既是实践科学发展观的要求，也是走出现实资产管理困境的需要。而能否管好、用好非经营性国有资产是对党建设廉洁政治、建设廉洁政府的考验。

国有资产管理是个经济学命题，有其自身发展规律，提高党的执政能力必须按规律办事。管理好非经营性国有资产是人民赋予中国共产党代表人民行使国有资产所有者的代表权、体现代表权的国有资产监督管理权、投资和收益权以及资产处分权。因此，要强化非经营性国有资

① 本部分部分观点吸收了清华大学魏杰教授主持：《政府资产管理科学化水平研究》的成果，特此致谢。

产管理，就必须围绕着资产运行的规律对国有资本金的投入、资产的形成、资产的配置、资产的运营、资产的流动处置、资产收益的分配，到资本金积累的再投入全过程的各个环节进行管理，逐步实现非经营性国有资产管理的系统化、科学化、制度化。

非经营性国有资产管理系统包括纵向系统、横向系统。纵向系统是从中央到地方的各级非经营性国有资产管理机构，它代表国家实施国有资产的管理职能，行使国家赋予的国有资产所有者的代表权、监督管理权、投资和收益权以及对资产的处置权。建立健全纵向的各级非经营性的国有资产管理机构，是完成非经营性国有资产管理任务的必要保证，没有必要的专职机构和人员，各项任务肯定是无法完成的。横向系统是各部、委（厅、局）成立的非经营性国有资产管理分支机构，它是在国家统一政策指导下，接受国有资产总代表的委托，以国有资产分代表的身份，管理本部门的国有资产。

非经营性国有资产管理纳入法制化轨道十分必要。通过制定一系列配套的法规和制度规范资产所有者和经营者的管理行为和经营行为，以保证国有资产管理任务的完成，法律方法同其他方法比较起来具有普遍性、强制性和稳定性等特点，用法律方法进行产权管理，是适合中国国情的，符合社会主义方向，有利于克服管理者的主观倾向性。对违反国有资产管理法律的行为，给予相应的制裁。

实现非经营性国有资产管理科学化要求设立独立的资产管理部门。遵循非经营性资产运动规律，非经营性国有资产管理目标应当是确保资产安全完整，提高有效使用率。非经营性国有资产的价值在于使用，使用得越充分，资产的价值就越大。为此，提高非经营性国有资产有效使用率，既是管理者首要任务，也是非经营性资产管理科学化的核心。资产运动以实物形态为中心，采用“货币→实物→货币”公式。从资产运动规律和资产管理科学化的要求看，将资产管理从财政中分离出去，由政府指定一个部门，以公共产权代理人身份，依法独立地行使资产管理权，并接受委托人监督。

实现非经营性国有资产管理科学化要求非经营性国有资产管理的目的并非是获取利润，而是社会效果。非营利性是非经营性资产重要特点，也是非经营性资产管理的重要原则。它决定了我们不能采用市场管理方式，而应当按资产运行规律形成自己的管理模式。资产管理部门只有拥有了独立的管理权力，才能依法办事，依资产运动规律办事。资产管理绩效应当指在确保非经营性资产安全完整的前提下，资产有较高的使用率和较低的运行成本。非经营性国有资产管理是公共管理的子系统。管理目标是实现资产的安全完整、有效运行和低成本运行。

3. 强化非经营性国有资产绩效评估①

非经营性国有资产管理一方面要压缩行政事业单位国有资产支出规模，另一方面还要最大限度地满足社会公共需要，提升行政事业单位国有资产使用效率是唯一选择。加强非经营性国有资产的绩效管理既是非经营性国有资产管理科学化的“落脚点”，也是我国非经营性资产管理体制、机制改革的“抓手”。要强化非经营性国有资产绩效评估。绩效管理理论也称为有效

① 本部分部分观点吸收了清华大学魏杰教授主持：《政府资产管理科学化水平研究》的成果，特此致谢。

公共服务理论。绩效是指公共支出与获得的有效公共服务之比。美国、日本的行政事业单位国有资产绩效评估值得我国借鉴。

在日本，制度完善、监督机制多元、信息透明、高质量制度执行保证及社会主体的制度人性化是日本行政事业单位国有资产之所以能充分供给社会需求和持续提升社会效应的重要条件。

日本政府国有资产评价员和评价审查委员会及社会监察部门、社会组织等要定期对政府绩效进行评价，并公开评价结果。其中一项重要内容是对国有资产利用效率的评价。主要由各级政府内部的固定资产评价员、固定资产评价审查委员会及社会公共组织进行评价。其评价目的有：①衡量政府提供公共财产和满足公共服务的保障程度；确定公共财产和满足公共服务的保障条件的最适化水平，改变各级政府高成本提供高服务和低成本提供低服务的思维定势，确定最适成本满足最适服务的社会服务体系；②促进国有资产管理者高效利用国有资产，提升财政效率，给纳税人一个明确交代；③绩效评价结果还作为下年度预算分配的依据；④促进国有资产的有偿利用，有些国有资产，如公园、古迹建筑、图书馆、文化交流中心、政府和学校的部分设施等，为更好地满足社会多样化的价值观需要，适当地引入市场机制，有偿提供使用。而有偿标准则需要根据国有资产的价值、绩效评价结果等确定。强化了国有资产的社会功能。

在美国，1950 年 E. 胡佛委员会（亦即预算委员会）针对联邦预算的浪费和无效率，提出了建立绩效预算的提案：绩效预算是这样的预算，它要求政府的每一分钱拨款都必须有效果，没有效果的支出不能拨款。这就是最早提出的政府绩效的概念。

因此，借鉴国际经验，针对非经营性国有资产的存在形态、功能作用、监管方式，提高管理的科学性，提高非经营性国有资产监管的针对性、有效性和及时性，做到产权清晰、权责明确、配置合理、运转顺畅、监管到位、保护严格，确保非经营性国有资产安全完整，使非经营性国有资产配置使用更加合理有效，发挥更大的社会效益。

中国共产党是人民福祉的受托人，人民是通过有效服务来认识和评价执政党的。因此，“高效政党”决非指那些作风夸张，雷厉风行，而是指那些讲实话，办实事，并努力改善管理，向人民提供更多有效公共服务的政党。

2007 年党的十七大提出“建立绩效评价体系”。2008 年，温家宝总理在《政府工作报告》中指出，“推行行政问责制度和绩效管理制度”。2010 年，胡锦涛总书记在政治局第 18 次集体学习时指出：面对错综复杂的国际国内形势，我们要夺取应对国际金融危机冲击的全面胜利，保持经济平稳较快发展，……必须深化财税体制改革，推进依法理财、民主理财、科学理财，完善公共财政体系，提高财政管理绩效。党的十八大明确提出“要创新行政管理方式推进政府绩效管理”。2011 年国务院建立了绩效管理联席会议，财政部先后出台了《财政支出绩效评价管理暂行办法》（财预〔2009〕76 号）和《关于推进绩效管理的指导意见》（财预〔2011〕416 号），并将此列入“十二五”规划。2012 年，国务院机关事务管理局结合中央行政事业单位实际，制订印发了《中央行政事业单位资产管理绩效考评办法（试行）》，并在 96 个中央部门开展了资产管理绩效考评工作，对资产配置计划执行、政府集中采购、单车运行费用等情况进行量化考评，为全国行政事业单位国有资产绩效管理提供了有益借鉴。

4. 充分发挥人民群众在非经营性国有资产管理中的监督作用

从市场经济国家一般的经验来看，政府机构的运行效率、廉洁政府的建设要受到公民的监督，非经营性资产的管理关系到执政党的清廉形象，影响到执政能力，因此非经营性资产的管理与运营也必须符合经济效率的原则，讲求投入与产出的比较，更要讲求社会效率，赢得人民的满意。因此，必须充分发挥人民群众在非经营性国有资产管理中的监督作用。

中国共产党的一切理论和全部奋斗的目标都是为最广大人民群众谋利益。“相信谁、依靠谁、为了谁，是否始终站在最广大人民的立场上，是区分唯物史观与唯心史观的分水岭，也是判断马克思主义政党的试金石。”① 国有资产是全民财产，因此应该受到人民群众的监督和承担社会责任。

在英国，“政府在与国家工业消费委员会的密切合作中，在与地方当局和其他咨询服务机构的合作中，认识到了作为消费者代言人和保证人的国家工业消费委员会日益增强的重要作用。同时，政府也觉察到消费者对于国家工业委员会的作用”。② 日本的国有资产相关信息不仅要向政府部门、建造单位、财政部门公开，还要向所有的管理责任者公开。这里的管理责任者，不仅是指定管理者，还包括国民、社会组织等主体，让所有的利益相关者知晓国有资产相关信息，这是利益相关者的权利，社会各相关主体根据对国有资产成本信息、社会功能及客观效果比较，确立相应对策或采取各种形式进行有效的社会监督。

为了保证人民群众的监督作用，应该建立资产管理部门监督与财政监督、审计监督、社会监督相结合，日常监督与专项检查相结合的监督体系。同时，加大人大监督、媒体监督与社会监督的力度。资产管理机构通过专项检查和清查统计对各部门的国有资产情况进行监督，并将结果报国务院，条件成熟时可以向全社会公告。

非经营性国有资产管理的关键问题是以最小的支出获得最大的社会服务，避免浪费，防止腐败。在执政的条件下，中国共产党要始终把人民放在心中最高位置，全心全意为人民服务，提高国有资产管理水平，加强党的廉洁政治建设，推进廉洁政府建设，永葆党的先进性和纯洁性，提高党和政府的清廉形象，跳出中国历史“周期率”。

① 《十六大以来重要文献选编》（上），中央文献出版社，2005，第369页。

② 转引自R. K. 米代勒等《世界各国的公营企业》，东北财经大学出版社，1991，第390页。

后　记

本书是落实中央关于改进工作作风、密切联系群众的八项规定，以及国务院关于建设廉洁政府的要求，探索非经营性国有资产监管科学模式和有效手段的重要理论成果。国务院副秘书长兼国家机关事务管理局局长焦焕成、副局长尚晓汀高度重视本课题的研究工作，多次听取汇报。焦焕成同志担任本书顾问，并为本书作序，充分肯定了对非经营性国有资产监管与廉洁政府建设的理论思考和实践探索的重要意义。中国社会科学院党组书记、院长王伟光对本书提出很多宝贵意见，并担任顾问进行具体指导。王伟光同志的关心重视，极大地鼓舞了专家学者对非经营性国有资产监管与廉洁政府建设的关系进行缜密思考、深入研究。中国社会科学院财务基建计划局局长段晓燕对本书的撰写给予了大力支持，副局长何敬中为本书的完成做了大量的组织保障工作，并参与了历史篇的撰写。国家机关事务管理局资产管理司司长汪洋组织了本书的撰写工作。

本书得到了中国社会科学院马克思主义研究院、经济研究所、俄罗斯东欧中亚研究所、拉丁美洲研究所、亚太与全球战略研究院、历史研究所、近代史研究所、工业经济研究所等有关单位的大力支持和帮助，得到了社会科学文献出版社的鼎力协助，在此致以衷心的感谢！本书广泛参考、借鉴了相关领域国内外研究成果，在此对所引用文献的作者致以诚挚的谢意！

非经营性国有资产监管与廉洁政府建设的关系，是一个重大的理论课题和实践性极强的问题，学术界对这方面的研究还远远不够。本书进行了大胆的探索：既有对我国古代主要朝代国家资产管理方式的回顾，又有对国外主要政党资产管理经验教训的借鉴；既有对我国政府在不同时期资产管理政策变化的梳理，又有对近年来非经营性国有资产监管相关法规制度的阐述；既有对资产管理司成立以来开展非经营性国有资产监管的经验总结，又有对在新时期新形势下完善国有资产管理体制的前瞻性展望。

本书是集体智慧的结晶，经过了多次集体讨论、修改。中国社会科学院 18 位专家学者和国家机关事务管理局资产管理司 10 位同志具体参与撰写。其中，龚云（中国社科院马研院研究员）、姚琴（国家机关事务管理局资产司事业资产处副处长）负责绪论的撰写；龚云、姚琴、李佳嘉（国家机关事务管理局资产司综合处）负责第一至三章的撰写；何敬中（中国社科院财计局副局长、副研究员）、彤新春（中国社科院经济所副研究员）、俞孟晶（国家机关事务管理局资产司行政资产处）、王慧（国家机关事务管理局资产司事业资产处）、王倬（国家机关事务管理局资产司局属资产处）负责第四至六章的撰写；庞大鹏（中国社科院俄欧亚所研究员)、郝赫（中国社科院俄欧亚所副研究员)、李莉（中国社科院俄欧亚所副研究员)、杨建民（中国社科院拉美所副研究员)、李文（中国社科院亚太研究院副院长、研究员)、刘琴丽（中国社科院历史所副研究员)、梁建国（中国社科院历史所副研究员)、陈时龙（中国社科院历史所副研究员)、李立民（中国社科院历史所副研究员)、汪朝光（中国社科院近代史所副所长、研究员)、王键（中国社科院近代史所副研究员)、张桂鸿（国家机关事务管理局资产司公务用车管理处副处长)、张韫（国家机关事务管理局资产司公务用车管理处)、赵岑（国家机关事务管理局资产司局属资产处）负责第七至十一章的撰写；贺俊（中国社科院工经所副研究员)、黄阳华（中国社科院工经所副研究员)、沈云昌（中国社科院工经所博士)、文春晖（中国社科院工经所博士)、邓茜（国家机关事务管理局资产司局属资产处)、卞晓青（国家机关事务管理局资产司公务用车管理处）负责第十二章的撰写。龚云研究员负责本书的统稿和修改工作，为保障本书观点正确、体系顺畅、结构严谨，投入了大量时间，付出了心血。中国社科院财计局刘向农、王琢、王晶同志，国家机关事务管理局资产司赵子川同志为本书的顺利完成，做了大量具体的协调沟通工作。

在此，向关心重视本课题的各位领导，表示深深的敬意！向参与本书撰写的各位专家、各位同志，表示衷心的感谢!

非经营性国有资产监管是一个需要不断探索创新的领域。由于本书撰写时间较紧，加之我们水平有限，书中难免有不妥和疏漏之处，恳请读者批评指正。

2013 年 4 月

图书在版编目（CIP）数据

非经营性国有资产监管与廉洁政府建设/本书课题组著. —北京：社会科学文献出版社，2013.6
ISBN 978 - 7 - 5097 - 4590 - 8

Ⅰ.①非… Ⅱ.①中… Ⅲ.①国有资产管理 - 研究 - 中国 Ⅳ.①F123.7

中国版本图书馆 CIP 数据核字（2013）第 085624 号

非经营性国有资产监管与廉洁政府建设

著　　者 / 本书课题组

出 版 人 / 谢寿光
出 版 者 / 社会科学文献出版社
地　　址 / 北京市西城区北三环中路甲 29 号院 3 号楼华龙大厦
邮政编码 / 100029

责任部门 / 皮书出版中心（010）59367127　　责任编辑 / 桂　芳　陈　颖　高振华　陈　帅　张丽丽　瞿莉莉
电子信箱 / pishubu@ ssap. cn
项目统筹 / 任文武　　责任印制 / 岳　阳
经　　销 / 社会科学文献出版社市场营销中心（010）59367081　59367089
读者服务 / 读者服务中心（010）59367028

印　　装 / 北京季蜂印刷有限公司
开　　本 / 787mm × 1092mm　1/16　　印　　张 / 24.5
版　　次 / 2013 年 6 月第 1 版　　字　　数 / 577 千字
印　　次 / 2013 年 6 月第 1 次印刷
书　　号 / ISBN 978 - 7 - 5097 - 4590 - 8
定　　价 / 98.00 元